"十一五"国家重点图书

汉译财经辞库

本书由上海文化发展基金会图书出版专项基金资助出版

剑桥统计学辞典

（第2版）

B. S. 埃弗里特（B. S. Everitt） 著

钱晓明 译

上海财经大学出版社

Shanghai University of Finance & Economics Press

图书在版编目(CIP)数据

剑桥统计学辞典(第2版)/(英)埃弗里特(Everitt, B. S.)著;钱晓明译.
—上海:上海财经大学出版社,2010.12
(汉译财经辞库)
书名原文:The Cambridge Dictionary of Statistics, 2e
ISBN 978-7-5642-0951-3/F·0951

Ⅰ.①剑… Ⅱ.①埃… ②钱… Ⅲ.①统计学-词典 Ⅳ.①C8-61

中国版本图书馆CIP数据核字(2010)第264624号

□责任编辑 袁 敏
□封面设计 张克瑶

JIANQIAO TONGJIXUE CIDIAN

剑 桥 统 计 学 辞 典
(第2版)

B. S. 埃弗里特
(B. S. Everitt) 著
钱晓明 译

上海财经大学出版社出版发行
(上海市武东路321号乙 邮编200434)
网 址:http://www.sufep.com
电子邮箱:webmaster@sufep.com
全国新华书店经销
上海叶大印务发展有限公司印刷装订
2010年12月第1版 2010年12月第1次印刷

787mm×1092mm 1/16 36.25印张(插页:1) 904千字
定价:199.00元

图字:09 - 2002 - 619 号

The Cambridge Dictionary of Statistics*, *Second Edition

B. S. Everitt

目　　录

出版说明

随着我国经济的不断发展，以及对外开放的日益深化，特别是我国加入世界贸易组织（WTO）以来，经济领域中的各个行业，面临着各种机遇与挑战。在我国经济快速发展的大背景下，行业日趋细分，新的知识不断涌现，因此，学习国际先进的经济和管理知识，博采众长、为我所用，已成为我国当今社会的发展趋向。在这一"洋为中用"的过程中，如何汲取西方在经济领域经过数百年积淀下来的成果，以一种相对较为统一的符合国际标准的经济术语与专业概念，有效地服务于国内经济建设与对外经济交往，已经成为我们迫切需要解决的问题。而从我国的经济学、管理学的发展来看，亦是一个既向西方发达国家不断学习，又不断本土化的过程。

有鉴于此，上海财经大学出版社从坚持"先进文化的前进方向"高度出发，本着"拿来主义"的精神，从欧美图书市场上，精心遴选了一批高质量的经济类、管理类辞典工具书，组成这套字数约 2 000 万的"汉译财经辞库"，以期在内容的前沿性和翻译风格的本土化方面，作出自己应有的社会贡献。

这批由巴伦(Barron's)、哈珀·科林斯(Harper Collins)、剑桥大学出版社(Cambridge University Press)、爱德华·埃尔加(Edward Elgar)等国外著名的专业出版商出版的经济类、管理类工具书，内容涉及金融、银行、保险、会计、商务、投资、营销、房地产、物流运输等各个行业，以及经济学、统计学等各个学科，在国外有着广泛的影响。许多辞典在国外一版再版，其市场稳定性、实用性和权威性，以及与时俱进、不断修订的内容，得到了专业人士的普遍认可。

为适应市场各方面的需要，使本套工具书的社会效益最大化；同时，也为了负责地、更为全面与准确地表达引进版工具书各词条的内涵，在取得国外出版商授权许可的情况下，这套工具书多采用中英文对照的双解形式。我们深知，这种出版形式对翻译和编辑质量提出了更高的要求。在如此大规模的工具书的翻译、出版过程中，我们也遇到了诸多困难，许多经济术语是第一次被翻译为中文，虽然我们力求尽最大的努力准确把握其涵义，但由于翻译水平和时间仓促所限，其中错漏之处在所难免。我们期望社会各方专业人士提出批评指正，以求在今后的出版过程中，不断臻于完善。

上海财经大学出版社
编辑部

前　　言

《剑桥统计学辞典》(*The Cambridge Dictionary of Statistics*)为统计学学生、统计工作人员以及在许多领域运用统计学的研究人员提供了统计术语的相对精确的定义。它涵盖了统计学的所有领域,包括理论、应用、医学等,如同在任何一本辞典中需要选择哪些术语被包含、哪些被排除,它尽可能地反映编者感兴趣的主要领域的某些方面。我希望能为专业人士和非专业人士提供有用的参考来源。许多定义必须包含数学公式和/或专门术语,而有些什么也不包含。幸运的是,定义之间数学内容和水平的差异可以帮助某类读者转换到一个特定的定义。例如,查找学生t-检验(**Student's *t*-Tests**)的非专业人士希望找到简单公式和足以满足他们好奇心的相关文献,而专业人士查找样条函数(**Spline Functions**)将会找到他们所需的更广泛的技术资料。

本辞典包含了近 3 000 个词条,以及 100 多位重要统计学家的简短传记(那些认为他们自己也"重要"但没有被选中的统计学家必须注意到那些被选中的统计学家所具有的单一共同特征)。本辞典采用了几种交叉参考。词条中斜体罗马字术语表示一个单独的词条,但是**随机变量**(**Random Variable**)、**概率**(**Probability**)、**分布**(**Distribution**)、**总体**(**Population**)、**样本**(**Sample**)等这些经常出现的术语没有采用这种方法来表示。某些词条简单地告诉读者查找另一个词条,这表示术语为同义词,或者在另一个词条下更方便讨论,后面这种情形在主要词条中用斜体字表示。

词条按字母顺序排列,不是按单词顺序。在包含希腊字母的术语转换,字母按相应的英文拼写并按英文字母排列。例如,2×2 表(2×2 Table)在 **Two-by-Two Table** 中找到,α-截尾均值(α-Trimmed Mean)在 **Alpha-Trimmed Mean** 中找到。只有对应名字的标题被交换,例如,关于 William Gosset 的词条在 **Gosset, William** 中查找,而 **Box-Müller Transformation** 不是在 **Transformation, Box-Müller** 中查找。

对于那些需要关于课题更详细信息的读者,许多词条在后面列出了参考文本,或者更专业的相关书籍或期刊论文参考(关于软件的词条包含了相应的地址)。许多情形中附加资料也可以从 Wiley 公司出版的 *Encyclopedia of Statistical Sciences*(Kotz 和 Johnson 编),或者 *Encyclopedia of Biostatistics* (Armitage 和 Colton 编)中得到。辞典中所包含的许多统计学家的传记可以查阅这两本百科全书,以及 1997 年 Wiley 公司出版的 *Leading Personalities in Statistical Sciences*(Johnson 和 Kotz 编)。

最后意译奥斯卡·王尔德(Oscar Wilde)的短语“writing one dictionary is suspect, writing two borders on the pathological”(编写一本辞典是令人费解的,编写两本辞典则是病态的)。在读者得出结论之前,我必须声明:在我的衣橱里,从来没有过时的衣物。

B. S. 埃弗里特
(B. S. Everitt)
1998年

第二版前言

在《剑桥统计学辞典》(*The Cambridge Dictionary of Statistics*)第二版中,增加了近 500 个新词条,以对第一版的部分词条进行纠正和澄清。增加了在第一版中所忽略的重要统计学家的传记,我不得不增加了 1998 年第一版出版后去世的统计学家的传记。

感谢:Pak Sham 教授,他提供了许多遗传学的词条;David Hand 教授,他提供了关于数据挖掘和相关技术;David Finney 教授,他指出第一版中许多定义中存在的问题;Phillip Sedgwick 博士,他指引我给出删失数据的正确定义。

B. S. 埃弗里特
(B. S. Everitt)
2001 年

致　　谢

首先，我要感谢许多作者，根据他们的著作和论文形成了辞典中所包含的大量定义的基础。其次，感谢“allsat”邮件列表的许多成员，他们帮助查找了相关术语。我还非常感谢我的同事索菲亚·拉贝·赫斯基斯(Sophia Rabe-Hesketh)博士和赛宾·朗道(Sabine Landau)博士，他们详细阅读本书并提出了许多有益的建议。最后，我要感谢我的秘书哈里特·梅特亚德(Harriet Meteyard)女士，她维护和输入了大量关于辞典资料的文件。

资料来源

Altman，D. G. (1991). *Practical Statistics for Medical Research*，Chapman and Hall，London. (SMR)

Chatfield，C. (1996). *The Analysis of Time Series: An Introduction*，5th edition，Chapman and Hall，London. (TMS)

Evans，M.，Hastings，N. and Peacock，B. (2000). *Statistical Distributions*，3rd edition，Wiley，New York. (STD)

Krzanowski，W. J. and Marriot，F. H. C. (1994). *Multivariate Analysis*，*Part 1*，Edward Arnold，London. (MV1)

Krzanowski，W. J. and Marriot，F. H. C. (1995). *Multivariate Analysis*，*Part 2*，Edward Arnold，London. (MV2)

McCullagh，P. M. and Nelder，J. A. (1989). *Generalized Linear Models*，2nd edition，Chapman and Hall，London. (GLM)

Rawlings，J. O. (1988). *Applied Regression Analysis*，Wadsworth Books，California. (ARA)

Stuart，A. and Ord，K. (1994). *Kendall's Advanced Theory of Statistics*，*Volume 1*，6th edition，Edward Arnold，London. (KA1)

Stuart，A. and Ord，K. (1991). *Kendall's Advanced Theory of Statistics*，*Volume 2*，5th edition，Edward Arnold，London. (KA2)

词条目录(A～Z)

A

B

C

D

E

F

G

H

I

J

K

L

M

N

O

P

Q

R

S

T

U

V

W

X

Y

Z

A

Aalen's Linear Regression Model/Aalen 线性回归模型

关于生存时间的*风险函数*(*hazard function*)的模型,风险函数为:

$$\alpha(t;z(t))=\alpha_0(t)+\alpha_1(t)z_1(t)+\cdots+\alpha_p(t)z_p(t)$$

其中,$\alpha(t)$是个体关于协变量 $z(t)'=[z_1(t),\cdots,z_p(t)]$在时刻 t 处的风险函数。模型中的“参数”是时间的函数,基线风险 $\alpha_0(t)$对应于 $z(t)=0$(对所有 t),$\alpha_q(t)$为 $z_q(t)$中每单位增加的超额率。参见:**Cox 比例风险函数**(**Cox's Proportional Harzards Model**)。【*Statistics in Medicine*,1989,**8**,907-925.】

Abbot's Formula/Abbot 公式

毒性试验中关于死亡的动物(常指昆虫)比例的公式,其中某些昆虫在实验中死去,即使它们没有接触到毒性,也有一些死亡的昆虫是接触到毒性的,另外还有一些昆虫是自然死亡的。公式为:

$$p_i^*=\pi+(1-\pi)p_i$$

其中,p_i^* 是可观察反应比例,p_i 是给定剂量下死亡的期望比例,π 是自然有反应的昆虫比例。【*Modelling Binary Data*,1991,D. Collett, Chapman and Hall/CRC Press, London.】

ABC Method/ABC 方法

近似自助置信方法(**Approximate Bootstrap Confidence Method**)的缩写。

Ability Parameter/能力参数

参见:**Rasch 模型**(**Rasch Model**)。

Absolute Deviation/绝对离差

也称为平均差(**Average Deviation**)。

Absolute Risk/绝对风险

也称为发病率(**Incidence**)。

A

Absorbing Barrier/吸收壁

参见:随机游走(**Random Walk**)。

Abundance Matrices/丰度矩阵

在生态学应用中出现的矩阵。它是按位置和物种进行分类的二维数表。第 i 行 j 列单元格的取值为在位置 i 物种 j 的发现数。

Accelerated Failure Time Model/加速失败时间模型

由生存时间所组成的数据模型,假设个体的解释变量关于时间尺度是可乘的,因而影响个体沿时间轴运行的比率。因此,模型可以用疾病的回归速度来解释。例如,在最简单的情形中,比较两组病人,一组采用疗法 A,另一组采用疗法 B,模型假设采用一种疗法的病人生存时间是另一种疗法生存时间的倍数;采用疗法 A 在时间 t 后仍存活的概率等于采用疗法 B 在时间 ϕt 后仍存活的概率,其中 ϕ 是未知正数。当所讨论的是病人的死亡时,ϕ 的取值小于 1,则对应着采用疗法 A 的死亡时间是一种加速;ϕ 的取值大于 1,则正好相反。参数 ϕ 被称为*加速因子*(*acceleration factor*)。【*Modelling Survival Data in Medical Research*, 1994, D. Collett, Chapman and Hall/CRC Press, London.】

Acceleration Factor/加速因子

参见:加速失败时间模型(**Accelerated Failure Time Model**)。

Acceptable Quality Level/可接受质量水平

参见:质量控制程序(**Quality Control Procedures**)。

Acceptable Risk/可接受风险

某种特别的医疗程序的益处大于潜在危险的风险。

Acceptance Region/接受区域

零假设被接受的检验统计量的取值集合。

Acceptance-Rejection Algorithm/接受—拒绝算法

从某个概率分布 $f(x)$ 生成随机数的一种算法,首先从另一个分布 $g(x)$ 中生成一个随机数,其中 f 和 g 的关系为:

$$f(x) \leq kg(x),\ \text{对所有}\ x$$

其中 k 为常数。算法如下:

- 令 r 是由 $g(x)$ 得到的随机数。
- 令 s 是由区间(0, 1)上的均匀分布得到的随机数。
- 计算 $c=ksg(r)$。
- 若 $c>f(r)$,则拒绝 r,重新回到第一步;若 $c\leq f(r)$,则接受 r,它为由 f 得到的随机数。【*Statistics in Civil Engineering*, 1997, A. V. Metcalfe, Edward Arnold, London.】

Acceptance Sampling/验收抽样

一种*质量控制程序*(*quality control procedure*),从一类或一批项目中抽取样本,根据样本中缺损品的比例作出决策,如果比例合理就接受这批项目,如果不合理就拒绝该批项目。【*Quality Control and Industrial Statistics*, 4th edition, 1974, A. J. Duncan, R. D. Irwin, Homewood, Illinois.】

Accidentally Empty Cells/偶然空格

也称为抽样零点(**Sampling Zeros**)。

Accrual Rate/应计比率

在某个单位时间中进入*临床试验*(*clinical trial*)的合格病人数的比率。

Accuracy/精确度

某些公认标准值的符合程度。参见:偏差(**Bias**)。

ACE/交替条件期望

交替条件期望(**Alternating Conditional Expectation**)的缩写。

ACES/主动控制等价研究

主动控制等价研究(**Active Control Equivalence Studies**)的缩写。

ACF/自相关函数

自相关函数(**Autocorrelation Function**)的缩写。

ACORN/居民区分类

"居民区分类"(A Classification of Residential Neighbourhoods)的缩写。按照人口、就业、他们紧邻的房屋特征对家庭进行分类的系统。对描述每个邻居的40个变量进行*聚类分析*(*cluster analysis*)得出该系统,这些变量包括年龄、种族、财产、住宅类型以及车辆拥有量。【*Statistics in Society*, 1999, D. Dorling and S. Simpson eds., Arnold, London.】

Acquiescence Bias/默认偏差

在调查中受访者倾向于对问题给出如"对"、"差不多"、"经常"、"是"的积极反应所带来的偏差。最极端的情形是不管项目的内容按这种方法交替给出答案。这样他会对类如"我经常及时服药"和"我经常忘记服药"都给出"是"这种回答。参见:最终厌恶偏差(**End-Aversion Bias**)。【*Journal of Intellectual Disability Research*, 1995, **39**, 331-340.】

Action Line/行动路线

参见:质量控制程序(**Quality Control Procedures**)。

A

Active Control Equivalence Studies(ACES)/主动控制等价研究

新疗法至少和原来疗法一样好的*临床试验*(*clinical trials*)。【*Statistical Issues in Drug Development*, 1997, S. Senn, Wiley, Chichester.】

Active Control Trials/主动控制试验

试验药品是用来对某些活性化合物而不是安慰剂进行比较的临床试验。

Active Life Expectancy (ALE)/有效预期寿命

无残疾的预期剩余寿命。【*New England Journal of Medicine*, 1983, **309**,1218 - 1224.】

Activ Stats/Activ Stats 软件包

统计学商用计算机辅助学习包。参见:对恐惧的统计(**Statistics for the Terrified**)。【Interactive Learning Europe, 124 Cambridge Science Park, Milton Road, Cambridge CB4 4ZS.】

Actuarial Estimator/精算估计量

生存函数(*survival function*)的估计量 $S(t)$,通常当数据为分组形式时被采用。定义为:

$$S(t) = \prod_{\substack{j \geq 0 \\ t_{(j+1)} \leq t}} \left[1 - \frac{d_j}{N_j - \frac{1}{2}w_j}\right]$$

其中,有序的生存时间为 $0 < t_{(1)} < \cdots < t_{(n)}$,$N_i$ 为在区间 $t_{(i)}$,$t_{(i+1)}$ 开始时存在风险的人数,d_i 为区间中可观察死亡数,w_i 为区间中删失观察数。【*Survival Models and Data Analysis*, 1980, R. G. Elandt-Johnson and N. L. Johnson, Wiley, New York.】

Actuarial Statistics/精算统计

对评估风险、计算负债、设计保险、养老金等理财计划进行精算的统计学。例如,关于不同年龄和职业等人群的*预期寿命*(*life expectancy*)。参见:生命表(**Life Table**)。【*American Society of Actuaries*, 1961,**13**, 116 - 120.】

Adaptive Cluster Sampling/自适应整群抽样

一种抽样过程,样本最初集合根据一定的抽样过程选取,每当所选择的对象满足给定的规则即被选入,再将与之接近的对象也加入样本中。【*Biometrika*, 1996, **84**, 209 - 219.】

Adaptive Estimator/自适应估计量

参见:自适应方法(**Adaptive Methods**)。

Adaptive Methods/自适应方法

根据样本数据的不同方面选择最合适的统计方法进行分析的过程。例如,对于分布的中心,*自适应统计量*(*adaptive estimator*)T 为:

A

T = 中列数	当 $k \leq 2$ 时
= 算术平均值	当 $2 < k < 5$ 时
= 中位数	当 $k \geq 5$ 时

其中，k 是样本*峰度*(*kurtosis*)。因此，如果它来自于短尾分布，那么可以采用最大与最小观测值的平均；如果来自于长尾分布，那么可以采用中位数，否则采用样本均值。【*Journal of the American Statistical Society*，1967，**62**，1179－1186.】

Adaptive Sampling Design/自适应抽样设计

一种*抽样设计*(*sampling design*)，选择*抽样单位*(*sampling units*)的过程中观察依赖于所讨论的变量的观测值。例如，在估计自然资源丰富度的调查中，调查期间在样本中加上高丰富度附近的附加位置(这种情形中的抽样单位)。这种设计的主要目的是：相对于相同样本容量的传统设计，利用总体的可观察特征来提高精确度和有效性。对于这种抽样设计，给定单位样本的概率条件依赖于总体中变量的取值。【*Adaptive Sampling*，1996，S. K. Thompson and G. A. F. Seber，Wiley，New York.】

Added Variable Plot/新增变量图

在回归分析中使用的一种图形程序，当出现其他解释变量时，确定模型是否包含某个特别的解释变量。模型中备选的解释变量必须是新的或者是已被包含的解释变量的高次幂。记备选解释变量为 x_i，将反应变量对所有解释变量(包含 x_i)回归的*残差*(*residual*)关于 x_i 对剩余解释变量回归的残差作图。图形中强烈的线性关系表明在回归方程中必须包含 x_i(见图 1)。【*Regression Analysis*，Volume 2，1993，edited by M. S. Lewis-Beck，Sage Publications，London.】

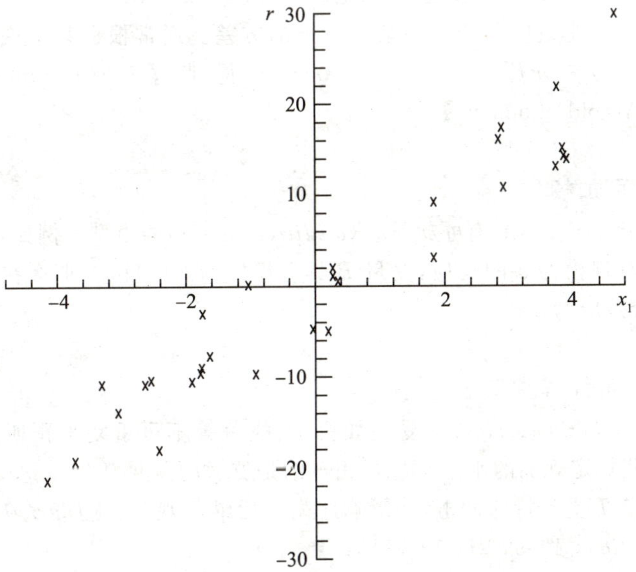

图 1　在模型中必须包含该变量的新增变量图

A

Addition Rule for Probabilities/概率的加法法则

A 和 B 为两个*互不相容*(*mutually exclusive*)的随机事件,两个事件至少一个发生的概率等于两个事件概率的和,即:

$$\Pr(A \text{ 或 } B) = \Pr(A) + \Pr(B)$$

其中,$\Pr(A)$是事件 A 的概率,其他类推。对于 k 个互不相容的事件 $A_1, A_2, \cdots, A_k$,一般法则为:

$$\Pr(A_1 \text{ 或 } A_2 \cdots \text{或 } A_k) = \Pr(A_1) + \Pr(A_2) + \cdots + \Pr(A_k)$$

参见:**概率的乘法法则(Multiplication Rule for Probabilities)**,**Boole 不等式(Boole's Inequality)**。【KA1 Chapter 8.】

Additive Clustering Model/可加聚类模型

聚类分析(*cluster analysis*)中使用的模型,试图通过拟合形式为

$$s_{ij} = \sum_{k=1}^{K} w_k p_{ik} p_{jk} + \varepsilon_{ij}$$

的模型得出元素为 s_{ij} 的*相似矩阵*(*similarity matrix*)的结构,其中 K 是集群数,w_k 是对应于集群 k 的权数。如果对象 i 具有集群 k 的性质,那么 $p_{ik}=1$,否则为 0。【*Psychological Review*, 1979, **86**, 87-123.】

Additive Effect/可加效应

两种疗法都采用时的效应是它们单独使用时的和。参见:**可加模型(Additive Model)**。

Additive Genetic Variance/可加遗传方差

由*基因*(*genes*)的主效应所产生的某个特征的方差。通常根据某个或某些位点上基因的特征数值的因子*方差分析*(*analysis of variance*)得到。【*Statistics in Human Genetics*, 1998, P. Sham, Arnold, London.】

Additive Model/可加模型

解释变量关于反应变量具有*可加效应*(*additive effect*)的模型。例如,如果变量 A 关于某个反应度量具有规模为 a 的反应,变量 B 具有规模为 b 的反应,那么在假设的可加模型中,A 和 B 的组合效应为 $a+b$。

Additive Outlier/可加异常值

关于在*时间序列*(*time series*)中受到如罢工、战争等不可重复干预所影响的观测的术语。它只影响某些特定观测的水平。与之相对的是*技术创新异常值*(*innovational outlier*),它对应于某个时点 T 受到特殊冲击,并影响序列中后继的观测。【*Journal of the American Statistical Association*, 1996, **91**, 123-131.】

Additive Tree/加法树

一种连通的*无向图*(*undirected graph*),其中每一对结点都存在唯一的路径连接,而且

结点间距离满足：

$$d_{xy}+d_{uv}\leq\max[d_{xu}+d_{yv},d_{xv}+d_{yu}]，对任意\ x,y,u,v$$

例子见图 2 中的树。参见：超度量树(**Ultrametric Tree**)。【*Tree Models of Similarity and Association*，1996，J. E. Corter，Sage University Papers 112，Sage Publications，Thousand Oaks.】

a. 不相似

	A	B	C	D	E
工人A	...				
工人B	15	...			
工人C	20	25	...		
工人D	18	23	6	...	
工人E	20	25	20	18	...

b. 加法树

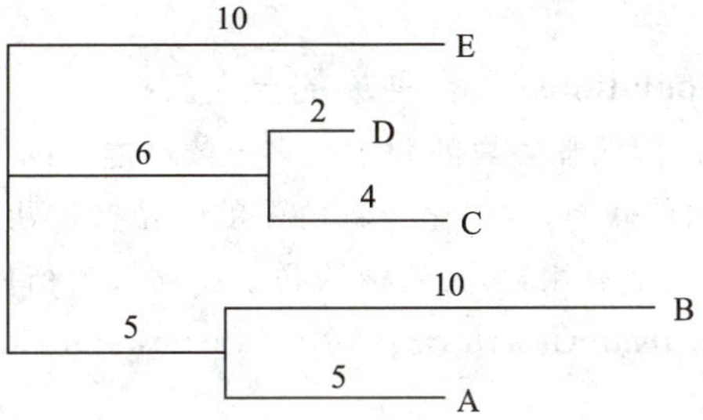

图 2 一例加法树

资料来源：经 Sage Publications 许可转载，选自 *Tree Models of Similarity and Association*，1996，J. E. Corter。

Adequate Subset/充足子集

在回归分析中解释变量的子集，它与全集所包含的反应变量的信息一样多。参见：回归中的选择方法(**Selection Methods in Regression**)。

Adjacency Matrix/邻接矩阵

矩阵的元素 x_{ij} 表示*有向图*(*directed graph*)中连接。如果结点 i 与结点 j 连接，那么 $x_{ij}=1$；否则，为 $x_{ij}=0$。

Adjusted Correlation Matrix/调整相关矩阵

对角线元素为*共性*(*communalities*)的*相关矩阵*(*correlation matrix*)，它是*主因子分析*(*principal factor analysis*)的基础。

Adjusted Treatment Means/调整治疗均值

通常用于在*协方差分析*(*analysis of covariance*)中治疗均值的估计，在对所有协变量调整所有治疗到相同均值水平之后，利用协变量与反应变量之间的估计关系。【*Biostatistics*，1993，L. D. Fisher and G. Van Belle，Wiley，New York.】

A

Adjusting for Baseline/基线调整

通常用于*纵向研究*(*longitudinal study*)的文本中关于反应变量上*基线特征*(*baseline characteristics*)的效应调整过程。例如,这种方法可以用于简单改变*评分*(*score*)的分析、百分比改变的分析,或者在某些情形中更复杂变量的分析。通常用于那些对基线度量依赖性最小的调整变量。对于纵向研究,将随着时间推移反复度量间的相关性从中调整到大,将基线数值作为*协方差分析*(*analysis of covariance*)中的协变量,这比改变评分的分析更有效。参见:**基线均衡(Baseline Balance)**。【*Statistical Issues in Drug Development*, 1997, S. Senn, Wiley, Chichester.】

Admissibility/容许性

在统计推断过程中常见的概念。过程是容许的,当且仅当在所有相关过程中不存在另一个过程与它一致性地一样好,而且至少在某个方面它比别的过程更好。这里的"一致性"(uniformly)是指决定所调查的随机变量概率分布的参数的所有取值。【KA2 Chapter 31.】

Admixture in Human Populations/人类种族的混合

由于地理或者文化的原因明显隔离的两个或多个族群之间的繁衍。族群的混合带来了疾病和*等位基因*(*alleles*)的伪联系,它们比两者祖先的等位基因更相同。但是,几代人种的混合对绘制疾病*基因*(*genes*)更有用,因为这种伪联系比随机繁衍后代间的真正联系分散的速度更快。【*Statistics in Human Genetics*, 1998, P. Sham, Arnold, London.】

Aetiological Fraction/病原学分数

也称为归因危险度(**Attributable Risk**)。

Affine Invariance/仿射不变性

在统计过程中对数据做*仿射变换*(*affine transformation*)后结论不变。例如,*Hotelling* T^2 *检验*(*Hotelling's* T^2 *test*)。

Affine Transformation/仿射变换

仿射变换是指变换 $Y=AX+b$,其中 A 为非奇异矩阵,b 为任意实向量。它在统计学的许多领域特别是*多元分析*(*multivariate analysis*)中非常重要。

Age-Dependent Birth and Death Process/与年龄相关的出生—死亡过程

一种*出生和死亡的过程*(*birth and death process*),其中出生率和死亡率不是随时间不变的,它们随着个人年龄而改变。【*Stochastic Modelling of Scientific Data*, 1995, P. Guttorp, CRC/Chapman and Hall, London.】

Age Heaping/年龄累积

在收集年龄的数据集时使用的术语,数据只精确到最近一年、半年或者月。参见:**粗略数据(Coarse Data)**。

Age-Period-Cohort Model/年龄期队列模型

观察研究(*observational studies*)中非常重要的模型,其中假设年龄、暴露于风险因子的年数以及首次暴露于风险因子的年龄这三者都会影响到死亡风险。不幸的是,模型不能同时包含这三个因子,否则将会导致*共线性*(*colinearity*),因为"首次暴露于风险因子的年龄"+"暴露于风险因子的年数"="年龄"。有许多模型可以用来消除因子间的相关性,最常用的方法就是在建模过程中不包含其中一个因子。参见:词汇图(**Lexia Diagram**)。【*Statistics in Medicine*, 1984, **3**, 113-130.】

Age-Specific Death Rates/特定年龄死亡率

在一个相对狭窄的年龄段中计算的死亡率。例如,对于20～30岁这个年龄段,死亡率为:

$$DR_{20,30}=\frac{\text{一年中 20～30 岁死亡人数}}{\text{一年中 20～30 岁平均人口数}}$$

一般都采用这种方法计算死亡率,这是因为死亡率一般都是随着年龄而不同,这种变化在*粗糙死亡率*(*crude death rate*)中没有反映。参见:特殊原因死亡率(**Cause-Specific Death Rates**)和标准化死亡率(**Standardized Mortality Ratio**)。【*Biostatistics*, 1993, L. D. Fisher and G. Van Belle, Wiley, New York.】

Age-Specific Failure Rate/特定年龄失败率

当时间尺度为年龄时风险函数的同义词。

Age-Specific Incidence Rate/特定年龄发病率

在一个相对狭窄的年龄段所计算的*发病率*(*incidence rate*)。参见:特定年龄死亡率(**Age-Specific Death Rates**)。

Agglomerative Hierachical Clustering Methods/凝聚层次聚类方法

一种*聚类分析*(*cluster analysis*)方法,首先从一个单独的集群中的每个个体开始,经过一系列步骤将个体合并为一个新的更大的集群,一直到所有的个体都是一个群里的元素为止。按照距离的某种特殊定义,在每一步中个体或集群都是"最接近的"。整个过程可以用*树枝形结构关系图*(*dendrogram*)来描述。在合适的水平下"分割"树枝形结构关系图就可以得出对应于特定集群数的解。参见:平均连接(**Average Linkage**),完全连接(**Complete Linkage**),单一连接(**Single Linkage**),**Ward** 方法(**Ward's Method**),**Mojean** 检验(**Mojean's Test**),***K***-均值聚类分析(***K*-Means Cluster Analysis**),分裂法(**Divisive Methods**)。【MV2 Chapter 10.】

Agresti's α/Agresti's α

2×2 列联表(*contingency tables*)推广到更大*列联表*(*contingency tables*)的比值比(*odds ratio*),数据来源于疾病不同的严重程度以及不同的暴露量。【*Analysis of Ordinal Categorical Data*, 1984, A. Agresti, Wiley, New York.】

A

Agronomy Trials/农学试验

一类农业田间试验，包括施肥研究，种植的时间、比例和密度，耕作研究，害虫和杂草控制研究。因为一个因子变化产生的反应受到其他因子的限制，所以在这样的试验中必须包含两个或更多的生产要素的组合。【*An Introduction to Statistical Science in Agriculture*, 4th edition, 1972, D. J. Finney, Blackwell, Oxford.】

AI/人工智能

人工智能(**Artificial Intelligence**)的缩写。

Aickin's Measure of Agreement/Aickin 一致性度量

类似于 *Kappa系数*(*Kappa coefficient*)的一种一致性的机会一校正度量，它是基于机会的一致性的不同定义。【*Biometrics*, 1990, **46**, 293-302.】

AID/自动交互检测

自动交互检测(**Automatic Interaction Detector**)的缩写。

Aitchison Distributions/Aitchison 分布

包含 *Dirichlet分布*(*Dirichlet distribution*)和 *logistic正态分布*(*logistic normal distributions*)的一类分布。【*Journal of the Royal Statistical Society, Series B*, 1985, **47**,136-146.】

Aitken, Alexander Craig (1895-1967)/亚历山大·克雷格·艾特肯(1895-1967)

艾特肯出生在新西兰的但尼丁，最初他进入奥塔哥大学学习古典语言，在第一次世界大战服役后，他获得了爱丁堡大学数学方面的奖学金。在获得科学博士后，艾特肯成为爱丁堡大学数学系的教师，从 1946 年到 1965 年他退休，一直担任数学系系主任。他发表了许多关于最小二乘法和多项式拟合方面的论文，他还拥有非凡的计数能力，可以快速口述到 π 的第 707 位。他是英国皇家学会(Royal Society)院士和英国皇家文学学会(Royal Society of Literature)院士。1967 年 11 月 3 日，艾特肯于爱丁堡去世。

Ajne's Test/Ajne 检验

圆形分布(*circular distribution*)的均匀性检验的一种*无分布方法*(*distribution free method*)。检验统计量 A_n 定义为：

$$A_n = \int_0^{2\pi} [N(\theta) - n/2]^2 d\theta$$

其中，$N(\theta)$属于 θ 到 $\theta+\pi$ 半圆中的样本观察数。统计量越接近于 0，则越接受均匀性的假设。【*Scandinavian Audiology*, 1996, 201-206.】

Akaike's Information Criterion/Akaike 信息准则

在一些领域中帮助选择模型的一种指数。定义为：

$$-2L_m + 2m$$

其中，L_m 是极大*对数似然函数*（*log-likelihood*），m 是模型中参数个数。这个指数考虑了统计的拟合优度以及为达到特定拟合度所估计的参数个数，参数数目的增加会降低拟合度。指数较小表明更偏好该模型，即对于数据给定的拟合程度，模型中参数个数最少。参见：**简约原则（Parsimony Principle）**，**Schwarz 准则（Schwarz's Criterion）**。【MV2 Chapter 11.】

ALE/有效预期寿命

有效预期寿命（**Active Life Expectancy**）的缩写。

Algorithm/算法

求解一类数学问题或计算问题时定期采用的一组明确定义的规则。【*Introduction to Algorithms*，1989，T. H. Cormen，C. E. Leiserson，and R. L. Rivest，McGraw-Hill，New York.】

Alias/混淆

参见：**混杂（Confounding）**。

Allele/等位基因

在基因定位处存在的 DNA 序列，显示人群中序列变异。序列变异的形式可以是插入、删除、替代，或者如 CACACA 这种正常基序的可变重复长度。【*Statistics in Human Genetics*，1988，P. Sham，Arnold，London.】

Allocation Ratio/分配比例

也称为治疗分配比例（**Treatment Allocation Ratio**）。

Allocation Rule/分配原则

参见：**判别分析（Discriminant Analysis）**。

Allometry/异速生长

在诸如生物生长中形态变化的研究。【MV1 Chapter 4.】

All Subsets Regression/所有子回归

一种回归分析形式，考虑所有可能的模型，通过比较一些适当准则的取值来作出"最佳"选择，如计算每个模型的 *Mallow* C_k *统计量*（*Mallow's* C_k *statistic*）。如果存在 q 个解释变量，那么需要检查 2^q-1 个模型。通常采用*飞跃—跨越算法*（*leaps-and-bounds algorithm*），这样只需检查一小部分模型。参见：**回归中的选择方法（Selection Methods in Regression）**。【ARA Chapter 7.】

Almon Lag Technique/Almon 滞后技术

对模型

$$y_t=\beta_0 x_t+\cdots+\beta_r x_{t-r}+\varepsilon_t$$

中系数 $\beta_0,\beta_1,\cdots,\beta_r$ 进行估计的方法，其中 y_t 是反应变量在时刻 t 处的取值，$x_t,\cdots,x_{t-r}$ 是解

释变量在时刻 $t, t-1, \cdots, t-r$ 处的取值，ϵ_t 是时刻 t 处的扰动项。如果 r 有限且小于观察次数，那么可以采用*最小二乘估计*(*least squares estimation*)求出回归系数。但是，由于变量 $x_t, \cdots, x_{t-r}$ 之间共线性程度较高这个问题，需要对满足 p 次多项式的系数进行估计，即假设存在参数 $\lambda_0, \lambda_1, \cdots, \lambda_p$ 满足

$$\beta_i = \lambda_0 + \lambda_1 i + \cdots + \lambda_p i^p, \quad i=0,1,\cdots,r, \quad p \leq r$$

这将参数数目从 $r+1$ 减少到 $p+1$。当 $r=p$ 时，这种方法等价于最小二乘法。在实践中，需对 r 和/或 p 不同取值进行分析。【*The American Statistician*, 1972, **26**, 32-35.】

Alph(α)/α

第一类错误的概率。参见：显著水平(**Significance Level**)。

Alpha Factoring/α 因式分解

因子分析(*factor analysis*)的一种方法，所讨论的变量是从变量总体中抽取的样本。

Alpha Spending Function/α 消费函数

临床试验(*clinical trial*)中一种*中期分析*(*interim analysis*)方法，在任何中期分析和在任何时刻，可以用来控制犯第一类错误的概率。【*Statistics in Medicine*, 1996, **15**, 1739-1746.】

Alpha(α)-Trimmed Mean/α 截尾均值

估计总体均值的一种方法，它比常用的估计量样本均值更少受到*异常点*(*outlier*)的影响。从样本的两端观测值按比例 α(近似)减少观测值，然后根据剩余的样本计算样本均值。如果 $x_{(1)}, x_{(2)}, \cdots, x_{(n)}$ 表示一组有序样本取值，那么 α 截尾均值为：

$$\alpha_{\text{截尾均值}} = \frac{1}{n-2k}\sum_{i=k+1}^{n-k} x_{(i)}$$

其中 k 为大于等于 αn 的最小整数。参见：***M*-估计量**(***M*-Estimators**)。【*Biostatistics*, 1993, L. D. Fisher and G. Van Belle, Wiley, New York.】

Alpha(α)-Winsorized Mean/α-Winsorized 均值

估计总体均值的一种方法，它比常用的估计量样本均值更少受到*异常点*(*outlier*)的影响。k 为大于等于 αn 的最小整数，去掉 k 个最小的观测值和 k 个最大的观测值，根据剩余的样本计算统计量。定义为：

$$\alpha_{\text{Winsorized均值}} = \frac{1}{n}\left[(k+1)(x_{(k+1)} + x_{(n-k)}) + \sum_{i=k+2}^{n-k-1} x_{(i)}\right]$$

其中，$x_{(1)}, x_{(2)}, \cdots, x_{(n)}$ 表示一组有序样本取值。参见：***M*-估计量**(***M*-Estimators**)。【*Biostatistics*, 1993, L. D. Fisher and G. Van Belle, Wiley, New York.】

Alshuler's Estimator/Alshuler 估计量

生存函数(*survival function*)的估计量，定义为：

$$\prod_{j=1}^{k} \exp(-d_j/n_j)$$

其中，d_j 为时刻 $t_{(j)}$ 处死亡的人数，n_j 为 $t_{(j)}$ 之前活着的人数，$t_{(1)} \leq t_{(2)} \leq \cdots \leq t_{(k)}$ 为有序生存时间。参见：积限估计量(**Product Limit Estimator**)。【*Modelling Survival Data in Medical Research*, 1994, D. Collett, Chapman and Hall/CRC Press, London.】

Alternate Allocations/备选分配

临床试验(*clinical trial*)中给病人分配治疗的方法，其中对备选病人可采用治疗 A 和 B。因为可能会被滥用，所以不建议采用这种方法。【SMR Chapter 15.】

Alternating Conditional Expectation (ACE)/交替条件期望

在回归分析和校正中估计最优化变换的过程。给定解释变量 $x_1, \cdots, x_q$ 和反应变量 y，寻找使得 y 与它预期值之间相关性最大的变换 $g(y)$ 和 $s_1(x_1), \cdots, s_q(x_q)$。这种方法允许对反应变量和解释变量作任意光滑变换。【*Biometrika*, 1995, **82**, 369–383.】

Alternating Least Squares/交替最小二乘法

在多维比例(*multidimensional scaling*)中经常采用的方法，其中在一系列步骤中将关于某些点的结构的拟合优度极小化，每一步都采用最小二乘法。【MV1 Chapter 8.】

Alternating Logistic Regression/交替 Logistic 回归

logistic 回归(*logistic regression*)的一种方法，通常用于反应变量是二进制时*纵向数据*(*longitudinal data*)的分析。它基于*广义估计方程组*(*generalized estimating equations*)。【*Analysis of Longitudinal Data*, 1994, P. J. Diggle, K.-Y. Liang and S. L. Zeger, Oxford Science Publications, Oxford.】

Alternative Hypothesis/备选假设

与需检验的零假设相对的假设。

Amersham Model/Amersham 模型

模型通常用于免疫中*剂量反应曲线*(*dose-response curves*)，定义为：

$$y = 100(2(1-\beta_1)\beta_2)/(\beta_3+\beta_2+\beta_4+x+[(\beta_3-\beta_2+\beta_4+x)^2+4\beta_3\beta_2]^{\frac{1}{2}})+\beta_1$$

其中，y 是百分比约束，x 是物浓度。有很多不同的方法可以估计四个参数 $\beta_1, \beta_2, \beta_3, \beta_4$。

AML/非对称极大似然

非对称极大似然(**Asymmetric Maximum Likelihood**)的缩写。

Amplitude/振幅

时间序列(*time series*)中使用的术语，根据某个均值或者趋势线得出时间序列的峰点或波谷的取值。

A

Amplitude Gain/振幅增益

参见:线性滤波器(**Linear Filters**)。

Analysis as Randomized/随机化分析

也称为意向性治疗分析(**Intention-to-Treat Analysis**)。

Analysis of Covariance (ANCOVA)/协方差分析

方差分析(*analysis of variance*)的推广,除了因子或治疗变量的效应以外,还讨论连续伴随变量(协变量)关于反应变量的效应。通常假设协变量不受治疗的影响,以及它们与反应的关系是线性的。如果这种关系存在,那么将协变量列入将使得*误差均方*(*error mean square*)减少,因此,用于评估治疗差异的 F-*检验*(*F-tests*)的敏感度将增加。现在协方差分析更常用于评估对一个反应变量与一组解释变量之间的关系。参见:**ANCOVA 中并行性(Parallelism in ANCOVA)**,**广义线性模型(Generalized Linear Models)**。【KA2 Chapter 29.】

Analysis of Dispersion/离差分析

也称为多元方差分析(**Multivariate Analysis of Variance**)。

Analysis of Variance (ANOVA)/方差分析

将方差分离为两个部分:一部分为某个原因引起的方差;另一部分是另一个原因引起的方差。将观测值的总方差根据如性别、治疗组等分成两个部分,用 F-*检验*(*F-tests*)比较方差(均方),评估均值间的差异。最简单的这种分析为*单向设计*(*one-way design*),将 N 个对象分成 k 个不同的单一因子水平,通常是随机分配。观测值的总方差分成水平均值间的变异引起的方差[*组间平方和*(*the between groups sum of squares*)]和同一组中对象的变异引起的方差[*组内平方和*(*the within groups sum of squares*),也称为*剩余平方和*(*residual sum of squares*)]。这些项排成一个*方差分析表*(*analysis of variance table*)。

来源	df(自由度)	SS	MS	MSR
组间	$k-1$	SSB	$SSB/(k-1)$	$\dfrac{SSB/(k-1)}{SSW/(N-k)}$
组内	$N-k$	SSW	$SSW/(N-k)$	
总计	$N-1$			

注:SS= 平方和(sum of squares);MS=均方(mean square);MSR=均方比。

如果由因子水平所表示的总体均值是相同的,那么在随机变异的约束下,*组间平方和*与*组内平方和*是相同的。无论是否会遇到这种情形,如果满足某些假设,那么可以根据均方差比 F-检验进行评估。常用 F-检验必须假设每个总体中反应变量服从正态分布,且总体方差相同。如具有相同*连接函数*(*link function*)和正态分布的误差项的*广义线性函数*(*generalized linear model*)。参见:**协方差分析(Analysis of Covariance)**,**平行组设计(Parallel Groups Design)**,**析因设计(Factorial Designs)**。【SMR Chapter 9.】

Analysis of Variance Table/方差分析表

参见:方差分析(**Analysis of Variance**)。

Ancillary Statistic/辅助统计量

统计量 C 中采用的术语，其中，对参数 θ，*最小充分统计量*（*minimal sufficient statistic*）S 可以表示为 $S=(T,C)$，C 服从与 θ 无关的*边际分布*（*marginal distribution*）。例如，N 是分布已知的随机变量，分布为 $p_n=\Pr(N=n)$，$n=1,2,\cdots$，令 $Y_1,Y_2,\cdots,Y_N$ 是相互独立同分布的随机变量，分布为参数 θ 的*指数族分布*（*exponential family distribution*）。$(n,y_1,y_2,\cdots,y_n)$ 的*似然函数*（*likelihood*）为：

$$p_n \exp\left\{a(\theta)\sum_{j=1}^{n} b(y_j) + nc(\theta) + \sum_{j=1}^{n} d(y_j)\right\}$$

所以 $S=\left[\sum_{j=1}^{n} b(Y_j), N\right]$ 关于 θ 是充分的，N 为辅助统计量。这在用来估计的*条件似然*（*conditional likelihood*）的应用中非常重要。【KA2, Chapter 31.】

ANCOVA/协方差分析

协方差分析（**Analysis of Covariance**）的缩写。

Anderson-Darling Test/Anderson-Darling 检验

关于来自于某个特定的理论概率分布的观测值的给定样本的检验。例如，检验数据的正态性，检验统计量为：

$$A_n^2 = -\frac{1}{n}\left[\sum_{i=1}^{n}(2i-1)\{\log z_i + \log(1-z_{n+1-i})\}\right] - n$$

其中，$x_{(1)} \leq x_{(2)} \leq \cdots \leq x_{(n)}$ 为有序观测，s^2 为样本方差。

$$z_i = \Phi\left(\frac{x_{(i)} - \bar{x}}{s}\right)$$

这里：

$$\Phi(x) = \int_{-\infty}^{x} \frac{1}{\sqrt{2\pi}} e^{-\frac{1}{2}u^2} du$$

如果 A_n^2 取值"较大"，那么拒绝正态性零假设。检验统计量的临界值可以得到。参见：**Shapiro-Wilk 检验**（**Shapiro-Wilk Test**）。【*Journal of the American Statistical Society*, 1954, **49**, 765－769.】

Anderson-Gill Model/Anderson-Gill 模型

分析*多重反应数据*（*multiple time response data*）的模型，将每个对象作为具有独立增量的多事件*计数过程*（*counting process*）。【*Annals of Statistics*, 1982, **10**, 1100－1120.】

Anderson, John Anthony (1939-1983)/约翰·安东尼·安德森(1939-1983)

安德森在牛津大学学习数学，1963 年获得一等学位，由于其在医疗诊断中的统计方法方面的研究，于 1968 年获得博士学位。在牛津大学生物数学系工作多年后，安德森最后转入纽卡斯尔大学工作，1982 年被评为教授。他在*多元分析*（*multivariate analysis*）特别是基于 *logistic 回归*（*logistic regression*）的*判别分析*（*discriminant analysis*）方面作出了重大贡献。1983 年 2 月 7 日于纽卡斯尔去世。

A

Anderson, Oskar Nikolayevick (1887-1960)/奥斯卡·尼科拉亚维奇·安德森(1887-1960)

安德森出生于白俄罗斯明斯克,他在喀山大学(University of Kazan)学习数学。后来在圣彼得堡大学获得法学学位,然后旅行到塔吉克斯坦,调查锡尔河流域农业生产灌溉。安德森在位于基辅的商业学院学习统计学,从20世纪20年代中期起,他成为保加利亚最高统计理事会的会员,其间他成功地推广了应用抽样技术。1942年,安德森来到德国基尔大学(University of Kiel)工作,从1947年到其去世为止,他一直担任慕尼黑大学经济系统计学教授。安德森是应用抽样调查技术的先驱。

Andrews' Plots/Andrews 图

多元数据的图形显示,一次观察的数据 $\mathbf{x}'=[x_1,x_2,\cdots,x_q]$ 由下面形式的函数所表示,函数形式为:

$$f_X(t)=x_1/\sqrt{2}+x_2\sin(t)+x_3\cos(t)+x_4\sin(2t)+x_5\cos(2t)+\cdots$$

在范围 $-\pi\leq t\leq\pi$ 内绘图。多元观察用这种图形表示,这表明那些对所有 t 的取值都非常接近的函数,对应着按照*欧几里得距离*(*Euclidean distance*)彼此也非常接近的观察。这个性质意味着在相似观察的检测组和识别*异常点*(*outliers*)时经常可以采用这种图形。例子见图3,图3由30次观察的样本组成,其中每次观察含有5个变量值。图形表明数据可以分成3组。由于这些观察很难拆散,所以这种图只适用于中等数目的观察。参见:**Chernoff** 面(**Chernoff Faces**),字形(**Glyphs**)。【MV1 Chapter 3.】

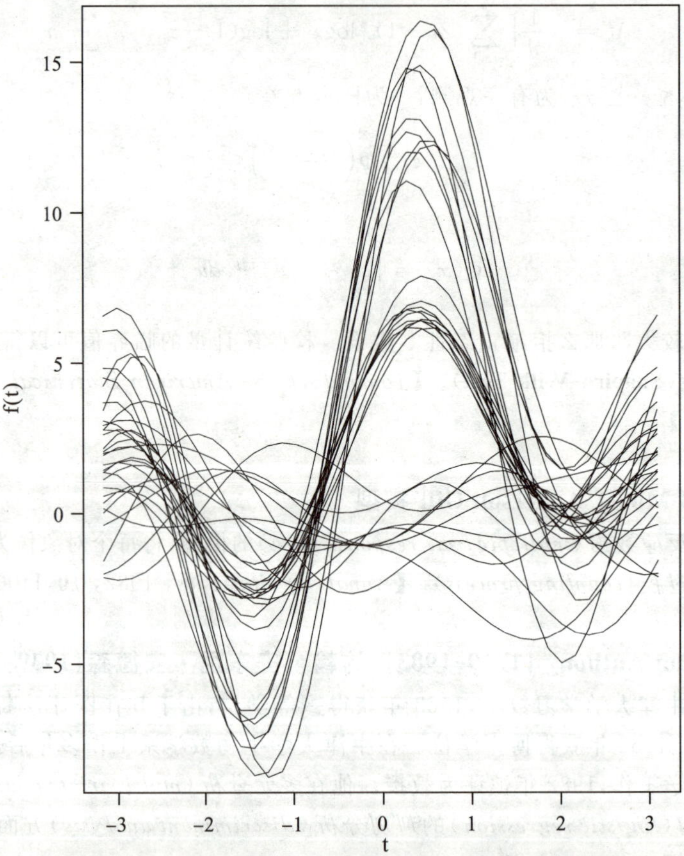

图3 30个五维观察的 Andrews 图,包含3个相对不同的组

Angle Count Method/角计算方法

估计那些由树木基地覆盖的森林面积比例的一种方法。观察者随机或系统地走进森林中一些点，计算正对该点角度大于等于某个预先给定的角度 2α 范围内的树木数。【*Spatial Data Analysis by Example*, Volume 1, 1985, G. Upton and B. Fingleton, Wiley, New York.】

Angler Survey/垂钓者调查

体育渔业管理者常用的调查，用来估计给定水域的总捕捉量、捕捞能力以及捕获率。例如，总能力可以用垂钓时间和每小时鱼的捕获率来估计。于是，总捕获量的估计就是总能力的估计与平均捕获率的乘积。

Angular Histogram/角直方图

采用圆圈环绕直方图来描述*圆形数据*（*circular data*）的一种方法。直方图中每一块都是以组区间的中点为中心，长度与组里的频率成正比。图 4 就是这种直方图，它描述的是在 12 个月内 254 个病人中 24 小时在重症监护病房的次数。参见：玫瑰图（**Rose Diagram**）。【*Statistical Analysis of Circular Data*, 1993, N. I. Fisher, Cambridge University Press, Cambridge.】

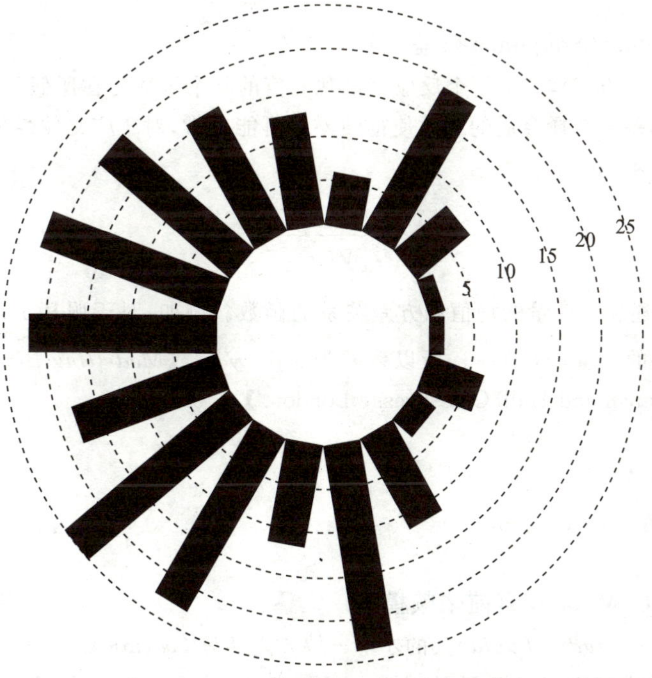

图 4　在重症监护病房里的次数

资料来源：N. I. Fisher, *Statistical Analysis of Circular Data*, 1993, 经剑桥大学出版社许可。

Angular Transformation/角变换

也称为反正弦变换（**Arc Sine Transformation**）。

A

Angular Uniform Distribution/角均匀分布

循环随机变量(*circular random variable*)θ的概率分布,定义为:

$$f(\theta)=\frac{1}{2\pi},\quad 0\leq\theta\leq 2\pi$$

【*Statistical Analysis of Circular Data*, 1993, N. I. Fisher, Cambridge University Press, Cambridge.】

Annealing Algorithm/退火算法

也称为模拟退火(**Simulated Annealing**)。

ANOVA/方差分析

方差分析(**Analysis of Variance**)的缩写。

Ansari-Bradley Test/Ansari-Bradley 检验

检验中位数相同的两个总体的方差是否相等。当总体服从正态分布时它远没有相应的*F-检验*(*F-test*)有效。参见:**Conover 检验(Conover Test),Klotz 检验(Klotz Test)**。【*Annals of Mathematical Statistics*, 1960, **31**, 1174-1189.】

Anscombe Residual/Anscombe 残差

一种*残差*(*residual*),基于一个反应变量观测值的某个函数与在所假设模型下拟合值的相同函数之间的差。选择合适的函数使得残差尽可能正常,对于*广义线性模型*(*generalized linear models*),函数为:

$$\int\frac{dx}{[V(x)]^{\frac{1}{3}}}$$

其中,$V(x)$是描述反应变量的均值和方差关系的函数。例如,对于服从*Poisson分布*(*Poisson distribution*)的变量,$V(x)=x$,所以残差为 $y^{\frac{2}{3}}-\hat{y}^{\frac{2}{3}}$。【*Modelling Binary Data*, 1991, D. Collett, Chapman and Hall/CRC Press, London.】

Antagonism/对抗

参见:**协同作用(Synergism)**。

Ante-Dependence Models/事前依赖模型

纵向数据(*longitudinal data*)集的*方差—协方差矩阵*(*variance-covariance matrix*)的模型,r阶的模型要求随机变量序列 $Y_1,Y_2,\cdots,Y_T$ 满足:对每个 $t>r$,$Y_t|Y_{t-1},Y_{t-2},\cdots,Y_{t-r}$与$Y_{t-r-1},\cdots,Y_1$ 条件独立。换句话说,一旦考虑了 Y_t 之前的 r 个观察,余下的后继观察不会包含关于 Y_t 的其他信息。模型对关于时间的方差或协方差的不变性没有约束,所以根据二阶矩,它不是*平稳的*(*stationary*)。这在实践中非常有用,因为由纵向研究所得到的数据的方差关于时间是递增的。【MV2 Chapter 13.】

Anthropometry/人体测量学

涉及人体测量研究的术语。例如,身高、体重这些直接测量,或者某个部位的表面积这些间接测量。

Anti-Ranks/反秩

对于随机样本 $X_1, \cdots, X_n$,随机变量 $D_1, \cdots, D_n$ 满足:

$$Z_1 = |X_{D_1}| \leq \cdots \leq Z_n = |X_{D_n}|$$

例如,如果 $D_1 = 2$,那么 X_2 是最小绝对值,Z_1 的秩为 1。【*Robust Nonparametric Statistical Methods*, 1998, T. P. Hettmansperger and J. W. McKean, Arnold, London.】

A-Optimal Design/A -最优设计

参见:**最优化准则(Criteria of Optimality)**。

A Posteriori Comparisons/事后比较

也称为验后比较(**Post-Hoc Comparisons**)。

Apparent Error Rate/表面错误率

也称为再替代错误率(**Resubstitution Error Rate**)。

Approximate Bootstrap Confidence (ABC) Method/近似自助置信(ABC)方法

根据*自助法*(*bootstrap*)得出近似置信区间的方法,不使用蒙特卡罗(Monte Carlo)复制。【*An Introduction to the Bootstrap*, 1993, B. Efron and R. J. Tibshirani, CRC/Chapman and Hall.】

Approximation/近似

为了实际应用得出的不准确但充分接近的结论。

A Priori Comparisons/先验比较

也称为计划比较(**Planned Comparisons**)。

Aranda-Ordaz Transformations/Aranda-Ordaz 变换

关于比例 p 的一类变换,定义为:

$$y = \ln\left[\frac{(1-p)^{-\alpha} - 1}{\alpha}\right]$$

当 $\alpha = 1$ 时,公式简化为 p 的 *logistic 变换*(*logistic transformation*)。当 $\alpha \to 0$ 时,上式为*互补对数变换*(*complementary log-log transformation*)。【*Modelling Binary Data*, 1991, D. Collett, Chapman and Hall/CRC Press, London.】

Arbuthnot, John (1667-1735)/约翰·阿巴思诺特(1667-1735)

阿巴思诺特出生于英国的因弗伯维。从1709年开始到1714年安娜女王去世为止，他是安娜女王的医生。他是乔纳森·斯威夫特(Jonathan Swift)的朋友，对现代人来说，乔纳森·斯威夫特作为反对马尔巴罗公爵的讽刺小册子的作者和英国人“约翰牛”(John Bull)原型的创作者而著名。他在统计方面声名鹊起是由于1710年他在《英国皇家学会哲学汇刊》上发表的一个简短批注，标题为“An argument for Divine Providence, taken from the constant regularity observ'd in the births of both sexs”。在这份批注中，他声称是出生性别比不可以控制，并用1629～1710年这82年间在伦敦接受洗礼的数据来支持他的观点。他推理的一部分被认为是现在的*符号检验*(*sign test*)。1704年，阿巴思诺特被推选为英国皇家学会院士。1735年2月27日于伦敦去世。

Archetypal Analysis/原型分析

多元数据的一种分析方法，将数据中每个个体作为单纯型或原型的个体混合。原型本身被限制为数据集中个体的混合。问题是寻找一组 $q\times 1$ 向量 $z_1,\cdots,z_p$，它们刻画多元数据 X 中原型模式。给定 $z_1,\cdots,z_p$，其中：

$$z_k=\sum_{j=1}^{n}\beta_{kj}x_j,\quad k=1,\cdots,p$$

且 $\beta_{ki}\geq 0, \sum_i \beta_{ki}=1$，定义 $\{\alpha_{ik}\}, k=1,\cdots,p$，它使得

$$\left\| x_i-\sum_{k=1}^{p}\alpha_{ik}z_k\right\|^2$$

在约束 $\alpha_{ik}\geq 0, \sum\alpha_{ik}=1$ 下最小。原型模式或原型定义为 $z_1,\cdots,z_p$ 的混合，它使得

$$\sum_i\left\| x_i-\sum_{k=1}^{p}\alpha_{ik}z_k\right\|^2$$

最小。当 $p>1$ 时，原型位于数据的*凸包*(*convex hull*)中；它们都是满足所有数据都可以表示原型的凸组合的极端数据。但是，原型本身不全是这样的，这是因为每一个都是数据中点的组合。【*Technometrics*, 1994, **36**, 338-347.】

Arc Sine Law/反正弦定律

以概率1/2取值1和−1的简单*随机游走*(*random walk*)的近似应用，可以用来简单计算累积得分为正数或负数时次数的分数的概率。这种近似法表示如下：给定 $\alpha(0<\alpha<1)$，当 $n\rightarrow\infty$ 时，累积得分为正数时次数的分数 k/n 小于 α 的概率趋向于

$$2\pi^{-1}\arcsin(\alpha^{\frac{1}{2}})$$

例如，如果抛一个均匀的硬币，365天中每秒抛一次，那么超过364天和10小时一直领先的非常幸运的参与者的概率为0.05。很少的人会相信一个均匀的硬币会在连续抛百万次一直处于领先，如果有则说明这个硬币不均匀。大多数人直观地感觉 k/n 最有可能接近1/2。事实正好相反。接近1/2的数值的可能性最小，极端取值 $k/n=1$ 和 $k/n=0$ 的可能性最大。图5表示累积抛5 000次均匀硬币[Pr(正面向上)=Pr(反面向上)=1/2]的试验结果，正面向上的得分为1，反面向上的得分为−1。注意连续穿越 $y=0$ 的波长，即交替连续的波长。

【*An Introduction to Probability Theory and its Applications*, Volume 1, 3rd Edition, 1968, W. Feller, Wiley, New York.】

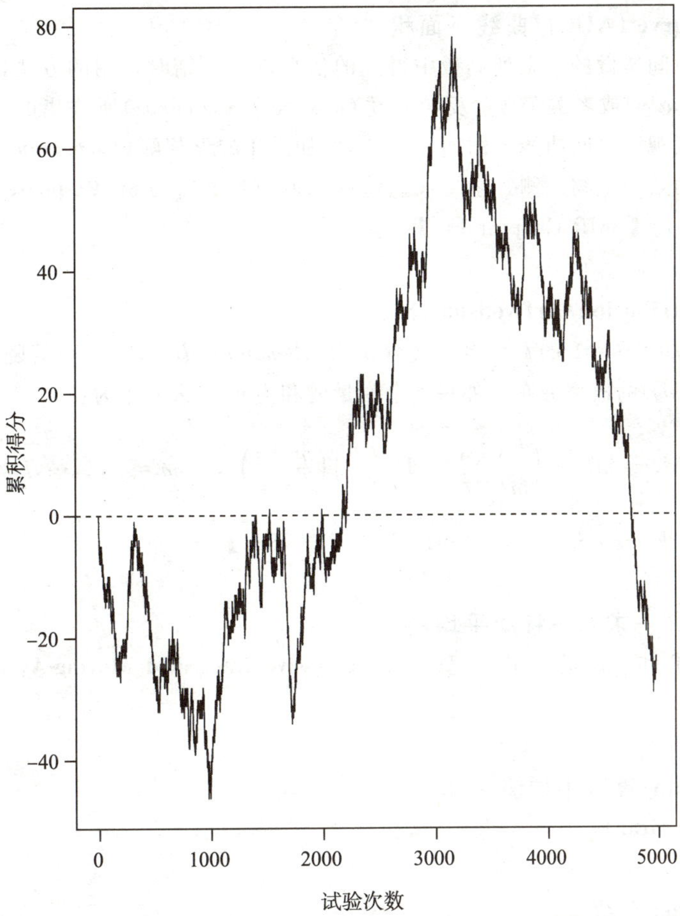

图 5　5 000 次抛均匀硬币的结果(正面向上得分为 1,反面向上得分为 −1)

Arc Sine Transformation/反正弦变换

这是关于比例 p 的变换,可以使得方差稳定,生成更适合采用如*方差分析*(*analysis of variance*)和回归分析这些方法的数值。变换定义为:

$$y=\sin^{-1}\sqrt{p}$$

【*Modelling Binary Data*, 1991, D. Collett, Chapman and Hall/CRC Press, London.】

ARE/渐近相对效率

渐近相对效率(**Asymptotic Relative Efficiency**)的缩写。

Area Sampling/区域抽样

一种抽样模型,将地理区域划分成更小的区域(国家、乡村、城市街区等),有些区域是随

A

机选取的，这些被选取的区域作为子样本或被彻底调查。参见：**整群抽样**(**Cluster Sampling**)。【*Handbook of Area Sampling*, 1959, J. Monroe and A. L. Fisher, Chilton, New York.】

Area Under Curve (AUC)/曲线下面积

从个人随时间所做的一系列测量中得到的信息进行总结时常用的方法，如对*纵向研究*(*longitudinal study*)或者关于*剂量反应曲线*(*dose-response curve*)所收集的信息进行总结。通常将两个连续观测之间曲线下的面积相加，例如采用*梯形规则*(*trapezium rule*)相加。常用于如毒性或功效的生物预测。参见：**C_{max}值**(**C_{max}**)，**响应特征分析**(**Response Feature Analysis**)，**T_{max}值**(T_{max})。【SMR Chapter 14.】

Arfwedson Distribution/Arfwedson 分布

概率 $p_1=p_2=\cdots=\beta_k$ 的 k 个*多项式分布*(*multinomial distribution*)的随机变量之间取值为 0 的数目(M_0)的概率分布。如果 k 个变量的和为 n，那么分布为：

$$\Pr(M_0=m)=\binom{k}{m}\sum_{i=0}^{m}(-1)^i\binom{m}{i}\left(\frac{m-i}{k}\right)^n,\quad m=0,1,\cdots,k-1$$

【*Skandinavisk Aktuarletidskrift*, 1951, **34**, 121-132.】

ARIMA/自回归—求和—移动平均模型

自回归—求和—移动平均模型(**Autoregressive Integrated Moving-Average Model**)的缩写。

Arithmetic Mean/算术平均值

参见：**均值**(**Mean**)。

Arjas Plot/Arjas 作图

检验 *Cox 比例风险模型*(*Cox's proportional hazards model*)拟合程度的一种程序，对于协变量取值的不同组，将事件的观测数和期望数看成时间的函数进行比较。【*Journal of the American Association*, 1988, **83**, 204-212.】

ARMA/自回归移动平均模型

自回归移动平均模型(**Autoregressive Moving-Average Model**)的缩写。

Armitage-Doll Model/Armitage-Doll 模型

一种癌变模型，其中心思想是：决定风险变化的重要变量不是年龄而是时间。模型认为特定组织的癌症按以下过程发展：

- 正常细胞通过一系列中间步骤的少量变换发展为癌细胞；
- 最初，有风险的正常细胞数目非常大，对每个细胞，变换是罕见的；
- 变换彼此相互独立。

【*Proceedings of the 4th Berkeley Symposium on Mathematical Statistics and Probabili-*

ty，1961，L. M. LeCam and J. Neyman（eds.），University of California Press，Berkeley.】

Armitage-Hill Test/Armitage-Hill 检验

检验 *2×2 交叉设计*（*two-by-two crossover design*）中的*结转效应*（*carry-over effect*），其中，反应变量为*二进制变量*（*binary variable*）。

Artificial Intelligence/人工智能

试图理解最广义的智能行为的一门学科，它通过电脑重现智能行为，以及生产具有智能行为的机器（智能行为包括推理、思考和学习）。参见：人工神经网络手模式识别（**Artificial Neural Network Hand Recognition**）。【*Artificial Intelligence Frontiers in Statistics*，1993，D. J. Hand，Chapman and Hall/CRC Press，London.】

Artificial Neural Network/人工神经网络

将人类神经网络模型化的数学结构，在设计时需要处理许多统计问题，特别是在*模式识别*（*pattern recognition*）、多元分析、学习和记忆这些领域中。这种结构的基本特征是将简单的加工元素[*人工神经元*（*artificial neurons*）]在硬件或软件中耦合在一起使得它们可以合作的网络。根据一个"输入"的集合以及参数的相关集，人工神经元将生产出对所调查的问题给出解答的"输出"。在许多神经网络中，一个神经元所接受的输入与它的输出之间的关系由一个*广义线性模型*（*generalized linear model*）决定。最常见的形式是*前馈网络*（*feed-forward network*），它基本上是*感知器*（*perceptron*）思想的扩展。在这种网络中，顶点是可数的，从一个顶点到另一个顶点之间的所有连接数目很大；顶点是分层排列的，只与上一层顶点连接，见图 6。每个神经元将它的输入汇总，形成总输入 x_j，对 x_j 作用函数 f_j 得到输出 y_j。连接含有通过因子乘以经它们传输的信号的权数。类似于统计员的许多思想和活动都可以用神经网络符号来描述，包括回归分析、*广义可加模型*（*generalized additive models*）以及*判别分析*（*discriminant analysis*）。在任何实际问题中，在统计方面指定合适的网络架构等价于指定一个合适的模型，关于一个训练集表现良好的培训网络等价于根据给定数据估计模型的参数。【*Pattern Recognition and Neural Networks*，1996，B. D. Ripley，Cambridge University Press，Cambridge.】

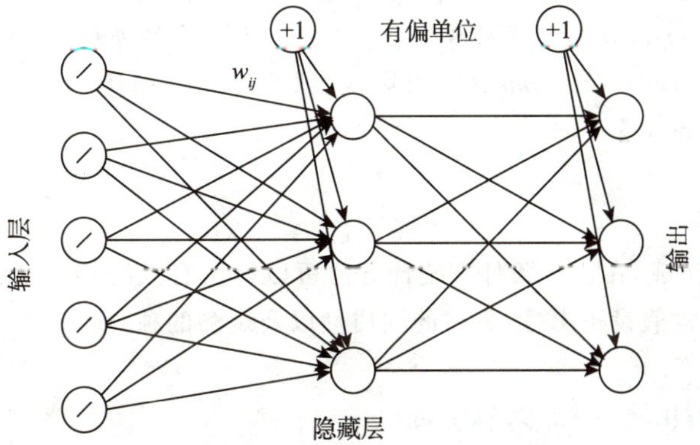

图 6 解释前馈网络的图

A

Artificial Neuron/人工神经元

参见:人工神经网络(**Artificial Neural Network**)。

Artificial Pairing/人工配对

参见:配对样本(**Paired Samples**)。

Ascertainment Bias/确认偏差

一种*偏差*(*bias*)形式,特别是在*回顾性研究*(*retrospective studies*)中,由风险因子的暴露与检测所讨论事件的概率之间的关系所引起的偏差。例如,在患子宫颈癌妇女和对照组的比较研究中,在已知服用避孕药的妇女中由于更频繁地筛查可能会导致过量服用口服避孕药。【SMR Chapter 5.】

ASN/平均样本数

平均样本数(**Average Sample Number**)的缩写。

As-Randomized Analysis/按随机化分析

也称为意向治疗分析(**Intention-to-Treat Analysis**)。

Assignment Method/分配方法

也称为判别分析(**Discriminant Analysis**)。

Association/关联,相关

描述两个变量之间关系的术语。本质上是*相关*(*correlation*)的同义词。经常在形成2×2列联表(two-by-two contingency table)的二进制变量的研究中使用。参见:**Φ 系数(Phi-Coefficient),Goodman-Kruskal 关联度量(Goodman-Kruskal Measures of Association)**。【SMR Chapter 11.】

Assortative Mating/选型交配

一种非随机交配形式,其中两个个体间交配的概率受到它们的*表型*(*phenotypes*)[*表型品种*(*phenotypic assortment*)]、*基因型*(*genotypes*)[*基因型品种*(*genotypic assortment*)]和*环境*[*文化品种*(*cultural assortment*)]的影响。【*Statistics in Human Genetics*, 1998, P. Sham, Arnold, London.】

Assumptions/假设

它由一些条件组成,在这些条件下统计方法可以得出有效结论。例如,*方差分析*(*analysis of variance*)通常假设正态性、方差的同质性以及观测的独立性。

Asymmetrical Distribution/非对称分布

关于某个中心值不是对称的概率分布或频率分布。例如,*指数分布*(*exponential distribution*)和 *J 形分布*(*J-shaped distribution*)。【KA1 Chapter 1.】

Asymmetric Maximum Likelihood (AML)/非对称极大似然估计

极大似然估计(*maximum likelihood estimation*)的变形,用来估计和描述*广义线性模型*(*generalized linear model*)中的*离差*(*overdispersion*)。

Asymmetric Proximity Matrices/非对称邻近矩阵

一种*邻近矩阵*(*proximity matrices*),它的第 i 行 j 列和第 j 行 i 列非对角元素不相等。例如,一个国籍的男人和另一个国籍的女人之间的婚姻数目,移民统计,以及一本杂志被另一本杂志引用的次数。关于这种矩阵的*多维比例*(*multidimensional scaling*)方法一般将矩阵标准分解为一个对称矩阵和一个反对称矩阵的和。【MV1 Chapter 5.】

Asymptotically Unbiased Estimator/渐近无偏估计量

随着样本容量 n 增加趋于无偏的参数估计量。例如:

$$s^2 = \frac{1}{n}\sum_{i=1}^{n}(x_i - \bar{x})^2$$

不是总体方差 σ^2 的无偏估计量,因为它的数学期望为:

$$\frac{n-1}{n}\sigma^2$$

但它是渐近无偏的。【*Normal Approximation and Asymptotic Expansions*, 1976, R. N. Bhattacharya and R. Rao, Wiley, New York.】

Asymptotic Distribution/渐近分布

对于 n 个不同的随机变量,当 $n\to\infty$ 时按某种方法得出的随机变量的极限概率分布。例如,当 n 充分大时,n 个服从*均匀分布*(*uniform distribution*)的随机变量的均值服从正态分布。【KA2 Chapter 25.】

Asymptotic Efficiency/渐近有效

当参数的估计服从均值为参数的真值,方差为 *Cramér-Rao 下界*(*Cramér-Rao lower bound*)的正态分布时使用的术语。参见:超有效(**Superefficient**)。【KA2 Chapter 25.】

Asymptotic Method/渐近方法

也称为大样本方法(**Large Sample Method**)。

Asymptotic Relative Efficiency/渐近相对有效

随着样本容量增加,两个参数估计量的极限的*相对效率*(*relative efficiency*)。【KA2 Chapter 25.】

Atlas Mapping/Atlas 映射

用于调查特定物种分布状况的生物地理方法,观测都记录在网络单元格中。这种地图都是*地理信息系统*(*geographical information systems*)的例子。【*Biometrics*, 1995,

A

51，393－404.】

Attack Rate/罹患率

该术语常用于特定人群中，或者是有限的时间段，或者在如流行病这种特殊环境中某种疾病的发病率。例如，讨论食品中毒爆发时，可以通过食用某种特殊食品的人数和未食用该食品的人数来计算罹患率。【*Epidemiology Principles and Methods*，1970，B. MacMahon and T. F. Pugh，Little，Brown and Company，Boston.】

Attenuation/衰减

讨论当两个变量都含有测量误差时两者之间的相关性时所使用的术语，它表明“真值”之间的相关性取值可能被低估。参见：回归稀释(**Regression Dilution**)。【*Biostatistics*，1993，L. D. Fisher and G. Van Belle，Wiley，New York.】

Attributable Response Function/归因反应函数

数值协变量 x 关于二进制反应概率的影响进行汇总的函数 $N(x,x_0)$。假设在有限总体中存在 $m(x)$ 个协变量水平为 x 的个体，反应概率为 $\pi(x)$，则 $N(x,x_0)$ 定义为：

$$N(x,x_0)=m(x)\{\pi(x)-\pi(x_0)\}$$

函数表示协变量为 x 而不是 x_0 的反应。当 $x\geq x_0$ 时，函数表明了总反应中不同协变量的重要性。【*Biometrika*，1996，**83**，563－573.】

Attributable Risk/归因危险度

暴露与某种特定因子和患某种特定疾病之间的相关性的度量，定义为：

$$\frac{\text{暴露人群中的发病率}-\text{未暴露人群中的发病率}}{\text{暴露人群中的发病率}}$$

这测量了某个特定因子的发病率。参见：相对危险度(**Relative Risk**)，预防分数(**Prevented Fraction**)。【*An Introduction to Epidemiology*，1983，M. Alderson，Macmillan，London.】

Attrition/自然减员

在*纵向研究*(*longitudinal study*)期间对象的减少。这种情形的发生有多种原因，例如，对象迁出该区域，由于对象关于给定的治疗产生不利的副作用而离去，等等。在数据分析中这种现象的出现会带来许多问题。参见：缺失值(**Missing Values**)，**Diggle-Kenward** 丢失模型(**Diggle-Kenward Model for Dropouts**)。

AUC/曲线下面积

曲线下面积(**Area Under Curve**)的缩写。

Audit in Clinical Trials/临床试验中的审计

确保在复杂的*临床试验*(*clinical trials*)中收集的数据是高品质的过程。【*Controlled Clinical Trials*，1995，**16**，104－136.】

Audit Trial/审计跟踪

保存*数据库*(*database*)更改记录的计算机程序。

Autocorrelation/自相关

时间序列(*time series*)中观测值的内部相关性，通常为观测值间的时间滞后的函数。也用于*空间数据*(*spatial data*)集中不同距离设置点之间的相关性[*空间自相关*(*spatial autocorrelation*)]。滞后 k 处自相关 $\gamma(k)$ 定义为：

$$\gamma(k)=\frac{E(X_t-\mu)(X_{t+k}-\mu)}{E(X_t-\mu)^2}$$

其中，X_t，$t=0,\pm1,\pm2,\cdots$ 为序列的取值，μ 是序列的均值，E 表示数学期望。相应的样本统计量为：

$$\hat{\gamma}(k)=\frac{\sum_{t=1}^{n-k}(x_t-\bar{x})(x_{t+k}-\bar{x})}{\sum_{t=1}^{n}(x_t-\bar{x})^2}$$

其中，$\bar{x}$ 为可观测值 $x_1,x_2,\cdots,x_n$ 的均值。自相关的样本值关于滞后的图形称为*自相关函数*(*autocorrelation function*)或*相关图*(*correlogram*)，是分析时间序列特别是表明时间序列的合适模型时所使用的基本工具。例子见图 7。$\gamma(k)$ 的分子为*自协方差*(*autocovariance*)。自协方差关于滞后的图称为*自协方差函数*(*autocovariance function*)。【TMS Chapter 2.】

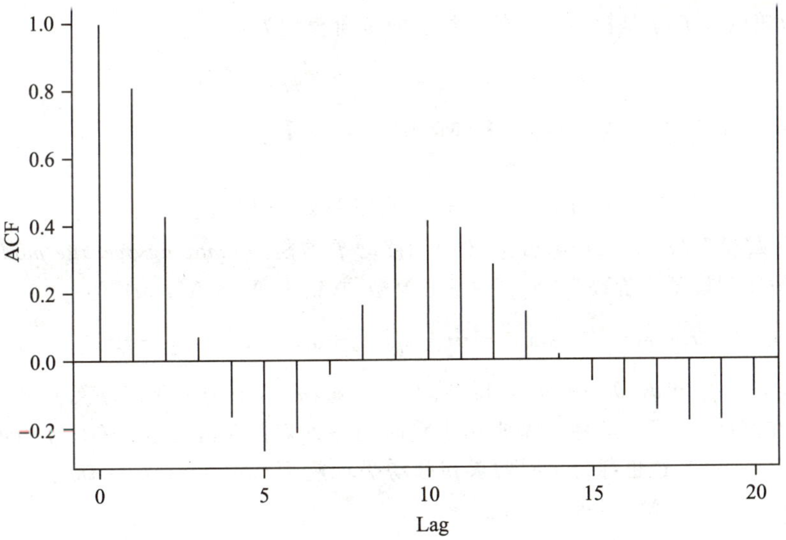

图 7　一例自相关函数

Autocorrelation Function/自相关函数

参见：自相关(**Autocorrelation**)。

Autocovariance/自协方差

参见：自相关(**Autocorrelation**)。

A

Autocovariance Function/自协方差函数

参见:自相关(**Autocorrelation**)。

Automatic Interaction Detector (AID)/自动交互检测

使用一组分类解释变量将数据分组的方法,要求每一组的数据关于所讨论的连续反应变量的取值相对同质。在每个阶段,根据解释变量将一组分成两个部分,分类的子集给出其中的一部分,余下的分类属于另一部分。在所有可能的分组中,选择反应变量组间平方和最大的分组。最后形成的分组在预测未来某次观测处反应变量的取值时非常有用。参见:分类与回归树技术(**Classification and Regression Tree Technique**),χ^2 -自动交互检测(**Chi-Squared Automated Interaction Detector**)。【*Journal of the American Statistical Society*, 1963, **58**, 415-434.】

Autoregressive Integrated Moving-Average Models/自回归求和移动平均模型

参见:自回归移动平均模型(**Autoregressive Moving-Average Model**)。

Autoregressive Model/自回归模型

模型主要用于*时间序列*(*time series*)的分析,在时间序列中假设时刻 t 处的观测 x_t 是序列以前的观测值的线性函数。例如,*一阶自回归模型*(*first-order autoregressive model*)的形式为:

$$x_t = \phi x_{t-1} + a_t$$

其中,a_t 为随机干扰,ϕ 是模型的参数。相应的 p 阶模型为:

$$x_t = \phi_1 x_{t-1} + \phi_2 x_{t-2} + \cdots + \phi_p x_{t-p} + a_t$$

这里包含了 p 个参数 $\phi_1, \phi_2, \cdots, \phi_p$。【TMS Chapter 4.】

Autoregressive Moving-Average Model/自回归移动平均模型

将*自回归模型*(*autoregressive model*)和*移动平均模型*(*moving-average model*)结合在一起的时间序列模型。阶数为(p,q)的一般模型[常记为 ARMA(p,q)]为:

$$x_t = \phi_1 x_{t-1} + \phi_2 x_{t-2} + \cdots + \phi_p x_{t-p} + a_t - \theta_1 a_{t-1} - \cdots - \theta_q a_{t-q}$$

其中,$\phi_1, \phi_2, \cdots, \phi_p$ 和 $\theta_1, \theta_2, \cdots, \theta_q$ 是模型的参数,$a_t, a_{t-1}, \cdots$ 为*白噪声序列*(*white noise sequence*)。在某些情形下,这种模型常用于将时间序列观测值经过*差分*(*differencing*)后变得*平稳*(*stationary*),这也称为*自回归求和移动平均模型*(*autoregressive integrated moving-average models*)。【TMS Chapter 4.】

Auxiliary Variable Techniques/辅助变量法

对*分层模型*(*hierarchical model*)进行 *Bayesian 推断*(*Bayesian inference*)的研究中提高 *Gibbs 抽样*(*Gibbs sampling*)的性能的一种方法。【*Journal of the Royal Statistical Society, Series B*, 1993, **55**, 25-37.】

Available Case Analysis/可用病例分析

在多元数据集中处理*缺失值*(*missing value*)的一种方法,对所讨论的变量或两个变量根据所有没有缺失值的可用对象计算均值、方差、协方差等。虽然这种方法使用了尽可能多的数据，但仍存在许多缺点。其中一个缺点就是汇总统计依赖于不同的观测次数。更多的问题是：它会导致在如*主成分分析*（*principle components analysis*）和*因子分析*（*factor analysis*）这些多元分析方法中*方差—协方差矩阵*（*variance-covariance matrices*）和*相关矩阵*（*correlation matrices*）的性质不令人满意。【*Analysis of Incomplete Multivariate Data*，1997，J. L. Schafer，Chapman and Hall/CRC Press，London.】

Average/平均

经常用于观测的样本的算术平均，也用于如中位数这种位置度量。

Average Age at Death/平均死亡年龄

将*预期寿命*（*life expectancy*）和死亡率的其他方面进行汇总的一种有缺陷的统计。例如，对于整个美国男性人口，比较男性交响乐团指挥的平均死亡年龄的研究表明指挥平均多活 4 年。但是，这种差异是一种错觉，因为年龄是根据生日计算的，计算平均寿命时在美国男性人口中那些在婴儿期和儿童时期就死亡的人也被包括在内，而只有那些活下来称为指挥的男人才能进入指挥组群。当婴儿死亡率和围产期死亡率都考虑以后，寿命的这种明显差异就消失了。【*Methodological Errors in Medical Research*，1990，B. Anderson，Blackwell Scientific，Oxford.】

Average Deviation/平均偏差

一种很少使用的样本观测值分散程度的度量。定义为：

$$\text{平均偏差} = \frac{\sum_{i=1}^{n} |x_i - \bar{x}|}{n}$$

其中，$x_1, x_2, \cdots, x_n$ 为样本值，$\bar{x}$ 为样本均值。

Average Linkage/平均连接

一种*凝聚层次聚类法*（*agglomerative hierarchical clustering method*），将一个集群中成员到另一个集群中成员的平均距离作为组间距离的度量。图 8 中解释了这种距离。【MV2 Chapter 10.】

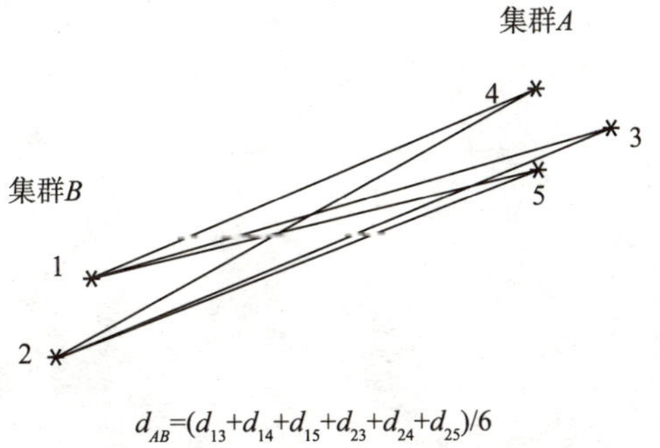

图 8　两个集群之间的平均连接距离

A

Average Man/平均男性

参见:阿道夫·凯特勒(**1796－1874**)[**Quetelet, Adolphe(1796－1874)**]。

Average Sample Number (ASN)/平均样本数

用来描述*序列分析*(*sequential analysis*)性质的量,作出接受零假设或备选假设因而中止抽样这种决策所必需的样本容量的期望值。【KA2 Chapter 24.】

B

B

b632 Method/b632 方法

在以*自助法*(*bootstrap*)为基础的*判别分析*(*discriminant analysis*)中*错误率估计*(*error rate estimation*)的程序,它包含以下步骤:

(1) 从原始数据中随机抽取一个*自助样本*(*bootstrap sample*)。

(2) 根据自助样本得出的分类方法将自助样本所缺失的观测值分类。

(3) 多次重复(1)和(2),计算平均自助*分类矩阵*(*classification matrix*)C_b。

(4) 根据原始数据计算再替代分类矩阵 C_r。

(5) 分类矩阵的 b632 估计量为 $0.368C_r+0.632C_b$,由此得出所要的错误率估计。

【*Technometrics*, 1996,**38**, 289 - 299.】

B_k Method/B_k 方法

用于生成重叠集群的一种*聚类分析*(*cluster analysis*)方法。最多 $k-1$ 个对象属于任意两个集群的重叠。当 $k=1$ 时,这个过程就是*单联聚类*(*single linkage clustering*)。【*Classification*, 2nd edition, 1999, A. D. Gordon, CRC/Chapman and Hall, London.】

Babbage, Charles (1792-1871)/查尔斯·巴贝奇(1792-1871)

巴贝奇出生于德文(Devon)的廷茅斯(Teignmouth),在剑桥大学三一学院学习数学,1814 年毕业。他的早期工作是研究函数理论和现代代数。1816 年巴贝奇当选为英国皇家学会院士。1828~1839 年间,他担任三一学院数学系系主任。19 世纪 20 年代,巴贝奇发明了形成和印制用于导航的数学表的"差分机",花费了很多金钱与时间发展和完善他的计算机器。他的想法太过庞大,以致根据当时的设备无法实现,但可以看出他的想法包含了现代电子计算机最基本的萌芽。巴贝奇被认为是现代计算机的先驱。

Back-Calculation/回算

也称为后向投影(**Back-Projection**)。

Back-Projection/后向投影

根据艾滋病的发病数据重建可信的艾滋病毒感染曲线。方法假设艾滋病的*潜伏期*(*incubation period*)的概率分布可以根据单独的*队列研究*(*cohort studies*)精确估计,然后利用这个分布将艾滋病的发病数据后向投影，重新构造艾滋病毒*流行曲线*（*epidemic curve*），这就得出可观测的艾滋病发病数据。【*Statistics in Medicine*，1994，**13**，1865－1880.】

Back-to-Back Stem-and-Leaf Plots/返回茎叶图

对两个分布进行比较的方法，通过在两组数据的茎叶图中“悬挂”两组叶子并去掉相同茎的任意一方。图 9 给出了一个例子。

服用前		服用后
	12	9
	13	1 6
8 6	14	5 7 7
4	15	1 7
9 7 0	16	5 6 8 8
6 4 3	17	9
7 5	18	0
8	19	
0	20	1

图 9　在服用药物卡托普利之前和用药两小时后 15 个人的收缩压的返回茎叶图

Backward Elimination Procedure/淘汰落后程序

参见：回归中的选择方法(**Selection Methods in Regression**)。

Backward-Looking Study/后顾性研究

也称为*回顾性研究*（*retrospective study*）。

Backward Shift Operator/后移算子

在*时间序列*（*time series*）分析中使用的数学算子，记为 B。当对序列作用这个算子时观测值后移一个时间单位，例如，如果 x_t 表示时间序列的取值，则：

$$Bx_t = x_{t-1}$$
$$B(Bx_t) = B(x_{t-1}) = x_{t-2}$$

Bagging/套袋

用于生成在分类问题中*训练集*（*training set*）的复制，以及生成每个复制上的*分配规则*（*allocation rule*）。【*Statistical Pattern Recognition*，1999，A. Webb，Arnold，London.】

Bagplot/袋状图

在*二元数据*（*bivariate data*）中检测*异常点*（*outlier*）的方法。图形将位置、范围、相关、*偏斜度*（*skewness*）以及数据的尾部具体化，无需假设数据服从对称的分布。【*American Statistician*，1999，**53**，382－387.】

Balaam's Design/Balaam 设计

用来测试两种疗法 A 和 B 之间差异的设计，其中病人随机地接受四种排序 AA、AB、BA、BB 中的一种。参见：交叉设计(**Crossover Design**)。【*Statistics in Medicine*，1988，**7**，471－482.】

Balanced Design/平衡设计

对实验因子的每个组合进行相同次数观测的实验设计。

Balanced Incomplete Block Design/平衡不完全区组设计

在所有区组中不是所有的治疗都使用的设计。这种设计具有下列性质:

- 每个区组包含相同数目的个体;
- 在所有区组中每种疗法使用次数相同;
- 每对疗法组合对一个区组使用时次数与其他对疗法的次数相同。

在医学中,常用这种设计可以避免要求对象接受不切实际的次数的治疗询问,这样也就可以出现缺失值的问题。例如,在关于 5 种治疗的研究中,可以只要求对象接受 3 次访问。这种情形中一种可能的平衡不完全区组设计如下:

病人	访问1	访问2	访问3
1	T_4	T_5	T_1
2	T_4	T_2	T_5
3	T_2	T_4	T_1
4	T_5	T_3	T_1
5	T_3	T_4	T_5
6	T_2	T_3	T_1
7	T_3	T_1	T_4
8	T_3	T_5	T_2
9	T_2	T_3	T_4
10	T_5	T_1	T_2

【*Experimental Designs*, 2nd edition, 1957, W. Cochran and G. Cox, Wiley, New York.】

Balanced Incomplete Repeated Measures Design (BIRMD)/平衡不完全重复度量设计

N 个随机选取的实验单位和对每个单位采用的 k 种疗法的分配方法,其中每个单位接受 k_1 种疗法,$1 \leq k_1 \leq k$,每种疗法针对 r 个实验单位,每对疗法进行 λ 次治疗。参见:不完全区组(**Balanced Incomplete Blocks**)。

Balanced Longitudinal Data/平衡纵向数据

参见:纵向数据(**Longitudinal Data**)。

Balanced Repeated Replication (BRR)/平衡重复复制

对从原始数据集中生成一组"平衡的"伪复制数据集进行研究时方差估计常用的方法。对于参数 θ 的估计量 $\hat{\theta}$,方差估计为偏差 $\hat{\theta}^{(r)} - \hat{\theta}$ 的均方,其中 $\hat{\theta}^{(r)}$ 是基于第 r 次复制数据集得到的估计。参见:折刀法(**Jackknife**)。【*Journal of the American Statistical Association*, 1970, **65**, 1071 - 1094.】

B

Balancing Score/平衡评分

也称为倾向评分(**Propensity Score**)。

Ballot Theorem/投票定理

令 $X_1, X_2, \cdots, X_n$ 是相互独立的随机变量,都服从 $\Pr(X_i=1)=\Pr(X_i=-1)=\frac{1}{2}$ 的 *Bernoulli* 分布(*Bernoulli distribution*)。定义 S_k 为这些变量的前 k 次观测值的和,即 $S_k=X_1+X_2+\cdots+X_k$,令 a 和 b 是非负整数,且 $a-b>0$,$a+b=n$,则:

$$\Pr(S_1>0, S_2>0, \cdots, S_n>0 \mid S_n=a-b)=\frac{a-b}{a+b}$$

如果+1表示给候选人A投票,−1表示给候选人B投票,那么 S_k 是记录 k 次投票时投给A和B的票数之差;所给出的概率是给定A有 a 张选票B有 b 张选票时A一直领先B的概率。【*An Introduction to Probability Theory and its Applications*, Volume 1, 3rd edition, 1968, W. Feller, Wiley, New York.】

BAN/最佳渐近正态估计量

最佳渐近正态估计量(**Best Asymptotically Normal Estimator**)的缩写。

Banach's Match-Box Problem/Banach 火柴盒问题

某人拥有两个火柴盒,一个放在左边口袋里,另一个放在右边口袋里。最初每个火柴盒有 N 根火柴。当他想要用火柴时,随机挑选一个口袋从中选1根,那么这种连续选择构成了 $p=\frac{1}{2}$ 的 *Bernoulli* 试验(*Bernoulli trials*)。第一次这个人发现一个盒子是空的,而另一个盒子中可能有 $0,1,2,\cdots,N$ 根火柴。在另一个盒子中还留有的火柴数 R 的概率分布为:

$$\Pr(R=r)=\binom{2N-r}{N}\frac{1}{2}^{(2N-r)}$$

例如,$N=50$ 时,在第二个火柴盒中留有不超过10根火柴的概率为0.754。【*An Introduction to Probability Theory and its Applications*, Volume 1, 3rd edition, 1968, W. Feller, Wiley, New York.】

Bancroft, Theodore Alfonso (1907-1986)/西奥多·阿方索·班克罗夫特(1907-1986)

班克罗夫特出生于美国密西西比州哥伦布市。在佛罗里达大学获得了数学一等学位。1943年,他完成了题为"Tests of Significance Considered as an Aid in Statistical Methodology"的论文,获得了数理统计博士学位。1950年他成为爱荷华农业与家政学院统计系经济实验室主任。他的主要研究领域是不完全设定模型。1970年他成为美国统计学会主席。1986年7月26日于爱荷华州的埃姆斯去世。

Bandwidth/带宽

参见:核估计(**Kernel Estimation**)。

B

Bar Chart/条形图

将数据分成(经常是无序的)几类的图形表示形式。每一类用等宽的矩形条表示,高度为这一类中可观测频率,如图 10 所示。参见:**直方图(Histogram)**,**分量条形图(Component Bar Chart)**。

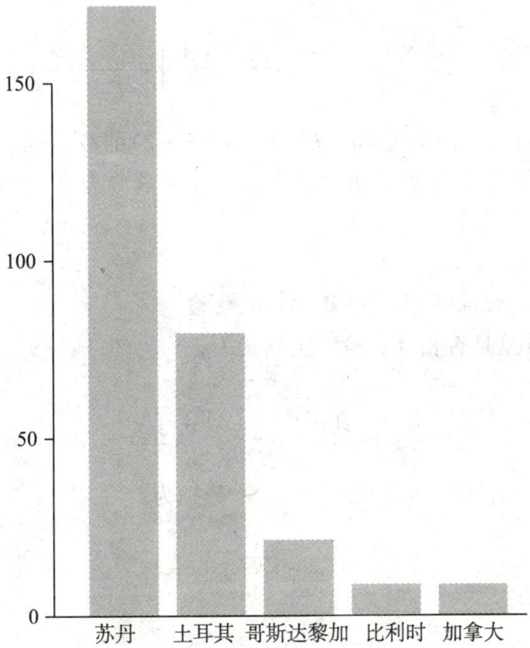

图 10　5 个不同国家中每 1 000 名 5 岁以下存活儿童的死亡率的条形图

Barrett and Marshall Model for Conception/Barrett 和 Marshall 受孕模型

一种在特定的月经周期中受孕概率的生物可行性模型,模型中假设不同天采用的精子表现是独立的。模型为:

$$P(\text{在周期 } k \text{ 中受孕} \mid \{X_{ik}\}) = 1 - \prod_i (1 - p_i)^{X_{ik}}$$

其中,X_{ik} 是取值为 0,1 的随机变量,对应于在估计的排卵日(第 0 天)这个特殊日子是否性交。参数 p_i 为只在第 i 天性交受孕的概率。参见:**EU 模型(EU Model)**。

Bartholomew's Likelihood Function/Bartholomew 似然函数

可观测的已知完整的生存期,以及对在研究结束的日子或观测期的其他端点仍活着的个人迄今存活的度量的联合概率分布。【*Journal of the American Statistical Association*, 1957, **52**, 350-355.】

Bartlett's Adjustment Factor/Bartlett 调整因子

*似然比(likelihood ratio)*的修正项,使得 χ^2 *分布(chi-squared distribution)*能更准确地近似它的概率分布。【*Multivariate Analysis*, 1979, K. V. Mardia, J. T. Kent, and J. M. Bibby, Academic Press, London.】

B

Bartlett's Test for Eigenvalues/Bartlett 特征值检验

关于*方差—协方差矩阵*(*variance-covariance matrix*)后面 $q-k$ 个特征值 $\lambda_{k+1},\cdots,\lambda_q$ 都为 0 的零假设的大样本检验。检验统计量为：

$$X^2=-\nu\sum_{j=k+1}^{q}\ln(\lambda_j)+\nu(q-k)\ln\left[\frac{\sum_{j=k+1}^{q}\lambda_j}{q-k}\right]$$

在零假设下，X^2 服从自由度为 $(1/2)(q-k-1)(q-k+2)$ 的 χ^2 *分布*(*chi-squared distribution*)，其中 ν 是关于协方差矩阵的自由度。主要用于*主成分分析*(*principal components analysis*)。【MV1 Chapter 4.】

Bartlett's Test for Variances/方差的 Bartlett 检验

检验 k 个总体的方差是否相等。检验统计量为：

$$B=\left[\nu\ln s^2+\sum_{i=1}^{k}\nu_i\ln s_i^2\right]/C$$

其中，s_i^2 是总体 i 的方差估计，自由度为 ν_i，ν 和 S^2 分别为：

$$\nu=\sum_{i=1}^{k}\nu_i$$

$$s^2=\frac{\sum_{i=1}^{k}\nu_i s_i^2}{\nu}$$

以及

$$C=1+\frac{1}{3(k-1)}\left[\sum_{i=1}^{k}\frac{1}{\nu_i}-\frac{1}{\nu}\right]$$

在总体方差相同的假设下，B 服从自由度为 $k-1$ 的 χ^2 *分布*(*chi-squared distribution*)。这有时在*方差分析*(*analysis of variance*)之前使用，用来评估方差齐性的假设。它的实用价值有限，因为它关于非正态分布的敏感性，所以它的结论可能是由于非正态性而表现出不同的方差。参见：**Box 检验(Box's Test)**，**Hartley 检验(Hartley's Test)**。【SMR Chapter 9.】

Baseline Balance/基线平衡

用于描述*临床试验*(*clinical trial*)中每组之间可观测的基线特征的相同性。传统的实验表明在评估从临床结果得出治疗效果之前，根据每组的基线度量和观测值每组之间必须可以比较，通常采用合适的显著性检验。这种检验经常受到喜欢预后变量而表示试验前确认然后使用*协方差分析*(*analysis of covariance*)的统计学家的批评。【SMR Chapter 15.】

Baseline Characteristics/基线特征

在接受治疗之前进入对研究阶段的对象或病人收集到的观测和度量。基线特征适用于如性别这种对象的人口特征、作为结果度量的相同变量在治疗之前的度量，以及认为与反应变量相关的变量在治疗之前的度量。这三种基线初看起来是完全不同的，但是从如*协方差分析*（*analysis of covariance*）这种更强大的分析设计方法的角度来看，它们没有本质区别。【SMR Chapter 1.】

Baseline Hazard Function/基线风险函数

参见：**Cox 比例风险模型（Cox's Proportional Hazards Model）**。

BASIC/BASIC 语言

Beginners All-Purpose Symbolic Instruction Code 的缩写，广泛用于编写计算机程序的程序设计语言。

Basic Reproduction Number/基本繁殖数

用于传染病理论中，讨论某个病例在完全易感人群中的继发性病例的数目。这个数目依赖于*传染期*（*infectious period*）的持续时间、一次接触后易感个体传染的概率，以及在每个单位时间内接触后新的易感个体的数目，其结果是，对于不同的传染病以及不同人群中同一种病，这个数目也是不同的。【*Applied Statistics*，2001，**50**，251－292.】

Basu's Theorem/Basu 定理

定理说明了，如果 T 是关于一族概率度量的完全*充分统计量*（*sufficient statistic*），V 是*辅助统计量*（*ancillary statistic*），那么 T 和 V 是相互独立的。【*Sankhya*，1955，**15**，377－380.】

Bathtub Curve/浴缸曲线

关于人类死亡事件的*风险函数*（*hazard function*）的图形；在生命的第一年它相当高，但很快降到最低，大约在 45～50 岁开始再次回升，见图 11。

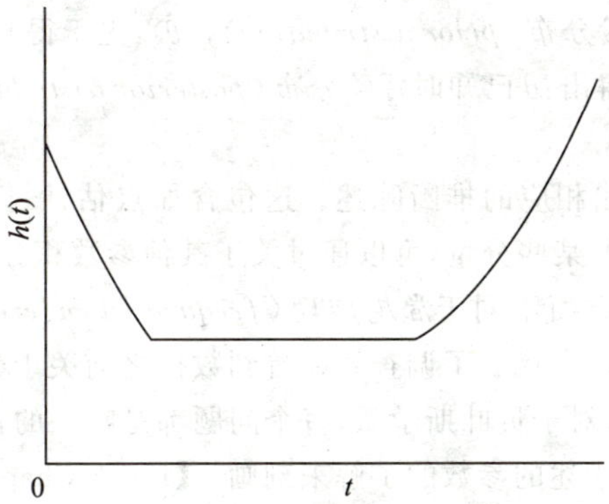

图 11　关于人类死亡事件风险函数的浴缸曲线

Bayes's Factor/Bayes 因子

在模型的选择中，根据数据集 D 选择模型 M_1 而不是模型 M_0 的依据。给定先验赔率的后验比：

$$B_{10}=\frac{\Pr(D|M_1)}{\Pr(D|M_0)}$$

B

B_{10}的对数的 2 倍作为*偏差*（*deviance*）和*似然比*（*likelihood ratio*）检验统计量。B_{10}取值的用途见下列比例：

$2\ln B_{10}$	M_1 依据
<0	否定（支持 M_0）
0～2.2	不值一提
2.2～6	肯定
6～10	强烈
>10	非常强烈

这依赖于关于参数的*先验分布*（*prior distribution*）的假设。【*Markov Chain Monte Carlo in Practice*，1996，edited by W. R. Gilks，S. Richardson and D. Spiegelhalter，Chapman and Hall/CRC Press，London.】

Bayesian Confidence Interval/Bayesian 置信区间

后验分布（*posterior distribution*）的区间，区间中每一点的密度都大于区间外任意点的密度，关于区间的曲线下的面积等于预先给定的概率水平。对任意概率水平，一般只存在唯一的这种区间，即*最高后验密度区域*（*highest posterior density region*）。不同于常见的根据*常规推理*（*frequentist inference*）得到的*置信区间*（*confidence interval*），这里的区间具有参数属于某个指定区域的概率。【KA 2 Chapter 20.】

Bayesian Inference/Bayesian 推断

主要基于 Bayes *定理*（*Bayes' Theorem*）的推理方法，主要由下列几步组成：

（1）求出*似然函数*（*likelihood*）$f(x|\theta)$，它描述了关于未知参数 θ 得到的数据 x 的过程。

（2）求出 θ 已知时*先验分布*（*prior distribution*）$f(\theta)$，先于得到观测数据。

（3）应用 Bayes 定理得出：θ 已知时*后验分布*（*posterior distribution*）$f(\theta|x)$，在得到数据 x 之后。

（4）根据后验分布得出相应的推断陈述。这包含如点估计、区间估计或假设的概率的指定推断。如果只讨论 θ 的某些分量，可以通过关于其他参数积分得到它们的后验分布。

这种推理形式在许多方面不同于*常规推理*（*frequentist inference*），特别是在古典推理中缺少对先验分布的使用。它代表了调查者在看到数据之前关于参数的知识。古典统计学家只使用似然函数。因此，对于贝叶斯学派，每个问题都是唯一的，对于指定的调查，它可以由调查者对先验分布中所描述的参数的了解来刻画。【KA 2 Chapter 31.】

Bayesian Model Averaging（BMA）/Bayesian 模型平均

在回归分析中选择变量的重要子集的一种方法，它给出了每个变量都属于一个模型的*后验概率*（*posterior probability*）；在变量的重要性方面它是比 p-值更直接的度量。【*Applied Statistics*，1997，**46**，433－448.】

Bayesian Persuasion Probabilities/Bayesian 说服概率

用于判断一种新疗法是否优于标准疗法的特殊*后验概率*(*posterior probabilities*),根据两个假设的专家的先验性得出,一个专家认为新疗法相当有效,而另一个专家认为它不比其他疗法更有效。*说服悲观主义者概率*(*persuade the pessimist probability*)是假设怀疑的专家占先时新疗法是标准疗法的提高的后验概率,而*说服乐观主义者概率*(*persuade the optimist probability*)是假设热烈支持者占先时新疗法并不优于标准疗法的后验概率。如果这些概率取值很大,那么就可以说服先验的自以为是的各方改变他们的观点。【*Statistics in Medicine*, 1997, **16**, 1792–1802.】

Bayes' Network/Bayes 网络

采用条件概率和 *Bayes定理*(*Bayes' Theorem*)讨论不确定性的一种*专家系统*(*expert system*)。这样的系统由以下几点组成:

- 一个变量集,以及变量间带方向的边的集合。
- 每个变量具有互斥状态的有限集。
- 变量以及带方向的边构成一幅*条件独立图*(*conditional independence graph*)。
- 对于根源为 $B_1, \cdots, B_n$ 的变量 A,具有条件概率表 $\Pr(A|B_1, B_2, \cdots, B_n)$。

例子如图 12 所示。【*Pattern Recognition and Neural Networks*, 1996, B. D. Ripley, Combridge University Press, Cambridge.】

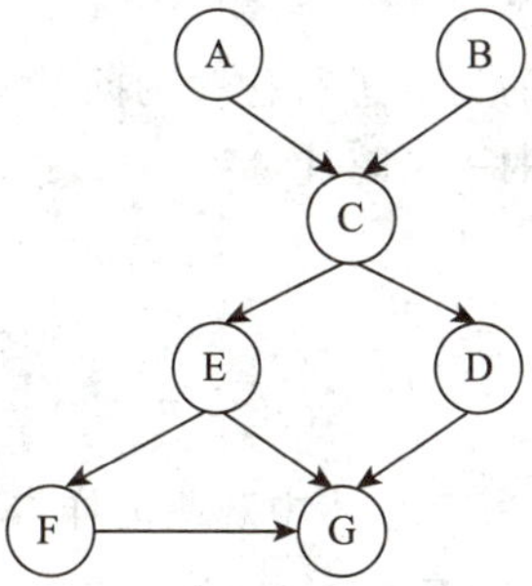

图 12 贝叶斯网络的一个例子

Bayes, Reverend Thomas (1702-1761)/托马斯·贝叶斯(1702-1761)

贝叶斯出生于英国伦敦,是英国公开授予圣职的 6 个不信奉国教的牧师之一。很奇怪的是,于 1741 年被选为皇家协会会员前他未出版过任何科学作品,但普遍认为他是一名熟练的数学家。最值得记忆的是 1763 年才发表的遗作《机遇理论中一个问题的解》(*Essay Towards Solving a Problem in the Doctrine of Chance*),其中包含了今天称为*贝叶斯定理*(*Bayes' Theorem*)的一个版本。贝叶斯在 1761 年 4 月 7 日于英国坦布里奇韦尔斯去世。

Bayes' Thcorcm/Bayes 定理

根据新的证据修改和更新事件概率的过程。定理源于托马斯·贝叶斯(Thomas Bayes)的一篇文章。定理最简单的一种形式是根据*条件概率*(*conditional probabilities*)叙述的:

$$\Pr(B_j|A) = \frac{\Pr(A|B_j)\Pr(B_j)}{\sum_{j=1}^{k}\Pr(A|B_j)\Pr(B_j)}$$

其中，$\Pr(A|B_j)$是事件 B_j 为条件时事件 A 的条件概率，$B_1, B_2, \cdots, B_k$ 是*互斥*（*mutually exclusive*）且*完备*（*exhaustive*）的事件。定理给出了当 A 已知发生时 B_j 的概率。$\Pr(B_j)$称为*先验概率*（*prior probability*），$\Pr(B_j|A)$称为*后验概率*（*posterior probability*）。$\Pr(A|B_j)$等价于（标准化的）*似然函数*（*likelihood*），所以定理也可以表示为：

$$后验 \propto (先验) \cdot (似然)$$

参见：**Bayesian 推断（Bayesian Inference）**。【KA 1 Chapter 8.】

BBR/平衡重复复制

平衡重复复制（**Balanced Repeated Replication**）的缩写。

BC_a/偏差校正百分位数区间

偏差校正百分位数区间（**Bias-Corrected Percentile Interval**）的缩写。

Beattie's Procedure/Beattie 程序

不需要 100%检查的连续进程监视程序。它基于*累计和*（*cusum*）程序，固定的抽样率用于绘制关于指标参考值不合格数的百分比数值的图形。【*Applied Statistics*，1962，**11**，137-147.】

Behrens-Fisher Problem/Behrens-Fisher 问题

对两个方差不同的正态分布的均值进行检验的问题。存在许多不同的检验统计量，但没有一个完全令人满意。最常用的一个统计量为：

$$t=\frac{\bar{x}_1-\bar{x}_2}{\sqrt{\frac{s_1^2}{n_1}+\frac{s_2^2}{n_2}}}$$

其中，$\bar{x}_1, \bar{x}_2, s_1^2, s_2^2, n_1, n_2$ 分别是从每个总体中观测的样本的均值、方差、容量。在总体均值相等的假设下，t 服从自由度为 υ 的*学生 t-分布*（*Student's t-distribution*），其中：

$$\upsilon=\left[\frac{c^2}{n_1-1}+\frac{(1-c)^2}{n_2-1}\right]^{-1}$$

$$c=\frac{s_1^2/n_1}{s_1^2/n_1+s_2^2/n_2}$$

参见：学生 *t*-分布（**Student's *t*-Distribution**），**Welch 统计量（Welch's Statistic）**。【MV1 Chapter 6.】

Believe the Negative Rule/相信消极规则

参见：相信积极规则（**Believe the Positive Rule**）。

Believe the Positive Rule/相信积极规则

将两种*诊断检验*（*diagnostic tests*）A 和 B 结合的一种规则，如果 A 或 B 或者两者都是积极的，那么诊断"患病"。另一种*相信消极规则*（*believe the negative rule*）要求 A 和 B 都是积极时才认为患病。这些规则不一定比单一检验有更好的预测价值；无论它们是否依赖于检验结果之间的关联。

Bellman-Harris Process/Bellman-Harris 过程

一种年龄依赖性分*支过程*(*branching process*),其中每个人具有独立同分布的寿命,在死亡时可以分裂为独立同分布的后代数。【*Branching Processes with Biological Applications*, 1975, P. Jagers, Wiley, Chichester.】

Bell-Shaped Distribution/钟形分布

整体形状为钟形的垂直横截面的概率分布。最著名的例子是正态分布,*学生 t -分布*(*Student's t-distribution*)也是这种形状。

Benchmarking/基准分析

对不可靠观测序列进行校正的过程,使得它与更可靠的度量或*基准*(*benchmarks*)一致。例如,每个月收集的病床占有数不一定与每年收集的数据一致,将每月数据(可能更不可靠)在某些点作出调整,使得它与更可靠的年度数据相一致。参见:**Denton 方法**(**Denton Method**)。【*International Statistical Review*, 1994, **62**, 365-377.】

Benchmarks/基准

参见:**基准**(**Benchmarking**)。

Benini, Rodolpho (1862-1956)/鲁道夫·本尼(1862-1956)

鲁道夫出生于意大利的克雷莫纳,27 岁时在巴里他就被任命为经济史学会主席。从 1928 年到其 1956 年去世,他一直担任罗马大学的统计学教授。他是人口统计学这门独立学科的奠基人。

Bentler-Bonnett Index/Bentler-Bonnett 指数

结构方程模型(*structural equation modelling*)中拟合度的度量。【*Modelling Covariances and Latent Variables using EQS*, 1993, G. Dunn, B. Everitt and A. Pickles, CRC/Chapman and Hall, London.】

Berkson, Joseph (1899-1982)/约瑟夫·伯克森(1899-1982)

伯克森出生于美国纽约市,开始在哥伦比亚大学学习物理,后来于 1927 年他获得了约翰霍普金斯大学医学博士学位,1928 年在该校获得统计学理学博士学位。1933 年,在梅奥诊所(Mayo Clinic),他担任生物医学统计学会主席,一直任职到 1964 年他退休。他的研究领域覆盖医学统计学的所有方面,1928~1980 年期间,他发表了 118 篇科学论文。伯克森有着悠久且丰富多彩的职业生涯,卷入大量的争议,特别是关于在肺癌中吸烟的角色。1982 年 9 月 12 日,伯克森于明尼苏达州的罗切斯特去世。

Berkson's Fallacy/Berkson 悖论

在疾病之间或疾病与风险因子之间存在人为相关性,这是由从基本人口到选择的研究小组所采用的不同录取率的相互作用引起的，如入院序列。在任何试图建立一种关联的研究中，都会出现类似的不同录取率，至少观测的关联的某些方面应该归咎于这种现象。参见：**Simpson 悖论(Simpson's Paradox)**，**伪相关(Spurious Correlation)**。【SMR Chapter 5.】

Bernoulli Distribution/Bernoulli 分布

二进制随机变量 X 的概率分布，其中，$\Pr(X=1)=p$ 和 $\Pr(X=0)=1-p$。根据雅克·伯努利(Jacques Bernoulli，1654—1705)的名字命名。【STD Chapter 4.】

Bernoulli Jacques (1654–1705) (also known as James or Jakob)/雅克·伯努利(1654–1705)(也被称为詹姆斯或雅各布)

雅克·伯努利出生于瑞士巴塞尔，他是让·伯努利(Jean Bernoulli)的兄弟以及丹尼尔·伯努利(Daniel Bernoulli)的叔叔，他们是瑞士一个数学家和物理学家家族的重要成员。由于被他父亲指定为神学家，伯努利秘密地研究数学，1687 年成为巴塞尔大学的数学教授。1713 年，他去世 8 年后出版了他的著作《猜度术》(*Ars Conjectandi*)，对概率论作出了重大贡献。他的主要工作是排列和组合的早期理论以及 *Bernoulli* 数(*Bernoulli number*)。

Bernoulli-Laplace Model/Bernoulli-Laplace 模型

两个容器之间两种液体流动的概率模型。首先假设两个盒子中有 r 个黑球和 r 个白球。每一步都是从一个盒子中选取一球放入另一个盒子中，彼此交换。用第一个盒子中白球数表示系统状态，取值从 0 到 r。当盒子中包含 i 个白球时，在第一个盒子中白球数递减一个的概率 $p_{i,i-1}$、递增一个的概率 $p_{i,i+1}$、保持不变的概率 $p_{i,i}$ 分别为：

$$p_{i,i-1}=\left(\frac{i}{r}\right)^2$$

$$p_{i,i+1}=\left(\frac{r-i}{r}\right)^2$$

$$p_{i,i}=2\,\frac{i(r-i)}{r^2}$$

【*Probability and Measure*，1995，P. Billingsley，Wiley，New York.】

Bernoulli Number/Bernoulli 数

$t/(e^t-1)$关于 t 的幂级数展开式中 $t^r/r!$ 的系数。因此，$B_0=1$，$B_1=-\frac{1}{2}$，$B_2=\frac{1}{6}$，$B_3=0$，$B_4=-\frac{1}{30}$，等等。

Bernoulli Trials/Bernoulli 试验

n 个独立的二进制变量的集合，其中第 j 个二进制变量表示第 j 次观测为“成功”或“失败”，其中“成功”的概率为 p，所有试验的概率相同。

Berry-Esseen Theorem/Berry-Esseen 定理

关于均值的分布如何快速逼近正态分布的定理。参见：**中心极限定理(Central Limit Theorem)**。【KA1 Chapter 8.】

B

Bessel Function Distributions/Bessel 函数分布

独立随机变量 X_1, X_2 的线性函数的概率分布，其中每个变量都服从自由度为 ν 的 χ^2 分布。例如，$Y=a_1X_1+a_2X_2, a_1>0, a_2>0$，$Y$ 的分布 $f(y)$ 为：

$$f(y)=\frac{(c^2-1)^{\frac{m+1}{2}}}{\pi^{\frac{1}{2}}2^m b^{m+1}\Gamma\left(m+\frac{1}{2}\right)}y^m e^{-cy/b}I_m(y/b),\quad y>0$$

其中，$b=4a_1a_2(a_1-a_2)^{-1}$，$c=(a_1+a_2)/(a_1-a_2)$，$m=2\nu+1$，

$$I_m(x)=\left(\frac{1}{2}x\right)^m\sum_{j=0}^{\infty}\frac{(x/2)^{2j}}{j!\Gamma(m+j+1)}$$

【*Handbook of Mathematical Functions*, 1964, M. Abramowitz and I. A. Stegun, National Bureau of Standards, Washington.】

Best Asymptotically Normal Estimator (BAN)/最佳渐近正态估计量

具有最小渐近方差—协方差矩阵的 *CAN 估计量*（*CAN estimator*）。这里所说的最小是指对称矩阵下列序关系下最小：如果 $B-A$ 是非负定矩阵，那么 $A\leq B$。【*Annals of Statistics*, 1983, **11**, 183 - 196.】

Best Linear Unbiased Estimator (BLUE)/最佳线性无偏估计量

比类似的参数估计量方差都小的线性无偏估计量。

Beta-Binomial Distribution/β-二项分布

将 *β分布*（*beta distribution*）按*二项分布*（*binomial distribution*）的参数 p 进行平均所得到的概率分布 $f(x)$，它为：

$$f(x)=\binom{n}{x}\frac{B(\alpha+x, n+\beta-x)}{B(\alpha,\beta)}$$

其中，B 是 *β函数*（*beta function*）。这种分布的均值和方差为：

$$均值=n\alpha/(\alpha+\beta)$$
$$方差=n\alpha\beta(n+\alpha+\beta)/[(\alpha+\beta)^2(1+\alpha+\beta)]$$

也称为 *Polyá 分布*（*Polyá distribution*）。对于整数 α, β，称为*负超几何分布*（*negative hypergeometric distribution*）。对于 $\alpha=\beta=1$，称为*离散矩形分布*（*discrete rectangular distribution*）。【STD Chapter 5.】

Beta Coefficient/β 系数

回归系数的标准化，这样可以对解释变量关于反应变量的解释程度直接进行比较。通过将原始的回归系数乘以相应解释变量的标准差得出。【*Regression Analysis*, Volume 2, 1993, edited by M. S. Lewis-Beck, Sage Publications, London.】

Beta Distribution/β 分布

概率分布为：

$$f(x)=\frac{x^{\alpha-1}(1-x)^{\beta-1}}{B(\alpha,\beta)},\quad 0\leq x\leq \alpha>0,\beta>0$$

其中 B 是 β *函数*(*beta function*),这个分布的均值、方差、*偏斜度*(*skewness*)和*峰度*(*kurtosis*)如下:

$$均值=\frac{\alpha}{\alpha+\beta}$$

$$方差=\frac{\alpha\beta}{[(\alpha+\beta)^2(\alpha+\beta+1)]}$$

$$偏斜度=\frac{2(\beta-\alpha)(\alpha+\beta+1)^{\frac{1}{2}}}{[(\alpha+\beta+2)(\alpha\beta)^{\frac{1}{2}}]}$$

$$峰度=\frac{3(\alpha+\beta)(\alpha+\beta+1)(\alpha+1)(2\beta-\alpha)}{[\alpha\beta(\alpha+\beta+2)(\alpha+\beta+3)]+\alpha(\alpha-\beta)/(\alpha+\beta)}$$

当 $\alpha<1,\beta<1$ 时,称为*U 形分布*(*U-shaped distribution*),当 $(\alpha-1)(\beta-1)<0$ 时,称为 *J 形分布*(*J-shaped distribution*),见图 13。【STD Chapter 5.】

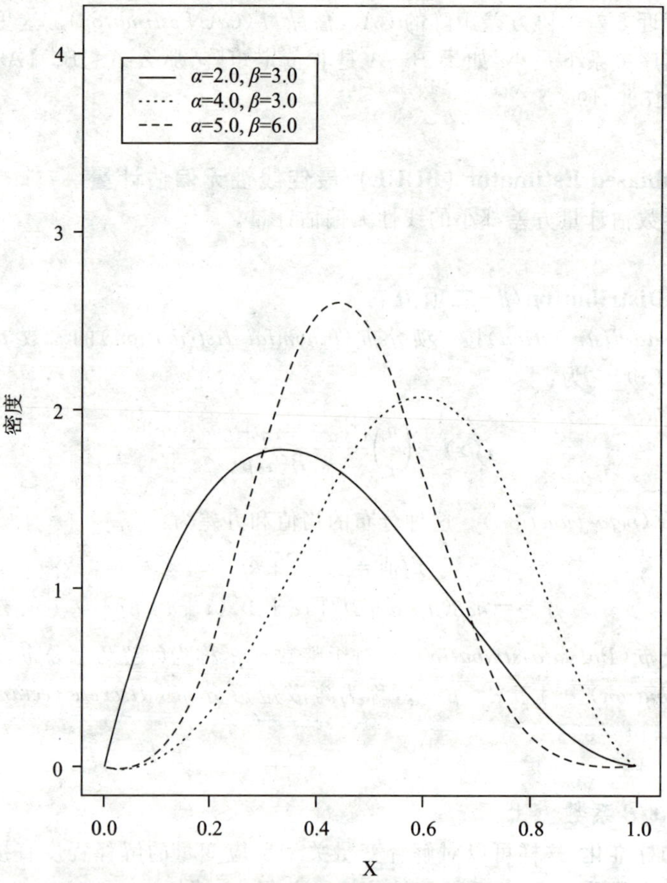

图 13 不同参数值的 β 分布

Beta(β)-Error/β 错误

也称为第**II**类错误(**Type II Error**)。

B

Beta Function/β 函数

函数 $B(\alpha,\beta),\alpha>0,\beta>0$ 为：

$$B(\alpha,\beta)=\int_0^1 u^{\alpha-1}(1-u)^{\beta-1}du$$

它可以根据 Γ*函数*(*gamma function*)表示为：

$$B(\alpha,\beta)=\frac{\Gamma(\alpha+\beta)}{\Gamma(\alpha)\Gamma(\beta)}$$

积分

$$\int_0^T u^{\alpha-1}(1-u)^{\beta-1}du$$

称为*不完全β函数*(*incomplete beta function*)。

Beta-Geometric Distribution/β 几何分布

参数 p 服从β分布的一种*几何分布*(*geometric distribution*)。用于将怀孕所需的月经周期数模型化。【*Statistics in Medicine*，1993，**12**，867－880.】

Between Groups Matrix of Sum of Squares and Cross-Products/组间平方与交叉乘积和矩阵

参见：多元方差分析(**Multivariate Analysis of Variance**)。

Between Groups Mean Square/组间均方

参见：均方(**Mean Square**)。

Between Groups Sum of Squares/组间平方和

参见：方差分析(**Analysis of Variance**)。

BGW/Bienaymé-Galton-Watson 过程

Bienaymé-Galton-Watson 过程(**Bienaymé-Galton-Watson Process**)的缩写。

Bhattacharyya Bound/Bhattacharyya 界

估计量方差的下界，它比著名的 *Cramér-Rao 下界*(*Cramér-Rao lower bound*)更好(更大)。【*Sankhya*，1946，**8**，1－10.】

Bhattacharyya Distance/Bhattacharyya 距离

概率分布分别为 $f(x)$ 和 $g(x)$ 的两个总体之间距离的一种度量。它定义为：

$$\cos^{-1}\int_{-\infty}^{\infty}[f(x)g(x)]^{\frac{1}{2}}dx$$

参见：**Hellinger** 距离(**Hellinger Distance**)。【MV2 Chapter 14.】

B

Bias/偏差

一般而言,它是指根据事实得出的结论或推断的偏差,或者导致这种差异的过程的偏差。更具体地说,是指在研究中统计方法的范围,它不是估计数量而是被估计,或者不是检验假设而是被检验。在估计中通常用参数的估计值$\hat{\theta}$与它的期望值之差来度量。如果估计量满足$E(\hat{\theta})=\theta$,那么称为*无偏的*(*unbiased*)。参见:**确认偏差(Ascertainment Bias)**,**回忆偏差(Recall Bias)**,**选择偏倚(Selection Bias)**,**有偏估计量(Biased Estimator)**。【SMR Chapter 1.】

Bias-Corrected Accelerated Percentile Interval (BC_a)/偏差校正百分位数区间(BC_a)

关于使用*自助法*(*bootstrap*)所得出的*置信区间*(*confidence interval*)的改进。【*An Introduction to the Bootstrap*, 1993, B. Efron and R. J. Tibshirani, CRC/Chapman and Hall, Boca Raton, Florida.】

Bias/Variance Tradeoff/偏差/方差间权衡

这个术语总结了这样一个事实,在模型参数的估计中,如果偏差较小,那么通常方差就会较大。

Biased Coin Method/有偏硬币方法

用于临床试验中试图避免治疗数严重不相等的一种随机分配方法。在试验中每一点,在分配下一个病人时超过1/2的概率安排采用迄今病人数最少的疗法。如果两个疗法的病人数相同,那么对下一个病人随机分配。【*Statistics in Medicine*, 1986, **5**, 211-230.】

Biased Estimator/有偏估计量

参数θ的估计量$\hat{\theta}$,满足:

$$E(\hat{\theta})\neq\theta$$

使用这样的估计量而不使用无偏估计量的原因是,它们所得到的数值比无偏所得到的数值更接近所估计的参数。这是因为这种估计量的方差比无偏估计量的方差充分小,可以补偿它所引起的偏差。这种优点如图14所示。图中以θ为中心的正态曲线表示期望值等于θ的一个无偏估计量的概率分布。曲线的分散程度反映了估计量的方差。以$E(\hat{\theta})$为中心的正态曲线表示一个有偏估计量的概率分布,偏差为θ与$E(\hat{\theta})$的差。这个分布的分散程度更小,反映了它的方差更小。参见:**岭回归(Ridge Regression)**。【ARA Chapter 5.】

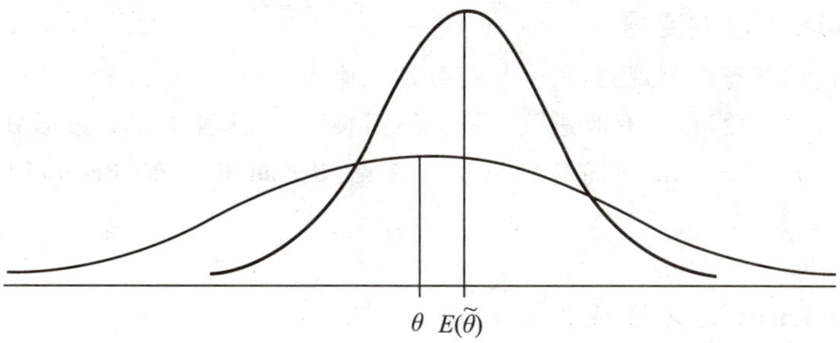

图 14 有偏估计量图

Bienaymé-Galton-Watson Process/Bienaymé-Galton-Watson 过程

一种简单的*分支过程*(*branching process*),定义为:

$$Z_k = \sum_{i=1}^{Z_{k-1}} X_{ki}$$

其中,对每个 k,X_{ki} 是独立同分布的随机变量,分布为 $p_r = \Pr(X_{ij} = r)$,称为*后代分布*(*offspring distribution*)。【*Branching Process with Biological Applications*, 1975, P. Jagers, Wiley, New York.】

Bienaymé, Jules (1796-1878)/朱·比安内梅(1796-1878)

比安内梅出生于法国巴黎,在巴黎综合理工大学(École Polytechnique)开始学习,1818 年在称为法国西点军校的圣西尔军校担任数学系讲师。后来他成为财政总督察,并开始了关于精算学、统计学和概率论的研究。对*游程*(*runs*)理论作出了重大贡献并发现了许多重要不等式。

Bilinear Loss Function/双线性损失函数

参见:决策论(**Decision Theory**)。

Bimodal Distribution/双峰分布

具有两个众数的概率分布或频率分布,如图 15 所示。【KA1 Chapter 1.】

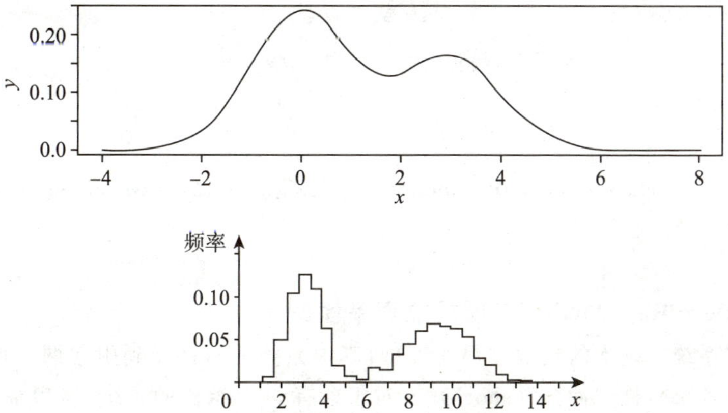

图 15 双峰概率分布和双峰频率分布

Binary Variable/二进制变量

对两种可能的状态进行观测，每个状态分别取值为 0 和 1。在医学调查中经常会遇到这种数据，如“死/活”、“改进/没有改进”、“沮丧/不沮丧”。对这种类型的数据分析需要如 *Logistic 回归*（*logistic regression*）的特别方法。参见：**Bernoulli 分布（Bernoulli Distribution）**。【SMR Chapter 2.】

Binomial Coefficient/二项式系数

不考虑顺序从 n 项中任取 k 项的方法数。通常记为 $C(n,k)$ 或 $\binom{n}{k}$，定义为：

$$C(n,k)=\frac{n!}{k!\ (n-k)!}$$

参见：**Pascal 三角形（Pascal's Triangle），多项式系数（Multinomial Coefficient）**。

Binomial Confidence Interval/二项式置信区间

参见：**Clopper-Pearson 区间（Clopper-Pearson Interval）**。

Binomial Confidence Interval When No Events are Observed/当没有事件可观察时二项式置信区间

参见：**3 规则（Rule of Three）**。

Binomial Distribution/二项分布

n 次独立的 *Bernoulli 试验*（*Bernoulli trials*）中“成功”数 X 的概率分布，其中在每次试验中成功的概率为 p，失败的概率为 $q=1-p$。这种分布为：

$$\Pr(X=x)=\frac{n!}{x!\ (n-x)!}p^x q^{n-x},\quad x=0,1,2,\cdots,n$$

分布的均值、方差、*偏斜度*（*skewness*）、*峰度*（*kurtosis*）分别为：

$$均值=np$$

$$方差=npq$$

$$偏斜度=(q-p)/(npq)^{\frac{1}{2}}$$

$$峰度=3-\frac{6}{n}+\frac{1}{npq}$$

参见：**β 二项分布（Beta Binomial Distribution），正二项分布（Positive Binomial Distribution）**。【STD Chapter 6.】

Binomial Failure Rate Model/二项式故障率模型

用来描述系统中基本的失效过程的模型，其中系统的组件受到引起两个或多个系统组件发生故障的外部事件[“冲击”（shock）]。对于含有 m 个组件的系统，模型基于 $m+1$ 个独立的 *Poisson 过程*（*Poisson processes*）$\{N_S(t),t\geq 0\}$，$\{N_i(t),t\geq 0\}$，$i=1,\cdots,m$。N_i 为单个组件故障数，具有相同的强度率 λ。变量 N_S 是冲击率为 μ 的系统震动数，表示受到系统中所有组件所影响的外部事件数。假定系统发生冲击，每个组件发生故障的概率为 p，且与其他组件相独立，那么属于系统冲击的故障数服从参数为 (m,p) 的*二项分布*（*binomial distribution*）。【*Nuclear Systems Reliability Engineering and Risk Assessment*, 1977, J. B. Fussell and G. R. Burdick, eds., Society for Industrial and Applied Mathematics, Philadelphia.】

Binomial Index of Dispersion/二项式离差指数

该指数用来检验总体中抽取的 k 个样本是否服从相同参数 p 的二项分布。指数定义为：

$$\sum_{i=1}^{k} n_i(P_i-P)^2/[P(1-P)]$$

其中，$n_1,n_2,\cdots,n_k$ 分别为样本容量，$P_1,P_2,\cdots,P_k$ 分别为"成功"的概率的样本估计，P 为取遍所有样本"成功"概率的均值。如果样本都服从参数 p 的二项分布，那么指数服从自由度为 $k-1$ 的 χ^2 *分布*（*chi-squared distribution*）。参见：**离差指数（Index of Dispersion）**。【*Biometrika*, 1966, **53**, 167-182.】

Binomial Test/二项式检验

在一系列独立重复 *Bernoulli 试验*（*Bernoulli trials*）中，关于成功概率 p 的推断过程。检验统计量为成功数 B。当样本容量较小时，B 的临界值可以从相应的表中查到。大样本近似可以通过 B 的渐近正态性得出。这种情形中检验统计量为：

$$z=\frac{B-np_0}{[np_0(1-p_0)]^{\frac{1}{2}}}$$

其中，p_0 为 p 的假设值。当假设为真时，z 渐近服从标准正态分布。参见：**Clopper-Pearson 区间（Clopper-Pearson Interval）**。【NSM Chapter 2.】

Bioassay/生物法

生物法（*biological assay*）的缩写，在它的分类形式中涉及决定检验的相对效力的生物材料和标准制剂的实验。近来还用于更广的范围，在动物或某些其他生物系统中关于可观测外加剂的不同剂量的反应这一类实验。参见：**标准化（Calibration）**，**Probit 分析（Probit Analysis）**。

Bioavailability/生物有效性

在药物作用的位点处，药品的活性成分被吸收并变得有用的速度和程度。【*Design and Analysis of Bioavailability Studies*, 1992, S. C. Chow and J. P. Liu, Marcel Dekker, New York.】

Bioavailability Study/生物有效性研究

评估在 I 期临床开发期间药品的药理特性或比较相同药品的不同配方（例如片剂和胶囊）的有效性。【*Design and Availability of Bioequivalence Studies*, 1992, S. C. Chow and J. P. Liu, Marcel Dekker, New York.】

Bioequivalence/生物等效性

采用新制剂的临床重要成果类似于以前采用的制剂。【*Design and Analysis of Bioequivalence Studies*，1992，S. C. Chow and J. P. Liu，Marcel Dekker，New York.】

Bioequivalence Trials/生物等效性试验

对含有相同活性成分的药品的两种配方进行比较的临床试验，以确定不同的配方能否提高可比的血液水平。【*Statistics in Medicine*，1995，**14**，853－862.】

(Bio)Sequence Analysis/生物序列分析

关于脱氧核糖核酸(DNA)的核苷酸序列数据或多肽的氨基酸序列数据的统计分析，用来预测结构或功能，或识别代表同源(来自相同的进化起源)的类似序列。

Biostatistics/生物统计学

狭义定义是"对生物问题采用统计方法的一个科学分支"。但更常见的是，也包括应用到医学和健康科学中的统计学。

Biplots/双标图

散点图的多元模拟，对维数较少特别是二维样本的多元分布近似、叠加，来描述度量样本的变量。可以很容易看出单个样本点之间的关系，这些关系也可能与度量值有关，因此，绘制这样的图可以给出数据的图形描述、检测模式以及展示根据更正式的分析方法所得出的结论。图 16 给出了一个关于 34 次观测和 10 变量二维双标图。参见：主成分分析(**Principal Components Analysis**)，对应分析(**Correspondence Analysis**)。【MV1 Chapter 4.】

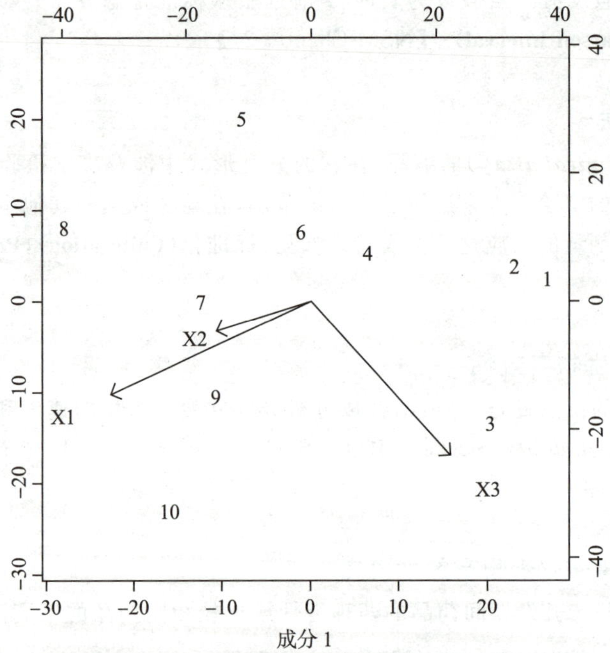

图 16　10 个个体的三维数据集的双标图

Biopolar Factor/双极因子

采用*因子分析*(*factor analysis*)得出的具有积极和消极荷载的混合的因子。这种因子很难解释,通常根据*因子旋转*(*factor rotation*)过程简化。

BIRMD/平衡不完全重复度量设计

平衡不完全重复度量设计(**Balanced Incomplete Repeated Measures Design**)的缩写。

Birnbaum, Allan (1923–1976)/艾伦·伯恩鲍姆(1923–1976)

伯恩鲍姆出生于美国旧金山,在加州大学伯克利分校研究数学,1954 年获得数理统计方面的博士学位。他最初的研究是关于*分类技术*(*classification techniques*)和*判别分析*(*discriminant analysis*),但后来他转入研究如*似然*(*likelihood*)原理这种更理论性的课题,并作出了极其重要的贡献。1976 年 7 月 1 日伯恩鲍姆于伦敦去世。

Birnbaum-Saunders Distribution/Birnbaum-Saunders 分布

变量 T 的概率分布,T 定义为:

$$T=\beta\left[\frac{1}{2}Z\alpha+\sqrt{\left(\frac{1}{2}Z\alpha\right)^2+1}\right]^2$$

其中,α,β 为正的参数,Z 是服从标准正态分布的随机变量。在表示受到周期性重复应力的材料故障次数的模型中使用。它的分布为:

$$f(x)=\frac{e^{1/\alpha^2}}{2\alpha\sqrt{2\pi\beta}}x^{-\frac{3}{2}}(x+\beta)\exp\left\{-\frac{1}{2\alpha^2}\left(\frac{x}{\beta}+\frac{\beta}{x}\right)\right\},\quad x>0,\alpha>0,\beta>0$$

【*Technometrics*, 1991, **33**, 51-60.】

Birth-Cohort Study/出生队列研究

在指定期间出生的人群的*前瞻性研究*(*prospective study*)。

Birthdays Problem/生日问题

从一年 365 天这个总体中抽取 r 个人的生日作为容量为 r 的样本。作为第一次近似,认为这些是从由 365 天组成的一年中随机抽取的。那么,所有 r 个生日都不相同的概率 p 为:

$$p=\left(1-\frac{1}{365}\right)\left(1-\frac{2}{365}\right)\cdots\left(1-\frac{r-1}{365}\right)$$

例如,当 $r=23$ 时,$p<\frac{1}{2}$,即 23 个人中没有两个人生日相同的概率小于 0.5。56 个人中这个概率减少为 0.01。【*An Introduction to Probability Theory and its Applications*, *Volume* 1, 3rd edition, 1968, W. Feller, Wiley, New York.】

Birth-Death Process/出生—死亡过程

含有无限个*状态空间*(*state space*)的*连续时间马尔可夫链*(*continuous time Markov chain*),其中状态之间的变化总是从 n 到 $n+1$ 或从 n 到 $n-1$。这种系统的状态可以看成是增加1（"出生"）或减少1（"死亡"）的人口数。【*Stochastic Modelling of Scientific Data*，1995，P. Guttorp，Chapman and Hall/CRC Press，London.】

B

Birth-Death Ratio/出生—死亡人数比

人口中在给定时间内出生人数与死亡人数的比。

Birth Rate/出生率

在一个给定的时间段一个地区出生人数除以在时间段中期该地区的人口数，通常表示为每1 000人。例如，1966年某些国家的出生率如下：

国家	出生率/1 000
埃及	42.7
印度	20.9
日本	17.3
加拿大	24.8
美国	21.7

Biserial Correlation/双序列相关

两个变量间关系的强度度量，其中一个为连续变量（y），另一个为二进制变量（x），都具有连续性和正态性。根据样本值它的估计为：

$$r_b=\frac{\bar{y}_1-\bar{y}_0}{s_y}\frac{pq}{u}$$

其中，$\bar{y}_1$ 为对于那些 $x=1$ 的个体变量 y 的样本均值，$\bar{y}_0$ 为对于那些 $x=0$ 的个体变量 y 的样本均值，s_y 是 y 的标准差，p 是 $x=1$ 的个体的比例，$q=1-p$ 是 $x=0$ 的个体的比例。u 是正态分布曲线在 p 和 q 比例划分点处分布的坐标（高度）。参见：**点—双序列相关（Point-Biserial Correlation）**。【KA2 Chapter 26.】

Bisquare Regression Estimation/双平方回归估计

多元回归（*multiple regression*）模型

$$y_i=\beta_1 x_{i1}+\cdots+\beta_q x_{iq}+\varepsilon_i$$

中参数 $\beta_1,\beta_2,\cdots,\beta_q$ 的*稳健估计*（*robust estimation*）。估计量为下列 q 个方程的解：

$$\sum_i x_{ij}\Psi[r_i/(kS)]=0,\quad j=1,\cdots,q$$

其中，S 为中位数绝对剩余，k 为给定的正参数，且

$$\begin{aligned}\Psi(u)&=u(1-u^2)^2, & |u|<1\\ &=0, & |u|\geq 1\end{aligned}$$

估计方程组可以通过迭代过程求解。参见：***M*-估计量（*M*-Estimators）**。【*Least Absolute De-*

viations, *Theory*, *Applications and Algorithms*, 1983, P. Bloomfield and W. L. Steiger, Birkhauser, Boston.】

Bit/比特

由一个二进制数字组成的信息单位。

Bivar Criterion/双方差标准

偏差平方和方差的加权和，相应的权数反映了两个量的重要性。有时用于回归分析中解释变量的选择。【*Technometrics*, 1982, **24**, 181 - 189.】

Bivariate Beta Distribution/二元 β 分布

二元分布(*bivariate distribution*) $f(x,y)$为：

$$f(x,y)=\frac{\Gamma(\alpha+\beta+\gamma)}{\Gamma(\alpha)\Gamma(\beta)\Gamma(\gamma)}x^{\alpha-1}y^{\beta-1}(1-x-y)^{\gamma-1}$$

其中，$x\geq0$，$y\geq0$，$x+y\leq1$，且 $\alpha,\beta,\gamma>0$。图 17 给出了几个这种分布的*透视图*(*perspective plots*)。【*Communications in Statistics—Theory and Methods*, 1996, **25**,1207 - 1222.】

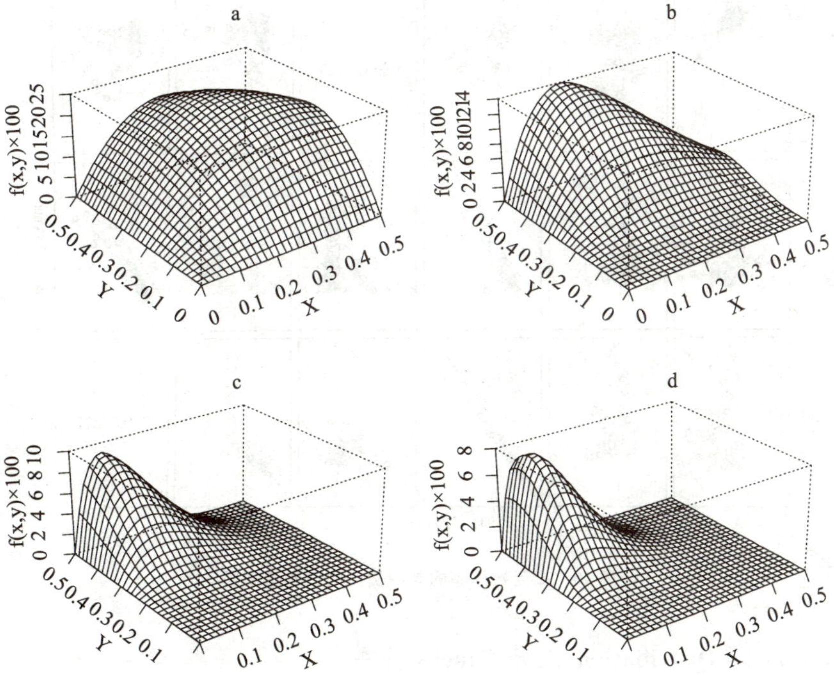

图 17 四个二元 β 分布的透视图：(a)$\alpha=2,\beta=2,\gamma=2$；(b)$\alpha=2,\beta=4,\gamma=3$；(c)$\alpha=2,\beta=7,\gamma=6$；(d)$\alpha=2,\beta=8,\gamma=9$

Bivariate Boxplot/二元箱形图

箱形图(*boxplot*)的二元模拟，内部区域包含了 50%的数据，“围墙”有助于确定潜在的异常点。通常采用稳健方法来对绘制图所需参数的位置、大小和相关性进行估计，这样可以

避免外围观测所引起的扭曲。图 18 给出了这种图的例子。【*Technometrics*，1992，**34**，307 -320.】

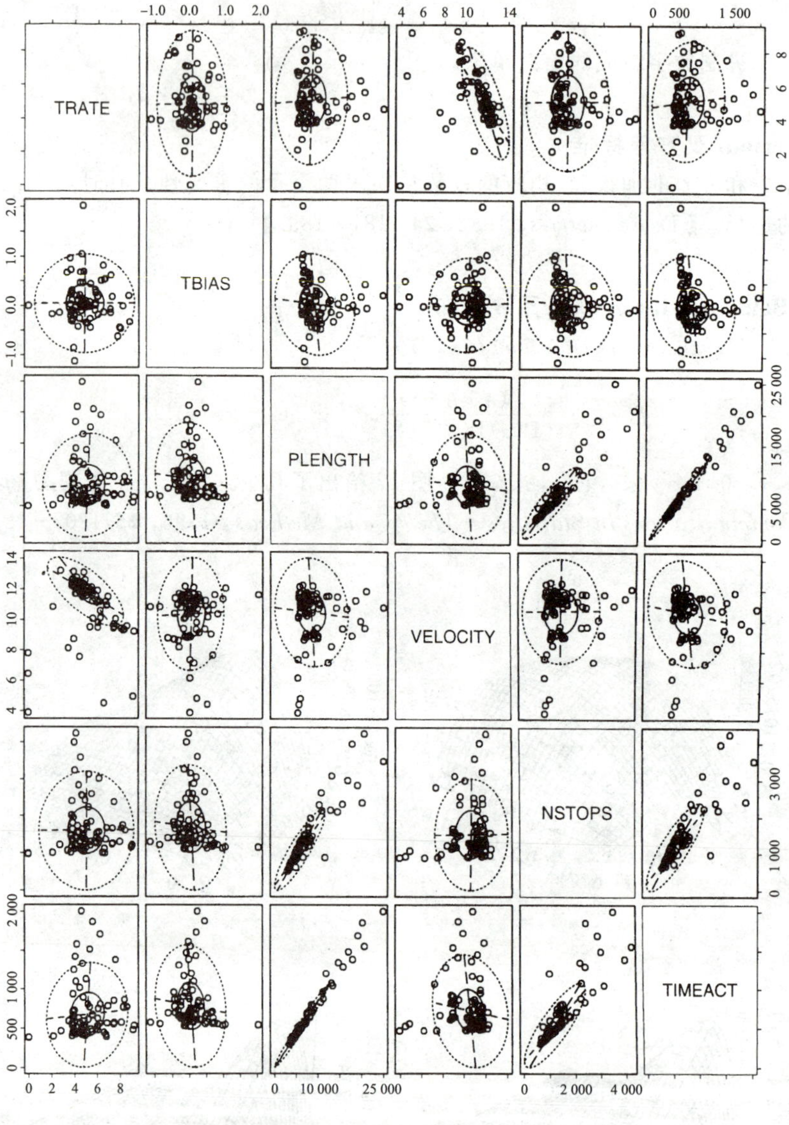

图 18　二元数据集的制图员图的二元箱形图

Bivariate Cauchy Distribution/二元 Cauchy 分布

二元分布（*bivariate distribution*）$f(x,y)$为：

$$f(x,y)=\frac{\alpha}{2\pi(\alpha^2+x^2+y^2)^{3/2}},\quad -\infty<x,y<\infty,\alpha>0$$

图 19 给出了 4 个这种分布的透视图。【KA1 Chapter 7.】

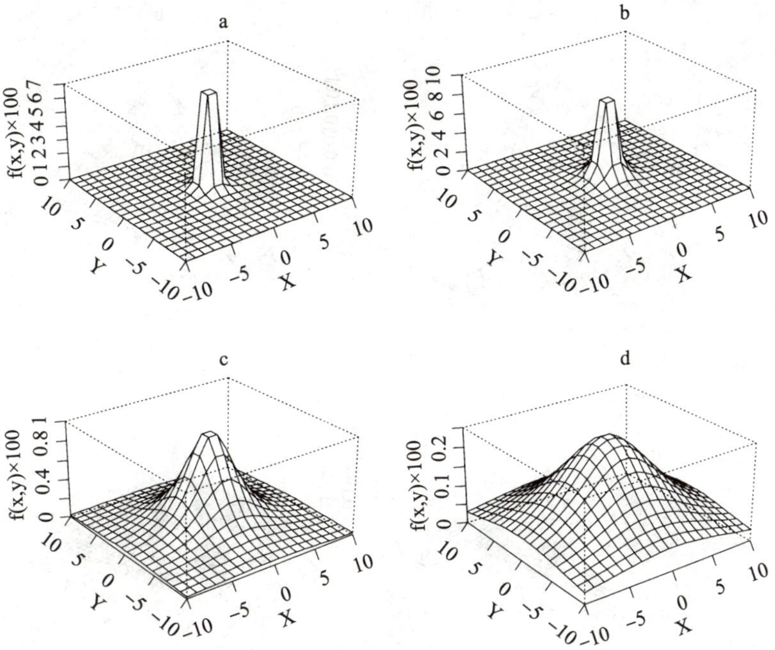

图 19 四个二元 Cauchy 分布的透视图：(a)α=0.2；(b)α=1.0；(c)α=4.0；(d)α=8.0

Bivariate Data/二元数据

关于对象的两个变量都进行度量的数据。

Bivariate Distribution/二元分布

两个随机变量 x 和 y 的*联合分布*（*joint distribution*）。最著名的例子是*二元正态分布*（*bivariate normal distribution*），分布为：

$$f(x,y)=\frac{1}{2\pi\sigma_1\sigma_2\sqrt{1-\rho^2}}\exp\left\{-\frac{1}{1-\rho^2}\left[\frac{(x-\mu_1)^2}{\sigma_1^2}-2\rho\frac{(x-\mu_1)(y-\mu_2)}{\sigma_1\sigma_2}+\frac{(y-\mu_2)^2}{\sigma_2^2}\right]\right\}$$

其中 $\mu_1,\mu_2,\sigma_1,\sigma_2,\rho$ 分别是两个变量的均值、标准差和相关系数。图 20 给出了 4 个这种分布的透视图。参见：**二元β分布（Bivariate Beta Distribution）**，**二元Cauchy 分布（Bivariate Cauchy Distribution）**，**二元Gumbel 分布（Bivariate Gumbel Distribution）**，**二元指数分布（Bivariate Exponential Distribution）**。【KA1 Chapter 7.】

Bivariate Exponential Distribution/二元指数分布

边际分布（*marginal distribution*）为*指数分布*（*exponential distribution*）的二元分布 $f(x,y)$。例如：

$$f(x,y)=[(1+\alpha x)(1+\alpha y)-\alpha]e^{-x-y-\alpha xy},\quad x\geq 0,y\geq 0,\alpha\geq 0$$

图 21 给出了 4 个指数分布的透视图。【KA1 Chapter 7.】

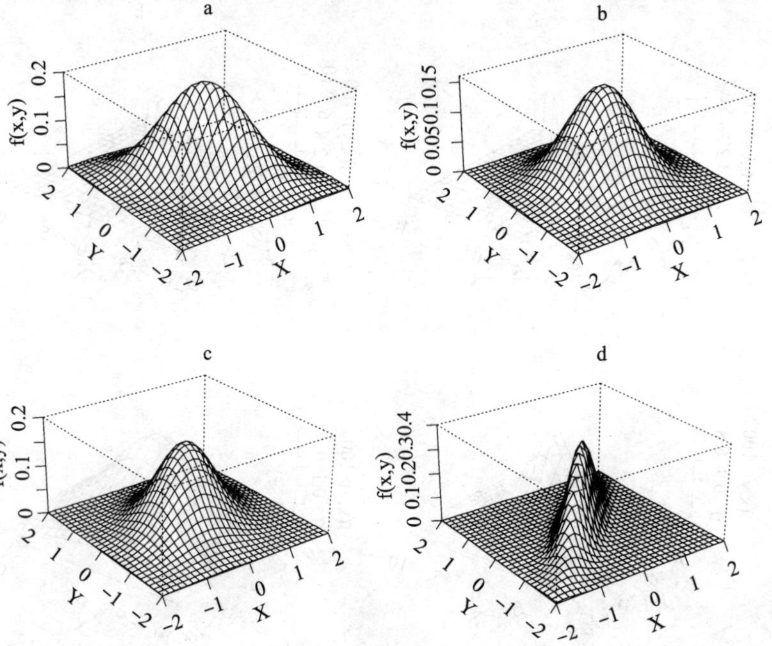

图 20 四个均值为 0、方差为 1 的二元正态分布的透视图：(a)$\rho=0.6$；(b)$\rho=0.0$；(c)$\rho=0.3$；(d)$\rho=0.9$

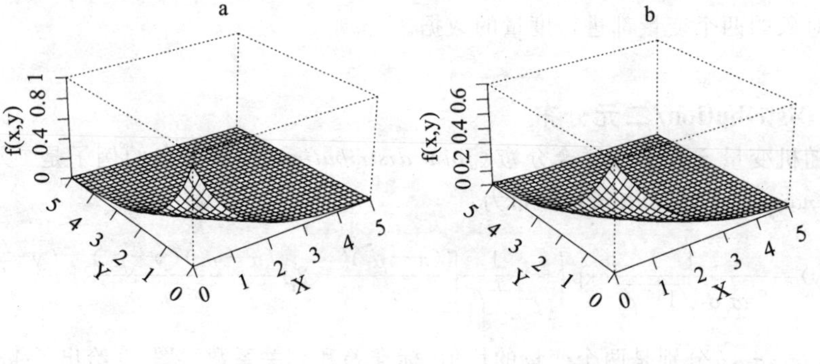

图 21 四个指数分布的透视图：(a)$\alpha=0.1$；(b)$\alpha=0.3$；(c)$\alpha=0.6$；(d)$\alpha=1.0$

Bivariate Gumbel Distribution/二元 Gumbel 分布

二元分布(bivariate distribution) $f(x,y)$为：

$$f(x)=e^{-(x+y)}\left[1-\theta(e^{2x}+e^{2y})(e^{x}+e^{y})^{-2}+2\theta e^{2(x+y)}(e^{x}+e^{y})^{-3}+\theta^{2}e^{2(x+y)}(e^{x}+e^{y})^{-4}\right]$$
$$\times\exp\left[-e^{-x}-e^{-y}+\theta(e^{x}+e^{y})^{-1}\right]$$

其中θ是取值从 0 到 1 的参数，它给出了两个变量的正相关性。这种分布通常用于极端环境变量的组合模型化。图 22 给出了该分布的透视图。【*Statistics in Civil Engineering*，1997，A. V. Metcalfe，Edward Arnold，London.】

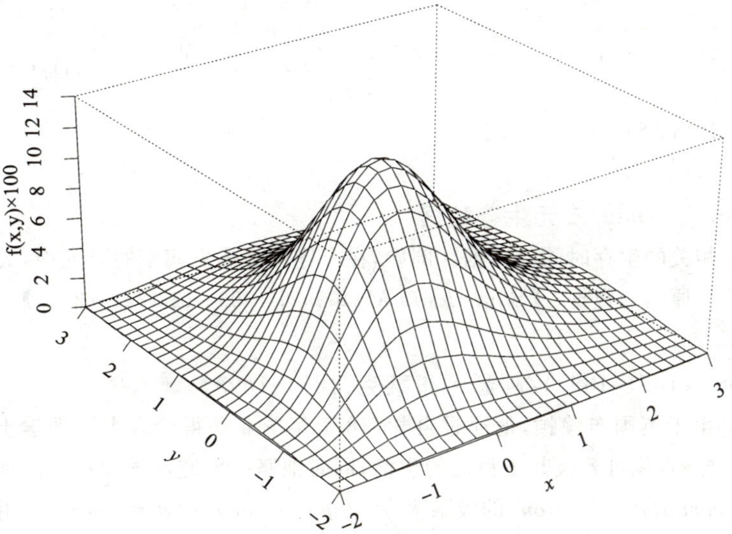

图 22 $\theta=0.5$ 时二元 Gumbel 分布的透视图

Bivariate Normal Distribution/二元正态分布

参见：二元分布(**Bivariate Distribution**)。

Bivariate Oja Median/二元 Oja 中位数

一种更常见的关于二元数据的位置度量的*空间中位数*(*spatial median*)。定义θ的取值使得目标函数$T(\theta)$最小，$T(\theta)$为：

$$T(\theta)=\sum_{i<j}A(x_i,x_j,\theta)$$

其中，$A(a,b,c)$是顶点为a,b,c的三角形的面积，$x_1,x_2,\cdots,x_n$是n个二元观测。【*Canadian Journal of Statistics*，1993，**21**，397-408.】

Bivariate Pareto Distribution/二元 Pareto 分布

用于将不断变化的环境中两个分支系统的生存时间模型化的概率分布。分布定义为：

$$\Pr(X_1>x_1,X_2>x_2)=\left[\frac{x_1}{\beta}\right]^{-\lambda_1}\left[\frac{x_2}{\beta}\right]^{\lambda_2}\max\left[\frac{x_1}{\beta},\frac{x_2}{\beta}\right]^{-\lambda_0}$$

其中，$\beta \leq \min(x_1, x_2) < \infty$。【*Journal of Applied Probability*, 1986, **23**, 418－431.】

B

Bivariate Poisson Distribution/二元 Poisson 分布

基于变量 X_1 和 X_2 的联合分布的二元概率分布，X_1 和 X_2 定义为：

$$X_1 = Y_1 + Y_{12}, \quad X_2 = Y_2 + Y_{12}$$

其中，Y_1, Y_2, Y_{12} 为相互独立的随机变量，且分别服从均值为 $\lambda_1, \lambda_2, \lambda_3$ 的 *Poisson 分布*（*Poisson distribution*）。X_1 和 X_2 的联合分布为：

$$\Pr(X_1 = x_1, X_2 = x_2) = e^{-(\lambda_1+\lambda_2+\lambda_3)} \sum_{i=0}^{\min(x_1, x_2)} \frac{\lambda_1^{x_1-i}\lambda_2^{x_2-i}\lambda_3^{i}}{(x_1-i)!(x_2-i)!i!}$$

【*Biometrika*, 1964, **51**, 241－245.】

Bivariate Survival Data/二元生存数据

关于两个相关的生存时间的数据。例如，在家族性疾病发病率的研究中，关于父亲和儿子死亡的年龄和原因的数据。【*Statistics in Medicine*, 1993, **12**, 241－248.】

Black, Authur (1851-1893)/阿瑟·布莱克(1851-1893)

布莱克出生于英国布赖顿，他通过自学，1877 年毕业获得伦敦大学理学士学位。作为军队的教练和导师，他过着极其不稳定的生活，同时他坚持研究数学和哲学。他得出*多元正态分布*（*multinomial distribution*）的极限为 *χ^2 分布*（*chi-squared distribution*），并且独立地发现了 *Poisson 分布*（*Poisson distribution*）。布莱克的主要目的是将进化论进行量化。于 1893 年 1 月去世。

Blinding/致盲

临床试验中的一个过程，用来避免由于病人和/或医生知道病人所接受的疗法而导致的可能的偏差。如果病人和医生都没有意识到所采用的疗法，那么试验称为*双盲*（*double-blind*）。如果病人和医生中只有一个人没有意识到，那么称为*单盲*（*single-blind*）。临床试验需要尽可能的致盲的程度最大，尽管在许多领域如外科手术中不可能要求调查者是双盲的。【SMR Chapter 15.】

Bliss, Chester Ittner (1899-1979)/切斯特·伊特纳·布利斯(1899-1979)

布利斯出生于美国俄亥俄州的斯普林菲尔德，在俄亥俄州州立大学学习昆虫学，1926 年获得博士学位。在 20 世纪 30 年代初，他到伦敦与费希尔（Fisher）合作从事 *probit 分析*（*probit analysis*）的研究。在位于列宁格勒的植物保护研究所短暂工作后，布利斯回到美国，成为康涅狄格州农业研究所（Connecticut Agricultural Experimental）的一名生物识别员，在此一直工作到 1977 年退休。在建立国际生物统计学会中他扮演着重要角色。关于*生物法*（*bioassay*）的不同方面发表了 130 多篇论文。于 1979 年去世。

BLKL Algorithm/BLKL 算法

构造含有指定区组规模的 *D最优设计*(*D-optimal designs*)的算法。【*Optimum Experimental Designs*, 1992, A. C. Atkinson and A. N. Donev, Oxford Science Publications, Oxford.】

Block/区组

试验设计中使用的术语,通过试验单位(常指对象)的同质分组使得实验员能够隔离(如果可能消除)由外部原因引起的变化。参见:**随机化区组设计(Randomized Block Design)**。

Block, Borges and Savits Model/Block-Borges-Savits 模型

关于在可靠性和工程设置中经常性事件的模型。在这个模型中系统(或组件)设定在时刻 0 处进行检验。当在某个时刻 t 处系统发生故障时,它接受概率为 $p(t)$ 的完美修理和概率为 $q(t)=1-p(t)$ 的非完美修理。完美修理将系统的有效年龄回复到 0,而最小化修理使得发生故障后系统的有效年龄不会改变。【*Journal of Applied Probability*, 1985, **22**, 370-385.】

Block Clustering/块聚类

一种*聚类分析*(*cluster analysis*)的方法,将多元数据矩阵的行和列重新排序后划分为同质矩形块。目的是识别相似数据值的块或集群、识别相似行和列的集群、得出边际(即行和列)集群与数据块之间的关系。【*Cluster Analysis*, 3rd edition, 1993, B. S. Everitt, Edward Arnold, London.】

Blocking/区组化,块状化

将数据或试验单位按同质单位归为一块或一组。那么就可以在区组中随机分配治疗。基本的目的是消除由于实验误差所带来的组与组之间的离差。疗效比较就可以差不多尽可能地在区组之间进行。

Block Randomization/随机分块,随机分组

一种随机分配过程,用于保持临床试验的不同组中的人数在任何时候都接近均衡。例如,考虑每次需要 4 个人,关于两种疗法(A 和 B)可以安排 6 种方法,使得有两个人接受 A,两个人接受 B:

1. AABB	4. BBAA
2. ABAB	5. BABA
3. ABBA	6. BAAB

如果只有这六种组合用于对四个对象一组安排治疗,那么在任何时候两个治疗组中的人数相差永远不会超过 2。参见:**有偏硬币方法(Biased Coin Method)**,**极小化(Minimization)**。【SMR Chapter 15.】

Blomqvist Model/Blomqvist 模型

对纵向研究(*longitudinal study*)中严重性(水平)和变化率(斜率)之间关系进行评估的模型。【*Journal of the American Statistical Association*, 1977, **72**, 746 - 749.】

B

BLUE/最佳线性无偏估计量

最佳线性无偏估计量(**Best Linear Unbiased Estimator**)的缩写。

Blunder Index/失误指数

实验室中发生的且由外部质量评估工作检测到的“粗大”误差数的度量。

BLUP/最佳线性无偏预测

最佳线性无偏预测(**Best Linear Unbiased Predictor**)的缩写。

BMA/Bayesian 模型平均

Bayesian 模型平均(**Bayesian Model Averaging**)的缩写。

BMDP/BMDP 软件包

一个大而有用的统计软件包,包含*学生 t-检验*(*student's t-tests*)、*因子分析*(*factor analysis*)和*方差分析*(*analysis of variance*)等统计方法的常规应用。也可以得到关于数据输入和数据管理的模块,软件包具有很好的操作手册。现在主要采用 SPSS 软件。【Statistical Solutions Ltd., 8 South Bank, Crosse's Green, Cork, Ireland.】

Bonferroni, Carlo Emilio (1892-1960)/卡罗·埃米利奥·邦费罗尼(1892-1960)

邦费罗尼出生于意大利的贝加莫(Bergamo),在都灵大学学习数学。1932 年,他被任命为巴里大学(University of Bari)的金融数学系主任,1933 年到佛罗伦萨大学工作直到其 1960 年 8 月 18 日去世。邦费罗尼的主要贡献是精算数学和经济学,但统计学家记得最多的是 *Bonferroni 校正*(*Bonferroni correction*)。

Bonferroni Correction/Bonferroni 校正

当多次采用符号检验时防止第 I 类错误的概率增加的程序。为了保证第 I 类错误的概率为某个数值 α,m 次检验中每次的显著水平为 α/m。如果同时检验的次数较少(最多为 5),这种方法对多重检验的问题给出了一个简单且可以接受的答案。但这种方法相当保守,当检验次数较大时不建议采用,更建议采用其他的*多重比较程序*(*multiple comparison procedures*)。参见:最小显著性差异检验(**Least Significant Difference Test**),**Newman-Keuls** 检验(**Newman-Keuls Test**),**Scheffé** 检验(**Scheffé's Test**),**Simes** 修改 **Bonferroni** 过程(**Simes Modified Bonferroni Procedure**)。【SMR Chapter 9.】

Boole's Inequality/Boole 不等式

关于概率的不等式:

$$\sum_{i=1}^{k}\Pr(B_i)\geq\Pr(\bigcup_{i=1}^{k}B_i)$$

其中,B_i 为不一定互斥的事件。【KA1 Chapter 8.】

Boosting/提高

在分类问题中提高*分配原则*(*allocation rules*)性能的程序,对*训练集*(*training set*)中每次观测指定一个反映其重要性的权数。【*Statistical Pattern Recognition*, 1999, A. Webb, Arnold, London.】

Bootstrap/自助法,自举法

关于统计推断的一种数据模拟方法,用来研究一个观测集的概率分布的估计特征的变异性,以及给出采用常规方法很难或无法得出的参数的置信区间。[自助法这个词的意思来自于短语"*自力更生*"(*to pull oneself up by one's bootstraps*)。]它的主要思想涉及从原始数据中*重复抽样*(*sampling with replacement*)以得到容量为 n 的随机样本 $x_1, x_2, \cdots, x_n$;这种样本称为*自助样本*(*bootstrap sample*),每个样本都给出所讨论参数的估计。多次重复这个过程可以得出估计量变异性所需的信息,例如,近似95%置信区间可以通过重复值的2.5%和97.5%*分位数*(*quantiles*)得出。参见:折刀法(**Jackknife**)。【KA1 Chapter 10.】

Bootstrap Sample/自助样本

参见:自助法(**Bootstrap**)。

Borel-Tanner Distribution/Borel-Tanner 分布

排队系统中需要服务的顾客人数(N)的概率分布,其中到达的人数服从参数为 λ 的 *Poisson 分布*(*Poisson distribution*)且具有一个固定的服务时间,给定队伍的初始长度为 r。分布为:

$$\Pr(N=n)=\frac{r}{(n-r)!}n^{n-r-1}e^{-\lambda n}\lambda^{n-r},\quad n=r,r+1,\cdots$$

【*Biometrika*, 1951, **38**, 383-392.】

Borrowing Effect/借入效应

当一种或多种死亡原因的标准化死亡率过低可能反映了其他死亡原因的*比例死亡率*(*proportional mortality*)增加时所使用的术语。例如,在对氯乙烯工人的研究中,癌症的整体比例死亡率相对于美国男性人口中癌症死亡率大约超过50%。[这种状况的一种解释是由于*健康工人效应*(*healthy worker effect*)的非癌症死亡的逆差]。因为整体比例死亡率定义为1,所以死亡率的逆差意味着是由于其他原因的"*借入*"(*borrowing*)。

Bortkiewicz, Ladislaus von (1868-1931)/拉迪斯劳斯·冯·博特基威茨(1868-1931)

博特基威茨出生于俄罗斯圣彼得堡,在圣彼得堡大学法学院学习。1901年担任柏林大学副教授。1920年他成为经济学和统计学的全职教授。博特基威茨的研究领域涉及古典经济学、人口统计学、精算学和概率理论。可能是第一个对已知数据集拟合为 *Poisson 分布*

(*Poisson distribution*)的统计学家,数据集的数据为在普鲁士军团中每年由马踢阵亡的士兵数。1931 年 7 月 15 日博特基威茨于柏林去世。

B

Bose, Raj Chandra (1901-1987)/拉吉·钱德拉·百色(1901-1987)

百色出生于印度的霍桑贾巴德,在旁遮普大学、德里大学和加尔各答大学学习纯数学和应用数学。1932 年进入印度统计学会,师从马哈拉诺比斯(Mahalanobis),运用几何方法研究多元分析。后来,他运用几何方法构建实验设计,特别是*平衡不完全区组设计*(*balanced incomplete block designs*)。1945～1949 年间,百色担任加尔各答大学统计系主任,然后到美国北卡罗来纳大学统计系工作,一直到 1971 年退休。1987 年 10 月 30 日百色于美国科罗拉多州柯林斯堡去世。

Boundary Estimation/边界估计

当数据来自对网格节点的独立观测时具有不同分布的两个区域的边界的估计。这种估计主要出现在流行病学、林业、海洋科学、气象学和地质学中。【*Pattern Recognition*, 1995, **28**, 1599 - 1609.】

Bowker's Test for Symmetry/Bowker 对称性检验

在*方形列联表*(*square contingency table*)中使用的检验,检验假设方格 i,j 中的概率等于方格 j,i 中的概率。在这个假设下,两个方格中期望频率为 $(n_{ij}+n_{ji})/2$,其中 n_{ij} 和 n_{ji} 是相应的观测频率。检验统计量为:

$$X^2 = \sum_{i<j} \frac{(n_{ij} - n_{ji})^2}{n_{ij} + n_{ji}}$$

在对称性的假设下,X^2 近似服从自由度为 $c(c-1)/2$ 的 *χ^2 分布*(*chi-squared distribution*),其中 c 是表中的行数(和列数)。在 *2×2 列联表*(*two-by-two contingency table*)中,它等价于 *McNemar 检验*(*McNemar's test*)。【*The Analysis of Contingency Tables*, 2nd edition, 1992, B. S. Everitt, Chapman and Hall/CRC Press, London.】

Bowley, Arthur Lyon (1869-1957)/阿瑟·里昂·鲍利(1869-1957)

鲍利出生于英国布里斯托,在剑桥大学学习数学。他的第一份工作是莱瑟圣约翰学院的数学教师,1893～1899 年间都在此工作。在此期间他对统计学产生了浓厚的兴趣。1895 年他加入刚成立的伦敦政治经济学院(London School of Economics, LSE),继续统计学的夜间课程学习。1919 年鲍利被任命为 LSE 新成立的统计学会主席,直到 1936 年退休一直担任此职。他的主要贡献是将抽样技术应用到经济和社会调查,出版了著名的教材《统计学原理》(*Elements of Statistics*),自 1910 年首次出版后,到 1937 年再版了 7 次。1938～1940 年间,鲍利担任皇家统计学会主席,1895 年获得 Guy 银质奖章,1935 年获得金质奖章。1957 年 1 月 21 日于英国萨里的黑斯尔米尔去世。

Box-and-Whisker Plot/箱形—晶须图

描述观测集的重要特征的图解法。它是基于数据的*五数概括法*(*five-number summary*),"箱形"部分覆盖了*跨四分位数范围*(*inter-quartile range*),"晶须"包括所有观测,除了那些需要单独描述的*外部观测*(*outside observations*)。经常用于对不同样本的特征进行比较,见图 23。【SMR Chapter 2.】

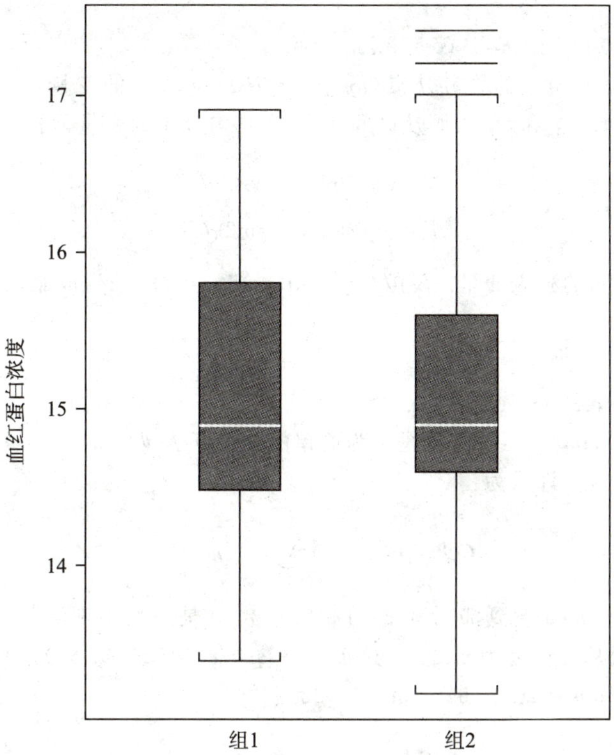

图 23 两组男性的血红蛋白浓度的箱形—晶须图

Box-Behnken Designs/Box-Behnken 设计

将二级析因设计与*平衡不完全区组设计*(*balanced incomplete block designs*)相结合的一类实验设计。【*Technometrics*, 1995, **37**, 399-410.】

Box-Counting Method/箱形计数法

对空间中自相似模式的*分形维数*(*fractal dimension*)进行估计的方法,该空间由与所考虑模式相交的像素数和像素的单位长度组成的图组成。【*Fractal Geometry*, 1990, K. Falconer, Wiley, New York.】

Box-Cox Transformation/Box-Cox 变换

为得到正态性所采用的一族数据变换,定义为:

$$y=(x^{\lambda}-1)/\lambda,\quad \lambda\neq 0$$
$$y=\ln x,\quad \lambda=0$$

对特定的变量运用*极大似然估计*(*maximum likelihood estimation*)来估计 λ 的取值。参见:**Taylor 幂定律(Taylor's Power Law)**,**Box-Tidwell 变换(Box-Tidwell Transformation)**。【ARA Chapter 11.】

B

Box-Jenkins Models/Box-Jenkins 模型

也称为自回归移动平均模型(**Autoregressive Moving Average Models**)。

Box-Müller Transformation/Box-Müller 变换

根据服从区间(0,1)中的*均匀分布*(*uniform distribution*)的变量生成服从正态分布的随机变量的方法。设U_1和U_2为服从区间(0,1)上均匀分布的变量,则:

$$X=(-2\ln U_1)^{\frac{1}{2}}\cos 2\pi U_2$$

$$Y=(-2\ln U_1)^{\frac{1}{2}}\sin 2\pi U_2$$

是服从标准正态分布的独立变量。*模拟*(*simulation*)时经常用来生成服从正态分布的数据。【KA1 Chapter 9.】

Box-Pierce Test/Box-Pierce 检验

检验*时间序列*(*time series*)数据是否为简单的*白噪声序列*(*white noise sequence*),因此观测是不相关的。检验统计量为:

$$Q_m = n(n+2)\sum_{k=1}^{m} r_k^2/(n-k)$$

其中,$r_k(k=1,2,\cdots,m)$是直到滞后m的自相关系数,n是序列中观测数。如果数据为白噪声序列,那么Q_m服从自由度为m的χ^2*分布*(*chi-squared distribution*)。只有当m远小于n时检验才有效。【*Biometrika*, 1979, **66**, 1-22.】

Boxplot/箱形图

也称为箱形—晶须图(**Box-and-Whisker Plot**)。

Box's Test/Box 检验

检验多个总体的方差是否相等,当不具备正态性时它没有 *Bartlett 检验*(*Bartlett's test*)敏感。参见:**Hartley 检验(Hartley's Test)**。

Box-Tidwell Transformation/Box-Tidwell 变换

参见:**分数多项式(Fractional Polynomial)**。

Bradley-Terry Model/Bradley-Terry 模型

关于反映疗法的成对排序[*成对比较试验*(*paired comparison experiment*)]试验的模型,关于t种疗法$T_1,T_2,\cdots,T_t$,根据$t-1$个参数$\pi_1,\pi_2,\cdots,\pi_t,\pi_i\geq 0,i=1,\cdots,t$,在这$t$种疗法组成的$\binom{t}{2}$对中每一对指定一个概率。这些概率代表了疗法的相对选择概率,满足约束$\pi_i\geq 0$,$\sum_{i=1}^{t}\pi_i=1$。在单一比较中,疗法T_i优于疗法T_j的概率是$\pi_i/(\pi_i+\pi_j)$。在两种疗法的大量比较中根据疗法T_i优于疗法T_j的多次观测得到这些π的极大似然估计量。【*Biometrics*, 1976, **32**, 213-232.】

Branch-and-Bound Algorithm/分支定界算法

也称为跨越定界算法(**Leaps-and-Bounds Algorithm**)。

Branching Process/分支过程

关于随机变量序列 $Y_1, Y_2, \cdots, Y_n$ 的过程,其中 Y_k 是时刻 k 处存在的质点数,质点出现和消失的过程如下:每个质点彼此相互独立,且与过程以前的历史无关,每个质点变为 j 个质点的概率为 $p_j, j=0,1,\cdots,M$。它是用来描述独立出现的人口的演变。最感兴趣的情形是每个质点以概率 q 消失或以概率 p 分成 2 个质点,$p+q=1$。在这种情形中,可以证明概率 $p_{ij}=\Pr(Y_{k+1}=j\,|\,Y_k=i)$ 为:

$$p_{ij}=\binom{i}{j/2}p^{\frac{j}{2}}q^{(i-j/2)}, \quad j=0,\cdots,2i$$
$$=0, \quad \text{其他情形}$$

【*Branching Processes with Biological Applications*, 1975, P. Jagers, Wiley, New York.】

Breakdown Point/故障点

估计量关于数据中多个*异常点*(*outerlier*)不敏感性的度量。一般由在估计中引起任意大变化的数据污染中最小的部分所给出。【*Computational Statistics*, 1996, **11**, 137-146.】

Breslow-Day Test/Breslow-Day 检验

关于 2×2 *列联表*(*contingency tables*)中*比值比*(*odds ratio*)的同质性零假设的检验。【*Statistical Methods in Cancer Research*, *I*, *The Analysis of Case Control Studies*, 1980, N. E. Breslow and N. E. Day, IARC, Lyon.】

Breslow's Estimator/Breslow 估计量

生存分析(*survival analysis*)中*累积风险函数*(*cumulative hazard function*)的估计量。【*Biometrics*, 1994, **50**, 1142-1145.】

Brier Score/Brier 评分

二进制数据的*均方误差*(*mean squared error*)。

Brown-Forsythe Test/Brown-Forsythe 检验

评估一组总体方差是否相等的过程,根据由每个总体中抽取一个样本计算下面的数值进行 *F-检验*(*F-test*):

$$z_{ij}=|x_{ij}-m_i|$$

其中,x_{ij} 是对第 i 组的第 j 次观测,m_i 是第 i 组的中位数。参见:**Box 检验(Box's Test)**,**Bartlett 检验(Bartlett's Test)**,**Hartley 检验(Hartley's Test)**。【*Journal of Statistical Computation and Simulation*, 1997, **56**, 353-372.】

Brownian Motion/布朗运动

状态空间(*state space*)为实数的*随机过程*(*stochastic process*)X_t,满足:

- $X_0=0$；
- 对任意 $s_1 \le t_1 \le s_2 \le t_2 \le \cdots \le s_n \le t_n$，随机变量 $X_{t_1}-X_{s_1}$，…，$X_{t_n}-X_{s_n}$ 相互独立；
- 对任意 $s<t$，随机变量 X_t-X_s 服从均值为 0、方差为 $(t-s)\sigma^2$ 的正态分布。

【*Stochastic Modelling of Scientific Data*，1995，P. Guttorp，Chapman and Hall/CRC Press，London.】

Brushing Scatterplots/牙刷散点图

用于研究多元数据的交互式计算机图形技术。画出所有可能的二元散点图，落在定义区域[“牙刷”(brush)]中的点在所有点中最突出。参见：动态图形(**Dynamic Graphics**)。【*Dynamic Graphics for Statistics*，1987，W. S. Cleveland and M. E. McGill，Wadsworth，Belmont，California.】

Bubble Plot/气泡图

关于三个变量值观测的显示方法。其中两个变量用来得出散点图，第三个变量的取值用中心在相应位置处不同半径的圆表示，如图 24 所示。

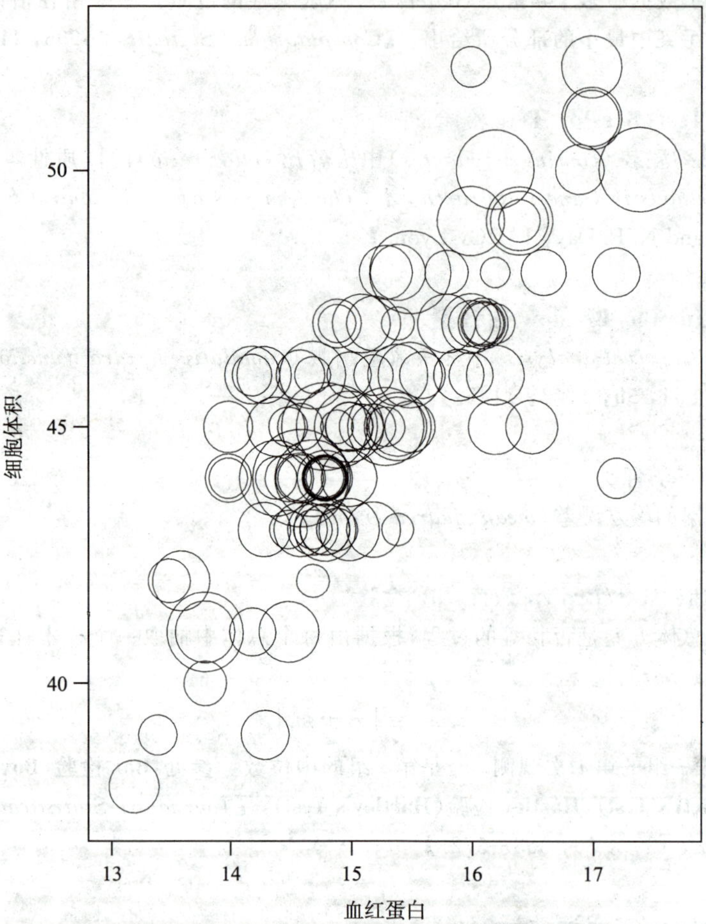

图 24　血红蛋白浓度对细胞体积的气泡图，且圆的半径与白细胞计数成比例

Buckley-James Method/Buckley-James 方法

在反应变量为右删失的模型中得到回归系数的迭代程序。【*Statistics in Medicine*, 1992, **11**, 1871 - 1880.】

Buehler Confidence Bound/Buehler 置信限

串联系统的可靠性与维修度量的置信上限,假设系统组件的维修将系统恢复到它的原始状态。【*Journal of the American Statistical Association*, 1957, **52**, 482 - 493.】

Buffon's Needle Problem/Buffon 投针问题

1777 年由孔德・德・蒲丰(Comte de Buffon)提出并解决的问题,水平面上画有距离为 a 的平行线,向平面中任意投一根长度为 $l(a>l)$ 的针,求针与平行线相交的概率 p。解是:

$$p=\frac{2l}{\pi a}$$

这可以用来估计 π,如果独立投针 N 次,如果第 i 次投出的针与直线相交则 $y_i=1$,否则为 0,于是:

$$\frac{2N}{y_1+\cdots+y_N}\approx\pi$$

1850 年,R. 沃尔夫(一位苏黎世天文学家)投针 5 000 次,得出 π 的值为 3.159 6。【*American Mathematical Monthly*, 1979, **81**, 26 - 29.】

BUGS/BUGS 软件包

利用 Gibbs 抽样进行贝叶斯推断(*Bayesian inference using Gibbs sampling*)的缩写,它是一种软件包,给出了根据使用者所提供的结构描述来分析复杂模型的方法,以及利用后验边际分布得出 Gibbs 抽样的表达式。软件可以处理大量问题,包括分层随机效应、广义线性模型中度量误差、潜变量和混合模型、不同形式的缺失和删失数据。【MRC Biostatistics Unit, Institute of Public Health, University Forvie Site, Robinson Way, Cambridge, CB2 2SR, UK.】

Bump Hunting/凸点狩猎

在局部最大频率分布的检查或者对独立对象小组的反映的模式的检查中使用的术语。参见:双峰分布(**Bimodal Distribution**),有限混合分布(**Finite Mixture Distribution**),**DIP** 检验(**DIP Test**)。

Burgess Method/Burgess 方法

参见:点评分(**Point Scoring**)。

Burn-In/老化

马尔可夫链 Monte Carlo 方法(*Markov Chain Monte Carlo methods*)中采用的术语,表明在得到所需分布的抽样之前迭代所需的时间。【*Markov Chain Monte Carlo in Practice*,

1996, edited by W. R. Gilks, S. Richardson, and D. J. Spiegelhalter, Chapman and Hall/CRC Press, London.】

Burr Distribution/Burr 分布

一族概率分布,非常灵活且形状范围很广。【*Annals of Mathematical Statistics*, 1942, **13**,215-232.】

Bursty Phenomena/Bursty 现象

出现偶然性非常大的观测现象。

Burt Matrix/Burt 矩阵

运用二维以上*列联表*(*contingency tables*)进行*对应分析*(*correspondence analysis*)时采用的矩阵。【MV1 Chapter 5.】

BW Statistic/BW 统计

参见:**Cliff 和Ord 的BW 统计(Cliff and Ord's BW Statistics)**。

Byar, D. P. (1938-1991)/D. P. 拜亚(1938-1991)

拜亚出生于美国俄亥俄州洛克兰,1964 年毕业于哈佛医学院。在美国军事病理研究院(Armed Forces Institute of Pathology)工作时,拜亚对实验室中试验偏差的起源和处理偏差的统计方法越来越感兴趣。1968 年加入美国国家癌症研究所后,他是一名在临床试验中领先的方法论者。1991 年 8 月 5 日于华盛顿去世。

Byte /字节

用于数字式计算机的信息单位,1 个字节等于 8 个*比特*(*bits*)。

C

C/C 语言

贝尔实验室开发的低级编程语言，被广泛用于软件开发。

C++/C++语言

通用编程语言，它是 C 语言的超集。

Calendar Plot/日历图

描述*临床试验*(*clinical trial*)中病人服药情况的方法，其中将每天服用药片数设置为一个日历样表，见图 25。参见：时序图(**Chronology Plot**)。【*Statistics in Medicine*, 1997, **16**, 1653-1664.】

	周一	周二	周三	周四	周五	周六	周日
						0	1
3	1	1	2	1	0	1	1
10	1	1	1	1	1	0	0
17	0	1	1	2	0	2	0
24	1	1	1	0	1	0	0
31	1						

图 25　每天服用药片数的日历图

资料来源：摘自 *Statistics in Medicine*，经 John Wiley 出版公司授权许可。

Calendarization/日历化

基准分析(*benchmarking*)中的通用术语。

Calibration/校准

由一些讨论的量的不准确度量序列得出所需数值的较准确的估计的过程。例如，假设某一化合物的浓度存在一种既定的精确的度量方法，但日常使用中太昂贵且(或)太繁琐，如果采用另一种便宜且简易的方法会不准确并可能含有偏差。在化合物的浓度范围中两种方法都采用，对便宜的方法中得到的数值以及精确方法中得到的数值进行回归分析，构造一条*校准曲线*(*calibration curve*)，在未来的应用中，用从不精确方法得出的数值根据这条曲线得

C

出所需浓度的估计。【KA2 Chapter 28.】

Calibration Curve/校准曲线

参见:校准(**Calibration**)。

Caliper Matching/卡尺匹配

参见:匹配(**Matching**)。

Campion, Sir Harry (1905-1996)/哈里·坎皮恩爵士(1905-1996)

坎皮恩出生于英国兰开夏,他在曼彻斯特大学学习,1933 年成为统计研究员。在第二次世界大战中,他担任新成立的中央统计局(Central Statistical Office)主任,直到 1967 年退休他一直担任这个职务。坎皮恩负责起草《1947 年贸易统计法》,并负责在公务员中建立一个新的分类——统计师类。1957～1959 年他担任皇家统计学会主席,1963～1967 年他担任国际统计学会主席。1945 年荣获 CBE 勋章,1957 年获得骑士称号。

Canberra Metric/Canberra 度量

一种*相异系数*(*dissimilarity coefficient*),定义为:

$$d_{ij} = \sum_{k=1}^{q} |x_{ik} - x_{jk}| / (x_{ik} + x_{jk})$$

其中,x_{ik},x_{jk},$k=1,\cdots,q$ 是 q 个变量关于个体 i 和 j 的观测。【MV1 Chapter 3.】

CAN Estimator/一致渐近正态估计量

参数的估计量,它是一致渐近正态的。

Canonical Correlation Analysis/典型相关分析

调查两组变量间关系的分析方法,试图发现与另一组变量的线性函数最大相关的一组变量的线性函数。在许多方面,这种方法可以看成是关于多个反应变量的*多元回归*(*multiple regression*)的推广。还认为它类似于*主成分分析*(*principle components analysis*),讨论相关性而不是方差最大化。例如,从学童中抽样得到阅读速度(x_1)、阅读能力(x_2)、算术速度(y_1)以及算术能力(y_2),感兴趣的问题是阅读能力(由 x_1 和 x_2 度量的)与算术能力(由 y_1 和 y_2 度量的)是否相关。【MV1 Chapter 4.】

Canonical Discriminant Function/典型判别函数

参见:判别分析(**Discriminant Analysis**)。

Canonical Variates/典型变量

参见:判别分析(**Discriminant Analysis**)。

C

Capture-Recapture Sampling/捕获—再捕获抽样

估计人口规模时的一种人口普查方法，通过从人群中多次抽样，观测那些出现不止一次的个人。拉普拉斯(Laplace)第一个用来估计法国人口，这种方法的主要想法来自于估计野生动物数量。先抽取初始样本，将样本中的个体加一标识或者以其他方式识别。然后独立地进行第二次抽样，注意这个样本中有多少个体是被标识的。如果第二个样本代表整个总体，那么标识个体的样本比例与相应的总体比例相同。根据这个关系，可以估计出总体中个体的总数。如果 X 表示被“捕获”、标识和释放的个体数，y 表示被再次独立捕获的个体数，其中被标识的个体数为 x，那么总体规模的估计量[有时称为 *Petersen 估计量*(*Petersen estimator*)]为：

$$\hat{N}=\frac{y}{x}X$$

它的方差为：

$$\mathrm{var}(\hat{N})=\frac{Xy(X-x)(y-x)}{x^3}$$

因为 x 可以取值为 0，所以估计量没有有限期望。修改后的估计量为 *Chapman 估计量*(*Chapman's estimator*)，是样本数加 1，这样总体规模的估计量为：

$$\hat{N}=\frac{y+1}{x+1}(X-1)-1$$

【KA1 Chapter 10.】

Cardiord Distribution/Cardiord 分布

循环随机变量(*circular random variable*)θ 的概率分布 $f(\theta)$ 为：

$$f(\theta)=\frac{1}{2\pi}\{1+2\rho\cos(\theta-\mu)\}\quad 0\leq\theta\leq 2\pi, 0\leq\rho\leq\frac{1}{2}$$

【*Statistical Analysis of Circular Data*，1993，N. I. Fisher，Cambridge University Press，Cambridge.】

Carry-Over Effects/结转效应

参见：交叉设计(**Crossover Design**)。

CART/分类与回归树技术

分类与回归树技术(**Classification and Regression Tree Technique**)的缩写。

Cartogram/心脏图

通过阴影的方法或采用大量不同的符号在地理地图上绘制的描述统计信息的图。图 26 给出了一个例子。参见：疾病映射(**Disease Mapping**)。【*Statistics in Medicine*，1988，**7**，491－506.】

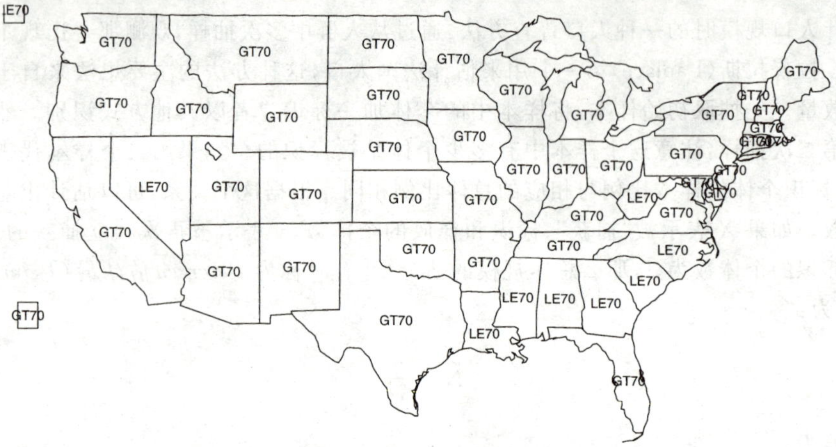

图 26 美国的预期寿命的心脏图(LE70:小于等于 70 岁;GT70:大于 70 岁)

Case-Control Study/病例对照研究

参见:回归性研究(**Retrospective Study**)。

Categorical Variable/分类变量

对分配到几种可能的类别中一个类别的观察值贴上合适标签的变量。例如,婚姻状况:已婚、单身和离婚;血型:A、B、AB 和 O。这些类别经常用数字来定义,但这种类型的数据没有数值意义。参见:二进制变量(**Binary Variable**),连续变量(**Continous Variable**),序变量(**Ordinal Variable**)。

Categorizing Continuous Variable/连续变量的分类

将连续变量分成几个类别的过程,这在医学研究中经常使用。分类的原因部分是统计方面的原因(回避关于数据特性的某些假设),部分由于当病人分类时临床医生会更高兴。通常这样的过程没有统计学优势。【*British Journal of Cancer*, 1991, **64**, 975.】

Cauchy, Augustin-Louis (1789-1857)/奥古斯丁·路易斯·柯西(1789-1857)

柯西出生于法国巴黎,通过学习成为一名工程师,健康欠佳迫使他退休,然后在巴黎理工大学教数学。柯西是复变函数理论的创始人,在估计和古典线性模型理论方面作出了很大的贡献。1857 年 5 月 22 日于法国索镇去世。

Cauchy Distribution/Cauchy 分布

概率分布 $f(x)$ 为:

$$f(x)=\frac{\beta}{\pi[\beta^2+(x-\alpha)^2]},\quad -\infty\leq x\leq\infty, \beta>0$$

其中,α 是*位置参数*(*location parameter*)(中位数),β 是*尺度参数*(*scale parameter*)。分布的*矩*(*moments*)和*累积量*(*cumulants*)不存在。分布是单峰且关于 α 对称,尾部比正态分布更重

（见图 27）。分布的上下四分位数为 $\alpha \pm \beta$。该分布以奥古斯丁·路易斯·柯西的名字命名。【STD Chapter 7.】

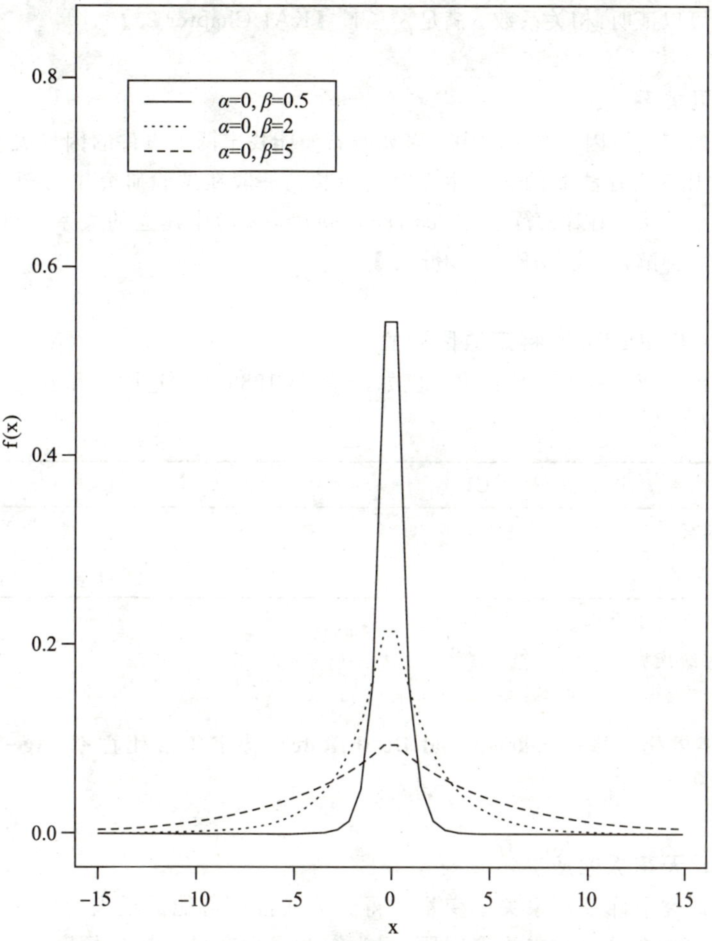

图 27 不同参数值的 Cauchy 分布

Cauchy Integral/Cauchy 积分

根据下面的和定义函数 $f(x)$从 a 到 b 的积分

$$S_n = f(a)(x_1 - a) + f(x_1)(x_2 - x_1) + \cdots + f(x_n)(b - x_n)$$

其中，区间(a,b)被点 $x_1, x_2, \cdots, x_n$ 划分。可以证明，在一定的假设[如 $f(x)$在区间上连续]下，当区间长度趋于 0 时这个和趋于一个极限，与划分点或趋于 0 的过程无关。这个极限就是 Cauchy 积分。参见：**Riemann-Steltjes 积分（Riemann-Steltjes Integral）**。【KA1 Chapter 1.】

Cauchy-Schwarz Inequality/Cauchy-Schwarz 不等式

关于函数 $f(x)$和 $g(x)$的积分的不等式，函数的平方是可积的，不等式为：

$$\left\{\int [f(x)g(x)]dx\right\}^2 \leq \left\{\int [f(x)]^2 dx\right\}\left\{\int [g(x)]^2 dx\right\}$$

在统计学中,由此得出具有有限二阶矩的两个随机变量 x 和 y 期望值的不等式:

$$[E(xy)]^2 \leq E(x^2)E(y^2)$$

根据这个结论可以证明:相关系数 ρ 满足 $\rho^2 \leq 1$。【KA1 Chapter 2.】

C

Causality/因果关系

产生效应的有关原因。在医学中许多调查希望能找出两个事件的因果关系,例如,接受疗法 A 的病人比接受疗法 B 的病人生存时间更长。一般在试验研究中希望建立所采集的数据之间的因果关系。在*观察性研究*(*observational study*)中建立的关系会启发因果关系,但也可能有另一种解释。【SMR Chapter 5.】

Cause Specific Death Rate/特定原因死亡率

由于某种疾病死亡的人的死亡率。例如,下面是 1985 年发达国家和发展中国家三种疾病类每 1 000 人的死亡率。

	C1	C2	C3
发达国家	0.5	4.5	2.0
发展中国家	4.5	1.5	0.6

C1=传染病和寄生虫病

C2=循环系统疾病

C3=癌症

参见:每年粗死亡率(**Crude Annual Death Rate**),特定年龄死亡率(**Age-Specific Death Rate**)。

Ceiling Effect/天花板效应

用来描述研究中许多对象关于变量的得分为或接近可能的最大上限["天花板"(ceiling)]的术语。这种效应会带来许多问题,因为它会减少变量的变化幅度。反之,称为*地板效应*(*floor effect*),这也会引起类似的问题。【*Arthritis and Rheumatism*, 1995, **38**, 1055.】

Cellular Proliferation Models/细胞增殖模型

描述细胞群增长的模型。例如,*确定性模型*(*deterministic model*)

$$N(t) = N(t_0)e^{v(t-t_0)}$$

其中,$N(t)$是时刻 t 处总体中细胞数,t_0 为初始时间,v 表示固定出生率和固定死亡率之差。这经常看成是*随机过程*(*stochastic process*),其中,$N(t)$看成是随机变量。

Censored Data Plots/删失数据图

描绘删失数据的图解法,在二维图中灰色的大小或深浅用来对删失信息编码。图 28 给出了一个关于肝病的临床试验随机化的删失数据图。【*Journal of the American Statistical Association*, 1991, **86**, 678-683.】

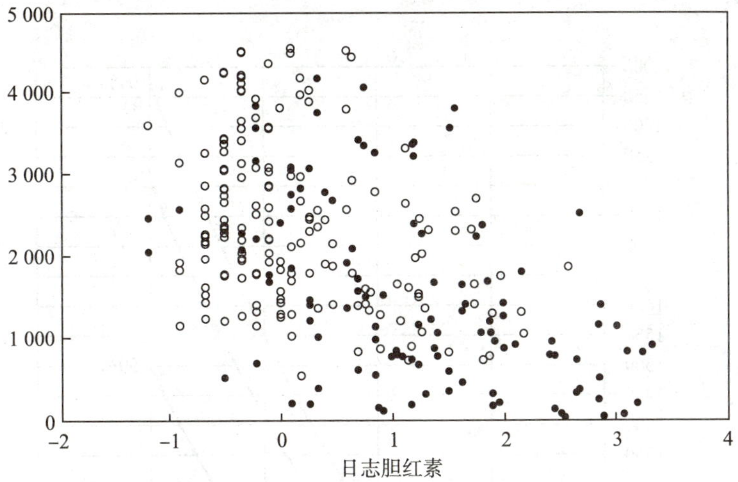

图 28 关于肝病的临床试验随机化删失数据图(删失个体用八角形表示,未删失个体用灰色表示)

资料来源:经授权许可,数据来自 *Journal of the American Statistical Association*。

Censored Observations/删失观察

某个变量上的一个观察 x_i 称为删失的,如果已知 $x_i \leq L_i$[*左删失*(*left-censored*)]或 $x_i \geq U_i$[*右删失*(*right-censored*)],其中,L_i 和 U_i 为给定数值。这种观察经常出现,当研究完成时主要的反应变量被观察直到某个特别事件发生(如死亡时间)而终止,而有些对象没有发生这些事件。参见:区间删失数据(**Interval Censored Data**),单删失数据(**Single Censored Data**),双删失数据(**Doubly Censored Data**),非信息删截(**Non-Informative Censoring**)。【SMR Chapter 2.】

Censored Regression Models/删失回归模型

用来分析截断数据和删失数据的一类模型,其中因变量的值域是被约束的。最典型的删失情形发生在因变量的大量取值都集中于一个有限值(如 0)。【*Statistics in Medicine*, 1984, **3**, 143 - 152.】

Census/人口普查

研究的目的是观察人群中每个成员。人口普查的主要用途是给政府决策、规划和管理提供事实根据。【SMP Chapter 5.】

Centile/百分位

同百分位(**Percentile**)。

Centile Reference Charts/百分位参考图

在医学中使用的图表,观测总体数据文本关于每个病人的临床测量。如果对应于对象取值的总体百分位是非典型的(即远小于 50%),那么标志着一个基本病理条件。图形还提供了随时间变化对测量比较的背景。例子见图 29。【*Statistics in Medicine*, 1996, **15**,

C

2657 -2668.】

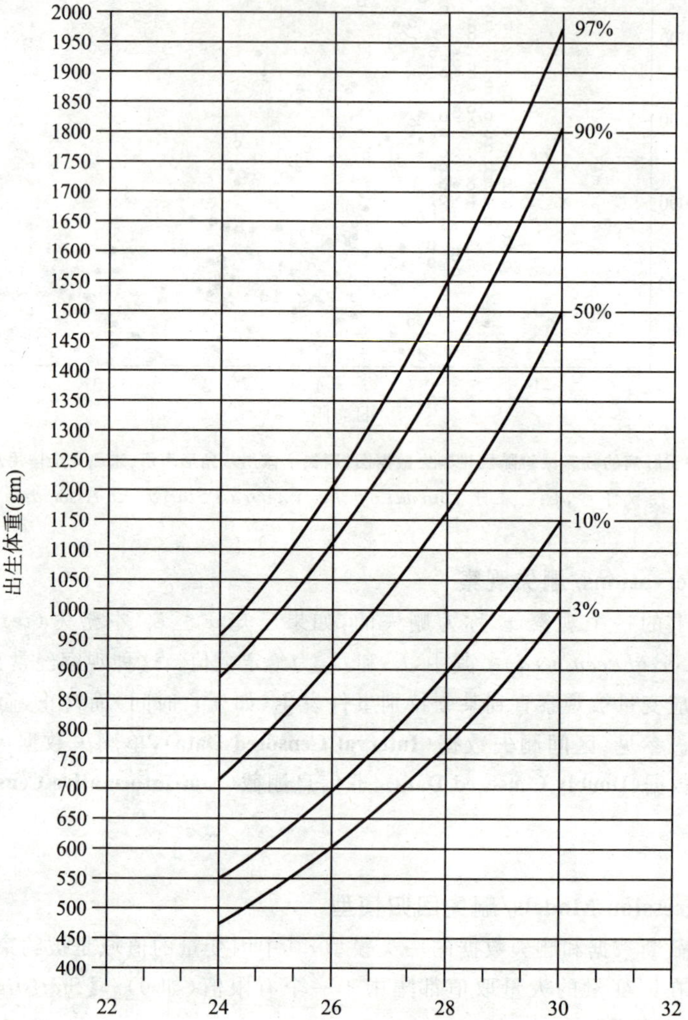

图 29 出生体重的胎龄百分位图

Centralized Database/中央数据库

在中心位置建立和维护的*数据库*(*database*),特别是在*多中心研究*(*multicentre study*)中使用。

Central Limit Theorem/中心极限定理

如果随机变量 Y 具有总体均值 μ 和总体方差 σ^2,那么当 n 足够大时,基于 n 次观察的样本均值 $\bar{y}$ 近似服从均值为 μ、总体方差为 σ^2/n 的正态分布。在统计理论中这个定理占有重要地位。【KA1 Chapter 8.】

Central Range/中心区域

90%的观测值所处的区域。【SMR Chapter 3.】

Central Tendency/集中趋势

变量分布的一个性质，通常用如均值、中位数和众数这些统计量来度量。

Centroid Method/矩心方法

在高速计算机出现之前广泛采用的*因子分析*(*factor analysis*)方法，但现在只用于研究概率统计的历史。【*Psychological Review*, 1931, **38**, 406－427.】

CEP/圆误差概率

圆误差概率(**Circular Error Probable**)的缩写。

CER/成本效益比

成本效益比(**Cost-Effectiveness Ratio**)的缩写。

CERES Plot/条件期望与残差图

条件期望与残差图(**Combining Conditional Expectations and Residuals Plot**)的缩写。

CFA/验证性因子分析

验证性因子分析(**Confirmatory Factor Analysis**)的缩写。

CHAID/χ^2 自动交互检测

χ^2 自动交互检测(**Chi-Squared Automated Interaction Detector**)的缩写。

Chain-Binomial Models/链形二项式模型

在传染病的数学理论中采用的模型，假设在一种疫情的任何阶段存在一定数目的感染者和易感人群，并且有理由假设在下一阶段会产生新的病例，新病例的人数服从*二项分布*(*binomial distribution*)。这就导致一个二项分布的"链"(chain)。在任何阶段新感染人数的真实概率依赖于前一阶段感染者和易感人群的人数。【*Stochastic Analysis and Applications*, 1995, **13**, 355－360.】

Chaining/链接

在*单链聚类*(*single linkage clustering*)的应用中经常出现的现象，将不同集群间的中间点划归到一个已经存在的集群中，而不是设置一个新集群。【MV2 Chapter 10.】

Chain-of-Events Data/链形事件数据

关于按设定的顺序发生的一系列事件的数据。分析这种数据的主要用途是确定连续事件之间时间的分布。【*Biometrics*, 1999, **55**, 179－187.】

C

Chains of Infection/感染链

描述一组个体的感染过程。与一个介入病例直接接触而感染的易感人群称为第一代病例;与第一代病例直接接触而感染的易感人群称为第二代病例,等等。每一代中病例数称为*疫情链*(*epidemic chain*)。这样序列 1－2－1－0 表示由一个介入病例、两个第一代病例、一个第二代病例以及在后面几代没有病例组成的链。【*Berliner und Münchener Tierärztliche Wochenschrift*, 1997, **110**,211－213.】

Chalmers,Thomas Clark (1917-1995)/托马斯·克拉克·查默斯(1917-1995)

查默斯出生于美国纽约,1943 年毕业于哥伦比亚大学医生和外科医生学院。在私人执业后,他意识到可接受疗法的功效知识的缺乏,最后成为*临床试验*(*clinical trials*)的主要倡导者,后来在 75 岁高龄他成立了关于 *meta 分析*(*meta analysis*)的 meta 分析顾问公司。由于他杰出的研究和教学生涯,1973～1983 年间,他担任纽约城市大学西奈山医学中心主任和医学院院长。1995 年 12 月 27 日于新罕布什尔州汉诺威去世。

Change Point Problems/变点问题

关于在一段时期内所收集的按时间顺序排列的有序数据的问题,其中在基本数据生成过程中存在一个已知(或可疑)的变化。关心的是关于序列在发生变化的时点或位置的推断。一个著名的例子是 Lindisfarne 抄写员数据(Lindisfarne scribes data),在按时间顺序排列的 13 世纪手稿观察中,根据在结尾处某个特殊代词的出现次数认为著作有多个作者。数据图(见图 30)强烈表明存在变点。这个问题最简单的模型为:

$$y_i=\alpha_1+\beta_1 x_i+e_i,\quad i=1,\cdots,\tau$$
$$y_i=\alpha_2+\beta_2 x_i+e_i,\quad i=\tau+1,\cdots,T$$

问题集中在对模型中参数特别是变点的估计。【*Statistics in Medicine*, 1983, **2**,141－146.】

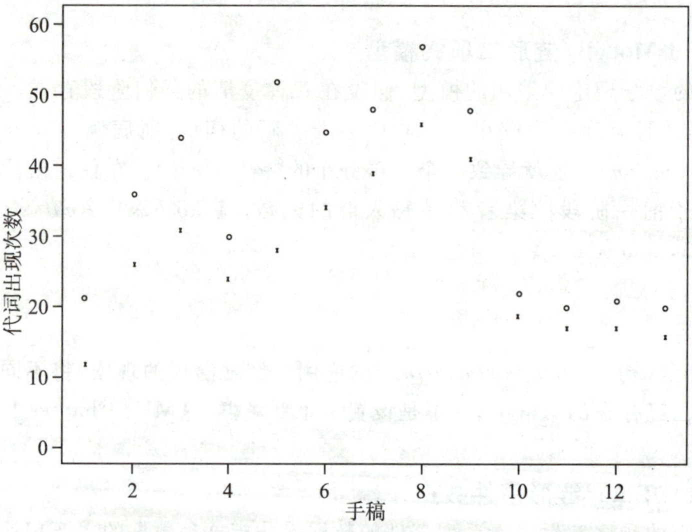

图 30 Lindisfarne 抄写员数据图,表明一个明显的变点

Change Scores/更改得分

某个变量治疗前的得分(即基准值)减去治疗后得分。经常用作为纵向研究的基础,尽管没有采用如协变量这种基线度量有效。当比较某个变量的极值所形成的分组比较,治疗前和治疗后进行观察时,这种得分会受到向均值回归这种现象的影响。参见:**基线调整(Adjusting for Baseline)**,**基线平衡(Baseline Balance)**。【SMR Chapter 14.】

Chaos/混沌

*确定性模型(deterministic model)*中出现的随机行为。【*Chaos*, 1987, J. Gleick, Sphere Books Ltd., London.】

Chapman-Kolmogoroff Equation/Chapman-Kolmogoroff 方程

参见:**Markov 链(Markov Chain)**。

Chapman's Estimator/Chapman 估计量

参见:**捕获—再捕获抽样(Capture-Recapture Sampling)**。

Characteristic Function/特征函数

由概率分布 $f(x)$得出的函数 $\phi(t)$,定义为:

$$\phi(t) = \int_{-\infty}^{\infty} e^{itx} f(x) dx$$

其中,$i^2=-1$,t 为实数。特征函数具有重要的理论意义,在一定条件下决定概率分布,同样它也由概率分布完全决定。如果将 $\phi(t)$展开为 t 的幂级数,那么 r 阶中心矩μ_r'等于展开式中 $(it)^r/r!$ 的系数。因此,特征函数也是*矩生成函数(moment generating function)*。【KA1 Chapter 4.】

Characteristic Root/特征根

也称为**特征值(Eigenvalue)**。

Characteristic Vector/特征向量

也称为**特征向量(Eigenvector)**。

Chebyshev-Hermite Polynomial/Chebyshev-Hermite 多项式

函数 $H_r(x)$由下列等式定义:

$$(-D)^r\alpha(x)=H_r(x)\alpha(x)$$

其中,$\alpha(x)=(1/\sqrt{2\pi})e^{-\frac{1}{2}x^2}$,$D=d/dx$。很容易证明:$H_r(x)$是 $\exp\left(tx-\frac{1}{2}t^2\right)$幂级数展开式中 $t^r/r!$ 的系数,即:

$$H_r(x)=x^r-\frac{r^{[2]}}{2\cdot 1!}x^{r-2}+\frac{r^{[4]}}{2^2\cdot 2!}x^{r-4}-\frac{r^{[6]}}{2^3\cdot 3!}x^{r-6}+\cdots$$

C

其中，$r^{[i]}=r(r-1)\cdots(r-i+1)$。例如，$H_6(x)$为：

$$H_6(x)=x^6-15x^4+45x^2-15$$

多项式具有重要的正交性，即：

$$\begin{aligned}\int_{-\infty}^{\infty} H_m(x)H_n(x)\alpha(x)dx &= 0, \qquad m\neq n\\ &= n!, \qquad m=n\end{aligned}$$

用于 *Gram-Charlier A 型序列*（*Gram-Charlier Type A series*）。【KA1 Chapter 6.】

Chebyshev, Pafnuty Lvovich (1821-1894)/潘夫努提·利沃维奇·切比雪夫(1821-1894)

切比雪夫出生于俄罗斯奥卡托弗，在莫斯科大学学习。1860 年担任圣彼得堡大学教授，在那里他成立了圣彼得堡数学学院，在 19 世纪余下的时间中对俄罗斯数学产生了影响。他最重要的贡献是质数的分布理论，但最让人难忘的是他证明了许多基本的极限定理。1894 年 12 月 8 日切比雪夫于俄罗斯圣彼得堡去世。

Chebyshev Inequality/Chebyshev 不等式

对任何概率分布关于那些属于均值的标准偏差的倍数中观察的比例的表达式。一种形式是，对随机变量 X，

$$\text{Prob}\left[-k\leq\frac{x-\mu}{\sigma}\leq k\right]\leq 1-\frac{1}{k^2}$$

其中，k 为远离均值 μ 的标准差 σ 的倍数。例如，不等式表明至少有 75%的观察属于均值的两个标准差之内。如果变量只取正值，那么就是下面 *Markov 不等式*（*Markov inequality*）：

$$\text{Prob}[X\leq x]\leq 1-\frac{\mu}{x}$$

【KA1 Chapter 3.】

Chemometrics/化学计量学

应用数学和统计学方法讨论化学问题。【*Chemometrics*：*A Textbook*，1988，D. L. Massart，B. G. M. Vandeginste，S. N. Deming，Y. Michotte and L. Kaufman，Elsevier，Amsterdam.】

Chernoff's Faces/Chernoff 脸

用图形方式表示多元数据的技术。每个观察由计算机生成的脸表示，脸部特征由观察的变量取值控制。代表观察的脸的集合用来确定相似个体组、异常点等。参见：**Andews 图**（**Andrews' Plots**），字形（**Glyphs**）。【MV1 Chapter 3.】

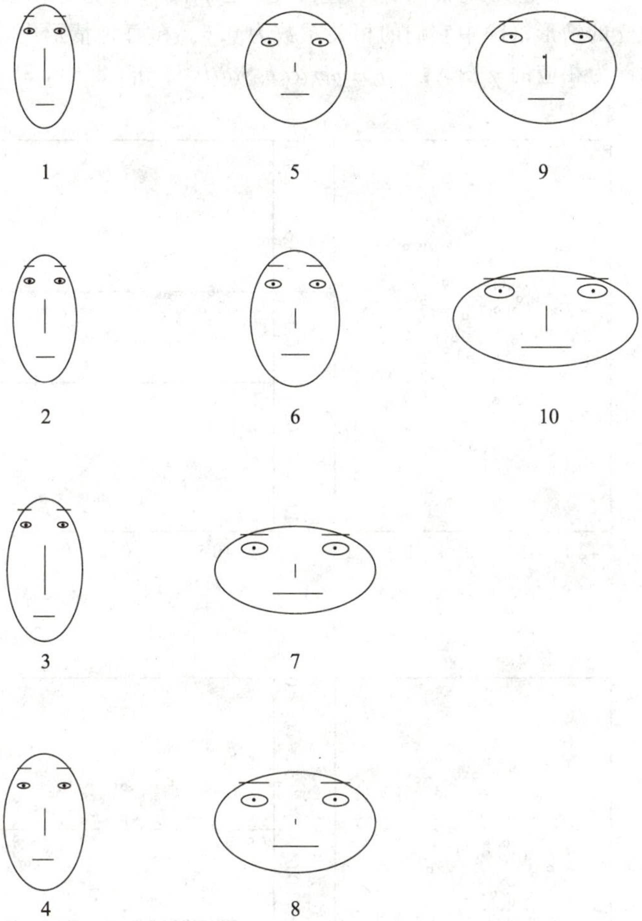

图 31　代表 10 个多元观察的 Chernoff 脸

Chi-Plot/χ 图

采用特有的方式表现独立性的*散点图*(*scatterplot*)的辅助显示。图形的特征模式取决于变量是否(1)独立;(2)具有相同程度的单调关系;(3)具有更复杂的依赖结构。图形只依赖于数据的等级值。图形是(λ_i, χ_i)的散点图,$|\lambda_i| < 4\left\{\frac{1}{n-1} - 0.5\right\}^2$,其中:

$$\lambda_i = 4S_i \max\{(F_i - 0.5)^2, (G_i - 0.5)^2\}$$

$$\chi_i = (H_i - F_i G_i)/\{F_i(1-F_i)G_i(1-F_i)\}^{\frac{1}{2}}$$

以及

$$H_i = \sum_{j \neq i} I(x_j \leq x_i, y_j \leq y_i)/(n-1)$$

$$F_i = \sum_{j \neq i} I(x_j \leq x_i)/(n-1)$$

$$G_i = \sum_{j \neq i} I(y_j \leq y_i)/(n-1)$$

$$S_i = sign\{(F_i - 0.5)(G_i - 0.5)\}$$

这里，$(x_1, y_1), \cdots, (x_n, y_n)$是所观察的样本值，$I(A)$是事件 A 的指标函数。图例见图 32：(a)表示 x 和 y 独立的情形；(b)中它们的相关系数为 0.6。在每种情形中，左边的图为数据的散点图，右边的图为相应的 χ 图。【*The American Statistician*, 2001, **55**, 233－239.】

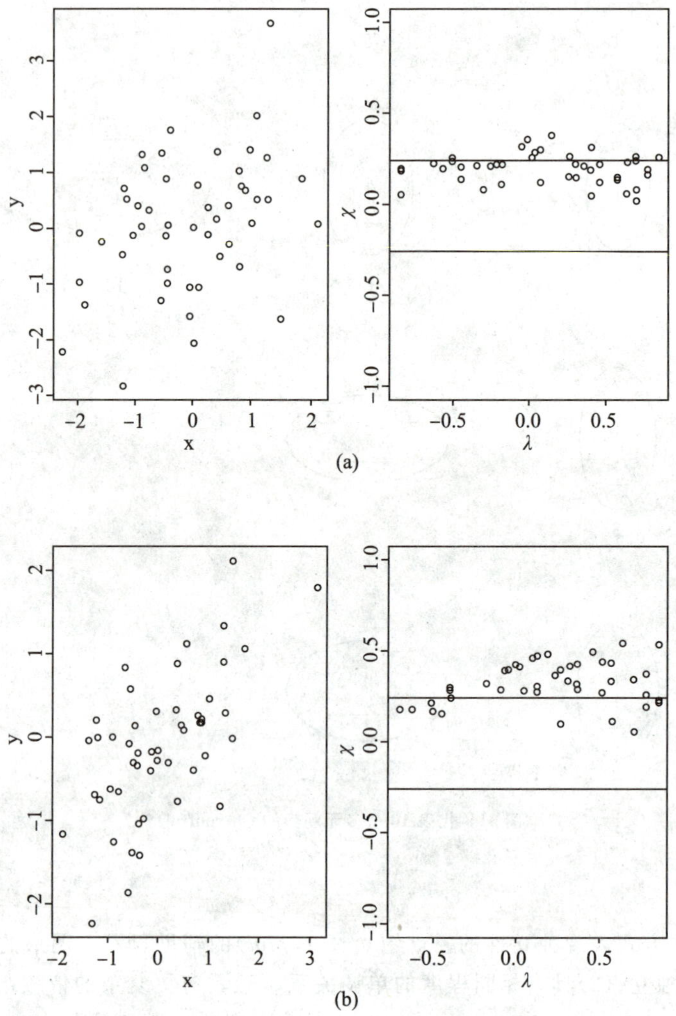

图 32 χ 图：(a)不相关情形；(b)相关情形

Chi-Squared Automated Interaction Detector (CHAID)/χ^2 自动交互检测

二进制目标变量的*自动交互检测*(*automatic interaction detector*)。【*Multivariable Analysis*, 1996, A. R. Feinstein, Yale University Press, New Haven.】

Chi-Squared Distance/χ^2 距离

对应分析(*correspondence analysis*)中分类变量的距离度量。类似于 *Euclidean distance*(*Euclidean距离*)，但有效地考虑了分类出现的不同水平。【MV1 Chapter 5.】

C

Chi-Squared Distribution/χ^2 分布

ν 个独立的标准正态分布的平方和的概率分布 $f(x)$，定义为：

$$f(x)=\frac{1}{2^{\nu/2}\Gamma(\nu/2)}x^{(\nu-2)/2}e^{-x/2}, \quad x>0$$

即 $\alpha=\nu/2$ 的*标准* Γ *分布*（*standard gamma distribution*）。*形状参数*（*shape parameter*）ν 为分布的自由度。在许多统计领域中都会出现这种分布，例如，评估模型的拟合度，特别是*列联表*（*contingency table*）的拟合程度。分布的均值为 ν、方差为 2ν。【STD Chapter 8.】

Chi-Squared Probability Plot/χ^2 概率图

检验一组多元数据是否服从多元正态分布的过程。有序广义距离为：

$$d_{(i)}=(x_i-\bar{x})'S^{-1}(x_i-\bar{x})$$

其中，$x_i, i=1,\cdots,n$ 是关于 q 个变量的多元观察，$\bar{x}$ 是样本均值向量，S 是样本*方差—协方差矩阵*（*variance-covariance matrix*），将这个广义距离关于自由度为 q 的 χ^2 *分布*（*chi-squared distribution*）的分位数绘制图形。不服从多元正态分布时在图中表示为偏离直线，见图 33。参见：位数—位数图（**Quantile-Quantile Plot**）。【*Principles of Multivariate Analysis*, 1988, W. J. Krzanowski, Oxford Science Publications, Oxford.】

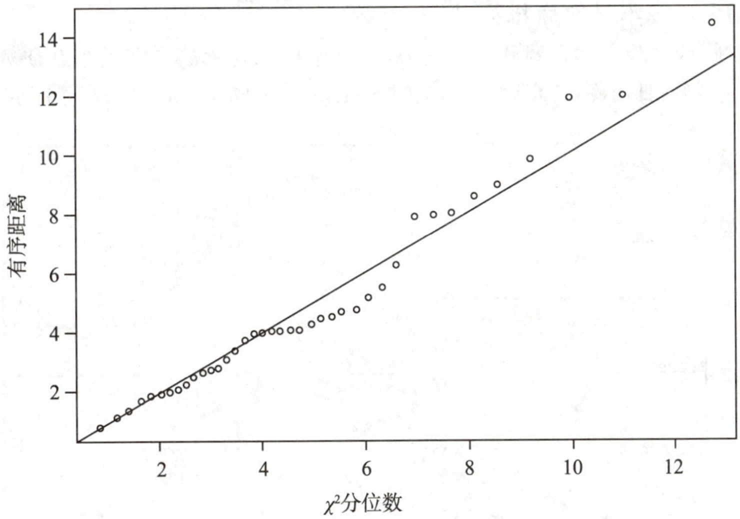

图 33　χ^2 概率图，表明数据不服从多元正态分布

Chi-Squared Statistic/χ^2 统计量

服从 χ^2 分布（至少近似服从）的统计量。例如，评估形成*列联表*（*contingency table*）的两个变量独立性所采用的统计量：

$$X^2=\sum_{i=1}^{r}\sum_{j=1}^{c}(O_i-E_i)^2/E_i$$

其中，O_i 表示观察频率，E_i 表示独立时期望频率。在独立性假设下，X^2（近似）服从自由度为 $(r-1)(c-1)$ 的 χ^2 分布。【SMR Chapter 10.】

Chi-Squared Test for Trend/趋势的 χ^2 检验

二维列联表(*two-dimensional contingency table*)中使用的检验,其中一个变量有 2 个类别,另一个变量有 k 个有序类别,检验两组中比例的趋势是否存在差异。在这种方法中采用有序的原因是它比采用 χ^2 统计量检验独立性更强大。【SMR Chapter 10.】

C

Choleski Decomposition/Choleski 分解

(非奇异)对称矩阵 A 的分解,形式为:

$$A=LL'$$

其中 L 是下三角矩阵。广泛用于线性方程组以及矩阵逆的求解。【MV1 Appendix A.】

Chow Test/Chow 检验

在正态分布误差假设下检验两组独立的回归系数是否相等。【*Biometrical Journal*, 1996, **38**, 819－828.】

Christmas Tree Boundaries/圣诞树边界

在序列临床试验中关于"外观"间差距的停止规则的调整。

Chronology Plot/按年月次序排列的图

用来描述临床试验中病人履约情况的方法,其中服用药片的次数是指在研究期间所服用的(见图 34)。参见:日历图(**Calendar Plot**)。【*Statistics in Medicine*, 1997, **16**, 1653－1664.】

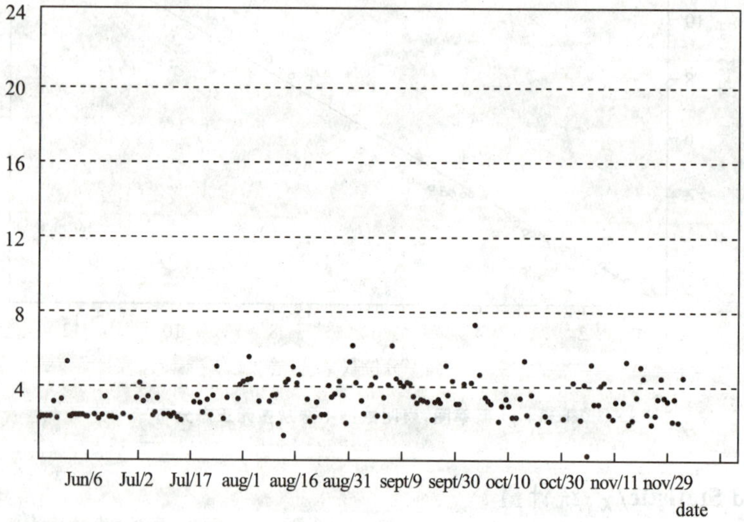

图 34 临床试验中服用药片次数的按年月排列的图

资料来源:经 John Wiley 出版公司授权许可,选自 *Statistics in Medicine*。

Circadian Variation/昼夜变异

如血压和体温这类变量在 24 小时内发生的变异。大多数活生物体表现的这种变异对应着由于地球自转引起的日夜循环。【SMR Chapter 7.】

C

Circular Data/循环数据

关于*循环随机变量*(*circular random variable*)的观察。

Circular Distribution/循环分布

范围 0 到 2π 的*循环随机变量*(*circular random variable*)θ 的概率分布 $f(\theta)$,所以概率可以看成是关于圆的周长的分布。函数 f 是周期为 2π 的周期函数,$f(\theta+2\pi)=f(\theta)$。例如 *Von Mises 分布*(*Von Mises distribution*)。参见:**Cardiord 分布**(**Cardiord Distribution**)。【KA1 Chapter 5.】

Circular Error Probable/圆概率误差

关于炮弹命中靶子这类问题的精确度的度量,是一种 50%分位点的二元表示。定义数值 R,满足平均有半数的炮弹落在靶点半径 R 的圆中。【*Journal of the Royal Statistical Society*, *Series B*, 1960, **22**,176 - 187.】

Circular Random Variable/循环随机变量

单位圆上的角度测量。图 35 是这种变量的图形说明。参见:**Cardiord 分布**(**Cardiord Distribution**),**Von Mises 分布**(**Von Mises Distribution**)。【*Multivariate Analysis*, 1977, K. V. Mardia, J. T. Kent and J. M. Bibby, Academic Press, London.】

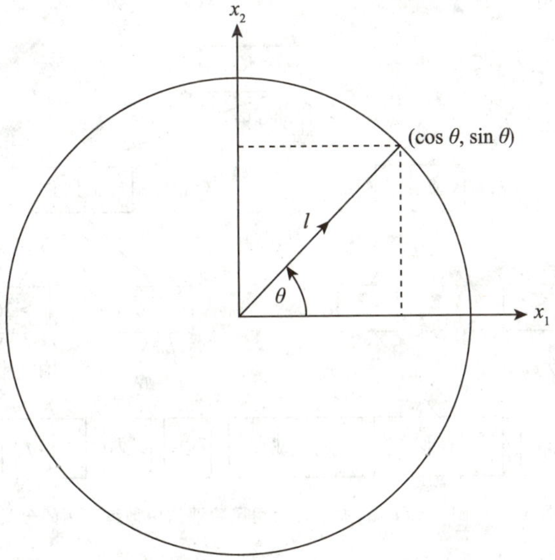

图 35 循环随机变量的图形说明

City-Block Distance/城市一街区距离

在*聚类分析*(*cluster analysis*)中经常使用的距离度量,定义为:

$$d_{ij}=\sum_{k=1}^{q}|x_{ik}-x_{jk}|$$

其中,q 是变量的数目,x_{ik},x_{jk},$k=1,\cdots,q$ 是关于个体 i 和 j 的观察。【MV2 Chapter 10.】

Class Frequency/组频数

变量的观察频数分布的组距中的观察数。

Classical Scaling/古典比例

一种*多维比例*(*multidimensional scaling*),所要求的坐标值由内积矩阵的特征向量得到。【MV1 Chapter 5.】

Classical Statistics/古典统计

参见:**频率推断**(**Frequentist Inference**)。

Classification and Regression Tree Technique (CART)/分类与回归树技术

一种*多元回归*(*multiple regression*),确定预测反应变量时最重要的解释变量的子集的相关技术。不同于用样本数据拟合模型,树结构是将样本递归地分成几组,每次划分的结果都是使得两组中反应变量间差异的某种度量最大。所得到的结构将比回归方程更容易解释,因为那些对于预测最重要的变量可以很快确认。此外,这种方法不需要对分布做任何假设,且更能抗拒异常点的影响。在每个阶段,样本按照下列问题的答案对变量 x_i 进行分组,问题如"是否 $x_i \leq c$"(单变量分裂),"是否 $\sum a_i x_i \leq c$"(线性函数分裂),"是否 $x_i \in A$"(如果 x_i 是分类变量)。这种方法的一个应用见图 36。参见:**自动交互检测**(**Automatic Interaction Detector**)。【MV2 Chapter 9.】

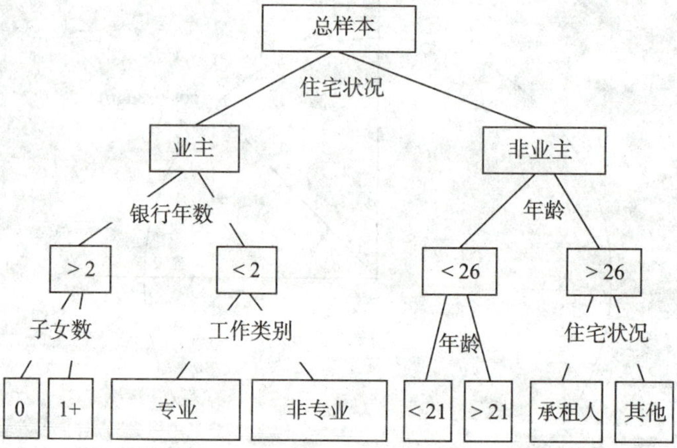

图 36 一例 CART 图,关于在信用风险评估中训练案例的分类

Classification Matrix/分类矩阵

判别分析(*discriminant analysis*)中使用的术语,由衍生分类规则和组成员对预测的交叉制表所得到的结论汇总所形成的矩阵。正确的分类处于主对角线,不正确的分类处于非对角线。【MV2 Chapter 9.】

Classification Rule/分类规则

参见:**判别分析**(**Discriminant Analysis**)。

C

Classification Techniques/分类技术

聚类分析（*cluster analysis*）和*判别方法*（*discriminant methods*）中的通用术语，前者更广泛地使用。【MV1 Chapter 1.】

Class Intervals/组矩

一组观察的频数分布的区间。

Clemmesen's Hook/Clemmesen 钩

对*年龄期队列模型*（*age-period-cohort models*）中参数估计进行解释时所观察到的现象，其中比率增加到某个极大值，然后在延续它们的上升趋势之前稍有回落。

Cliff and Ord's BW Statistic/Cliff 与 Ord 的 BW 统计量

关于在一个区域（或时间段）中某个因子的出现增加了这个因子在邻近区域被发现的可能性的程度度量。定义为：

$$BW = \sum\sum\delta_{ij}(x_i - x_j)^2$$

其中，如果第 i 个区域具有这个特征则 $x_i=1$，否则为 0；如果区域 i 和 j 是相邻的则 $\delta_{ij}=1$，否则为 0。参见：**邻接矩阵（Adjacency Matrix），Moran's I 统计量（Moran's I）**。【*Spatial Processes: Models, Inference and Applications*, 1980, A. D. Cliff and J. K. Ord, Pion, London.】

Clinical Priors/临床先验

参见：**先验分布（Prior Distribution）**。

Clinical Trial/临床试验

涉及安排受试者来确定疗法、外科手术或患某种特定疾病的病人容许的治疗方案的有效性的*前瞻性研究*（*prospective study*）。参见：**I 阶段试验（Phase I Trials），II 阶段试验（Phase II Trials），III 阶段试验（Phase III Trials）**。【SMR Chapter 15.】

Clinical vs Statistical Significance/临床与统计意义

那些根据它们可能的临床重要性得出的结论，而不是根据它们的统计显著性得出的。例如，在大样本中，临床重要性上非常小的差异可能会带来统计显著性。任何医学调查中任意发现的实际应用都需要分清是关于临床的还是关于统计的。【SMR Chapter 15.】

Clopper-Pearson Interval/Clopper-Pearson 区间

n 重独立重复 *Bernoulli 试验*（*Bernoulli trails*）中成功概率的*置信区间*（*confidence interval*）。当样本容量足够大时，100(1−α/2)%的区间为：

$$\hat{p} - z_{\alpha/2}\left[\frac{\hat{p}(1-\hat{p})}{n}\right]^{\frac{1}{2}} \le p \le \hat{p} + z_{\alpha/2}\left[\frac{\hat{p}(1-\hat{p})}{n}\right]^{\frac{1}{2}}$$

其中，$z_{\alpha/2}$ 是标准正态偏离，$\hat{p}=B/n$，B 是成功的次数。参见：**二项式检验（Binomial Test）**。

【NSM Chapter 2.】

Closed Sequential Design/封闭序贯设计

参见:序贯设计(**Sequential Design**)。

ClustanGraphics/ClustanGraphics 软件包

关于*聚类分析*(*cluster analysis*)的一种包含先进的图形功能的特别软件包。【www.clustan.com】

Cluster/集群,整群

参见:疾病群(**Disease Cluster**)。

Cluster Analysis/聚类分析

对最初没有分类的数据进行信息分类的方法,所使用的数据是对每个个体观察得到的变量值。基本上,所有这类方法都是模拟二维的眼脑系统;例如,图 37 中的散点图非常简单地表明存在三个集群,不需要知道术语"集群"的意义。参见:凝聚层次聚类(**Agglomerative Hierarchical Clustering**),***K* 均值聚类**(***K*-Means Clustering**),有限混合密度(**Finite Mixture Densities**)。【MV2 Chapter 10.】

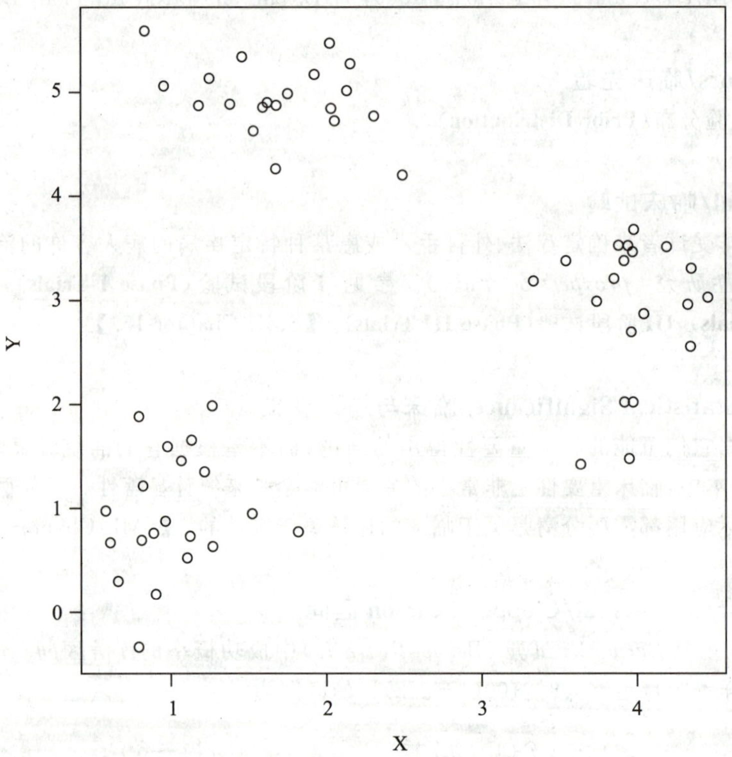

图 37 聚类分析,可以看出这个散点图可以分成三个不同的集群

Clustered Binary Data/聚类二进制数据

参见:聚类数据(**Clustered Data**)。

Clustered Data/聚类数据

将*抽样单位*(*sampling units*)分组到具有如一胎所生的动物、家庭或地理区域这些相同特征的集群中的数据,以及用相同单位重复度量的集合为一个集群这种*纵向数据*(*longitudinal data*)。这种数据的一个特点是它们具有内部集群相关性,因此对它们的分析需要解决这种相关性才能得出有效结论。不考虑相关性的分析方法是不适合的。特别是它们很可能会得出标准误差过小的估计。当观察服从正态分布时,可以采用*随机效应模型*(*random effects models*)和*混合效应模型*(*mixed effects models*)。当观察为二进制时,得到的是*聚类二进制数据*(*clustered binary data*),适合的模型为*混合效应 logistic 回归*(*mixed-effects logistic regression*)和*广义估计方程*(*generalized estimating equation*)方法。参见:**多层次模型(Multilevel Models)**。【*Statistics in Medicine*, 1992, **11**,67-100.】

Cluster Randomization/整群随机化

在治疗组的形成中个体的组或集群的随机分配。尽管个体的随机性没有任何统计有效性,但这个过程具有非常重要的经济性、可行性或道德优势。对得到的数据进行分析时需要考虑可能的内部集群相关。参见:**聚类数据(Clustered Data)**。【*Statistics in Medicine*, 1992, **11**, 743-750.】

Cluster Sampling/整群抽样

将总体的成员分配到各组(集群)中的抽样方法。集群的数目可以随机选择,然后从中进行子抽样。一般地,集群为自然分组,例如家庭、医院、学校等。参见:**随机抽样(Random Sample)**,**区域抽样(Area Sampling)**,**分层随机抽样(Stratified Random Sampling)**,**配额抽样(Quota Sample)**。【KA1Chapter 5.】

Cluster-Specific Models/特定集群模型

参见:**特定对象模型(Subject-Specific Models)**。

C_{max}/C_{max}值

在*生物等效性试验*(*bioequivalence trials*)中疗法比较的一种度量。这种度量为关于对象的最高记录响应值。参见:**曲线下面积(Area Under Curve)**,**响应特征分析(Response Feature Analysis)**,**T_{max}值(T_{max})**。【*Pharmaceutical Research*, 1995, **92**,1634-1641.】

Coale-Trussell Fertility Model/Coale-Trussell 生育模型

描述人类生育的年龄模式中变异的模型,模型为:

$$R_{ia} = n_a M_i e^{m_i v_a}$$

其中,R_{ia} 为关于第 i 个种群的第 a 个年龄的期望婚姻生育率,n_a 是自然生育的标准年龄模式,v_a 是控制生育与自然生育的特定年龄偏差,M_i 和 m_i 是第 i 个种群的生育水平和控制生育水平。模型表明了婚姻生育率是自然生育 $n_a M_i$ 和控制生育 $\exp(m_i v_a)$ 的乘积。【*Journal of Mathematical Biology*, 1983, **18**, 201-211.】

Coarse Data/粗数据

用于描述既没有完全丢失又没有完美出现的数据的术语。通常对数据采取四舍五入时会出现这种数据;其他如*数字偏好*(*digit preference*)和*年龄堆积*(*age heaping*)。【*Biometrics*, 1993, **49**, 1099-1109.】

Cochrane, Archibald Leman (1909-1988)/阿奇博尔德·莱蒙·科克伦(1909-1988)

科克伦在剑桥大学学习自然科学,以及在维也纳大学学习精神分析。20世纪40年代他进入流行病学领域,后来成为临床试验的狂热倡导者。他最大的贡献是促使构建了*Cochrance 协作网*(*Cochrance collaboration*)。1988年6月18日科克伦于英国多尔塞特去世。

Cochrane Collaboration/Cochrane 协作网

参与准备、保持和传播卫生健康的影响系统评价的个人国际化网络。协作网遵循六项原则:合作;建立在人民现有的热情上;避免不必要的重复;避免偏见;根据证据更新数据;确保证据的正确性。最关心的是来自*随机临床试验*(*randomized clinical trials*)的证据。参见:循征医学(**Evidence-Based Medicine**)。【*Neurologist*, 1996, **2**, 378-383.】

Cochrane-Orcutt Procedure/Cochrance-Orcutt 过程

对误差项为一阶*自回归模型*(*autoregressive model*)中参数估计的方法,即模型为:

$$y_t = \beta' x_t + v_t, \quad t = 1, 2, \cdots, n$$

其中,$v_t = \alpha v_{t-1} + \varepsilon_t$,$y_t$ 是时刻 t 处反应变量的取值,x_t 是解释变量向量,β 是回归系数向量,假设 ε_t 是独立且服从均值为0、方差为 σ^2 的正态分布随机变量。记 $y_t^* = y_t - \alpha y_{t-1}$,$x_t^* = x_t - \alpha x_{t-1}$,通过 y_t^* 和 x_t^* 的*普通最小二乘法*(*ordinary least squares*)得出 β 的估计。未知参数 α 可以通过计算回归残差得出,根据新的一组变换后变量进行迭代,这样得出新的回归估计,一直到收敛为止。【*Communications in Statistics*, 1993, **22**, 1315-1333.】

Cochran's *C*-test/Cochran *C*-检验

检验一组总体的方差是否相等。检验统计量为:

$$C = \frac{s_{\max}^2}{\sum_{i=1}^{g} s_i^2}$$

其中,g 为总体的数目,s_i^2,$i=1,\cdots,g$ 是每个总体的样本方差,$s_{\max}^2$ 是其中的最大值。临界值可以查表得出。参见:**Bartlett 检验(Bartlett's Test)**,**Box 检验(Box's Test)**,**Hartley 检验(Hartley's Test)**。【*Simultaneous Statistical Inference*, 1966, R. G. Miller, McGraw-Hill, New York.】

C

Cochran's *Q*-Test/Cochran *Q*-检验

在评估者判定一组对象的某些特征是否出现的情形中，对没有观察者偏倚的假设进行评估的过程。本质上是广义 *McNemar检验*（*McNemar's test*）。检验统计量为：

$$Q = \frac{r(r-1)\sum_{j=1}^{r}(y_{.j} - y_{..}/r)^2}{ry_{..} - \sum_{i=1}^{n} y_{i.}^2}$$

其中，如果第 i 个病人被第 j 个评估者判定出现该特征，则 $y_{ij}=1$，否则为 0，$y_{i.}$ 为判定第 i 个对象出现该特征的评估者总数，$y_{.j}$ 为第 j 个评估者判定出现该特征的对象总数，$y_{..}$ 为作出"出现"判定的总数，n 为对象数，r 为评估者人数。当没有观察者偏倚的假设正确时，Q 近似服从自由度为 $r-1$ 的 χ^2 分布。【*Biometrika*, 1950, **37**, 256-266.】

Cochran's Theorem/Cochran 定理

令 x 为 q 个独立的标准正态分布变量组成的向量，平方和 $Q=x'x$ 分解成秩为 r_i 的 k 个二次型 $Q_i=x'A_ix$，即：

$$\sum_{i=1}^{k} x'A_ix = x'Ix$$

则下列三个条件中任何一个条件都可以推出另外两个条件：

- Q_i 的秩 r_i 的和等于 Q 的秩。
- 每个 Q_i 都服从 χ^2 分布。
- 每个 Q_i 相互独立。

【KA1 Chapter 15.】

Cochran, William Gemmell (1909-1980)/威廉·吉姆尔·科克伦(1909-1980)

科克伦出生于格拉斯哥郊区，在格拉斯哥大学学习数学，1931 年进入剑桥大学攻读博士学位，在剑桥期间发表了著名的 *Cochran定理*（*Cochran's theorem*）。1934 年加入洛桑研究所(Rothamsted)，在那里与弗兰克·耶茨(Frank Yates)合作研究实验设计和抽样。1939 年转入位于埃姆斯的爱荷华州立大学农业学院，继续从事完善农业和生物学实验技术的研究。20 世纪 50 年代，与格特鲁德·考克斯(Gertrude Cox)合作出版了很快成为实验设计方面标准教科书的著作《实验设计》(*Experimental Designs*)。1957 年担任哈佛大学统计系系主任，在那里一直工作到 1976 年退休。1954～1955 年间，他担任生物统计学会主席，1966 年担任美国科学促进会副主席。1980 年 3 月 29 日科克伦于马萨诸塞州新奥尔良去世。

Codominance/共显性

在一个位点处的基因型和它所影响的表型之间的关系。如果具有杂合子(如 AB)基因型的个体表型不同于具有两个纯合基因型(如 AA 和 BB)的个体，那么基因型—表型关系称为共显性。【*Statistics in Human Genetics*, 1998, P. Sham, Arnold, London.】

Coefficient of Alienation/相疏系数

定义为 $1-r^2$，其中 r 是两个随机变量的相关系数的估计值。参见：**决定系数(Coefficient of Determination)**。

C

Coefficient of Concordance/一致性系数

该系数用于估计按某一指定特征对 n 个个体进行排序的 m 个评分员之间的一致性。定义为：

$$W = 12S/[m^2(n^3 - n)]$$

其中，S 是指定给每个个体的总序数与数 $m(n+1)/2$ 之间差的平方和，W 的取值范围为 0 到 1，取值为 1 表示完全一致。【*Quick Statistics*，1982，P. Sprent，Penguin Books，London.】

Coefficient of Determinant/决定系数

两个随机变量之间相关系数的平方。它是一个变量关于另一个变量的离差比。【ARA Chapter 7.】

Coefficient of Racial Likeness (CRL)/种群相似系数

卡尔·皮尔逊(Karl Pearson)引入的关于两个不同身世的头骨样本的相似性的度量。对于两个样本 I 和 J，系数定义为：

$$CRL = \frac{1}{p}\sum_{k=1}^{p}\left\{\frac{(\overline{X}_{Ik} - \overline{X}_{Jk})^2}{(s_{Ik}^2/n_I) + (s_{Jk}^2/n_J)}\right\}^{\frac{1}{2}} - \frac{2}{p}$$

其中，$\overline{X}_{Ik}$ 为样本 I 的第 k 个变量的样本均值，s_{Ik}^2 为这个变量的样本方差。变量个数为 p。【*Numerical Taxonomy*，1973，P. H. A. Sneath and R. R. Sokal，W. H. Freeman，San Francisco.】

Coefficient of Variation/变异系数

一组数据分散程度的度量，定义为：

$$100\times\text{标准差}/\text{均值}$$

原来是用来比较不同分布间的差异，后来发现它对均值中的误差更敏感。【KA1 Chapter 2.】

Coherence/凝聚性

经常用于描述两个时间序列关联的强度。例如，图 38 显示了 1958 年冬季在伦敦的每日死亡率和二氧化硫浓度的时间序列，相关的问题是污染是否以某种方式影响死亡率。用时间序列度量的这种关系类似于相关系数，尽管相关结构更复杂，包含领先或滞后关系；度量不再是一个数值而是频数 ω 的函数 $\rho(\omega)$。根据 X_t 和 Y_t 的*自协方差函数*(*autocovariance functions*)以及它们的*交叉协方差函数*(*cross-variance function*)的 Fourier 变换 $f_x(\omega)$，$f_y(\omega)$，$f_{xy}(\omega)$ 定义为：

$$\rho^2(\omega) = \frac{|f_{xy}(\omega)|^2}{f_x(\omega)f_y(\omega)}$$

凝聚的平方是由相应 X_t 分量所解释的频数为 ω 的 Y_t 分量的变异性的比值。这种解释类似于多元回归中*多重相关系数*(*multiple correlation coefficient*)的平方。参见：多重时间序列(**Multiple Time Series**)。【TMS Chapter 8.】

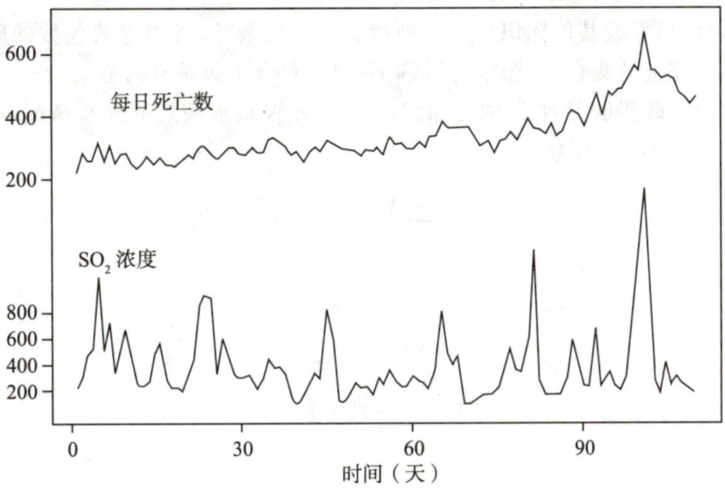

图 38　1958 年冬季在伦敦的每日死亡数和二氧化硫浓度的时间序列

C

Cohort/队列

参见：**队列研究（Cohort Study）**。

Cohort Component Method/队列分支方法

广泛用来预测未来几年特定年龄、特定性别的人口的方法，将最初的人口按年龄和性别分层，按照净移民的可加性调整，然后应用生存比率和出生率得出预测。

Cohort Study/队列研究

对一群人[*队列*（*cohort*）]进行标识和跟踪，也许很多年，并对他们随后的病历记录进行调查研究。将队列按发病时的不同特征分组，例如，暴露和不暴露于某个风险因子，在后面的阶段对每一组中某种疾病的发病率进行比较。参见：**前瞻性研究（Prospective Study）**。

Coincidences/重合

在被认为是明显相关但没有出现任何因果关系的情形下发生令人惊讶的事件一致性。这种事件在生活中比比皆是，往往存在某些惊奇的来源。如同费希尔所指出的"一百万分之一的机会毫无疑问会发生，令人惊奇的是这确实发生在我们身边"。【*Chance Rules*，1999，B. S. Everitt，Springer-Verlag，New York.】

Collapsing Categories/折叠类

列联表（*contingency table*）中使用的方法，其中将表中两行或更多行或列类别进行合并，这样得到一个简约表，它的每个单元格中存在更多的观察。一般不采用这种方法，因为它会得出误导性结论。参见：**Simpson 悖论（Simpson's Paradox）**。【*Multivariable Analysis*，1996，A. R. Feinstein，New York University Press，New York.】

Collector's Problem/收集的问题

关于按卡、优惠券或其他标识出售一种特殊品牌的茶叶、谷物等的包数的问题。n 种不同的卡构成一个完整的集合，一张卡可以购买一包，集合中每张卡的*先验*(*priori*)几乎相等。感兴趣的是客户所购买的包数 N 的分布。可以证明 N 的*累积概率分布*(*cumulative probability distribution*)$F_N(r,n)$为：

$$F_N(r,n) = \sum_{t=0}^{n} \frac{(-1)^t n!(n-t)^r}{n^r t!(n-t)!}, \quad r \geq n$$

N 的期望值为：

$$E(N) = n\sum_{t=1}^{n} \frac{1}{t}$$

【*The American Statistician*, 1998, **52**, 175 - 180.】

Collinearity/共线性

也称为多重共线性(**Multicollinearity**)。

Collision Test/碰撞检验

数字序列中随机性的检验。【*The Art of Computer Programming*, 2nd Edition, 1998, D. K. Knuth, Addison-Wesley, Reading, Maine.】

Combining Conditional Expectations and Residuals Plot (CERES)/条件期望与残差合并图

偏残差图(*partial residual plot*)的推广，经常用来评价多元回归中关于每个解释变量是否线性。例如，对一个解释变量 x_i，是否需要加上它的平方或平方根项。作图来估计回归模型，关于 x_i 的函数的项被添加到残差中，由关于 x_i 绘图得出结论。例子见图 39。【*Journal of Statistical Computation and Simulation*, 1996, **54**, 37 - 44.】

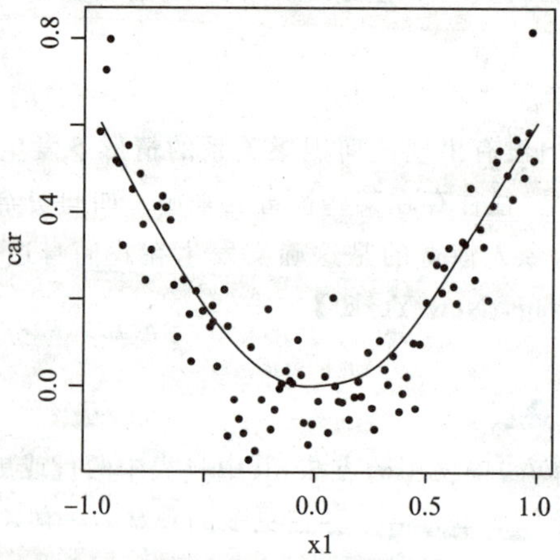

图 39 一例 CERES 图

Commensurate Variables/匹配变量

具有相同尺度或用相同单位表示的变量，如收缩压和舒张压。

Common Factor/公共因子

参见：因子分析（**Factor Analysis**）。

Common Factor Variance/公因子方差

因子分析中根据变量与公共因子的关系在一个变量的方差中由其他可观察变量所引起的部分。【MV2 Chapter 12.】

Common Principal Components Analysis/共同主成分分析

关于多个分组的*主成分分析*（*principal components analysis*）的推广。这种分析的模型假设 k 个总体的方差—协方差矩阵 Σ_i 具有相同的特征向量，因而所有 Σ_i 可以同时正交对角化。作为这种模型的修改，*部分共同主成分*（*partial common principal components*）假设 q 个特征向量中只有 r 个是相同的，而余下的 $q-r$ 个特征向量每个组是不同的。【MV1 Chapter 4.】

Communality/共性

也称为公因子方差（**Common Factor Variance**）。

Community Controls/社区控制

参见：对照组（**Control Group**）。

Community Intervention Study/社区干预研究

一种*干预研究*（*intervention study*），随机采用不同疗法的试点单位不是一个人或一个对象，而是一群人，例如学校或工厂。参见：**整群随机化**（**Cluster Randomization**）。【*Statistics in Medicine*，1996，**15**，1069－1092.】

Co-Morbidity/共同发病率

关于同一个人、家庭等的两种疾病可能同时发生的比率。【*Statistics in Medicine*，1995，**14**,721－733.】

Comparative Calibration/比较校准

对一个给定的量的不同度量方法进行比较时采用的术语。参见：**校准**（**Calibration**）。

Comparative Exposure Rate/相对暴露率

配对病例对照研究（*matched case-control study*）中关联的度量，定义为病例对照对的数目（其中在调查中病例更多地暴露于风险因子）与具有更多风险的对照的数目之比。在简单的情形中，这种度量等价于*比值比*（*odds ratio*）或比值比的加权组合。在更一般的情形下，当无法计算比值比时可以用它来评价关联性。【*Statistics in Medicine*，1994,**13**，245－260.】

C

Comparative Trial/比较试验

也称为对照试验(**Controlled Trial**)。

Comparison Group/比较组

也称为对照组(**Control Group**)。

Comparison Wise Error Rate/比较误差率

也称为比较误差率(**Per-Comparison Error Rate**)。

Compartment Models/车厢模型

某个物质关于时间的浓度或水平的模型。一个简单的例子是*冲洗模型*(*washout model*)或一个*车厢模型*(*one compartment model*),定义为:

$$E[Y(t)]=\alpha+\beta\exp(-\gamma t), \quad \gamma>0$$

其中,$Y(t)$是时刻 $t\geq 0$ 处的浓度。【*Compartmental Analysis in Biology in Medicine*, 1972, J. A. Jacquez, Elsevier, New York.】

Competing Risks/竞争风险

在生存分析中用来表示由多种原因引起的某种事件(如死亡)的术语。例如,在吸烟作为肺癌患者的风险因子的研究中,死于冠心病的患者没有肺癌的风险。因此,在这种情形中冠心病是竞争风险。【*Statistics in Medicine*, 1993, **12**, 737-752.】

Complementary Events/对立事件,互补事件

满足

$$\Pr(A)+\Pr(B)=1$$

的互斥事件 A 和 B。其中,Pr 表示概率。

Complementary Log-Log Transformation/互补重对数变换

关于比例 p 的一种变换,经常用来替代 *logistic 变换*(*logistic transformation*)。定义为:

$$y=\ln[-\ln(1-p)]$$

这个函数将概率的取值范围从(0,1)变换为$(-\infty,\infty)$,但不同于 Logistic 变换和 *probit 变换*(*probit transformation*),它关于数值 $p=0.5$ 是不对称的。在*生物法*(*bioassay*)的文本中,通过假设个体的容限服从 *Gumbel 分布*(*Gumbel distribution*)得出这种变换。当 p 很小时类似于 Logistic 变换。【*Modelling Survival Data in Medical Research*, 1993, D. Collett, Chapman and Hall/CRC Press, London.】

Complete Case Analysis/完整病例分析

只用于分析具有度量的完整集合的个体。分析中不包含那些具有一个或多个缺失值的个体。当存在多个具有缺失值的个体时,这种方法将减少有效的样本容量。在某些情形中,

忽视具有缺失值的个体可能会带来偏倚。参见:**现有病例分析(Available Case Analysis)**,**缺失值(Missing Values)**。【*Journal of the American Statistical Association*, 1992, **87**, 1227-1237.】

Complete Ennumeration/全面调查

也称为**人口普查(Census)**。

Complete Estimator/完全估计量

两个(或多个)分量估计量的加权组合。主要用于抽样调查工作。【*Journal of the American Statistical Association*, 1963, **58**, 454-467.】

Complete Linkage Cluster Analysis/完全连锁聚类分析

一种*凝聚层次聚类方法(agglomerative hierarchical clustering method)*,其中两个集群之间的距离定义为一个集群中元素与另一个集群中元素之间的最大距离。图 40 解释了组间距离的度量。【MV2 Chapter 10.】

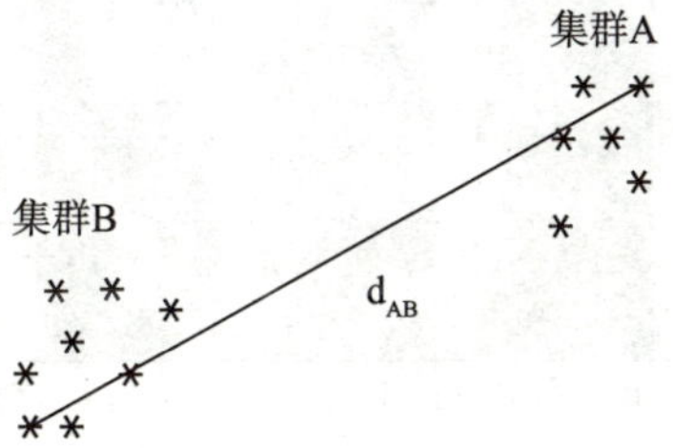

图 40 两个集群 A 和 B 之间的完全连锁距离

Completeness/完备性

关于统计量 t 的术语,只有一个统计量的函数具有给定的期望值。例如,当 t 的一个函数是参数 θ 的函数的无偏估计量时,没有其他 t 的函数具有这个性质。这个概念将唯一性赋予了估计量。【*Kendall's Advanced Theory of Statistics*, Volume 2A, 6th ed., 1999, A. Stuart, K. Ord and S. Arnold, London.】

Complete Spatial Randomness/完全空间随机性

平面中的 *Poisson 过程(Poisson Process)*,满足:

- 任意区域 A 中事件数 $N(A)$ 服从均值为 $\lambda|A|$ 的 Poisson 分布;
- 给定 $N(A)=n$,A 中事件形成从一个 A 上均匀分布抽取的独立随机样本。

其中,$|A|$ 表示 A 的面积,λ 是每单位面积中事件数的均值。经常用来作为比较可观察空间模式的标准。【*Spatial Data Analysis by Example*, Volume 1, 1985, G. Upton and B. Fingleton, Wiley, New York.】

Compliance/遵医行为

临床试验中病人服从试验方案的程度。【SMR Chapter 15.】

C

Component Bar Chart/分量条形图

用条形的长度表示总量的分量部分的条形图。分量部分用条形的段表示，长度与它们的相对大小成正比。阴影或色彩可以用来增强显示。例子见图 41。

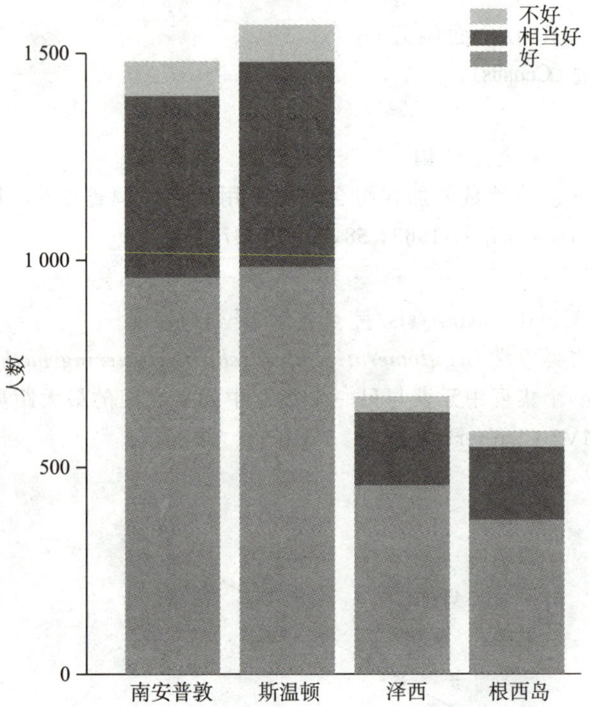

图 41 表示四个地区中主观健康评估的分量条形图

Component-Plus-Residual Plot/分量与残差图

也称为部分残差图(**Partial-Residual Plot**)。

Composite Hypothesis/复合假设

对一个参数设定多个取值的假设。例如，总体均值大于某个数的假设。

Composite Sampling/复合抽样

收集多个样本单位时按它们的全部或部分组合形成新样本的过程。随后对这种合并样本进行一次或多次测量，而关于样本单位的信息将丢失。例如，*Dorfman 计划*(*Dorfman's scheme*)。因为合并样本掩盖了测试者的身份，所以采用这种样本可以提高敏感领域如艾滋病毒检测中的试验参与率。【*Technometrics*, 1980, **22**, 179－186.】

Compositional Data/成分数据

观测 $x_1, x_2, \cdots, x_n$ 的集合，其中 x_i 的每个元素都是比例，x_i 元素的和为 1。例如，分析血液样本数目时，记录每种化学元素数目的比例。或在地质学中，根据氧化物成分记录岩石样本的百分比重量组成。这种数据的样本空间比较单纯，它们的分析大多数涉及 *Dirichlet*

分布(*Dirichlet distribution*)。【MV2 Chapter 15.】

Compound Binomial Distribution/复合二项分布

也称为β二项分布(**Beta Binomial Distribution**)。

C

Compound Distribution/复合分布

一种概率分布,分布的参数本身也是服从相应概率分布的随机变量。例如,*β二项分布*(*beta-binomial distribution*)。参见:**传染分布**(**Contagious Distribution**)。【KA1 Chapter 5.】

Compound Symmetry/复合对称

多元数据的方差一协方差矩阵具有的一种性质,其中矩阵的主对角线元素彼此相等,非主对角线元素也相等。因此,矩阵的一般形式为:

$$\Sigma=\begin{pmatrix}\sigma^2 & \rho\sigma^2 & \rho\sigma^2 & \cdots & \rho\sigma^2\\ \rho\sigma^2 & \sigma^2 & \cdots & \cdots & \rho\sigma^2\\ \vdots & \vdots & \vdots & & \vdots\\ \rho\sigma^2 & \rho\sigma^2 & \cdots & \cdots & \sigma^2\end{pmatrix}$$

其中,ρ是相同的相关系数。在纵向数据的分析中非常重要,由于所假设的这种相关性,因此可以通过简单的*混合模型*(*mixed-model*)来分析这种数据。参见:**Mauchly 检验**(**Mauchly Test**)。【MV2 Chapter 13.】

Computer-Aided Diagnosis/计算机辅助诊断

支持临床决策的一种计算机程序。一般地,这种系统是基于反复应用 *Bayes 定理*(*Bayes' theorem*)。在某些情形中,推理的过程是使程序可以进行与临床有关的对话和解释他们的决策。这种程序用于各种诊断领域,例如,消化不良的诊断和急性腹痛的诊断。参见:**专家系统**(**Expert System**)。【*Biostatistics*, 1993, L. D. Fisher and G. Van Belle, Wiley, New York.】

Computer-Assisted Interviews/计算机辅助采访

一种采访对象的方法,其中受访者从计算机屏幕而不是打印纸上读出问题,采用键盘输入答案。程序采用跳过模式(即"如果这样,那么跳到某某问题"),这样屏幕会自动显示相关问题。可以进行检查,如果回答超出可接受的范围或者和前面的回答不一致则立即给予警告;然后自动回到前面的问题修改回答。答案直接输入到计算机记录,不用后续的编码和数据录入。程序可以自动选择需要的额外程序,如特殊测试、补充问卷或后继访问的对象。

Computer-Intensive Methods/计算机密集方法

关于数据的几乎相同的计算需要重复很多很多次的统计方法。当然,所谓计算机密集是相对的,通常所要求的"密集"计算,即使小的 PC 机也只需要几秒或几分钟,如*自助法*(*bootstrap*)。参见:**折刀法**(**Jackknife**)。【MV1 Chapter 1.】

Computer Virus/电脑病毒

通过运行不受欢迎的程序和常常破坏正常运作的计算机程序。病毒可以通过磁盘或网络传播。许多程序提供保护以避免受到病毒的侵害。

C

Concentration Matrix/精度矩阵

多元正态分布的方差—协方差矩阵的逆矩阵。

Concentration Measure/集中度度量

分类随机变量 Y 的分散程度的度量 C，假设 Y 取整数值 j，$1\leq j\leq s$ 的概率为 p_j，则 C 定义为：

$$C=1-\sum_{j=1}^{s}p_j^2$$

参见：**熵测度（Entropy Measure）**。

Concomitant Variables/伴随变量

也称为**协变量（Covariates）**。

Conditional Distribution/条件分布

当一个或多个其他变量的取值固定时一个随机变量的分布（或几个变量的联合分布）。例如，对于二元正态分布的随机变量 X 和 Y，给定 X 后 Y 的条件分布是均值为 $\mu_2+\rho\sigma_2\sigma_1^{-1}(x-\mu_1)$、方差为 $\sigma_2^2(1-\rho^2)$ 的正态分布。【KA1 Chapter 8.】

Conditional Independence Graph/条件独立图

一种*无向图*（*undirected graph*），如果两个变量 U 和 V 通过第三个变量 W 连接，那么称 U 和 V 是给定 W 下条件独立。例子见图 42。【*Markov Chain Monte Carlo in Practice*，1996，W. R. Gilks，S. Richardson and D. J. Spiegehalter，Chapman and Hall/CRC Press，London.】

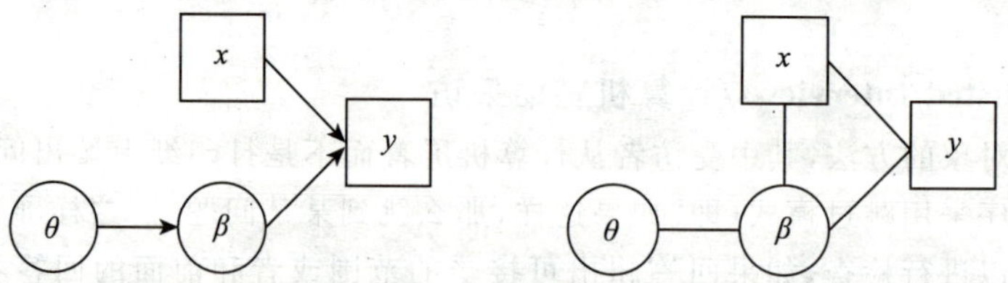

图 42 条件独立图

Conditional Likelihood/条件似然函数

给定一组*多余参数*（*nuisance parameters*）的*充分统计量*（*sufficient statistics*）下数据的似然函数。【GLM Chapter 4.】

Conditional Logistic Regression/条件 Logistic 回归

也称为**混合效应Logistic 回归（Mixed Effects Logistic Regression）**。

C

Conditional Mortality Rate/条件死亡率

也称为风险函数(**Hazard Function**)。

Conditional Probability/条件概率

给定其他事件发生的条件下某个事件发生的概率。通常记为 $\Pr(A|B)$。例如,男性中色盲的概率为 0.1,女性中色盲的概率为 0.000 1。当然 $\Pr(A|B)=\Pr(B|A)$不一定成立;例如,有麻疹的病人中麻点的概率非常高,而有麻点的病人中患麻疹的概率非常小。如果 $\Pr(A|B)=\Pr(A)$,那么称事件 A 和 B 独立。参见:**Bayes 定理(Bayes' Theorem)**。【KA1 Chapter 8.】

Condition Number/条件数

矩阵的最大特征值和最小特征值的比。它给出了回归分析的解关于解释变量或反应变量小变化的敏感性度量。数值较大表明解可能会引起共线性的这种问题。【ARA Chapter 10.】

Conference Matrix/会议矩阵

$(n+1)\times(n+1)$矩阵 C 满足:

$$C'C=CC'=nI$$

$$c_{ii}=0,\quad i=1,\cdots,n+1$$

$$c_{ij}\in\{-1,1\},\quad i\neq j$$

它的名称来自于电话会议网络的应用。【*Biometrika*, 1995, **82**, 589-602.】

Confidence Interval/置信区间

根据样本观察计算的取值范围,带有一个特定概率地相信它包含参数真值。例如,95%置信区间说明在多次重复估计过程中有 95%的区间包含参数真值。注意,这里的概率是指区间所具有的性质,不是参数本身,也不牵涉到随机变量。参见:**Bayesian 推断(Bayesian Inference)**,**Bayesian 置信区间(Bayesian Confidence Interval)**。【KA2 Chapter 20.】

Confirmatory Data Analysis/验证性数据分析

在模型拟合和推断统计过程中不同于*探索性数据分析*(*exploratory data analysis*)的方法。

Confirmatory Factor Analysis/验证性因子分析

参见:**因子分析(Factor Analysis)**。

Confounding/混杂

在析因设计(*factorial designs*)中所观察到的过程,基于所使用的特殊设计,无法区分一些主效应或相互作用。本质上,一种影响的对比度与另一种影响的对比度相同。这两种影响通常称为*混淆*(*aliases*)。【SMR Chapter 5.】

C

Confusion Matrix/混淆矩阵

也称为错误分类矩阵(**Misclassification Matrix**)。

Congruential Methods/同余方法

基于基本的同余关系生成随机数的方法,可以表示为下面的递推公式:

$$n_{i+1} \equiv an_i + c(\mathrm{mod}m)$$

其中,n_i,a,c,m 都是非负整数。给定初始值 n_0、不变乘数 a 和可加常数 c,那么上面的方程得出序列 $\{n_1, n_2, \cdots, n_i, \cdots\}$ 中关于 i 的任意取值的同余关系(模 m)。根据序列 $\{n_i\}$ 中的整数,通过序列 $\{r_i\} = \{n_i/m\}$ 可以得到单位区间(0,1)中的有理数。对所生成的序列进行频率检验、串行测试以及其他随机性检验,发现这些数是不相关的均匀分布,尽管它的统计行为总体上是好的,但在少数情形下它还是完全不能被接受。【*Computer Simulation Methods*, 1966, T. H. Naylor, J. L. Balintfy, D. S. Burdick, and K. Chu, Wiley, New York.】

Conjoint Analysis/结合分析

主要在市场研究中使用的方法,在许多方面类似于*多维比例*(*multidimensional scaling*)。方法给每个属性的水平赋值,这样所得到的数值附加刺激匹配使得尽可能接近受访者所提供的输入评价。【*Marketing Research-State of the Art Perspectives*, 2000, C. Chakrapani, ed., American Marketing Association, Chicago.】

Conjugate Prior/共轭先验

由一个特殊概率分布中抽取的样本的*先验分布*(*prior distribution*),满足在抽样的每个阶段后验分布属于同一族分布,与样本中观测值无关。例如,*β分布*(*beta distribution*)是二*项分布*(*binomial distribution*)样本的共轭,*Γ分布*(*gamma distribution*)是*指数分布*(*exponential distribution*)样本的共轭。【KA1 Chapter 8.】

Conover Test/Conover 检验

当总体具有不同的位置参数时检验两个总体的方差是否相等的一种*无分布方法*(*distribution free method*)。检验相对于正态分布的 F-检验的*渐近相对效率*(*asymptotic relative efficency*)为 76%。参见:**Ansari-Bradley 检验**(**Ansari-Bradley Test**),**Klotz 检验**(**Klotz Test**)。【*Biostatistics*, 1993, L. D. Fisher and G. Van Belle, Wiley, New York.】

Conservative and Non-Conservative Tests/保守和非保守检验

在*多重比较检验*(*multiple comparison tests*)的讨论中经常采用的检验。非保守检验对*每次试验误差率*(*per-experiment error rate*)控制很少。而保守检验将*每次比较的误差率*(*per-comparison error rate*)限制到一个不必要的低水平,这样往往低功效,除非样本容量非常大。

Consistency/一致性

估计量的一个特殊性质,随着样本容量增加,估计量的偏差趋于0。【KA2 Chapter 17.】

Consistency Checks/一致性检查

对一组观察的检查,用来评价它们的内部一致性。例如,年龄数据可能是直接收集的,也可能是询问出生日收集的。

Consolidation of Standards for Reporting Trials (CONSORT) Statement/临床试验报告统一标准(CONSORT)声明

关于临床试验结果报告的协议。声明的核心内容由流程图(见图 43)和一张检查表组成。流程图可以让评论家和读者迅速掌握有多少合格参与者被随机安排到试验的每个分支中。【*Journal of the American Medical Association*, 1996, **276**, 637-639.】

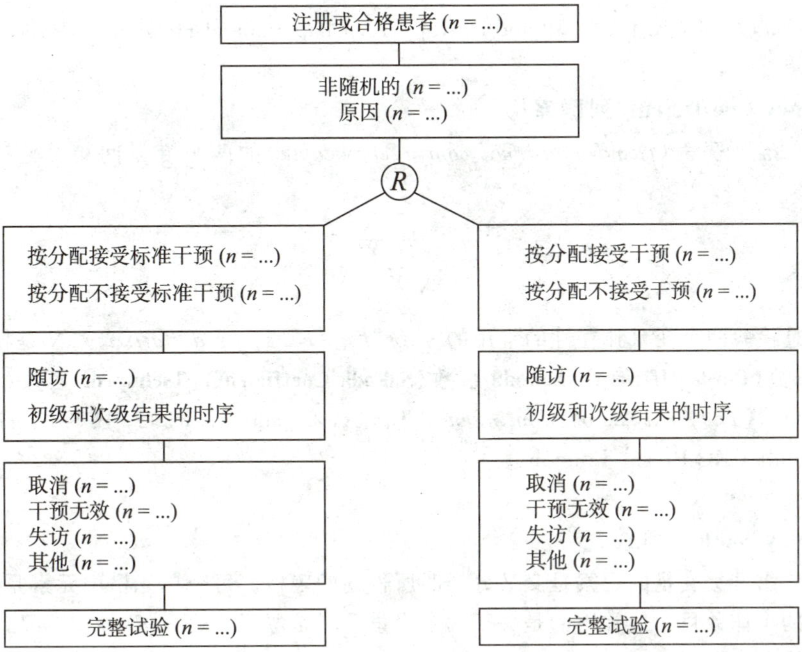

图 43 临床试验报告统一标准

CONSORT Statement/CONSORT 声明

参见:临床试验报告统一标准(CONSORT)声明[**Consolidation of Standards for Reporting Trials (CONSORT) Statement**]。

Consumer Price Index (CPI)/消费者价格指数

城市消费者所购买的商品和服务的价格变化的度量。实质上,通过对今天的商品和服务成本的样本或"市场篮子"与早期相同商品所消费的进行比较,它是消费者货币购买力的度量。【*The Economic Theory of Price Indexes*, 1972, F. M. Fisher and K. Schell, Academic Press, New York.】

Contagious Distribution/传染分布

随机变量的总数 N 也是随机变量时,N 个随机变量和的概率分布。例如,如果 X_1,

$X_2, \cdots, X_N$ 是服从 *Bernoulli 分布*（*Bernoulli distribution*）的随机变量，N 是服从均值为 λ 的 *Poisson 分布*（*Poisson distribution*），那么和 S_N 为：

$$S_N = X_1 + X_2 + \cdots + X_N$$

可以证明 S_N 服从均值为 λp 的 *Poisson 分布*（*Poisson distribution*），其中 $p = \Pr(X_i = 1)$。参见：**复合分布（Compound Distribution）**。【KA1 Chapter 5.】

Contaminated Normal Distribution/污染正态分布

两个均值相等、方差不等的正态分布的*有限混合分布*（*finite mixture distribution*）。这种分布通常用于 *Monte Carlo 研究*（*Monte Carlo studies*）。【*Transformation and Weighting in Regression*, 1988, R. J. Carroll and D. Ruppert, Chapman and Hall/CRC Press, London.】

Contingency Coefficient/列联系数

形成*二维列联表*（*two-dimensional contingency table*）的两个变量间相关性度量 C，定义为：

$$C = \sqrt{\frac{X^2}{X^2 + N}}$$

其中，X^2 是检验两个变量独立性的常用的 *χ^2 统计量*（*chi-squared statistic*），N 是样本容量。参见：**ϕ 系数（Phi-Coefficient），Sakoda 系数（Sakoda Coefficient），Tschuprov 系数（Tschuprov Coefficient）**。【*The Analysis of Contingency Tables*, 2nd edition, 1992, B. S. Everitt, Chapman and Hall/CRC Press, London.】

Contingency Tables/列联表

当对一组分类变量的观察是交叉分类时所得到的表格。每个单元格中元素是对应于结合变量值的个体数目。最常用的是关于两个变量的*二维列联表*（*two-dimensional contingency*），下面给出一个例子。

精神病患者的弱智活动（Retarded Activity amongst Psychiatric Patients）

	情感 (Affectives)	精神分裂 (Schizo)	神经症 (Neurotics)	汇总
弱智活动	12	13	5	30
非弱智活动	18	17	25	60
汇总	30	30	30	90

这种二维表的分析通常涉及应用熟悉的 χ^2 统计量来检验两个变量的独立性。三维和高维表通常采用*对数线性模型*（*log-linear models*）进行分析。【*The Analysis of Contingency Tables*, 2nd edition, 1992, B. S. Everitt, Chapman and Hall/CRC Press, London.】

Continual Reassessment Method/持续再评估方法

应用 *Bayesian 推断*（*Bayesian inference*）确定在 *I 阶段试验*（*Phase I trial*）中最大容忍

剂量的方法。方法首先假设一个关于剂量毒性关系与参数的*先验分布*(*prior distribution*)的 Logistic 模型。然后,将每个病人的毒性结果作为参数的后验分布重新计算,估计在每个剂量水平处毒性的概率。【*Statistics in Medicine*, 1995, **14**, 1149 - 1162.】

Continuity Correction/连续性校正

参见:**Yates 校正(Yates' Correction)**。

Continuous Proportion/连续比例

如时间或容积这种连续统的比例;例如,在不同的条件下一个对象所花费的时间比,或在一个矿床中不同矿物比。【*Biometrika*, 1982, **69**, 197—203.】

Continuous Screen Design/连续筛选设计

参见:**筛选研究(Screening Studies)**。

Continuous Time Markov Chain/连续时间 Markov 链

参见:**Markov 链(Markov Chain)**。

Continuous Time Stochastic Process/连续时间随机过程

参见:**随机过程(Stochastic Process)**。

Continuous Variable/连续变量

对变量的取值不作限制的度量,除非是测量仪器精度的限制。常见的例子如体重、身高、温度和血压。对于这种变量,关于尺度的不同部分的相同容量的差异是等价的。参见:**分类变量(Categorical Variable)**,**离散变量(Discrete Variable)**,**序变量(Ordinal Variable)**。

Continuum Regression/连续回归

反应变量 y 关于解释变量的线性组合 t_γ 的回归,使得 $r^2(y,t)\mathrm{var}(t)^\gamma$ 最大。参数 γ 使得预测值 $b'_\gamma x$ 上的交叉验证最优化。当解释变量近似共线性时可以采用*普通最小二乘法*(*ordinary least squares*),这种方法需要在方差和偏差之间权衡。参见:**主成分回归(Principal Component Regression)**,**偏最小二乘法(Partial Least Squares)**,**岭回归(Ridge Regression)**。【*Journal of the Royal Statistical Society*, *Series B*, 1996, **58**, 703 - 710.】

Contour Plot/等高线图

关于三个变量的观察数据绘制的地形图。第一个变量用横轴表示,第二个变量用垂直轴表示,第三个变量用等值线(相同数值的线)表示。这种图形在数据分析时非常有用,特别是寻找这种数据的最大值或最小值时。这种图形最常用于图形显示*二元分布*(*bivariate distribution*),其中第三个变量是对应于两个变量值的概率密度函数的取值。描述这类数据的另一种方法是*观点图*(*perspective plot*),其中第三个变量的取值用一系列直线表示,给出数据的三维视图。图 44 给出了关于多个国家的出生率和死亡率数据以及用于计算二元分布的核密度估计量的图例。

C

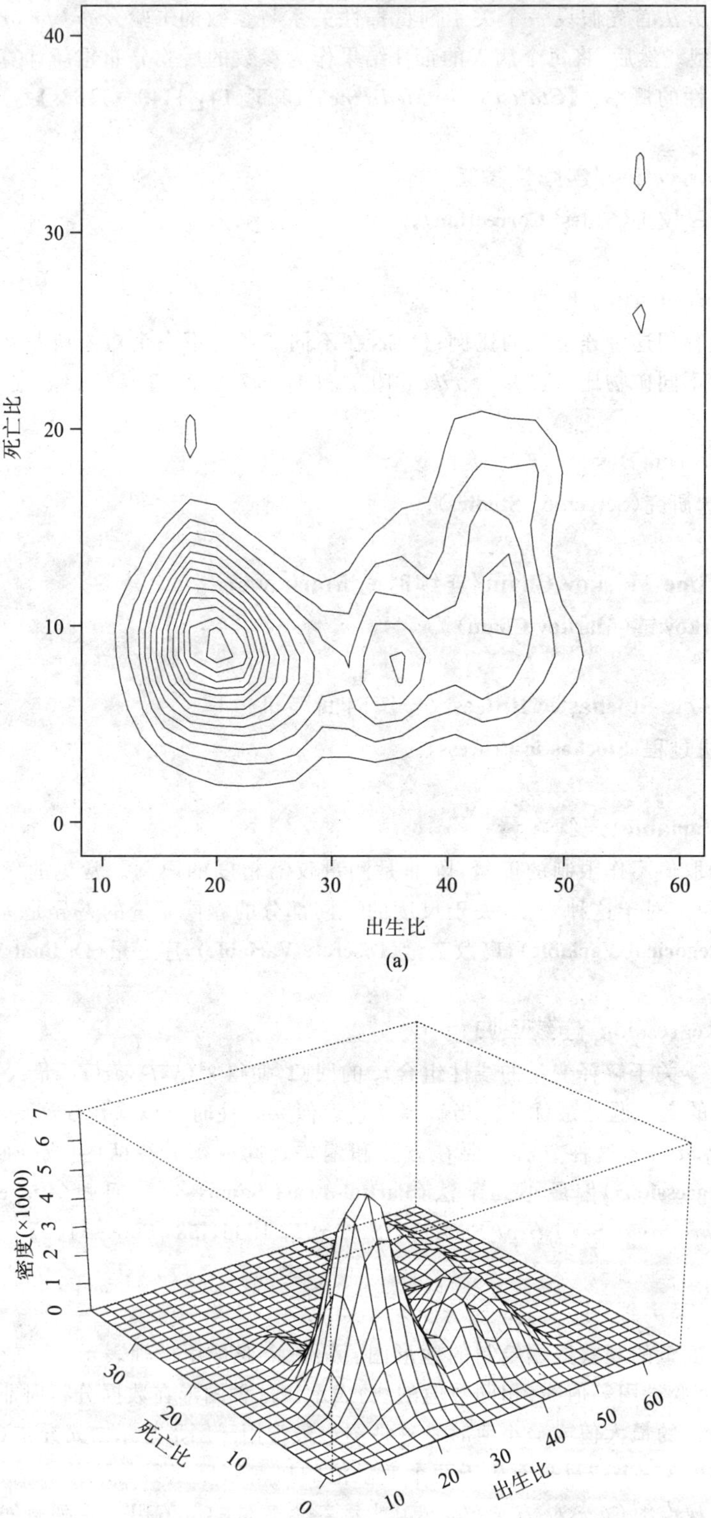

图 44　关于多个国家出生比、死亡比所估计的二元密度函数：(a)等高线图；(b)透视图

C

Contrast/对比

参数或统计量的线性函数,其中系数和为0。在*方差分析*(*analysis of variance*)中经常会遇到这种系数和为0的情形。例如,存在三个治疗组(均值分别为 $x_{T_1}, x_{T_2}, x_{T_3}$),一个对照组(均值为 x_C),下面是对照组均值与治疗组平均值的对比:

$$x_C - \frac{1}{3}x_{T_1} - \frac{1}{3}x_{T_2} - \frac{1}{3}x_{T_3}$$

参见:**Helmert**对比(**Helmert Contrast**),正交对比(**Orthogonal Contrast**)。【*The Analysis of Variance*, 1959, H. Scheffé, Wiley, London.】

Control Chart/控制图

参见:质量控制程序(**Quality Control Procedures**)。

Control Group/对照组

在实验研究中,那些还没有实施所讨论的实验过程的一组个体。在观察性研究中,常常将在调查中不受风险因子约束的一组个体作为对照组。在医学研究中,对照组是从病例的相同临床源中抽取的,以确保他们能代表相同的感染人群并且受限于相同的选择因子。这些称为*医院控制*(*hospital controls*)。另一种从人群中抽取对照组的方法是根据病例抽取[*社区控制*(*community controls*)]。后者更适合于源人群是明确界定的,以及病例在这个人群中是具有代表性的。【SMR Chapter 15.】

Controlled Trial/对照试验

第III阶段临床试验(*Phase III clinical trial*),将实验治疗和对照治疗相比较。后者为目前的标准治疗和安慰剂。【SMR Chapter 15.】

Control Statistics/控制统计量

由正在监测的一个过程的某些特征的信息所形成的样本值 $x_1, x_2, \cdots, x_n$ 计算得出的统计量。例如,样本均值用来监测过程的均值水平,样本方差表示不精确度。参见:**累计和**(**Cusum**),**质量控制程序**(**Quality Control Procedures**)。

Convergence in Probability/依概率收敛

一系列随机变量的概率收敛于一个值。

Convex Hull/凸包

变量空间中最小凸多面体的顶点,其中所有数据都属于该变量空间。例子见图45。【MV1 Chapter 6.】

C

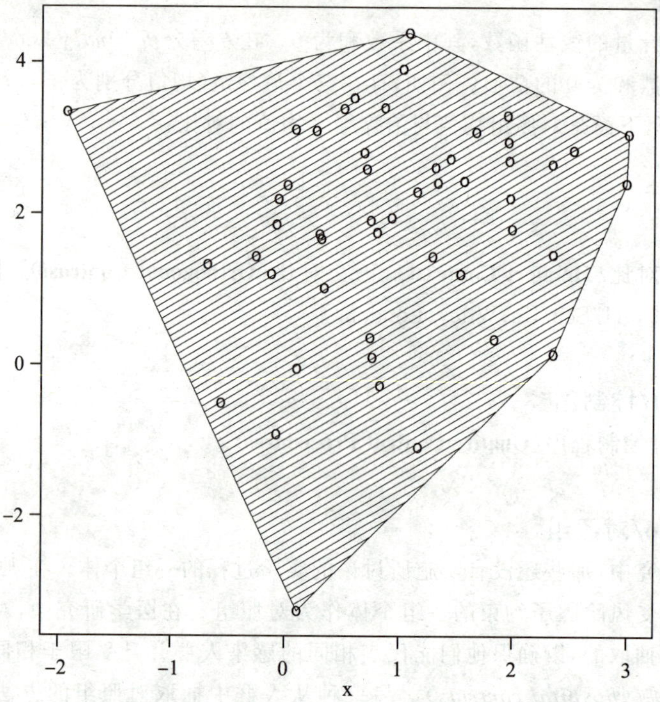

图 45 一组二元数据的凸包

Convex Hull Trimming/凸包调整

用于对二元数据的 Pearson 积矩相关系数的*稳健估计*(*robust estimation*)过程。在计算相关系数之前将定义观察凸包的点去除。这种方法的主要好处是可以去除孤立的*异常点*(*outlier*),而不影响二元变量的一般形状。【*Interpreting Multivariate Data*, 1981, edited by V. Barnett, Wiley, Chichester.】

Convolution/卷积

用于得出两个或多个变量和的概率分布的积分(或和)。【KA1 Chapter 4.】

Cook's Distance/Cook 距离

用来度量参数估计量 $\hat{\beta}$ 的漂移的*影响统计量*(*influence statistic*),其中估计量来自于当某个特殊观察缺失时回归模型的拟合。它是所有回归系数观察的碰撞度量的组合。对第 i 次观察,它定义为:

$$D_i = \frac{r_i^2}{tr(H)} \frac{h_i}{1-h_i}$$

其中,r_i 是第 i 次观察的*标准残差*(*standardized residual*),h_i 是回归分析中*帽子矩阵*(*hat matrix*)H 的第 i 个主对角元素。如果这个统计量的数值大于 1,那么相应的观察对回归系数的估计有不当影响。参见:**COVRATIO**,**DFBETA**,**DFFIT**。【ARA Chapter 10.】

Cooperative Study/合作研究

有时也称为*多中心研究*(*multicentre study*)。

Cophenetic Correlation/Cophenetic 相关

相似矩阵(*similarity matrix*)或*相异矩阵*(*dissimilarity matrix*)中观测值,与对矩阵采用*凝聚层次聚类法*(*agglometrative hierarchical*)得到的*树枝形结构关系图*(*dendrogram*)中相应的融合水平之间的相关性。对一种聚类关于数据的匹配程度的度量。【*Cluster Analysis*, 3rd edition, 1993, B. S. Everitt, Edward Arnold, London.】

Coplot/合图

研究在给定其他解释变量取值时反应变量如何依赖于解释变量的一种强大的可视化工具。图形由几个面板组成,其中一个面板("给定"面板)表示被分成几个区间的特殊解释变量,其他的面板("依赖"面板)表示反应变量和对应于给定面板中每个区间的其他解释变量的散点图。这种图可以通过在给定面板中将区间从左到右移动,同时在依赖面板中从左到右同时移动然后从下到上移动来检查。图 46 给出了一个例子,讨论给定血红蛋白浓度时红细胞体积(pvc)和白血细胞数(wbc)之间的关系。【*Visualizing Data*, 1993, W. S. Cleveland, AT&T Bell Labs, New Jersey.】

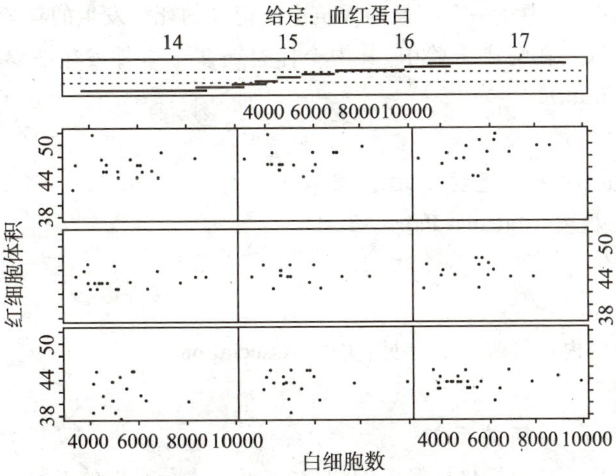

图 46　血红蛋白浓度的合图(红细胞体积和白细胞数)

Copulas/Copula 函数

边际分布为单位区间上的*均匀分布*(*uniform distribution*)的一族二元*概率分布*(*bivariate probability distribution*)。例如,*Frank 二元分布族*(*Frank's family of bivariate distributions*)。【KA1 Chapter 7.】

Cornfield, Jerome (1912-1979)/杰罗姆·科恩菲尔德(1912-1979)

1933 年科恩菲尔德毕业于纽约大学历史系。后来他在美国农业部学习统计学课程。1935～1947 年间,科恩菲尔德担任美国劳工统计局的统计员,后来转入美国国立卫生研究院工作。1958 年,他受威廉·科克伦斯(William Cochrance)之邀担任约翰霍普金斯大学卫生和公共健康学院生物统计系系主任。科恩菲尔德主要的职业生涯致力于将统计理论发展和应用于生物医学科学,他也许是 20 世纪 50 年代直到他去世为止该领域最有影响力的统计学家。他涉及许多重大课题,如吸烟与肺癌、脊髓灰质炎疫苗和心血管疾病的风险因子。1979 年 9 月 17 日科恩菲尔德于弗吉尼亚州亨顿去世。

C

Cornish, Edmund Alfred (1909–1973)/埃德蒙·阿尔弗雷德·科尼什(1909–1973)

科尼什毕业于墨尔本大学农业科学系。在他有兴趣成为一名统计学家之后,他花了 3 年时间在阿德莱德大学学习数学,1937 年在位于伦敦的伦敦大学学院师从费希尔(Fisher)学习了一年。回到澳大利亚后,1960 年担任阿德莱德大学数理统计系教授。科尼什在缺失值的复杂设计分析和*基准理论*(*fiducial theory*)方面作出了重要的贡献。

Correlated Binary Data/相关二进制数据

参见:**聚类二进制数据(Clustered Binary Data)**。

Correlated Failure Times/相关失败时间

当所记录的失败时间是相关时所发生的数据。这种数据在许多情形中会出现,例如,在流行病学队列研究中,其中在一个家族的成员中所记录的死亡发生的年龄;在治疗应用到样本窝的动物实验中以及在临床试验中,其中个体遵循多个事件发生。参见:**二元生存数据(Bivariate Survival Data)**。

Correlated Samples *t*-Test/相关样本 *t*-检验

也称为配对 *t*-检验(**Matched Pairs *t*-Test**)。

Correlation/相关性

两个变量之间的内部依赖性。参见:**关联(Association)**。

Correlation Coefficient/相关系数

两个变量间线性关系的量化指标。例如,在二元正态分布中的参数 ρ。根据两个变量的 n 个样本值 $(x_1, y_1), (x_2, y_2), \cdots, (x_n, y_n)$,$\rho$ 的估计量为 *Pearson 积矩相关系数*(*Pearson's product moment correlation coefficient*)r,定义为:

$$r = \frac{\sum_{i=1}^{n}(x_i - \bar{x})(y_i - \bar{y})}{\sum_{i=1}^{n}(x_i - \bar{x})^2 \sum_{i=1}^{n}(y_i - \bar{y})^2}$$

系数的取值范围是 −1 到 1,符号表示关系的方向,数值的大小表示关系的强度。取值为 −1 或 1 表示样本值落在一条直线上,取值为 0 表示两个变量间没有线性关系。参见:**Spearman 秩相关(Spearman's Rank-Correlation)**,**组内相关(Intraclass Correlation)**,**Kendall τ 统计量(Kendall's Tau Statistics)**。【SMR Chapter 11.】

C

Correlation Coefficient Distribution/相关系数分布

Pearson 积矩相关系数的概率分布 $f(r)$，其中 n 对观测值是从相关系数为 ρ 的二元正态分布中抽取的。定义为：

$$f(r)=\frac{(1-\rho^2)^{(n-1)/2}(1-r^2)^{(n-4)/2}}{\sqrt{\pi}\Gamma\left(\frac{1}{2}(n-1)\right)\Gamma\left(\frac{1}{2}n-1\right)}\sum_{j=0}^{\infty}\frac{\left[\Gamma\left(\frac{1}{2}(n-1+j)\right)\right]^2}{j!}(2\rho r)^j,\quad -1\le r\le 1$$

【*Continuous Univariate Distributions*，Volume 2，2nd edition，1995，N. L. Johnson，S. Kotz and N. Balakrishnan，Wiley，New York.】

Correlation Matrix/相关矩阵

行和列对应于变量的对称方阵，非对角线元素为两个变量之间的相关系数，而主对角线元素为 1。下面给出一个关于肌肉和脂肪组织度量的例子：

肌肉、皮肤和身体脂肪数据的相关矩阵

$$R=\begin{array}{c} \\ V1 \\ V2 \\ V3 \\ V4 \end{array}\begin{array}{c} \begin{array}{cccc} V1 & V2 & V3 & V4 \end{array} \\ \begin{pmatrix} 1.00 & 0.92 & 0.46 & 0.84 \\ 0.92 & 1.00 & 0.08 & 0.88 \\ 0.46 & 0.08 & 1.00 & 0.14 \\ 0.84 & 0.88 & 0.14 & 1.00 \end{pmatrix}\end{array}$$

$V1$＝三头肌（厚度 mm），$V2$＝大腿（大腿围 mm），

$V3$＝中臂（中臂围 mm），$V4$＝身体脂肪（%）

【MV1 Chapter 1.】

Correlogram/相关图

参见：自相关（**Autocorrelation**）。

Correspondence Analysis/对应分析

用一种散点图的形式表现分类变量间关系的方法。例如，对于列联表形式中的两个变量，可以得出代表行和列分类的坐标值。这些少量的坐标值（通常 2 个）用来用图形表示表格。在图形中，*Euclidean 距离*（*Euclidean distance*）近似于行和列分类间 *χ^2 距离*（*chi-squared distance*）。坐标类似于连续变量的*主成分分析*（*principal components analysis*）中得到的，除了它们是关于 χ^2 统计量的划分而不是总方差。列联表的这种分析法可以对数据的结构或模式进行视觉检查，经常作为更正式的推断分析的补充。图 47 是对下表应用这种分析。

眼睛颜色	头发颜色				
	白色(hf)	红色(hr)	中色(hm)	深色(hd)	黑色(hb)
浅色(EL)	688	116	584	188	4
蓝色(EB)	326	38	241	110	3
中色(EM)	343	84	909	412	26
深色(ED)	98	48	403	681	81

C

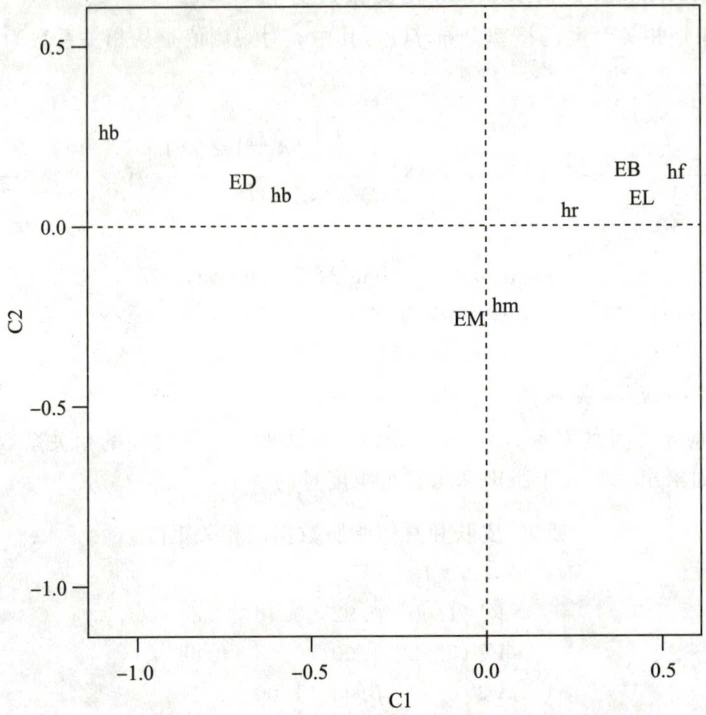

图 47　头发颜色/眼睛颜色数据的对应分析图

Cosine Distribution/余弦分布

也称为 **Cardiord** 分布(**Cardiord Distribution**)。

Cosinor Analysis/余弦分析

一种生物节律数据的分析法,即数据为*昼夜变化*(*circadian variation*)的,采用周期为24 小时的单一正弦回归函数拟合,含有独立同分布的误差项。【*Statistics in Medicine*, 1987, **6**, 167 - 184.】

Cospectrum/联合谱

参见:多维时间序列(**Multiple Time Series**)。

Cost-Effectiveness Ratio (CER)/成本效益比

测试和标准健康方案之间成本差异与相应收益差异之间的比值。一般作为概要统计相对于它们的成本和收益来比较两种卫生保健方案。【*Statistics in Medicine*, 2001, **20**, 1469 -1477.】

Count Data/计数数据

数据为特殊事件发生的次数,而不是关于某些尺度上的度量。

C

Counting Process/计数过程

一种随机过程$\{N(t), t\geq 0\}$，$N(t)$表示直到时刻t处“事件”发生的总数。在这种过程中，$N(t)$满足：

- $N(t)\geq 0$；
- $N(t)$取值为整数；
- 如果$s<t$，那么$N(s)\leq N(t)$。

对于$s<t$，$N(t)-N(s)$等于在区间$(s,t]$中发生的事件数。【*Journal of the Royal Statistical Society*, *Series B*, 1996, **58**, 751-762.】

Courant-Fisher Minimax Theorem/Courant-Fisher 极小极大定理

这个定理证明了，对于两个二次型$x'Ax$和$x'Bx$，假设B是正定的，则：

$$\lambda_S \leq \frac{x'Ax}{x'Bx} \leq \lambda_L$$

其中，λ_L和λ_S是关于A和B的最大和最小相对特征值。

Covariance/协方差

两个随机变量x和y分别与它们的均值μ_x和μ_y之差的乘积的期望值，即：

$$\text{cov}(x,y)=E(x-\mu_x)(y-\mu_y)$$

对应的样本统计量为：

$$c_{xy}=\frac{1}{n}\sum_{i=1}^{n}(x_i-\bar{x})(y_i-\bar{y})$$

其中，(x_i, y_i)，$i=1,\cdots,n$是两个变量的样本值，$\bar{x}$和$\bar{y}$是相应的均值。参见：**方差—协方差矩阵（Variance-Covariance Matrix）**，**相关系数（Correlation Coefficient）**。【MV1 Chapter 2.】

Covariance Inflation Criterion/协方差膨胀准则

回归分析中模型选择的方法。【*Journal of the Royal Statistical Society*, *Series B*, 1999, 529-546.】

Covariance Matrix/协方差矩阵

参见：**方差—协方差矩阵（Variance-Covariance Matrix）**。

Covariance Structure Models/协方差结构模型

也称为**结构方程模型（Structural Equation Models）**。

Covariate/协变量

通常用来作为解释变量的另一种称呼，但有时更多地特指在调查中不是最感兴趣的那些变量，因为认为它可能影响反应变量所以也度量它，因此需要在分析和模型的建立中包含它。参见：**协方差分析（Analysis of Covariance）**。

COVRATIO/COVRATIO 统计量

回归分析中关于所估计的回归系数的方差—协方差矩阵观察的影响的度量的*影响统计量*（*influence statistic*）。对于第 i 次观察，统计量为：

$$COVRATIO_i=\frac{\det(s^2_{(-i)}[X'_{(-i)}X_{(-i)}]^{-1})}{\det(s^2[X'X]^{-1})}$$

C

其中，s^2 是关于所有观察的回归分析中剩余均方，X 是多元回归的常用公式中出现的矩阵，$s^2_{(-i)}$ 和 $X_{(-i)}$ 是关于缺失第 i 次观察时回归分析中相应的项。如果取值在界限 $1\pm3(tr(H)/n)$［H 是*帽子矩阵*（*hat matrix*）］以外，那么认为需要确认有影响的观察。参见：**Cook 距离**（**Cook's Distance**），**DFBETA**，**DFFIT**。【ARA Chapter 10.】

Cowles's Algorithm/Cowles 算法

一种混合 *Metropolis-Hastings*，*Gibbs 抽样算法*（*Metropolis-Hastings*，*Gibbs sampling algorithm*），它克服了关于小概率候选点的问题。【*Statistics and Computing*，1996，**6**，101-111.】

Cox and Plackett Model/Cox-Plackett 模型

关于二进制结果度量的 *2×2 交叉试验*（*2×2 cross-over trial*）的边际概率的一种 *logistic 回归*（*logistic regression*）模型。【*Design and Analysis of Cross-over Trials*，1989，B. Jones and M. G. Kenward，CRC/Chapman and Hall，London.】

Cox and Spjøtvoll Method/Cox -Spjøtvoll 方法

在方差分析中将治疗方法分割成几个数据一致的同质组的方法。

Cox, Gertrude Mary (1900-1978)/格特鲁·玛丽·考克斯(1900-1978)

格特鲁·考克斯出生于美国爱荷华州代顿，开始她想成为美以美会（Methodist Episcopal Church）的一名女执事。但是，1925 年她进入埃姆斯的爱荷华州立大学，1929 年获得一等数学学位，1931 年获得一等统计学硕士学位。接下来的两年，她在伯克利从事心理统计学方面的工作，在回到埃姆斯之前，她加入新成立的统计实验室，在那里她第一次邂逅费希尔，费希尔正好作为访问教授在学院工作 6 周。1940 年格特鲁·考克斯担任北卡罗来纳州立大学实验统计系系主任。战后她更多地涉及政府结构和工业企业的研究问题。1950 年，与威廉·科克伦合作编写了实验设计方面的标准教科书《实验设计》（*Experimental Designs*）。1978 年 10 月 17 日去世。

Coxian-2 Distribution/Coxian-2 分布

随机变量 X 的分布，满足：

$$X=X_1+X_2 \text{ 的概率为 } b$$
$$X=X_1 \text{ 的概率为 } 1-b$$

其中，X_1 和 X_2 是服从不同均值的指数分布的独立随机变量。【*Scandinavian Journal of Statistics*，1996，**23**，419-441.】

Cox-Mantel Test/Cox-Mantel 检验

比较两条*生存曲线*（*survival curve*）的*无分布方法*（*distribution free method*）。假设 $t_{(1)} < t_{(2)} < \cdots < t_{(k)}$ 是两组中不同的生存时间，检验统计量为：

$$C = U/\sqrt{I}$$

其中：

$$U = r_2 - \sum_{i=1}^{k} m_{(i)} A_{(i)}$$

$$I = \sum_{i=1}^{k} \frac{m_i(r_{(i)} - m_{(i)})}{r_{(i)} - 1} A_{(i)}(1 - A_{(i)})$$

在这些公式中，r_2 是第二组中的死亡数，$m_{(i)}$ 是生存时间为 $t_{(i)}$ 的个数，$r_{(i)}$ 是时刻 $t_{(i)}$ 处死亡或删失的个体总数，$A_{(i)}$ 是两组中这些个体的比。如果两组的生存体验是相同的，那么 C 服从标准正态分布。【*Cancer Chemotherapy Reports*, 1966, **50**, 163－170.】

Cox-Snell Residuals/Cox-Snell 残差

在生存时间数据的分析中广泛使用的残差，定义为：

$$r_i = -\ln \hat{S}_i(t_i)$$

其中，$\hat{S}_i(t_i)$ 是在所观察的生存时间 t_i 处第 i 个个体的生存函数的估计。如果拟合的模型是正确的，那么这些残差是从均值为 1 的指数分布中抽取的 n 次观察。【*Statistics in Medicine*, 1995, **14**, 1785－1796.】

Cox's Proportional Hazards Model/Cox 比例风险模型

风险函数关于时间的依赖性不作任何假设时，用风险函数关于一组解释变量模型化的方法。模型为：

$$\ln h(t) = \ln\alpha(t) + \beta_1 x_1 + \beta_2 x_2 + \cdots + \beta_q x_q$$

其中，$x_1, x_2, \cdots, x_q$ 是感兴趣的解释变量，$h(t)$ 是风险函数。$\alpha(t)$ 称为*基准风险函数*（*baseline hazard function*），它是时间的任意函数。对于两个个体，在任意时间点风险函数的比是一个常数。因为没有特别设定基准风险函数 $\alpha(t)$，所以这个方法为*无分布方法*（*distribution free method*）。模型中参数 $\beta_1, \beta_2, \cdots, \beta_q$ 的估计可以采用*极大似然估计法*（*maximum likelihood estimation*），只依赖于事件发生的顺序，不依赖于它们发生的具体时间。参见：**脆弱性（Frailty）**，**累积风险函数（Cumulative Hazard Function）**。【SMR Chapter 13.】

Cox's Test of Randomness/随机性的 Cox 检验

检验一系列事件关于时间随机发生的而不是发生率存在某种趋势。检验统计量为：

$$m = \sum_{i=1}^{n} t_i / nT$$

其中，n 个事件分别在时间区间 $(0, T)$ 中的时间点 $t_1, t_2, \cdots, t_n$ 处发生。在零假设下，m 服从均值为 $\frac{1}{2}$、方差为 $\frac{1}{12n}$ 的 *Irwin-Hall 分布*（*Irwin-Hall distribution*）。当 n 越来越大时，在零

假设下 m 的分布迅速逼近正态分布，一般当 $n \geq 20$ 时可以采用正态近似。【*Journal of the Royal Statistical Society*，*Series B*，1955，**17**，129－157.】

C

Craig's Theorem/Craig 定理

关于正态变量的*二次型*（*quadratic forms*）独立的定理，叙述如下：设 x 服从均值向量为 μ、方差—协方差矩阵为 Σ 的多元正态分布，则 $x'Ax$ 与 $x'Bx$ 随机独立的充要条件是 $A\Sigma B=0$。【*American Statistician*，1995，**49**，59－62.】

Cramér, Harald (1893-1985)/哈拉尔德·克莱姆(1893-1985)

克莱姆出生于瑞典斯德哥尔摩，在斯德哥尔摩大学学习化学和数学。后来，他的兴趣转移到数学方面，1917 年撰写了一篇关于 Dirichlet 序列的论文，获得博士学位。1929 年，他被任命为精算数学和数理统计专业的教授。在接下来的 20 年中，他在*中心极限定理*（*central limit theorem*）和*特征函数*（*characteristic functions*）以及一般数理统计方面作出了重要贡献。1985 年 10 月 5 日于斯德哥尔摩去世。

Cramér-Rao Inequality/Cramér-Rao 不等式

参见：**Cramér-Rao 下界（Cramér-Rao Lower Bound）**。

Cramér-Rao Lower Bound/Cramér-Rao 下界

根据 *Cramér-Rao 不等式*（*Cramér-Rao inequality*）得出的参数估计量的方差的下界，即：

$$\mathrm{var}(t) \geq -\{\tau'(\theta)\}^2 / E\left(\frac{\partial^2 \log L}{\partial \theta^2}\right)$$

其中，t 是 θ 的函数 $\tau(\theta)$ 的无偏估计量，τ' 是 τ 关于 θ 的导数，L 是相关的*似然函数*（*likelihood*）。当 $\tau(\theta)=\theta$ 时，$\tau'(\theta)=1$，则对于 θ 的无偏估计量有：

$$\mathrm{var}(t) \geq 1/I$$

其中，I 是 *Fisher 信息*（*Fisher's information*）的样本值。【KA2 Chapter 17.】

Cramér's V/Cramér V 系数

形成*二维列联表*（*two-dimensional contingency*）的两个变量相关性的度量。与 ϕ 系数（*phi-coefficient*）ϕ 有关，但可用于比 2×2 更大的表。系数为：

$$\sqrt{\left\{\frac{\phi^2}{\min[(r-1)(c-1)]}\right\}}$$

其中，r 是表中的行数，c 是表中的列数。参见：**列联系数（Contingency Coefficient）**，**Sakoda 系数（Sakoda Coefficient）**，**Tschuprov 系数（Tschuprov Coefficient）**。【*The Analysis of Contingency Tables*，2nd edition，1993，B. S. Everitt，Edward Arnold，London.】

Cramér-Von Mises Statistic/Cramér-Von Mises 统计量

对随机变量的累积概率分布为某种特殊形式 F_0 的假设进行检验的拟合优度统计量。

记随机样本为 $x_1, x_2, \cdots, x_n$，则统计量 U 定义为：

$$U = \int_{-\infty}^{\infty} \{F_n(x) - F_0(x)\}^2 dF_0(x)$$

其中，$F_n(x)$ 为样本经验累积分布。【*Journal of the American Statistical Association*，1974，**69**，730－737.】

C

Cramér-Von Mises Test/Cramér-Von Mises 检验

检验一组观察是否取自于正态分布。检验统计量为：

$$W = \sum_{i=1}^{n}\left[z_i - \frac{(2i-1)^2}{2n}\right] + \frac{1}{12n}$$

其中，z_i 根据有序样本值 $x_{(1)} \leq x_{(2)} \leq \cdots \leq x_{(n)}$ 定义为：

$$z_i = \int_{-\infty}^{x_{(i)}} \frac{1}{\sqrt{2\pi}} e^{-\frac{1}{2}x^2} dx$$

W 的临界值通过相关统计表查得。【*Journal of the Royal Statistical Society*，Series B，1996，**58**，221－234.】

Craps Test/骰子检验

评估随机数生成器质量的检验。【*Random Number Generation and Monte Carlo Methods*，1988，J. E. Gentle，Springer-Verlag，New York.】

Credible Region/可信区域

也称为 **Bayesian** 置信区间(**Bayesian Confidence Interval**)。

Credit Scoring/信用评分

确定贷款申请人是否违约还款的过程。基于决策分析的这种方法通常用来构造确定是否提供给申请人贷款的某种规定。【*The Statistician*，1996，**45**，77－95.】

Creedy and Martin Generalized Gamma Distribution/Creed-Martin 广义 Γ 分布

概率分布 $f(x)$ 为：

$$f(x) = \exp\{\theta_1 \log x + \theta_2 x + \theta_3 x^2 + \theta_4 x^3 - \eta\}, \quad x > 0$$

需要确定标准化常数 η。许多常见分布都是这种分布的特殊情形。例如，$\theta_1 = \theta_3 = \theta_4 = 0$ 对应指数分布(*exponential distribution*)，$\theta_3 = \theta_4 = 0$ 对应 Γ分布(*gamma distribution*)。【*Communication in Statistics－Theory and Methods*，1996，**25**，1825－1836.】

Cressie-Read Statistic/Cressie-Read 统计量

一种拟合优度统计量(*goodness-of-fit statistic*)，某种意义上，它介于 χ^2 统计量(*chi-squared statistic*)和似然比(*likelihood ratio*)之间，具有两者理想的性质。【*Journal of the Royal Statistical Society*，*Series B*，1979，**41**，54－64.】

Criss-Cross Design/十字形设计

也称为带区设计(**Strip-Plot Design**)。

Criteria of Optimality/最优化准则

C

在两个实验设计中作出选择的准则。最常用的准则是基于矩阵 $X'X$ 的特征值 $\lambda_1, \lambda_2, \cdots, \lambda_p$,其中 X 为相关的*设计矩阵*(*design matrix*)。根据这些特征值最常用的三条准则为:

A-最优化[*A-最优设计*(*A-optimal designs*)]:参数估计的方差和最小

$$\min\left\{\sum_{i=1}^{p}\frac{1}{\lambda_i}\right\}$$

D-最优化[*D-最优设计*(*D-optimal designs*)]:参数估计的广义方差最小

$$\min\left\{\prod_{i=1}^{p}\frac{1}{\lambda_i}\right\}$$

E-最优化[*E-最优设计*(*E-optimal designs*)]:最差估计对比的方差最小

$$\min\left\{\max\frac{1}{\lambda_i}\right\}$$

这三条准则是最小化

$$\left(\frac{1}{p}\sum_{i=1}^{p}\frac{1}{\lambda_i}\right)^{\frac{1}{k}}, \quad 0\le k<\infty$$

的特殊情形。A-、D-和 E-最优化对应于 k 取 1、0 和∞。参见:**响应曲面法**(**Response Surface Methodology**)。【*Optimum Experimental Design*, 1992, A. C. Atkinson and A. N. Donev, Oxford University Press, Oxford.】

Critical Region/临界域

拒绝零假设的检验统计量的取值。临界域的大小是当零假设为真时得出属于该区域的结果的概率,即第 I 类错误的概率。图 48 给出了一种典型的临界域。参见:**接受域**(**Acceptance Region**)。【KA2 Chapter 21.】

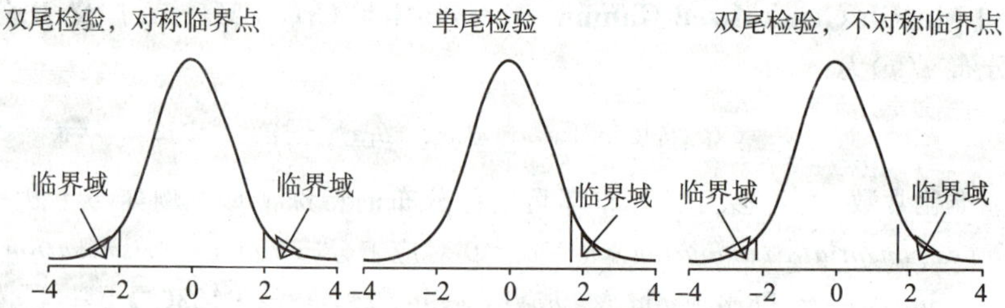

图 48 临界域

Critical Value/临界值

根据样本数据计算出的用于比较的统计量的取值,通过与临界值比较来确定是否拒绝零假设。这个数值与所选的显著水平有关。【KA2 Chapter 21.】

CRL/种群相似系数

种群相似系数(**Coefficient of Racial Likeness**)的缩写。

Cronbach's Alpha/Cronbach *α*

心理测试的内部一致性指标。如果 n 项测试是一致的,而且个人评分是总回答正确的,那么系数定义为:

$$\alpha = \frac{n}{n-1}\left[1 - \frac{1}{\sigma^2}\sum_{i=1}^{n}\sigma_i^2\right]$$

其中,σ^2 是总评分的方差,σ_i^2 是对应于第 i 项正确和不正确回答的评分 0 和 1 的方差。系数的理论范围是 0～1。建议使用的解释准则是:<0.60 表示不接受,0.60～0.65 表示最低可接受,0.70～0.80 表示相当好,0.80～0.90 表示非常好,>0.90 考虑通过减少项目数来缩小规模。【*Design and Analysis of Reliability Studies*, 1989, G. Dunn, Edward Arnold, London.】

Cross-Correlation Function/互相关函数

参见:多维时间序列(**Multiple Time Series**)。

Cross-Covariance Function/互协方差函数

参见:多维时间序列(**Multiple Time Series**)。

Crossed Treatments/交叉治疗

在序列中[如在*交叉设计*(*crossover design*)中]和在组合中[如在*析因设计*(*factorial design*)中]使用的两种或更多种治疗。

Crossover Design/交叉设计

一种*纵向研究*(*longitudinal study*)方法,其中对象在不同场合接受不同的治疗。随机分配确定所接受治疗的顺序。最简单的这种设计是关于两组对象,两种治疗 A 和 B,一组对象按顺序接受 AB,另一组反过来。这被称为 *2×2 交叉设计*(*two-by-two crossover design*)。因为治疗比较是关于于"对象内"(within-subject)而不是"对象间"(between-subject)的,所以要求对象较少以达到给定的效果。这种设计分析不一定很直接,因为存在*结转效应*(*carryover effects*)的可能,即在第一个场合接受治疗的残差效应会保留到第二个场合。为了尽量减少这种问题,通常在两个场合间常用*洗脱期*(*wash-out period*)。一般建议当结转效应可以先验排除时使用这种设计。交叉设计只适用于慢性疾病,研究的目的是短期的舒缓症状而不是治愈。参见:三阶段交叉设计(**Three-Period Crossover Designs**)。【SMR Chapter 15.】

Crossover Rate/交叉率

临床试验中从最初随机分配决定的治疗变换为另一种治疗的病人比例。

C

Cross-Sectional Study/横断面研究

研究不涉及时间的推移。所有的信息是同一时间收集的,所有对象只接触一次。许多调查都属于这种类型。这种研究不能解决原因和影响的时间序列,此时建议常用如*前瞻性研究*(*prospective study*)这种更全面的调查。【SMR Chapter 5.】

Cross-Spectral Density/交叉谱密度

参见:多维时间序列(**Multiple Time Series**)。

Cross-Validation/交叉验证

将数据分成两个容量几乎相等的子集,一个子集用来估计模型中的参数,第二个子集用来评估具有这些参数值的模型是否合适。参见:自助法(**Bootstrap**),折刀法(**Jackknife**)。【MV2 Chapter 9.】

Crude Annual Death Rate/年度粗死亡率

一年中总死亡人数除以年中总人口数。为了避免许多小数位,习惯将死亡率乘以100 000,这样得到的是每 100 000 人中的死亡人数。参见:特定年龄死亡率(**Age-Specific Death Rates**),特定原因死亡率(**Cause Specific Death Rates**)。

Crude Risk/原始风险

也称为发病率(**Incidence Rate**)。

Cube Law/三次方定律

用于投票行为的定律,已经有几十年历史。表述如下:考虑两党制,假设根据单一席位选区制从两党中选出代表。所选的代表人数之比近似等于两党所获得的全国投票数之比的三次方。【*Journal of the American Statistical Association*, 1970, **65**, 1213-1219.】

Cubic Spline/三次样条

参见:样条函数(**Spline Functions**)。

Cultural Assortment/文化品种

参见:选型交配(**Assortative Mating**)。

Cumulant Generating Function/累积量生成函数

参见:累积量(**Cumulants**)。

Cumulants/累积量

用来刻画概率分布的一组描述性常数,如矩(*moments*),但具有在理论方面更有用的性质。下面关于 t 的等式给出了根据矩定义的累积量 $\kappa_1, \kappa_2, \cdots, \kappa_r$:

$$\exp\left(\sum_{r=1}^{\infty}\kappa_r t^r/r!\right)=\sum_{r=0}^{\infty}\mu_r' t^r/r!$$

κ_r 是 $\log\phi(t)$ 中 $(it)^r/r!$ 的系数，其中 $\phi(t)$ 是随机变量的*特征函数*（*characteristic function*）。函数 $\Psi(t)=\log\phi(t)$ 称为*累积量生成函数*（*cumulant generating function*）。前三个累积量与前四个中心矩的关系如下：

$$\mu'_1=\kappa_1$$
$$\mu'_2=\kappa_2+\kappa_1^2$$
$$\mu'_3=\kappa_3+3\kappa_2\kappa_1+\kappa_1^3$$
$$\mu'_4=\kappa_4+4\kappa_3\kappa_1+6\kappa_2\kappa_1^2-\kappa_1^4$$

【KA1 Chapter 3.】

Cumulative Distribution Function/累积分布函数

表示有多少随机变量取值小于或大于某个给定数值的分布。对于分组数据，给定的数值对应于分类界限。

Cumulative Frequency Distribution/累积频率分布

根据小于特定数值的数目绘制的观察样本的表格。等价于*累积概率分布*（*cumulative probability distribution*）。下面给出了这种表格的例子。【SMR Chapter 2.】

激素测定值(nmol/l)

分类范围	累积频数
75～79	1
80～84	3
85～89	8
90～94	17
95～99	27
100～104	34
105～109	38
110～114	40
≥115	41

Cumulative Hazard Function/累积风险函数

关于生存时间的数据分析中使用的函数，$H(t)$ 定义为：

$$H(t)=\int_0^t h(u)du$$

其中，$h(u)$ 是*风险函数*（*hazard function*）。也可以用*生存函数*（*survival function*）$S(t)$ 表示，其中，$H(t)=-\ln S(t)$。【*Modelling Survival Data in Medical Research*, 1994, D. Collett, Chapman and Hall/CRC Press, London.】

Cumulative Probability Distribution/累积概率分布

参见：概率分布（**Probability Distribution**）。

C

Cure Rate Models/治愈率模型

关于生存时间的模型,其中被治愈病人的比例非常显著。一般涉及某些*有限混合分布*(*finite mixture distribution*)。【*Statistics in Medicine*, 1987, **6**, 483-489.】

Curse of Dimensionality/维数灾难

这个短语由一个女巫首先提出。现在用来描述这种情形:随着维数的增加,在多维空间中可能位置的数目呈指数增加。这样,一个单二进制变量只有两个可能的取值,而一个10维的二进制向量有超过1 000个可能取值,20维的二进制向量有数百万的可能取值。因此,为了保证空间的单元格中平均样本容量不变,样本容量随着维数呈指数增加。另一个结论是,对于多元正态分布,如果维数太大,远离中心的概率非常大。【*Econometrica*, 1997, **65**, 487-516.】

Curvature Measures/曲率度量

用来评价非线性模型的线性接近程度的诊断工具。通过度量具有均匀网格的平面中*期望表面*(*expectation surface*)的偏差得出。期望表面是由前瞻性模型所描述的平面中点的集合,其中每个点是基于一组参数值的反应变量的期望值。【*Applied Statistics*, 1994, **43**, 477-488.】

Cusum/累积和

调查时间的影响的方法,即使它不是研究的一部分。对于序列 $X_1, X_2, \cdots, X_n$,累计和序列定义为:

$$S_i = \sum_{j=1}^{i} (X_j - X_0)$$

其中,X_0 表示数据初始值或正常值的参考水平。根据应用,X_0 可以是序列的均值、前几次观察的均值或理论上合理的某个值。如果真正的均值为 X_0,且不存在时间趋势,那么累计和是平坦的。若原始数据的水平随着时间变化,则累计和的斜率也会变化。例子见图49。参见:指数加权移动平均控制图(**Exponentially Weighted Moving Average Control Chart**)。【*Journal of Quality Techniques*, 1975, **7**, 183-192.】

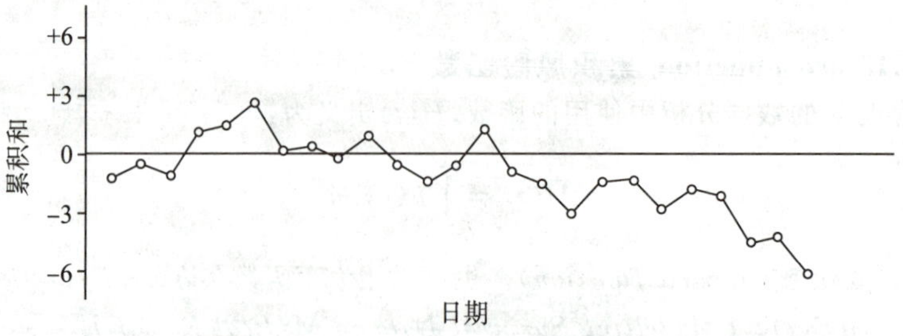

图49 累积和

Cuthbert, Daniel (1905-1997)/丹尼尔·卡斯伯特(1905-1997)

卡斯伯特作为本科生进入麻省理工学院,在修读工程学的同时修读英语和历史。1925

年获得化学工程学士学位，1926 年获得相同学科的硕士学位。在柏林教授物理一年后，他回到了美国，成为位于缅因州肯德尔的剑桥中学(Cambridge School)的讲师。20 世纪 40 年代，他阅读了费希尔的著作《研究者的统计方法》(*Statistical Methods for Research Workers*)后，开始了作为统计学家的职业生涯。卡斯伯特在个人设置的实验计划方面作出了重大贡献。1972 年，他被推选为皇家统计学会的荣誉院士。1997 年 8 月 8 日于纽约城去世。

C

Cuzick's Trend Test/Cuzick 趋势检验

对一个可度量变量穿越一系列有序分组的趋势进行检验的*无分布方法*(*distribution free method*)。对于含有 N 个对象的样本，检验统计量定义为：

$$T = \sum_{i=1}^{N} Z_i r_i$$

其中，$Z_i(i=1,\cdots,N)$是关于对象 i 的组指标(这是按某种自然顺序排列的 1，…，G 中的某个数，G 是分组的数目，或者是关于组的暴露度量)，r_i 是在合并样本中第 i 个对象的观察的秩。在不存在组间趋势的零假设下，T 的均值(μ)和方差(σ^2)为：

$$\mu = N(N+1)E(Z)/2$$
$$\sigma^2 = N^2(N+1)V(Z)/12$$

其中，$E(Z)$和 $V(Z)$是 Z 的均值和方差。【*Statistics in Medicine*，1990，**9**，829－834.】

Cycle/循环

关于时间序列为周期性移动的序列的术语。周期是一个完整的上下和下上移动所需的时间。【*Cycles, the Mysterious Forces that Trigger Events*，1971，E. R. Dewey，Hawthorn Books，New York.】

Cycle Plot/循环图

研究季节性时间序列的行为时所采用的图解法。在图中，季节分量的一月值是按年绘制的，然后是二月值，一直下去。对每个每月子序列，数值的均值用水平线表示。图形用来评价季节变化的整体模式，根据描绘的水平均值线也可以评价每个每月子序列的行为。因为后面都是相同的图形，所以很容易看出：对比季节分量的整体模式，任何子序列的变化是大还是小。这种图例见图 50。【*Visualizing Data*，1993，W. S. Cleveland，Hobart Press，Murray Hill，New Jersey.】

Cyclic Designs/循环设计

由对初始区组循环发展得出的区组集合所组成的不完全区组设计。例如，假设对 7 种治疗按要求分成 3 个区组，那么存在$\binom{7}{3}$个不同的区组可以设置从不同的初始区组如(0，1，3)生成循环集的数目：

0	1	2	3	4	5	6
1	2	3	4	5	6	0
3	4	5	6	0	1	2

【*Statistical Design and Analysis of Experiments*，1971，P. W. M. John，MacMillan，New York.】

C

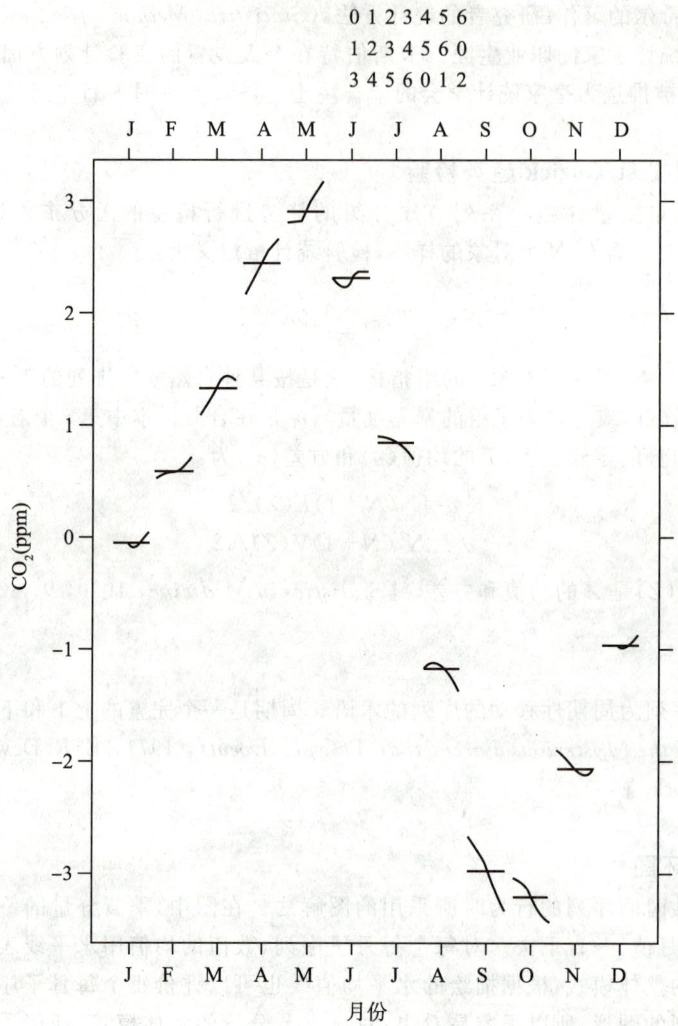

图 50　二氧化碳浓度的循环图

资料来源：经授权许可，采自 W. S. Cleveland，*Visualizing Data*，1993，Hobart Press，Murray Hill，New Jersey。

Cyclic Variation/循环变化

某个变量随时间系统的和可重复的变化。例如，大多数人的血压表明了这种 24 小时周期变化，在夜里处于最低点，在清晨处于最高点。在许多激素水平中也可以看到这种昼夜变化。【SMR Chapter 14.】

Czekanowski Coefficient/Czekanowski 系数

关于两个个体 i 和 j 的*相异系数*（*dissimilarity coefficient*），两个个体 i 和 j 关于 q 个变

量的评分分别为 $x_i'=[x_{i1},x_{i2},\cdots,x_{iq}]$和 $x_j'=[x_{j1},x_{j2},\cdots,x_{jq}]$,Czekanowski 系数为：

$$d_{ij}=1-\frac{2\sum_{k=1}^{q}\min(x_{ik},x_{jk})}{\sum_{k=1}^{q}(x_{ik}+x_{jk})}$$

【MV1 Chapter 3.】

D

D

D'Agostino's Test/D'Agostino 检验

基于均值为 $\bar{x}$ 的有序样本值 $x_{(1)} \leq x_{(2)} \leq \cdots \leq x_{(n)}$ 的检验，用来评价观察是否来自于正态分布。检验统计量为：

$$D = \frac{\sum_{i=1}^{n} \left\{ i - \frac{1}{2(n+1)} \right\} x_{(i)}}{n\sqrt{n\sum_{i=1}^{n}(x_{(i)} - \bar{x})^2}}$$

检验由于*偏斜度*（*skewness*）引起的偏离正态性。临界值可查表得到。【*Biometrika*，1972，**59**，219－221.】

Daniels, Henry (1912–2000)/亨利·丹尼尔斯(1912–2000)

丹尼尔斯在爱丁堡大学和剑桥大学学习，最初任职于利兹的毛纺业研究协会（Wool Industries Research Association）。这个环境让丹尼尔斯将他的数学技能应用到线束的强度，以及他的机械爱好应用到为光纤测量实验室发明仪器。1947 年，他加入剑桥大学的统计实验室，1957 年被任命为伯明翰大学数理统计系的一级教授。直到 1978 年退休，他一直留在伯明翰大学，然后回到剑桥大学。丹尼尔斯是 20 世纪统计理论发展中的一个重要人物，1974～1975 年间担任皇家统计学会主席。1957 年获得皇家统计学会铜质 Guy 勋章，1984 年获得金质勋章。1980 年，丹尼尔斯成为皇家统计学会院士。丹尼尔斯还是一名杰出的钟表修理工，1984 年，为肯定他在钟表设计方面的杰出贡献，他创建了钟表匠同业公会。2000 年 4 月 16 日，丹尼尔斯在参加位于威尔士波厄斯郡的统计会议时去世。

Darling Test/Darling 检验

检验一组变量是否服从*指数分布*（*exponential distribution*）。设 $x_1, x_2, \cdots, x_n$ 是 n 个样本值，检验统计量为：

$$K_m = \frac{\sum_{i=1}^{n}(x_i - \bar{x})^2}{\bar{x}^2}$$

其中，$\bar{x}$ 为样本均值。可以证明 K_m 的渐近均值(μ)和方差(σ^2)为：

$$\mu=\frac{n(n-1)}{n+1}$$

$$\sigma^2=\frac{4n^4(n-1)}{(n+1)^2(n+2)(n+3)}$$

在服从指数分布的假设下，$z=(K_m-\mu)/\sigma$ 渐近服从标准正态分布。【*Journal of Statistical Planning and Inference*，1994，**39**，399－424.】

Data/数据

参见：**数据集(Data Set)**。

Data Augmentation/数据扩张

为了更容易分析将观察到的数据进行扩张的过程。简单的例子是*缺失值*(*missing values*)的估计，用来平衡每个单元格中不同的观察数的*析因设计*(*factorial design*)。数据扩张经常用于迭代程序、*数据扩张算法*(*data augmentation algorithm*)，常见于 *Bayesian 推断*(*Bayesian inference*)中*后验分布*(*posterior distribution*)的计算。这种算法的主要思想是用称为潜在数据的量 z 来扩张观察数据 y。假设给定 y 和 z，可以从扩张数据得出后验分布 $p(\theta|y,z)$。为了得到观察后验 $p(\theta|y)$，将所生成的预测分布 $p(z|y)$中 z 的取值[*插补*(*imputations*)]乘以关于计算的插补的 $p(\theta|y,z)$的平均。因为 $p(z|y)$依赖于 $p(\theta|y)$，所以迭代计算 $p(\theta|y)$。具体地，给定可观察的后验分布 $p(\theta|y)$的近似 $g_i(\theta)$，算法如下：

- 根据预测分布 $p(z|y)$的近似生成样本 $z^{(1)},\cdots,z^{(m)}$；
- 根据上一步给定的扩张数据，将 $p(\theta|y)$的近似更新为 θ 的扩张后验的混合，即：

$$g_{i+1}(\theta)=\frac{1}{m}\sum_{j=1}^{m}p(\theta|z^{(j)},y)$$

然后将上述两步迭代下去。参见：**EM 算法(EM Algorithm)**，**马尔可夫链Monte Carlo 模型(Markov Chain Monte Carlo Methods)**。【*Analysis of Incomplete Multivariate Data*，1997，J. L. Schafer，Chapman and Hall/CRC Press，London.】

Data Augmentation Algorithm/数据扩张算法

参见：**数据扩张(Data Augmentation)**。

Database/数据库

数据的结构化集合，通过大量的应用程序使得更容易评估。大型临床数据库越来越多地用于临床和政策研究；它们一般有两种用途：为医疗保健提供便利，以及进行研究。这种数据库的一个例子是由美国健康保健财政管理局(US Health Care Financing Administration)提供的，它包含了所有医疗保险病人的住院、手术和官方访问的信息。【SMR Chapter 6.】

Database Management System/数据库管理系统

对大型结构化信息的集合进行系统管理的一种计算机系统，用于数据的存储、修改和检索。

Data Dredging/数据挖掘

对在研究开始之前没有特别指定的数据集中进行的比较进行描述的术语。参见:数据提炼(**Data Mining**),亚组分析(**Subgroup Analysis**)。【SMR Chapter 6.】

Data Editing/数据编辑

从数据中删除格式错误和键控错误的行为。

D

Data Matrix/数据矩阵

参见:多元数据(**Multivariate Data**)。

Data Mining/数据提炼

从数据中提炼那些隐含的、先前未知的和潜在的有用信息。通常采用专家系统、统计和图解技术,以及以大家容易理解的形式表示的现有知识。

Data Reduction/数据缩减

通过形成频率分布、直方图、散点图等,计算如均值、方差和相关系数的统计量总结大量数据的过程。它还用于根据如*主成分分析*(*principal component analysis*)和*因子分析*(*factor analysis*)的方法将多元数据表示为低维的情形。

Data Science/数据科学

试图将统计学、数据分析和其他相关方法统一的术语。由数据设计、数据收集和数据分析这三个阶段组成。【*Data Science*, *Classification and Related Methods*, 1998, C. Hayashi et al. eds., Springer, Tokyo.】

Data Screening/数据筛选

对一组观察的初始评估,看看它们是否满足分析方法的假设。强调可能*异常点*(*outlier*)的技术在这种分析中非常重要,例如,通过正态概率图看看是否偏离正态性。参见:初始数据分析(**Initial Data Analysis**)。【SMR Chapter 6.】

Data Set/数据集

任何形式的科学调查中收集的观察和度量。

Data Smoothing Algorithms/数据平滑算法

在一系列观察中提取被噪声模糊的模式的方法。基本上,所有技术都是将原始数据分成平滑序列和残差序列(通常称为“粗糙”)。例如,平滑过程是将季节性波动从如何识别峰和随机噪声这种简短数据中分开。这种过程的一个简单例子是*移动平均*(*moving average*),复杂点的例子是*局部加权回归*(*locally weighted regression*)。参见:**Kalman 滤波**(**Kalman Filter**),样条函数(**Spline Function**)。

David, Florence Nightingale (1909-1993)/弗罗伦斯·南丁格尔·戴维(1909-1993)

弗罗伦斯·戴维出生于莱明斯特附近,1931 年在贝德福德女子学院获得数学一等学位。最初她想成为一名精算师,但后来由于被发现是一名女性而被取消职位。她在伦敦大学学院与卡尔·皮尔逊一起工作,1938 年被授予博士学位。她与耶日·奈曼在英国和后来在伯克利一起工作。在接下来的 22 年中,她出版了 8 本书,发表了 80 多篇论文。1962 年,戴维担任伦敦大学学院统计学教授,1967 年,她离开英国,到加州大学河滨分校工作,并在那成立了统计系,于 1977 年退休。

D

Davies-Quade Test/Davies-Quade 检验

一种*无分布方法*(*distribution free method*),观察样本的概率分布是关于未知的中位数对称的假设进行检验。【NSM Chapter 3.】

Death Rate/死亡率

参见:粗死亡率(**Crude Death Rate**)。

Debugging/调试

计算机例行查找和纠正错误,以及隔离和消除计算机本身故障的过程。

Deciles/十分位数

将变量的概率分布或频率分布分成十等份的变量取值。

Decision Function/决策函数

参见:决策论(**Decision Theory**)。

Decision Theory/决策论

估计、预测和假设检验所有这些问题的进行统一的方法。它基于*决策函数*(*decision function*)这个概念,决策函数告诉实验者如何进行实验的统计方面的研究,以及对每个可能的结果采取什么行动。选择决策函数时需要*损失函数*(*loss function*),对于好决策或坏决策定义一个数值的函数。一般损失函数记为 $L(d,\theta)$,表示当参数为 θ 时作出决策 d 的坏的程度。例如,*二次损失函数*(*quadratic loss function*)定义为:

$$L(d,\theta)=(d-\theta)^2$$

双线性损失函数(*bilinear loss function*)为:

$$L(d,\theta)=a(d-\theta)\text{ ,如果 } d\leq\theta$$
$$L(d,\theta)=b(\theta-d)\text{ ,如果 } d\geq\theta$$

其中,a 和 b 是正数。【KA2 Chapter 31.】

Decision Tree/决策树

对决策者所总结的所有可能性预见作出决策的图形表示。例如,假设我们面临下面问题:一个医生必须在两种治疗中作出选择。已知病人患有一种或两种疾病,但不能明确诊断。病人的彻底检查也不能解决这种不确定性。最佳的说法是病人患 A 病的概率为 p。

图 51 给出了这个问题的简单的决策树。【KA2 Chapter 31.】

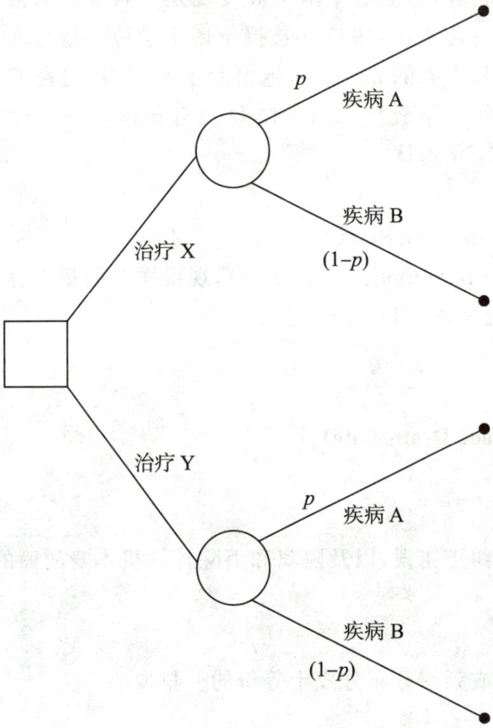

图 51 简单的决策树

Deep Models/深层模型

筛选研究（*screening studies*）中采用的模型，将那些生成可观察事件的疾病观察考虑进假设的模型。这种模型的用途是试图了解基本的疾病动态。参见：**表面模型**（**Surface Models**）。【*Statistical Methods in Medical Research*，1995，**4**，3－17.】

De Finetti, Bruno (1906-1985)/布鲁诺·德内蒂(1906-1985)

德内蒂出生于奥地利因斯布鲁克，在米兰大学学习数学，1927 年毕业。他成为了一名精算师，然后到罗马的国家统计局工作，后来成为一名大学教授。德内蒂是公认的概率理论家，他认为概率的唯一解释是，描述对一个命题的真实性个人相信程度的一个数。他创造了一个警句——“Probability does not exist”（概率不存在），意思是在对世界的个人看法以外概率没有真实性。他的主要贡献在*主观概率*（*subjective probability*）和 *Bayesian 推断*（*Bayesian inference*），1985 年 7 月 20 日于罗马去世。

Degrees of Freedom/自由度

贯穿统计学的一个难以捉摸的概念。基本上，它是当参数估计或统计量计算时样本中信息的独立单位数。例如，在边际总数给定的 *2×2 列联表*（*two-by-two contingency table*）中，四个频率单元格中只有一个是自由的，所以表具有单一自由度。在许多情形中，自由度对应着模型中参数的个数。也用来指不同分布族的参数,如*学生 t 分布*(*Student's t-distribution*)、*F 分布*(*F-distribution*)。【SMR Chapter 9.】

Delay Distribution/延迟分布

在报告事件时延迟的概率分布。在 AIDS 研究中特别重要,因为 AIDS 监测数据需要在用来反映当前的 AIDS 事件之前对报告延迟作适当的更正。参见:**后向投影(Back-Projection)**。【*Philosophical Transactions of the Royal Society of London*, *Series B*, 1989, **325**, 135 - 145.】

D

Delta(δ) Technique/δ 技术

使用一个变量或多个变量的函数的 *Taylor 级数展开式*(*Taylor series expansion*)得到函数的期望值和方差的方法。例如,记变量 x 为 $x=\mu+\varepsilon$,其中 $E(x)=\mu$ 和 $E(\varepsilon)=0$,则泰勒(Taylor)展开为:

$$f(x) = f(\mu) + \varepsilon \frac{df(x)}{dx}\bigg|_{x=\mu} + \frac{\varepsilon^2}{2}\frac{d^2 f(x)}{dx^2}\bigg|_{x=\mu} + \cdots$$

如果 ε^2,ε^3 等项忽略不计,则:

$$f(x) \approx f(\mu) + (x-\mu)f'(\mu)$$

所以:

$$\mathrm{var}[f(x)] \approx [f'(\mu)]^2 \mathrm{var}(x)$$

因此,如果 $f(x)=\ln x$,那么 $\mathrm{var}(\ln x)=(1/\mu^2)\mathrm{var}(x)$。【*Design and Analysis of Reliability Studies*, 1989, G. Dunn, Edward Arnold, London.】

Deming, Edwards (1900-1993)/爱德华兹·戴明(1900-1993)

戴明出生于爱荷华州苏城,1921 年毕业于怀俄明州立大学电子工程专业,1925 年获得科罗拉多州立大学数学和物理专业硕士学位,1928 年获得耶鲁大学数学与物理专业博士学位。当他在位于芝加哥的美国西方电气公司洛桑工厂工作时,开始了质量控制程序的早期研究。20 世纪 30 年代,戴明对统计学的兴趣日益增长,1939 年他加入美国调查统计局。第二次世界大战中,他负责全美国抽样计划与控制图表使用教学的巨大项目,但 20 世纪 50 年代在日本,戴明关于将工业生产作为涉及旨在满足客户需求的供应商和制造商的单一系统的想法被推广到全国范围。1960 年,戴明获得日本瑞宝(Sacred Treasure)二等勋章,成为一位国家英雄。1993 年 12 月 20 日去世。

Demography/人口统计学

用统计的方法做有关人类人口规模、结构和动态的研究。【*Demography*, 1976, P. R. Cox, Cambridge University Press, Cambridge.】

De Moivre, Abraham (1667-1754)/亚伯拉罕·棣莫弗(1667-1754)

棣莫弗出生于法国维特里,1686 年来到英国躲避新教的宗教迫害,最初为了生活,他成为数学的旅行教师，后来每天坐在位于长亩街的咖啡屋中，听从赌徒的命令和指挥，帮助赌徒计算赔率，赌徒为此付给他少量的钱。作为艾萨克·牛顿(Isaac Newton)的密友，棣莫弗得出正态曲线是斜二项式的极限，给出了分散性的度量 $\sqrt{np(1-p)}$。他还涉足独立的概念并给出一个合理的定义。他关于概率论的重要著作《机会的学说》(*The Doctrine of Chance*)于1718年出版。在他1754年去世前，法国科学院推选他为外籍院士。

D

De Moivre-Laplace Theorem/棣莫弗—拉普拉斯定理

这个定理叙述了，如果 X 是服从参数为 n 和 p 的二项分布的随机变量，那么 X 的渐近分布是均值为 np、方差为 $np(1-p)$ 的正态分布。参见：正态近似(**Normal Approximation**)。【KA1 Chapter 5.】

Dendrogram/树枝形结构关系图，谱系图

在*凝聚层次聚类方法*(*agglomerative hierarchical clustering methods*)中经常使用这种图形，它指用“树形”图形解释将 n 个单独成员“集群”为一个包含所有 n 个个体的组所采用的一系列步骤。图52给出了这样一个例子，从*单联聚类*(*single linkage clustering*)得出下面的5个点之间 *Euclidean距离*(*Euclidean distances*)的矩阵：

$$D=\begin{pmatrix} 0.0 & & & & \\ 2.0 & 0.0 & & & \\ 6.0 & 5.0 & 0.0 & & \\ 10.0 & 9.0 & 4.0 & 0.0 & \\ 9.0 & 8.0 & 5.0 & 3.0 & 0.0 \end{pmatrix}$$

【MV1 Chapter 1.】

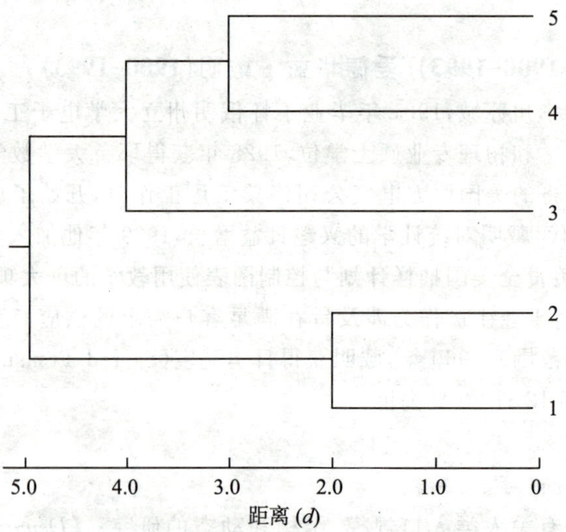

图52　关于矩阵的树枝形结构关系

Density Estimation/密度估计

估计概率密度的方法，其中无需假设任何特殊的函数形式。构造直方图也许是这类估

计中最简单的方法,*核密度估计量*(*kernel density estimators*)提供了更为先进的方法。密度估计给出了数据中如*偏斜度*(*skewness*)和*多态性*(*multimodality*)这类特征的有价值的表示。【*Density Estimation in Statistics and Data Analysis*, 1986, B. W. Silverman, Chapman and Hall/CRC Press, London.】

Density Function/密度函数

参见:概率密度(**Probability Density**)。

Density Sampling/密度抽样

病例对照研究(*case-control study*)中抽样控制的方法,可以减少研究过程中暴露的患病率变化的*偏差*(*bias*)。对照组是当每个病例发病时从处于风险中的人群中抽取的样本。【*American Journal of Epidemiology*, 1976, **103**, 226 - 235.】

Denton Method/Denton 方法

一种广泛使用的方法,将时间序列调整为年度基准,同时尽可能保持原始数据的月月移动。【*International Statistical Review*, 1994, **62**, 365 - 377.】

Dependent Variable/因变量

参见:反应变量(**Response Variable**)。

Descriptive Statistics/描述统计

关于使得数据的主要特征更透明的数据汇总和制表方法的一般术语。例如,计算均值、方差和绘制直方图。参见:**探索性数据分析**(**Exploratory Data Analysis**),**初始数据分析**(**Initial Data Analysis**)。

Design Effect/设计效果

在研究中使用特别的抽样设计下估计量的方差与在没有替代的简单随机抽样下相同样本容量的估计量方差之比。【*Survey Sampling*, 1965, L. Kish, Wiley, New York.】

Design Matrix/设计矩阵

对一组观察设定一个统计模型的矩阵。例如,在一个*单向设计*(*one-way design*)中,第一个组有三个观察,第二个组有两个观察,第三个组只有一个观察,其中模型为:

$$y_{ij}=\mu+\alpha_i+\varepsilon_{ij}$$

则设计矩阵 X 为:

$$X=\begin{pmatrix}1&1&0&0\\1&1&0&0\\1&1&0&0\\1&0&1&0\\1&0&1&0\\1&0&0&1\end{pmatrix}$$

使用这个矩阵，关于所有观察的模型可以很方便地表示为矩阵形式：

$$y=X\beta+\varepsilon$$

其中，$y'=[y_{11},y_{12},y_{13},y_{21},y_{22},y_{31}]$，$\beta'=[\mu,\alpha_1,\alpha_2,\alpha_3]$，$\varepsilon'=[\varepsilon_{11},\varepsilon_{12},\varepsilon_{13},\varepsilon_{21},\varepsilon_{22},\varepsilon_{31}]$。在设计工业实验中也使用矩阵 X，对解释变量设定一些数值；经常采用一种或另一个*最优化准则*（*criteria of optimality*）来选择。参见：多元回归（**Multiple Regression**）。

D

Design Regions/设计区域

与实验相关的区域，定义了解释变量的区间设定。对于定量变量，最常见的区域是对应于解释变量上下限的区域，它取决于系统的物理限制和实验者所考虑的取值范围。【*Journal of the Royal Statistical Society*，*Series B*，1996，**58**，59－76.】

Design Rotatability/设计旋转性

反应曲面法（*response surface methodology*）中使用的术语，要求未来反应取值的预测的质量在讨论的区域中几乎相同。更正式的旋转设计要求在离设计中心相同距离的任意两个点 $N\text{var}(\hat{y}(x))/\sigma^2$ 取值相同。【*Journal of the Royal Statistical Society*，*Series B*，1996，**58**，59－76.】

Design Set/设计集

也称为训练集（**Training Set**）。

Detection Bias/检测偏差

参见：确认偏差（**Ascertainment Bias**）。

Determinant/行列式

由方阵元素的和与积所表示的数值。例如，如果矩阵为：

$$A=\begin{pmatrix} a & b \\ c & d \end{pmatrix}$$

则 A 的行列式（简记为 $\det(A)$ 或 $|A|$）为：

$$ad-bc$$

Deterministic Model/确定性模型

不包含随机元素或概率元素的模型。参见：随机模型（**Random Model**）。

DETMAX/DETMAX 算法

构造精确的 *D－最优设计*（*D-optimal designs*）的算法。【*Technometrics*，1980，**22**，301－313.】

Detrending/趋势消除

用于时间序列的分析，先按某种方法计算*趋势*（*trend*），然后从原始序列中减去趋势值。通常用于在拟合时间序列模型之前实现*平稳*（*stationarity*）。参见：差分（**Differencing**）。

D

Deviance/偏离

关于一个数据集的特殊模型不同于*饱和模型*(*saturated model*)的程度的度量。根据两个模型的似然函数定义为:

$$D=-2[\ln L_c-\ln L_s]$$

其中,L_c 和 L_s 分别是目前的模型和饱和模型的似然函数。当 L_c 相对于 L_s 较小时,D 的取值较大,这表明目前的模型不是很好;反之,D 的取值较小时模型较好。偏离渐近服从 χ^2 *分布*(*chi-squared distribution*),自由度等于两个模型中参数数目之差。参见:**G^2 统计量(G^2)**,**似然比(Likelihood Ratio)**。【GLM Chapter 2.】

Deviance Information Criterion (DIC)/偏离信息准则

类似于 *Akaike信息准则*(*Akaike's information criterion*)的一种拟合优度度量,将*偏离*(*deviance*)的后验期望作为拟合的度量,参数的有效个数作为复杂性的度量。

Deviance Residuals/偏离剩余

一个观察对整个模型*偏离*(*deviance*)的平方根。【*Ordinal Data Modeling*, 1999, V. E. Johnson and J. H. Albert, Springer, New York.】

Deviate/偏差,偏离

从每个标准位置点(通常采用均值)开始度量的变量取值。

DeWitt, Johan (1625-1672)/约翰·德威特(1625-1672)

德威特出生于荷兰多德雷赫特,16 岁进入莱顿大学学习法律。在成为 1650~1675 年间最杰出的荷兰政治家之前,他的主要贡献是精算科学和经济统计。1672 年 8 月 20 日于海牙去世。

DF (df)/自由度

自由度(**Degrees of Freedom**)的缩写。

DFBETA/DFBETA 统计量

多元回归中度量特殊观察 i 对指定回归系数估计 $\hat{\beta}_j$ 的影响的*影响统计量*(*influence statistic*)。统计量是当在分析中去除第 i 次观察时 $\hat{\beta}_j$ 的标准化变化,定义为:

$$DFBETA_{j(i)}=\frac{\hat{\beta}_j-\hat{\beta}_{j(i)}}{s_{(-i)}\sqrt{c_j}}$$

其中,$s_{(-i)}$ 是去除观察 i 后回归分析的剩余均方,c_j 是矩阵 $(X'X)^{-1}$ 的第 $(j+1)$ 个主对角元素,X 为这类分析的公式中常见的矩阵。参见:**Cook 距离(Cook's Distance)**,**DFFITS 统计量(DFFITS)**,**COVRATIO 统计量(COVRATIO)**。【ARA Chapter 10.】

DFFITS/DFFITS 统计量

与 *Cook距离*(*Cook's distance*)密切相关的*影响统计量*(*influence statistic*),为一次观察

关于在*多元回归*(*multiple regression*)中得出的观察的预测反应值的影响的度量。定义为：

$$DFFITS_i=\frac{\hat{y}_i-\hat{y}_{i(-i)}}{s_{(-i)}\sqrt{h_i}}$$

其中，$\hat{y}_i$是按通常方法得出的第 i 次观察的预测反应值，$\hat{y}_{(-i)}$是当估计回归系数时不使用第 i 次观察所得出的相应取值；$s^2_{(-i)}$是第 i 次观察缺失时回归分析中的剩余均方。它与 Cook 距离 D_i 的关系为：

D

$$D_i=(DFFITS_i)^2\frac{s^2_{(-i)}}{tr(H)s^2}$$

其中，H 是对角元素为 h_i 的*帽子矩阵*(*hat matrix*)，s^2 是包含所有观察的回归分析中得出的剩余平方和。当这个统计量的绝对值大于 $2\sqrt{tr(H)/n}$ 时，表明那些观察需要加以关注。【SMR Chapter 9.】

Diagnostic Key/诊断关键

多级评分测试的二进制序列，连续使用来确认标本的原始人群。【*Biometrika*, 1975, **62**, 665-672.】

Diagnostics/诊断

在拟合统计模型时确认偏离假设的过程。参见：**DFBETA** 统计量(**DFBETA**)，**DFFITS** 统计量(**DFFITS**)。【*Residuals and Influence in regression*, 1994, R. D. Cook and S. Weisberg, CRC/Chapman and Hall, London.】

Diagnostic Tests/诊断检测

在临床试验和*流行病学*(*epidemiology*)中使用的方法，对某种疾病的出现或不出现进行筛选。最简单的情形是，试验为积极(可能患疾病)或消极(不可能患疾病)的结果。理想情形下，所有患病的都分类为积极的，所有没有疾病的都分类为消极的。度量这种分类正确性的两种测试指标为*敏感性*(*sensitivity*)和*特异性*(*specificity*)。参见：**相信积极规则**(**Believe the Positive Rule**)，**积极预测值**(**Positive Predictive Value**)，**消极预测值**(**Negative Predictive Value**)。【SMR Chapter 14.】

Diagonal Matrix/对角矩阵

非对角元素都为 0 的方阵。例如：

$$D=\begin{pmatrix}10&0&0\\0&5&0\\0&0&3\end{pmatrix}$$

Diary Survey/日记调查

一种数据收集形式，要求受访者定期或某个特定事件发生后不久编写信息。

DIC/偏离信息准则

偏离信息准则(**Deviance Information Criterion**)的缩写。

Dichotomous Variable/二分变量

也称为二进制变量(**Binary Variable**)。

Dieulefait, Carlos Eugenio (1901-1982)/卡洛斯·欧亨尼奥·丢拉法特(1901-1982)

丢拉法特出生于布宜诺斯艾利斯,1922 年毕业于利托瑞尔大学。1930 年他担任布宜诺斯大学成立的统计研究所的第一任所长。在接下来的 30 年中,丢拉法特成功地在阿根廷推广统计学,在如相关理论和多元分析中作出了自己的贡献。1982 年 11 月 3 日于阿根廷罗萨里奥去世。

Differences vs Totals Plot/差一总数图

对*2×2 交叉设计*(*two-by-two crossover design*)中数据分析时使用的一种图解程序。图形根据对每个对象关于同一治疗的反应变量值的差与两种治疗值的总数绘制。对应于给定治疗的排序的两个组,在图形中用不同的符号加以区别。水平方向的组间移位很大表明可分的*结转效应*(*carryover effect*)。如果这种移位很小,那么垂直方向的组间移位是治疗效果的度量。图 53 给出了这种图形的一个例子。【*The Statistical Consultant in Action*, edited by D. J. Hand and B. S. Everitt, Cambridge University Press, Cambridge.】

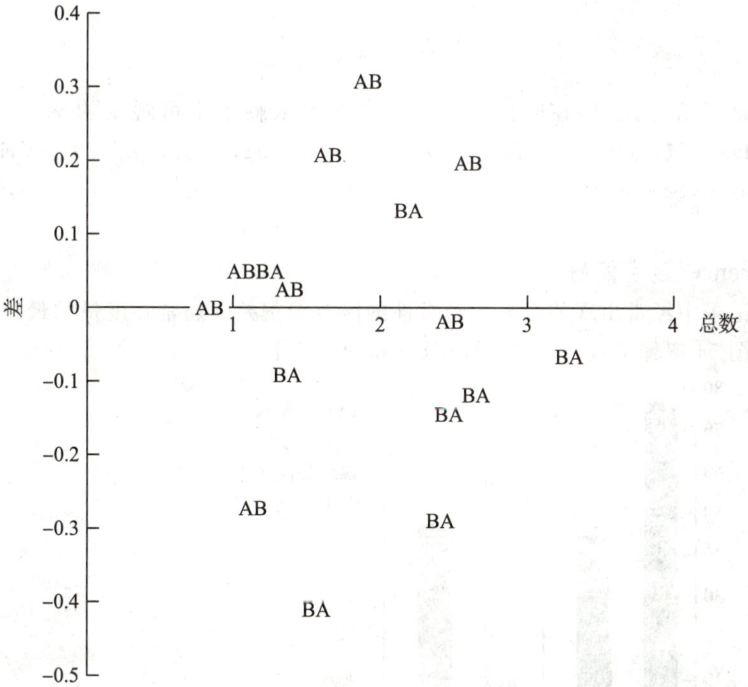

图 53 差一总数图

D

Differencing/差分

时间序列中去除趋势的一种简单方法。序列$\{y_t\}$的一阶差分定义为变换

$$Dy_t = y_t - y_{t-1}$$

通过反复应用可以定义高阶差分。例如，二阶差分 $D^2 y_t$ 定义为：

$$D^2 y_t = D(Dy_t) = Dy_t - Dy_{t-1} = y_t - 2y_{t-1} + y_{t-2}$$

常用于在拟合模型之前实现*平稳*（*stationarity*）。参见：后移算子（**Backward Shift Operator**），自回归求和移动平均模型（**Autoregressive Integrated Moving Average Models**）。

Diggle-Kenward Model for Dropouts/Diggle-Kenward 丢失模型

模型用于丢失过程可能会导致信息缺失值的纵向数据。特别地，如果研究协议对所有对象指定 n 个度量时间的相同集合，D 表示对象的丢失时间，若对应于时间 $d, d+1, \cdots, n$ 缺失，则 $D=d$，而 $D=n+1$ 表示没有对象丢失，统计模型为观察 Y 和 D 的联合分布。这个联合分布可以用两种等价的方式表示：

$$\begin{aligned} f(y,d) &= f(y)g(d|y) \\ &= g(d)f(y|d) \end{aligned}$$

由第一个分解得出的模型称为*选择模型*（*selection models*），由第二个分解得出的模型称为*模式混合模型*（*pattern mixture models*）。Diggle-Kenward 模型为前者，它设定 $f(y)$ 为*多元正态分布*（*multivariate normal distribution*），$g(d|y)$ 为 *logistic 回归*（*logistic regression*）。如果 $p_t(y)$ 表示给定 $Y=y$ 时在时间 t 处的丢失的条件分布，则：

$$\ln\left\{\frac{p_t(y)}{1-p_t(y)}\right\} = \alpha_0 y_t + \sum_{k=1}^{r} \alpha_k y_{t-k}$$

当丢失机制是可信息化时，在时间 t 处的丢失概率依赖于不可观察的 y_t。参见：缺失值（**Missing Values**）。【*Analysis of Longitudinal Data*，1994，P. J. Diggle，K.-Y，Liang and S. L. Zeger，Oxford Science Publications，Oxford.】

Digit Preference/数字偏好

在观察记录中经常出现的个人的经常性的潜意识偏差。通常在度量的最终记录数字中非常明显。图 54 解释了这种现象。【SMR Chapter 7.】

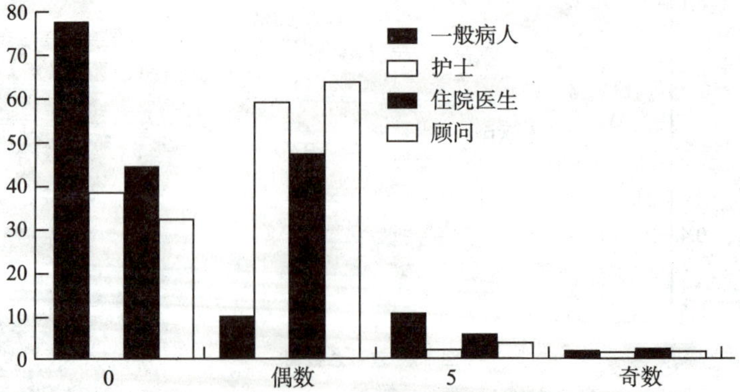

图 54　不同观察组间的数字偏好（关于 0、奇数、偶数和 5 这些数字）

Digraph/有向图

同有向图(**Directed Graph**)。

DIP Test/DIP 检验

样本中多模性的检验,基于所有样本点上经验分布函数与单模分布函数之间的最大偏差,使得最大偏差最小。【MV2 Chapter 10.】

Directed Acyclic Graph/有向无环图

也称为条件独立图(**Conditional Independence Graph**)。

Directed Deviance/有向偏离

也称为符号根式变换(**Signed Root Transformation**)。

Directed Graph/有向图

参见:图论(**Graph Theory**)。

Directional Neighbourhoods Approach (DNA)/定向街区方法(DNA)

对遥感噪声数据进行像素分类和图像重建的方法。这种方法部分是 Bayesian 分析,部分是数据分析,利用观察数据选择最优(一般非对称)但像素分类相对一致的街区。过程分成两个阶段:0 -街区预分类阶段,通过选择最一致的街区得出,然后得出最终分类。

Direct Matrix Product/矩阵直积

也称为 **Kroenecker** 积(**Kroenecker Product**)。

Direct Standardization/直接标准化

利用参考人口(*reference population*)对一个或多个变量的粗死亡率或发病率估计进行调整的过程。例如,比较单身和已婚妇女的癌症死亡率,对两个组的年龄分布进行调整,一般已婚妇女更年长点。每组所得出的*特定年龄死亡率*(*age-specific mortality rates*)可以用于人口年龄分布,通过直接比较得出死亡率。参见:间接标准化(**Indirect Standardization**)。【*Statistics in Medicine*, 1993, **12**, 3 - 12.】

Dirichlet Distribution/Dirichlet 分布

一种多元 *β分布*(*beta distribution*)。定义为:

$$f(x_1, x_2, \cdots, x_q) = \frac{\Gamma(\nu_1 + \cdots + \nu_q)}{\Gamma(\nu_1)\cdots\Gamma(\nu_q)} x_1^{\nu_1 - 1} \cdots x_q^{\nu_q - 1}$$

其中:

$$0 \leq x_i < 1, \sum_{i=1}^{q} x_i = 1, \nu_i > 0, \sum_{i=1}^{q} \nu_i = \nu_0$$

x_i 的期望值为 ν_i/ν_0,方差为:

$$\frac{\nu_i(\nu_0 - \nu_i)}{\nu_0^2(\nu_0 + 1)}$$

x_i 和 x_j 的协方差为：

$$\frac{-\nu_i\nu_j}{\nu_0^2(\nu_0+1)}$$

【STD Chapter 10.】

Dirichlet Tessellation/Dirichlet 镶嵌

在某个平面区域 A 中所发生的事件的构造，由一系列“领地”(territories)组成，每个领地由 A 中与特殊事件 x_i 比和任意其他事件 x_j 更接近的部分组成。图 55 给出了一个例子。【*Pattern Recognition and Neural Networks*，1996，B. D. Ripley，Cambridge University Press，Cambridge.】

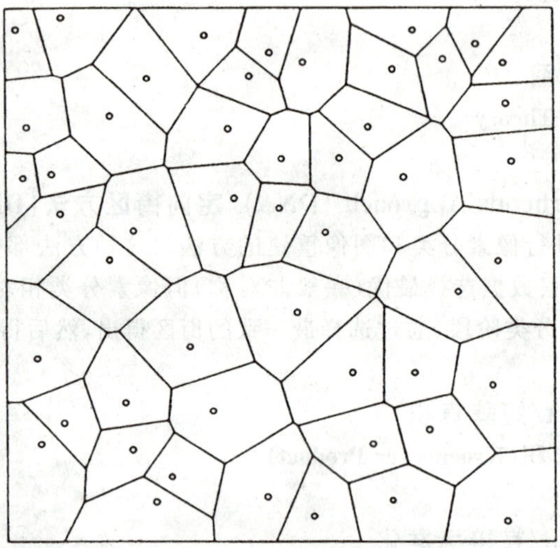

图 55 一例 Dirichlet 镶嵌

Discrete Rectangular Distribution/离散矩形分布

一种概率分布，一个等距取值的有限集中每一点是等可能性的。分布为：

$$\Pr(X=a+jh)=\frac{1}{n+1},\quad j=0,1,\cdots,n$$

所以随机变量 X 可以取等距取值 $a,a+h,\cdots,a+nh$ 中任意一个。当 $n\to\infty,h\to0,nh=b-a$ 时，分布趋向于(a,b)上的*均匀分布*(*uniform distribution*)。*标准离散矩形分布*(*standard discrete rectangular distribution*)为 $a=0,h=1/n$，所以 X 的取值为 $0,1/n,2/n,\cdots,1$。

Discrete Time Markov Chain/离散时间 Markov 链

参见：**Markov 链(Markov Chain)**。

Discrete Time Stochastic Process/离散时间随机过程

参见：**随机过程(Stochastic Process)**。

Discrete Variable/离散变量

取值为整数的变量，例如出生数、怀孕数、被拔掉的牙齿数等。【SMR Chapter 2.】

Discrete Wavelet Transform (DWT)/离散小波变换(DWT)

有限范围的离散信号 $f_1, f_2, \cdots, f_n$ 的*小波序列近似*(*wavelet series approximation*)的系数的计算。将向量 $f' = [f_1, f_2, \cdots, f_n]$ 映射到 n 个小波变换系数组成的向量。

D

Discriminant Analysis/判别分析

该术语覆盖了多元数据分析的大量技术，主要目的是评估一组变量能否区分或判别两组(多组)个体。例如，在医学中，这种方法一般用于将由大量试验或许多症状的观察得出的最佳结论用于对那些也许只有通过验尸才能确认的诊断。在两个组的情形中，最常用的方法是 *Fisher线性判别函数*(*Fisher's linear discriminant function*)，变量的线性函数给出了所判别的组之间最大分离。这得出一个*分类规则*(*classification rule*)[也称为*分配规则*(*allocation rule*)]，用来将新病人安排到其中一个组中。这种线性函数的推导需要假设两个组的方差—协方差矩阵是相同的。如果矩阵不同，那么采用*二次判别函数*(*quadratic discriminant function*)来区分两个组。这种函数包含变量的幂和交叉乘积。得出判别函数的观察的样本通常称为*训练集*(*training set*)。当涉及多于 2 个组时(方差—协方差矩阵都相同)，需要确定变量的几个线性函数来分离它们。一般地，这种函数的个数为 q 和 $g-1$ 中小的那个数，其中 q 是变量数，g 是组的数目。用于判别的线性函数称为*典型判别函数*(*canonical discriminant function*)，简称为*典型变量*(*canonical variates*)。参见：**误差率估计(Error Rate Estimation)**，**正规化判别分析(Regularised Discriminant Analysis)**。【MV2 Chapter 9.】

Discrimination Information/判别信息

也称为 **Kullback-Leibler 信息(Kullback-Leibler Information)**。

Disease Clusters/疾病集群

实际或可能健康事件的不同寻常的聚合。这些事件在特定区域或在一个极短的时期内被分组，或者这些事件发生在特定人群中，如某种特定职业的人群中。研究这种集群作为确定公共健康问题的起源的这种方法很早就被意识到了。例如，1850 年，通过在地图上绘制病例以及标识水井周围的集群，确认在伦敦霍乱的主要来源为百老大街的水泵。最近，在青年男性同性恋中相对罕见的肺炎和肿瘤种类的集群的识别导致获得性免疫缺陷综合症(艾滋病 AIDS)的识别，最终导致人类免疫缺陷病毒(艾滋病毒 HIV)的发现。参见：**扫描统计(Scan Statistic)**。

Disease Mapping/疾病测绘

采用不同颜色、阴影等在地图上显示疾病的地域差异的方法。这种想法并不新鲜，但计算机和计算机图形的出现使得它的应用越来越简单，目前广泛用于描述性流行病学，例如，描述某个地区发病率和死亡率的信息。图 56 给出了一个例子。这种图形牵涉到绝对比率、相对比率等，通常根据所使用的方法在数据中观察者对地理变异的印象可能会有所不同。【*Biometrics*, 1995, **51**, 1355 - 1360.】

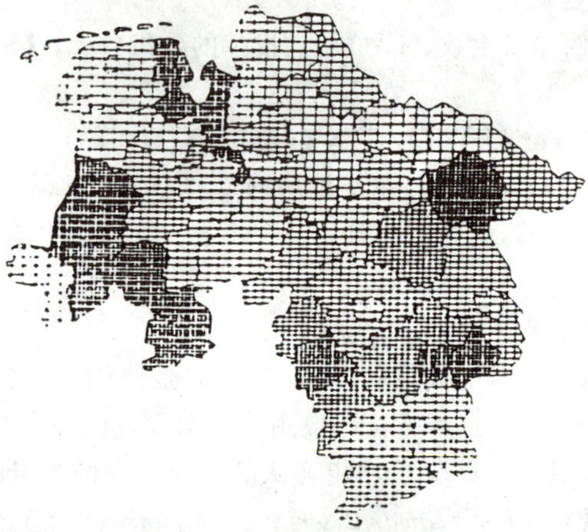

比 小于 242 242–256 256–266
266–280 大于 280

图 56 在德国部分地区中年龄标准化死亡率的疾病测绘

资料来源:经 International Biometrics Society 许可,从 *Biometrics* 转载。

D

Dispersion/离差

一组观察偏离它们的均值的量。当一组观察的数值非常接近它们的均值时,离差比当它们从均值发散出去时小。参见:方差(**Variance**)。【MV1 Chapter 1.】

Dispersion Parameter/离差参数

参见:广义线性模型(**Generalized Linear Models**)。

Dissimilarity Coefficient/相异系数

多元数据集中两个观察之间差异的度量。对于相同变量值的两个观察,通常定义相异度为 0。参见:度量不等式(**Metric Inequality**)。【MV1 Chapter 1.】

Dissimilarity Matrix/相异度矩阵

方阵的主对角线元素为 0,非对角元素是所讨论的每对刺激或对象的*相异系数*(*dissimilarity coefficient*)。这种矩阵根据多元数据矩阵 X 计算得出,或从人类对象对刺激作出的判断的实验中直接得出。对这类矩阵的模式或结构的讨论,通常采用某种形式的*多维比例*(*multidimensional scaling*)。【MV1 Chapter 4.】

Distance Measure/距离度量

参见:度量不等式(**Metric Inequality**)。

Distance Sampling/距离抽样

社会生态学中用来确定在某个固定区域内植物或动物数量的抽样方法。随机设置一些直线或点,测量那些由直线或测量点检测到的对象间的距离。当某个特殊对象被检测时,测量它到随机选择的一根直线或一个点的距离,如果 n 个对象都被检测,那么记录所有的相关距离。在一些假设下,根据这些距离数据可以得到密度的无偏估计。参见:**线截抽样(Line-Intercept Sampling)**。【*Canadian Field-Naturalist*, 1996, **110**, 642-648.】

Distributed Database/分布式数据库

由组成部分位于地域分散位置的点组成的*数据库*(*database*)。

Distribution Free Methods/无分布方法

基于样本观察的函数的估计和推断的统计方法,样本函数的概率分布不依赖于抽取样本的总体的概率分布。结果是,在关于总体相对一般的假设下方法也是有效的。通常这些方法会涉及观察的排序,而不是观察本身。例如,*Wilcoxon 符号秩检验*(*Wilcoxon's signed rank test*)、*Friedman双向方差分析*(*Friedman's two way analysis of variance*)。在许多情形中,这些检验法比假设特定总体分布(通常是正态分布)的检验法略微差一点,即使假设是正确的。通常也称为*无参数方法*(*nonparametric methods*),尽管两个术语没有类似的地方。【SMS Chapter 9.】

Distribution Function/分布函数

参见:**概率分布(Probability Distribution)**。

Divisive Clustering/分裂聚类

一种聚类分析方法,先将所有个体属于一个集群,然后按两个集群的分离的某种特殊度量最大化将集群相继分裂。在实际应用中很少使用。参见:**凝聚层次聚类方法(Agglomerative Hierarchical Clustering Methods)**,***K*-均值聚类分析(*K*-Means Cluster Analysis)**。【MV2 Chapter 10.】

Dixon Test/Dixon 检验

异常点(*outlier*)的检验。当样本容量 n 小于等于 7 时,检验统计量为:

$$r=\frac{y_{(1)}-y_{(2)}}{y_{(1)}-y_{(n)}}$$

其中,$y_{(1)}$是被怀疑的异常点且是样本中最小观察,$y_{(2)}$是第二小观察,$y_{(n)}$是最大观察。当 $n>7$时,用 $y_{(3)}$ 代替 $y_{(2)}$,$y_{(n-1)}$ 代替 $y_{(n)}$。临界值可以通过某些统计表得到。【*Journal of Statistical Computation and Simulation*, 1997, **58**, 1-20.】

Doane's Rule/Doane 法则

当构造*直方图*(*histogram*)时计算种类数目的法则,定义为:

$$种类数目=\log_2 n+1+\log_2(1+\hat{\gamma}\sqrt{n/6})$$

其中,n 是样本容量,$\hat{\gamma}$ 是*峰度*(*kurtosis*)的估计。参见:**Sturges 法则(Sturges' Rule)**。

Dodge, Harold (1893-1976)/哈罗德·道奇(1893-1976)

道奇出生于马萨诸塞州拉威尔的磨坊城,他是引入质量控制和开发、*抽样验收*(*accept-*

ance sampling)的最重要的人物之一。他是工作特征曲线的原创者。道奇的职业生涯主要是在贝尔实验室,由于他的贡献,1950 年被美国品管协会(American Society for Quality Control)授予 Stewhart 勋章,1975 年被皇家统计学会授予荣誉院士。1976 年 12 月 10 日于新泽西州芒廷莱克斯去世。

Dodge's Continuous Sampling Plan/Dodge 连续抽样计划

D

监控连续生产过程的程序。【*Annals of Mathematical Statistics*, 1943, **14**, 264 - 279.】

Doob-Meyer Decomposition/Doob-Meyer 分解

定理证明了:任何计数过程都可以分解为*鞅*(*martingale*)与称为补偿的可预测的右连续过程的和,假定满足一定的数学条件。【*Modelling Survival Data*, 200, T. M. Therneau and P. M. Grambsch, Springer, New York.】

D-Optimal Design/D-最优设计

参见:**最优化准则(Criteria of Optimality)**。

Doran Estimator/Doran 估计量

时间序列中缺失值的估计量,其中每月的观察在后期可得到,但在较早期只能得到季度观察。

Dorfman Scheme/Dorfman 计划

调查者设计在较大人群中识别某个特定医疗条件的方法,通常采用血液检验,这可以减少实施的检验次数。代替每个人分别检验,将 k 个人抽取血液样本集中起来一起分析。如果检验是消极的,那么这样一次检验就可以反应 k 个人。如果检验是积极的,那么 k 个人的血液样本需要分别检验,所以对 k 个人需要 $k+1$ 次检验。如果积极检验的概率(p)很小,那么计划就比必需的检验少得多。例如,如果 $p=0.01$,那么每个人检验的最小期望次数 k 的值为 11,检验的期望次数是 0.2,这与每个人分别检验相比次数节省了 80%。【*Annals of Mathematical Statistics*, 1943, **14**, 436 - 440.】

Dose-Ranging Trial/剂量范围试验

在药物开发的后期阶段所接受的*临床试验*(*clinical trial*),获取有关初次和随后的剂量的合适范围的信息。最常用的是*平行剂量设计*(*parallel-dose design*),其中一组对象采用给定安慰剂,其他组采用积极治疗的不同剂量。

Dose-Response Curve/剂量反应曲线

关于反应变量值与所接受的药物剂量的相应取值或所忍受的暴露水平等的图,见图 57。

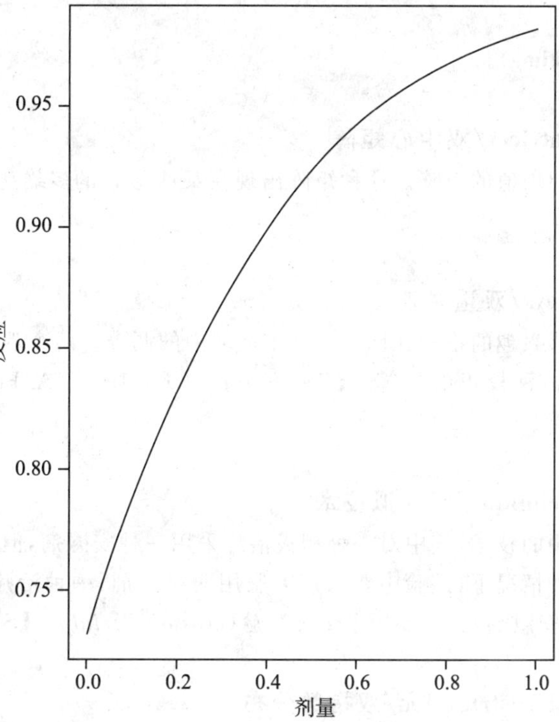

图 57　一条假设的剂量反应曲线

Dot Plot/点图

比其他如*饼图*(*pie charts*)和*条形图*(*bar charts*)更有效地描述被标识的定量数据的图形。图 58 表示关于几个职业组肺癌的标准化死亡率(SMR)的点图。

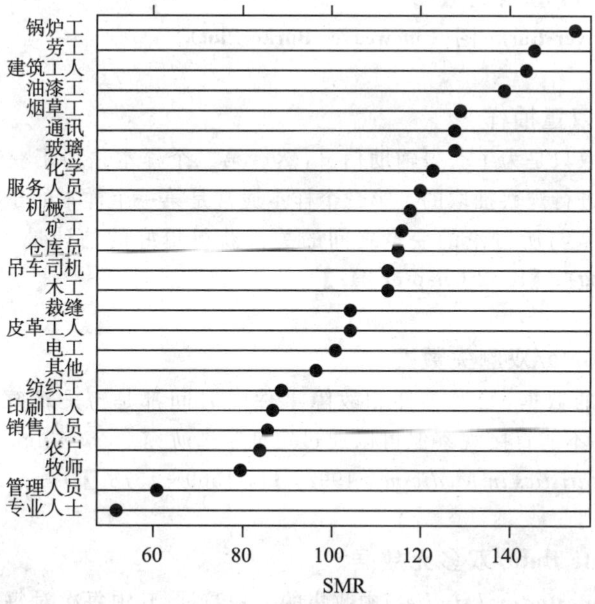

图 58　关于几个职业组肺癌的标准化死亡率(SMR)的点图

D

Double-Blind/双盲

参见:致盲(**Blinding**)。

Double-Centred Matrices/双中心矩阵

元素减去行和列均值的矩阵。这种矩阵出现在某些形式的*多维比例*(*multidimensional scaling*)中。

Double-Count Surveys/双重调查

两个观察者对感兴趣的物种在同一个样本区域中的调查。两个观察者的出现需要对可视性偏倚进行调查物种校正的计算。【*The Survey Kit*, 1995, A. Fink, ed., Sage, London.】

Double-Dummy Technique/双模拟技术

临床试验中使用的技术,其中对一种积极治疗采用一种安慰剂,但不采用两种完全相同的积极治疗。在这种情况下,试验中要求病人服用两组片剂:一种治疗A(积极或安慰剂),一种治疗B(积极或安慰剂)。主要用于*交叉试验*(*crossover trial*)。【SMR Chapter 15.】

Double-Exponential Distribution/双指数分布

也称为**Laplace**分布(**Laplace Distribution**)。

Double-Masked/双屏蔽

也称为双盲(**Double-Blind**)。

Double Reciprocal Plot/双倒数图

也称为**Lineweaver-Burke**图(**Lineweaver-Burke Plot**)。

Double Sampling/双重抽样

最初样本的选取只是为了获得辅助信息,然后第二个样本是为了获得附加的辅助信息而对所讨论的变量进行观察抽取的。第二个样本通常是第一个样本的子样本。这种抽样的用途是利用辅助变量与所讨论的变量之间的关系获得更好的估计量。参见:**两阶段抽样**(**Two-Phase Sampling**)。【KA2 Chapter 24.】

Doubly Censored Data/双删失数据

关于生存时间的数据,始发事件和故障事件的时间都是*删失观察*(*censored observations*)。当始发事件不能直接观察但可以通过定期*筛选研究*(*screening studies*)检测时就会产生这种数据。【*Statistics in Medicine*, 1992, **11**, 1569-1578.】

Doubly Multivariate Data/双多元数据

在*纵向研究*(*longitudinal studies*)中收集的一种数据,其中每次对每个对象有多于一个的反应变量被记录。例如,在临床试验中,每次访问计划中都要记录每个病人的体重和血压。

Doubly Ordered Contingency Tables/双有序列联表

行和列都是按自然序排列的*列联表*（*contingency table*）。如药物毒性按轻微到严重排序，而药物剂量分成几类。下面表格给出了一个更深奥领域中的例子。

威士忌的年数和等级的交叉分类

	等级		
年/成熟	1	2	3
7	4	2	0
5	2	2	2
1	0	0	4

Downton, Frank (1925–1984)/弗兰克·唐顿(1925–1984)

唐顿在伦敦帝国理工学院学习数学，在许多大学任教后于 1970 年成为伯明翰大学的统计学教授。在可靠性理论和排队论中作出了重要的贡献。1984 年 7 月 9 日去世。

Dragstedt-Behrens Estimator/Dragstedt-Behrens 估计量

在*生物法*（*bioassay*）中*半数有效剂量*（*median effective dose*）的估计量。参见：**Reed-Muench 估计量（Reed-Muench Estimator）**。【*Probit Analysis*, 3rd ed., 1971, D. J. Finney, Cambridge University Press, Cambridge.】

Draughtsman's Plot/绘图员图

变量的成对散点图的安排，用正方形网格表示多元数据集。这种安排在数据的最初检查中非常有用。矩阵的每个面板是一个变量关于另一个变量的散点图。矩阵的左上三角形包含所有成对散点图，矩阵的右下三角形可以通过视觉扫描行或列对一个变量与其他变量进行比较，其中变量的大小按水平方向或垂直方向排队。例子见图 56。【*Visualizing Data*, 1993, W. S. Cleveland, Hobart Press, Summit, New Jersey.】

Drift/漂移

指试验进行中检测结果的逐步改变。

Drift Parameter/漂移参数

参见：**布朗运动（Brownian Motion）**。

Dropout/丢失

从研究（通常指临床试验）中退出的病人，不管什么原因，如违规、副作用、搬家等。在许多情形中原因是未知的。一个调查丢失的病人的命运必须尽可能地确定，因为丢失机制蕴含着如何分析研究数据。参见：**自然减员（Attrition）**，**缺失值（Missing Values）**，**Diggle-Kenward 丢**

失模型(**Diggle-Kenward Model for Dropouts**)。【*Applied Statistics*, 1994, **43**, 49－94.】

Dual Scaling/对偶尺度

也称为对应分析(**Correspondence Analysis**)。

Dual System Estimates/双系统估计

基于人口普查和事后调查的估计,试图克服在尝试(但通常不可能)对每个人都计数时前者所产生的问题。

Dummy Variables/虚拟变量

根据多于两个分类的分类变量重新定义的一组二进制变量所得出的变量。例如,关于婚姻状况,如果结婚那么原始标识为1,单身标识为2,离婚、丧偶或分居标识为3,可以根据下面两个变量重新定义婚姻状况:

变量1:若单身则为1,其他为0;

变量2:若离婚、丧偶或分居则为1,其他为0。

对于结婚的人两个新变量都为0。一般地,k 个分类的分类变量可以重新定义为 $k-1$ 个虚拟变量。这种重新定义在将*多分类变量*(*polychotomous variables*)作为回归分析的解释变量之前使用,可以避免关于分类的原始数值定义的不合理假设,即对应于*间隔尺度*(*interval scale*)取值为1,2,…,k 的假设。【ARA Chapter 8.】

Duncan's Test/Duncan 检验

Newman-Keuls 多重比较检验(*Newman-Keuls multiple comparison test*)的修改。【SMR Chapter 9.】

Dunnett's Test/Dunnett 检验

单一对照中对每个治疗进行比较的*多重比较检验*(*multiple comparison test*)。【*Biostatistics*, 1993, L. D. Fisher and G. Van Belle, Wiley, New York.】

Dunn's Test/Dunn 检验

基于 *Bonferroni 校正*(*Bonferroni correction*)的*多重比较检验*(*multiple comparison test*)。【*Boistatistics*, 1993, L. D. Fisher and G. Van Belle, Wiley, New York.】

Duration Time/持续时间

在流行病结束之前所经历的时间。

Durbin-Watson Test/Durbin-Watson 检验

对线性回归或*多元回归*(*multiple regression*)中残差独立性的检验。检验统计量为:

$$D=\frac{\sum_{i=2}^{n}(r_i-r_{i-1})^2}{\sum_{i=1}^{n}r_i^2}$$

其中，$r_i = y_i - \hat{y}_i$，y_i 和$\hat{y}_i$分别是反应变量关于个体 i 的观测值和预测值。随着序列相关的增加，D 越来越小。对于不同的 q(解释变量的数目)和 n 的取值，可以查表得出上临界值 D_U 和下临界值 D_L。如果 D 的观测值属于上下临界值之间，那么检验没有结论。【TMS Chapter 3.】

Dynamic Graphics/动态图形

探索多元数据的计算机图形，可以对观察旋转以及从各个方向进行观察。某些特殊的观察集是突出的。通常用来发现结构或模式，例如集群的出现。参见：**牙刷散点图(Brushing Scatter Plots)**。【*Dynamic Graphics for Statistics*，1987，W. S. Cleveland and M. E. McGill，Wadsworth，Belmont，California.】

E

E/期望值

期望值(**Expected Value**)的缩写。

Early Detection Program/早期检测程序

也称为筛选研究(**Screening Studies**)。

EAST/EAST 软件包

分组序贯临床试验的设计和分析的计算机软件包。参见:**PEST 软件(PEST)**。【CYTEL Software Corporation, 675 Massachusetts Avenue, Cambridge, MA 02139, USA.】

Eberhardt's Statistic/Eberhardt 统计量

用来评估区域内大量的小项目是否在区域内完全随机分布的统计量 A。统计量基于 M 个随机选择的样本点到最近项目的 *Euclidean 距离*(*Euclidean distance*)X_j,定义为:

$$A = m\sum_{i=1}^{m} X_i^2 \Big/ \Big(\sum_{j=1}^{m} X_j\Big)^2$$

【*Biometrics*, 1967, **23**, 207 - 216.】

EBM/循证医学

循证医学(**Evidence-Based Medicine**)的缩写。

ECM Algorithm/ECM 算法

EM 算法(*EM algorithm*)的推广,根据迭代比,EM 算法收敛得更慢,但在计算机时间上更快。算法的主要思想是用一系列 $S>1$ 个条件或约束最大化或 CM -步来代替每次 EM 迭代的 M -步,在满足参数 θ 的约束的前面 E -步中将期望完整数据*对数似然函数*(*log-likelihood*)最大化,其中所有约束都是关于 θ 的整个参数空间最大化。因为 CM 最大化是在维数较小的空间上的,所以它们比相应称为 EM 算法中 M -步的完全最大化更简单、更快也更可靠。参见:**ECME 算法(ECME Algorithm)**。【*Statistics in Medicine*, 1995, **14**, 747 -768.】

ECME Algorithm/ECME 算法

期望/条件最大化算法（*expectation/conditional maximization either algorithm*）是 ECM 算法的推广，对 ECM 中约束期望完整数据对数似然函数最大化的 CM-步用相应的约束真实似然函数最大化步替代。通过使用迭代次数或实际计算时间发现 ECME 算法比 EM 算法或 ECM 算法收敛速度快得多。这种改进有两方面原因：第一，在 ECME 算法的某些步中真实似然函数是条件最大化，不像在 EM 和 ECM 中只是近似；第二，ECME 是快速收敛的数值方法，只用到最有效的约束最大化。【*Biometrika*, 1997, **84**, 269-281.】

Ecological Fallacy/生态谬误

分析空间聚集数据，以及假设结论是用于个人层面上的关系时使用的术语。在大多数情形中，基于区域水平均值的分析得出的结论与单位水平数据分析得出的结论有很大的不同。文学中一个例子，根据个人水平数据计算出的文盲和外国出生的人之间的相关系数为 0.11，而根据州水平计算出的文盲百分比与外国出生百分比之间的相关系数为 −0.53。【*Statistics in Medicine*, 1992, **11**, 1209-1224.】

Ecological Statistics/生态统计

研究自然群落动态和它们与环境变量的关系的方法。

EDA/探索性数据分析

探索性数据分析（**Exploratory Data Analysis**）的缩写。

ED50/半数有效剂量

半数有效剂量（**Median Effective Dose**）的缩写。

Edgeworth, Francis Ysidro (1845-1926)/弗朗西斯·雅西卓·埃奇沃思(1845-1926)

埃奇沃思出生于爱尔兰朗德福，1862 年进入都柏林的三一学院学习，1867 年到牛津大学学习，获得古典文学方面一等学位。1877 年被称为大律师(Bar)。埃奇沃思离开牛津以后一直研究法律，并开始了自学数学的计划，1880 年获得伦敦国王学院逻辑学讲师职位，后来成为政治经济学图克教授(Tooke Professor)。1891 年，他被推荐为牛津大学政治经济学德拉蒙德教授(Drummond Professor)和万灵学院教授，他的余生都留在了那里。从 1883 年开始，埃奇沃思发表了一系列关于概率论和统计学的文章，他试图将误差理论的统计方法用于社会学特别是经济科学中不确定性的量化。1885 年，他阅读了剑桥哲学学会的一篇文章，将其中的例子加以了推广，阐述和解释了关于均值比较的显著性检验。1926 年 2 月 13 日于伦敦去世。

Edgeworth's Form of the Type A Series/A 型级数的 Edgeworth 形式

根据 *Chebyshev-Hermite 多项式*（*Chebyshev-Hermite polynomials*）H_r 表示的概率分布 $f(x)$ 的表达式，定义为：

$$f(x)=\alpha(x)\left\{1+\frac{\kappa_3}{6}H_3+\frac{\kappa_4}{24}H_4+\frac{\kappa_5}{120}H_5+\frac{\kappa_6+10\kappa_3^2}{720}H_6\right\}$$

其中，κ_i 是 $f(x)$ 的*累积量*(*cumulant*)，且

$$\alpha(x)=\frac{1}{\sqrt{2\pi}}e^{-\frac{1}{2}x^2}$$

本质上它等价于 A 型 *Gram-Charlier 数列*（*Gram-Charlier Type A series*）。【KA1 Chapter 6.】

Effect/效应

通常指由于一个或多个解释变量或因子变量的变化引起的反应变量的变化。

Effective Sample Size/有效样本容量

从原始样本中丢失、死亡和其他特定的排除后的样本容量。

Efficiency/效率

对相同参数的不同估计法进行比较的文本中使用的术语；最小方差估计被认为是最有效的。当对试验设计进行比较时也会采用，一个设计比另一个设计更有效，如果它采用更少的资源能达到相同的精度。【KA2 Chapter 17.】

EGRET/流行病学、图形、估计和测试程序

流行病学、图形、估计和测试程序(Epidemiological，Graphics，Estimation and Testing program)的缩写，用于在流行病学研究中的数据分析。也用于 *logistic 回归*（*logistic regression*），模型可以包含将*过度离散*（*overdispersion*）模型化的*随机效应*（*random effects*），也可以拟合 *β二项式分布*（*beta-binomial distribution*）。【Statistics & Epidemiology Research Corporation，909 Northeast 43rd Street，Suite 310，Seattle，Washington 98105，USA.】

Ehrenberg's Equation/Ehrenberg 方程

5～13 岁儿童身高和体重关系的方程，定义为：

$$\log\overline{w}=0.8\bar{h}+0.4$$

其中，$\overline{w}$ 是平均体重（单位：千克），$\bar{h}$ 是平均身高（单位：米）。这种关系在英国、加拿大和法国适用。

Eigenvalues/特征值

q 阶多项式

$$|A-\lambda I|$$

的根 $\lambda_1,\lambda_2,\cdots,\lambda_q$。其中，$A$ 是 $q\times q$ 方阵，I 是 q 阶单位矩阵。对应于每个根存在一个非零向量 z_i 满足

$$Az_i=\lambda_i z_i$$

z_i 称为 A 的*特征向量*(*eigenvector*)。在如*主成分分析*（*principal components analysis*）、*因子*

分析(*factor analysis*)这些多元数据分析中经常会出现特征值和特征向量。在这些方法中，特征值给出了变量线性函数的方差，特征向量的元素定义了具有特定性质的变量的线性函数。【MV1 Chapter 3.】

Eigenvector/特征向量

参见：特征值(**Eigenvalue**)。

Eisenhart, Churchill (1913-1994)/丘吉尔・艾森哈特(1931-1994)

艾森哈特出生于纽约州罗切斯特，1934 年获得数学物理 A. B. 学位，1935 年获得数学 A. M. 学位。1937 年在伦敦大学学院获得博士学位，师从皮尔逊、奈曼和费希尔。1946 年艾森哈特加入美国国家标准局，开展了在物理科学的实验工作中引进现代统计方法的开创性工作。1971 年担任美国统计学会主席。1994 年 6 月 25 日于马里兰州贝塞斯达去世。

Electronic Mail/电子邮箱

用户之间传递消息的计算机系统；为了用户检索方便，通常将消息进行中央存储。

Elfving, Erik Gustav (1908-1984)/埃里克・古斯塔夫・爱夫芬(1908-1984)

爱夫芬出生于赫尔辛基，在大学里学习数学、物理和天文学，但在完成博士论文后他的兴趣转移到了概率论上。1948 年他被任命为赫尔辛基大学的数学教授，在此工作直到 1975 年退休。爱夫芬的研究涉及包括 *Markov 链*(*Markov chains*)和*无分布方法*(*distribution free methods*)的理论统计学的许多领域。在他退休之后，他撰写了关于 1828～1918 年芬兰数学史的专著，这段时期是在俄罗斯统治下芬兰的自治时期。1984 年 3 月 25 日于赫尔辛基去世。

Elliptically Symmetric Distribution/椭圆对称分布

一种多元概率分布，形式为：

$$f(x)=|\Sigma|^{-\frac{1}{2}}g[(x-\mu)'\Sigma^{-1}(x-\mu)]$$

随着函数 g 的变化，分布的尾部比正态分布更长或更短。【MV1 Chapter 2.】

Email/电子邮箱

电子邮箱(**Electronic Mail**)的缩写。

EM Algorithm/EM 算法

生成一系列(在某些相对温和的正则条件下)收敛于*极大似然估计量*(*maximum likelihood estimator*)的参数估计的方法。算法包含两步，称为 E-步或期望步，以及 M-步或最大化步。在前者中，得出条件依赖于观察数据和参数目前的估计的对数似然的期望值。在 M-步中，将这个函数最大化，得出使得似然变大更新的参数估计。两步交替使用直到收敛为止。在一些情形中算法的收敛非常慢。参见：有限混合分布(**Finite Mixture Distributions**)，插补法(**Imputation**)，ECM 算法(**ECM Algorithm**)，ECME 算法(**ECME Algorithm**)。

【KA2 Chapter 18.】

Empirical/实证

基于观察或实验而不是由基本定律或理论得到的推断。

Empirical Bayes Method/实证 Bayes 方法

在 *Bayesian推断*(*Bayesian inference*)中使用的*先验分布*(*prior distribution*)由实证事件决定,相同的数据用于*后验分布*(*posterior distribution*)最大化。【*Empirical Bayes' Methods*, 1970, J. S. Martiz, Chapman and Hall/CRC Press, London.】

E

Empirical Distribution Function/实证分布函数

无需假设任何基本的代数形式,由样本数据直接估计的概率分布函数。

Empirical Variogram/实证变差

参见:变差(**Variogram**)。

End-Aversion Bias/最终厌恶偏倚

指某些人的不愿意而使用极端的规模类别。参见:**默认偏倚**(**Acquiescence Bias**)。

Endogenous Variable/内生变量

最初在计量经济学中使用,用来描述系统固有部分的变量。在大多数方面,这种变量等价于其他领域中的反应变量或因变量。参见:**外生变量**(**Exogeneous Variable**)。

Endpoint/终点

定义为关于医学调查中个人的结果或事件。例如,病人死亡。

Entropy/熵

根据某个系统所接受的信息量或输出量的度量,常用单位为*比特*(*bits*)。【MV1 Chapter 4.】

Entropy Measure/熵测度

分类随机变量 Y 的分散性的度量 H,假定取值为整数 j 的概率为 p_j,$1 \leq j \leq s$,熵测度定义为:

$$H = -\sum_{j=1}^{s} p_j \log p_j$$

参见:**集中度度量**(**Concentration Measure**)。【MV1 Chapter 4.】

Enviromental Statistics/环境统计

确定生活质量是如何受到环境影响的方法,特别是如空气和水污染、固体废物、有害物质、食品和药物这些因子的影响。

E-Optimal Design/E-最优设计

参见:最优化准则(**Criteria of Optimality**)。

Epanechnikov Kernel/Epanechnikov 核

参见:核密度估计(**Kernel Density Estimation**)。

Epidemic/流行病

在社区或地区疾病的快速发展、传播或生长。统计思想对这种现象的理解作出了重大贡献。最近的一个例子是关于*获得性免疫缺陷综合症*(*Acquired Immunodeficiency Syndrome*,*AIDS*),其中采用统计方法来估计受感染的人数、疾病的潜伏期、疾病的病因以及监测和预报疾病过程。图 59 给出了一个例子,表明基于 AIDS 发病率数据的卷积表示美国风险人群中每年新感染 HIV 的人数。【*Methods in Observational Epidemiology*, 1986, J. L. Kelsey, W. D. Thompson and A. S. Evans, Oxford University Press, New York.】

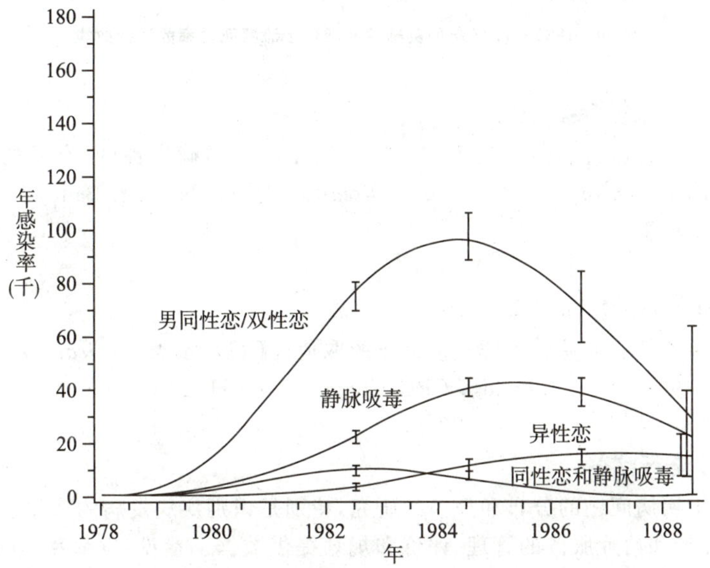

图 59 由美国风险人群中每年新感染 HIV 人数所解释的流行病

Epidemic Chain/流行链

参见:感染链(**Chains of Infection**)。

Epidemic Curve/流行曲线

关于疾病病例数与时间的图形。大且突然地上升对应着流行病。图例见图 60。【*Methods in Observational Epidemiology*, 1986, J. L. Kelsey, W. D. Thompson and A. S. Evans, Oxford University Press, New York.】

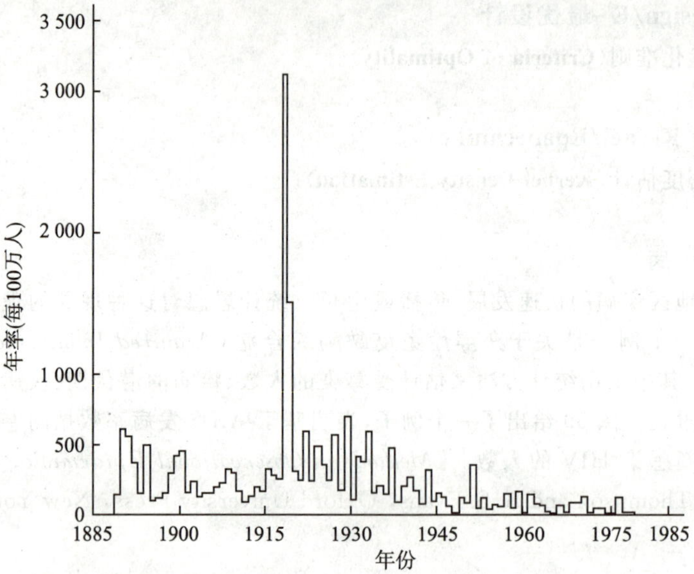

图 60 1885～1985 年间英格兰和威尔士流感死亡率的流行曲线

Epidemic Model/流行病模型

人群中关于一种流行病传播的模型。这种模型可以是确定性的、空间的或随机性的。【*The Mathematical Theory of Infectious Diseases*, 1975, N. T. J. Bailey, CRC/Chapman and Hall, London.】

Epidemic Threshold/流行阈值

人群中一种流行病的易感人群规模上方的取值。【*The Mathematical Theory of Infectious Diseases*, 1975, N. T. J. Bailey, CRC/Chapman and Hall, London.】

Epidemiology/流行病学

关于人群中疾病问题的分布和规模的研究，特别是识别疾病发病的病原学因子，以及为疾病的预防、控制和治疗服务的管理、评价和规划提供数据。参见：发病率（**Incidence**），流行（**Prevalence**），前瞻性研究（**Prospective Study**），回顾性研究（**Retrospective Study**）。【*An Introduction to Epidemiology*, 1983, M. Alderson, Macmillan, London.】

EPILOG PLUS/EPILOG PLUS 软件

关于*流行病学*（*epidemiology*）和*临床试验*（*clinical trials*）的软件。【Epicenter Software, PO Box 90073, Pasadena, CA 91109, USA.】

EPITOME/EPITOME 软件包

由美国国家癌症研究所开发的流行病数据分析软件包。

Epstein Test/Epstein 检验

评价生存时间数据是否取自固定失效率的指数分布的检验，备选假设为失效率递增。

【NSM Chapter 11.】

EQS/EQS 软件包

拟合结构方程模型(*fitting structural equation models*)的软件包。参见:**LISREL 程序(LISREL)**。【Statistical Solutions Ltd, 8 South Street, Crosse's Green, Cork, Ireland.】

Ergodicity/遍历性

许多时间独立过程如 *Markov 链*(*Markov chains*)的一个性质,指系统状态的最终分布与初始状态独立。【*Stochastic Modelling of Scientific Data*, 1995, P. Guttorp, Chapman and Hall/CRC Press, London.】

Erlangian Distribution/Erlangian 分布

具有整数参数值的 *Γ 分布*(*gamma distribution*)。它来自于 *Poisson 过程*(*Poisson process*)中第 ν 个事件的时间。【STD Chapter 11.】

Error Distribution/误差分布

概率分布 $f(x)$ 为:

$$f(x)=\frac{\exp[-|x-\alpha|^{2/\gamma}/2\beta]}{\beta^{\frac{1}{2}}2^{\gamma/2+1}\Gamma(1+\gamma/2)},\quad -\infty<x<\infty,\beta>0,\gamma>0,-\infty<\alpha<\infty$$

α *是位置参数*(*location parameter*),β *是尺度参数*(*scale parameter*),γ *是形状参数*(*shape parameter*)。分布的均值、方差、*偏斜度*(*skewness*)和*峰度*(*kurtosis*)如下:

$$均值=\alpha$$

$$方差=\frac{2^{\gamma}\beta^{2}\Gamma(3\gamma/2)}{\Gamma(\gamma/2)}$$

$$偏度=0$$

$$峰度=\frac{\Gamma(5\gamma/2)\Gamma(\gamma/2)}{[\Gamma(3\gamma/2)]^2}$$

分布是对称的,当 $\gamma>1$ 时是*尖峰*(*leptokurtic*),当 $\gamma<1$ 时是*板状峰*(*platy-kurtic*)。当 $\alpha=0$,$\beta=\gamma=1$ 时分布对应着标准正态分布。【STD Chapter 12.】

Error Mean Square/误差均方

参见:**均方(Mean Square)**。

Error Rate/错误率

由*判别分析*(*discriminant analysis*)得出的*分类规则*(*classification rule*)所错误分类的对象的比例。【MV2 Chapter 9.】

Error Rate Estimation/错误率估计

判别分析(*discriminant analysis*)中分类错误率的估计。对于两个组的情形有很多方

法，但多个组的情形很难解决。最简单的是*再替代方法*（*resubstitution method*），其中的*训练数据*（*training data*）采用估计的分类规则进行分类，错误分类的比例作为分类错误率的估计。众所周知，这种方法具有很大的偏差，但它的优点是处理多组问题时无需修改。另一种方法是*留一估计量*（*leave one out estimator*），将每个观察轮流从数据中省略，对留下的数据反复计算分类规则。这样错误分类比例的偏差将比再替代方法要小。这种方法也可以不修改就用于多组问题，但方差较大。参见：**b632 方法**（**b632 Method**）。【MV2 Chapter 9.】

E

Errors-in-Variable Problem/变量中误差问题

参见：**回归稀释**（**Regression Dilution**），**衰减**（**Attenuation**）。

Errors of Classification/分类错误

回顾性研究（*retrospective studies*）的文本中使用的术语，其中对照的比例是指在疾病的早期阶段且被确诊的病例。另外在疾病组中可以包含误诊病例。两种错误都会低估*相对危险度*（*relative risk*）。

Errors of the Third Kind/第三种错误

给出错误问题的正确回答。[不要与*第三类错误*（*Type III error*）混淆。]

Estimate/估计

参见：**估计**（**Estimation**）。

Estimating Function/估计函数

数据和参数的函数，当观察的完全分布未知时用来对参数做某些推断。这个方法比基于*似然函数*（*likelihood*）的方法要好，因为它只要求对变量的矩的某些设定，而不需要整个概率分布。最常见的例子是*拟得分估计函数*（*quasi-score estimating function*），即：

$$h(y,\theta)=\frac{\partial\mu'}{\partial\theta}V_{\mu}^{-1}(y_{\mu})$$

其中，μ 是反应均值的 $n\times1$ 向量，θ 是解释变量对 μ 的 $q\times1$ *回归系数*（*regression coefficient*）向量，V_{μ} 是反应变量的 $n\times n$ *方差—协方差矩阵*（*variance-covariance matrix*）。参见：**拟似然**（**Quasi-Likelihood**），**广义估计方程组**（**Generalized Estimating Equations**）。

Estimation/估计

基于样本所收集的信息给出总体参数的数值的过程。如果计算的是未知参数的一个取值，那么称为*点估计*（*point estimation*）。如果计算的是包含参数的一个区间，那么称为*区间估计*（*interval estimation*）。参见：**最小二乘估计**（**Least Squares Estimation**），**极大似然估计**（**Maximum Likelihood Estimation**），**置信区间**（**Confidence Interval**）。【KA1 Chapter 9.】

Estimator/估计量

给出参数估计的统计量。例如，样本均值是总体均值的无偏估计量。

Etiological Fraction/病因分数

也称为归因危险度(**Attributable Risk**)。

Euclidean Distance/Euclidean 距离,欧氏距离

对于多元数据集中两个观察 $x'=[x_1,x_2,\cdots,x_q]$和 $y'=[y_1,y_2,\cdots,y_q]$,*距离度量*(*distance measure*)定义为:

$$d_{xy}=\sqrt{\sum_{i=1}^{q}(x_i-y_i)^2}$$

参见:**Minkowski 距离(Minkowski Distance)**,**城市街区距离(City Block Distance)**。【MV1 Chapter 3.】

E

EU Model/EU 模型

调查*体外受精*(*in vitro fertilization*, *IVF*)成功率的模型,用下面两个参数定义:

$e=$可行的胚胎的概率

$u=$接受子宫的概率

假设可行胚胎和接受子宫这两个事件是独立的,那么 i 个移植胚胎 j 次植入的概率为:

$$P(j\mid i,u,e)=\binom{i}{j}ue^{j}(1-e)^{i-j},\ \text{对于}\ j=1,2,\cdots,i$$

i 个移植胚胎至少一次植入的概率为:

$$P(j>0\mid i,u,e)=u\,[1-(1-e)^{i}]$$

没有植入的概率为:

$$P(j=0\mid i,u,e)=1-u\,[1-(1-e)^{i}]$$

参数 u 和 e 可以根据 i 个移植胚胎 j 次植入的 IVF 次数的观察采用*极大似然估计法*(*maximum likelihood estimation*)进行估计。参见:**Barrett-Marshall 受孕模型(Barrett and Marshall Model for Conception)**。

Evaluable Patients/评估患者

临床试验中的患者,调查者认为它们符合一定的条件,因此留作分析。在最终分析中不包含不符合所要求条件的患者。

Event History Data/事件历史数据

关于个体集的观察,每次只是在少量状态间移动。主要关注的是不同状态间移动所花费的时间,由于某些形式的删失通常不能完整观察。最简单的这种数据是关于生存时间的。【*Statistics in Medicine*, 1988, **7**, 819-842.】

Evidence-Based Medicine (EBM)/循证医学

它的主要倡导者描述为:"认真、明确和明智地使用当前最佳证据来对个体病人的护理

作出决定，以及将个人临床经验和从系统研究中得到的最佳外部临床证据相结合。"【*Evidence Based Medicine*, 1996, **1**, 98-99.】

Excel/Excel 软件

最初是为财务分析中处理数字表格的一种电子表格软件，现在逐渐发展为处理所有信息种类的更复杂的软件包。在管理和诠释数据方面有很好的特性。【http://www.Microsoft.com】

E

Excess Hazard Models/超额风险模型

关于超额死亡率的模型，减去从*生命表*（*life tables*）中计算的期望死亡率余下的死亡率。【*Biometrics*, 1989, **45**, 523-535.】

Excess Risk/超额风险

暴露于某种风险因子下总体风险与没有暴露的其他的相同总体的风险之差。参见：归因危险度（**Attributable Risk**）。

Exchangeability/可交换性

由布鲁诺·德费奈蒂在介绍个*人概率*（*personal probability*）时引入的术语，用来描述看成随机变量的某些量在概率设定方面几乎是相同的这种特殊含义。正式地，它描述了一组随机变量 $X_1, X_2, \cdots$ 所具有的一个性质，对所有 $n \geq 1$，以及对 n 个下标的所有置换，X_{j_1}，$X_{j_2}, \cdots, X_{j_n}$ 的联合分布是相同的。主要集中在 *Bayesian推断*（*Bayesian inference*）和*随机化检验*（*randomization tests*）中讨论。【KA1 Chapter 12.】

Exhaustive/完备的

关于满足 $\bigcup_{i=1}^{k} B_i = \Omega$ 的事件 $B_1, B_2, \cdots, B_k$ 的术语，其中，Ω 为*样本空间*（*sample space*）。

Exogeneous Variable/外生变量

最初用于经济计量学中，描述从外部侵犯系统的那些变量，等价于常见的解释变量。参见：内生变量（**Endogenous Variable**）。【MV2 Chapter 11.】

Expectation Surface/期望表面

参见：曲率度量（**Curvature Measures**）。

Expected Frequencies/期望频率

在*列联表*（*contingency tables*）的分析中经常遇到的术语。这种频率是在某些假设下所期望的数值的估计。例如，在二维表中，在独立性的假设下数值为相应行汇总和列汇总的乘积除以总观察数。【*The Analysis of Contingency Tables*, 2nd edition, 1992, B. S. Everitt, Chapman and Hall/CRC Press, London.】

Expected Value/期望值

随机变量 X 的均值，记为 $E(X)$。如果变量是概率为 $\Pr(X=x)$ 的离散型随机变量，那么 $E(X)=\sum_{x} x\Pr(X=x)$ 。如果变量是连续的，那么求和用积分代替。类似可以定义随机变量的函数 $f(x)$ 的期望值，即：

$$E(f(x))=\int_{u} f(u)g(u)du$$

其中，$g(x)$ 是 x 的概率分布。【KA1 Chapter 2.】

E

Experimental Design/实验设计

在实验研究中使用的分配和程序。好设计的一般原则是简单、避免偏差、形成治疗组采用随机分配、可复制以及合适的样本容量。

Experimental Study/实验研究

在调查中研究人员可以故意影响事件，并调查干预的影响。*临床试验*（*clinical trials*）和许多动物研究都属于这个范围。

Experimentwise Error Rate/每次实验误差率

同每次实验误差率（**Per-Experiment Error Rate**）。

Expert System/专家系统

模仿专家顾问的计算机程序。这种系统可以处理医疗决策的复杂问题，这是由于它们可以处理符号而不只是数值信息，利用判断或启发性的知识对诊断问题提供可理解的解决方案。著名的例子包括斯坦福大学开发的 *MYCIN* 系统、麻省理工学院开发的 *ABEL* 系统。参见：**计算机辅助诊断（Computer-Aided Diagnosis）**，**统计专家系统（Statistical Expert System）**。【*Statistics in Medicine*，1985，**4**，311－316.】

Explanatory Analysis/解释性分析

有时用于*临床试验*（*clinical trial*）中数据分析，治疗 A 和 B 的比较，假定在试验中病人一直采用分配给他们的治疗。相反，试验的*务实性分析*（*pragmatic analysis*）需要先询问开始治疗 A（如果可能但愿意更灵活地继续采用这个疗法的意图）还是先开始治疗 B（相同意图）。采用解释性分析的目的是获取真正的效果或治疗的信息，务实性分析的目的是在考虑管理治疗的成本以后对治疗策略作出决策（例如由于副作用而退出）。参见：**意向治疗分析（Intention-to-Treat Analysis）**。【*Statistics in Medicine*，1988，**7**，1179－1186.】

Explanatory Trials/解释性试验

设计用来解释治疗是如何进行的*临床试验*（*clinical trials*）。【*Statistics in Medicine*，1988，**7**，1179－1186.】

Explanatory Variables/解释变量

出现在所定义的方程[如*多元回归*(*multiple regression*)或 *logistic 回归*(*logistic regression*)]右边的变量,用来预测或“解释”反应变量。俗称自变量,由于它们很少相互独立,所以不采用这种称呼。【ARA Chapter 1.】

Exploratory Data Analysis/探索性数据分析

数据分析的一种方法,采用非正式的图形方法,不是基于数据结构或数据的正式模型的先验假设。概括地说,这种方法假设数据具有下列结构:

$$\text{数据}=\text{光滑}+\text{粗糙}$$

其中,“光滑”是指数据的基本规律或模式。探索性方法的目的是尽量少地使用数学或统计方法从“粗糙”中分离出光滑。参见:**初始数据分析**(**Initial Data Analysis**)。【SMR Chapter 6.】

Exploratory Factor Analysis/探索性因子分析

参见:因子分析(**Factor Analysis**)。

Exponential Autoregressive Model/指数自回归模型

“参数”为 X_{t-1} 的指数函数的*自回归模型*(*autoregressive model*),即:

$$X_t+(\phi_1+\pi_1 e^{-\gamma X_{t-1}^2})X_{t-1}+\cdots+(\phi_k+\pi_k e^{-\gamma X_{t-1}^2})X_{t-k}=\varepsilon_t$$

【*Applications of Time Series Analysis in Astronomy and Meteorology*, 1997, edited by T. Subba Rao, M. B. Priestley and O. Lissi, Chapman and Hall/CRC Press, London.】

Exponential Distribution/指数分布

概率分布 $f(x)$ 为:

$$f(x)=\lambda e^{-\lambda x},\quad \lambda>0$$

分布的均值、方差、*偏斜度*(*skewness*)和*峰度*(*kurtosis*)如下:

$$\text{均值}=1/\lambda$$
$$\text{方差}=1/\lambda^2$$
$$\text{偏斜度}=2$$
$$\text{峰度}=9$$

它是独立连续随机事件[即服从 *Poisson 过程*(*Poisson process*)]之间间隔的分布。【STD Chapter 13.】

Exponential Family/指数族

一族概率分布,形式如下:

$$f(x)=\exp\{a(\theta)b(x)+c(\theta)+d(x)\}$$

其中，θ 为参数，a,b,c,d 为已知函数。包括正态分布、Γ*分布*(*gamma distribution*)、*二项式分布*(*binomial distribution*)和 *Poisson分布*(*Poisson distribution*)都是它的特例。例如，二项式分布可以表示为：

$$\binom{n}{x}p^x(1-p)^{n-x}=\binom{n}{x}\exp\left\{xln\frac{p}{1-p}+n\ln(1-p)\right\}$$

【STD Chapter 14.】

Exponentially Weighted Moving Average Control Chart/指数加权移动平均控制图

基于统计量

$$Z_i=\lambda Y_i+(1-\lambda)Z_{i-1}, \quad 0<\lambda\leq 1$$

以及上、下控制限的另一种形式的*累计和*(*cusum*)。初始值 Z_0 通常取目标值。连续记录观察 Y_i 可以是过程中个别观察值，尽管它们经常是从设计的样本计划中得到的样本平均。一旦 Z_i 的取值在控制限的范围之外，认为过程是失控的且应该采取行动。这种图例见图 61。【*Journal of Quality Technology*, 1997, **29**, 41-48.】

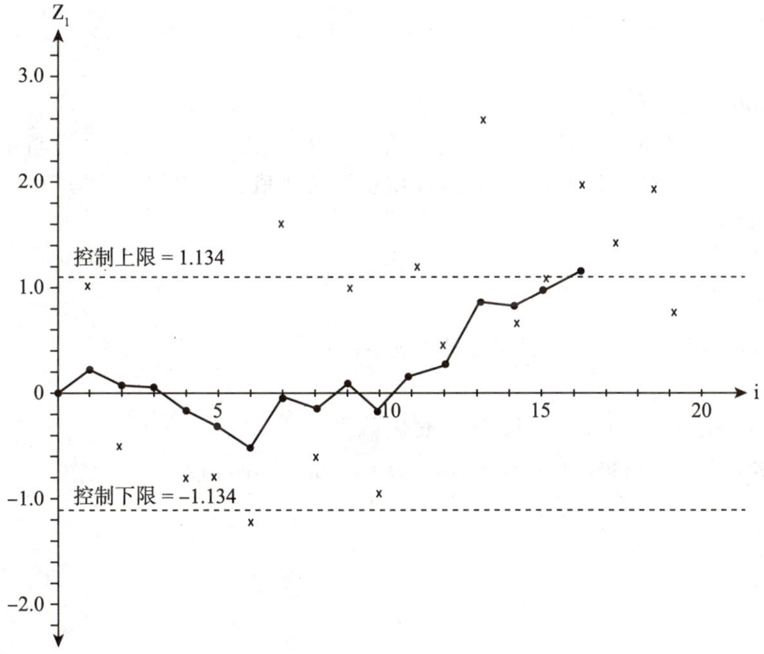

图 61　指数加权移动平均控制图的例子

Exponential Order Statistics Model/指数顺序统计模型

估计封闭总体的规模时产生的模型，其中总体中个体只有在固定长度 $T>0$ 的观察期中可以识别，假设检测时间服从未知参数 λ 的*指数分布*(*exponential distribution*)。【*Journal of the American Statistical Association*, 2000, **95**, 1220-1228.】

Exponential Power Distribution/指数幂分布

参见:误差分布(**Error Distribution**)。

Exponential Trend/指数趋势

时间序列中表示为方程形式 $y=ab^x$ 的*趋势*(*trend*)。

Exposure Effect/暴露效应

关于结果测量暴露的影响的度量。通过将暴露总体中的结果与未暴露或不同暴露水平的总体中的结果对比得出估计。参见:归因危险度(**Attributable Risk**),超额风险(**Excess Risk**)。

E

Exposure Factor/暴露因子

也称为风险因子(**Risk Factor**)。

Extra Binomial Variation/额外二项式变异

过度分散(*overdispersion*)的一种形式。【*Modelling Binary Data*, 1991, D. Collett, Chapman and Hall/CRC Press, London.】

Extrapolation/外推法

根据那些取值属于数据范围之外的数据集估计的方法。例如,在回归分析中,对于在得出方程的解释变量取值之外的新观测值,反应变量的取值可以根据拟合方程估计。通常是一个危险的方法。

Extremal Quotient/极值商

对于非负观察,样本中最大观察与最小观察的比。

Extreme Standardized Deviate/极端标准化偏离

参见:多异常点检测程序(**Many-Outlier Detection Procedures**)。

Extreme Value Distribution/极值分布

最大极值的概率分布 $f(x)$ 为:

$$f(x)=\frac{1}{\beta}\exp[-(x-\alpha)/\beta]\exp\{-\exp[-(x-\alpha)/\beta]\},\quad -\infty<x<\infty,\beta>0$$

位置参数(*location parameter*)α 是众数,β 是*尺度参数*(*scale parameter*)。分布的均值、方差、*偏斜度*(*skewness*)和*峰度*(*kurtosis*)如下:

$$均值=\alpha-\beta\Gamma'(1)$$

$$方差=\beta^2\pi^2/6$$

$$偏斜度=1.139\ 547$$

$$峰度=5.4$$

其中，$\Gamma'(1)=-0.57721$ 是 Γ 函数（*gamma function*）$\Gamma(n)$ 在 $n=1$ 处的一阶导数。当 n 趋向于无穷大时，这是 n 个相互独立的相同连续分布的随机变量的极值分布。参见：二元 **Gumbel 分布（Bivariate Gumbel Distribution）**。【STD Chapter 15.】

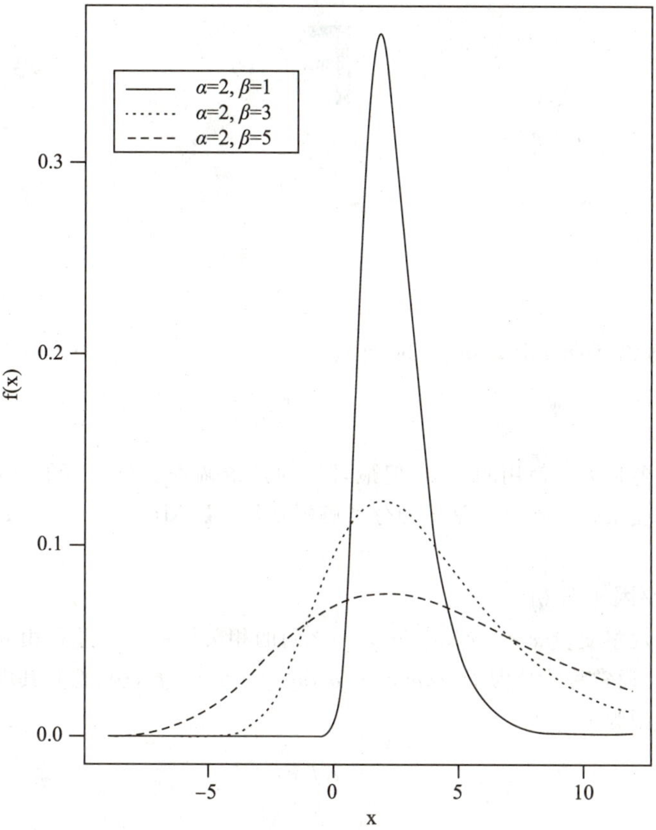

图 62　$\alpha=2,\beta=1,3,5$ 的极值分布

Extreme Values/极值

在观察样本中最大和最小变量值。【KA1 Chapter 14.】

Eyeball Test/眼球测试

根据数据出现的特定区域的经验进行简单的检查和心算的非正式数据评估。

F

Facets/面

参见：概化理论(**Generalizability Theory**)。

Factor/因子

统计学中以各种方式使用的术语，但最常见的是指调查变异的可能来源的实验中具有少量水平的分类变量。基本上只是一种分类解释变量。【SMR Chapter 5.】

Factor Analysis/因子分析

假设一组可观察变量 $x'=[x_1, x_2, \cdots, x_q]$ 之间的相关性或协方差是由几个基本的、不可观察的潜在变量[通常称为*公因子*(*common factor*) $f'=[f_1, f_2, \cdots, f_k]$，其中 $k<q$]之间的关系所产生的。模型为：

$$x=\Lambda f+e$$

其中：

$$\Lambda=\begin{pmatrix}\lambda_{11} & \lambda_{12} & \cdots & \lambda_{1k}\\ \lambda_{21} & \lambda_{22} & \cdots & \lambda_{2k}\\ \vdots & \vdots & \vdots & \vdots\\ \lambda_{q1} & \lambda_{q2} & \cdots & \lambda_{qk}\end{pmatrix}$$

为可观察变量关于公因子的回归系数[本辞典中称为*因子载荷*(*factor loadings*)]。矩阵 Λ 称为*载荷矩阵*(*loading matrix*)。向量 e 中的元素称为*特定变量*(*specific variates*)。假设公因子是不相关且为标准化形式，并与特定变量不相关，那么根据模型可以得出可观察变量的方差—协方差矩阵 Σ 为：

$$\Sigma=\Lambda\Lambda'+\Psi$$

其中，Ψ 是由特定变量的方差组成的对角矩阵。有很多方法可以用来估计模型中的参数，即 Λ 和 Ψ 的元素，如*主因子分析*(*principal factor analysis*)、*极大似然估计*(*maximum likelihood estimation*)。在初始估计后，通常需要简化由称为*因子旋转*(*factor rotation*)的过程来解释所得到的因子这个困难的任务。一般来说，目标是得到一个具有称为*简单结构*(*simple structure*)的解，即每个公因子只影响几个可观察变量。尽管至少在最初的阶段模型是良好定义的，但模型基本上仍是探索性的，这种*探索性因子分析*（*exploratory factor analysis*）必须与*验证性因子分析*（*confirmatory factor analysis*）区别开，验证性因子分析中需要检验具有零荷载约束的某些变量的预先确定的一组公因子是否与可观察变量的相关性一致。参见：**结构方程模型（Structural Equation Models）**，**主成分分析（Principle Components Analysis）**。【MV2 Chapter 12.】

Factorial Designs/析因设计

一次调查讨论两个或多个方程的设计。最简单的析因设计是：两种治疗或干预中每一个都是出现或缺席，所以对象被分成 4 组：不接受治疗的；只接受第一种治疗的；只接受第二种治疗的；两种治疗都接受的。这种设计可以调查因子之间可能的相互作用。一种重要的析因分析的情形是 k 个因子中每个因子只有两个水平；这称为 2^k *析因设计*（2^k *factorial designs*）。在*响应曲面法*（*response surface methodology*）的工业应用中特别重要。2^k 设计的一个简单复制有时也称为*未复制的析因设计*（*unreplicated factorial*）。【SMR Chapter 5.】

Factorial Moment Generating Function/阶乘矩母函数

变量 t 的函数，当函数展开为 t 的幂级数时，相应幂的系数是*阶乘矩*（*factorial moments*）。如果 $P(t)$ 是离散随机变量的*概率母函数*（*probability generating function*），那么阶乘矩母函数为 $P(1+t)$。【KA1 Chapter 3.】

Factorial Moments/阶乘矩

矩的一种类型，主要是关于离散型随机变量，偶尔也关于由区间分组的连续型随机变量。对于取值为 0,1,2,…,∞的离散型随机变量 X，关于原点的第 j 次阶乘矩 $\mu'_{[j]}$ 定义为：

$$\mu'_{[j]}=\sum_{r=0}^{\infty} r(r-1)\cdots(r-j+1)\Pr(X=r)$$

直接展开可以看到：

$$\mu'_{[1]}=\mu'_1$$
$$\mu'_{[2]}=\mu'_2+\mu'_1$$
$$\mu'_{[3]}=\mu'_3-3\mu'_2+2\mu'_1$$

【KA1 Chapter 3.】

Factorization Theorem/因子分解定理

关于似然函数的结构与充分统计量之间关系的定理。统计量 S 关于参数 θ 是充分的充分必要条件是似然函数 $l(\theta;y)$ 可以表示为：

$$l(\theta;y)=m_1(S,\theta)m_2(y)$$

例如，如果 $Y_1,Y_2,\cdots,Y_n$ 是相互独立的服从均值为 μ 的 *Poisson 分布*（*Poisson distribution*）的随机变量，那么似然函数为：

$$l(\mu;y_1,y_2,\cdots,y_n)=\prod_{j=1}^{n}\frac{e^{-\mu}\mu^{y_j}}{y_j!}$$

它可以分解为：

$$l = e^{-n\mu}\mu^{\sum y_i}\left(\prod \frac{1}{y_j!}\right)$$

因此，$S = \sum y_j$ 是关于 μ 的充分统计量。【KA2 Chapter 18.】

Factor Loading/因子荷载

参见：因子分析(**Factor Analysis**)。

Factor Rotation/因子旋转

F

通常为*因子分析*(*factor analysis*)的最后阶段，将最初得到的因子进行变换，这样可以更简单地解释。一般这个过程的目的是更清晰地定义公因子，通过增加大因子荷载的规模，减少那些小因子荷载的规模。通常将*双极因子*(*bipolar factor*)分成两个分开的部分，一个对应那些正荷载的变量，另一个对应那些负荷载的变量。旋转因子使得它们正交，也可以相关或倾斜的，如果这有助于简化最终的解决方案。参见：最大旋转(**Varimax Rotation**)。【MV2 Chapter 12.】

Factor Scores/因子得分

因为*因子分析*(*factor analysis*)中使用的模型有多于可观察变量数(q)的未知参数，所以只可以估计 k 个公因子的得分，不同于可以直接估计的*主成分分析*(*principal component analysis*)中的得分。得出因子得分的最常见的方法是*最小二乘估计*(*least squares estimation*)。【*Modern Factor Analysis*，1976，H. H. Harman，University of Chicago Press，Chicago.】

Factor Sparsity/因子稀疏

术语用来描述在许多工业实验中，对少量游程中的大量因子进行研究，其中只有很少的因子有重大影响。【*Technometrics*，1996，**38**，303－313.】

Failure Record Data/故障记录数据

关于一个项目发生故障的时间，以及只对在预先规定的保修期$(0,T^0]$内发生故障的那些项目进行观察的相应的解释变量集合的数据。对于其他项目，已知 $T_i>T_0$，对于这些项目不存在协变量。

Failure Time/失效时间

也称为生存时间(**Survival Time**)。

Fair Game/公平博弈

进入成本或股权等于期望收益的博弈。在两个对手之间的博弈中，拥有更多资本的一方有更多的机会击败对手。参见：随机游走(**Random Walk**)。

False-Negative Rate/假阴性率

在诊断检验中患有疾病的病人显示没有疾病的病例的比例。参见:**假阳性率(False-Positive Rate)**。【SMR Chapter 14.】

False-Positive Rate/假阳性率

在诊断检验中没有病的病人显示患病的病例比例。参见:**假阴性率(False-Negative Rate)**。【SMR Chapter 14.】

Familial Correlations/家族相关

基因相关的个人之间某些表型特征的相关性。相关性的度量依赖于遗传特征和个体间的相关程度。【*Statistics in Human Genetics*, 1998, P. Sham, Arnold, London.】

Familywise Error Rate/族内错误率

在一个给定的推理族中发生错误的概率。参见:**每次对比错误率(Per-Comparison Error Rate)**,**每次实验误差率(Per-Experiment Error Rate)**。

Fan-Spread Model/扇形模型

解释自然发生组的差异大于早期观察到的差异的模型中使用的术语;在这种模型中,由于很少有不适、受损的个体,因而初始得分很高的个体可能具有随时间改变或提高的能力更大。

Farr, William (1807-1883)/威廉·法尔(1807-1883)

法尔出生于英国什罗普郡,1826~1828 年在英格兰学习医学,1829 年又在巴黎学习医学。正是在巴黎期间,他对医学统计产生了兴趣。法尔是*生命统计*(*vital statistics*)的英国国家系统的创始人。在国家统计的基础上,他编制了用于精算计算的生命表。1855 年法尔被选为皇家学会院士,1871~1873 年间担任皇家统计学会主席。1883 年 4 月 14 日去世。

Fast Fourier Transformation (FFT)/快速 Fourier 变换

观察集 $x_0, x_1, \cdots, x_{n-1}$ 的 Fourier 变换 $d(\omega_p)$ 的计算方法,定义为:

$$d(\omega_p) = \sum_{t=0}^{n-1} x_t e^{i\omega_p t}, \quad p = 0,1,2,\cdots,n-1; \qquad \omega_p = \frac{2\pi p}{n}$$

计算 $d(\omega_p)$ 所要计算的次数为 n^2 非常大。快速 Fourier 变换将计算的次数减少到 $O(n\log_2^n)$,按下列方法计算:

令 $n=rs$,其中 r 和 s 都是整数。令 $t=rt_1+t_0$,$t=0,1,2,\cdots,n-1$;$t_1=0,1,2,\cdots,s-1$;$t_0=0,1,2,\cdots,r-1$。进一步令 $p=sp_1+p_0$,$p_1=0,1,2,\cdots,r-1$,$p_0=0,1,\cdots,s-1$。快速 Fourier 变换可以记为:

$$d(\omega_p) = \sum_{t=0}^{n-1} x_t e^{i\omega_p t} = \sum_{t_0=0}^{r-1}\sum_{t_1=0}^{s-1} x_{rt_1+t_0} e^{\frac{2\pi i p}{n}}(rt_1+t_0)$$

$$= \sum_{t_0=0}^{r-1} e^{\frac{2\pi ip}{n}t_0} a(p_0, t_0)$$

其中：

$$a(p_0, t_0) = \sum_{t_1=0}^{s-1} x_{rt_1+t_0} e^{\frac{2\pi it_1 p_0}{s}}$$

计算 $a(p_0, t_0)$ 只需要 s^2 运算，$d(\omega_p)$ 只需要 rs^2。求 $d(\omega_p)$ 值就简化为求 $a(p_0, t_0)$ 的取值，它本身也是 Fourier 变换。按相同的程序计算，同样简化 $a(p_0, t_0)$ 的取值。反复这个程序，直到出现单一项。【*Spectral Analysis and Time Series*, 1981, M. B. Priestley, Academic Press, New York.】

F

Father Wavelet/父小波

参见：小波函数(**Wavelet Functions**)。

Fatigue Models/疲劳模型

发生在延长的服务期之后材料(主要是金属)失效的观察数据的模型。参见：变应力加速寿命测试试验(**Variable-Stress Accelerated Life Testing Trials**)。【*Methods for Statistical Analysis of Reliability and Life Data*, 1974, N. R. Mann, R. E. Schafer and N. D. Singpurwalla, Wiley, New York.】

F-Distribution/*F*-分布

两个独立的服从 χ^2 *分布*(*chi-squared distribution*)的随机变量分别除以相应的自由度之比的概率分布。广泛用于*方差分析*(*analysis of variance*)中确定*均方比*(*mean square ratios*)的 P-值。分布函数的形式是 $\alpha=\nu_1/2$ 和 $\beta=\nu_2/2$ 的 *β分布*(*beta distribution*)，其中，ν_1 和 ν_2 分别是分子 χ^2 分布和分母 χ^2 分布的自由度。【STD Chapter 16.】

Feasibility Study/可行性研究

本质上等同于试点研究(**Pilot Study**)。

Feed-Forward Network/前馈网络

见人工神经网络(**Artificial Neural Network**)。

Feller, William (1906-1970)/威廉·费勒(1906-1970)

费勒出生于克罗地亚萨格勒布，最初在萨格勒布大学接受教育，然后转入哥廷根大学，1926 年在哥廷根大学获得博士学位。在哥本哈根和斯德哥尔摩停留一段时间后，1939 年他迁到罗得岛普罗维登斯。1945 年费勒被任命为康奈尔大学的教授，1950 年成为普林斯顿大学数学系欧根·希金斯教授，担任这个职位直到他 1970 年 1 月 14 日去世。他在概率论方面作出了杰出的贡献，撰写了非常受欢迎的两卷本的教材《概率论及其应用》(*An Introduction to Probability Theory and its Applications*)。1969 年费勒获得国家科学奖章。

FFT/快速 Fourier 变换

快速Fourier 变换(Fast Fourier Transformation)的缩写。

Fibonacci Distribution/Fibonacci 分布

成功概率为 1/2 的 Bernoulli 试验中连续两次成功所需的观察次数的概率分布。定义为：

$$\Pr(X=x)=2^{-x}F_{2,x-2}$$

其中，$F_{2,x}$为 Fibonacci 数。【*Fibonacci Quarterly*, 1973, **11**, 517–522.】

Fiducial Inference/Fiducial 推断

由费希尔引入的推断的问题和神秘理论，不对参数设定任何先验分布，以数据为基础提取参数的概率分布。这种推断的结论不是拒绝或接受假设，也不是做决策，而是一种特定的概率分布。【KA 2 Chapter 20.】

Field Plot/地块

在农业田间试验中每次试验所采用的一份实验材料。

Fieller's Theorem/Fieller 定理

定理得出了两个服从正态分布的随机变量之比的*置信区间*(*confidence intervals*)。【*Journal of the Royal Statistical Society*, *Series B*, 1954, **16**, 175–185.】

File Drawer Problem/文件柜问题

在科学杂志上发表的研究可能不统一的这种问题。统计显著性是发表的主要决定因素，因为某些研究人员没有提交非重大出版成果，即使他们提交了，编辑不出版非重大结果。当数据来自于出版的科学文献时特别关注 *meta 分析*(*meta-analysis*)的应用。【*Statistical Aspects of the Design and Analysis of Clinical Trials*, 2000, B. S. Everitt and A. Pickles, ICP, London.】

Final-State Data/最终状态数据

疾病爆发结束后收集的数据，由对在疾病爆发期间无论是否受感染的家庭中每个成员的观察组成。【*Biometrics*, 1995, **51**, 956–968.】

Finite Mixture Distribution/有限混合分布

一组分量概率分布的线性函数的概率分布。这种分布通过考虑包含相对不同的观察组将总体模型化。这种分布最早的应用是 1894 年由皮尔逊提出的，对一种特殊类型的蟹测量的两个正态分布有下列混合：

$$f(x)=pN(\mu_1,\sigma_1)+(1-p)N(\mu_2,\sigma_2)$$

其中，p 是总体中第一组的比例，μ_1，σ_1 分别是第一组中变量的均值和标准差，μ_2，σ_2 分别是第二组中变量相应的值。图 63 给出了这种分布的一个例子。*多元正态分布*(*multivariate normal distribution*)的混合经常作为*聚类分析*(*cluster analysis*)的模型。参见:**NORMIX** 程序(**NORMIX**),污染正态分布(**Contaminated Normal Distribution**),双峰性(**Bimodality**),多峰性(**Multimodality**)。【MV2 Chapter 10.】

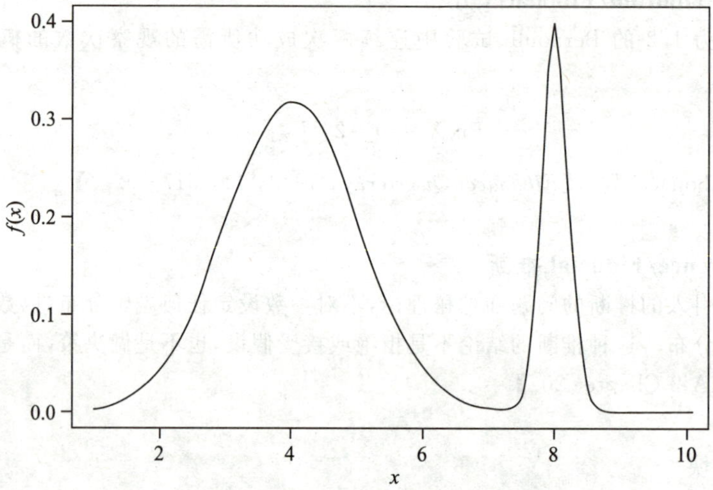

图 63 两个正态分量的有限混合分布

Finite Population/有限总体

有限容量的总体。

Finite Population Correction/有限总体校正

用来描述样本均值的方差中的额外因子,当 n 个样本值是由容量为 N 的*有限总体*(*finite population*)中无放回抽取时。这个方差为:

$$\mathrm{var}(\bar{x})=\frac{\sigma^2}{n}\left(1-\frac{n}{N}\right)$$

"校正"项为$(1-n/N)$。【*Sampling of Populations, Methods and Applications*, 1991, P. S. Levy and S. Lemeshow, Wiley, New York.】

First-Order Autoregressive Model/一阶自回归模型

参见:自回归模型(**Autoregressive Model**)。

First-Order Markov Chain/一阶 Markov 链

参见:**Markov 链**(**Markov Chain**)。

First Passage Time/首次通过时间

随机过程(*stochastic processes*)理论中重要概念,指由状态 i 开始系统首次进入状态 j 的时间 T。

Fisher, Irving (1867-1947)/欧文·费雪(1867-1947)

费雪出生于纽约索格蒂斯，在耶鲁大学学习数学，1895 年成为耶鲁大学经济系教授。最让人记住的工作是*指数*(*index numbers*)，他还是相关性和回归的早期使用者。1932 年，费雪担任美国统计学会主席。1947 年 4 月 29 日于纽约去世。

Fisher's Exact Test/Fisher 精确检验

当期望频率很小时，使用 χ^2 *统计量*(*chi-squared statistic*)评估形成 *2×2 列联表*(*two-by-two contingency table*)的两个变量的独立性的一种方法。对于可观察表，以及具有相同的行汇总和列汇总而可观察数据表现出极端不独立的所有可能的 2×2 表的概率和。每个表的概率可以根据*超几何分布*(*hypergeometric distribution*)得出。【*The Analysis of Contingency Tables*, 2nd edition, B. S. Everitt, Chapman and Hall/CRC Press, London.】

F

Fisher's g Statistic/Fisher g 统计量

评估*周期图*(*periodogram*)中坐标的统计量，定义为：

$$g = \frac{\max[I(\omega_p)]}{\sum_{p=1}^{[N/2]} I(\omega_p)}$$

其中，N 是相关的时间序列的长度，$I(\omega_p)$是周期图的坐标。在总体坐标为 0 的假设下，可以得出 g 的精确分布。【*Applications of Time Series Analysis in Astronomy and Meteorology*, 1997, edited by T. Subba Rao, M. B. Priestley and O. Lissi, Chapman and Hall/CRC Press, London.】

Fisher's Information/Fisher 信息

关于一个未知参数由数据提供的信息总量。定义为：

$$I = E\left(\frac{\partial \ln L}{\partial \theta}\right)^2$$

其中，L 是从概率分布 $f(x|\theta)$中抽取的 n 个独立观察的样本的似然函数(likelihood)。对于向量参数 $\theta' = [\theta_1, \cdots, \theta_s]$，*Fisher 信息矩阵*(*Fisher's information matrix*)中元素 i_{jk} 为：

$$i_{jj} = E\left(\frac{\partial \ln L}{\partial \theta_j}\right)^2$$

$$i_{jk} = E\left(\frac{\partial \ln L}{\partial \theta_j \partial \theta_k}\right)$$

θ 的*极大似然估计量*(*maximum likelihood estimator*)的*方差—协方差矩阵*(*variance-covariance matrix*)是这个矩阵的逆。【KA2 Chapter 18.】

Fisher's Information Matrix/Fisher 信息矩阵

参见：**Fisher 信息(Fisher's Information)**。

Fisher's Linear Discriminant Function/Fisher 线性判别函数

将一个对象或个体分到两个可能的组中其中一个的方法，基于度量集 $x_1, x_2, \cdots, x_q$。方法的思想是寻找度量的线性变换 z,即：

$$z=a_1x_1+a_2x_2+\cdots+a_qx_q$$

使得 z 的组间方差与组内方差的比最大。系数 $a'=[a_1,a_2,\cdots,a_q]$的解为：

$$a=S^{-1}(\bar{x}_1-\bar{x}_2)$$

其中,S 是两组的组内*方差—协方差矩阵*(*variance-covariance matrix*)的合并,$\bar{x}_1$,$\bar{x}_2$ 是组均值向量。【MV2 Chapter 9.】

Fisher's Scoring Method/Fisher 评分法

关于函数最小化的 *Newton-Raphson 方法*(*Newton-Raphson method*)的替代品,将函数关于参数的二阶导数矩阵用相应的期望值矩阵替代。这种方法从开始值收敛比 Newton-Raphson 方法更远离极小值。【GLM Chapter 2.】

Fisher, Sir Ronald Aylmer (1890-1962)/罗纳德·艾尔默·费希尔爵士(1890-1962)

费希尔出生于英国,他在剑桥大学学习数学,1919 年成为洛桑农业研究所的一名统计员。这个时候费希尔已经发表了介绍*极大似然估计*(*maximum likelihood estimator*)(尽管当时还不是这个名称)和得出相关系数的一般抽样分布的论文。在洛桑,对从正在进行的田间试验获得的数据研究时他意识到实验安排的不足之处,因而进行实验设计科学改进和方差分析。根据这个工作,得出随机化的重要原则,并出版了 20 世纪最重要的教材之一《研究者的统计方法》(*Statistical Methods for Research Workers*),1925 年出版第一版,1997 年已经是第九版了。费希尔继续一系列关于大量统计课题的原始研究,以及对遗传学和进化理论的浓厚兴趣。也许费希尔对 20 世纪科学最主要的贡献是他对不确定性的理解和对可度量不确定性的许多种类的理解的深化。从 1933 年直到 1943 年,他是伦敦大学学院优生学教授,1943 年他成为遗传学教授。1957 年退休后,费希尔搬到澳大利亚。1962 年 7 月 29 日于阿德莱德去世。

Fisher's Transformation/Fisher 变换

Pearson 积矩相关系数(*Pearson's product moment correlation coefficient*)r 的变换,定义为：

$$z=\frac{1}{2}\ln\frac{1+r}{1-r}$$

统计量 z 服从正态分布,均值为：

$$\frac{1}{2}\ln\frac{1+\rho}{1-\rho}$$

其中,ρ 是总体相关系数,方差为 $1/(n-3)$,其中 n 是样本容量。变换用来检验假设以及构造 ρ 的置信区间。【SMR Chapter 11.】

Fishing Expedition/审前调查

也称为数据挖掘(**Data Dredging**)。

Fitted Value/拟合值

由某个估计模型所预测的反应变量的取值。

Five-Number Summary/五数字摘要

观察集总结的一种方法，利用极小值、下四分位、中位数、上四分位和极大值。是绘制*箱形—晶须图*（*box-and-whisker plot*）的基础。【*Exploratory Data Analysis*，1977，J. W. Tukey，Addison-Wesley，Reading，MA.】

Fixed Effects/固定效应

特别感兴趣的因子水平的有限集的效应。例如，调查者希望比较三种药品关于一个反应变量的效应。*固定效应模型*（*fixed effects models*）是只包含这种类型效应的因子的模型。参见：**随机效应模型（Random Effects Model）**，**混合效应模型（Mixed Effects Models）**。

Fixed Effects Model/固定效应模型

参见：**固定效应（Fixed Effects）**。

Fixed Population/固定人口

由相同的固定特征定义的一组个人，如 1944 年在埃塞克斯出生的所有男性。这种人口的关系不会由于迁进或迁出而随时间改变。

Fix-Neyman Process/固定 Neyman 过程

在癌症患者的医学后续研究中描述病人的痊愈、复发、死亡和遗失的模型。【*Human Biology*，1951，**23**，205 - 241.】

Flingner-Policello Test/Flingner-Policello 检验

关于 *Behrens-Fisher 问题*（*Behrens-Fisher problem*）的稳健秩检验。【NSM Chapter 4.】

Fligner-Wolfe Test/Fligner-Wolfe 检验

一种*无分布方法*（*distribution free method*），关于在研究中一种治疗对应于条件的一个控制集或基线集，评估是否所有治疗（或任意治疗）都优于控制。检验统计量由从 k 个组中所有 N 个观察以及它们从小到大的排序组成。如果 r_{ij} 是第 i 组中第 j 个观察的排序，那么检验统计量定义为：

$$FW = \sum_{j=2}^{k}\sum_{i=1}^{n_j} r_{ij}$$

关于所有非对照组求和。FW 的临界值可以通过相应的表查得，也可以得出它的大样本近似。【NSM Chapter 6.】

Floor Effect/地板效应

参见：**天花板效应（Ceiling Effect）**。

F

Flow-Chart/流程图

图形显示来解释系统的不同分支之间的相互关系。在模型的概念化和方程的结构之间架起了一座方便的桥梁。

Folded Log/折叠 Log

比例的 *logistic* 变换(*logistic transformation*)的一半。

Folded Normal Distribution/折叠正态分布

$Z=|X|$ 的概率分布,其中 X 为服从均值为 0、方差为 σ^2 的正态分布的随机变量。Z 的概率分布为:

$$f(z)=\frac{1}{\sigma}\sqrt{\frac{2}{\pi}}e^{-z^2/2\sigma^2}$$

【*Handbook of the Normal Distribution*, 1982, J. K. Patel and C. B. Read, Marcel Dekker, New York.】

Folded Square Root/折叠平方根

对比例 p 作下列变换:

$$\sqrt{2p}-\sqrt{2(1-p)}$$

Foldover Design/折边设计

由 $N/2$ 个折边对(*foldover pairs*)组成的 N 个点的设计。【*Communications in Statistics*, 1995, **34**, 1821 - 1827.】

Foldover Frequency/折边频率

也称为 **Nyquist 频率(Nyquist Frequency)**。

Foldover Pair/折边对

两个互补的设计点,即一个点可以通过改变另一个点中所有因子的所有水平得到。【*Communications in Statistics*, 1995, **34**, 1821 - 1827.】

Flog/折叠 Log

折叠Log(Folded Log)的缩写。

Focus Groups/焦点小组

对由研究者设定的课题进行小组互动收集数据的研究技术。目的是根据不同观点了解所涉及产品和(或)服务的意见和价值。【*American Journal of Sociology*, 1996, **22**, 129 -152.】

Folk Theorem of Queueing Behaviour/Folk 排队行为定理

你所排的队移动最慢。

Followback Surveys/重新调查

对重要统计量重新抽样获得进一步信息的调查。例如,1988 年全美死亡率重新调查(National Mortality Followback Survey)对 1986 年在美国登记的死亡 25 年或以上的死亡证明抽样调查。通过寻找死者的近亲或与死者熟悉的其他人,以及死者在生命的最后一年所使用的卫生保健设施来获得信息。通过电子邮件发送问卷,或者电话或个人采访获得信息。这种调查的另一个例子是 1988 年全美孕产妇和婴儿健康状况调查(National Maternal and Infant Health Survey)对美国活产婴儿的出生证进行的抽样。通过电子邮件给对应抽样出生证的妈妈发送问卷。这种调查的样本设计通常相当简单,只涉及从列表框中个人的分层选择。【*American Journal of Industrial Medicine*, 1995, **27**, 195 - 205.】

F

Follow-Up/随访

对研究对象或病人进行定位以确定是否有感兴趣的结果发生的过程。【SMR Chapter 13.】

Fllow-Up(FU)Plots/随访图

随访*纵向数据*(*longitudinal data*)的频率和模式的图。其中一个版本是垂直轴由研究的时间单位组成。每个对象用列表示,它是一条与系统中对象的总时间长度成比例的垂直线。【*The American Statistician*, 1995, **49**, 139 - 144.】

Force of Mortality/死亡力度函数

也称为风险函数(**Hazard Function**)。

Forecast/预测

调查者相信是最有可能提供某个过程未来值的精确预测的具体推断。一般用于时间序列的分析。有许多不同的预测方法,如*自回归积分移动平均模型*(*autoregressive integrated moving average models*)。【*Statistical Forecasting*, 1976, W. G. Gilchrist, Wiley, London.】

Forest Plot/森林图

在 *meta 分析*(*meta-analysis*)中常用的一种图形的名称,图形显示了分析中所包含的所有研究的点估计和区间估计。例如,图 64 给出了在精神分裂症的治疗中氯氮平对比其他药物的 meta 分析的森林图。这种图形的缺点是观众视线可能被吸引到最不重要的研究中,这是因为它们具有最宽的置信区间以及在图形上印象最深刻。【*Methods in Meta-Analysis*, 2000, A. J. Sutton, K. R. Abrams, D. R. Jones, T. A. Sheldon, and F. Song, Wiley, Chichester, UK.】

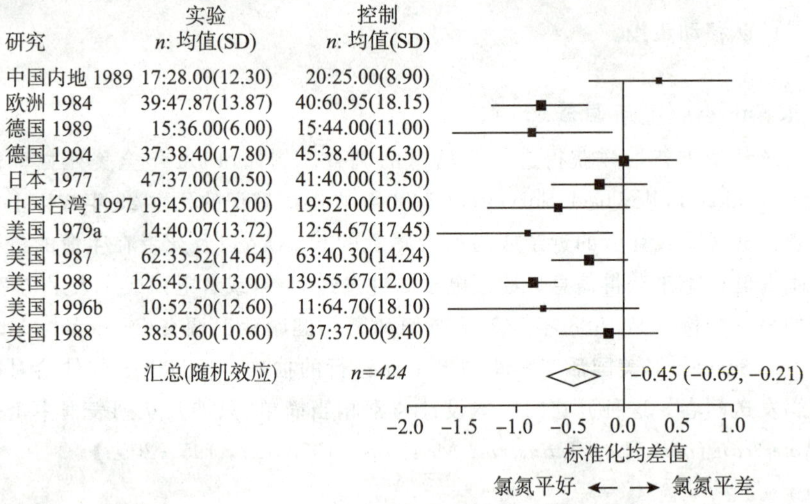

图 64 森林图

Forward-Looking Study/前瞻性研究

前瞻性研究(**Prospective Study**)的另一种说法。

Forward Selection Procedure/前向选择过程

参见:回归中的选择方法(**Selection Methods in Regression**)。

Fourfold Table/四格表

也称为 **2 ×2** 列联表(**Two-by-Two Contingency Table**)。

Fourier Coefficients/Fourier 系数

参见:**Fourier** 级数(**Fourier Series**)。

Fourier Series/Fourier 级数

对由不同的频率和振幅组成的正弦波的周期函数的分析中使用的级数。级数为:

$$\frac{1}{2}a_0 + \sum (a_n \cos nx + b_n \sin nx)$$

其中选择系数使得级数收敛于感兴趣的函数 f;这些系数[*Fourier* 系数(*Fourier coefficient*)]为:

$$a_n = \frac{1}{\pi}\int_{-\pi}^{\pi} f(x)\cos nx dx$$

$$b_n = \frac{1}{\pi}\int_{-\pi}^{\pi} f(x)\sin nx dx$$

对 $n=1,2,3,\cdots$。参见:快速 **Fourier** 变换(**Fast Fourier Transformation**),小波分析(**Wavelet Analysis**)。【TMS Chapter 7.】

Fourier Transform/Fourier 变换

参见:快速**Fourier** 变换(**Fast Fourier Transformation**)。

Fractal/分形

用来描述在很大的尺度范围内连续展示详细结构的几何对象的术语。例子中经常使用雪花和海岸线。医学的例子是心电图。【*The Fractal Geometry of Nature*, 1982, B. B. Mandelbrot, W. H. Freeman, San Francisco.】

Fractal Dimension/分形维数

分形(*fractal*)的粗糙度的量化指标。它不一定是一个数值,例如,典型的海岸线的取值是在 1.15～1.25 之间。【*The Fractal Geometry of Nature*, 1982, B. B. Mandelbrot, W. H. Freeman, San Francisco.】

F

Fractional Factorial Design/部分析因设计

只运行完整析因实验中的一个部分,并假设特殊的高阶相互作用可以忽略不计,这样得到主效应和低阶相互作用的信息的设计,被广泛用于工业设计。参见:**响应曲面法**(**Response Surface Methodology**)。【*Experimantal Designs*, 1957, W. G. Cochran and G. M. Cox, Wiley, New York.】

Fractional Polynomials/分数多项式

在对反应变量与一个或多个协变量之间的弯曲关系模型化时,比低阶或高阶多项式更有用的扩展曲线族。m 阶分数多项式定义为:

$$\phi_m(X;\beta,p) = \beta_0 + \sum_{j=1}^{m}\beta_j X^{(p_j)}$$

其中,$p'=[p_1,\cdots,p_m]$是 $p_1<p_2<\cdots<p_m$ 的实值幂向量,$\beta'=[\beta_0,\cdots,\beta_m]$为实值系数。圆括号记号表示 *Box-Tidwell 变换*(*Box-Tidwell transformation*):

$$X^{(p_j)} = X^{p_j}, \quad 若\ p_j \neq 0$$
$$= \ln X, \quad 若\ p_j = 0$$

例如,幂为(1,2,0)的三阶分数多项式为:

$$\beta_0 + \beta_1 X + \beta_2 X^2 + \beta_3 \log(X)$$

【*Applied Statistics*, 1994, **43**, 429 - 467.】

Frailty/脆弱性

关于不可观察的个体异质性的术语。这种变异主要是关于医学统计特别是生存时间的分析,其中*风险函数*(*hazard function*)受到人群中选择效应的强烈影响。这种异质性存在几种可能的原因,最明显的是它反映了生理差异,例如,某些人出生时心脏就比较脆弱,或者具有癌症的遗传倾向。更可能的变异是由于生活压力引起的诱导性虚弱产生的。讨论这种变异的缺点是它经常进行组间模糊比较,例如,*相对风险*(*relative risk*)的度量。关于个体间

变异的简单模型[*脆弱性模型*(*frailty model*)]为:

$$个人风险函数 = Z\lambda(t)$$

其中,Z 是对个体设定的量,看作总体上的随机变量,$\lambda(t)$是基本的比率。这个模型成立在总体中所观察的不是个体风险比率而是关于 Z 不同取值的个体数目。【*Statistics in Medicine*,1988,**7**,819-842.】

Frailty Model/脆弱性模型

参见:**脆弱性(Frailty)**。

F

Frank's Family of Bivariate Distributions/Frank 二元分布族

一类*二元概率分布*(*bivariate probability distribution*),形式为:

$$P(X \leq x, Y \leq y) = H_\alpha(x,y) = \log_\alpha\left\{1 + \frac{(\alpha^x - 1)(\alpha^y - 1)}{\alpha - 1}\right\}, \quad \alpha \neq 1$$

这个分布的透视图见图 65。参见:**连接函数(Copulas)**。

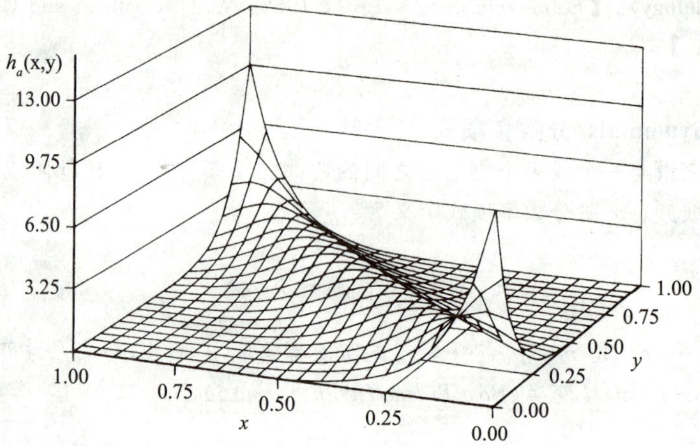

图 65 一例二元分布的 Frank 族

Freeman-Tukey Test/Freeman-Tukey 检验

关于计数数据集模型的拟合度的评估方法。检验统计量为:

$$T = \sum_{i=1}^{k}(\sqrt{O_i} + \sqrt{O_i + 1} - \sqrt{4E_i + 1})^2$$

其中,k 为分类数,O_i,$i=1,2,\cdots,k$ 是可观察计数,E_i,$i=1,2,\cdots,k$ 是在假设模型下的期望频率。统计量 T 渐近服从自由度为 $k-s-1$ 的 χ^2 *分布*(*chi-squared distribution*),其中 s 是模型中参数的个数。参见:**χ^2 统计量(Chi-Squared Statistic)**,**似然比(Likelihood Ratio)**。【*Annals of Mathematical Statistics*,1950,**21**,607-611.】

Freeman-Tukey Transformation/Freeman-Tukey 变换

服从 *Poisson分布*(*Poisson distribution*)的随机变量 X 变换,形式为$\sqrt{X}+\sqrt{X+1}$,目的是为了方差稳定。【*Annals of Mathematical Statistics*, 1950, **21**, 607-611.】

Frequency Distribution/频数分布

将观察的样本分成几类,在每一类中统计观察次数。它是对数据的主要特征如位置、形状和发散性的总结。基本上等价于概率分布。举例如下:

激素测定值(nmol/L)

组限	可观察频数
75～79	1
80～84	2
85～89	5
90～94	9
95～99	10
100～104	7
105～109	4
110～114	2
≥115	1

参见:**直方图(Histogram)**。【SMR Chapter 2.】

Frequency Polygon/频数多边形

用于图形描述频数分布中取值的图。每组的中点作为横坐标,频数作为纵坐标。用一系列直线连接点。用这种图在一张图中描述几个频数分布时特别有用。例子见图 66。【SMR Chapter 2.】

Frequentist Inference/惯性推理

基于概率的频数观点的统计方法,假设考虑相同统计试验的独立重复的无限序列。显著性检验、假设检验、似然函数都是关于这类推理的主要工具。参见:**Bayesian 推断(Bayesian Inference)**。【KA2 Chapter 31.】

Friedman's Two-Way Analysis of Variance/Friedman 双向方差分析

一种无分布方法(distribution free method),类似于含有两个因子的设计的*方差分析*(*analysis of variance*)。可以用于没有参数化假设的数据集,即正态性和方差的同质性。只使用观察的排序。【SMR Chapter 12.】

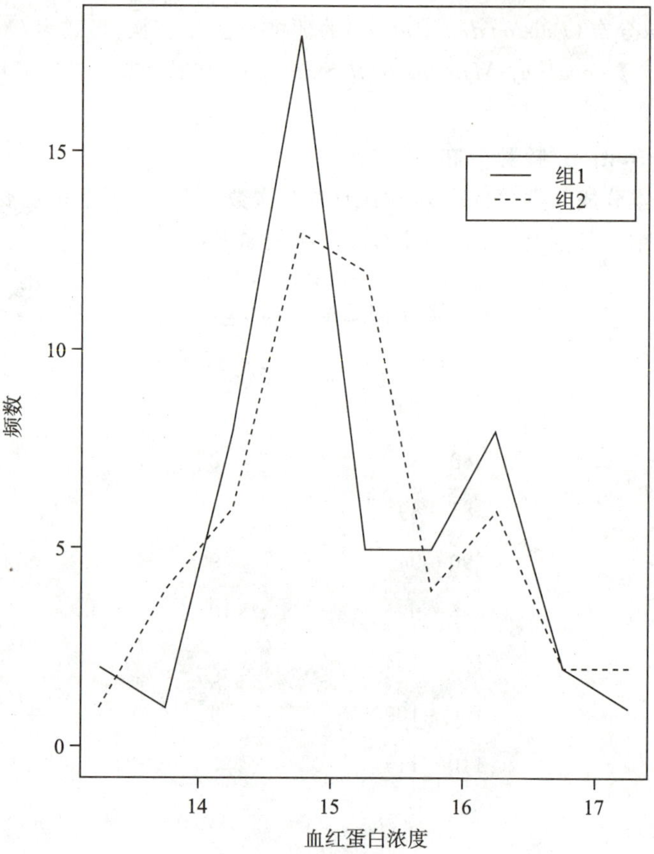

图 66 关于两组男性血红蛋白浓度的频数多边形

Friedman's Urn Model/Friedman 罐子模型

有 K 种治疗的临床试验中,对病人随机分配治疗,避免当可得到的对象数很少时可能出现的不平衡问题。模型考虑一个罐子,罐子中球有 K 个不同颜色,从颜色 k 的 w 个球开始,$k=1,\cdots,K$。抽签由下列步骤组成:

- 随机从罐子中选一球;
- 注意它的颜色 k',然后将球放回罐子;
- 在罐子中再加入 α 个颜色 k' 的球,β 个其他颜色 k 的球,其中 $k\neq k'$。

每次对象等待被安排一种治疗,随机从罐子中取一球;如果它的颜色为 k',那么安排治疗 k'。w,α,β 的取值可以是任意非负数。如果 β 相对于 α 很大,那么计划将迫使试验平衡。w 的取值决定了试验的前几个阶段。如果 w 很大,那么试验将更随机;否则,实施更平衡。【*Annals of Mathematical Statistics*, 1965, **36**, 956-970.】

Froot/折叠平方根

折叠平方根(**Folded Square Root**)的简写。

F-Test/*F*-检验

检验两个正态分布总体的方差是否相等，基于从每个总体中抽取的观察样本的方差比。在*方差分析*(*analysis of variance*)中经常遇到，其中检验方差是否相等也检验均值是否相等。【SMR Chapter 9.】

F-to-Enter/F-to-Enter 统计量

参见：回归中的选择方法(**Selection Methods in Regression**)。

F-to-Remove/F-to-Remove 统计量

参见：回归中的选择方法(**Selection Methods in Regression**)。

Full Model/全模型

也称为饱和模型(**Saturated Model**)。

Functional Data Analysis/函数型数据分析

数据为连续观察的函数的分析，例如时间函数。【*Applied Statistics*, 1995, **44**, 12 -30.】

Functional Principle Components Analysis/函数型主成分分析

一种*主成分分析*(*principle components analysis*)，数据为经典多元分析的曲线而不是向量。观察记为 $X_1(t), X_2(t), \cdots, X_n(t)$，其中 $X_i(t)$ 是关于个体 i 的时间序列，模型假设为：

$$X(t) = \mu(t) + \sum \gamma_v U_v(t)$$

其中，主成分得分 γ_v 是均值 0 的不相关变量，主成分函数 $U_v(t)$ 满足 $\int U_v^2 = 1$；这些函数经常具有有趣的物理意义，这有助于对数据的理解。【*Computational Statistics and Data Analysis*, 1997, **24**, 255 - 270.】

Functional Relationship/函数关系

变量的"正确"取值之间的关系，即假设所度量的变量取值没有任何误差。参见：潜在变量(**Latent Variables**)，结构方程模型(**Structural Equation Models**)。

Funnel Plot/漏斗图

对*发表偏倚*(*publication bias*)的效应进行评估的非正式方法，通常用于 *meta 分析*(*meta-analysis*)的文本中。每个报告研究中效应度量作为 x 轴，相应的样本容量作为 y 轴。由于抽样变异的本性，在没有发表偏倚的情况下，图形为带有一个锥形"漏斗形"峰的金字塔图形。发表偏倚通过选择性地排除那些小或不显著效应的研究将金字塔倾斜。当样本容量很小时这种研究很有优势，但优势并不随着样本容量的增加而增加。所以它们的缺席将去除了金字塔的下左角。这种效应的解释见图 67。【*British Journal of Psychiatry*, 1995, **167**, 786—793.】

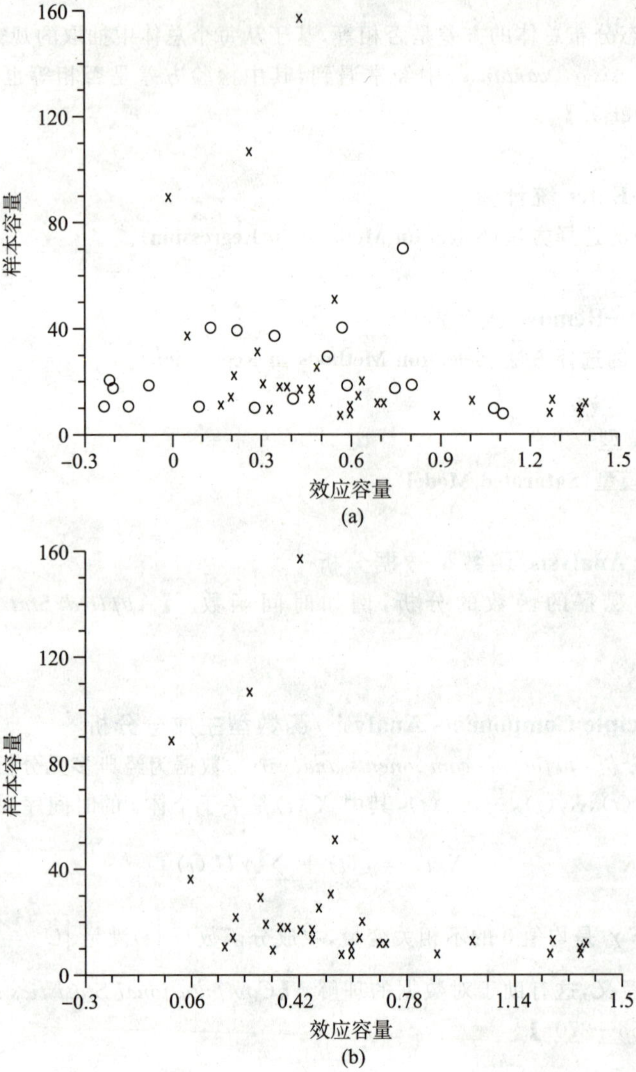

图 67 对外科病人的心理教育进展研究的漏斗图：(a)所有研究；(b)只有发表的研究

FU-Plots/随访图

随访图(**Follow-Up Plots**)的缩写。

Future Years of Life Lost/损失的未来生命年

表示人口中死亡率的数据的另一种方法，是死亡年龄与*预期寿命*(*life expectancy*)的差。【*An Introduction to Epidemiology*，1983，M. A. Alderson，Macmillan，London.】

Fuzz Set Theory/模糊集合论

与传统的概率论和统计方法完全不同的处理不确定性的方法。模糊集的基本特征是一个隶属函数，对集合 A 中每个元素定义一个 0～1 的隶属度。集合 A 的隶属函数在数学上

是一个从空间 χ 到单位区间的映射 $m_A:\chi\to[0,1]$。因为隶属是在单位区间中取值，所以可以试图将它们看成概率；但是，隶属不符合概率定律，可能在传统的两个互斥集合中同时具有非零的隶属度。这个理论得出的方法有时替代传统统计方法，如质量控制、线性回归和预测，尽管它们不被广泛接受，许多统计学家认为不使用概率论和统计学方法是无法求解的。参见：**隶属度模型（Grade of Membership Model）**。【*Theory of Fuzzy Subsets*，1975，M. Kaufman，Academic Press，New York.】

F

G

G

G^2/G^2 统计量

基于*似然比*（*likelihood ratio*）的*拟合检验统计量*（*goodness-of-fit statistic*）的记号，常用于*对数线性模型*（*log-linear function*）。定义为：

$$G^2 = 2\sum O\ln(O/E)$$

其中，O 和 E 记为观察频率和期望频率，有时也用来表示*偏差*（*deviance*）。

Gain/增益

也称为功效转移函数（**Power Transfer Function**）。

Galbraith Plot/Galbraith 图

meta 分析（*meta-analysis*）中识别*异常点*（*outlier*）的图解法。图形是标准化效应规模对精确度（标准误差的倒数）绘制的。如果研究是同质的，那么它们分布在过原点的回归直线的±2 标准误差之内。【*Research Methodology*，1999，edited by H. J. Ader and G. J. Mellenbergh，Sage，London.】

Galton, Sir Francis (1822-1911)/弗朗西斯·高尔顿爵士(1822-1911)

高尔顿出生在英国伯明翰，在伦敦和剑桥学习医学，但没有取得重大成果。在接受遗产后，他停止了学习，1850～1852 年间到北非和南非旅行，1853 年获得皇家地理学会金质勋章，以表彰他在探索中部西南非洲的未知领域和高气压的存在方面的成就。在 19 世纪 60 年代早期，他转而研究气象学，在此期间表现出他对统计的浓厚兴趣和能力。他后来的兴趣遍及心理学、人类学、社会学、教育和指纹，但最出名的是关于遗传和情报方面的研究，这最终将他带入他认为有争议的领域：优生学、进化学说，即认为通过科学、直接地控制生育可以有效提高人种。他最主要的著作是 1869 年出版的《遗传的天才》（*Heriditary Genius*），在书中他提出心理特征与物理特征一样以相同方式被遗传。沿着这个思路，1876 年他通过区分遗传和环境影响对双胞胎的早期行为进行了研究。在他的著作《先天遗传》（*Natural Inheritance*）中他关于兄弟之间的身高应用了原始的回归方法，1888 年提出了相关性的指标，后来由他的学生卡尔·皮尔逊详细阐述为相关系数。高尔顿是查尔斯·达尔文的表兄弟，1909 年被授予爵士称号。1911 年 1 月 17 日于萨里去世。

Galton-Watson Process/Galton-Watson 过程

更常用的名称是 *Bienaymé-Galton-Watson 过程*（*Bienaymé-Galton-Watson process*）。

GAM/地理分析机

地理分析机（Geographical Analysis Machine）的缩写。

Gambler's Fallacy/赌徒的谬误

相信如果一个事件很长时间没有发生，那么它必然很快就会发生。【*Biostatistics*, 1993, L. D. Fisher and G. Van Belle, Wiley, New York.】

Gambler's Ruin Problem/赌徒破产问题

游戏者赢或输固定数额的概率分别为 p 和 $q(p\neq q)$ 的博弈中使用的术语。游戏者最初的资产为 z，他的对手的资产为 $a-z$。博弈直到游戏者的资产减为 0 或增加到 a 为止，即两个游戏者其中一个破产为止。最初资产为 z 的游戏者破产的概率 q_z 为：

$$q_z=\frac{(q/p)^a-(q/p)^z}{(q/p)^a-1}$$

【KA2 Chapter 24.】

Game Theory/博弈论

关于在指定规则下两个或多个参与者之间竞赛理论的数学分支。当博弈是按机会计划进行时，这就属于统计方面的问题。【*International Journal of Game Theory*, 1979, **8**, 175 -192.】

Gamma Distribution/Γ-分布

概率分布 $f(x)$ 为：

$$f(x)=\frac{x^{\gamma-1}}{\beta}\frac{\exp(-x\beta)}{\beta\Gamma(\gamma)},\quad 0\leq x<\infty,\beta>0,\gamma>0$$

β 是*尺度参数*（*scale parameter*），γ 是*形状参数*（*shape parameter*）。图例见图 68。分布的均值、方差、*偏斜度*（*skewness*）和*峰度*（*kurtosis*）如下：

$$均值=\beta\gamma$$

$$方差=\beta^2\gamma$$

$$偏斜度=2\gamma^{-\frac{1}{2}}$$

$$峰度=3+\frac{6}{\gamma}$$

$u=x/\beta$ 的分布为*标准 Γ-分布*（*standard gamma distribution*），密度函数为：

$$f(u)=\frac{x^{\gamma-1}e^{-x}}{\Gamma(\gamma)}$$

【STD Chapter 18.】

G

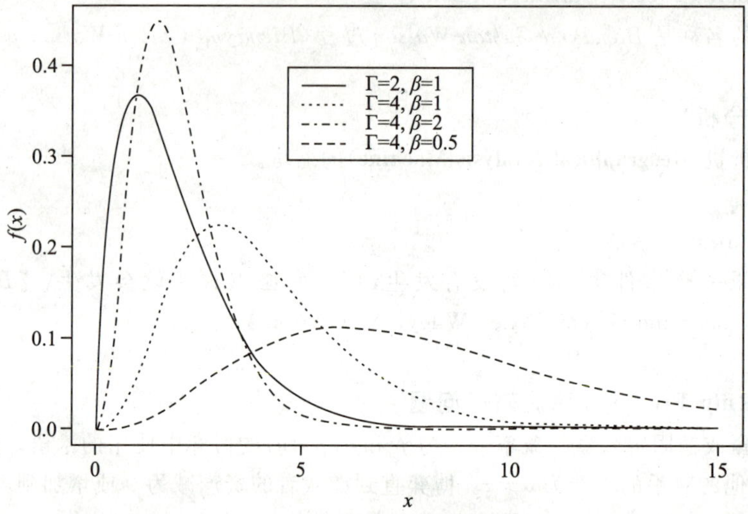

图 68 几个参数值的 Γ-分布

Gamma Function/Γ 函数

函数 Γ 定义为：

$$\Gamma(r) = \int_0^{\infty} t^{r-1} e^{-t} dt$$

其中，$r>0$（r 不一定为整数）。函数满足递推关系

$$\Gamma(r+1)=r\Gamma(r)$$

积分

$$\int_0^{T} t^{r-1} e^{-t} dt$$

称为*不完全Γ函数*（*incomplete gamma function*）。

Gap Statistic/Gap 统计量

聚类分析（*cluster analysis*）中估计聚类数的统计量。可以用于任何聚类方法，根据 *K-均值聚类分析*（*K-means cluster analysis*），统计量定义为：

$$Gap_n(k)=E_n^*[\log(W_k)]-\log(W_k)$$

其中，W_k 是聚类均值周围合并集群间平方和，E_n^* 表示根据推断分布容量为 n 个样本下的期望。聚类数的估计 $\hat{k}$ 是计算抽样分布后使得 $Gap_n(k)$ 最大的 k 的取值。【*Journal of the Royal Statistical Society*, *Series B*, 2001, **63**, 411-423.】

Gap-Straggler Test/间隙—落后者测试

在通常的正态理论假设下*单向设计*（*one-way design*）中划分治疗方法的过程。【*Biometrics*, 1949, **5**, 99-114.】

Gap Time/间隙时间

纵向研究(*longitudinal studies*)中连续两次事件之间的时间,其中每个对象都可能经历一系列事件。例如,从 AIDS 的发展到死亡的时间。【*Biometrika*, 1999, **86**, 59 - 70.】

Garbage in Garbage Out/无用输入无用输出

注意合理输出只来自于合理输入这个事实的术语。特别地,如果数据本来就很可疑,那么结论也是如此。

Gardner, Martin (1940—1993)/马丁·加德纳(1940—1993)

加德纳在杜伦大学学习数学,随后在剑桥大学获得统计学证书。1971 年,他成为南安普顿大学医学院医学统计系的高级讲师。加德纳是英国医学研究理事会环境流行病学研究所的创建人之一,致力于疾病的地理分布,特别是调查辐射与儿童白血病的风险之间的可能性联系。1993 年 1 月 22 日于南安普顿去世。

G

GAUSS/GAUSS 程序

关于矩阵操作具有延伸功能的高级计算机程序。【Aptech Systems, 23804 S. E. Kent-Kangley Road, Maple Valley, Washington 98038, USA; Timberlake Consulting, 47 Hartfield Crescent, West Wickham, Kent BR4 9DW, UK.】

Gauss,Karl Friedrich (1777-1855)/卡尔·弗里德里希·高斯(1777-1855)

高斯出生于德国不伦瑞克省,在哥廷根大学和赫尔姆施泰特大学接受教育,1799 年获得博士学位。他在心算方面是一个神童,在数学和统计领域作出了很多贡献。他撰写了数论的第一本现代书,开创了数学在如重力、磁力、电力这些领域中的应用——磁力的单位就是由他的名字命名的。在统计学中,高斯最大的贡献是开发了在"观察组合"下的*最小二乘估计*(*least squares estimation*)。他还将这个技术应用到可观察数据的分析,其中的数据绝大部分是他自己收集的。正态曲线也应该归功于高斯,有时称之为高斯曲线,但这有一些疑问,因为有事实证明这更应该归功于棣莫弗。1855 年 2 月 23 日于德国哥廷根去世。

Gaussian Distribution/Gaussian 分布

也称为正态分布(**Normal Distribution**)。

Gaussian Quadrature/Gaussian 求积

利用级数展开求数值积分的方法,形式为:

$$\int f(x)\phi(x)dx \approx \sum_{i=1}^{m} w_m f(x_m)$$

其中,x_m 是 Gaussian 求积点,w_m 是相关的权数,两者都可以查表得到。【*Methods of Numerical Integration*, 1984, P. J. Davis and P. Rabinowitz, Academic Press, New York.】

G

Gauss-Markov Theorem/Gauss-Markov 定理

定理叙述了,如果*多元回归*(*multiple regression*)中误差项具有相同的方差且不相关,那么根据*最小二乘估计*(*least squares estimation*)得出的模型中的参数估计量比其他无偏估计量好(关于均值的发散性更小)。【MV1 Chapter 7.】

Geary's Ratio/Geary 比

正态性的检验,其中检验统计量为:

$$G=\frac{\text{平均偏差}}{\text{标准差}}$$

对于从正态分布中抽取的样本,当 n 趋向于无穷大时,G 趋向于 $\sqrt{(2/\pi)}$。目的是探测母体中关于*常峰态曲线*(*mesokurtic curve*)的偏离。【*Biometrika*, 1947, **34**, 209 - 242.】

GEE/广义估计方程组

广义估计方程组(**Generalized Estimating Equations**)的缩写。

Gehan's Generalized Wilcoxon Test/Gehan 广义 Wilcoxon 检验

对两组个体的生存时间进行比较的*无分布方法*(*distribution free method*)。参见:**Cox-Mantel 检验**(**Cox-Mantel Test**),**对数秩检验**(**Log-Rank Test**)。【*Statistics in Medicine*, 1989, **8**, 937 - 946.】

Gene/基因

具有明确功能的 DNA 序列,通常用形成蛋白质分子的氨基酸序列编码。【*Statistics in Human Genetics*, 1998, P. Sham, Arnold, London.】

Gene Environment Interaction/基因环境的相互作用

当基因与环境因子的联合效应与它们单独的效应和不同时所引起的效应。【*Statistics in Human Genetics*, 1998, P. Sham, Arnold, London.】

Gene Frequency Estimation/基因频数估计

根据个体样本的*基因型*(*genotypes*)关于人口中等*位基因*(*allele*)的频数估计。【*Statistics in Human Genetics*, 1998, P. Sham, Arnold, London.】

Gene Mapping/基因定位

在染色体上确定基因的位置。它包含标识图的构建和对疾病传播敏感的基因的位置。【*Statistics in Human Genetics*, 1998, P. Sham, Arnold, London.】

General Household Survey/综合住户统计调查

自 1971 年以来在英国持续不断的调查。每年的样本中包含近 100 000 户家庭被调查。

General Location Model/一般选址模型

包含连续变量和分类变量的数据模型。分类数据由*列联表*(*contingency table*)和根据*多项分布*(*multinomial distribution*)得出的*边际分布*(*marginal distribution*)汇总。假设连续变量服从*多元正态分布*(*multivariate normal distribution*),变量的均值随着列联表的单元格到单元格改变,但对所有单元格变量的*方差—协方差矩阵*(*variance-covariance matrix*)是相同的。当存在关于两个分类的单一分类变量时,模型可以根据 *Fisher 线性判别分析*(*Fisher's linear discriminant analysis*)假设。【*Annals of Statistics*, 1961, **32**, 448-465.】

Generalizability Theory/概化理论

关于测度的理论,在任何测量情形中存在多种(事实上无限多种)变化原因[在理论上称为*面*(*facet*)],测量的最主要目的是识别和度量那些对估计产生误差的*方差成分*(*variance components*)。对策是降低这些原因在测量上的影响。【*Design and Analysis of Reliability Studies*, 1989, G. Dunn, Edward Arnold, London.】

G

Generalized Additive Mixed Models (GAMM)/广义可加混合模型

使用如*样条*(*splines*)这种可加非参数函数将协变量效应模型化的一类模型,通过在可加预测上添加*随机效应*(*random effect*)讨论*过度离差*(*overdispersion*)和相关性。【*Journal of the Royal Statistical Society*, *Series B*, 1999, **61**, 381-400.】

Generalized Additive Models/广义可加模型

使用如*局部加权回归*(*locally weighted regression*)这些光滑技术来识别和表示解释变量与反应变量之间关系的模型,通过多项式或寻找反应变量与解释变量之间适当的变换来实现。在这些模型中,反应变量预测值的*连接函数*(*link function*)为解释变量的几个光滑函数的和,而不是解释变量本身。参见:广义线性模型(**Generalized Linear Models**),光滑(**Smoothing**)。【*Generalized Additive Models*, 1990, T. Hastie and R. Tibshirani, Chapman and Hall/CRC Press, London.】

Generalized Distance/广义距离

参见:**Mahalanobis D^2** 距离(**Mahalanobis D^2**)。

Generalized Estimating Equations (GEE)/广义估计方程组

类似于得出关于均值反应的一致推断的多元*拟似然函数*(*quasi-likelihood*),无需对二阶和高阶*矩*(*moments*)作任何假设。常用于对纵向数据以似然函数为基础的推断,其中无需假设反应变量服从正态分布。简单的模型用于对象间相关性,在模型设定中引入*工作相关矩阵*(*working correlation matrix*)来包含这些相关。方法给出了均值参数的一致估计,即使协方差结构是不正确的设定。方法假设缺失数据是*随机完全缺失*(*missing completely at random*),否则得到的参数估计是有偏的。一种修改的方法为*加权广义估计方程组*(*weighted generalized estimating equations*),在缺失数据是随机缺失的这个较为宽松的假设下可以得到无偏的参数估计。参见:三明治估计量(**Sandwich Estimator**)。【*Analysis of Longitudinal Data*, 1994, P. J. Diggle, K.-Y. Liang and S. Zeger, Oxford Science Publications, Oxford.】

Generalized Gamma Distribution/广义 Γ 分布

也称为 **Creedy-Martin 广义Γ分布(Creedy and Martin Generalized Gamma Distribution)**。

Generalized Linear Mixed Models (GLMM)/广义线性混合模型

广义线性模型(*generalized linear models*)的推广,在线性预测中包含*随机效应*(*random effect*)。

Generalized Linear Models/广义线性模型

一般线性模型的推广。反应变量期望值的函数[*连接函数*(*link function*)]看成是解释变量 $x_1, x_2, \cdots, x_q$ 的线性函数,即:

$$f(E(y))=\beta_0+\beta_1 x_1+\beta_2 x_2+\cdots+\beta_q x_q$$

其中,f 是连接函数。这个模型的其他部分是设定反应变量的方差形式和设定它的概率分布[*指数分布族*(*exponential family*)中的一个分布]。通过设定合适的连接函数、方差和分布的一般公式,可以得到这种模型的特殊形式。例如,多元回归对应恒等连接函数、常数方差和正态分布。*Logistic 回归*(*logistic regression*)由 logit 连接函数和*二项分布*(*binomial distribution*)得到;这里反应的方差与均值相关,即方差=均值(1-均值/n),其中 n 是观察次数。*离差参数*(*dispersion parameter*)[常称为*尺度因子*(*scale factor*)]用来描述如*过度离散*(*overdispersion*)的现象。例如,如果方差比二项分布期望的要大,那么可以设定如 ϕ 均值(1-均值/n)。在这种模型的许多应用中尺度因子 ϕ 为 1。这种模型中参数估计可以根据*极大似然估计法*(*maximum likelihood estimator*)得到。参见:**GLIM 软件包(GLIM)**,**广义可加模型(Generalized Additive Models)**,**广义估计方程组(Generalized Estimating Equations)**。【GLM】

Generalized Mixed Models (GMM)/广义混合模型

在线性预测中纳入随机效应向量的*广义线性模型*(*generalized linear models*)。例如,*混合效应 logistic 回归*(*mixed effects logistic regression*)。【*Biometrics*, 1996, **52**, 1295-1310.】

Generalized Odds Ratio/广义比值比

也称为 **Agresti α(Agresti's Alpha)**。

Generalized Poisson Distribution/广义 Poisson 分布

概率分布定义如下:

$$\Pr(X=0)=e^{-\lambda}(1+\lambda\theta)$$

$$\Pr(X=1)=\lambda e^{-\lambda}(1-\theta)$$

$$\Pr(X=x)=\frac{\lambda^x e^{-\lambda}}{x!}\quad(x\geq 2)$$

分布对应 Poisson 分布的随机变量取值被正确记录,除了当取值为 1 以及记录为 0 的概率非零。【*Journal of the American Statistical Association*, 1960, **55**, 139-144.】

Generalized Principle Components Analysis/广义主成分分析

主成分分析(*principle components analysis*)的非线性版本，目的是确定与数据配置最一致的非线性坐标系统。例如，对于二元数据 y_1，y_2，如果目的是寻找二次坐标系统，那么第一步定义变量 z：

$$z=ay_1+by_2+cy_1y_2+dy_1^2+ey_2^2$$

求解系数使得 z 的方差在所有关于 y_1 和 y_2 这种二次函数中最大。【*Methods of Statistical Data Analysis of Multivariate Observations*, R. Gnanadesikan, 1977, Wiley, New York.】

Generalized Procrustes Analysis/广义 Procrustes 分析

参见：**Procrustes 分析(Procrustes Analysis)**。

Generalized *P* Values/广义 *P* 值

由于*多余参数*(*nuisance parameters*)的出现很难或不可能进行显著性检验的场合所引入的方法。【*Technometrics*, 1994, **36**, 394 - 402.】

Generalized Variance/广义方差

类似于多元数据所使用的方差。定义为观察的*方差—协方差矩阵*(*variance-covariance matrix*)的行列式。

Genetic Algorithms/遗传算法

根据生物模拟所得出的最优化过程。基本思想是在最优化算法中模仿基因突变的"适者生存"规则。过程从可能的解的总体开始，度量每个解的拟合度或价值。然后，将已有的解"变异"(改变一点点)或跨越(两个解合并得出新的解)这样生成新的解。目的是得出具有更高价值的新解。【*IMA Journal of Mathematics Applied in Business and Industry*, 1997, **8**, 323 - 346.】

Genetic Epidemiology/遗传流行病学

讨论亲属群体中疾病的病因、分布和控制以及人群中疾病的遗传原因的科学。【*Outline of Genetic Epidemiology*, 1982, N. E. Morton, Karger, New York.】

Genetic Heritability/基因遗传

由于人群中基因变异引起的性状变异的比例。【*Statistics in Human Genetics*, 1998, P. Sham, Arnold, London.】

Genomics/基因组学

由活生物体基因组成的 DNA 或 RNA 序列的结构、作用分析和进化的研究。基因组与基因密切相关(几乎是基因的同义词)；前者与 DNA 的结构、作用和进化更直接相关，而后者描述了家庭中或人群中遗传性状的遗传传递的结果。

Genotype/基因型

一个个体中在一个或多个位点出现的*等位基因*(*alleles*)的集合。【*Statistics in Human Genetics*，1998，P. Sham，Arnold，London.】

Genotype Assortment/基因型品种

参见:选型交配(**Assortative Mating**)。

GENSTAT/GENSTAT 软件包

用于数据的管理和分析的统计软件的通用件。软件包包含大量的数据处理程序以及包括回归分析、*聚类分析*(*cluster analysis*)和*主成分分析*(*principal components analysis*)这些统计方法。作为一个复杂的统计程序语言,它将非标准的分析方法变得相对简单。【NAG Ltd.，Wilkinson House，Jordan Hill Road，Oxford OX2 8DR，UK；NAG Inc.，1400 Opus Place，Suite 200，Downers Grove，Illinois 60515－5702，USA.】

G

Geographical Analysis Machine/地理分析机

检测在一个特定区域中罕见疾病集群的程序。在覆盖研究区域的正方形网格的每个点绘制一个固定半径的圆。邻近的圆允许一定程度的重叠,计算在每个圆中疾病的病例数。然后进行显著性检验,基于在普查年中病例总数和处于风险的个体数,都是总数以及都在所讨论的圆中。参见:扫描统计(**Scan Statistic**)。【*Statistics in Medicine*，1996，**15**，1961－1978.】

Geographical Correlations/地理相关

作为地理单位上平均值的变量间的相关性。参见:生态谬误(**Ecological Fallacy**)。

Geographical Information System (GIS)/地理信息系统

处理和展示数字地理参照的软件和硬件配置。用于识别任意已知疾病爆发的地理或空间位置,以及疾病随着时间的移动与*发病率*(*incidence*)和*流行性*(*prevalence*)的变化。【*Computers and Geoscience*，1997，**23**，371－385.】

Geometric Distribution/几何分布

一系列*Bernoulli试验*(*Bernoulli trials*)中首次成功之前试验次数 N 的概率分布。这个分布定义为:

$$\Pr(N=n)=p(1-p)^{n-1},\quad n=1,2,\cdots$$

其中,p 是每次试验中成功的概率。分布的均值、方差、*偏斜度*(*skewness*)和*峰度*(*kurtosis*)如下:

$$均值=1/p$$
$$方差=(1-p)/p^2$$
$$偏斜度=(2-p)/(1-p)^{\frac{1}{2}}$$
$$峰度=9+p^2/(1-p)$$

【STD Chapter 19.】

Geometric Mean/几何平均

位置的度量 g,对于观察集 $x_1, x_2, \cdots, x_n$,定义为:

$$g = \left(\prod_{j=1}^{n} x_j\right)^{\frac{1}{n}}$$

几何平均一般小于算术平均。【SMR Chapter 3.】

Geostatistics/地理统计学

在所讨论的过程中理解和模型化空间变异的一类方法。这些方法的核心是在彼此接近位置上的测量比较远位置的观察值更相似。参见:克里格方法(**Kriging**),变异函数(**Variogram**)。【*Practical Geostatistics*, 1979, I. Clark, Applied Science, London.】

Gibb's Sampling/Gibb 抽样

参见:马尔可夫链**Monte Carlo** 方法(**Markov Chain Monte Carlo Methods**)。

Gini Concentration/Gini 集中度

对于 k 个分类取值的变量 X 的发散性度量 $V_G(X)$,定义为:

$$V_G(X) = \sum_{i=1}^{k} \pi_i (1 - \pi_i)$$

其中,$\pi_i = \Pr(X=i), i=1,\cdots,k$。当 X 是最小发散时,即对某个分类 j 有 $\Pr(X=j)=1$,统计量取最小值 0,当 X 是最大发散时,即对所有 i 有 $\Pr(X=i)=1/k$,它取最大值 $(k-1)/k$。【*Statistical Analysis of Categorical Data*, 1999, C. J. Lloyd, Wiley, New York.】

Gini, Corrado (1884-1965)/科拉多·基尼(1884-1965)

基尼出生于意大利维尼托省的一个小城中,在他对统计学感兴趣之前在博洛尼亚大学学习法律。1908 年他的学位论文成为他 80 本著作中的第一本书。26 岁时基尼已经成为一名大学教授,他一生一直在卡里亚里大学、帕多瓦大学和罗马大学担任要职。创办了 *Genus* 和 *Metron* 这两本杂志,在概率论、人口统计学和生物测量领域撰写了上千篇科学论文。1920 年被推选为皇家统计学会荣誉院士,他还是格瑟学院的会员。于 1965 年 3 月 13 日去世。

Gini Index/Gini 指数

参见:**Lorenz** 曲线(**Lorenz Curve**)。

GIS/地理信息系统

地理信息系统(**Geographical Information System**)的缩写。

Glejser Test/Glejser 检验

对回归分析的误差项中异方差性的检验,其中回归残差的绝对值关于被认为是与误差项的方差一起变化的自变量的取值的回归。参见:**Goldfield-Quandt** 检验(**Goldfield-Quandt Test**)。【*Regression Analysis*, Volume 2, edited by M. S. Lewis-Beck, Sage Publications, London.】

GLIM/GLIM 软件包

一种软件包,适用于拟合广义线性模型(*generalized linear models*)[缩写代表的是广义线性互动模型(Generalized Linear Interactive Modelling)],包括*对数线性模型*(*log-linear models*)、*logistic 模型*(*logistic models*)以及基于*互补重对数变换*(*complementary log-log transformation*)模型。可以得到大量 GLIM 宏,用于非标准的统计分析。【NAG Ltd, Wilkinson House, Jordan Hill Road, Oxford OX2 8DR, UK; NAG Inc., 1400 Opus Place, Suite 200, Downers Grove, Illinois 60515-5702, USA.】

GLLAMM/GLLAMM 程序

通过极大似然估计法估计*广义线性潜在和混合模型*(*generalized linear latent and mixed models*)的程序。被拟合的模型包括*多层模型*(*multi-level models*)、*结构方程模型*(*structural equation models*)和*潜在分类模型*(*latent class models*)。反应变量可以是包括连续、计数、生存时间、二分的以及分类的混合形式。【Details and manuals available at http://www.iop.kcl.ac.uk/IoP/Departments/BioComp/programs/gllamm.html.】

GLM/广义线性模型

广义线性模型(**Generalized Linear Model**)的缩写。

GLMM/广义线性混合模型

广义线性混合模型(**Generalized Linear Mixed Models**)的缩写。

Glyphs/字形

多元数据的图形表示,其中每次观测用带射线的圆表示,射线的不同长度表示可观察变量的取值。图例见图 69。参见:**Andrews 图**(**Andrews' Plot**),**Chernoff 脸**(**Chernoff's Faces**)。【MV1 Chapter 3.】

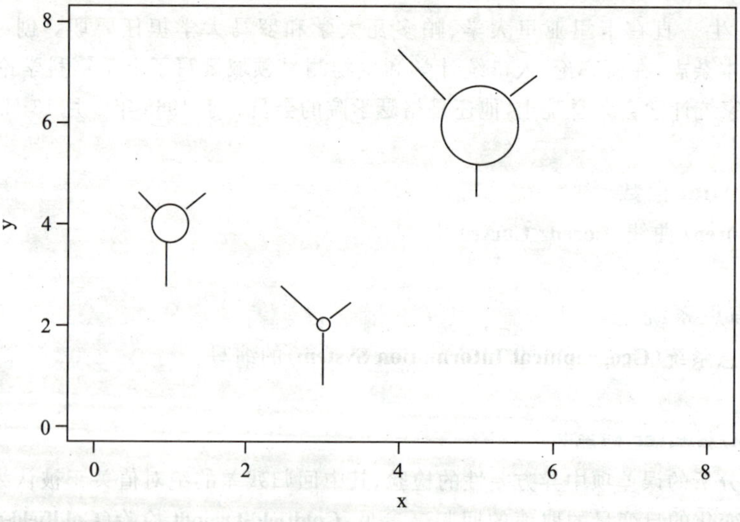

图 69 字形的例子

GMM/广义混合模型

广义混合模型(**Generalized Mixed Models**)的缩写。

Gnedenko, Boris (1912-1995)/鲍里斯·格涅坚科(1912-1995)

1912 年 1 月 1 日格涅坚科出生于伏尔加河上的一座小城辛比尔斯克,在萨拉托夫大学学习。1934 年,他进入国立莫斯科大学数学所,师从辛钦(Khinchin),后来师从柯尔莫哥洛夫(Kolmogorov)。1938 年他成为力学数学系的副教授。格涅坚科的主要工作是关于理论统计的不同方面,特别是独立同分布随机变量的极大值的极限分布。被认为是他最重要的专著《独立随机变量和的极限分布》(*Limit Distributions for Sums of Independent Random Variables*)第一版于 1949 年出版。1951 年出版了著作《概率论》(*The Theory of Probability*),这本书保持超过十年最受学生欢迎的纪录。在后来的职业生涯中,格涅坚科的兴趣转向*可靠性理论*(*reliability theory*)和*质量控制程序*(*quality control procedures*),在前苏联工业的现代化包括空间规划中扮演了重要的角色。他还花了大量时间从事数学普及化工作。1995 年 12 月 27 日于莫斯科去世。

G

Goelles, Josef (1929-2000)/约瑟夫·乔勒斯(1929-2000)

乔勒斯在格拉茨大学学习数学、物理和心理学,1964 年获得数学博士学位。在格拉茨技术大学开始他的科学生涯,1985 年在约阿内研究院成立了应用统计和系统分析研究所,到他去世前不久一直担任所长。他致力于临床医生和生物学家的联合项目,试图说服其他学院将统计学纳入他们自己的学科。

Golden-Thompson Inequality/Golden-Thompson 不等式

关于*矩阵指数变换*(*matrix exponential transformation*)的不等式,定义为:

$$trace[\exp(A)\exp(B)] \geq trace[\exp(A+B)]$$

当且仅当 A 和 B 可交换时等号成立。【*Linear Algebra and its Applications*, 1996, **243**, 105-112.】

Goldfield-Quandt Test/Goldfield-Quandt 检验

关于涉及检查解释变量与误差项方差之间单调关系的回归分析中误差项的异方差性的检验。参见:**Glejser 检验**(**Glejser Test**)。

Gold Standard Trials/金标准试验

术语用于随机分配治疗、对照组和双盲的临床试验。

Gompertz Curve/Gompertz 曲线

描述作为时间(t)的函数的总体容量(y)的曲线,其中相对生长率按常数比例下降。定义为:

$$y = ae^{-b^t}$$

【MV2 Chapter 13.】

Goodman and Kruskal Measures of Association/Goodman-Kruskal 关联性度量

在无法假设两个分类变量是由不可观察的连续变量得出的，以及不存在自然的排序的情形中关联性的度量。度量背后的理性存在一个问题："一个变量的分类知识有多少可以提高关于其他变量上分类的预测能力。"【*The Analysis of Contingency Tables*, 2nd edition, B. S. Everitt, Chapman and Hall/CRC Press, London.】

Goodness-of-Fit Statistics/拟合优度统计量

样本观察集和相应的由某个模型预测的取值之间一致性的度量。有许多这样的度量；见 χ^2 *统计量*（*chi-squared statistic*）、*偏离*（*deviance*）、*似然比*（*likelihood ratio*）、G^2 和 X^2。【SMR Chapter 8.】

G

Good's Method/Good 方法

将假设的独立性检验合并的方法。

Gossett, William Sealy (1876–1937)/威廉·西利·戈塞特(1876–1937)

戈塞特出生于英国坎特伯雷，在1899年进入都柏林的吉尼斯啤酒厂之前在牛津大学获得化学学位。在接下来的30年，他一直在吉尼斯工作。在他的工作中遇到的实际问题让他从小样本中寻找出精确的统计量的误差概率，这是先前没有研究过的领域。1906～1907年他在伦敦大学学院师从卡尔·皮尔逊学习了一个学年。用"学生"这个假名撰写了他的论文，1908年发表在《生物统计》(*Biometrika*)杂志上，在论文中介绍了*学生 t-分布*（*Student's t-distribution*）。1937年10月16日于伦敦去世。

Gower's Similarity Coefficient/Gower 相似性系数

当度量包含连续变量和分类变量时特别适合的*相似性系数*（*similarity coefficient*）。【MV2 Chapter 10.】

Grade of Membership Model/隶属等级模型

一种*无分布方法*（*distribution free method*），关于只涉及分类变量的多元数据的聚类。模型假设个体具有多于一个集群的特征，且个体的状态可以用一个数值量表示，每个数对应一个集群，它们度量了关于集群个体的隶属"强度"或等级。这些量和模型中其他参数的估计可以采用*极大似然估计法*（*maximum likelihood estimation*）。参见：潜在类分析（**Latent Class Analysis**），模糊集合论（**Fuzzy Set Theory**）。【*Statistical Applications of Fuzzy Sets*, 1994, K. G. Manton, M. A. Woodbury and H. D. Tolley, Wiley, New York.】

Graduation/修匀

术语用于在*精算方法*（*actuarial methods*）的应用中表示将可观察的概率集合调整使得它们适合推断和进一步的实际计算的过程。【*The Analysis of Mortality and Other Actuarial Statistics*, 3rd edition, 1993, B. Benjamin and J. H. Pollard, Institute and Faculty of Actuaries, Oxford.】

Graeco-Latin Square/Graeco-Latin 方

Latin方(*Latin square*)的推广,在一个实验中存在变差的三种外部原因。这种方的3×3 例子如下:

$$\begin{matrix} A\alpha & B\beta & C\gamma \\ B\gamma & C\alpha & A\beta \\ C\beta & A\gamma & B\alpha \end{matrix}$$

【*The Mathematics of Experimental Designs*; *Incomplete Block Designs and Latin Squares*, S. Vajda, 1967, Charles Griffin, London.】

Gram-Charlier Type A Series/Gram-Charlier A 型级数

根据 *Chebyshev-Hermite 多项式*(*Cheebyshev-Hermite polynomials*) $H_r(x)$关于概率分布 $f(x)$的展开式。定义为:

$$f(x)=\alpha(x)\left\{1+\frac{1}{2}(\mu_2-1)H_2+\frac{1}{6}\mu_3H_3+\frac{1}{24}(\mu_4-6\mu_2+3)H_4+\cdots\right\}$$

其中:

$$\alpha(x)=\frac{1}{\sqrt{2\pi}}e^{-\frac{1}{2}x^2}$$

参见:**A 型级数的 Edgeworth 形式**(**Edgeworth's Form of the Type A Series**)。【KA1 Chapter 6.】

Gramian Matrix/Gramian 矩阵

对称矩阵 A,它的元素为实数,且存在由实数组成的矩阵 B,使得 $BB'=A$ 或 $B'B=A$。例如,*相关矩阵*(*correlation matrix*)。

Grand Mean/总平均

不考虑分组,分组数据集中后所有取值的平均值。

Graphical Methods/图解法

那些由图表、图形和可视化显示的其他形式得出结论的技术的通用术语。例如:**Andrews 图**(**Andrews' Plots**),**Chernoff 脸**(**Chernoff Faces**),**合图**(**Coplots**)。【MV1 Chapter 3.】

Graph Theory/图论

关于点(顶点或结点)的集合的性质的数学分支,其中某些点是由称为边的直线连接。*有向图*(*directed graph*)是指其中的边是有方向的,*无向图*(*undirected graph*)是点之间的连接是没有方向的那些图。图可以通过*邻接矩阵*(*adjacency matrix*)表示。参见:**条件独立图**(**Conditional Independence Graph**)。【*Graphs and Diagraphs*, 1979, M. Bahzad, G. Charlrand and L. Lesnick, Foster, Prindle, Weber and Schimidt, Boston.】

G

Graunt, John (1620-1674)/约翰·格朗特(1620-1674)

格朗特是一个城市商人的儿子，由于他 1662 年出版的专著《死亡率条例草案的自然和政治观察》(*Natural and Political Observations Made upon the Bills of Mortality*)，他被认为是*人口学*(*demography*)的奠基人。他最重要的贡献是引入了初步*生命表*(*life table*)。1674 年 4 月 18 日于伦敦去世。

Greatest Characteristic Root Test/最大特征根检验

也称为 **Roy 最大根准则(Roy's Largest Root Criterion)**。

Greenberg, Bernard George (1919-1985)/伯纳德·乔治·格林伯格(1919-1985)

格林伯格出生于纽约城，1939 年在纽约城市学院获得数学学位。10 年后，服过一段兵役后，他在北卡罗莱纳州立大学获得博士学位，师从霍特林。格林伯格在北卡罗莱纳州立大学创建了生物统计系，是公共卫生和医疗领域的先驱。1985 年 12 月 24 日于查珀尔希尔去世。

G

Greenhouse-Geisser Correction/Greenhouse-Geisser 校正

在*纵向数据*(*longitudinal data*)的*方差分析*(*analysis of variance*)中调整对象内 *F*-检验(*F-test*)的自由度的方法，使得度量的*方差—协方差矩阵*(*variance-covariance*)尽可能偏离*球形*(*sphericity*)的假设。如果关于数据这个条件成立，那么校正因子为 1，简单的 *F*-检验有效。偏离球形将使得估计的校正因子小于 1，那么需要减小相关 *F*-检验的自由度。参见：**Huynh-Feldt 校正(Huynh-Feldt Correction)，Mauchly 检验(Mauchly Test)**。【MV2 Chapter 13.】

Greenhouse, Samuel (1918-2000)/塞缪尔·格林豪斯(1918-2000)

格林豪斯在美国国家癌症研究院的国家健康研究所开始他的职业生涯。后来成为国家精神卫生研究所的理论统计与数学中心主任。1974 年后，格林豪斯在乔治华盛顿大学开始全职的学术生涯。他对临床试验的理论和实践的早期发展有很大影响，他的工作包括诊断测试的评估以及*重复度量设计*(*repeated measure designs*)的分析。2000 年 9 月 28 日于美国马里兰州罗克维尔去世。

Greenwood, Major (1880-1949)/迈亚·格林伍德(1880-1949)

格林伍德出生于伦敦东区，在伦敦的伦敦大学学院和伦敦医学院学习医学，但在跟随卡尔·皮尔逊学习了一段时期后不久就放弃了临床医学，于 1910 年在李斯特研究所担任统计员。在此他承担了如在医院治疗中骨折和肺炎的死亡这些不同课题的统计调查工作。1919 年他成为新成立的英国卫生部医学统计部门主任，这个职位一直担任到 1928 年他被任命为伦敦卫生与热带医学院生命统计和流行病学系系主任。在此一直工作到 1945 年退休为止。1934～1936 年间，格林伍德担任皇家统计学会主席，1945 年获得金质 Guy 勋章。于 1949 年 10 月 5 日去世。

Greenwood's Formula/Greenwood 公式

公式给出了生存函数的*积限估计量*(*product limit estimator*)的方差，定义为：

$$Var(\hat{S}(t)) = [\hat{S}(t)]^2 \sum_{j \mid t_{(j)} \leq t} \frac{d_j}{r_j(r_j - d_j)}$$

其中，$\hat{S}(t)$是在时刻 t 处估计的生存函数，$t_{(1)} < t_{(2)} < \cdots < t_{(n)}$ 是有序的可观察生存时间，r_j 是在时刻 $t_{(j)}$ 处面临风险的个体数，d_j 是在时刻 $t_{(j)}$ 处经历所讨论事件的个人数。［在 $t_{(j)}$ 处删失的个体属于 r_j。］【*Modelling Survival Data in Medical Research*，1993，D. Collett，Chapman and Hall/CRC Press，London.】

Group Average Clustering/组平均聚类

也称为平均连接聚类(**Average Linkage Clustering**)。

Group Divisible Design/可分组设计

将 $v=mn$ 种治疗分配到 b 个区组中，满足：

- 每个区组包含 k 种不同的治疗($k<v$)；
- 每种治疗重复 r 次；
- 治疗可以分成 m 组，每组含有 n 种治疗，任意两种治疗如果属于同一组则它们同时出现在 λ_1 个区组中，如果它们属于不同组则它们出现在 λ_2 个区组中。【*Biometrika*，1976，**63**，555－558.】

Grouped Binary Data/分组二进制数据

根据在具有如相同诊断或相同性别等的病人或对象间两种可能的结果中一种结果的比例得到的关于二进制变量的观察。

Grouped Data/分组数据

所记录的数据为在特定区间中观察的频数。

Group Matching/组匹配

参见：匹配(**Matching**)。

Group Sequential Design/成组序贯设计

参见：序贯设计(**Sequential Design**)。

Growth Charts/生长图表

也称为百分位参考图(**Centile Reference Charts**)。

Growth Curve/生长曲线

参见：生长曲线分析(**Growth Curve Analysis**)。

Growth Curve Analysis/生长曲线分析

研究个体随时间发展的方法。典型的例子是关于一组特定年龄儿童的身高或体重。对每个儿童关于身高和体重的图给出了个体的*生长曲线*(*growth curve*)。一般采用低阶多项式拟合这样的曲线,所得出的参数估计用来对如男孩和女孩间比较提供参考。【*Journal of Royal Statistical Society*, *Series A* , **151**, 385 - 418.】

Growth Rate/增长率

人口增长的度量,定义为:

$$\frac{\text{一年中活产婴儿数}-\text{一年中死亡人数}}{\text{一年中人口数}}\times 100$$

Grubb's Estimators/Grubb 估计量

当对同一个量采用两种仪器或技术测量时,度量精度的估计量。例如,如果两种度量记为 x_i 和 y_i, $i=1,\cdots,n$,假设:

$$x_i=\tau_i+\varepsilon_i$$
$$y_i=\tau_i+\delta_i$$

其中,τ_i 是第 i 个量真正的未知数值,ε_i 和 δ_i 是测量误差,假设它们相互独立,那么 Grubb 估计量为:

$$\hat{V}(\tau_i)=\text{cov}(x,y)$$
$$\hat{V}(\varepsilon_i)=\text{var}(x)-\text{cov}(x,y)$$
$$\hat{V}(\delta_i)=\text{var}(y)-\text{cov}(x,y)$$

【*Technometrics*, 1973, **15**, 53 - 66.】

GT Distribution/GT 分布

与学生 *t*-分布(*Student's t-distribution*)有关的概率分布 $f(x)$,定义为:

$$f(x)=\frac{p}{2\sigma q^{1/p}B(p^{-1},q)}\left[1+\frac{|x|^p}{(q\sigma^p)}\right]^{q+p^{-1}}$$

其中,B 是 β 函数。

在 $f(x)$ 中,σ 是尺度参数(*scale parameter*),而 p 和 q 控制着分布的形状。p 和 q 取值较大对应着分布的尾部很轻。当 $p=2,\sigma=\sqrt{2}\alpha$ 时,它就是自由度为 $2q$ 的学生 t-分布。【*Continuous Univariate Distributions*, Volume 2, 2nd edition, 1995, N. L. Johnson, S. Kotz and N. Balakrishnan, Wiley, New York.】

Guarantee Time/担保时间

参见:双参数指数分布(**Two-Parameter Exponential Distribution**)。

Gumbel Distribution/Gumbel 分布

也称为极值分布(**Extreme Value Distribution**)。

Gumbel, Emil Julius (1891-1966)/埃米尔·朱利叶斯·冈贝尔(1891-1966)

冈贝尔出生于德国慕尼黑,1914 年在慕尼黑大学获得经济学和数理统计博士学位。

1933～1940年间他在法国工作,先是在巴黎的亨利・彭加莱研究所,后来在里昂大学。冈贝尔在*极值*(*extreme values*)理论方面作出了重要的贡献。

Gupta's Selection Procedure/Gupta 遴选程序

对于给定的从 k 个正态总体中每一个总体中抽取的容量为 n 的样本,选择这 k 个总体的子集,使得它能包含具有最小概率最大均值的总体的方法。【*Communication in Statistics Theory and Methods*, 1997, **26**, 1291-1312.】

Guttman Scale/Guttman 尺度

基于一个二*进制变量*(*binary scale*)集合上的尺度,它度量了一个一维*潜在变量*(*latent variable*)。参见:**Cronbach α(Cronbach's Alpha)**。【*Scale Development Theory and Applications*, 1991, R. F. Devellis, Sage, Beverly Hills.】

Guy, William Augustus (1810-1885)/威廉・奥古斯特・盖伊(1810-1885)

盖伊出生于英国奇切斯特,在伦敦的基督医学院和盖伊医学院学习医学。1831年由于关于哮喘的最佳论文,盖伊获得伦敦医学会的 Fothergillian 勋章。1838年盖伊担任位于伦敦的国王学院的法医学系系主任。盖伊强烈建议在医学问题的研究中使用统计学,他的主要贡献是关于公共健康的材料汇编进行统计分析。盖伊是英国皇家统计学会非常活跃的成员,由于他对学会的工作,1891年英国皇家统计学会设立了以他名字命名的 Guy 勋章。1873～1875年间,他担任英国皇家统计学会主席。1885年9月10日于伦敦去世。

H

H_0/H_0

零假设(**Null Hypothesis**)的记号。

H_1/H_1

备选假设(**Alternative Hypothesis**)的记号。

Harr Wavelet/Harr 小波

参见:小波分析(**Wavelet Analysis**)。

Hadamard Matrix/Hadamard 矩阵

$n \times n$ 矩阵 H_n 的元素为 ± 1,且满足 $H_n' H_n = \text{diag}(n, n, \cdots, n)$。在*响应曲面法*(*response surface methodology*)中非常重要。【*Annals of Statistics*, 1978, **6**, 1184 - 1238.】

Haldane's Estimator/Haldane 估计量

比值比(*odds ratio*)的估计量,定义为:

$$\hat{\Psi} = \frac{(a+\frac{1}{2})(d+\frac{1}{2})}{(b+\frac{1}{2})(c+\frac{1}{2})}$$

其中,a,b,c,d 是 *2×2 列联表*(*two-by-two contingency table*)中的单元格频率。参见:**Jewell** 估计量(**Jewell's Estimator**)。

Half-Mode/半模式

当出现变量的极值时关于概率分布或频率分布的模式,例如在 *J 形分布*(*J-shaped distribution*)中。

Half-Normal Distribution/半正态分布

也称为折叠正态分布(**Folded Normal Distribution**)。

Half-Normal Plot/半正态图

诊断模型的不足或揭示*异常点*(*outlier*)出现的图形,例如关于*多元回归*(*multiple re-

gression)中*残差*(*residual*)的绝对值与标准正态分布的位数绘制的图。异常点出现在图形的右上方且远离其他点,而系统偏离一条直线则说明模型是不适合的。【*Principles of Multivariate Analysis*, 1988, W. J. Krzanowski, Oxford Science Publications, Oxford.】

Halo Effect/光环效应

在某个任务上关于对象的表现被高估的情形,由于在早期实践或其他领域中获得"干得好"印象对观察者的影响。

Halperin, Max (1917–1988)/马克斯·哈尔佩林(1917–1988)

哈尔佩林出生于内布拉斯加州的奥马哈,1940 年毕业于奥马哈大学,获得数学学位。1950 年在北卡罗来纳大学获得博士学位。刚开始他在兰德公司作为一名研究数学家,随后在美国国立卫生研究院的生物标准部任职。后来他担任乔治·华盛顿大学统计系生物统计中心主任。哈尔佩林在统计学的许多领域作出了重要的贡献,包括*多元分析*(*multivariate analysis*)、回归分析、*多重比较*(*multiple comparisons*)和*异常点*(*outliers*)诊断。1988 年 2 月 1 日于弗吉尼亚州费尔法克斯去世。

Hanging Rootogram/悬挂根图

将可观察的*根图*(*rootogram*)与拟合曲线进行比较的图,图形显示了在垂直方向上两者之间的差异而不是曲线本身。这样更容易识别大的差异和寻找模式,例子见图 70。【*Exploratory Data Analysis*, 1977, J. W. Tukey, Addison-Wesley, Reading, MA.】

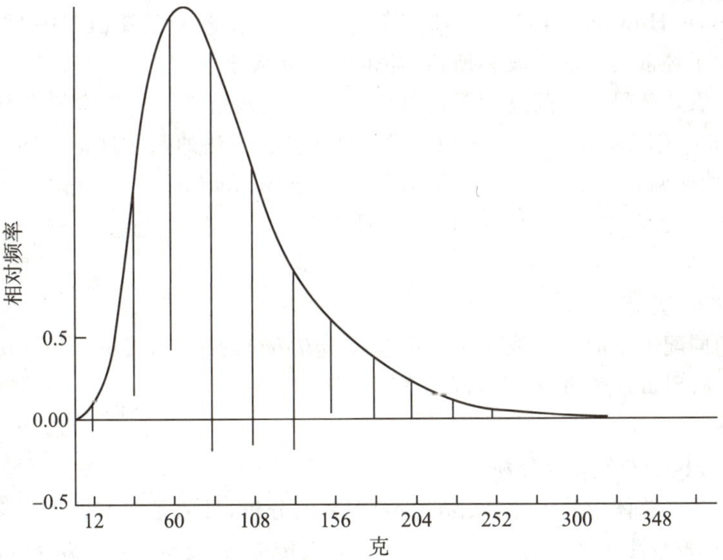

图 70　一例悬挂根图

Hankel Matrix/Hankel 矩阵

在某个时间 t 处具有某个未来值的*时间序列*(*time series*)的过去和现在取值之间的方差一协方差矩阵(*variance-covariance matrix*)。【*Journal of the American Statistical Society*, 1998, **93**, 770 – 782.】

Hannan, E.J. (1921-1994)/E.J. 汉南(1921-1994)

汉南在墨尔本大学获得商业学位后，开始了其在澳大利亚储备银行的经济师工作。1953年在澳大利亚国立大学度过一年，他被莫兰(P. A. P. Moran)所关注，开始了他在时间序列分析的不同方面的研究，最终得到了国际上的认可。汉南获得许多荣誉，包括由于他在数学和物理方面的杰出研究，被澳大利亚科学院授予Lyle勋章以及被澳大利亚统计学会授予Pitman勋章。于1994年1月7日去世。

Hansen-Hurwitz Estimator/Hansen-Hurwitz 估计量

总体的总容量的无偏估计量，定义为：

$$\hat{\tau}=\frac{1}{n}\sum_{i=1}^{n}\frac{y_i}{p_i}$$

其中，n 是*抽样单位*(*sampling units*，本书中经常指区域或地区)的数目，y_i 是在第 i 个抽样单位中个体、动物或物种的数目，p_i 是选择第 i 个单位的概率，$i=1,2,\cdots,N$，N 是总体单位的数目。(当抽样为有放回时 $n=N$。)$\hat{\tau}$ 的方差的无偏估计量为：

$$\hat{\text{var}}(\hat{\tau})=\frac{1}{n(n-1)}\sum_{i=1}^{n}\left(\frac{y_i}{p_i}-\hat{\tau}\right)^2$$

参见：**Horvitz-Thompson 估计量**(**Horvitz-Thompson Estimator**)。【*Journal of the American Statistical Association*, 1946, **41**, 517-529.】

Hansen, Morris Howard (1910-1990)/莫里斯·霍华德·汉森(1910-1990)

汉森出生于怀俄明州瑟莫波利斯，在怀俄明州立大学学习会计学，1934年获得学士学位。他在美国农业部研究生院进行了统计学方面的正式培训。1940年获得统计学硕士学位。1941年加入美国人口局，在那里他开发了基于抽样方法的数学理论。1953年出版了标准的参考书《抽样调查方法和理论》(*Sample Survey Method and Theory*)。1976年被推选为美国国立科学院院士。于1990年10月9日去世。

Haplotype/单体型

出现在相同配子中的两个或多个等*位基因*(*alleles*)的组合。【*Statistics in Human Genetics*, 1998, P. Sham, Arnold, London.】

Haplotype Analysis/单体型分析

在一个或多个总体中*单体型*(*haplotype*)频率的分析，目的是建立两个或多个等位基因之间、单体型和表型性状之间的联系，或者人群间遗传关系。【*Statistics in Human Genetics*, 1998, P. Sham, Arnold, London.】

Hardy-Weinberg Law/Hardy-Weinberg 定律

定律表明在无限大的杂交人口中基因频率和基因型频率世世代代保持不变，其中人口中交配是随机的且不存在选择、迁移和突变。在考虑一个等位基因对(A 和 a)的情形中，携带 A 和 a 的生殖细胞的频率分别为 p 和 q，在均衡处基因型分类的频率为 $p^2(AA)$，

$2pq(Aa)$，$q^2(aa)$。【*Statistics in Medicine*，1986，**5**，281－288.】

Harmonic Analysis/调和分析

在形式为

$$X_t = S_t + \varepsilon_t$$

的时间序列中确定循环项 S_t 的周期的方法，其中 ε_t 表示序列关于 S_t 的随机波动。循环项可以表示为正弦和余弦项的和，则 X_t 变为：

$$X_t = \sum_i (A_i \cos\omega_i t + B_i \sin\omega_i t) + \varepsilon_t$$

对某些序列，循环分量的周期可以非常精确地设定，例如，在经济序列或地球物理序列的情形中包含严格的12个月周期。在这些情形中，系数$\{A_i\}$，$\{B_i\}$可以用回归方法进行估计。但对许多序列，可能存在几个具有未知周期的循环项，所以不仅系数$\{A_i\}$，$\{B_i\}$需要估计，未知频率$\{\omega_i\}$也需要估计。所谓*隐藏的周期性*（*hidden periodicities*）可以通过对*周期图*（*periodogram*）的检查来确定，周期图是 $I(\omega)$ 关于 ω 的图，其中 $I(\omega)$ 定义为：

$$I(\omega) = \frac{2}{N}\left\{\left[\sum_{i=1}^{N} X_t \cos(\omega t)\right]^2 + \left[\sum_{i=1}^{N} X_t \sin(\omega t)\right]^2\right\}$$

$\omega = 2\pi p/N$，$p = 1, 2, \cdots, [N/2]$；N 是序列的长度。图形中大坐标值表示在一个特定频率处循环分量的出现。这个过程的一个应用例子见图71，图形表示太阳黑子序列，这个序列的周期图基于281次观察。显然，对应着接近10年一个周期，在 $\omega = 2\pi \times 28/281$ 处的坐标相对于其他坐标要大。如果在周期图中存在几个峰，那么无法得出每个峰对应 X_t 中一个真正的周期分量，这是因为有可能这些峰只是由于噪声项 ε_t 的随机波动产生的。周期性坐标的评估一般可采用 *Schuster检验*（*Schuster's test*）、*Walker检验*（*Walker's test*）和 *Fisher g-统计量*（*Fisher's g-statistic*）。参见：**谱分析（Spectral Analysis）**，**快速Fourier变换（Fast Fourier Transform）**，**窗口估计（Window Estimates）**。【TMS Chapter 7.】

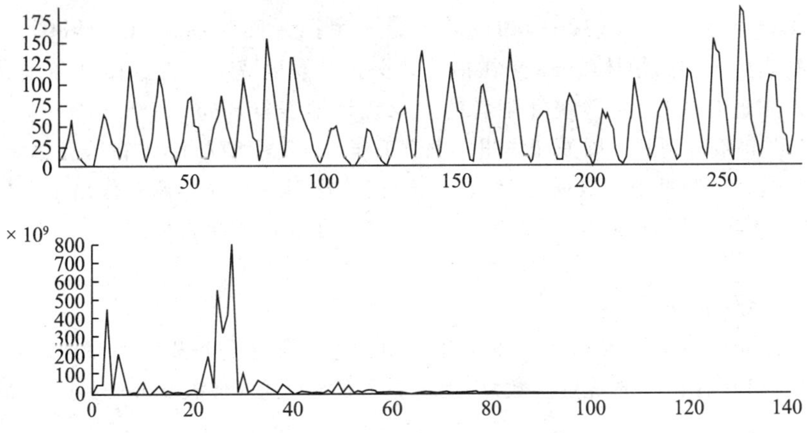

图71　太阳黑子活动和它的周期图

资料来源：取自 *Applications of Time Series Analysis in Astronomy and Meteorology*，经出版商 Chapman and Hall/CRC Press London 授权许可。

Harmonic Mean/调和均值

一组观察值 $x_1,x_2,\cdots,x_n$ 倒数的算术平均值的倒数。根据下列方程定义

$$\frac{1}{H}=\frac{1}{n}\sum_{i=1}^{n}\frac{1}{x_i}$$

用于分析*非正交设计*（*non-orthogonal designs*）。调和均值小于等于算术平均值和*几何平均值*（*geometric mean*）。【ARA Chapter 16.】

Harrington and Fleming G^p Test/Harrington-Fleming G^p 检验

一类线性秩检验，用来比较两个*区间删失样本*（*interval censored sample*）。【*Biometrika*，1982，**69**，553-566.】

Harris and Stevens Forecasting/Harris-Stevens 预测

时间序列中进行短期预测的方法，其中时间序列具有在模式上的突然变化和瞬态效应。这种序列一般来自于在生物有机体中测量某种生化物质的浓度或血浆生长激素的浓度。通过在线性更新参数向量中加入均值为 0 的随机扰动将这种变化模型化。【*Bayesian Forecasting and Dynamic Models*，2nd edition，1977，M. West and J. Harrison，Springer Verlag，New York.】

Harris Walk/Harris 游动

非负整数集合上的*随机游走*（*random walk*），*转移概率*（*transition probability*）矩阵的元素都为 0，除了：

$$p_{0,1}=1$$
$$p_{j,j+1}=a_j \qquad 0<a_j<1, 1\leq j<\infty$$
$$p_{j,j-1}=1-a_j$$

Hartley, Herman Otto (1912-1980)/赫尔曼·奥托·哈特利(1912-1980)

哈特利出生于德国柏林，1933 年在柏林大学获得数学博士学位。1934 年他移民英国，与伊根·皮尔逊合作出版了《统计学者的生物统计学表》（*Biometrika Tables for Statisticians*）。1953 年哈特利到美国爱荷华州立大学工作，1963～1977 年，他在得克萨斯农工大学创建并运行统计学院。他对数据处理、方差分析、抽样理论和抽样调查作出了重要的贡献，1973 年被授予 S. S. Wilks 勋章。1980 年 12 月 30 日于美国德罕去世。

Hartley's Test/Hartley 检验

在*单向设计*（*one way design*）中对应于分组的总体方差是否相等的简单检验。检验统计量（如果每组具有相同的观察次数）为组内方差的最大值（最大 s^2）和最小值（最小 s^2）的比，即：

$$F=\frac{\text{最大 } s^2}{\text{最小 } s^2}$$

临界值可以在许多统计表中查到。这个检验对于偏离正态性非常敏感。参见：**Bartlett 检验**

(Bartlett's Test),**Box** 检验(**Box's Test**)。【*Biometrika*, 1950,**37**, 308 - 312.】

Hat Matrix/帽子矩阵

在*多元回归*(*multiple regression*)中得到的矩阵 H,用来根据方程

$$\hat{y} = Hy$$

得出对应于每个可观察数值的反应变量的预测值。矩阵 H 给 y 的每个元素加上"帽子";它是对称的*幂等*(*idempotent*)矩阵。对于设计矩阵 X,帽子矩阵定义为:

$$H = X(X'X)^{-1}X$$

H 的对角元素用来评估分析的结论。参见:**Cook** 距离(**Cook's Distance**)。【*Regression Analysis*, Volume 2, 1993, Ed. M. S. Lewis-Beck, Sage Publications, London.】

Haugh's Test/Haugh 检验

检验两个时间序列的独立性,基于有限多个剩余交叉相关平方的和。【*Canadian Journal of Statistics*, 1997, **25**, 233 - 256.】

Hausdorf Dimension/Hausdorf 维数

也称为分形维数(**Fractal Dimension**)。

Hawthorne Effect/Hawthorne 效应

参与某种科学调查的对象在试验中由意识所产生的效应。它的名称来自于 20 世纪 20 年代芝加哥的霍桑工厂(Hawthorne Plant)的一个工业效应的研究。【*Annals of Emergency Medicine*, 1995, **26**, 590 - 594.】

Hazard Function/风险函数

在很小的时间间隔中一个人经历某事件(死亡、改善等)的风险,假定个人在间隔开始时是活着的。它是一个人如何经历某个事件的度量,看成个人年龄的函数。通常记为 $h(t)$,用生存时间的概率分布 $f(t)$ 和*生存函数*(*survival function*)$S(t)$ 表示,即 $h(t) = f(t)/S(t)$。风险函数可以为常数、递增、递减或为某些复杂的图形。函数可以用在每个单位时间间隔中经历一个事件的个人比例来估计,假定他们在间隔开始时都活着,即:

$$\hat{h(t)} = \frac{\text{在间隔开始 } t \text{ 处经历一个事件的个人数}}{(\text{在 } t \text{ 处活着的人数})(\text{间隔宽度})}$$

对风险函数的解释必须非常小心,这是因为由于个人之间变化和随时间每个人自身变化所引起的选择效应。例如,具有高风险的个人更容易早期经历事件,留下来处于风险的人属于低风险的选择组。这导致随着时间推移,风险率按递增的程度"下拉"。参见:生存函数(**Survival Function**),浴缸曲线(**Bathtub Curve**),脆弱性模型(**Frailty Models**)。【SMR Chapter 13.】

Hazard Plotting/风险绘图

基于分布的*风险函数*(*hazard function*),这种方法可以给出分布参数的估计、在给定年

龄失败的单位比例、分布的百分位，单位失败率的行为是他们的年龄与任意年龄的单位的条件失败概率的函数。【*Technometrics*, 2000, **42**, 12 - 25.】

Hazard Regression/风险回归

将*风险函数*(*hazard function*)模型化的方法，它不依赖于 *Cox 比例风险函数*(*Cox's proportional hazards model*)中所做的假设，即对数风险函数是关于时间和协变量向量的可加函数。在这个方法中，*样条函数*(*spline function*)用来将对数风险函数模型化。【*Statistics in Medicine*, 1996, **15**, 1757 - 1770.】

Head-Banging Smoother/头撞平滑器

光滑*空间数据*(*spatial data*)的过程。基本的算法过程如下：

- 对于取值为 y_i 需要光滑的每个点或区域，确定与位置 x_i 最接近的 NN 个邻域；
- 根据这 NN 个邻域，定义一个围绕点区域的点的集合，使得"三者"(triple)(每一对加上 x_i 处的目标点)大体上是共线性的。令 NTRIP 是这种三联中最大的数。
- 令(a_k, b_k)表示在第 k 对中两个值的(最高值，最低值)，令 $A=$中位数$\{a_k\}$，$B=$中位数$\{b_k\}$。
- 对应于 y_i 的光滑值$\tilde{y}_i=$中位数$\{A, y_i, B\}$。【*IEEE Transactions on Geosciences and Remote Sensing*, 1991, **29**, 369 - 378.】

Healthy Worker Effect/健康工人效应

指在职人员比失业人员的死亡率更低这种现象。在工业*队列研究*(*cohort studies*)的解释中，这种效应带来一个严重的问题，效应有两个主要成分：

- 有选择的招聘，排除那些长期病患者，使得在一个企业近期招聘中具有较低的*标准化死亡率*(*standardized mortality rates*)；
- 第二次选择过程，将在雇佣期中不合格的工人辞退，这样又得到了在长期服务的雇员中更低的标准化死亡率。

【*Statistics in Medicine*, 1986, **5**, 61 - 72.】

Heckman Selection Model/Heckman 选择模型

反应变量的取值不是从总体中随机抽取的回归模型。例如，如果反应变量是工资，总体为女性人口，那么很低工资的女性将选择不工作，于是可观察的工资样本是向上有偏的。【*Econometrica*, 1979, **47**,153 - 161.】

Hellinger Distance/Hellinger 距离

两个概率分布 $f(x)$和 $g(x)$之间的距离，定义为 $\sqrt{2(1-\rho)}$，其中：

$$\rho=\int\sqrt{f(x)g(x)}\,dx$$

参见：**Bhattacharya 距离(Bhattacharya's Distance)**。【MV2 Chapter 14.】

Hello-Goodbye Effect/你好—再见效应

在心理治疗研究中描述的一种现象，每当对象有两次机会被评估时，由于互访之间的干预只有一次机会出现。在干预之前，每个人都会尽可能表现他/她自己是如何糟糕，从而希望有资格进行治疗，以及给员工增强他/她的问题的严重性。在研究结束时，每个人因为他/她的改善想“感谢”员工，所以会将问题最小化。这就会出现没有人发生时也存在某些改善，或放大已经发生的效应。

Helmert Contrast/Helmert 对比

方差分析（*analysis of variance*）中使用的*对比*（*contrast*），其中一个因子的每个水平都相对于保留水平的平均进行检验的。例如，如果涉及 3 个组，第一个组是对照组，其他两个组是治疗组，第一次对比是检验对照组与另两种治疗组的平均，第二次是检验两种治疗组是否不同。【KA1 Chapter 11.】

Helsinki Declaration/赫尔辛基宣言

在临床试验的伦理和其他临床研究中指导临床医生的一组规则。参见：**纽伦堡法典**（**Nuremberg Code**）。【*Biostatistics*，1993，L. D. Fisher and G. Van Belle，Wiley，New York.】

Herbicide Bioassay/除草剂生物测定

在新除草剂开发中建立*剂量反应曲线*（*dose-response curve*）的方法。当植物没有客观的死亡准则时，考虑如生物质或高度降低这种分级反应。【*Herbicide Bioassays*，edited by J. C. Streibig and P. Kudsk，CRC，Boca Raton，Florida.】

Herfindahl Index/Herfindahl 指数

产业集中度的指数，定义为：

$$H = \sum_{i=1}^{n} [s_i/S]^2$$

其中，S 是一个产业中所有企业的总规模（根据雇员、销售等测量的），s_i 是第 i 个企业的规模，将 n 个企业从大到小排列。集中度随着指数的取值增长。【*Statistical Science*，1994，**9**，94 - 108.】

Hermite Functions/Hermite 函数

函数 $\phi_j(x)$ 定义为：

$$\phi_j(x) = (2^j j\,!\,\pi^{\frac{1}{2}})^{-\frac{1}{2}} \exp(-\frac{1}{2}x^2) H_j(x)$$

其中，$H_j(x)$ 为 *Hermite 多项式*（*Hermite polynomial*），定义为：

$$H_j(x) = (-1)^j \exp(x^2) d^j\{\exp(-x^2)\}/dx^j$$

【KA1 Chapter 6.】

Hermite Polynomials/Hermite 多项式

参见:**Hermite** 函数(**Hermite Function**)。

Herzberg's Formula/Herzberg 公式

参见:收缩公式(**Shrinkage Formulae**)。

Hessian Matrix/Hessian 矩阵

n 个独立变量 $x_1, x_2, \cdots, x_n$ 的函数 f 关于这些变量的二阶偏导数矩阵。矩阵的第 i 行 j 列元素为$\partial^2 y/\partial x_i \partial x_j$。在统计学中这个矩阵经常出现在作为一组参数的函数的*对数似然函数*(*log-likelihood estimate*)中。矩阵的逆给出了估计参数的*极大似然估计*(*maximum likelihood estimation*)的标准误差和协方差。【MVA Chapter 6.】

Heterogeneous/异质性

在统计学中表示几个不同的组、总体中某个量(通常指方差)的不等性。参见:**同质性**(**Homogeneous**)。【MV1 Chapter 3.】

Hettmansperger-McKean Test/Hettmansperger-McKean 检验

一种*无分布方法*(*distribution free method*),用来评估*多元回归*(*multiple regression*)中回归参数的特定子集是否为 0。【NSM Chapter 9.】

Heuristic Computer Program/启发式计算机程序

在求解中试图使用人类所采用的选择方法。

Heywood Cases/Heywood 案例

采用*因子分析*(*factor analysis*)得到的解,其中*指定变量*(*specific variates*)的一个或多个方差变成负数。【MV2 Chapter 12.】

Hidden Markov Models/隐 Markov 模型

有限混合模型(*finite mixture models*)的推广,给出了一类可以表现独立性和很大的变化程度的可行性模型。【*Hidden Markov and Other Models for Discrete Valued Time Series*, 1997, I. L. MacDonald and W. Zucchini, CRC/Chapman and Hall, London.】

Hierarchical Clustering/层次聚类

参见:凝聚层次聚类(**Agglomerative Hierarchical Clustering**)。

Hierarchical Design/层次设计

也称为嵌套设计(**Nested Design**)。

Hierarchical Models/分层模型

关于一个观察集的模型序列,其中每个模型通过对序列中其他模型相加、去除或约束参

数得到。【SMR Chapter 7.】

Hidden Periodicities/隐藏的周期性

参见:调和分析(**Harmonic Analysis**)。

Hidden Time Effects/隐藏时间效应

数据集的效应,其中数据集为一段时间上所收集的观察。参见:**累计和(Cusum)**。【SMR Chapter 7.】

Higgin's Law/Higgin 定律

"定律"说明了任何条件的检出率与同意建立这个条件的专家人数成反比。

High Breakdown Methods/高故障方法

设计用来抗御多个严重*异常点*(*outliers*)的方法。【*Computational Statistics*, 1996, **11**, 137-146.】

Highest Posterior Density Region/最高后验密度区域

参见:**Bayesian 置信区间(Bayesian Confidence Interval)**。

Hill, Austin Bradford (1897-1991)/奥斯汀·布拉德福德·希尔(1897-1991)

希尔出生于伦敦汉普斯特德,在第一次世界大战中是一名飞行员。但不幸患了结核病,让他无法通过他所喜欢的医生资格,取而代之他在伦敦大学学习,获得经济学学位。他对医学的兴趣让他进入工业疲劳研究会工作,这是与英国医学研究理事会相关的一个机构。同时他参加在伦敦大学学院举办的卡尔·皮尔逊的讲座,以提高自己的统计学知识。1933 年希尔成为流行病学和生命统计部的准教授,这个部门后来发展为伦敦卫生与热带医学院。他是一位相当成功的演说者,1937 年在《柳叶刀》(*Lancet*)杂志上发表了一系列关于医学统计学原理的论文,并很快以书的形式再版。直到 1971 年第九版仍保留他的文章。1947 年希尔成为伦敦卫生与热带医学院医学统计系的教授以及英国医学研究理事会统计研究中心的荣誉主任。他对英国医学研究理事会的工作产生了强烈的影响,特别是建立了一系列的随机控制临床试验,首先讨论的是肺结核中链霉素的应用。希尔其他的主要成就是他与理查德·多尔爵士合作关于吸烟和肺癌的病例对照研究。1951 年获得 CBE 勋章,1953 年获得英国皇家统计学会金质 Guy 勋章,1954 年被推选为英国皇家统计学会会员,1961 年被封为爵士。1991 年 4 月 18 日于英国坎布里亚去世。

Hill-Climbing Algorithm/爬山算法

在*聚类分析*(*cluster analysis*)中使用的算法,试图根据集群的某个数值指标的最优化将 n 个个体分成 g 个集群。因为不可能考虑 n 个个体分成 g 个集群的所有划分(划分的次数非常大),所以算法从某个给定的初始划分开始,将个体换到其他集群中,如果在集群指标的取值上有提高,那么就移动。这个过程一直到没有多个个体能得到指标提高结束。参见:***K*-均值聚类分析(*K*-Means Cluster Analysis)**。【*Cluster Analysis*, 3rd edition, B. S. Everitt,

Edward Arnold, London.】

Hinge/铰链

关于四分位的一个相当奇特(但不可取)的术语。

Histogram/直方图

观察集的图形表示,分类频数用以分类区间为中心的矩形区域表示。如果后面的都相等,那么矩形的高度与观察频数成比例。图 72 给出了老年妇女身高的直方图。【SMR Chapter 2.】

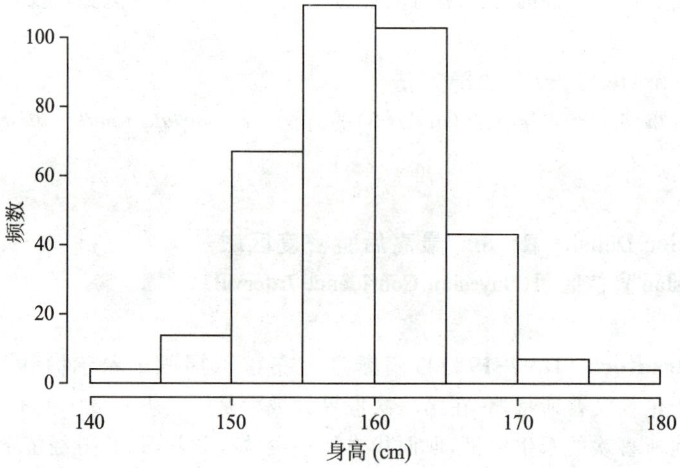

图 72 老年妇女身高的直方图

Historical Control/历史对照

在过去接受标准疗法治疗的一组病人,用来作为评估现在病人所采用的新治疗的对照组。尽管在医学调查中使用相当频繁,但这种方法不被推荐,由于其他因子可能随时间改变,可能的偏倚无法令人满意地消除。参见:文字对照(**Literature Controls**)。【SMR Chapter 15.】

Historical Prospective Studies/历史前瞻性研究

一种"前瞻性研究",其中被调查的队列以及随后的疾病史都需要从过去的记录中识别,例如,从个人的工作经历的信息中识别。

Hit Rate/命中率

在*判别分析*(*discriminant analysis*)中正确分类的数目。

HLM/HLM 软件

分析*多层模型*(*multilevel model*)的软件。参见:**MlwiN 软件包(MlwiN)**,**VARCL 软件**

(VARCL)。【Scientific Software International Inc. , 1525 East 53rd St. , Suite 530, Chicago IL, 60615, USA.】

Hodges-Lehmann Estimator/Hodges-Lehmann 估计量

两个没有删失的数据样本 $y_1, y_2, \cdots, y_{n_1}$ 和 $y_{n_1+1}, \cdots, y_n$ 之间位置差的估计量,其中 $n=n_1+n_2$,定义为:

$$\hat{\Delta}_{HL}=\text{中位数}\{(y_i-y_j): i=1,\cdots,n_1; j=n_1+1,\cdots,n\}$$

【*Nonparametric Statistical Methods*, 1973, M. Hollander and D. A. Wolfe, Wiley, New York.】

Hoeffding Test/Hoeffding 检验

检验随机变量 X 和 Y 之间独立性的一种*无分布方法*(*distribution free method*),在检测独立性时比利用样本相关系数更广泛。【NSM Chapter 8.】

Hoeffding, Wassily (1914-1991)/瓦西里·霍夫丁(1914-1991)

霍夫丁出生于芬兰穆斯塔迈基,在大学里他首先学习的是经济学,然后迅速转向数学,最后于 1940 年在柏林大学获得博士学位,论文是关于关联和相关的非参数测量。1946 年他移居到美国,定居在北卡罗来纳州的教堂山。霍夫丁在*序贯分析*(*sequential analysis*)、*统计决策理论*(*decision theory*)和*中心极限定理*(*central limit theorems*)方面作出了杰出贡献。1991 年 2 月 28 日于教堂山去世。

Hogben, Lancelot (1895-1975)/兰斯洛特·霍格本(1895-1975)

霍格本出生于新汉普郡,在剑桥大学学习。他是一位有非凡智慧的人和伟大的沟通者,在理论科学和应用科学方面作出了重要和原创性的贡献。霍格本在英格兰、苏格兰、加拿大和南非都有动物学方面的学术任职,1941～1947 年间是伯明翰大学的动物学教授,然后 1947～1961 年在同一所大学担任医学统计教授。在他的职业生涯中,他拥有 5 个大学的教职。最值得人们记住的是他的畅销书《大众数学》(*Mathematics for the Millions*)。1975 年 8 月 22 日去世。

Holdout Estimate/支援估计

决策分析(*discriminant analysis*)中估计*分类错误率*(*misclassification rate*)的方法。将数据分成两个互斥的集合,根据一个集合得出分类原则,用来对另一个集合评估。这个方法低效地使用数据(只用其中一部分来构造分类原则),给出了所推导的原则的分类错误率的有偏估计。【*Pattern Recognition*, *A Statistical Approach*, 1982, P. A. Deiyier and J. Kittler, Prentice Hall Inc. , London.】

Holdover Effect/缓缴效应

也称为结转效应(**Carryover Effect**)。

Hollander Test/Hollander 检验

检验二元对称的*无分布方法*(*distribution free method*)。所检验的零假设为两个随机

变量 X 和 Y *可交换*(*exchangeable*)。【NSM Chapter 3.】

Homogeneous/同质性

在统计学中表示在几个不同的组、总体等中某个量(经常指方差)的相等性。参见:异质性(**Heterogeneous**)。【SMR Chapter 7.】

Horseshoe Shape/马蹄形

参见:系列化(**Seriation**)。

Horvitz-Thompson Estimator/Horvitz-Thompson 估计量

总体总容量的无偏估计量,当抽样是从有限总体中有放回或无放回抽取,且*抽样单位*(*sampling unit*)i 属于样本的概率为 p_i 时。估计量不依赖于一个单位被选择的次数,因为每个单位在公式中只出现一次,估计量定义为:

$$\hat{\tau} = \sum_{i=1}^{v} \frac{y_i}{p_i}$$

其中,v 是有效样本容量(样本中不同单位的数目),y_i 是第 i 个抽样单位中所观察的个体、动物或物种的数目。如果单位 i 和单位 j 属于同一个样本的概率为 p_{ij},且所有这些联合*包含概率*(*inclusion probabilities*)都大于 0,那么 $\hat{\tau}$ 方差的无偏估计量为:

$$\hat{\text{var}}(\hat{\tau}) = \sum_{i=1}^{v}\left(\frac{1}{p_i^2} - \frac{1}{p_i}\right)y_i^2 + 2\sum_{i=1}^{v}\sum_{j>i}\left(\frac{1}{p_i p_j} - \frac{1}{p_{ij}}\right)y_i y_j$$

参见:**Hansen-Hurwitz 估计量(Hansen-Hurwitz Estimator)**。【*Journal of the American Statistical Association*, 1952, **47**, 663-685.】

Hospital Controls/医院控制

参见:对照组(**Control Group**)。

Hot Deck/热甲板

对估算缺失值的调查中广泛采用的一种方法。在最简单的形式中,方法为关于对项目 y 从样本调查对象 A_r 中有放回地抽取 m 个值,其中 m 是对于项目非调查对象的数目,y 是调查对象的数目。样本值用来替代缺失值。在实际应用中,估算的精确度可以这样提高,首先利用在所有样本单位中所观察的控制变量形成两个或多个估算类,然后对含有缺失值的每个项目在每个估算类中分别采用这个过程。【*Statistics in Medicine*, 1997, **16**, 5-19.】

Hotelling, Harold (1895-1973)/哈罗德·霍特林(1895-1973)

霍特林出生于明尼苏达州富尔达,他首先在华盛顿大学学习新闻,但最后转为学习数学,由于在拓扑领域中的一篇论文于 1924 年获得博士学位。霍特林首先在斯坦福大学工作,后来在 1931 年被任命为哥伦比亚大学经济学教授。他对统计理论的主要贡献是关于多元分析,可能是他最重要的论文是"*The Generalization of Student's Ratio*",现在称为 Hotelling T^2。他在发展*主成分分析*(*principal components analysis*)和*典型相关*(*canonical corre-*

lation）中发挥了重大的作用。1972 年被推选为美国国家科学研究院的院士，1973 年被选为位于罗马的意大利国家科学院会员。1973 年 12 月 26 日于北卡罗来纳州教堂山去世。

Hotelling-Lawley Trace/Hotelling-Lawley 迹

参见：多元方差分析（**Multivariate Analysis of Variance**）。

Hotelling's T^2 Test/Hotelling T^2 检验

关于多元数据的学生 *t*-*检验*（*Student's t-test*）的推广。用来检验含有 q 个变量的总体均值向量是否为零向量，或者检验两个总体的均值向量是否相等。对于后一种情形，相关的检验统计量为：

$$T^2 = \frac{n_1 n_2 (\bar{x}_1 - \bar{x}_2)' S^{-1} (\bar{x}_1 - \bar{x}_2)}{n_1 + n_2}$$

其中：n_1, n_2 是样本容量，$\bar{x}_1$ 和 $\bar{x}_2$ 是样本均值向量，S 是单独的样本*方差—协方差矩阵*（*variance-covariance matrix*）的加权平均。在总体均值向量是相同的假设下，

$$\frac{n_1 + n_2 - q - 1}{(n_1 + n_2 - 2)q} T^2$$

服从自由度为 q 和 $n_1 + n_2 - q - 1$ 的 *F*-*分布*（*F-distribution*）。参见：**Mahalanobis D^2** 距离（**Mahalanobis D^2**）。【*Principles of Multivariate Analysis*，1988，W. J. Krzanowski，Oxford Science Publications，Oxford.】

Hot Hand Hypothesis/热手假设

也称为条状假设（**Streaky Hypothesis**）。

Household Interview Surveys/家庭访问调查

在原始抽样单位为如国家、城市这种地理区域中的调查。对每个这样的被抽样单位，关于相继较小的地理区域存在附加子抽样水平，例如，普查区、普查区中的社区、普查区中的家庭。抽样家庭中的个人也可以被子抽样。多级整群抽样的主要用途是减少访问者必须经过的区域数。

Hsu, Pao-Lu (1910-1970)/许宝騄(1910-1970)

许宝騄出生于中国北京，他首先在燕京大学即现在的北京大学学习化学，后来于 1930 年转入清华大学数学系。1938 年在伦敦大学学院获得博士学位。许宝騄的工作涉及概率论和数理统计的许多领域，特别是对在非正态总体中样本方差的分布作出了重要的贡献。1956 年他是中国成立的概率论与统计研究所第一任所长。1970 年 12 月 18 日于北京去世。

Huberized Estimator/Huberized 估计量

也称为三明治估计量（**Sandwich Estimator**）。

Huber's Condition/Huber 条件

在具有渐近正态分布的线性模型中采用*最小二乘法估计*(*least squares estimator*)的充分必要的设计条件,假定误差项相互独立、同分布且具有有限方差。定义为:

$$\lim_{n\to\infty}\max_{1\leq i\leq n} h_{ii_n}=0$$

其中,h_{ii_n}是*帽子矩阵*(*hat matrix*)的对角元素。【*Robust statistics*, 1981, P. J. Huber, Wiley, New York.】

Human Capital Model/人力资本模型

根据在某个特定年龄由于发病率和死亡率引起的个人的经济损失来评估死亡的经济影响的模型。通常这样的模型具有两个分量:一个是死亡的直接成本,例如医疗管理和治疗;另一个是死亡的间接成本,即由于个人从劳动力中去除所带来的经济生产力的损失。【*Berichte über Landwirtschaft*, 1996, **74**, 165-185.】

H

Human Height Growth Curves/人类身高的生长曲线

一般人类身高的增长是明显固定的,除了青春期生长突增。一个合理的纵向*生长曲线*(*growth curve*)通过少量参数代替测量的长序列非常有用,可以用于生长异常的早期诊断和治疗。存在几种生长曲线,也许最成功的是下面这五个参数的曲线:

$$X=A-\frac{2(A-B)}{\exp[C(t-E)]+\exp[D(t-E)]}$$

其中:t=时间(从出生之日计算产前年龄),X=在年龄t处的身高,A=成人身高,B=在年龄E处儿童的身高,C=在反时间单位中第一次时间尺度因子,D=在反时间单位中第二次时间尺度因子,E=青春期生长突增发生的近似时间。【*Biometrics*, 1988, **44**, 995-1003.】

Huynh-Feldt Correction/Huynh-Feldt 校正

纵向研究(longitudinal studies)中的数据分析所采用的校正项,运用简单的*方差分析*(*analysis of variance*)方法,确保所采用的F-检验是近似有效的,即使*球形*(*sphericity*)假设不成立。参见:**Greenhouse-Geisser 校正(Greenhouse-Geisser Correction),Mauchly 检验(Mauchly Test)**。【MV2 Chapter 13.】

Hyperbolic Distributions/双曲分布

概率分布$f(x)$满足:$\log f(x)$的图形为双曲线。【*Statistical Distributions in Scientific Work*, Volume 4, 1981, edited by C. Taille, G. P. Patil and B. Baldessari, Reidel, Dordrecht.】

Hyperexponential Distribution/超指数分布

两个具有不同的均值λ_1,λ_2的*指数分布*(*exponential distribution*)的混合,混合比例为p,即概率分布为:

$$f(x)=p\lambda_1 e^{-\lambda_1 x}+(1-p)\lambda_2 e^{-\lambda_2 x}$$

Hypergeometric Distribution/超几何分布

关于从有限容量的总体中*无放回抽样*(*sampling without replacement*)的概率分布。如果总体由一种物体包含 r 个元素和另一种物体包含 $N-r$ 个元素组成,当抽取容量为 n 的随机抽样时包含 x 个第一种物体的概率为:

$$P(x)=\frac{\binom{r}{x}\binom{N-r}{n-x}}{\binom{N}{n}}$$

x 的均值为 nr/N,方差为:

$$\left(\frac{nr}{N}\right)\left(1-\frac{r}{n}\right)\left(\frac{N-n}{N-1}\right)$$

当 N 很大而 n 相对于 N 很小时,超几何分布可以用*二项分布*(*binomial distribution*)近似。【STD Chapter 20.】

H

Hyperparameter/超参数

参数(或参数向量)θ_2,它将 *Bayesian 推断*(*Bayesian inference*)中关于参数 θ_1 的一族可能的*先验分布*(*prior distribution*)指标化,即 θ_2 是参数分布的参数。调查者必须设定 θ_2 的取值以设定所选的先验分布。【*Kendall's Advanced Theory of Statistics*, Volume 2B, 1994, A. O'Hagan, Edward Arnold, London.】

Hypothesis Testing/假设检验

评估样本数据是否与总体的性质一致的方法。参见:**零假设(Null Hypothesis)**,**备选假设(Alternative Hypothesis)**,**复合假设(Composite Hypothesis)**,**显著性检验(Significance Test)**,**显著水平(Significance Level)**,**第I类错误(Type I Error)**,**第II类错误(Type II Error)**。【SMR Chapter 8.】

I

ICM/迭代条件模式算法

迭代条件模式算法(**Iterated Conditional Modes**)的缩写。

IDA/初始数据分析

初始数据分析(**Initial Data Analysis**)的缩写。

Idempotent Matrix/幂等矩阵

满足 $A=A^2$ 的对称矩阵 A。例如：

$$A=\begin{pmatrix}1 & 0 & 0\\ 0 & 1 & 0\\ 0 & 0 & 1\end{pmatrix}$$

【*Linear Models*, 1971, S. R. Searle, Wiley, New York.】

Identification/识别

在样本观察中存在充分的信息来估计所提出的模型中参数的程度。*无法识别的模型*(*unidentified model*)是相对于观察有太多的参数不能作出估计。*正好识别模型*(*just identified model*)对应*饱和模型*(*saturated model*)。*过度识别模型*(*overidentified model*)是指参数都可以估计,还存在自由度可以拟合所评估的模型。【*The Analysis of Variance*, 1959, H. Scheffé, Wiley, New York.】

Identification Keys/检索表

从已知分类群的集合中识别样本的方法,它具有树形结构,其中每个结点对应下面这种诊断问题:"属性的命名集合中哪一个具有所识别的标本?"结果决定了下一步树枝,因此接下来的诊断问题将最终带入正确的识别。一般只有两个属性,对应着某个特殊特征的出现或不出现,或者对应一个二进制检验,但也允许多状态特征或检验。参见:决策树(**Decision Tree**)。【*Journal of the Royal Statistical Society*, *Series A*, 1980, **143**, 253-292.】

Identity Matrix/单位矩阵

对角元素为1、其他元素为0的对角矩阵。

Ill Conditioned Matrix/病态矩阵

对于矩阵 X,XX'至少有一个特征值接近0,这样在计算$(XX')^{-1}$时就会出现数值问题。【*Linear Regression Analysis*, 1977, G. A. F. Seber, Wiley, New York.】

Image Restoration/图像恢复

也称为分割(**Segmentation**)。

Immigration-Emigration Models/出入模型

关于人口发展的模型,在模型中增加了彼此独立地寻找家庭的个人的到达。【*Branching Processes with Biological Applications*, 1975, P. Jagers, Wiley, New York.】

Immune Proportion/免疫比例

在删失生存时间(*censored survival times*)的样本中没有经历死亡、失败、复发等的个人的比例。这种人的出现可以由具有大删失生存时间人数相当高表明。关于免疫的*有限混合模型*(*finite mixture model*)可以拟合数据,数据分析类似于那些在生存时间上采用的方法。这种分析的重要性是考虑了在人口中是否确实存在免疫比例。【*Biometrics*, 1995, **51**, 181-201.】

Imperfect Detectability/不完全可检测性

自然与人口的许多调查的问题特征,这是因为即使一个单位(如空间图)包含在样本中,在所选的单位中不是所有的个体都能被观察者所检测。例如,在对无家可归的人的调查中,在所选的单位中某些人可能被丢失。在这个问题发生后要估计整个总体,抽样设计和检测概率都必须考虑到这些。【*Biometrics*, 1994, **50**, 712-724.】

Improper Prior Distribution/非正常先验分布

一种*先验分布*(*prior distribution*),由于它的积分不是1,它不是一个正常的概率分布。【*Kendall's Advanced Theory of Statistics*, Volume 2B, 1994, A. O'Hagan, Edward Arnold, London.】

Imputation/插补

利用关于对象的可得到非缺失信息估计缺失值的过程。许多方法都涉及下列*多元回归*(*multiple regression*)框架。

$$\hat{y}_{mi} = b_{r0} + \sum b_{rj} x_{mij} + \hat{\varepsilon}_{mi}$$

其中,$\hat{y}_{mi}$是y关于对象i的估算值,y关于对象i的值是缺失的,x_{mij}是其他变量关于对象i的取值,b_{rj}是y关于x变量回归的回归系数,根据已经观察对象的y取值;$\hat{\varepsilon}_{mi}$是残差项。这种方法的基本区别是残差项设为0还是不设为0。前者称为*确定性估算法*(*deterministic* *imputation methods*)，后者称为*随机性估算法*(*stochastic imputation methods*)。确定性方法可以得到更好的均值估计，但形状参数的估计是有偏的；随机性方法更好。参见：**多重插补**(**Multiple Imputation**)，**热甲板**(**Hot Deck**)。【MV1 Chapter 1.】

IMSL STAT/LIBRARY/IMSL STAT/LIBRARY 程序库

统计和数学程序的 Fortran 子程序库。【Visual Numerics Inc. Corporate Headquarters, 9990 Richmond Ave, Suite 400, Houston, Texas 77042－4548, USA.】

Incidence/发病率

在特定的一段时间中没有疾病的人发病的比例。公式为：

$$\text{发病率}=\frac{\text{在一段时间中新病例数}}{\text{在一段时间内面临疾病风险的人数}}$$

它度量了疾病的出现。参见：**流行**(**Prevalence**)。【SMR Chapter 14.】

Inclusion Probability/包含概率

参见：**简单随机抽样**(**Simple Random Sampling**)。

Incomplete Beta Function/不完全 β 函数

参见：**β 函数**(**Beta Function**)。

Incomplete Block Design/不完全区组设计

一种实验设计，其中在每一个区组中不是所有的治疗都实施。参见：**均衡不完全区组设计**(**Balanced Incomplete Block Design**)。【*Planning of Experiments*, 1958, D. R. Cox, Wiley, New York.】

Incomplete Contingency Tables/不完全列联表

包含*结构零点*(*structural zeros*)的*列联表*(*contingency table*)。

Incomplete Gamma Function/不完全 Γ 函数

参见：**Γ 函数**(**Gamma Function**)。

Incubation Period/潜伏期

受到感染和症状出现之间的时间。【*Statistics in Medicine*, 1990, **9**, 1387－1416.】

Independence/独立

本质上，两个事件相互独立是指已知一个事件的结果对另一个事件的了解没有任何影响。这个概念的正式定义是根据两个事件的概率。称事件 A 和 B 相互独立，如果

$$\Pr(A \text{ 且 } B) = \Pr(A)\times\Pr(B)$$

其中，$\Pr(A)$和 $\Pr(B)$分别是事件 A 和 B 的概率。参见：**条件概率**(**Conditional Probability**)，

Bayes 定理(Bayes' Theorem)。【KA1 Chapter 1.】

Independent Samples *t*-Test/独立样本 *t* -检验

参见:学生*t* -检验(**Student's *t*-Test**)。

Independent Variable/独立变量

参见:解释变量(**Explanatory Variable**)。

Index of Clumping/丛生指数

主要用于*空间数据*(*spatial data*)分析的指数,调查所研究的总体的模式。指数根据从*象限抽样*(*quadrant sampling*)中得到的计数 $x_1, x_2, \cdots, x_n$ 算出,即:

$$ICS = s^2/\bar{x} - 1$$

其中,$\bar{x}$ 和 s^2 是所观察计数的均值和方差。如果总体是"集群式的",那么指数较大,而如果个体是固定间距的,那么指数为负数。ICS 的抽样分布是未知的,即使生成总体模式的基本机制是很简单的模型。【*Spatial Data Analysis by Example*, 1987, G. Upton and B. Fingleton, Wiley, Chichester.】

I

Index of Dispersion/离差指数

通常用来评估随机变量是否服从 *Poisson分布*(*Poisson distribution*)的统计量。对于观察集 $x_1, x_2, \cdots, x_n$,指数定义为:

$$D = \sum_{i=1}^{n}(x_i - \bar{x})^2/\bar{x}$$

如果总体分布为 Poisson 分布,那么 D 近似服从自由度为 $n-1$ 的 χ^2 *分布*(*chi-squared distribution*)。参见:二项式离差指数(**Binomial Index of Dispersion**)。【*Biometrika*, 1966, **53**, 167 - 182.】

Index Number/指数

一个变量在一点(如时间点)的取值相对于其他点取值幅度的度量。例如,*消费者价格指数*(*consumer price index*),这种数值主要用于经济学。【*The Making of Index Numbers*, 1922, I. Fisher, Houghton, Mifflin, Boston.】

Index Plot/索引图

拟合某个模型后得到的某个诊断量的图,例如,*Cook距离*(*Cook's distances*)对相应的观察数。特别适用于*异常点*(*outlier*)的检测。【ARA Chapter 10.】

Indicator Variable/指标变量

在结构方程模型的文本中与基本的*潜在变量*(*latent variable*)相关的*明显变量*(*manifest variable*)。

Indirect Standardization/间接标准化

利用已知的参考人口(*reference population*)调整一个或多个变量的粗死亡率和发病率的过程。例如,在比较单身和已婚妇女的癌症死亡率时,对两组中可能不同的年龄分布进行调整。在参考人口中*特定年龄死亡率*(*age-specific mortality rate*)可以分别用于两组的年龄分布,以得到每组的期望死亡人数。然后将这些与两组中可观察的死亡人数合并可以得到可比的死亡率。【*Statistics in Medicine*, 1987, **6**, 61-70.】

Individual Differences Scaling/个体差异比例

多维比例(*multidimensional scaling*)的一种形式,用于从不同来源(即不同对象)中得到组成*邻近矩阵*(*proximity matrix*)的数据。模型通过对每个对象定义一个权数来反映个体对刺激的感觉的个体差异,这样可以减少几何解的维数。【MV1 Chapter 5.】

INDSCAL/个体差异比例

个体差异比例(**Individual Differences Scaling**)的缩写。

Infant Mortality Rate/婴儿死亡率

一年中1岁以下的婴儿死亡人数与一年中活产总人数的比。通常作为一个国家或定理区域中健康状态的反应和敏感指数来考虑。下表给出了1971年和1992年英格兰、威尔士、苏格兰和北爱尔兰中每1 000名出生人数中的死亡率。

	1971年	1992年
英格兰	17.5	6.5
威尔士	18.4	5.9
苏格兰	19.9	6.8
北爱尔兰	22.7	6.0

Infectious Period/传染期

术语用来描述关于潜伏期后的时间上流行病的进展,在此期间感染疾病的病人可能以某种方式排放传染性物质,以及可能传播疾病给其他易感人群。【*Analysis of Infectious Disease*, 1989, N. G. Becker, Chapman and Hall/CRC Press, London.】

Inference/推理

基于从总体中抽取的个体样本的测量或观察得出关于总体的结论的过程。参见:惯性推理(**Frequentist Inference**),**Bayesian** 推断(**Bayesian Inference**)。【KA1 Chapter 8.】

Infertile Worker Effect/不育工人效应

对在职女性不育的调查,因为有孩子可能让女性远离工作。参见:健康工人效应(**Health Worker Effect**)。

Infinitely Divisible Distribution/无穷可分分布

对应于特征函数 $\phi(t)$ 的概率分布 $f(t)$，其中特征函数满足对每个正整数 n 都存在一个特征函数 $\phi_n(t)$，使得：

$$\phi_n(t)=[\phi(t)]^n$$

由此可以得出，对于每个 n，分布可以表示为 n 个独立且同分布的随机变量的卷积(和)。χ^2 *分布*(*chi-squared distribution*)就是一个例子。【KA1 Chapter 4.】

Influence/影响

主要用于*回归分析*(*regression analysis*)中，表示每次观察关于所估计的回归参数的效应。每次观察的影响指数由*帽子矩阵*(*hat matrix*)的对角元素给出。【*Technometrics*, 1977, **19**, 15－18.】

Influence Statistics/影响统计量

用来评估在确定回归分析的结论时一次观察的效应或影响的统计量。通常采用的方法是检查当观察缺失时回归系数是否发生变化。这些统计量关于度量的去除效应和对观察进行比较的标准化的回归结论是不同的。所有这些统计量都可以通过利用所有数据的单一回归求出。参见：**Cook 距离(Cook's Distance)，DFFITS 统计量(DFFITS)，DFBETAS 统计量(DFBETAS)，COVRATIO 统计量(COVRATIO)，帽子矩阵(Hat Matrix)**。【ARA Chapter 10.】

Influential Observation/有影响的观察

参数特别是回归系数的估计在一个或多个方面具有不成比例的影响的观察。这种影响可能是由其他对象在解释变量、反应变量的极值，或这些组合上的差异所引起的。例如，*异常点*(*outlier*)也是有影响的观察。【ARA Chapter 10.】

Information Matrix/信息矩阵

参见：**Fisher 信息(Fisher's Information)**。

Information Theory/信息论

应用概率论的一个分支，在工程和生物学中关于许多通讯和信号处理问题。信息论主要讨论下面三个问题的量化检验：

• 信息是什么？

• 关于所传送的信息准确度的基本限制是什么？

• 什么设计方法和计算算法可以产生一个实际系统，用来通信和存储与上述提到的基本限制接近的信息？

参见：**熵(Entropy)**。【*Information Theory and Coding*, N. Abrahamson, 1968, McGraw-Hill, New York.】

Informative Censoring/信息删失

与治疗有关的原因所发生的*删失观察*(*censored observation*)，例如，当由于病人的身体状况恶化时治疗被取消。这种形式的删失使得得到了更多关于生存时间分析的方法严格无效。【*Statistic in Medicine*，1992，**11**，1861－1870.】

Informative Missing Values/信息缺失值

参见：缺失值（**Missing Values**）。

Informative Prior/信息先验

在 Bayesian *推断*（*Bayesian inference*）的文本中表示*先验分布*（*prior distribution*）的术语，反映了一个未知参数取值的经验或理论信息。【KA1 Chapter 8.】

Informed Consent/知情同意

临床试验（*clinical trial*）中在随机分配之前要求每个潜在参与者都同意，这是指导医生进行医疗实验的*赫尔辛基宣言*（*Helsinki declaration*）1996 版规定的，即：在任何关于人类的研究中，每个潜在对象必须被充分告知目的、方法、研究的预期效益和潜在分析，以及可能引起的不适。他或她应被告知他或她可以自由地放弃参与研究，他或她可以任何时候自由地撤销他或她参与的同意书。然后医生可以得到对象的自由给出的知情同意，最好是书面形式。【*Journal of the American Medical Association*，1997，**277**，925－926.】

Initial Data Analysis (IDA)/初始数据分析

数据集检查的第一阶段，由下面几个非正式步骤组成：

- 检查数据的质量；
- 计算简单的汇总统计和构造合适的图形。

目的是弄清数据结构，获得简单的描述性汇总，为更复杂的分析提供思路。【*Problem Solving*，*A Statistician's Guide*，1988，C. Chatfield，Chapman and Hall/CRC Press，London.】

Inliars/内围层

内围层（*inliers*）的一种非正规术语。

Inliers/内围层

最可能产生错误的观察，用于按有序的规模"切割"所形成的二分法，分类的错误发生在切割的邻域中的最大频率处。例如，假定病人根据表示疾病程度的 100 个点分类。选择切割点将个人分到好类和有病类。分类的错误经常会发生在切割点的邻域处。【*Transformation and Weighing in Regression*，1988，R. J. Carroll and D. Ruppert，Chapman and Hall/CRC Press，London.】

Innovational Outlier/创新异常值

参见：可加异常值（**Additive Outlier**）。

Instantaneous Count Procedure/瞬时计数程序

在生物学研究中估计人口数目所使用的抽样方法。

Instantaneous Death Rate/瞬时死亡率

也称为风险率(**Hazard Rate**)。

Institutional Surveys/机构调查

最初的抽样单位为机构的调查,例如医院。在每个抽样机构中,选择病人记录的样本。两阶段设计(相比一个简单的随机样本)的主要用途是减少需要子抽样的机构,避免关于整个总体构造病人记录的抽样框架。基于某个机构特征(如规模)按不同概率选择机构的分层抽样用来减少估计量的可变性。参见:**整群抽样(Cluster Sampling)**。

Instrumental Variable/工具变量

对应于解释变量 x_i 的变量,它与 x_i 相关,但除了间接通过 x_i 以外,对反应变量没有任何影响。当解释变量包含测量误差时,使用这种变量可以得出回归系数的无偏估计。参见:**回归稀释(Regression Dilution)**。【*Econometric Methods*, 1972, J. Johnstone, McGraw-Hill, New York.】

I

Integrated Hazard Function/可积风险函数

也称为**累积风险函数(Cumulative Hazard Function)**。

Intention-to-Treat Analysis/意向治疗分析

在临床试验中随机分配所有病人的过程,无论病人是否完成治疗或者是否接受治疗将他们综合起来进行分析。最初的随机分配不仅决定了所分配的治疗,而且决定了病人的数据如何分析,无论他们是否真正接受疗程。采用这种方法可以通过随机化避免预后均衡的干扰,也可以尽可能所允许的用药依从性的偏倚(通常与结果相关的因子),以及确定组之间的比较。【SMR Chapter 15.】

Interaction/相互作用

当两个(或多个)解释变量关于反应变量的行动不独立时所采用的术语。图 73 给出了来自 2×2 析因设计的例子。参见:**可加效应(Additive Effect)**。【SMR Chapter 12.】

Intercept/截距

回归分析中所得出的方程中的参数,对应于当所有解释变量都为 0 时反应变量的期望值。

Intercropping Experiments/间作实验

在同一块土地同一个时间两种或多种作物生长的实验。作物不必同时种植同时收获,但它们通常在生长季节的重要时段是同时生长的。在热带和亚热带地区广泛使用。

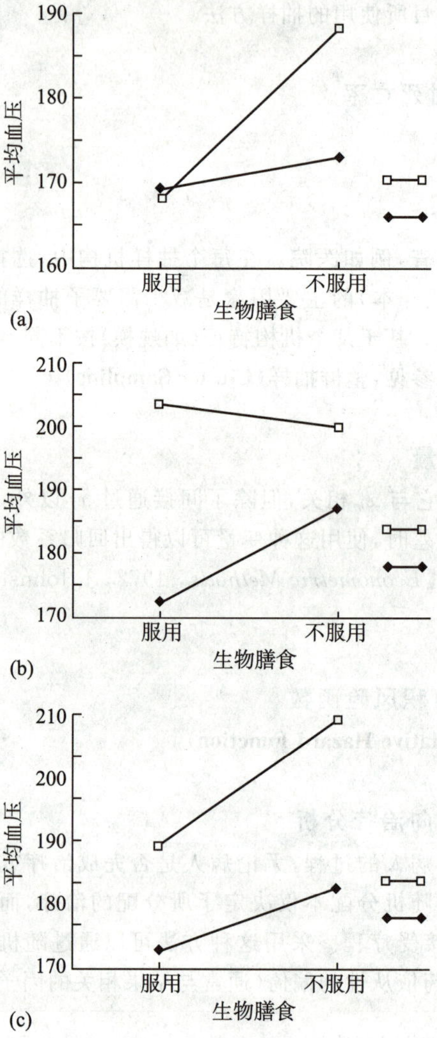

图 73　2×2×2 设计中的相互作用

资料来源：取自 *Experiment Design and Statistical Methods*，D. R. Boniface，经出版商 Chapman and Hall，London 授权许可。

Interim Analyses/中期分析

在*临床试验*（*clinical trial*）计划结束之前进行的分析，目的是检测早期治疗的差异，防止尽可能多的病人接受"劣等"治疗。这种分析经常会产生问题，特别是当杂乱无章和没有计划的形式实施时。参见：**α 消费函数**（**Alpha Spending Function**）。【*Statistics in Medicine*，1994，**13**，1401 - 1410.】

Interior Analysis/内部分析

有时用于分析回归问题中的整个模型的术语。分析的主要目的是识别关于整个模型的原始*最小二乘*(*least squares*)拟合的问题区域。最感兴趣的是对个体数据点的特点,以及对于作为下一阶段分析或在后继模型中参数估计的整体度量的相对影响。必须识别拟合或预测反应中的异常点、解释变量中的多元异常点、具有最大*杠杆*(*leverage*)的解释变量空间中的点,在进一步分析之前必须对它们的影响进行评估。

Interpolation/内插法

不采用函数本身的方程来确定两个已知数值之间函数的取值的过程。【SMR Chapter 3.】

Interquartile Range/四分位数间距

分散性的一种度量,它是样本的第一个和第三个四分位之间的差。【SMR Chapter 3.】

Interrupted Time Series Design/断续时间序列设计

在某个事件或操作前后几个时间所测量的一组对象的研究。也经常用来描述对单个对象的调查。参见:纵向数据(**Longitudinal Data**),**N** 选 **1** 临床试验(**N of 1 Clinical Trials**)。【*Quasi-experimentation. Design and Analysis Issues for Field Settings*, 1979, T. D. Cook and D. T. Campbell, editors, Houghton Mifflin, Boston.】

Interruptible Design/中断设计

当实验过早结束时试图限制信息丢失的实验设计。【*Technometrics*, 1982, **24**, 55-58.】

Interval-Censored Observations/区间删失观察

观察来自于当对象没有被连续监测时对由于一个特殊事件所丢失的时间的研究。不同于事件的先验发生,它只是在观察的特定时间处可检测,例如,在体检的时候。【*Statistics in Medicine*, 1988, **7**, 1139-1146.】

Interval Estimate/区间估计

参见:估计(**Estimate**)。

Interval Estimation/区间估计

参见:估计(**Estimation**)。

Interval Variable/介入性变量,区间变量

也称为连续变量(**Continuous Variable**)。

Intervened Poisson Distribution/干预 Poisson 分布

一种概率分布,在数据收集中期由健康服务机构预防性治疗而改变发病率的其中关于疾病的模型。分布的数学形式为:

$$P(\text{病例数}=x)=[e^{\theta\rho}(e^{\theta}-1)]^{-1}[(1+\rho)^x-\rho^x]\theta^x/x!$$

其中，$x=1,2,\cdots$。参数 $\theta(>0)$ 和 $\rho(0\leq\rho\leq\infty)$ 分别度量了发病率和干预。ρ 等于 0 表示预防性治疗完全成功，而 $\rho=1$ 表示即使在预防性治疗后没有改变发病率的现状。【*Communications in Statistics-Theory and Methods*, 1995, **24**, 735-754.】

Intervention Analysis in Time Series/时间序列中干预分析

自回归求和移动平均模型(*autoregressive integrated moving average models*)的推广，在序列中变化的幅度和结构是由于某种形式的干预引起的。例如，评估一个预防性项目是如何有效地减少每月疾病数。【*Journal of the American Statistical Association*, 1975, **70**, 70-79.】

Intervention Study/干预研究

也称为临床试验(**Clinical Trial**)。

Interviewer Bias/调查者偏差

在人口调查中所发生的*偏差*(*bias*)，由调查员的行为直接引起的。偏倚的产生有很多原因，包括未能接触到正确的人、记录申请人的答案中的系统误差。【*Journal of Occupational Medicine*, 1992, **34**, 265-271.】

Intraclass Contingency Table/组内列联表

将*方形列联表*(*square contingency table*)中对应于相同分类的单元格的频数进行合并所形成的表格。在遗传学中，观察具有 r 个等位基因 $A_1, A_2, \cdots, A_r$ 在一个位点处的基因型分布时经常会遇到这种表格。因为 A_iA_j 与 $A_jA_i(i\neq j)$ 无法区分，所以观察的是没有顺序的 A_iA_j 的总频数。这些数据构成了纯合子的频数以及杂合子的组合频数。

Intraclass Correlation/组内相关

尽管术语原来是遗传学中判断兄弟关系时引入的，但现在更常用于由于在测量仪器的“正确”得分中对象间变异引起的观察的方差比例。特别地，如果观察值 x 为正确得分(t)加上测量误差(e)，即：

$$x=t+e$$

则组内相关为：

$$\frac{\sigma_t^2}{(\sigma_t^2+\sigma_e^2)}$$

其中，σ_t^2 是 t 的方差，σ_e^2 是 e 的方差。相关可以根据大量评价者对一组病人所给出得分的研究来估计。【KA2 Chapter 26.】

Intrinsically Non-Linear Models/本质非线性模型

参见：非线性模型(**Non-Linear Models**)。

Intrinsic Error/基本误差

常用于临床实验室中描述每个分析步骤的不精确所引起的结论变异。

Intrinsic Rate of Natural Increase/自然内禀增长率

也称为 **Malthusian** 参数(**Malthusian Parameter**)。

Invariance/不变性

一组变量或统计量的性质,在变换下保持不变。例如,观察集的方差在数据的线性变换下不变。

Inverse Bernouilli Sampling/逆 Bernouilli 抽样

连续进行 *Bernouilli 试验*(*Bernouilli trial*)序列,直到获得预先指定的成功数 r 为止;必须进行的试验数 n 是具有*非负二项分布*(*negative binomial distribution*)的随机变量 N 的观察值。

Inverse Distribution Function/逆分布函数

函数 $G(\alpha)$,满足随机变量 X 的取值小于等于它的概率为 α,即:

$$\Pr[X \leq G(\alpha)] = \alpha$$

Inverse Gaussian Distribution/逆 Gaussian 分布

也称为逆正态分布(**Inverse Normal Distribution**)。

Inverse Normal Distribution/逆正态分布

分布函数 $f(x)$ 为:

$$f(x) = \left(\frac{\lambda}{2\pi x^3}\right)^{\frac{1}{2}} \exp - \left\{\frac{\lambda(x-\mu)^2}{2\mu^2 x}\right\}, \quad x > 0$$

其中,μ 和 λ 都是正数。分布的均值、方差、*偏斜度*(*skewness*)和*峰度*(*kurtosis*)如下:

$$均值 = \mu$$

$$方差 = \mu^3/\lambda$$

$$偏斜度 = 3(\mu/\lambda)^{\frac{1}{2}}$$

$$峰度 = 3 + \frac{15\mu}{\lambda}$$

它是向右偏斜的指数分布族。例子见图 74。【STD Chapter 21.】

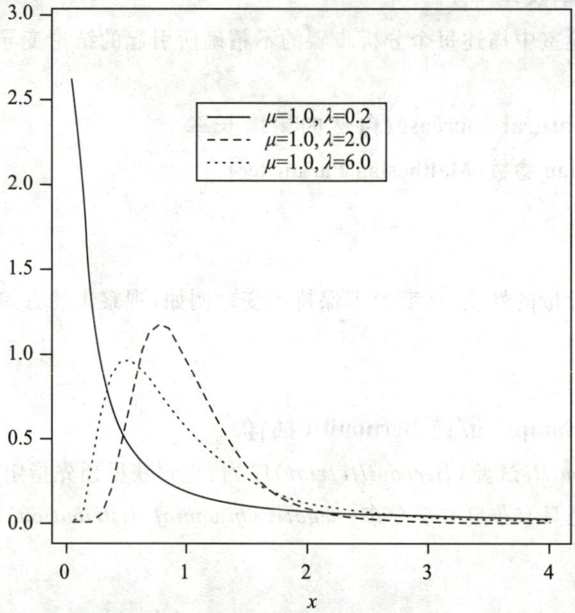

图 74 逆正态分布：μ=1.0；λ=0.2,2.0,6.0

I

Inverse Polynomial Function/逆多项式函数

函数用于生物学中将*剂量反应*（*dose-response*）关系模型化。对于特定剂量或刺激 x，反应变量 y 的期望值定义为：

$$E(y)=\frac{x+\alpha}{\sum_{i=0}^{d}\beta_i(x+\alpha)^i},\quad x\geq 0$$

参数 $\beta_1,\beta_2,\cdots,\beta_d$ 定义了剂量反应曲线的形状，α 定义了它在 x 轴上的位置。令 $\alpha=0,d=1$ 时可以得到函数的特殊形式。所得到的曲线是：

$$E(y)=\frac{x}{\beta_0+\beta_1 x},\quad x\geq 0$$

这也可以表示为：

$$E(y)=\frac{k_1 x}{k_2+x}$$

其中，$k_1=1/\beta_1$，$k_2=\beta_0/\beta_1$。最后这个方程等价于 *Michaelis-Menten 方程*（*Michaelis-Menten equation*）。【*Biometrics*，1966，**22**，128－141.】

Inverse Sine Transformation/反正弦变换

也称为反正弦变换（**Arc Sine Transformation**）。

Inverse Survival Function/逆生存函数

四分位数 $Z(\alpha)$，满足随机变量 X 大于它的概率为 α，即：

$$P[X>Z(\alpha)]=\alpha$$

$Z(\alpha)=G(1-\alpha)$，其中，G 是*逆分布函数*(*inverse distribution function*)。

Inversion Theorem/反演定理

定理证明了，概率分布 $f(x)$ 可以由特征函数 $\phi(t)$ 唯一确定。定理的表达式为：

$$f(x)=\frac{1}{2\pi}\int_{-\infty}^{\infty}e^{-itx}\phi(t)dt$$

【KA1 Chapter 4.】

IRLS/迭代重加权最小二乘法

迭代重加权最小二乘法(**Iteratively Reweighted Least Squares**)的缩写。

Irreducible Chain/不可约链

所有状态都是内部可交换的 *Markov* 链(*Markov chain*)。【*Introduction to Probability Theory and its Applications*, *Volume 1*, 2nd edition, 1967, W. Feller, Wiley, New York.】

I

Irwin-Hall Distribution/Irwin-Hall 分布

n 个服从(0,1)上均匀分布的独立随机变量的和 S 的概率分布。分布为：

$$\begin{aligned}\Pr(S=s)&=\frac{1}{(n-1)!}\sum_{j=0}^{k}(-1)^j\binom{n}{j}(s-j)^{n-j},\quad k\le s\le k+1,0\le k\le n-1\\&=0,\quad \text{其他}\end{aligned}$$

【*Continuous Univariate Distributions*, *Volume 2*, 2nd edition, 1995, N. L. Johnson, S. Kotz and N. Balakrishnan, Wiley, New York.】

Irwin, Joseph Oscar (1898-1982)/约瑟夫·奥斯卡·欧文(1898-1982)

欧文出生于伦敦，1917 年 12 月获得剑桥大学基督学院数学奖学金，但由于战争，他直到 1921 年才毕业，然后立即加入伦敦大学学院成为卡尔·皮尔逊的职员。1928 年他在洛桑实验站(Rothamsted Experimental Station)与费希尔一起工作，直到 1931 年，其后他加入医学研究理事会，在那里一直工作到 1965 年。他对许多由不同领域派生的统计问题进行研究，如动物致癌性、事故倾向性、疫苗和在热带地区中士兵的炎热环境。1953 年获得英国皇家统计学会银质 Guy 勋章，1958～1959 年间担任生物统计学会英国区主席。1982 年 7 月 27 日于瑞士沙夫豪森去世。

Ising-Stevens Distribution/Ising-Stevens 分布

两种类型对象(一种含有 n_1 个对象，另一种含有 n_2 个对象)随机分配到圆上 $n=n_1+n_2$ 个位置的游程数 X 的概率分布。定义为：

$$\Pr(X=x)=\frac{\binom{n_1}{x}\binom{n_2-1}{x-1}}{\binom{n_1+n_2-1}{n_2}}$$

【*Annals of Eugenics*, 1939, **9**, 10 - 17.】

Isobole/等效线

参见:等效图(**Isobologram**)。

Isobologram/等效图

用来刻画联合管理的药品或化学品之间的相互作用的图形。将固定反应的等高线[即等效线(*isobole*)]与"*相加线*"(*line of additivity*)对比,所谓相加线即连接那些产生等高线的反应水平的单一药品剂量的直线。如果等效线在相加线的下方、重合、上方,那么这种相互作用分别称为*协同*(*synergistic*)、相加、*对抗*(*antagonistic*)。例子见图 75。【*Statistics in Medicine*, 1994, **13**, 2289 - 2310.】

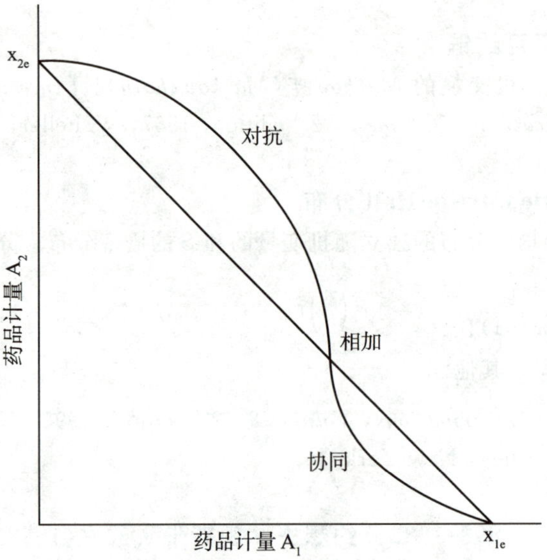

图 75 等效图

Isotonic Regression/保序回归

一种回归分析的形式,使得回归函数在序保持条件下加权平方和最小。【*Statistical Inference under Order Restrictions*, 1972, R. E. Barlow, D. J. Bartholomew, J. M. Bremmer and H. D. Brunk, Wiley, New York.】

Item Difficulty/项目难度

参见:**Rasch 模型**(**Rasch Model**)。

Item Non-Response/项目无反应

该术语用于调查中的数据收集,表明调查中某些特殊问题可能会拒绝或者反应无法进行编码。通常这种类型的缺失值与得出关于调查的整体反应率没有关系。参见:无反应(**Non-Response**)。

Item-Response Theory/项目反应理论

理论表明个人对特定检测项目的表现是由个人所进行的基本实验决定的。【*Psychometrika*，1981，443-459.】

Item-Total Correlation/项目—总数相关

广泛采用的一种方法，用来检测由几个项目组成的一种规模的同质性。它是一个单一项目关于由余下的项目计算出的规模总数的 Pearson 积矩相关系数。常用的经验法则是这个项目与总数的相关超过 0.20。相关较低的项目被排除。

Iterated Bootstrap/迭代自助法

从原始*自助*(*bootstrap*)总体中抽样的两阶段程序，本身也是自助的。这种方法给出了比简单自助更精确收敛的*置信区间*(*confidence intervals*)。【*Biometrika*，1994，**81**，331-340.】

Iterated Conditional Modes Algorithm (ICM)/迭代条件模式算法(ICM)

类似于 *Gibbs 抽样*(*Gibbs sampling*)的一种程序，唯一例外的是每个条件*后验概率*(*posterior distribution*)是由每次更新决定的，而不是由从这些条件分布中抽样的取值决定。【*Ordinal Data Modelling*，1999，V. E. Johnson and J. H. Abbers，Springer，New York.】

Iteration/迭代

数学过程的连续重复，用一个阶段的结论作为下一阶段的输入。例如，*迭代比例拟合*(*iterative proportional fitting*)，*Newton-Raphson 方法*(*Newton-Raphson method*)，*EM 算法*(*EM algorithm*)。

Iteratively Reweighted Least Squares (IRLS)/迭代重加权最小二乘法

一种*加权最小二乘法*(*weighted least squares*)，其中权数在每次迭代中被修改或被重新估计。在许多情形中，结论等价于*极大似然估计*(*maximum likelihood estimation*)。在拟合*广义线性模型*(*generalized linear models*)时被广泛使用。【GLM Chapter 2.】

Iterative Proportional Fitting/迭代比例拟合

在*对数线性模型*(*log-linear model*)中期望频率的*极大似然估计*(*maximum likelihood estimation*)的过程，特别用于那些无法采用相关的*边际和*(*marginal totals*)简单计算直接得出这些估计的模型中。【*The Analysis of Contingency Tables*，2nd edition，B. S. Everitt，Chapman and Hall/CRC Press，London.】

J

Jaccard Coefficient/Jaccard 系数

由*聚类分析*(*cluster analysis*)中二*进制变量*(*binary variable*)组成的数据的*相似系数*(*similarity coefficient*)。定义为:

$$s_{ij}=\frac{a}{a+b+c}$$

其中,a,b,c 是关于对象 i 和 j 的变量取值的 2×2 交叉分类中的三个频数。这个系数的临界特征为排除"消极匹配"。参见:匹配系数(**Matching Coefficient**)。【MV1 Chapter 3.】

J

Jackknife/折刀法

减少估计偏差以及给出近似*置信区间*(*confidence intervals*)的一种方法,而这些通过常规方法很难得到。这个方法的原则是轮流从数据中去除一个样本元素,这样就生成了 n 个容量为 $n-1$ 的不同样本。根据这些子样本估计感兴趣的参数 θ,得到一个估计序列 $\hat{\theta}_1,\hat{\theta}_2,\cdots,\hat{\theta}_n$。参数的折刀估计量为:

$$\tilde{\theta}=n\hat{\theta}-(n-1)\frac{\sum_{i=1}^{n}\hat{\theta}_i}{n}$$

其中,$\hat{\theta}$ 是采用所有 n 个观察得到的估计量。$\hat{\theta}$ 的标准误差的折刀估计量为:

$$\hat{\sigma}_J=\left[\frac{(n-1)}{n}\sum_{i=1}^{n}(\hat{\theta}_i-\tilde{\theta})^2\right]^{\frac{1}{2}}$$

其中:

$$\tilde{\theta}=\frac{1}{n}\sum_{i=1}^{n}\hat{\theta}_i$$

常用于*判别分析*(*discriminant analysis*),对*分类错误率*(*misclassification rates*)进行估计。根据所得出的*分类原则*(*classification rule*)对样本进行计算,这称为最优化。折刀估计是关于原始观察 n 次计算判别函数,每次都减少一个观察值,因此比由分类原则得出的更具有现实意义。【KA1 Chapter 10.】

Jacobian Leverage/Jacobian 杠杆

关于下列形式的*非线性模型*(*non-linear model*)回归中*杠杆*(*leverage*)概念的推广,非线性模型形式为:

$$y_i=f_i(\theta)+\varepsilon_i,\quad i=1,\cdots,n$$

其中，f_i 是参数向量 θ 的已知函数。Jacobian 杠杆 $\hat{j}_{ik}$ 定义为：当 $b\to 0$ 时，

$$\{f_i(\hat{\theta})-f_i[\hat{\theta}(k,b)]\}/b$$

的极限。其中，$\hat{\theta}$ 是 θ 的*最小二乘*（*least square*）估计，$\hat{\theta}(k,b)$ 是用 y_k+b 代替 y_k 时相应的估计。将 $\hat{j}_{ik}$ 整理组成 $n\times n$ 矩阵 J：

$$\hat{J}=\hat{V}(\hat{V}'\hat{V}-[\hat{\varepsilon}'][\hat{W}])^{-1}\hat{V}'$$

其中，$\hat{\varepsilon}$ 是元素为 $\varepsilon_i=y_i-f_i(\hat{\theta})$ 的 $n\times 1$ 残差向量，$[\hat{\varepsilon}'][\hat{W}]=\sum_{i=1}^{n}\hat{\varepsilon}_i\hat{W}_i$，$W_i$ 是 $f_i(\theta)$ 的 *Hessian 矩阵*（*Hessian matrix*），$\hat{V}$ 是矩阵，第 i 行是 $\partial f_i(\theta)/\partial\theta'$ 在 $\theta=\hat{\theta}$ 处的取值。J 的元素为*超级杠杆*（*super-leverage*）。【*Biometrika*, 1993, **80**, 99-106.】

James-Stein Estimators/James-Stein 估计量

一类来自于维数大于 3 的*多元正态分布*（*mulivariate normal distribution*）中的一个著名的估计量，样本均值向量 $\bar{x}$ 可能是总体均值向量的被拒估计量，即存在其他估计量，它们的风险函数处处小于 $\bar{x}$ 的风险，其中估计量的风险函数定义为方差加上偏差的平方。如果 $X'=[X_1,X_2,\cdots,X_n]$，那么这类估计量为：

$$\delta^{a,b}(X)=\left(1-\frac{a}{b+X'X}\right)X$$

如果 a 充分小、b 充分大，那么 $\delta^{a,b}$ 的风险处处小于 X。【*Proc. 4th Berkeley Symp. Math. Statist. Prob.*, Vol. 1, 1961, University of California Press, Berkeley, California.】

Jeffreys, Sir Harold (1891-1989)/哈罗德·杰弗里斯爵士(1891-1989)

杰弗里斯出生于泰恩威尔郡，在剑桥大学圣约翰学院学习，1914 年被推选为董事，他担任这个职位直到其去世。1946～1958 年间他是天文学 Plumian 教授。他对地球物理和统计学作出了重大的贡献。他的主要著作《概率论》(*Theory of Probability*)，在第一次出版后 50 年还在印刷。1925 年杰弗里斯成为皇家学会院士，1953 年被封为爵士。1989 年 3 月 18 日于剑桥去世。

Jeffreys's Prior/Jeffreys 先验

与 *Fisher 信息*（*Fisher information*）的平方根成正比的概率分布。【*Kendall's Advanced Theory of Statistics*, Volume 2B, 1992, A. O'Hagan, Edward Arnold, London.】

Jelinski and Moranda's Model/Jelinski-Moranda 模型

关于软件可靠性的一个常用模型。模型假设存在 N 个缺陷。每个缺陷都同样可能引起系统发生故障。发生故障的时间假设是独立的。一旦一个缺陷引起故障，它立即被更正，缺陷数减少 1。假设故障率与仍保留的缺陷数成正比。【*Statistical Computer Performance Evaluations*, 1972, edited by W. Freiberger, Academic Press, New York.】

Jenkins, Gwilym Meirion (1933-1982)/奎林·麦日恩·詹金斯(1933-1982)

1953 年詹金斯在伦敦大学学院获得数学一等荣誉学位，1956 年获得博士学位。他在英

国皇家航空研究所工作两年，获得了关于时间序列的频谱分析的宝贵经验。后来成为伦敦帝国理工学院的讲师，最后成为资深讲师，对时间序列的分析作出了重大的贡献。于 1982 年 7 月 10 日去世。

Jensen's Inequality/Jensen 不等式

对于取值为有限个点 $y_1, y_2, \cdots, y_n$ 且相应概率为正数的离散型随机变量，有不等式

$$g(\mu) \geq E[g(y)]$$

其中，$\mu = E(y)$，g 是凹函数。【*Bulletin of the Australian Mathematical Society*，1997，**55**，185 - 189.】

Jewell's Estimator/Jewell 估计量

比值比（*odds ratio*）的估计量，定义为：

$$\hat{\Psi} = \frac{ad}{(b+1)(c+1)}$$

其中，a, b, c, d 是 2×2 列联表中单元格频数。参见：**Haldane 估计量（Haldane's Estimator）**。【*Statistics in Medicine*，1989，**8**，987 - 996.】

Jittered Sampling/颤动抽样

在*时间序列*（*time series*）的分析中用来表示连续序列的抽样的术语，其中两个观察点之间的间隔是一个随机变量的取值。【*Annals of the Institute of Statistical Mathematics*，1996，**48**，29 - 48.】

Jittering/颤动

当在许多绘图位置处存在多重点时分清散点图的方法，通过在绘图之前加上数据的少量的随机变异。例子见图 76。

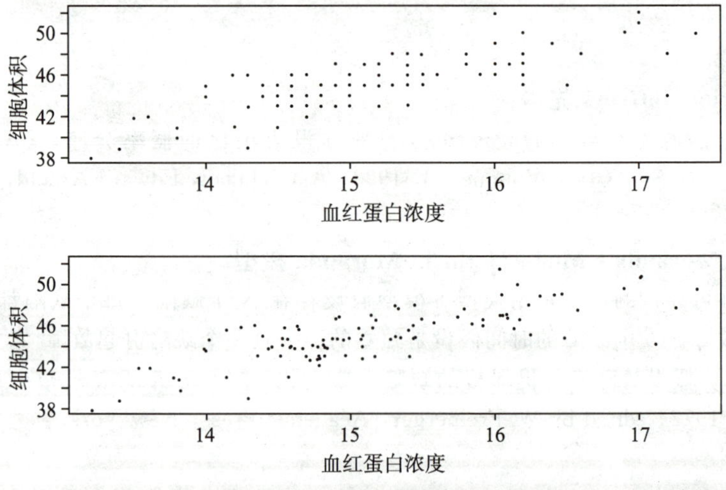

图 76 "颤动"的例子：第一个散点图表示原始数据；第二个散点图表示颤动数据

Johnson's System of Distribution/Johnson 分布系统

一个可行概率分布族，根据拟合数据和进行百分位估计的数学函数来汇总数据。基于变换

$$z=\gamma+\eta k_i(x,\lambda,\varepsilon)$$

其中，γ 为标准正态分布，$k_i(x,\lambda,\varepsilon)$覆盖了可能图形的很大的范围。下面是最常用的形式：

$$k_1(x,\lambda,\varepsilon)=\sinh^{-1}\left(\frac{x-\varepsilon}{\lambda}\right)$$

相应的为 S_U *分布*（S_U *distribution*）；

$$k_2(x,\lambda,\varepsilon)=\ln\left(\frac{x-\varepsilon}{\lambda+\varepsilon-x}\right)$$

相应的为 S_B *分布*（S_B *distribution*）；

$$k_3(x,\lambda,\varepsilon)=\ln\left(\frac{x-\varepsilon}{\lambda}\right)$$

相应的为 S_L *分布*（S_L *distribution*）。S_L 本质上是三参数的*对数正态分布*（*lognormal distribution*），因为参数 λ 可以通过 $\gamma^*=\gamma-\eta\ln\lambda$ 消除，这样 $z=\gamma^*+\eta\ln(x-\varepsilon)$。$S_B$ 是界限在(ε, $\varepsilon+\lambda$)上的分布，S_U 是无界分布。【KA1 Chapter 6.】

J

Jointed Distribution/联合分布

即*多元分布*（*multivariate distribution*），尽管当讨论的是两个变量时它是二元分布的代名词。【KA1 Chapter 6.】

Jolly-Seber Model/Jolly-Seber 模型

在*捕获—再捕获抽样*（*capture-recapture sampling*）中使用的模型，捕获概率和生存概率在抽样过程中是不同的，假设这些概率在一次抽样中个体间是同质的。【*Biometrika*, 1965, **52**, 225 - 247.】

Jonckheere's *K*-Sample Test/Jonckheere *K* –样本检验

一种*无分布方法*（*distribution free method*），用来检验关于一组位置参数的相等性，相对的是*有序的备选假设*（*ordered alternative hypoyhesis*）。【*Nonparametric Statistical Method Based on Ranks*, 1975, E. L. Lehman, Holden-Day, San Francisco.】

Jonckheere-Terpstra Test/Jonckheere-Terpstra 检验

在*列联表*（*contingency table*）中检测偏离独立性的特殊类型的检验，其中列联表的行和列分类按自然序排列[即为*双有序列联表*（*doubly ordered contingency table*）]。例如，r 行表示逐渐增加药物剂量的 r 种不同的药物疗法，c 列表示 c 种有序反应。所检测的是采用大剂量的药物比小剂量的药物更多反应中独立性的偏离。参见：**线性联合检验**（**Linear-by-Linear Association Test**）。【*Biostatistics*, 1993, L. D. Fisher and G. Van Belle, Wiley, New York.】

J-Shaped Distribution/J 形分布

一种极端不对称分布(*asymmetrical distribution*),它的最大频数在第一个(或最后一个)分类中,其他地方为递减或递增频数,例子见图 77。

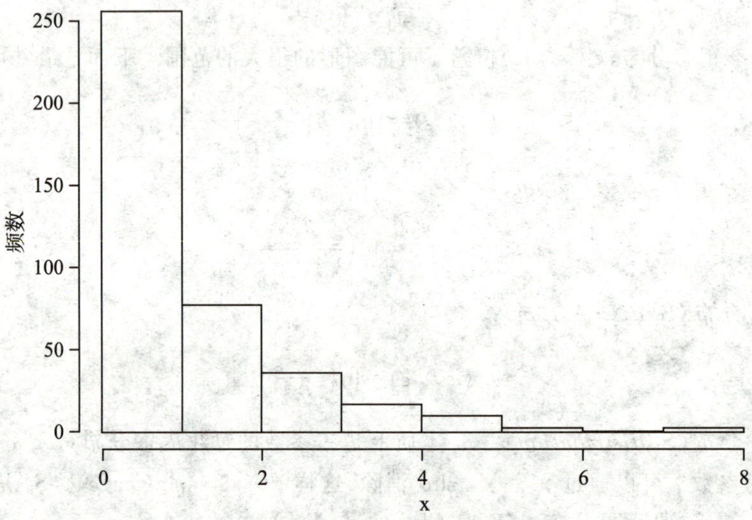

图 77 一例 J 形频数分布

Just Identified Model/正好识别模型

参见:识别(**Identification**)。

K

(k_1, k_2)-Design/(k_1, k_2)设计

一种非均衡设计，其中对 k_2 个个体的样本做两次度量，再对 k_1 个个体的样本只做一次度量。

Kalman Filter/Kalman 滤波

当只观察到"噪声信号"时给出信号的估计的递归过程。这个估计可以通过在过去的观察上加上呈指数下降的权数构造，下降率根据不同方差项计算。在*时间序列*(*time series*)数据的分析中使用这种估计方法。【TMS Chapter 10.】

K

Kaiser's Rule/Kaiser 规则

在*主成分分析*(*principal components analysis*)中选择合适的成分数时使用的规则。当成分是从可观察变量的*相关矩阵*(*correlation matrix*)中得出时，规则建议只保留那些特征值(方差)大于 1 的成分。参见：碎石图(**Scree Plot**)。【*Educational and Psychological Measurement*, 1960, **20**, 141－151.】

Kaplan-Meier Estimator/Kaplan-Meier 估计量

也称为积限估计量(**Product Limit Estimator**)。

Kappa Coefficient/Kappa 系数

对如两个评价者作出的判断和诊断之间一致性的机会校正指数。它是在可能性相同上可观察过剩与机会上最大可能过剩的比，当存在完全一致时，系数取值为 1；当可观察一致性等于机会一致性时，系数取值为 0。参见：**Aickin 一致性度量(Aickin's Measure of Agreement)**。【SMR Chapter 14.】

KDD/数据库中知识发现

数据库中知识发现(**Knowledge Discovery in Data Bases**)的缩写。

Kellerer, Hans (1902-1976)/ 汉斯・凯勒尔(1902-1976)

凯勒尔出生于巴伐利亚一个很小的村庄里，1927 年从慕尼黑大学毕业。1956 年担任慕

尼黑大学统计学教授。凯勒尔关于现代统计方法在德国被接受方面扮演着重要的角色。

Kempthorne, Oscar (1919-2000)/奥斯卡·肯普索恩(1919-2000)

肯普索恩出生于英格兰康沃尔,在剑桥大学学习,获得学士学位和硕士学位。1947 年他成为爱荷华州立大学统计学教师,直到 1989 年退休,他一直是一名活跃人士。1960 年,由于他在统计学特别是*实验设计*(*experimental design*)和*方差分析*(*analysis of variance*)中的贡献,肯普索恩被剑桥大学授予荣誉科学博士学位。2000 年 11 月 15 日于马里兰州安纳波利斯去世。

Kendall's Coefficient of Concordance/Kendall 一致性系数

也称为一致性系数(**Coefficient of Concordance**)。

Kendall, Sir Maurice George (1907-1983)/莫尔斯·乔治·肯德尔爵士(1907-1983)

肯德尔出生于北安普顿郡,在剑桥大学圣约翰学院学习数学,随后 1930 年成为行政类公务员。1940 年,他辞去公务员职位,担任英国航运公会的统计师。尽管在战争时期这个职位压力明显,但他还是在 1943 年和 1946 年出版了两卷本的著作——《高级统计理论》(*The Advanced Theory of Statistics*)。1949 年他成为伦敦经济学院统计学教授,在此一直工作到 1961 年。肯德尔在统计学中的主要工作涉及 *k-统计理论*(*k-statistics*)、*时间序列*(*time series*)和*秩相关方法*(*rank correlation methods*)。他还与政府和商业机构合作帮助组织大样本调查项目。后来,肯德尔成为西康电脑顾问公司的董事总经理兼主席。20 世纪 60 年代他重新编写了他的主要著作,1966 年分三卷出版。1972 年成为世界生育率调查中心主任。肯德尔被授予英国皇家统计学会金质 Guy 勋章,1974 年由于他在统计学中的贡献被封为爵士。1983 年 3 月 29 日于英国雷德希尔去世。

K

Kendall's Tau Statistics/Kendall τ 统计量

两个排序集合之间相关性的度量。Kendall τ 本身是一个秩相关系数,基于一个排序与另一个排序的反演的数目,即 S 为:

$$S=P-Q$$

其中,P 是一致观察对的数目,即满足在两个变量上的排序是相同方向的观察对的数目,Q 是在两个变量上的排序是反方向的不一致对的数目。系数 τ 定义为:

$$\tau=\frac{2S}{n(n-1)}$$

还有其他版本的 τ,适合度量行和列都是有序分类的 *$r\times c$ 列联表*(*$r\times c$ contingency table*)中的关联。(τ 本身不适合,因为它假设没有捆绑观察。)例如,系数 τ_C 定义为:

$$\tau_C=\frac{2mS}{n^2(m-1)}$$

其中,$m=\min(r,c)$。参见:**ϕ-系数**(**Phi-Coefficient**),**Cramer's V 系数**(**Cramer's V**),**列联系数**(**Contingency Coefficient**)。【SMR Chapter 11.】

Kernel Density Estimators/核密度估计量

概率分布的估计方法，估计量的形式为：

$$\hat{f}(x)=\frac{1}{nh}\sum_{i=1}^{n}K\left(\frac{x-X_i}{h}\right)$$

其中，h 称为*窗口宽度*（*window width*）或*带宽*（*bandwidth*），K 是*核函数*（*kernel function*），满足

$$\int_{-\infty}^{\infty}K(u)du=1$$

这种核估计量总结了每次观察中“凸点”(bump)序列。核函数决定了凹凸的形状，而 h 决定了它们的宽度。一个有用的核函数是 *Epanechnikov核*（*Epanechnikov kernel*），定义为：

$$K(t)=\frac{3}{4}\left(1-\frac{1}{5}t^2\right)/\sqrt{5},\quad 对于\ |t|<\sqrt{5}$$
$$=0,\quad 其他$$

这个核函数的图形见图 78。事实上，核函数的形状选择通常并不重要。相反，宽度的选择非常关键。例如，图 79 中三个图形表明从两个正态分布的混合中抽取的 1 000 次观察的样本中得到的三个核估计，其中第一个对应 h 为 0.06，第二个为 0.54，第三个为 0.18。第一个图形太“粗糙”，无法使用；第二个过于光滑，多模性被隐蔽了；第三个可以接受。有些环境适合凭眼睛主观选择带宽；当然也可以采用更正式的方法。【*Density Estimation in Statistics and Data Analysis*，1986，B. Silverman，Chapman and Hall/CRC Press，London.】

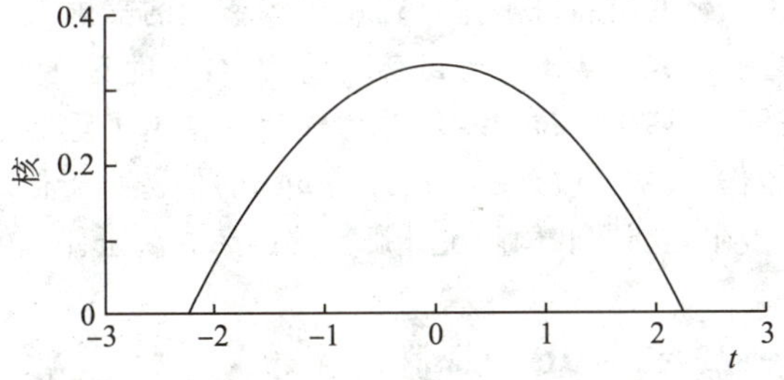

图 78　Epanechnikov 核

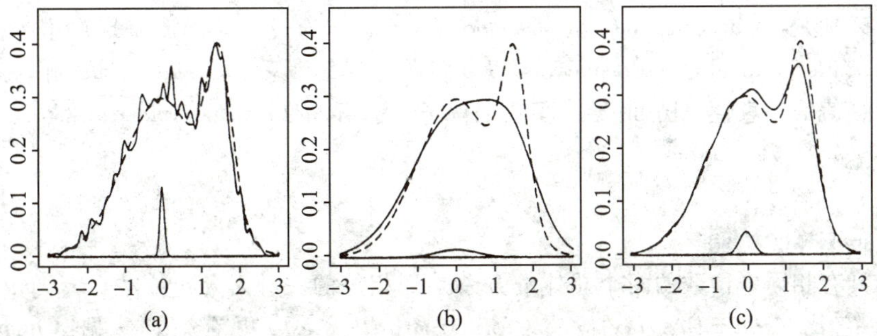

图 79　不同带宽的核估计

Kernel Estimators/核估计量

参见:核密度估计量(**Kernel Density Estimators**)。

Kernel Function/核函数

参见:核密度估计量(**Kernel Density Estimators**)。

Kernel Regression Smoothing/核回归光滑

数据光滑的一种*无分布方法*(*distribution free method*)。在一维的情形中,方法由下列关系中 $f(x_i)$ 的估计构成,关系为:

$$y_i = f(x_i) + e_i$$

其中,e_i,$i=1,\cdots,n$ 假设为 0 均值的对称误差。有几种方法可以估计回归函数 f,例如,对应于接近 x 的 x_i 的 y_i 平均。参见:回归模型化(**Regression Modelling**)。【*Transformation and Weighting in Regression*, 1988, R. J. Carroll and D. Ruppert, Chapman and Hall/CRC Press, London.】

Khinchin Theorem/Khinchin 定理

如果 $x_1,\cdots,x_n$ 是从期望值为 μ 的概率分布中抽取的样本,那么当 $n\to\infty$ 时,样本均值依概率收敛于 μ。【KA1 Chapter 14.】

K

Kish, Leslie (1910-2000)/莱斯利·基什(1910-2000)

基什出生于波普拉德,当时是奥匈帝国的一部分(现在属于斯洛文尼亚),1939 年获得纽约城市学院数学学位。他的第一份工作是在位于华盛顿的美国人口局,后来转入美国农业部。在战争中服役之后,1947 年基什来到密歇根大学,帮助建立了社会调查研究所。在此期间他获得了硕士学位和博士学位。基什对抽样理论作出了重要且深远的贡献,主要理论包含在他的开创性著作《抽样调查》(*Survey Sampling*)中。由于他对统计学的贡献,基什获得了很多荣誉,包括威尔克斯奖和国际统计研究院的荣誉院士。

Kleiner-Hartigan Trees/Kleiner-Hartigan 树

将多元数据用"树"图形来显示的方法,其中变量的取值用终端树枝的长度编码,终端树枝的长度依赖于他们所支持的终端树枝的和。这些树的一个重要特征可以从大多数其他复合特征中区别开,例如,*Chernoff 脸*(*Chernoff's face*),通过变量的凝聚层次聚类分析(agglomerative hierarchical cluster analysis)以及将所得到的*谱系图*(*dendrogram*)作为基本树,去除变量赋值的任意性。图 80 给出了几个例子。【*Journal of the American Statistical Association*, 1981, **76**, 260-269.】

Klotz Test/Klotz 检验

检验具有相同中位数的两个总体的方差是否相等的一种*无分布方法*(*distribution free method*)。它比 *Ansari-Bradley 检验*(*Ansari-Bradley test*)更有效。参见:**Conover 检验**(**Conover Test**)。【*Annals of Mathematical Statistics*, 1962, **33**, 498-512.】

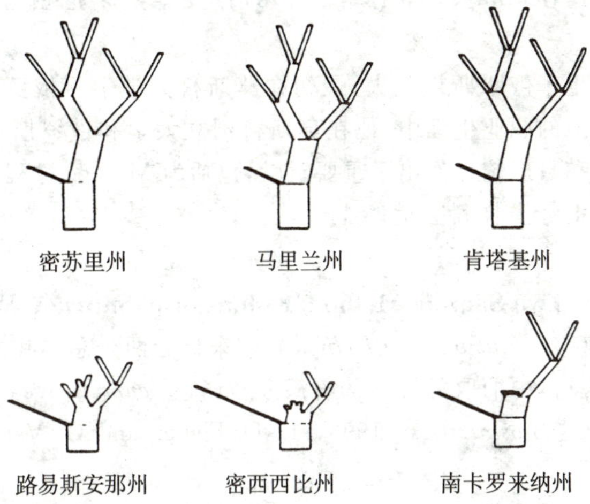

图 80 在 6 个南方州共和党投票数据的 Kleiner-Hartigan 树

K-Means Cluster Analysis/*K*-均值聚类分析

一种*聚类分析*(*cluster analysis*)的方法，观察的初始划分为 K 个聚类，轮流检查每个观察，如果需要重新分配到新聚类，使得按某种聚类解的"定量"度量的事先定义的数值准则最优化。有许多这种方法，最常用的是考虑*组内*(*within groups*)、*组间*(*between groups*)、*平方与交叉乘积之和的总矩阵*(*total matrices of sums of squares and cross products*)(**W**,**B**,**T**)中的某些特征，将观察划分到特定的组。由这些矩阵得到的两种最常见的聚类准则是：

迹(**W**)最小化

行列式(**W**)最小化

第一个可以得到"球形"聚类，第二个可以得到具有相同形状的聚类，尽管它们不一定是球形。参见：**凝聚层次聚类方法(Agglomerative Hierarchical Clustering Methods)**，**分裂法(Divisive Methods)**，**爬山算法(Hill-Climbing Algorithm)**。【MV2 Chapter 10.】

Knots/结点

参见：**样条函数(Spline Functions)**。

Knowledge Discovery in Data Bases (KDD)/数据库中的知识发现

数据挖掘(*data mining*)的一种形式，互动地和反复地要求研究者作出决策。【Communication of the *ACM*, 1996, **39(II)**, 27-34.】

Knox's Tests/Knox 检验

检验是用来检测关于患有特殊疾病的病人在时间和空间中形成*疾病聚类*(*disease cluster*)的趋势。检验基于 *2×2 列联表*(*two-by-two contingency*)，考虑每对病人，按照每对中病人在空间中更接近或更不接近临界距离，以及接触疾病的时间是否更接近所选的临界时期进行分类形成 2×2 列联表。【*Statistics in Medicine*, 1996, **15**, 873-886.】

Kolmogorov, Andrei Nickolayevich (1903-1987)/安德烈·尼古拉维奇·柯尔莫哥洛夫(1903-1987)

柯尔莫哥洛夫出生于俄罗斯坦波夫,最初在莫斯科大学学习俄罗斯历史,后来于1922年转为学习数学。在他的职业生涯中,他在莫斯科国立大学和俄罗斯科学院担任重要的管理职位。他对概率论和数理统计作出了重要贡献,包括为Markoc过程的现代理论奠定了基础。1987年10月20日于莫斯科去世。

Kolmogorov-Smirnov Two-Sample Method/Kolmogorov-Smirnov 双样本方法

一种*无分布方法*(*distribution free method*),用来检验两个总体概率分布之间的任意差异。检验基于从每个总体中抽取的样本的*累积分布函数*(*cumulative distribution function*)之间的最大绝对差。【*Biostatistics*, 1993, L. D. Fisher and G. Van Belle, Wiley, New York.】

Korozy, Jozsef (1844-1906)/约瑟夫·克瑞斯(1844-1906)

克瑞斯出生于匈牙利佩斯州,他的第一份工作是保险业务员,后来成为撰写经济栏目的记者。经过自学,克瑞斯于1869年在佩斯州市政统计局担任主任。克瑞斯对统计学和他的年龄的人口资料作出了巨大贡献,特别是他建立了第一个生育表。1883年,克瑞斯加入布达佩斯大学,在国内外获得了许多荣誉和奖励。

K

Kriging/克里格方法

给出随机过程在区域中某个特定位置上取值的方法,假定数据集是由在区域中大量位置上过程的度量所组成的。例如,根据在 n 个位置 $t_1, t_2, \cdots, t_n$ 污染物浓度的观察值 $y_1, y_2, \cdots, y_n$,估计一个新的邻近位置 t_0 处的浓度。以D. G. Krige命名,是因为他是第一个介绍这种技术估计岩石中金含量的人。【*Journal of the Royal Statistical Society*, *Series B*, 1975, **37**, 297-348.】

Kronecker Product of Matrices/矩阵的 Kronecker 积

用 $n\times n$ 矩阵 B 的元素乘以 $m\times m$ 矩阵 A 的元素。结果为一个 $mn\times mn$ 矩阵。例如,如果:

$$A=\begin{bmatrix}1 & 2\\ 3 & 4\end{bmatrix} \text{和}\ B=\begin{pmatrix}1 & 4 & 7\\ 2 & 5 & 8\\ 3 & 6 & 9\end{pmatrix}$$

则:

$$A\otimes B=\begin{pmatrix}1 & 4 & 7 & 2 & 8 & 14\\ 2 & 5 & 8 & 4 & 10 & 16\\ 3 & 6 & 9 & 6 & 12 & 18\\ 3 & 12 & 21 & 4 & 16 & 28\\ 6 & 10 & 16 & 8 & 20 & 32\\ 9 & 18 & 27 & 12 & 24 & 36\end{pmatrix}$$

$A \otimes B$ 一般不等于 $B \otimes A$。【MV1 Chapter 2.】

Kruskal-Wallis Test/Kruskal-Wallis 检验

类似于*单向设计*（*one-way design*）的*方差分析*（*analysis of variance*）的一种*无分布方法*（*distribution free method*）。它检验所比较的组是否具有相同的总体中位数。通过对所有 N 个观察从 1 到 N 排序，无论它们属于哪个组，检验统计量为：

$$H = \frac{12 \sum_{i=1}^{k} n_i (\bar{R}_i - \bar{R})^2}{N(N-1)}$$

其中，n_i 是第 i 组中观察的数目，$\bar{R}_i$ 是它们序的均值，$\bar{R}$ 是所有序的平均，显然为 $(N+1)/2$。当零假设为真时，检验统计量服从自由度为 $k-1$ 的 χ^2 *分布*（*chi-squared distribution*）。【SMR Chapter 9.】

k-Statistics/*k* -统计量

由费希尔提出的样本取值的对称函数的集合，定义要求 p 阶 k -统计量的均值等于 p 阶累积量 κ_p，即：

$$E(k_p) = \kappa_p$$

最初的目的是简化样本统计量的*矩*（*moments*）的查找过程。【KA1 Chapter 12.】

K

Kuiper's Test/Kuiper 检验

检验循环随机变量是否服从*角均匀分布*（*angular uniform distribution*）。给定观察值集合 $\theta_1, \theta_2, \cdots, \theta_n$，检验统计量为：

$$V_n = D_n^+ + D_n^-$$

其中：

$$D_n^+ = \max(j/n - x_j), \quad j = 1, \cdots, n$$

$$D_n^- = \max\left(x_j - \frac{j-1}{n}\right), \quad j = 1, \cdots, n$$

以及 $x_j = \theta_j / 2\pi$。在角均匀分布的假设下，$V_n \sqrt{n}$ 近似服从标准正态分布。参见：**Watson 检验（Watson's Test）**。【MV2 Chapter 14.】

Kullback-Leibler Information/Kullback-Leibler 信息

函数 I，对于两个概率分布 $f(x)$ 和 $g(x)$，定义为：

$$I(f:g) = \int_0^{\infty} \ln\left\{\frac{f(x)}{g(x)}\right\} dx$$

它是关于两个分布的非对称距离函数。参见：**Bhattacharya 距离（Bhattacharya's Distance）**，**Hellinger 距离（Hellinger Distance）**。【MV2 Chapter 11.】

Kurtosis/峰度

单峰概率分布或频率分布偏离正态分布的程度，可能分布指向一点[*尖峰*（*leptokurtic*）]或平坦[*低峰*（*platykurtic*）]。对于概率分布通常采用下列公式度量：

$$\mu_4/\mu_2^2$$

其中，μ_4 是分布的四阶中心矩，μ_2 是它的方差。（对于频率分布采用相应的样本矩。）对于正态分布，这个指数取值为 3，通常将这个指数减去 3，这样关于正态分布它的取值为 0。[其他峰度为 0 的分布称为*常峰态*（*mesokurtic*）。]对于尖峰分布，指标为正数；对于低峰曲线，指标为负数。见图 81。参见：**偏斜度（Skewness）**。

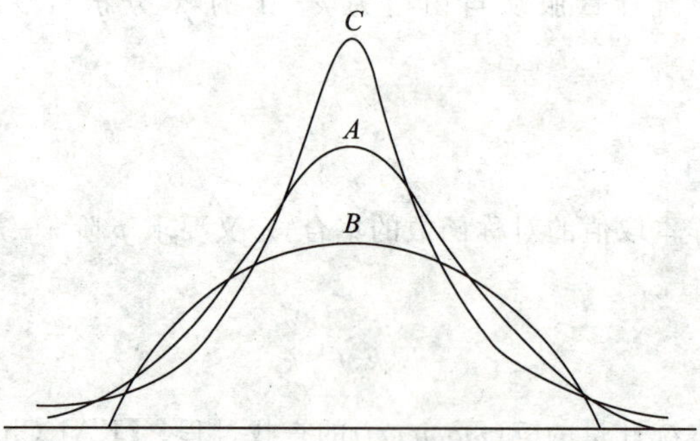

图 81　不同峰度的曲线

K

Kurtosis Procedure/峰度程序

参见：**多异常点检测程序（Many-Outlier Detection Procedures）**。

L

l'Abbé Plot/l'Abbé 图

临床试验的 *meta 分析*（*meta-analysis*）中使用的图，其中结果为二进制反应。绘制在治疗组中事件风险（事件数/组中病人数）与关于每种试验的对照的风险图。如果试验是相当同质的，那么点形成一个接近于直线的“云层”，梯度对应于合并治疗效果。偏差很大，或散点表明可能的异质性。【*Annals of Internal Medicine*，1987，**107**，224－233.】

Labour Force Survey/劳动力调查

自 1992 年春季开始每个季节在英国进行的调查。它覆盖了 60 000 个家庭，提供了关于 16 岁和 16 岁以上 120 000 个人口的劳动力和其他资料。调查不仅覆盖失业，还覆盖了就业、自谋职业、工作时间、过剩、教育和培训。

Ladder of Re-Expression/重新表达阶梯

参见：单弯变换（**One-Bend Transformation**）。

Lagging Indicators/滞后指标

经济时间序列收集的一部分，提供关于称为商业周期的总体经济活动的度量中广泛波动的信息。主要用来确认这种周期中最近的转折点。

Lagrange Multipliers/Lagrange 乘数

评价满足一个或多个约束时几个变量的函数的最大值或最小值的方法。【*Optimization*，*Theory and Applications*，1979，S. S. Rao，Wiley Eastern，New Dehli.】

Lagrange Multiplier Test/Lagrange 乘数检验

也称为评分检验（**Score Test**）。

Lancaster Models/Lancaster 模型

根据*边际分布*（*marginal distribution*）表示几个变量的*联合分布*（*joint distribution*）的方法，假设高于一定阶数的所有相互作用都不存在。这种模型提供了获得变量间依赖性的方法，一方面无需对整体独立性作出不实际的假设，还可以得到一个不要求不切实际的观察次数仍可以给出精确参数估计的模型。【*Statistical Pattern Recognition*，1999，A. Webb，Arnold，London.】

Landmark Analysis/定位分析

偶尔用于由生存时间组成的数据的一种分析形式，其中检验用来评价“治疗”是否能预测在“定位”(landmark)时间(例如，6个月随机化后)仍活着以及具有相同预防状态和所有其他协变量的历史的对象间后继的生存时间。【*Statistics in Medicine*，1996，**15**，2797－2812.】

Laplace Distribution/Laplace 分布

概率分布 $f(x)$ 为：

$$f(x)=\frac{1}{2\beta}\exp\left[-\left(\frac{|x-\alpha|}{\beta}\right)\right],\quad x<\alpha,-\infty<\alpha<\infty,\beta>0$$

可以作为两个服从相同的*指数分布*(*exponential distribution*)的独立随机变量的差的分布。分布的例子见图82。分布的均值、方差、*偏斜度*(*skewness*)、*峰度*(*kurtosis*)如下：

$$均值=\alpha$$

$$方差=2\beta^2$$

$$偏斜度=0$$

$$峰度=6$$

也称为*双指数分布*(*double exponential distribution*)。【STD Chapter 22.】

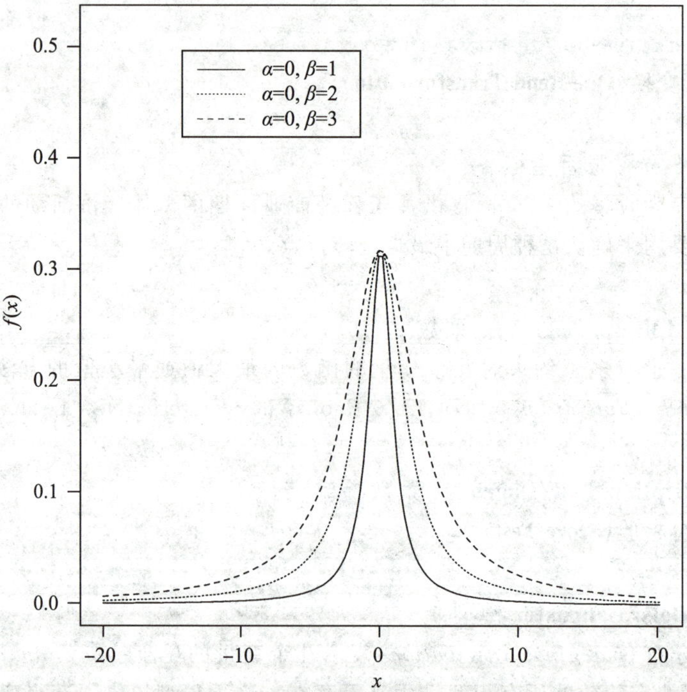

图 82 Laplace 分布，$\alpha=0$；$\beta=1,2,3$

Laplace, Pierre-Simon, Marquis de (1749-1827)/皮埃尔·西蒙·拉普拉斯侯爵(1749-1827)

拉普拉斯出生于靠近卡昂的博蒙省,在此开始了他的研究,他对物理特别是天文学和数学作出了巨大的贡献。1771年成为军校教授,1773年进入法国科学院。除了最著名的5卷本著作《天体力学》(*Traité de Mécanique Céleste*)外,他还在概率论方面做了大量的工作,包括独立发现了 *Bayes 定理*(*Bayes' theorem*)。这些工作中大部分收集在《分析概率论》(*Théorie Analytique des Probabilités*)一书中。1827年3月5日于巴黎去世。

Large Sample Method/大样本方法

基于近似于正态分布或其他概率分布的统计方法,随着样本容量的增加近似越来越精确。参见:**渐近分布(Asymptotic Distribution)**。

Lasagna's Law/Lasagna 定律

一旦临床试验开始了,适合的病人数将减少到试验开始时所计算的1/10。

Last Observation Carried Forward/最后结转观察

替代在进行了一段时间的*临床试验*(*clinical trial*)中所丢失的病人的观察方法。对每个缺失值,用对象的相同类型最后得到的评估代替。尽管被广泛采用,特别是在制药业,但它的用途还是非常有限,因为它对数据作出了不太可能的假设,例如,假设(不可观察的)后期丢失的反应在最后观察值处保持不变。参见:**插补(Imputation)**。【*Statistics in Medicine*, 1992, **11**, 2043-2062.】

Latent Class Analysis/潜在分类分析

评价分类变量特别是二进制变量的观察集是否由不同的组或类别组成的方法,其中每组中变量相互独立。本质上是分量分布为多元 Bernoulli 分布的*有限混合模型*(*finite mixture model*)。这种模型中的参数可以用 *EM 算法*(*EM algorithm*)根据*极大似然估计法*(*maximum likelihood estimation*)估计。既可以类似于分类变量的*因子分析*(*factor analysis*),也可以看成关于这种数据的*聚类分析*(*cluster analysis*)的模型。参见:**隶属等级模型(Grade of Membership Model)**。【*An Introduction to Latent Variable Models*, 1984, B. S. Everitt, Chapman and Hall, London.】

Latent Class Identifiability Display/潜在分类识别显示

在*潜在分类分析*(*latent class analysis*)的应用中确认弱识别模型的图形诊断。【*Biometrics*, 2000, **56**, 1055-1067.】

Latent Moderated Structural Equations/潜在放缓结构方程

细化关于具有多重潜在互动效应的模型*结构方程模型化*(*structural equation modeling*)。【*Psychometrika*, **65**, 2000, 457-474.】

Latent Period/潜伏期

疾病过程的起始时间与特别定义的疾病所表现的第一次发生时间之间的时间间隔。

【*The Mathematical Theory of Infectious Diseases and its Applications*，1975，N. T. J. Bailey，Arnold，London.】

Latent Root Distributions/特征根分布

元素为具有*联合分布*（*joint distribution*）的随机变量的方阵的特征根的概率分布。在多元分析中非常重要，基于*多元正态分布*（*multivariate normal distribution*）的假设。参见：**Bartlett 特征值检验（Bartlett's Test for Eigenvalues）**。【*An Introduction to Multivariate Statistics*，1979，M. S. Srivastava and C. G. Khatri，North Holland，New York.】

Latent Roots/特征根

也称为**特征值（Eigenvalues）**。

Latent Variable/潜在变量

无法直接度量的变量，但假设与一组可观察或*明显变量*（*manifest variable*）相关。例如，种族偏见和社会阶层。参见：**指标变量（Indicator Variable）**。【*An Introduction to Latent Variable Models*，1984，B. S. Everitt，Chapman and Hall/CRC Press，London.】

Latent Vectors/特征向量

也称为**特征向量（Eigenvectors）**。

Latin Hypercube Sampling (LHS)/Latin 超立方抽样

一种分层随机抽样技术，从多元（连续）变量中抽样的容量 N 的样本，满足对于每个变量样本是（边际）最大分层，其中当层数等于容量 N 且落入每层的概率等于 N^{-1} 时样本是最大分层。图例见图 83，关于两个独立的[0,1]上均匀分布变量，每个变量分类数等于样本容量(6)，每行或每列包含一个元素，行和列的宽度为 1/6。【*Technometrics*，1979，**2**，239－245.】

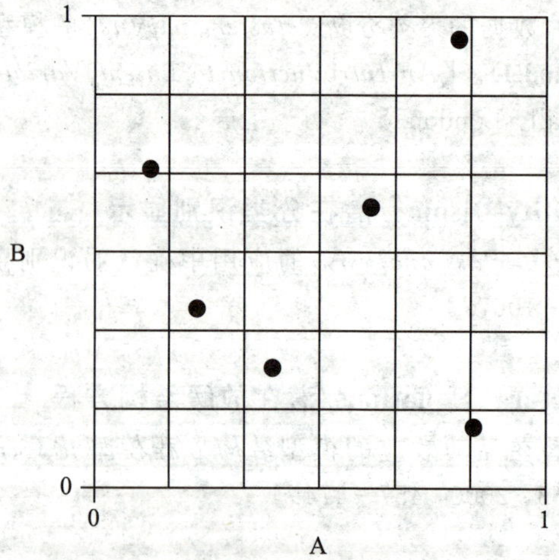

图 83　Latin 超立方抽样

Latin Square/Latin 正方形

一种实验设计,目的是从实验误差中消除两种外部来源的变差,以便得到治疗效应的更敏感的检验。正方形的行和列代表两个外部因子的水平。治疗由罗马字母表示,要求没有一个字母在每行和每列中出现超过一次。下面给出一个 4×4 的 Latin 正方形的例子:

A	B	C	D
B	C	D	A
C	D	A	B
D	A	B	C

参见:**Graeco-Latin 正方形(Graeco-Latin Square)**。【*Handbook of Experimental Methods for Process Improvement*, 1997, D. Drain, Chapman and Hall, London.】

Lattice Designs/格子设计

一类*不完全区组设计*(*incomplete block design*),是在农作物试验中提高治疗比较的精度中引入的。【*The Design of Experiments*, 1988, R. Mead, Cambridge University Press, Cambridge.】

Lattice Distribution/格子分布

一类概率分布,主要是关于离散型随机变量。在这种分布中,任意一个随机变量的取值(具有非零概率)之间的间隔都是一个量的整数倍。这样对应这些坐标的点形成一个格子。根据一个近似的线性变换,可以使得所有变量的取值为整数。【*Discrete Distributions*, 1969, N. I. Johnson and S. Kotz, Houghton Mifflin, Boston.】

L

Lattice Square/格子方

一种*不完全区组设计*(*incomplete block design*),在 $b=rs$ 个区组中存在 $v=(s-1)s$ 种治疗,每种包含 $s-1$ 个单位。此外,区组可以重新安排为 r 个完全复制。【*Biometrics*, 1977, **33**, 410-413.】

Law of Large Number/大数定律

"定律"试图将概率的直观概念公式化,假设在 n 个相同试验中事件 A 发生 n_A 次,当 n 非常大时,n_A/n 将接近 A 的概率。"相同试验"的公式化就是成功概率为 p 的 *Bernoulli 试验*(*Bernoulli trials*)。定律说明了,随着 n 增加,成功的平均数偏离 p 超过一个任意指定的数 ε 的概率趋于 0,其中 $\varepsilon>0$ 是给定的任意小的数。【*An Introduction to Probability Theory*, Volume 1, 3rd edition, 1968, W. Feller, Wiley, New York.】

Law of Likelihood/似然定律

在统计模型的框架中,一个特殊的数据集支持一个统计假设比另一个假设好,如果关于数据的第一个假设的似然大于第二个假设的似然。【*Likelihood*, 1976, A. W. F. Edwards, Cambridge University Press, Cambridge.】

Law of Primacy/首位定律

“定律”与市场研究中某个个体有关，在选择某个个体的时刻，n 个品牌捆绑在一起，选择品牌实力中排第一位的，这 n 个品牌中每个被选择的概率为 $1/n$。【*Marketing Research-State of the Art Perspectives*, edited by C. Chakrapani, 2000, American Marketing Association, Chicago.】

Law of Truly Large Numbers/真正大数定律

定律说明了，在足够大的样本中，任意令人惊讶的事情都有可能发生。参见：重合(**Coincidences**)。

LD50/半数致死量

半数致死量(**Lethal Dose 50**)的缩写。

LDU Test/LDU 检验

对矩阵 A 的秩的检验，基于观察样本利用 A 的估计进行的。

Lead Time/提前期

对慢性疾病进行筛查试验的有效性的指标，给出了通过筛查所提高的诊断的时间长度。【*International Journal of Epidemiology*, 1982, **11**, 261-267.】

Lead Time Bias/提前期偏差

癌症研究中使用的术语，由早期诊断的时间以及已患癌症症状后每个病例的生存时间所引起的偏差。【*Journal of the National Cancer Institute*, 1968, **41**, 665-681.】

Leaps-and-Bounds Algorithm/飞跃—跨越算法

在可能存在大量可能性解的问题中寻找最优解的算法。首先将可能的解分成几个互斥的子集，限制根据几个不同策略在寻找最优解中需要检查的子集数。常用于*所有子集回归*(*all subsets regression*)，来限制需要检查的模型数。【ARA Chapter 7.】

Least Absolute Deviation Regression/最小绝对偏差回归

多元回归(*multiple regression*)中代替*最小二乘估计*(*least squares estimation*)确定参数的方法。寻找回归系数的估计量使得 S 最小化，S 定义为：

$$S=\sum_{i=1}^{n}\left|y_i-\beta_0-\sum_{j=1}^{q}\beta_j x_{ij}\right|$$

其中，y_i 和 x_{ij}，$j=1,\cdots,q$ 是反应变量和解释变量关于个体 i 的取值。$b_0,b_1,\cdots,b_q$ 是回归系数 $\beta_0,\beta_1,\cdots,\beta_q$ 的估计量，满足中位数$(b_i)=\beta_i$(中位数无偏)，当误差服从 *Laplace 分布*(*Laplace distribution*)时它们是极大似然估计量。对于非对称误差分布以及尾部很重的对称误差分布，这种类型的回归比基于最小二乘法的回归更有效；它还可以更好地限制因变量的少量外围值的影响。【*Transformation and Weighting in Regression*, 1988, R. J. Carroll and D. Ruppert, Chapman and Hall/CRC Press, London.】

Least Significant Difference Test/最小显著性差异检验

在某个特殊水平 α 下对控制*族内错误率*(*familywise error rate*)的各种方法进行比较的过程。首先根据 α -水平 F -*检验法*(*F-test*)检验均值相同的假设。如果这个检验不显著,那么过程结束,无需对两两差异作详细推断;否则,需要根据 α -水平学生 t -*检验法*(*Student's t-test*)检验每对差异。

Least Squares Cross-Validation/最小二乘交叉验证

一种交叉验证的方法,通过计算数据子集的观察值与根据余下数据从拟合模型中计算的相关预测值之间差的平方和进行评估。【*Biometrika*, 1984, **71**, 353-360.】

Least Squares Estimation/最小二乘估计

用来估计参数的方法,特别是在回归分析中,将观察值与根据模型预测的数值之间的差最小化。例如,如果反应变量 y 的期望值形式为:

$$E(y)=\alpha+\beta x$$

其中 x 是解释变量,那么参数 α 和 β 的最小二乘估计量可以从 n 对样本值 (x_1, y_1), (x_2, y_2), $\cdots$, (x_n, y_n) 将 S 最小化得到,S 定义为:

$$S=\sum_{i=1}^{n}(y_i-\alpha-\beta x_i)^2$$

估计量为:

$$\hat{\alpha}=\bar{y}-\hat{\beta}\bar{x}$$

$$\hat{\beta}=\frac{\sum_{i=1}^{n}(x_i-\bar{x})(y_i-\bar{y})}{\sum_{i=1}^{n}(x_i-\bar{x})^2}$$

通常称为*一般最小二乘法*(*ordinary least squares*),用来区别更复杂的方法,例如,*加权最小二乘法*(*weighted least squares*)和*迭代重加权最小二乘法*(*iteratively reweighted least squares*)。【ARA Chapter 1.】

Leave-One-Out Estimator/留一估计量

参见:错误率估计(**Error-Rate Estimation**)。

LeCam, Lucien (1924-2000)/吕西安·勒卡(1924-2000)

勒卡出生于法国费勒坦,在巴黎大学学习。他的职业生涯开始于法国电力集团从事电力和液压系统工作,于1950年受到奈曼的邀请来到伯克利大学。1952年从伯克利大学获得博士学位。1953年成为数学系的助理教授,1955年加入伯克利大学新成立的统计系,1961~1965年间担任系主任。勒卡是一名杰出的数学家,对统计的渐近理论作出了重大贡献,大部分工作编成1986年出版的著作——《统计决策理论的渐近方法》(*Asymptotic Methods in Statistical Decision Theory*)。

L

Left-Censored/左删失

参见:**删失观察(Censored Observations)**。

Length-Biased Data/长度偏差数据

当抽样项目的概率与长度成比例时得到的数据。最好的例子出现在*更新理论*(*renewal theory*)中,在随机选择的时间点抽取的寿命样本所得到的跨事件时间数据就是这种类型。【*Biometrika*, 1996, **83**, 343-354.】

Length-Biased Sampling/长度偏差抽样

偏差是由基于病人访问的抽样项目引起的,当由于某些人经常访问所以他们更愿意选择那些比较简单的项目时。例如,在关于癌症的*筛选研究*(*screening study*)中,相比较那些由于他们的症状而诊断阳性的样本,所诊断病例的样本可能包含更多的生长缓慢的癌症。【*Australian Journal of Statistics*, 1981, **23**, 91-94.】

Lepage Test/Lepage 检验

关于位置或发散的*无分布检验*(*distribution free test*)。检验统计量与 *Mann-Whitney 检验*(*Mann-Whitney test*)和 *Ansari-Bradely 检验*(*Ansari-Bradely test*)中所使用的统计量有关。【NSM Chapter 5.】

Leptokurtic Curve/峰态曲线

参见:**峰度(Kurtosis)**。

L

Leslie Matrix Model/Leslie 矩阵模型

在人口和动物数量研究中使用的模型,其中在时间 t 处每个年龄的个体数向量 N_t 与每个年龄的个体初始数 N_0 相关,满足方程

$$N_t = M^t N_0$$

其中,M 称为*人口预测矩阵*(*population projection matrix*),定义为:

$$M=\begin{pmatrix} B_0 & B_1 & B_2 & \cdots & B_{v-1} & B_v \\ P_0 & 0 & 0 & \cdots & 0 & 0 \\ 0 & P_1 & 0 & \cdots & 0 & 0 \\ \vdots & \vdots & \vdots & \vdots & \vdots & \vdots \\ 0 & 0 & 0 & \cdots & P_{v-1} & P_v \end{pmatrix}$$

其中,B_x 等于在一个时间单位中年龄 x 的女性所生的在下一个时间单位仍活着的女性数,P_x 等于在时间 t 处年龄 x 的女性到时间 $t+1$ 处仍活着的比例,v 是最大年龄。参见:**人口增长模型(Population Growth Model)**。【*Bulletin of Mathematical Biology*, 1995, **57**, 381-399.】

Lethal Dose 50/半数致死量

在关于有毒物质的实验中，在指定期限内引起 50% 动物死亡的化合物的剂量。【*Modelling Binary Data*，1991，D. Collett，Chapman and Hall/CRC Press，London.】

Levene Test/Levene 检验

用于检测方差的异质性，对由观察与组均值的差所计算的*残差*（*residuals*）进行方差分析。【*Journal of the American Statistical Association*，1974，**69**，364－367.】

Leverage Point/杠杆点

回归分析中使用的术语，指那些在一个或多个解释变量上具有极值的观察。这些点的效应是使得拟合模型接近得到小残差的反应的观察值。参见：**帽子矩阵（Hat Matrix）**，**影响统计量（Influence Statistics）**，**Cook 距离（Cook's Distance）**。【ARA Chapter 10.】

Lévy Concentration Function/Lévy 集中度函数

随机变量 X 的函数 $Q(X;\lambda)$ 定义为：

$$Q(X;\lambda)=\sup_x \Pr(x\leq X\leq x+\lambda\eta)$$

对任意 $\lambda\geq 0$；$Q(X;\lambda)$ 是 λ 的非降函数，满足不等式 $0\leq Q(X;\lambda)\leq 1$，对任意 $\lambda\geq 0$。这种随机变量的变异性度量用于讨论独立随机变量和的收敛问题。【*Concentration Functions*，1973，W. Hengarner and R. Theodorescu，Academic Press，New York.】

Lévy Distribution/Lévy 分布

概率分布 $f(x)$ 为：

$$f(x)=(2\pi)^{-\frac{1}{2}}\exp\left[-\frac{1}{2x}\right]x^{-\frac{3}{2}},\quad 0\leq x<\infty$$

这个分布的矩不存在。例子见图 84。【KA1 Chapter 4.】

Lévy, Paul-Pierre (1886-1971)/保罗—皮埃尔·利维(1886-1971)

利维出生于法国巴黎，1904～1906 年间在法国巴黎理工学校接受教育。他的主要工作是关于概率的微积分，他引入了特征函数以及 *Markov 链*（*Markov chain*）、*鞅*（*martingales*）、*博弈论*（*game theory*）。1971 年 12 月 15 日于巴黎去世。

Lexian Distribution/Lexian 分布

分量为具有相同 n 的二项分布的*有限混合分布*（*finite mixture distribution*）。【*Discrete Distributions*，1969，N. I. Johnson and S. Kotz，Houghton，Mifflin，Boston.】

Lexicostatistics/词汇统计学

用于语言的进化时间的调查，统计每对当今语言所共享的同源词的数目以及使用这些数

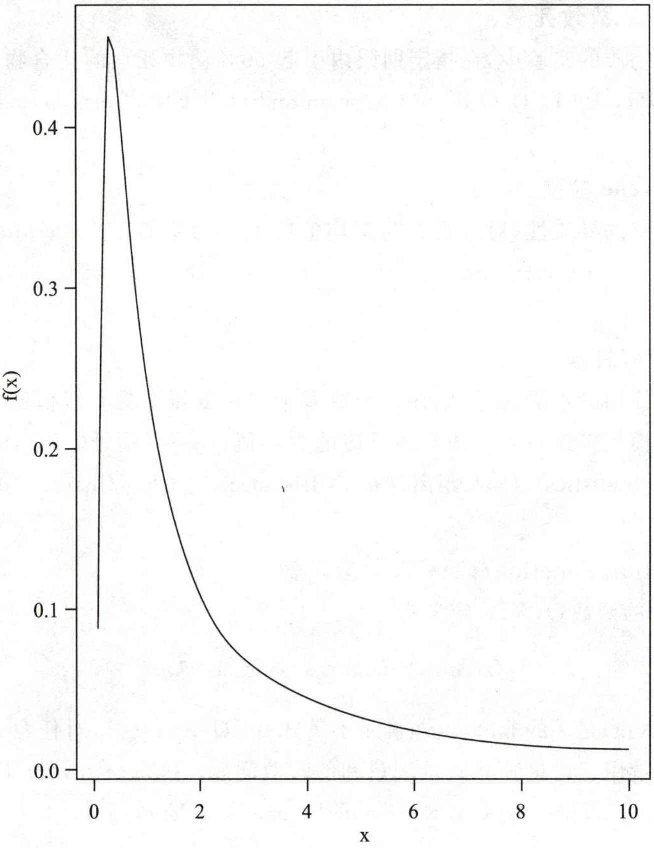

图 84　一例 Lévy 分布

据重建语族的祖先。【*Statistique Textuelle*，1994，L. Lebart and A. Salem，Dunod，Paris.】

Lexis Diagram/Lexis 图

图形用于显示两个时间尺度(通常是年龄和日历时间)对比率的同时影响。例如，子宫颈癌的死亡率依赖于年龄，这是发病率的年龄依赖性的结果，也依赖于日历时间，这是治疗、筛查等变换的结果。这种图形的主要特征是一组对应于两个时间带(一个尺度对应一个)的组合的矩形区域。关于这些带组合的比率，可以通过分配他们发生的矩形的故障以及按照对象在其中所待的时间长度在矩形之间划分每个对象的整个观察时间进行估计。这种图例见图 85。【*Statistics in Medicine*，1987，**6**，449-468.】

Lexis, Wilhelm (1837-1914)/威廉·莱克塞斯(1837-1914)

莱克塞斯早期的研究是关于科学和数学。1859 年毕业于波恩大学，撰写了关于分析力学的论文，获得数学学位。1861 年他到巴黎研究社会科学，其在统计学中的重要贡献集中在 1876～1880 年间发表的关于人口和生命统计的几篇文章中。

Lie Factor/Lie 因子

由塔夫特(Tufte)提出的一个量，用来判断数据的图形表示的真实性。定义为：

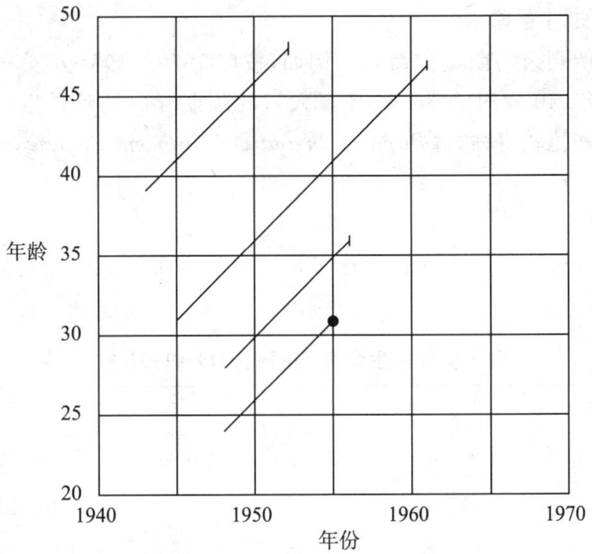

图 85　显示年龄和日历时间的 Lexis 图

$$\frac{\text{图中所显示的效应的明显尺寸}}{\text{数据中效应的实际尺寸}}$$

最好的是取值接近 1，但取值接近 0 和大于 5 也并不罕见。例子见图 86，Lie 因子为 2.8。【*The Visual Display of Quantitative Information*，1983，E. R. Tufte，Graphes Press，Cheshire，Connecticut.】

图 86　Lie 因子为 2.8 的图

Life Expectancy/预期寿命

特定年龄的人所剩余的期望生命年。例如,按照1979～1981年美国生命表,出生时的预期寿命为73.88年,40岁时为36.79年。人口的预期寿命是延长生命能力的一般表示。通常用来识别趋势和比较寿命。【*Population and Development Review*, 1994, **20**, 57-80.】

Life Table/生命表

用来计算关于特定年龄处生存和死亡以及剩余的生命年的可能性的方法,下面给出一个生命表的一部分:

白人女性的生命表(美国,1949～1951年)

1	2	3	4	5	6	7
0	23.55	100 000	2 355	97 965	7 203 179	72.03
1	1.89	97 465	185	97 552	7 105 214	72.77
2	1.12	97 460	109	97 406	7 007 662	71.90
3	0.87	97 351	85	97 308	6 910 256	70.98
4	0.69	92 266	67	97 233	6 812 948	70.04
⋮	⋮	⋮	⋮	⋮	⋮	⋮
100	388.39	294	114	237	566	1.92

1=年龄

2=每1 000人死亡率

3=100 000活产中尚存人数

4=100 000活产中死亡人数

5=共同生活的年数

6=直到所有都死去共同生活的总年数

7=平均未来寿命

【SMR Chapter 13.】

Life Table Analysis/生命表分析

前瞻性研究(*prospective studies*)中经常采用的过程,检查在一个固定期限中病人的*队列研究*(*cohort study*)中一个或多个疾病中死亡率和/或发病率的分布。对于随访期中每个特定增量,在此期间进入的人数,在此期间离开的人数,以及由于疾病死亡的人数(死亡率)或患疾病的人数(发病率)都需要计算。假设没有完成随访期的个人在这个时期的一半中被暴露,将那些"离开"和"留下来"的数据合并,作为由于疾病死亡或患病的百分比的估计的分母。这种方法的优点是在估计过程中所有病人都考虑到,不仅仅是延长期中的病人。【SMR Chapter 13.】

Likelihood/似然函数

观察集的概率,给定某个参数或一组参数的取值下。例如,概率分布为$f(x,\theta)$的n次观察的随机样本$x_1, x_2, \cdots, x_n$的似然函数为:

$$L=\prod_{i=1}^{n} f(x_i,\theta)$$

这个函数是*极大似然估计*(*maximum likelihood estimation*)的基础。在许多应用中,似然函数涉及多个参数,而其中只有少量参数是调查者感兴趣的。为了模型更具物理意义,保留*多余参数*(*nuisance parameter*)是必需的,但它们的取值与调查和得出结论没有关系。因为依赖于大量参数的似然函数较难处理(例如,似然函数极大化将比较困难),所以会看到一些修改的似然函数,包含尽可能少的不感兴趣的参数。这些还是可以采用的。例如,*边际似然*(*marginal likelihood*)[有时也称为*限制似然*(*restricted likelihood*)],通过对原始变量作某些变换,或通过边际变量的某种形式减少多余参数。关于感兴趣参数的*边侧似然*(*profile likelihood*)是原始似然,部分用来关于多余参数极大化。参见:拟似然(**Quasi-Likelihood**),条件似然(**Conditional Likelihood**),似然定律(**Law of Likelihood**),似然比(**Likelihood Ratio**)。【KA2 Chapter 17.】

Likelihood Distance Test/似然距离检验

异常点(*outlier*)的检测方法,根据完整数据的*对数似然*(*log-likelihood*)与当一个特别的观察被去除时的对数似然之间的差进行检测。如果差比较大,那么认为所涉及的观察是异常点。【*Statistical Inference Based on the likelihood*, 1996, A. Azzalini, CRC/Chapman and Hall, London.】

Likelihood Principle/似然原则

在统计模型的框架中,数据所提供的关于两个假设的相关优点的所有信息都包含在关于数据的这些假设的*似然比*(*likelihood ratio*)中。【*Likelihood*, 1976, A. W. F. Edwards, Cambridge University Press, Cambridge.】

Likelihood Ratio/似然比

在两个假设 H_0 和 H_1 下数据的*似然函数*(*likelihood*)的比。可以用于 H_0 对 H_1 的评估,因为在 H_0 下,统计量

$$\lambda=-2\ln\frac{L_{H_0}}{L_{H_1}}$$

近似服从 χ^2 *分布*(*chi-squared distribution*),自由度为在两个假设中参数个数的差。参见:**G^2 统计量**(**G^2**),偏离(**Deviance**),拟合优度(**Goodness-of-Fit**),**Bartlett** 校正因子(**Bartlett's Adjustment Factor**)。【KA2 Chapter 23.】

Likert, Rensis (1903-1981)/雷西斯·利克特(1903-1981)

利克特出生于怀俄明州的夏延,在密歇根大学学习土木工程和社会学。1932 年在哥伦比亚大学心理学系获得博士学位。他的博士研究是关于态度的度量。利克特的工作对社会科学产生巨大的影响,他也获得了许多荣誉,包括 1959 年担任美国统计学会的主席。

Likert Scales/Likert 量表

在态度的研究中常用的表,其中原始得分是基于对一组问题中每一个的分级备选反应。

例如，对象可能被要求描述关于一组与态度有关的描述中每一个的一致性的程度。对每个反应指定一个数，例如，1：强烈赞成，2：赞成，3：未定，4：不赞成；5：强烈不赞成；它们的和作为组合得分。在医学中经常采用的 Likert 型量表是 Apgar 评分，用来评价新生儿状况。这是下列 5 个项目的评分（0，1 或 2）的和：

- 心率（每分钟搏动超过 100 次 2 分，稍慢 1 分，没有 0 分）；
- 呼吸功能；
- 肌张力；
- 在鼻孔中对导管刺激的反应；
- 皮肤颜色。

【*Scale Development：Theory and Applications*，1991，R. F. DeVellis，Sage，Newbury Park.】

Lim-Wolfe Test/Lim-Wolfe 检验

基于在随机区组设计中识别比零剂量控制更有效的剂量水平的多重测试程序，假设在单调增加到一点中递增的剂量水平的功效单调递减。【*Biometrics*，1997，**53**，410－418.】

Lindley's Paradox/Lindley 悖论

下面这种情形中使用的名词，当显著性的标准抽样理论表明非常强的事实拒绝零假设时，根据 *Bayesian 推断*（*Bayesian inference*）更愿意接受零假设。【*Biometrika*，1957，**44**，187－192.】

Linear Birth Process/线性出生过程

也称为 **Yule-Furry** 过程（**Yule-Furry Process**）。

Linear-by-Linear Association Test/线性关联性检验

检测在*列联表*（*contingency table*）中偏离独立性的特定类型的检验，其中列联表的行和列分类按自然序排列。参见：**Jonckheere-Terpstra** 检验（**Jonckheere-Terpstra Test**）。【*The Analysis of Contingency Tables*，2nd edition，1992，B. S. Evritt，Chapman and Hall/CRC Press，London.】

Linear-Circular Correlation/线性循环相关

一个区间尺度随机变量 X 与属于区间（0，2π）的*循环随机变量*（*circular random variable*）Θ 之间相关性的度量。例如，X 指温度，Θ 指风向。相关系数定义为：

$$\rho_{X\Theta}^2=(\rho_{12}^2+\rho_{13}^2-2\rho_{12}\rho_{13}\rho_{23})/(1-\rho_{23}^2)$$

其中，$\rho_{12}=corr(X,\cos\Theta)$，$\rho_{13}=corr(X,\sin\Theta)$，$\rho_{23}=corr(\cos\Theta,\sin\Theta)$。样本统计量 $R_{x\theta}^2$ 可以用样本相关系数 r_{ij} 代替 ρ_{ij} 得到。【*Biometrika*，1976，**63**，403－405.】

Linear Estimator/线性估计量

估计量为观察值或由观察值得出的样本统计量的线性函数。

Linear Filters/线性过滤器

假设序列$\{x_i\}$经过“黑盒子”作为输出生成序列$\{y_i\}$。如果满足下列两个限制：(1)关系是线性的；(2)关系关于时间是不变的，那么对任意 t，y_t 是输入的过去值和未来值的加权线性组合：

$$y_t=\sum_{j=-\infty}^{\infty}a_j x_{t-j}, \quad 且 \quad \sum_{j=-\infty}^{\infty}a_j^2<\infty$$

这种关系称为线性过滤器。如果输入序列具有功率谱 $h_x(\omega)$，输出具有功率谱 $h_y(\omega)$，那么它们满足：

$$h_y(\omega)=\left|\sum_{j=-\infty}^{\infty}a_j e^{-i\omega j}\right|^2 h_x(\omega)$$

如果记 $h_y(\omega)=|\Gamma(\omega)|^2 h_x(\omega)$，其中 $\Gamma(\omega)=\sum\limits_{j=-\infty}^{\infty}a_j e^{-i\omega j}$，那么 $\Gamma(\omega)$称为*传递函数*(*transfer function*)，而$|\Gamma(\omega)|$称为振幅增益。平方值称为过滤器的*增益或功率传递函数*(*gain or power transfer function*)。【TMS Chapter 2.】

Linear Function/线性函数

几个变量、参数的函数，不包含这些量的幂或交叉乘积。例如，下列三个变量 x_1，x_2，x_3 的线性函数：

$$y=x_1+2x_2+x_3$$
$$z=6x_1-x_3$$
$$w=0.34x_1-2.4x_2+12x_3$$

Linearizing/线性化

为了简化参数的估计将非线性模型变换成线性模型。例如，*Michaelis-Menten 方程*(*Michaelis-Menten equation*)：

$$B=\frac{B_{\max}F}{K_D+F}$$

其中，B 和 F 是均衡处边界和自由配体的浓度，两个参数 $B_{\max}$ 和 K_D 称为容量和亲合力。这个方程可以采用几种方法简化为线性形式，例如：

$$\frac{1}{B}=\frac{1}{B_{\max}}+\frac{K_D}{B_{\max}}\left(\frac{1}{F}\right)$$

根据 $1/B$ 和 $1/F$ 是线性的。上面得到的线性方程称为 *Lineweaver-Burk 方程*(*Lineweaver-Burk equation*)。

Linear Logistic Regression/线性 Logistic 回归

也称为 **Logistic** 回归(**Logistic Regression**)。

Linearly Separable/线性可分

对于两组观察，存在一组变量 $x'=[x_1,x_2,\cdots,x_q]$的函数 $x'a+b$，使得它关于一组观察取值为正,关于另一组观察取值为负。参见:判别函数分析(**Discriminant Function Analysis**),**Fisher** 线性判别函数(**Fisher's Linear Discriminant Function**)。

Linear Model/线性模型

模型中随机变量的期望值可以表示为模型中参数的线性函数。例如:

$$E(y)=\alpha+\beta x$$
$$E(y)=\alpha+\beta x+\gamma x^2$$

其中,x 和 y 表示变量取值,α,β,γ 为参数。注意,线性性只是关于参数的,不是关于变量的。参见:线性回归(**Linear Regression**),广义线性模型(**Generalized Linear Models**)。【ARA Chapter 6.】

Linear Parameter/线性参数

参见:非线性模型(**Non-Linear Model**)。

Linear Regression/线性回归

用于讨论一种简单的线性模型,反应变量 y 是连续变量,单个解释变量 x 满足方程

$$E(y)=\alpha+\beta x$$

其中,E 表示期望值。参见:多元回归(**Multiple Regression**),最小二乘估计(**Least Squares Estimation**)。【ARA Chapter 1.】

L

Linear Transformation/线性变换

由下列 p 个方程定义的 q 个变量 $x_1,x_2,\cdots,x_q$ 的变换:

$$y_1=a_{11}x_1+a_{12}x_2+\cdots+a_{1q}x_q$$
$$y_2=a_{21}x_1+a_{22}x_2+\cdots+a_{2q}x_q$$
$$\cdots\cdots$$
$$y_p=a_{p1}x_1+a_{p2}x_2+\cdots+a_{pq}x_q$$

这种变换是*主成分分析*(*principle components analysis*)的基础。【MV1 Chapter 2.】

Linear Trend/线性趋势

两个变量之间的关系,其中一个变量随着另一个变量的增加而按固定比率变化。

Line-Intercept Sampling/线截抽样

关于在地理区域中选择抽样单位的一种*不等概率抽样*(*unequal probability sampling*)的方法。在研究区域画出样本直线,当感兴趣的样本单位与一条或多条直线相交时,记录所调查的单位的特征。图 87 解释了这个过程。例如,生态环境研究中,估计在一个特定区域中某种植物物种的浆果的总量。工人们在直线上行走,当直线与物种的灌木相交时,记录灌木上浆果的数量。【*Sampling Biological Populations*, 1979, edited by R. M. Cormack, G. P. Patil and D. S. Robson, International Co-operative Publishing House, Fairland.】

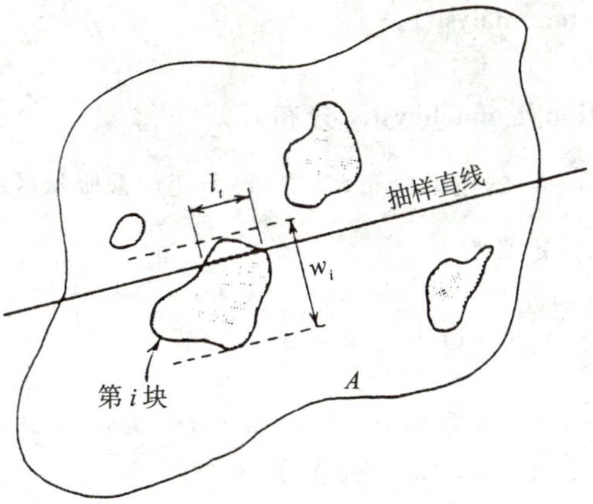

图 87 线截抽样的解释

Lineweaver-Burk Equation/Lineweaver-Burk 方程

参见:线性化(**Linearizing**)。

Linkage Analysis/连锁分析

考虑至少两个位点的系谱数据的分析,目的是确定在相同或不同染色体上位点的相关位置。基于相同染色体上等*位基因*(*alleles*)的非独立偏析。【*Statistics in Human Genetics*, 1998, P. Sham, Arnold, London.】

Linked Micromap Plot/链接微型地图

给出关于空间索引统计汇总的图形概览和细节的图形。图形显示了空间模式和统计模式,连接区域给出了地图上它们的位置,用统计面板表示估计。这种图形还显示了多个变量的估计和被包含的*置信区间*(*confidence intervals*)。【*Statistical Computing and Graphics Newsletter*, 1996, **7**, 16–23.】

Link Function/连接函数

参见:广义线性模型(**Generalized Linear Model**)。

LISREL/LISREL 程序

拟合关于*潜在变量*(*latent variables*)的*结构方程模型*(*structural equation models*)的计算机程序。参见:**EQS** 软件包(**EQS**)。【Scientific Software Inc., 1369, Neitzel Road, Mooresville, IN 46158–9312, USA.】

Literature Controls/文字对照

患有相关疾病的病人,在过去曾接受所调查的两种治疗中的一种,并且结论用文字形式发表,现在用来作为近期接受另一种治疗的病人的对照组。这种对照组显然要求对可比性进行仔细检查。参见:历史对照(**Historical Controls**)。

Loading Matrix/荷载矩阵

参见:因子分析(**Factor Analysis**)。

Lobachevsky Distribution/Lobachevsky 分布

n 个独立随机变量和(X)的概率分布,其中,每个变量都服从区间$[-\frac{1}{2},\frac{1}{2}]$上的*均匀分布*(*uniform distribution*),定义为:

$$f(x)=\frac{1}{(n-1)!}\sum_{j=0}^{[x+n/2]}(-1)^j\binom{n}{j}[x+\frac{1}{2}n-j]^{n-1},\quad -\frac{1}{2}n\leq x\leq\frac{1}{2}n$$

其中,$[x+n/2]$表示 $x+n/2$ 的整数部分。【*Probability Theory: A Historical Sketch*, L. E. Maistrov, 1974, Academic Press, New York.】

Local Dependence Function/局部依赖函数

度量两个变量依赖性的方法,当依赖性的程度和方向在不同的平面区域中不同时。【*Biometrika*, 1996, **83**, 899-904.】

Locally Weighted Regression/局部加权回归

回归分析的一种方法,在解释变量空间的特定"邻域"中采用一次多项式(线性)或二次多项式(二次的)近似回归函数。通常用于光滑散点图,使得结构看起来更清晰,以及识别反应变量与解释变量之间可能的非线性关系。采用*稳健估计*(*robust estimation*)方法(常称为 *loess*)来防止破坏光滑点的偏离点。方法基本上是*迭代重加权最小二乘*(*iteratively reweighted least squares*)的修正。例子见图 88,图形说明了局部加权回归不同于用*最小二乘估计*(*least squares estimation*)拟合的 y 关于 x 的线性回归。参见:核回归光滑(**Kernel Regression Smoothing**)。【*Journal of the American Statistical Association*, 1979, **74**, 829-836.】

Local Odds Ratio/局部比值比

由更大的*列联表*(*contingency table*)中相邻行和列形成的*2×2 列联表*(*two-by-two contingency tables*)中的*比值比*(*odds ratio*)。

Location/位置,定位

样本分布的中心或"典型值"这种概念。参见:均值(**Mean**),中位数(**Median**),众数(**Mode**)。

LOCF/最后结转观察

最后结转观察(**Last Observation Carried Forward**)的缩写。

Lods/Lods

流行病学(*epidemiology*)中使用的术语,它是*比值比*(*odds ratio*)的对数。也用于遗传学中*似然比*(*likelihood ratio*)的对数。

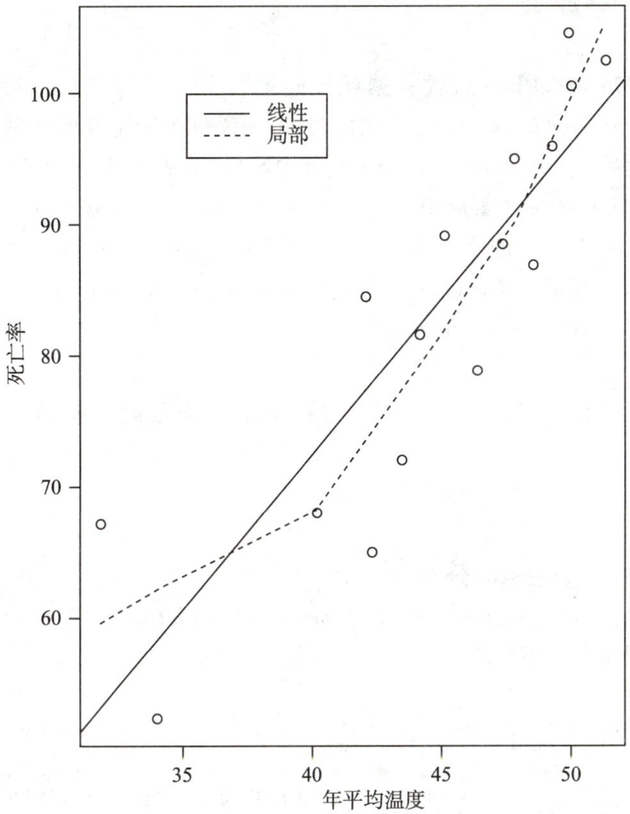

图 88 乳腺癌死亡率与区域温度的散点图,根据最小二乘法以及局部加权回归拟合直线

L

Lod Score/Lod 评分

在重组率的固定值处用于评价的系谱数据与在一半的重组率处用于评价的系谱数据的似然比的对数(底为 10)。【*Statistics in Human Gentics*, 1998, P. Sham, Arnold, London.】

Loess/稳健估计

参见:局部加权回归(**Locally Weighted Regression**)。

Logarithmic Series Distribution/对数级数分布

离散型随机变量 X 的概率分布,定义为:

$$\Pr(X=r)=k\gamma^r/r, \quad x\geq 0$$

其中,γ 是*形状参数*(*shape parameter*)属于 0 和 1 之间,$k=-1/\log(1-\gamma)$。分布是零类缺失的*负二项分布*(*negative binomial distribution*)的极限形式。分布的均值为 $k\gamma/(1-\gamma)$,方差为 $k\gamma(1-k\gamma)/(1-\gamma)^2$。分布被昆虫学家广泛用来描述物种丰富度。【STD Chapter 23.】

Logarithmic Transformation/对数变换

变量 x 的变换,为 $y=\ln(x)$。当变量 x 的频率分布表明中等大的*偏斜度*(*skewness*)时经常采用这种变换得到正态性。

Log-Cumulative Hazard Plot/对数—累积风险图

在*生存分析*(*survival analysis*)中使用的图,用来评价关于生存时间的特殊参数模型是否不成立。图形是关于 $\ln(-\ln\hat{S}(t))$ 和 $\ln t$,其中 $\hat{S}(t)$ 是估计的*生存函数*(*survival function*)。例如,一种近似直线的图形说明生存时间服从 *Weibull 分布*(*Weibull distribution*),图形还给出了它的两个参数的粗略估计。当直线的斜率接近 1 时,那么为*指数分布*(*exponential distribution*)。【*Modelling Survival Data in Medical Research*, 1995, D. Collett, Chapman and Hall/CRC Press, London.】

Log-F Accelerated Failure Time Model/对数- F 加速失败时间模型

生存时间为广义 F-分布的*加速失败时间模型*(*accelerated failure time model*)。【*Statistics in Medicine*, 1988, **5**, 85-96.】

Logistic Distribution/Logistic 分布

当 n 趋向于无穷大时,从*指数分布*(*exponential distribution*)中抽取的容量 n 的随机样本的最大与最小样本值的平均的极限分布。分布为:

$$f(x)=\frac{\exp[(x-\alpha)/\beta]}{\beta\{1+\exp[-(x-\alpha)/\beta]\}^2},\quad -\infty<x<\infty,\beta>0$$

位置参数(*location parameter*)α 为均值。分布的方差为 $\pi^2\beta^2/3$,它的*偏斜度*(*skewness*)为 0,*峰度*(*kurtosis*)为 4.2。$\alpha=0,\beta=1$ 时为*标准 logistic 分布*(*standard logistic distribution*),它的*累积概率分布函数*(*cumulative distribution function*)$F(x)$与概率分布 $f(x)$之间满足:

$$f(x)=F(x)[1-F(x)]$$

【STD Chapter 24.】

Logistic Growth Model/Logistic 生长模型

适合*生长曲线*(*growth curve*)的模型,当生长率和当时的大小与余下的生长量的乘积成正比时。模型通过下列方程定义:

$$y=\frac{\alpha}{1+\gamma e^{-\beta t}}$$

其中,α、β、γ 都是参数。【*Journal of Zoology*, 1997, **242**, 193-207.】

Logistic Normal Distributions/Logistic 正态分布

对依赖性模型化的一类分布,比 *Dirichlet 分布*(*Dirichlet distribution*)更灵活。【*Biometrika*, 1980, **67**, 261-272.】

Logistic Regression/Logistic 回归

当反应变量为二进制变量时采用的一种回归分析形式。方法基于比例的 *logistic 变换*

(*logistic transformation*)或 *logit*：

$$\text{logit}(p)=\ln\frac{p}{1-p}$$

当 p 趋向于 0 时，logit(p)趋向于$-\infty$；当 p 趋向于 1 时，logit(p)趋向于∞。函数 logit(p)是关于 $p=0.5$ 对称的 *S形曲线*(*sigmoid curve*)。运用这种变换，这种回归形式可以记为：

$$\ln\frac{p}{1-p}=\beta_0+\beta_1x_1+\cdots+\beta_qx_q$$

其中，$p=\Pr$(因变量$=1$)，$x_1,x_2,\cdots,x_q$ 是解释变量。按这种方法采用 Logistic 变换可以克服当 p 直接作为解释变量的函数模型化时所引起的问题，特别是它避免所拟合的概率在(0，1)之外。模型中的参数可以用*极大似然估计法*(*maximum likelihood estimation*)进行估计。参见：**广义线性模型(Generalized Linear Models)**，**混合效应Logistic 回归(Mixed Effects Logistic Regression)**。【SMR Chapter 12.】

Logistic Transformation/Logistic 变换

参见：**Logistic 回归(Logistic Regression)**。

Logit Confidence Limits/Logit 置信限

比值比(*odds ratio*)对数的*置信区间*(*confidence interval*)的上下限，定义为：

$$\ln\hat{\psi}\pm z_{\alpha/2}\sqrt{\text{var}(\ln\hat{\psi})}$$

其中，$\hat{\psi}$ 是比值比的估计，$z_{\alpha/2}$是对应于 $\alpha/2$ 的正态等价离差，$(1-\alpha)$是所选的置信区间的置信水平。方差的估计为：

$$\widehat{\text{var}}(\ln\hat{\psi})=\frac{1}{a}+\frac{1}{b}+\frac{1}{c}+\frac{1}{d}$$

其中，a,b,c,d 是计算 $\hat{\psi}$ 的*2×2 列联表*(*two-by-two contingency*)中的频数。将两个上下限指数化可以得到比值比本身的置信区间。【*The Analysis of Contingency Tables*, 2nd edition, 192, B. S. Evritt, Chapman and Hall/CRC Press, London.】

Logit Rank Plot/Logit 排序图

关于 logit{Pr(E|S)}和 logit(r)的图，其中 Pr(E|S)是给定风险评分 S 下事件 E 的条件概率，是 S 的增函数，r 是总体的样本中 S 的比例排序。图形的斜率给出了效应的整体度量，是比较不同风险评分的基础。【*Applied Statistics*, 199, **48**, 165－183.】

Log-Likelihood/对数似然

似然函数(*likelihood*)的对数。当进行极大似然估计时一般比似然函数更容易讨论。

Log-Linear Models/对数线性模型

关于*计数数据*(*count data*)的模型，其中计数变量期望值的对数是参数的线性函数；后者表示成对变量与两个或多个变量之间高阶相互作用之间的关联。在特殊模型下期望频率

L

的估计可以根据*迭代比例拟合*(*iterative proportional fitting*)得到。这种模型本质上是*方差分析*(*analysis of variance*)中所采用的关于连续数据的模型关于频率数据的等价,除了兴趣集中在参数表示相互作用,而不是表示主效应。参见:**广义线性模型**(**Generalized Linear Model**)。【*The Analysis of Contingency Tables*, 2nd edition, 1992, B. S. Everitt, Chapman and Hall/CRC Press, London.】

Lognormal Distribution/对数正态分布

随机变量 X 的概率分布,其中 $\ln(X)$ 服从均值为 μ、方差为 σ^2 的正态分布。分布定义为:

$$f(x)=\frac{1}{x\sigma(2\pi)^{\frac{1}{2}}}\exp\left[-\frac{1}{2\sigma^2}\{-(\ln-\mu)^2\}\right],\quad 0\leq x<\infty$$

分布的均值、方差、*偏斜度*(*skewness*)和*峰度*(*kurtosis*)如下:

$$均值=\exp(\mu+\frac{1}{2}\sigma^2)$$

$$方差=\exp(2\mu+\sigma^2)(\exp(\sigma^2-1))$$

$$偏斜度=\exp(\sigma^2+2)(\exp\sigma^2-1)^{\frac{1}{2}}$$

$$峰度=\exp(4\sigma^2)+2\exp(3\sigma^2)+3\exp(2\sigma^2)-3$$

对于很小的 σ,分布可以用正态分布近似。这种分布的几个例子见图 89。【STD Chapter 25.】

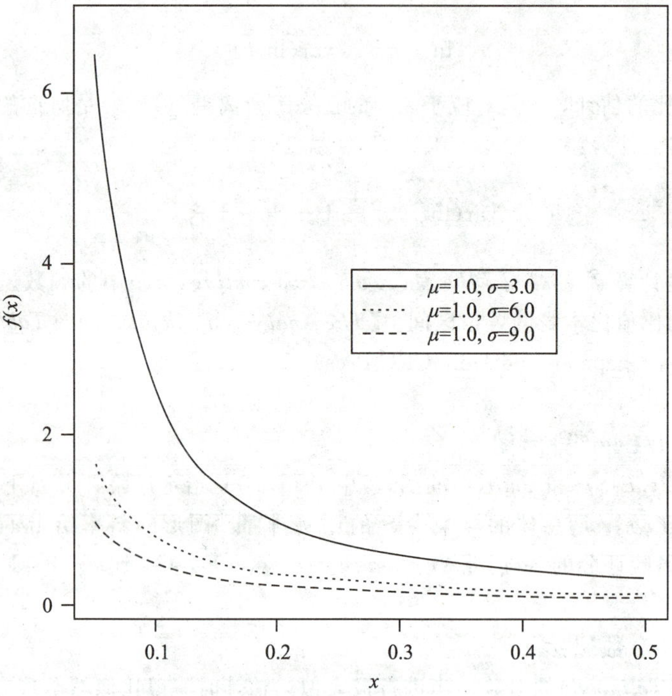

图 89 对数正态分布,$\mu=1.0$;$\sigma=3.0,6.0,9.0$

Logrank Test/对数秩检验

比较两组或多组生存时间的检验,评估在不同组中个体的生存经验没有差异的零假设。

对于两组的情形，检验统计量为：

$$U = \sum_{j=1}^{r} w_j (d_{1j} - e_{1j})$$

其中，权数 w_j 和为 1，d_{1j}是在第 j 个有序死亡时间 $t_{(j)}$ 处第一组中的死亡人数，$j=1,\cdots,r$，e_{1j} 是相应的期望死亡人数，定义为：

$$e_{1j} = n_{1j} d_j / n_j$$

其中，d_j 是在 $t_{(j)}$ 处总死亡人数，n_j 是该时点处于分析的人数，n_{1j}是第一组中处于风险的人数。U 的期望值为 0，方差为：

$$V = \sum_{j=1}^{r} n_j v_{1j}$$

其中：

$$v_{1j} = \frac{n_{1j} n_{2j} d_j (n_j - d_j)}{n_j^2 (n_j - 1)}$$

于是，在评估假设时认为 $U/\sqrt{V}$ 服从标准正态分布。其他的检验也采用这个相同的统计量，只是权数取不同值。例如，*Tarone-Ware 检验*（*Tarone-Ware test*）采用 $w_j = \sqrt{n_j}$，*Peto-Prentice 检验*（*Peto-Prentice test*）采用：

$$w_j = \prod_{i=1}^{j} \frac{n_i - d_i + 1}{n_i + 1}$$

【SMR Chapter 13.】

LOGXACT/LOGXACT 软件包

专门的统计软件包，可以给出关于 *logistic 回归*（*logistic regression*）的精确推理。【Cytel Software Corp.，675 Massachusettes Avenue，Cambridge，MA 02139 USA.】

Longini-Koopman Model/Longini-Koopman 模型

流行病学中关于初次感染和二次感染的模型，基于由于家庭中感染个体的“集群”引起的感染率的*额外二项式变异*（*extra-binomial variation*）的描述。模型的基本假设为：

- 在流行病流行的过程中一个人最多感染一次。
- 所有人都是一个封闭的“社会”中的一员。此外，每个人属于一个“家庭”。一个家庭可以由一人或多人组成。
- 社会中感染源在整个社会中是同质分布。家庭成员在家庭中随机混合。
- 每个人要么从家庭中受感染，要么从社会中感染。一个人从社会中受感染的概率与他或她的家庭中受感染的人数无关。

对于具有 s 个初始易感人和 j 个初始感染的家庭，正好再有 k 个人被感染的概率为：

$$P(k|s,j) = \binom{s}{j} P(k|k,j) B^{(s-k)} Q^{(j+k)(s-k)}, \quad k=0,1,\cdots,s-1$$

$$P(s|s,j) = 1 - \sum_{k=0}^{s-1} P(k|s,k)$$

其中,B 是在感染过程中一个易感个人没有从社会中感染的概率,Q 是一个易感人士从一个感染的家庭成员中没有被感染的概率。【*Statistics in Medicine*, 1994, **13**, 1563 - 1574.】

Longitudinal Data/纵向数据

数据来自于当一组对象或病人中的每一个都得到一个表示在不同时间点所观察的同一个变量的度量向量。这种数据将多元数据的元素与时间序列数据合并。它们与前者不同,前者只涉及单个变量,它们也与后者不同,后者是由大量短序列而不是单一长序列组成。这种数据既可以前瞻性收集,对象随着时间向前,也可以回顾性收集,通过从历史记录中提取每个人的度量。这种类型的数据也称为*重复测量数据*(*repeated measures data*),特别是在社会科学和行为科学中,尽管在这些学科中这种数据主要是在不同的实验条件下对个体反复观察而不是从一个简单的时间序列中得到。对这类数据的分析需要特殊的统计方法,因为关于一个对象的测量集可能互相相关。必须考虑这种相关性才能得到有效的科学推断。大多数研究设计中指明在相等的时间间隔中所有对象都要接受相同次数的反复测量。这种数据一般称为*均衡纵向数据*(*balanced longitudinal data*)。但尽管通常的目标是均衡数据,但是由于多种原因也会得到在不同的时间间隔中对象接受不同次数的反复测量得到的*非均衡纵向数据*(*unbalanced longitudinal data*)。偶尔通过设计使得数据不均衡或不完整,例如,选择每一小时对一半对象进行测量,对另一半对象每两小时测量一次。一般来说,在纵向研究中非均衡数据的主要原因是*缺失值*(*missing values*)的出现,由于想要采取的测量没有进行、遗忘或其他原因不能得到。参见:**Greenhouse 和 Geisser 校正(Greenhouse-Geisser Correction),Huynh-Feldt 校正(Huynh-Feldt Correction),复合对称(Compound Sysmmetry),广义估计方程组(Generalized Estimating Equations),Mauchly 检验(Mauchly Test),响应特征分析(Response Feature Analysis),时间方差分析(Time-by-Time ANOVA),裂区设计(Split-Plot Design)**。【*Analysis of Longitudinal Data*, 1994, P. J. Diggle, K.-Y. Liang and S. Zeeger, Oxford Scientific Publications, Oxford.】

L

Longitudinal Studies/纵向研究

关于纵向数据的研究。这种研究的一个明显特征是对象随着时间被反复度量。

Long Memory Processes/长期记忆过程

慢慢衰变或长期相关的*平稳随机过程*(*stationary stochastic process*)。参见:**长期相关(Long-Range Dependence)**。【*Statistics for Long Memory Processes*, 1995, J. Beran, Chapman and Hall/CRC Press, London.】

Long-Range Dependence/长期相关

随机过程中小且慢地衰变的相关。通常这种相关无法根据标准的检验法检测,但它们的功效非常强。【*Journal of the American Statistical Association*, 1997, **92**, 881 - 893.】

Lord, Frederic Mather (1912-2000)/弗雷德里克·马瑟·路德(1912-2000)

路德出生于新汉普郡的汉诺威,1936 年毕业于达特茅斯学院,1952 年在普林斯顿大学获得博士学位。1944 年加入美国教育考试服务中心,被认为是现代心理测试基础的统计机器的主要开发者。2000 年 2 月 5 日于佛罗里达州那不勒斯去世。

Lord's Paradox/Lord 悖论

Simpson 悖论(**Simpson's Paradox**)的一种版本。

Lorenz Curve/Lorenz 曲线

暴露—疾病的关联性指标，是病例的累积百分比与人口关于递增的暴露量的累积百分比的图。例子见图 90。如果疾病的风险没有随着暴露量越来越重而单调增加，那么在计算百分比之前需要将数据从最低风险到最高风险重新排列。与这种曲线相关的是 *Gini 指数*(*Gini index*)，定义为曲线与对角线之间面积的平方。这个指数在 0 和 1 之间，数值越大说明变异性越大，而数值越小则说明一致性越大。【KA1 Chapter 2.】

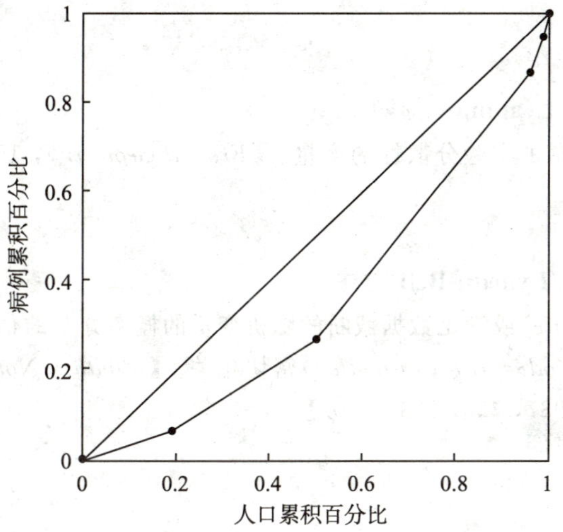

图 90　Lorenz 曲线和 Gini 指数

Loss Function/损失函数

参见：决策论(**Decision Theory**)。

Lotteries/彩票

参见：国家彩票(**National Lotteries**)。

Lower Triangular Matrix/下三角矩阵

矩阵的主对角线上方所有元素都为 0。例如：

$$L=\begin{pmatrix}1 & 0 & 0 & 0\\ 2 & 3 & 0 & 0\\ 1 & 1 & 3 & 0\\ 1 & 5 & 6 & 7\end{pmatrix}$$

LSD/最小显著性差异

最小显著性差异(**Least Significant Difference**)的缩写。

LST/治疗意向分析

治疗意向分析(**Large Simple Trial**)的缩写。

L-Statistics/L-统计量

顺序统计量的线性函数,常用于估计问题中,一般它们的计算非常简单。【*Statistics in Civil Engineering*, 1997, A. V. Metcalfe. Edward Arnold, London.】

Luganni and Rice Formula/Luganni-Rice 公式

根据相应的累积生成函数近似概率分布的*鞍点法*(*saddle point method*)。【KA1 Chapter 11.】

Lyapunov Exponent/Lyapunov 指数

在混沌系统中轨道的实验分散性的度量。【*Fractal Geometry*, 1990, K. Falconer, Wiley, Chichester.】

Lynedn-Bell Method/Lynedn-Bell 方法

风险率(*hazard rate*)或满足数据截断的随机变量的概率分布的估计方法。它与删失数据的*乘积限估计量*(*product-limit estimator*)密切相关。【*Monthly Notices of the Royal Astronomical Society*, 1987, **226**, 273-280.】

L

M

Mack-Wolfe Test/Mack-Wolfe 检验

单向设计的一种*无分布检验*(*distribution free test*),检验备选设定一种*伞型序*(*umbrella ordering*)的相等性零假设。【NSM Chapter 6.】

MAD/中位数绝对偏差

中位数绝对偏差(**Median Absolute Deviation**)的缩写。

MADAM/均值—离差可加模型

均值—离差可加模型(**Mean and Dispersion Additive Model**)的缩写。

Mahalanobis D^2/Mahalanobis D^2 距离

两组个体之间距离的度量,定义为:

$$D^2=(\bar{x}_1-\bar{x}_2)'S^{-1}(\bar{x}_1-\bar{x}_2)$$

其中,$\bar{x}_1$ 和 $\bar{x}_2$ 是两个组的均值向量,S 是两个组的*方差—协方差矩阵*(*variance-covariance matrices*)S_1 和 S_2 的加权平均。即:

$$S=\frac{n_1S_1+n_2S_2}{n_1+n_2}$$

其中,n_1 和 n_2 是两个组的样本容量。参见:**Hotelling T^2** 检验(**Hotelling T^2 Test**)。【MV1 Chapter 4.】

Mahalanobis, Pransanta Chandra (1893-1972)/佩桑达·钱德拉·马哈拉诺比斯(1893-1972)

马哈拉诺比斯出生于印度加尔各答,他最初在加尔各答大学学习物理,然后到剑桥大学学习,1915 年他在剑桥大学被推选为高级研究学者。最后他回到印度,在加尔各答的院长学院任教。马哈拉诺比斯在统计学的许多领域作出了重大的贡献。在关于人体测量问题的研究中得出了他的 D^2 统计量。他关于田间试验的工作与费希尔结下了深厚的友谊。1931 年他成立了印度统计研究所。1945 年马哈拉诺比斯成为英国皇家学会院士,并被授予印度最高荣誉“莲花赐”(Padma Vibhushan)勋章。1972 年 6 月 28 日于加尔各答去世。

M

Main Effect/主效应

方差分析(*analysis of variance*)中常用的一个因子变量关于反应变量的独立效应的估计。【SMR Chapter 12.】

Mainframes/主机

具有超大存储容量的高速通用计算机。

Mainland, Donald (1902-1985)/唐纳德・曼兰德(1902-1985)

曼兰德毕业于爱丁堡大学医学系,1930 年担任戴尔豪斯大学解剖学系系主任。后来他的兴趣转移到计量问题和统计学上,1937 年出版了一本关于医学统计的著作。1950 年成为纽约大学医学统计教授。曼兰德是一名关于统计问题的多产作家,1985 年 7 月于康涅狄格州肯特去世。

Majority Rule/多数原则

在宣布病人患有一种特殊疾病之前要求一系列诊断试验中大多数是积极的。参见:一致原则(**Unanimity Rule**)。

Mallow's C_k Statistic/Mallow C_k 统计量

回归分析中采用的指数,帮助选择解释变量的"最佳"子集。指数定义为:

$$C_k = \sum_{i=1}^{n} (y_i - \hat{y}_i^{(k)})^2 / s^2 - n + 2q$$

其中,n 为观察次数,y_i 是反应变量关于个体 i 的观察值,$\hat{y}_i^{(k)}$ 是关于指定的 k 个解释变量的模型中相应的预测值,s^2 是关于所有 q 个解释变量的回归中的残差平方和。所选择的模型为 C_k 取最小值的模型。参见:**Akaike 信息准则**(**Akaike's Information Criterion**),所有子回归(**All Subsets Regression**)。【ARA Chapter 7.】

Malthus, Thomas Robert (1766-1834)/托马斯・罗伯特・马尔萨斯(1766-1834)

马尔萨斯在剑桥大学耶稣学院学习历史、诗歌、现代语言、古典文学和数学。1793 年在耶稣学院获得奖学金后,1798 年在小城奥尔堡成为一名牧师,这一年他出版了他著名的作品《人口论》(*Essay on the Principle of Population as it affects the Future Improvement of Society*)第一版。马尔萨斯是统计调查的大力倡导者,也是伦敦统计学会的创始人之一。1834 年 12 月于英国巴斯去世。

Malthusian Parameter/Malthusian 参数

当特定年龄的出生率和死亡率无限期地继续下去时最终所实现的人口增长率。参见:人口增长模型(**Population Growth Model**)。

Manhattan Distance/Manhattan 距离

也称为城市街区距离(**City Block Distance**)。

M

Manifest Variable/明显变量

相对于*潜在变量*(*latent variable*)可以直接计算的变量。

Mann-Whitney Test/Mann-Whitney 检验

用来替代*学生 t-检验*(*Student's t-test*)的一种*无分布方法*(*distribution free method*),评估两个总体是否处于相同位置。每个总体中给定一个观察样本,对所有观察排序,即使它们选自一个单一样本,检验统计量为小的组中序的和。可以得到检验统计量的临界值表,对于中等和大样本容量,可以用正态分布近似。【SMR Chapter 9.】

MANOVA/多元方差分析

多元方差分析(**Multivariate Analysis of Variance**)的缩写。

Mantel-Haenszel Estimator/Mantel-Haenszel 估计量

对来自不同总体的一系列*2×2 列联表*(*two-by-two contingency table*)中所假设的相同*比值比*(*odds ratio*)的估计量,总体如职业、原籍等。估计量定义为:

$$\omega = \sum_{i=1}^{k} a_i d_i \Big/ \sum_{i=1}^{k} c_i b_i$$

其中,k 是列联表的个数,a_i, b_i, c_i, d_i 是第 i 个表中四个计数。【*Modelling Survival Data*, 1994, D. Collett, Chapman and Hall/CRC Press, London.】

Many-Outlier Detection Procedures/多个异常点检测程序

在 n 个观察的样本 $x_1, x_2, \cdots, x_n$ 中检测多个*异常点*(*outlier*)的程序。一般假设 k 个观察 $x_{i_1}, x_{i_2}, \cdots, x_{i_k}$ 为异常点,且服从正态分布,均值为 $\mu+\lambda_{i_j}$, $j=1,\cdots,k$,方差为 σ^2,而余下的 $n-k$个观察服从均值为 μ、方差为 σ^2 的正态分布。有三种这样的程序:

1. *极端标准化偏离*[*extreme standardized deviate*(*ESD*)],定义为:

$$ESD_i = \left| x^{(S_i-1)} - \bar{x}(S_{i-1}) \right| / s(S_{i-1}), \quad i=1,\cdots,k$$

其中,$x^{(S_i-1)}$ 是子集 S_{i-1} 中离均值 $\bar{x}(S_{i-1})$ 最远的观察,且

$$s^2(S_{i-1}) = \sum_{j=1}^{n-i+1} [x_j(S_{i-1}) - \bar{x}(S_{i-1})]^2 / (n-i)$$

$S_0=\{x_1, x_2, \cdots, x_n\}$,子集 S_i, $i=1,\cdots,k-1$ 由去除离子集 S_{i-1} 的均值最远的观察后形成。

2. *标准化幅度程序*[*standardized range procedure*(*STR*)]:

$$STR_i = [x_l(S_{i-1}) - x_s(S_{i-1})] / s(S_{i-1}), \quad i=1,\cdots,k$$

其中,$x_l(S_{i-1})$是子集 S_{i-1} 中最大观察,$x_s(S_{i-1})$是子集 S_{i-1} 中最小观察。

3. *峰度程序*[*kurtosis procedure* (*KUR*)]:

$$KUR_i = (n-i+1) \sum_{j=1}^{n-i+1} [x_j(S_{i-1}) - \bar{x}(S_{i-1})]^4 \Big[\sum_{j=1}^{n-i+1} \{x_j(S_{i-1}) - \bar{x}(S_{i-1})\}^2 \Big]^2, \quad i=1,\cdots,k$$

对 $i=k$,将这些统计量的样本值与相应的临界值进行比较。如果发现样本值大于相应的临

界值，那么称在样本中存在 k 个异常点；否则，对 $i=k-1,\cdots,1$ 进行类似比较，直到对某个 $i=l$，样本值大于相应的临界值，则称样本中存在 1 个异常点。如果对 $i=1$，统计量的观察值小于相应的临界值，那么没有检测出异常点。【*Technometrics*，1975，**17**，221 - 227.】

MAP Estimate/极大后验估计

极大后验估计(**Maximum A Posteriori Estimate**)的缩写。

Maple/Maple 系统

关于数学计算和计算机代数的计算机系统。【Waterloo Maple Software，450 Phillip Street，Waterloo，ONN21 5J2 Canada.】

Mardia's Multivariate Normality Test/Mardia 多元正态性检验

根据*峰度*(*kurtosis*)对由多元正态分布中抽取的多元数据集是否偏离的检验。检验基于下列*多元峰度度量*(*multivariate kurtosis measure*)：

$$b_{2,q}=\frac{1}{n}\sum_{i=1}^{n}\{(x_i-\bar{x})'S^{-1}(x_i-\bar{x})\}^2$$

其中，q 是变量的个数，n 是样本容量，x_i 是关于对象 i 的观察向量，$\bar{x}$ 是观察的均值向量，S 是样本的*方差—协方差矩阵*(*variance-covariance matrix*)。对于大样本，在数据来自多元正态分布的假设下，$b_{2,q}$ 服从正态分布，均值为 $q(q+2)$，方差为 $8q(q+2)/n$。【*Multivariate Analysis*，1979，K. V. Mardia，J. T. Kent and J. M. Bibby，Academic Press，London.】

MAREG/MAREG 软件包

M

关于边际回归模型分析的软件包。【*Statistical Software Newsletter in Computational Statistics and Data Analysis*，1997，**24**，237 - 241.】

Marginal Distribution/边际分布

在多元数据集中单个变量或变量的组合的概率分布，通过多元分布对其他变量积分得到。【KA1 Chapter 1.】

Marginal Homogeneity/边际齐性

用于*方形列联表*(*square contingency tables*)，指落入行分类的每一个类别中的概率等于列分类中相应的概率。参见：**Stuart-Maxwell 检验(Stuart-Maxwell Test)**。

Marginal Likelihood/边际似然

参见：**似然(Likelihood)**。

Marginal Matching/边际匹配

根据均值或匹配变量的其他汇总特征进行的治疗组的匹配。经证明在某些环境中与个人对象的匹配同样有效。

Marginal Models/边际模型

也称为总体平均模型(**Population Averaged Model**)。

Marginal Totals/边际总数

列联表中每行和每列的观察总数。

Markers of Disease Progression/疾病进展的标识

形成贯穿疾病过程的单调序列以及协助建立模型的量。一般来说,这种量在预测未来进程中具有很高的预后能力。例如,CD4 细胞计数(每 μl 中细胞数),它是公认的 HIV 疾病进展的最佳标识。

Market Model/市场模型

一种*线性回归*(*linear regression*)模型,形式为:

$$r_t = \alpha + \beta m_t + \varepsilon_t$$

其中,r_t,m_t 表示在时期 t 处的股票收益和市场收益;ε_t 是与时期 t 中市场收益无关的误差项。在现代投资组合管理中广泛使用这个模型。【*Mathematical Finance*, 1997, **7**, 127 - 155.】

Markov, Andrey Andreyevich (1856-1922)/安德烈耶维·马尔可夫(1856-1922)

马尔可夫出生于俄罗斯拉赞,在圣彼得堡大学学习,1893 年成为圣彼得堡大学的教授。1905 年他自我放逐到查莱斯克的一个小城。作为切比雪夫的学生,他主要的研究方向为数论和概率论。最值得人们记住的是 *Markov 链*(*Markov chain*)这个概念,在物理学、生物学和语言学中有许多应用。

M

Markov Chain/Markov 链

一种*随机过程*(*stochastic process*)$\{X_t\}$,$t=0,1,2,\cdots$,其中 X_t 在有限集 $S=\{1,2,\cdots,N\}$ 中取值,满足:

$$\Pr(X_n=i_n \mid X_0=i_0,\cdots,X_{n-1}=i_{n-1}) = \Pr(X_n=i_n \mid X_{n-1}=i_{n-1})$$

[严格地说,这定义的是*离散时间 Markov 链*(*discrete time Markov chain*);如果集合 S 包含不可数个元素,那么称为*连续时间 Markov 链*(*continuous time Markov chain*)。]所给出的等式说明了在预测系统的未来行为时只考虑系统现在的状态就足够了,无需考虑它过去的历史。概率 $\Pr(X_n=i_n \mid X_{n-1}=i_{n-1})$ 称为*一步转移概率*(*one step transition probability*)。更一般的*转移概率*(*transition probability*)$\Pr(X_n=i \mid X_m=j)$ 满足著名的 *Chapman-Kolmogorov* 等式(*Chapman-Kolmogorov equation*),定义为:

$$\Pr(X_n=i \mid X_m=j) = \sum_k \Pr(X_r=k \mid X_m=j)\Pr(X_n=i \mid X_r=k), \quad m<r<n$$

时齐性 Markov 链(*time-homogeneous Markov chain*)要求转移概率只依赖于差 $n-m$,而不是 n 或 m。特别地,记一步转移概率 $\Pr(X_n=i \mid X_{n-1}=j)$ 为 p_{ij}。第 ij 元素为 p_{ij} 的 $N\times N$ 矩阵 P 是一个*随机矩阵*(*stochastic matrix*),即:

$$0 \le p_{ij} \le 1, \quad 1 \le i, j \le N$$

$$\sum_{j=1}^{N} p_{ij} = 1, \quad 1 \le i \le N$$

P 称为*转移矩阵*(*transition matrix*)。P^n 的第 ij 元素给出了 n 步转移概率。当 $n \to \infty$ 时极限为 π_j,则 π_j 构成了链的*平稳分布*(*stationary distribution*)。【*Statistics in Civil Engineering*, 1997, A. V. Metcalfe, Edward Arnold, London.】

Markov Chain Monte Carlo Methods (MCMC)/马尔可夫链 Monte Carlo 方法

根据复杂的通常是高维概率分布间接模拟随机观察的非常有用的方法。最初用于对模糊或扭曲的图片进行恢复的图像处理,现在这种方法在统计学的许多分支中非常重要,特别是在 *Bayesian 推断*(*Bayesian inference*)的应用中,其中在评估*后验分布*(*posterior distribution*)或如矩、四分位数等感兴趣的特征时所需的积分非常困难的情形中。尽管 MCMC 最多的应用是在 Bayesian 推断中,但在古典似然计算中也相当有用。一般来说,MCMC 所遇到的问题是从给定的联合分布 $g(x, y_1, \cdots, y_q)$ 中如何得出边际分布 $f(x)$ 的特征(如均值、方差等):

$$f(x) = \int \cdots \int g(x, y_1, \cdots, y_q) dy_1 \cdots dy_q$$

最自然也最直接的方法是计算 $f(x)$,然后利用它得出所要的特征。但是,无论采用解析法还是数值法积分,通常都非常困难,MCMC 方法可以从 $f(x)$ 中生成样本而无需明确知道 $f(x)$。通过模拟一个足够大的样本,可以求出 $f(x)$ 的均值、方差或任意其他特征[或 $f(x)$],满足任意理想的精确度。MCMC 方法的基本特征是构造 *Markov 链*(*Markov chain*),*平稳分布*(*stationary distribution*)就是 f 的分布。有许多不同的方法可以用来生成由随机变量序列 $\{X_0, X_1, X_2, \cdots\}$ 组成的 Markov 链。例如,*Metropolis-Hastings 算法*(*Metropolis-Hastings algorithm*),每一步样本为从依赖于当前点 X_t 称为建议分布中抽取一个候选点 Y。候选点以概率 $\alpha(X_t, Y)$ 被接受,其中:

$$\alpha(X, Y) = \min\left(1, \frac{f(Y)q(X|Y)}{f(X)q(Y|X)}\right)$$

q 是建议分布。如果候选点被接受,那么下一个状态变为 $X_{t+1} = Y$,否则 $X_{t+1} = X_t$,而链不会移动。注意,建议分布 q 可以取任意形式,链的平稳分布都是 f。在一个简单情形中这个算法应用的例子见图 91。在统计应用中 MCMC 最常用的形式是 *Gibbs 抽样*(*Gibbs sampling*),例如,对两个变量,从 $f(x)$ 中抽取的样本可以通过从两个条件分布 $h(x|y)$ 和 $r(y|x)$ 中抽样生成。从初始值 Y_0 开始,通过从 $h(.|Y_j)$ 中抽样 X_j 与从 $r(.|X_j)$ 中抽样 Y_{j+1} 生成序列 $\{Y_0, X_0, Y_1, X_1, Y_2, X_2, \cdots, Y_k, X_k\}$。在一些合理的一般性条件下,当 $k \to \infty$ 时 X_k 收敛于 $f(x)$。所以,对于足够大的 k,序列中最后的观察是从 $f(x)$ 中抽取的样本点。参见:**数据扩张算法(Data Augmentation Algorithm)**。【*Markov Chain Monte Carlo in Practice*, 1996, edited by W. R. Gilks, S. Richardson and D. J. Spiegelhalter, Chapman and Hall/CRC Press, London.】

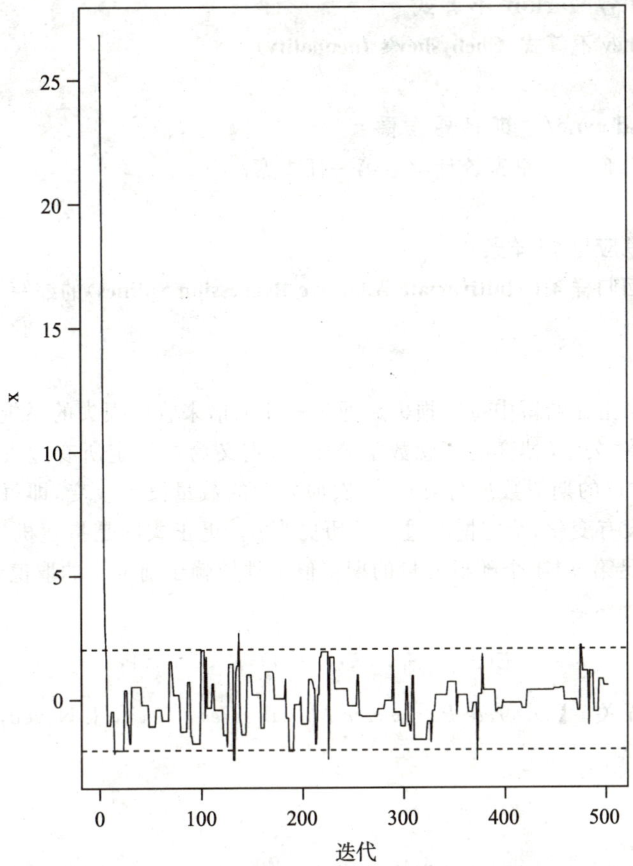

图 91 根据平稳分布为 $N(0,1)$ 建议分布为 $N(x,5.5)$ 的 Metroplis 算法中 500 迭代解释马尔可夫链 Monte Carlo 方法

M

Markov Illness-Death Model/Markov 疾病—死亡模型

在模型中将活着的个人分为患有疾病 A 或不患疾病 A,然后在这些可能性和死亡之间移动,见图 92。【*Medical Decision Making*, 1994, **14**, 266 - 272.】

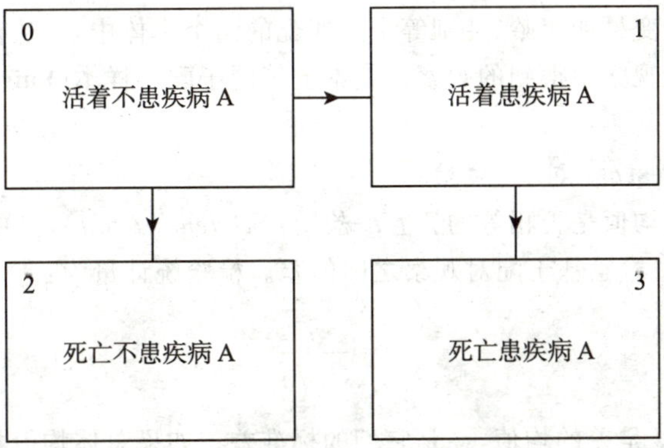

图 92 Markov 疾病—死亡模型图

Markov Inequality/Markov 不等式

参见：**Chebyshev** 不等式（**Chebyshev's Inequality**）。

Marquis of Lansdowne/兰斯多恩侯爵

1834～1836 年间英国皇家统计学会第一任主席。

MARS/多元自适应回归样条

多元自适应回归样条（**Multivariate Adaptive Regression Splines**）的缩写。

Martingale/鞅

这个术语原来指在赌博中每次损失后通过赌注加倍来收回损失的系统。在现代数学概念中用这个术语将“公平”博弈的概念数学公式化，定义为在给定所有过去的博弈结果下第 n 次博弈后赌徒财产的期望数量与第 $n-1$ 次博弈后的数量没有改变，即每次博弈后赌徒的平均收益或损失没有变化，给定博弈过去的历史为 0。更正式的是指随机过程，或随机变量序列 $S_1, S_2, \cdots$ 满足第 $n+1$ 个随机变量的期望值条件依赖于前 n 个的取值，且等于第 n 个随机变量的取值，即：

$$E(S_{n+1} \mid S_1, S_2, \cdots, S_n) = S_n, \quad n \geqslant 1$$

所以 $E(S_n)$ 与 n 无关。【*Discrete Parameter Martingales*, 1975, J. Neveu, North Holland, Amsterdam.】

Masking/屏蔽

在包含多重*异常点*（*outliers*）的样本的讨论中使用的术语，它们的出现使得许多方法无法检测它们。有时也作为*致盲*（*blinding*）的同义词使用。

Matched Case-Control Study/匹配病例对照研究

参见：回顾性研究（**Retrospective Study**）。

Matched Pairs/配对

用于从关于几个变量如年龄、性别等个别匹配的两个个体中，或从在两个不同场合对同一个个体进行的两次观察中得到的观察。基本上等同于配对样本（**Paired Samples**）。

Matched Paired *t*-Test/配对 *t*-检验

关于两个总体的均值是否相等的*学生 t-检验*（*Student's t-test*），其中观察来自于*配对样本*（*paired samples*）。检验基于配对观察之间的差。检验统计量为：

$$t = \frac{\bar{d}}{s_d/\sqrt{n}}$$

其中，n 是样本容量，$\bar{d}$ 是差的均值，s_d 是它们的标准差。如果总体均值相等的零假设是正确的，那么 t 服从自由度为 $n-1$ 的学生 t-分布。【SMR Chapter 9.】

Matched Set/组匹配

参见:**1∶m 匹配(One∶m Matching)**。

Matching/匹配

对一个研究组和一个比较组关于外部因子进行比较的过程。常用于*回顾性研究*(*retrospective studies*)中,当选择的病例和对照是由于来源引起的反应变量的变异而不是在调查中其他原因所引起时。有几种匹配,最常见的是关于如年龄、性别、职业等这些匹配变量上每个病例与对照物的个别匹配。当匹配的变量是连续时,就变成了类别(如年龄),但当变量匹配的两个取值的差属于所定义的限制中时采用另一种方法。这种方法称为*卡尺匹配*(*caliper matching*)。另一个重要的匹配是*组匹配*(*group matching*),在对组间进行比较中外部因子的分布是相似的。参见:**配对样本(Paired Samples)**。【SMR Chapter 5.】

Matching Coefficient/匹配系数

在*聚类分析*(*cluster analysis*)中使用的关于由二进制变量组成的数据的*相似性系数*(*similarity coefficient*)。定义为:

$$s_{ij}=\frac{a}{a+b+c+d}$$

其中,a,b,c,d 是在变量的 2×2 交叉分类中关于对象 i 和 j 的四个频数。参见:**Jaccard 系数(Jaccard Coefficient)**。

Matching Distribution/匹配分布

按下列方法得到的概率分布。假设存在 n 个对象,分别编号为 $1,\cdots,n$。按随机的次序排列,匹配分布是在随机序中的位置等于原来指定数的对象的个数分布。应用 *Boole 公式*(*Boole's formula*)可以得出分布:

$$\Pr(X=x)=[x!]^{-1}\{1-(1!)^{-1}+(2!)^{-1}+\cdots+(-1)^{n-x}(n-x)!^{-1}\},\quad i=0,1,\cdots,n$$

注意,$\Pr(X=n-1)=0$。【*Discrete Distributions*, 1992, N. L. Johnson, S. Kotz and A. W. Kemp, Wiley, New York.】

Mathisen's Test/Mathisen 检验

关于 *Behrens-Fisher 问题*(*Behrens-Fisher*)的*无分布检验*(*distribution free test*)。【*Robust Non-parametric Statistical Methods*, 1998, T. P. Hettmansperger and J. W. McKean, Arnold, London.】

Matrix Exponential Transformation/矩阵指数变换

关于 $p\times p$ 矩阵 A 的变换,定义为:

$$C=\exp(A)=\sum_{s=0}^{\infty}\frac{A^s}{s!}$$

其中,A^0 是 $p\times p$ 单位矩阵,A^s 是矩阵 A 的 s 次幂。用于*方差—协方差矩阵*(*variance-covar-*

iance matrix)的模型化,特别是在研究解释变量协方差的独立性中使用。

Mauchly Test/Mauchly 检验

检验一组多元数据的方差—协方差矩阵是否为数量矩阵(单位矩阵的倍数)的检验,这个性质称为*球形度*(*sphericity*)。在*纵向数据*(*longitudinal data*)的分析中特别重要,如果这个性质成立,那么对这种数据的*方差分析*(*analysis of variance*)所采用的 F-检验就有效。参见:**复合对称(Compound Symmetry)**,**Greenhouse-Geisser 校正(Greenhouse-Geisser Correction)**,**Huynh-Feldt 校正(Huynh-Feldt Correction)**。【MV2 Chapter 13.】

Maximum A Posterior Estimate(MAP)/ 极大后验估计

本质上为*后验分布*(*posterior distribution*)的众数。在图像分析应用中经常作为位置的度量。【*Markov chain Monte Carlo in Practice*, 1996, W. R. Gilks, S. Richardson, and D. J. Spiegelhalter, Chapman and Hall/CRC Press, London.】

Maximum Entropy Principle/最大熵原理

原理叙述了在利用有限信息指定概率时,分布的*熵*(*entropy*)S 在满足已知的期望值约束下最大,其中熵定义为:

$$S=\sum_i p_i \log(p_i)$$

【*The Statistician*, 1998, **4**, 629-641.】

Maximum *F*-Ratio/最大 *F*-比

等价于 *Hartley 检验*(*Hartley's test*)。参见:**Bartlett 检验(Bartlett's Test)**,**Box 检验(Box's Test)**。

Maximum Likelihood Estimation/极大似然估计

关于参数的*似然*(*likelihood*)或*对数似然*(*log-likelihood*)最大化的估计过程。这种估计量特别重要,因为它们具有许多如*一致性*(*consistency*)和*渐近相对有效*(*asymptotic relative efficiency*)这些所希望的性质。例如,在一系列服从成功概率为 p 的 *Bernoulli 分布*(*Bernoulli distribution*)的随机变量中,考虑成功数 X。似然为:

$$P(X=x\mid p)=\binom{n}{x}p^x(1-p)^{n-x}$$

对数似然 L 关于 p 微分得:

$$\frac{\partial L}{\partial p}=\frac{x}{p}-\frac{n-x}{1-p}$$

令它等于 0,得出估计量 $\hat{p}=x/n$。参见:**EM 算法(EM Algorithm)**。【KA2 Chapter 18.】

Maximum Likelihood Estimator/极大似然估计量

采用极大似然估计得出的参数估计量。

M

Maximum Normed Residual/最大赋范残差

当拟合线性模型时检验单一*异常点*(*outlier*)的统计量。定义为赋范残差绝对值的最大值,即:

$$|z|^{(1)}=\max\{|z_1|,|z_2|,\cdots,|z_n|\}$$

其中,$z_i=e_i/(\sum_{i=1}^{n}e_i^2)^{\frac{1}{2}}$,$e_i$ 是通常的残差,即反应变量的观察值减去预测值。

Maxwell, Albert Ernest (1916-1996)/阿尔伯特· 欧内斯特·麦克斯威尔(1916-1996)

麦克斯威尔在卡文郡的皇家学校和都柏林三一学院学习,在那里他的兴趣转移到心理学和数学。他第一份职业是中学教师,后来担任都柏林圣派翠克教会中学的校长。1952 年麦克斯威尔离开中学到伦敦大学的研究生院统计系担任讲师,直到 1978 年退休。麦克斯威尔对*多元分析*(*multivariate analysis*)特别是*因子分析*(*factor analysis*)作出了重大贡献。1996 年于英国利兹去世。

Mayo-Smith, Richard (1854-1901)/理查德·梅奥·史密斯(1854-1901)

梅奥·史密斯出生于俄亥俄州,毕业于姆赫斯特学院,最终获得博士学位。他任职哥伦比亚大学,成为历史和政治科学的讲师。他第一个在美国大学教授统计学,他也是第一位统计学教授并开放统计实验室。1890 年梅奥·史密斯成为皇家统计学会荣誉院士,并在同年被推选为国家科学院院士。

MAZ Experiments/MAZ 实验

包含控制测试的*混合—总量实验*(*mixture-amount experiments*),其中混合的总量设定为 0。例子包括药物(某些病人不接受所测试的任何配方)、肥料(没有肥料混合被用于某些地块)和油漆/涂料(某些试件没有涂油漆/涂料)。【*Experiments with Mixtures*; *Design Models and The Analysis of Mixture Data*, 1981, J. A. Cornell, Wiley, New York.】

MCAR /完全随机缺失

完全随机缺失(**Missing Completely At Random**)的缩写。

McCabe-Tremayne Test/McCabe-Tremayne 检验

关于特殊类型的时间序列的*平稳性*(*stationary*)的检验。【*Annals of Statistics*, 1995, **23**, 1015 - 1028.】

MCMC/马尔可夫链 Monte Carlo 方法

马尔可夫链**Monte Carlo** 方法(**Markov Chain Monte Carlo Method**)的缩写。

MCML/Monte Carlo 极大似然

Monte Carlo 极大似然(**Monte Carlo Maximum Likelihood**)的缩写。

McNemar's Test/McNemar 检验

关于*配对样本*(*paired samples*)的数据中对比例进行比较的检验。检验统计量为:

$$X^2=\frac{(b-c)^2}{b+c}$$

其中,b 是接受治疗 A 反应积极而治疗 B 反应消极的个人配对数,c 是相反的配对数。如果在每组中积极反应的概率相同,那么 X^2 服从自由度为 1 的 *χ^2 分布*(*chi-squared distribution*)。【SMR Chapter 10.】

MCP/最小凸多边形

最小凸多边形(**Minimum Convex Polygon**)的缩写。

MDL/最小描述长度

最小描述长度(**Minimum Description Length**)的缩写。

MDP/最小距离概率

最小距离概率(**Minimum Distance Probability**)的缩写。

MDS/多维比例

多维比例(**Multidimensional Scaling**)的缩写。

Mean/均值

关于连续变量的位置或中心值的度量。总体的均值为期望值。对于观察的样本 x_1,x_2,…,x_n,均值为:

$$\bar{x}=\frac{\sum_{i=1}^{n}x_i}{n}$$

当数据为对称分布且不包含异常点时经常使用。参见:**中位数**(**Median**),**众数**(**Mode**)。【SMR Chapter 2.】

M

Mean and Dispersion Additive Model (MADAM)/均值离差可加性模型

在正态误差模型中关于方差异质性的一种比较灵活的模型,其中均值和方差都采用半参数可加性模型进行模型化。【*Statistics and Computing*, 1996, **6**, 52 - 65.】

Mean-Range Plot/均值—极差图

在*时间序列*(*time series*)分析中选择变换的一种图形工具。图形是极差对每个季节期的均值,按照图形的形状选择合适的变换。例如,如果极差与均值无关,那么无需做变换。如果图形随机发散在一条直线的周围,那么适合采用对数变换。

Mean Square Contingency Coefficient/均方列联系数

ϕ-系数(*phi-coefficient*)的平方。

Mean Squared Error/均方误差

参数估计量与真值之间差的平方的期望值。如果估计量是无偏的，那么均方误差就是估计量的方差。对于有偏估计量，均方误差等于方差与偏差平方的和。【KA2 Chapter 17.】

Mean Square Error Estimation/均方误差估计

在模型中使得均方误差最小的参数估计，其适用范围很有限。

Mean Square Ratio/均方比

在*方差分析*（*analysis of variance*）中两个均方的比。

Mean Squares/均方

关于某个感兴趣方差的估计量的*方差分析*（*analysis of variance*）的文本中使用的名称。例如，在*单向设计*（*one way design*）的分析中，*组内均方*（*within groups mean square*）是对 k 个组中所假设的相同方差的估计[这通常称为*误差均方*（*error mean square*）]。*组间均方*（*between groups mean square*）是对组均值的方差的估计。

Mean Vector/均值向量

在多元数据集中包含每个变量的均值的向量。

Measurement Error/测量误差

在阅读、计算或记录数值中产生的误差。它是在相同条件下所记录变量的观察值与某个固定真值之间的差。

Measures of Association/关联度量

关于两个或多个定量变量的统计相关强度进行量化的数值指数。参见：**ϕ-系数（Phi-Coefficient），Goodman-Kruskal 关联度量（Goodman-Kruskal Measures of Association）**。【*The Analysis of Contingency Tables*，2nd edition，1992，B. S. Everitt，Chapman and Hall/CRC Press，London.】

Median/中位数

在有序观察中将数据分成两个相同规模的数值。当观察数为奇数时，中位数是中间数值。当观察数为偶数时，它是两个中间数值的平均。它给出了样本的位置度量，适用于*非对称分布*（*asymmetric distribution*），对于异常点的出现也相当敏感。参见：**均值（Mean），众数（Mode），空间中位数（Spatial Median），二元Oja 中位数（Bivariate Oja Median）**。【SMR Chapter 2.】

Median Absolute Deviation/中位数绝对偏差

尺度的非常稳健的估计量，定义为：

$$b\,med_i\,|x_i - med_j x_j|$$

其中，$med_j x_j$ 表示数据集 $x_1, x_2, \cdots, x_n$ 的中位数。常数 b 使得估计量关于所讨论的参数一致。

M

在关于正态分布的参数 σ 的情形中，b 为 1.482 6。【*Annals of Statistics*，1994，**22**，867－885.】

Median Centre/中位数中心

也称为空间中位数(**Spatial Median**)。

Median Effective Dose/半数有效计量

用来刻画刺激效力的量。它是在采用刺激物时有 50%的病例产生反应的刺激的总量。【*Modelling Binary Data*，1991，D. Collett，Chapman and Hall，London.】

Median Lethal Dose/半数致死量

也称为半数致死量(**Lethal Dose 50**)。

Median Survival Time/中位生存时间

生存曲线(*survival curve*)有用的总结，定义为 $F^{-1}(\frac{1}{2})$，其中 $F(t)$ 是生存时间的累积分布函数，它是生存时间小于等于 t 的概率。【*Biometrics*，1982，**38**，29－41.】

Median Unbiased/中位数无偏

参见：最小绝对偏差回归(**Least Absolute Deviation Regression**)。

Medical Audit/医疗审计

对日常医疗实践中收集的数据进行的检查，目的是识别那些效率和/或质量可能改善的方面。

M

MEDLINE/医学文献分析检索系统

医学文献分析检索系统(**Medical Literature Analysis Retrieval System**)的缩写。

Meiotic Mapping/减数分裂映射

识别复杂疾病基因的过程，其中它的特征与标识位点图有关。【*Statistic in Medicine*，2000，**19**，3337－3343.】

Merrell，Margaret (1900–1995)/玛格丽特·梅里尔(1900–1995)

1922 年梅里尔从威尔斯利学院毕业后，直到 1925 年一直在巴尔的摩的布林莫尔中学教授数学。后来她成为约翰斯·霍普金斯大学卫生学与公共卫生学院生物统计学第一位研究生。1930 年获得博士学位。梅里尔在方法论方面作出了显著的贡献，也是一名令人敬佩的生物统计学方面的教师。1995 年于新罕布什尔州谢尔本去世。

Mesokurtic Curve/Mesokurtic 曲线

参见：峰度(**Kurtosis**)。

M-Estimators/*M*-估计量

统计模型中参数的*稳健估计量*(*robust estimator*)。(名称来源于"maximum likelihood-like"估计量。)关于位置参数 μ 的这种估计量是由一组观察 $y_1, \cdots, y_n$ 通过求解下列方程得出:

$$\sum_{i=1}^{n} \psi(y_i - \hat{\mu}) = 0$$

其中,ψ 是某个合适的函数。当 $\psi(x)=x^2$ 时估计量为观察的均值,当 $\psi(x)=|x|$ 时估计量为观察的中位数。函数

$$\begin{aligned} \psi(x) &= x, \quad |x|<c \\ &= 0, \quad \text{其他} \end{aligned}$$

称为*度量微调*(*metric trimming*),大异常点根本没有影响。函数

$$\begin{aligned} \psi(x) &= -c, \quad x<-c \\ &= x, \quad |x|<c \\ &= c, \quad x>c \end{aligned}$$

称为 *Winsorizing 度量*(*metric Winsorizing*),极值观察属于 $\mu \pm c$。参见:双平方回归估计(**Bisquare Regression Estimation**)。【*Transformation and Weighting in Regression*, 1988, R. J. Carroll and D. Ruppert, Chapman and Hall/CRC Press, London.】

Meta-Analysis/Meta-分析

将两个或多个独立研究的结论进行统计组合以得出所讨论问题的整体答案的一类方法。这种方法背后的合理性是它给出的检验相对于单独研究所给出的更强。近十年来这种方法变得越来越普及,但也不是没有争论,这是由于对所包含的研究以及最终的结果应用到人类这些方面了解的困难性。参见:漏斗图(**Funnel Plot**)。【SMR Chapter 10.】

Meta Regression/Meta 回归

Meta 分析(*meta-analysis*)的推广,利用加权回归将治疗效果与已知的混淆因素之间的关系模型化。按这种方法可以看到结果如何与设计和所研究的总体相联系。【*Biometrics*, 1999, **55**, 603-629.】

Method of Moments/矩法

模型中估计参数的过程,根据等同的样本*矩*(*moments*)来估计总体矩。使用这种方法最早的例子出现在卡尔·皮尔逊关于在具有两个单变量正态分布分量的*有限混合分布*(*finite mixture distribution*)中估计 5 个参数的描述中。现代统计学很少使用,这是因为估计没有其他如极大似然估计的方法有效。【KA1 Chapter 3.】

Method of Statistical Differentials/统计微分法

也称为 **δ** 技术(**Delta Technique**)。

M

Metric Inequality/度量不等式

相异系数(*dissimilarity coefficient*)(δ_{ij})的不等式,即两个点 i 和 j 之间的相异系数小于等于它们与第三点 k 相异系数的和。公式为:

$$\delta_{ij} \leqslant \delta_{ik} + \delta_{jk}$$

满足这个不等式的指数称为**距离度量**(**Distance Measures**)。【MV1 Chapter 5.】

Metric Trimming/度量微调

参见:***M*-估计量**(***M*-Estimators**)。

Metric Winsorizing/Winsorizing 度量

参见:***M*-估计量**(***M*-Estimators**)。

Metropolis-Hastings Algorithm/Metropolis-Hastings 算法

参见:**马尔可夫链Monte Carlo 方法**(**Markov Chain Monte Carlo Methods**)。

Michael's Test/Michael 检验

对来自正态分布的数据集的检验。对于有序样本值 $x_{(1)}, x_{(2)}, \cdots, x_{(n)}$,统计量为:

$$D_{SP} = \max_i |g(f_i) - g(p_i)|$$

其中,$f_i = \Phi\{(x_{(i)} - \bar{x})/s\}$,$g_i = \frac{2}{\pi}\sin^{-1}(\sqrt{y})$,$p_i = (i - 1/2)/n$,$\bar{x}$ 为样本均值,

$$s^2 = \frac{1}{n}\sum_{i=1}^{n}(x_{(i)} - \bar{x})^2$$

$$\Phi(w) = \int_{-\infty}^{w}\frac{1}{\sqrt{2\pi}}e^{-\frac{1}{2}u^2}\,du$$

D_{SP} 的临界值可以在统计表中查得。

Michaelis-Menten Equation/Michaelis-Menten 方程

参见:**线性化**(**Linearizing**),**逆多项式函数**(**Inverse Polynomial Functions**)。

Microarrays/微阵列

对成千的*基因*(*gene*)表达水平同时测量的新技术。典型的微阵列实验可以得出几百万个数据点,统计的任务就是有效减少基因结构的简单汇总的数目。【*Journal of American Statistical Association*, 2001, **96**, 1151-1160.】

Mid *P*-Value/中间 *P*-值

另一种方便的 *P*-*值*(*P-value*),特别是用于离散数据的分析,例如,*2×2 列联表*(*two-by-two contingency table*)中的 *Fisher 精确检验*(*Fisher's exact test*)。在后者中,如果 $x=a$ 是所讨论频数的观察值,它大于期望值,那么中间 *P*-值定义为:

$$\text{mid } P\text{-值}=\frac{1}{2}\text{Prob}(x=a)+\text{Prob}(x>a)$$

在这种情形中，常用的 P-值为 $\text{Prob}(x\geq a)$。【*Statistics in Medicine*, 1993, **12**, 777-788.】

Mid-Range/中列数

样本中极大值与极小值的平均。有时作为*对称分布*(*symmetrical distribution*)的均值的粗略估计。

Midvariance/中间方差

观察集中变异的稳健估计量，它是观察分布中部的方差。【*Annals of Mathematical Statistics*, 1972, **43**, 1041-1067.】

Mills Ratio/Mills 比

随机变量的*生存函数*(*survival function*)与变量概率分布的比，即：

$$\text{Mills 比}=\frac{(1-F(x))}{f(x)}$$

其中，$F(x)$和 $f(x)$分别是变量的*累积分布函数*(*cumulative probability*)和概率分布。也可以记为*风险函数*(*hazard function*)的倒数。【KA1 Chapter 5.】

MIMIC Model/多指标多原因模型

多指标多原因模型(**Multiple Indicator Multiple Cause Model**)的缩写。

Minimal Sufficient Statistic/最小充分统计量

参见：**充分统计量**(**Sufficient Statistic**)。

Minimax Rule/极大极小准则

在判别分析(*discriminant analysis*)中得出*分类准则*(*classification rules*)时经常遇到的术语。试图发现在一个总体中表现较好的准则，所以在推导准则时使得极大错误分类的概率极小的准则。【*Discrimination and Classification*, 1981, D. J. Hand, Willey, Chichester.】

Minimization/最小化

在临床试验中用来分配病人的方法，相对于随机分配的一种可接受的方法。过程保证进行预后变量比较的组间平衡，在治疗阶段通过以高概率安排下一位病人进入都使得关于预后变量的组间的整体不平衡最小的治疗。参见：**有偏硬币方法**(**Biased Coin Method**)，**随机分组**(**Block Randomization**)。【SMR Chapter 15.】

Minimum Chi-Squared Estimator/最小 χ^2 估计量

估计所讨论的参数的统计量，通过关于参数最小化得出，用 χ^2 统计量来对观察频率与

作为参数函数的期望频率进行比较。【KA2 Chapter 19.】

Minimum Convex Polygon/最小凸多边形

也称为凸包(**Convex Hull**)。

Minimum Description Length (MDL)/最小描述长度

选择关于数据的统计模型的方法,用途是简单描述给定的数据而不是对某个假设的总体中参数进行估计。【*Stochastic-Complexity in Statistical Inquiry*, 1989, J. Rissanen, World Scientific Publishing Co., Singapore.】

Minimum Distance Probability (MDP)/最小距离概率

判别分析(*discriminant analysis*)的一种方法,基于关于具有已知或未知分布的连续、离散或混合变量的距离。方法不依赖于某种特定的距离,所以调查者可以按数据的本性决定所要的距离。方法还利用了先验概率的知识,给出了关于每个个体所研究的分配的拟合度的置信数值。

Minimum Spanning Tree/最小生成树

参见:树(**Tree**)。

Minimum Variance Bound/最小方差边界

也称为 **Cramér-Rao** 下界(**Cramér-Rao Lower Bound**)。

Minimum Volume Ellipsoid/最小体积椭球

M

覆盖多元数据集某个特定比例的体积最小的椭球。用于构造均值向量和*方差—协方差矩阵*(*variance-covariance matrix*)的*稳健估计量*(*robust estimator*)。这种估计量具有高*破裂点*(*breakdown point*),但计算量非常大。例如,对于一个 $n\times q$ 数据矩阵 X,如果 h 是 $n(n+1)/2$的整数部分,那么需要从 $n!/h!(n-h)!$ 个椭球的体积中寻找最小体积的椭球。所以,当 $n=20$ 时存在 184 756 个椭球,当 $n=30$ 时存在超过 15 500 万个椭球。【*Journal of the American Statistical Association*, 1990, **85**, 633-651.】

MINITAB/MINITAB 软件包

一个专为教学设计的通用统计软件包。【MINITAB, 3 Mercia Business Village, Tornwood Close, Westwood Business Park, Coventry CV4 8HX, UK; MINITAB Inc., 3081, Enterprise Drive, State College, PA 16801-3008, USA.】

Minkowski Distance/Minkowski 距离

多元数据集中两个观察 $x'=[x_1,x_2,\cdots,x_q]$和 $y'=[y_1,y_2,\cdots,y_q]$之间的距离度量 d_{xy},定义为:

$$d_{xy}=\left[\sum_{i=1}^{q}(x_i-y_i)^r\right]^{\frac{1}{r}}$$

当 $r=2$ 时它为 *Euclidean距离*（*Euclidean distance*）；当 $r=1$ 时为*城市街区距离*（*city block distance*）。【MV1 Chapter 3.】

Mirror-Match Bootstrapping/镜面—匹配自助法

自助法（*bootstrap*）的一种特殊形式，样本是按从总体中抽取的原始样本所采用的设计抽取的子样本。【*Journal of the American Statistical Association*，1992，**87**，755 - 765.】

Mis-Interpretation of *P*-Value/*P* -值的错误解释

常用的几种不正确的 *P* -值解释。最常见的是 *P* -值为零假设的概率，以及偶然引起的数据的概率。正确的解释参见：**P -值（P-Value）**。【SMR Chapter 8.】

Missing At Random (MAR)/随机缺失

参见：**缺失值（Missing Values）**。

Missing Completely At Random (MCAR)/随机完全缺失

参见：**缺失值（Missing Values）**。

Missing Values/缺失值

由于某种原因引起的数据集中缺失的观察。例如，在*纵向研究*（*longitudinal studies*）中，由于对象在研究中完全丢失或预定的访问中一个或另一个没有出现，或者是因为设备故障就会出现这种现象。对象过早停止参与的共同原因包括：康复；没有改善；与所调查的治疗相关的不需要的迹象或症状；令人不快的研究过程以及间发的健康问题。这种数值的分析方法一般非常复杂，在许多情形中简单采用具有完整数据的那些人并不令人满意。需要区别*随机完全缺失*［*missing completely at random*（*MCAR*）］、*随机缺失*［*missing at random*（*MAR*）］、*非忽略*［*non-ignorable* 或*信息*（*informative*）］的数值。随机完全缺失（MCAR）是由于在研究过程中个人退出引起的，与观察设备和那些没有缺失的数值无关；因而观察值有效地构成了所有研究对象取值的*简单随机样本*（*simple random sample*）。随机缺失（MAR）发生在丢失过程中依赖于过去观察的结果的情形中，但假定这个信息与后来丢失的结果变量的所有未来（未记录的）取值条件无关。最后，在信息丢失的情形中，丢失过程依赖于结果变量的不可观察的取值。正是后者在对包含缺失值的数据进行分析时引起许多问题。参见：**最后结转观察（Last Observation Carried Forward）**，**自然减员（Attrition）**，**插补（Imputation）**，**多重插补（Multiple Imputation）**，**Diggle-Kenward 丢失模型（Diggle-Kenward Model for Drop-Outs）**。【*Analysis of Longitudinal Data*，1994，P. J. Diggle，K.-Y. Liang and S. Zeger，Oxford Science Publications，Oxford.】

Misspecification/错误设定

描述所假设的模型由于多种原因不正确的术语，例如，使用了错误的概率分布，省略了重要的协变量，或者使用了错误的*连接函数*（*link function*）。这种错误会使得参数估计的有偏或无效。

Mitofsky-Waksberg Scheme/Mitofsky-Waksberg 项目

参见:电话访问调查(**Telephone Interview Surveys**)。

Mitscherlich Curve/Mitscherlich 曲线

将短期随时间增加或减少后变为常数的*风险函数*(*hazard function*)模型化的曲线。其公式为:

$$h(t)=\theta-\beta e^{-\gamma t}$$

其中,三个参数 θ,β,γ 都大于 0。

Mixed Data/混合数据

包含连续变量、有序变量和分类变量的混合数据。

Mixed-Effects Logistic Regression/混合效应 Logistic 回归

标准的 *logistic 回归*(*logistic regression*)的推广,其中截距项 α_i 按概率分布 $f(\alpha)$ 在对象间变化。本质上这些项是用来将对象可能的不同*脆弱性*(*frailties*)模型化。对于单个协变量 x,模型为:

$$\text{logit}\left[P(y_{ij}\mid\alpha_i,x_{ij})\right]=\alpha_i+\beta x_{ij}$$

其中,y_{ij} 为第 j 个治疗关于对象 i 的二进制反应变量,x_{ij} 是相应的协变量的取值。这里,β 度量了关于协变量 x_{ij} 单位反应的条件 logit 概率的变化,对于个人用 α_i 表示每个基本的风险组。由这个模型导出的关于 y_{ij} 的*总体平均模型*(*population averaged model*)为:

$$P(y_{ij}=1\mid x_{ij})=\int(1+e^{-\alpha-\beta x_{ij}})^{-1}f(\alpha)d\alpha$$

这种方法可以用来分析*聚类二进制数据*(*clustered binary data*)或结果变量为二进制的纵向研究。一般来说,兴趣集中在对回归系数 β 作出推断,α 看成多余参数。参数估计采用*条件似然法*(*conditional likelihood*),条件是关于从似然函数中去除 α 相应的*充分统计量*(*sufficient statistics*)。【*Statistics in Medicine*, 1996, **15**, 2573-2588.】

Mixed Effects Models/混合效应模型

一类回归与*方差分析*(*analysis of variance*)模型,将残差或误差项相互独立同分布的假设放宽。这种模型以一种灵活的方法讨论较复杂的数据结构,通过将内部相关直接模型化或引入那些关于相关的相同对象上的观察的随机效应项。这类模型的优点是增加了估计的精度和可以作更广泛的推断。参见:多水平模型(**Multilevel Models**),随机效应模型(**Random Effect Models**),随机系数模型(**Random Coefficient Models**)。【*Applied Mixed Models in Medicine*, 1999, H. Brown and R. Prescott, Wiely, Chichester.】

Mixture-Amount Experiment/混合—总量实验

一种*混合实验*(*mixture experiment*),存在总量的两个或多个水平,假设反应依赖于混合物的总量以及成分比例。【*Experiments with Mixtures: Designs, Models and the Analysis* *of Mixture Data*, 1981, J. A. Cornell, Wiley, New York.】

Mixture Distribution/混合分布

参见:有限混合分布(**Finite Mixture Distribution**)。

Mixture Experiment/混合实验

两个或多个成分被混合或混杂在一起形成最终产品的实验。关于成分的多个混合物的度量是为了发现能产生"最佳"反应的混合。假设所度量的反应只是混合物中成分的函数,不是混合物总量的函数。【*Experiments with Mixtures*, 2nd edition, 1990, J. A. Cornell, Wiley, New York.】

Mixture Transition Distribution Model/混合转移分布模型

关于*时间序列*(*time series*)的模型,其中给定过去后当前观察的条件分布为给定最近 r 次观察下条件分布的混合。这种分布具有如平坦延伸、突发行动、*异常点*(*outlier*)和变化点的特征。

MLE/极大似然估计

极大似然估计(**Maximum Likelihood Estimation**)的缩写。

Mln/Mln 软件包

拟合*多水平模型*(*multilevel models*)的软件包。【The Multilevel Models Project, Institute of Education, University of London, 20 Bedford Way, London WC1 0AL, UK.】

Mode/众数

在观察集中出现频数最高的数。偶尔作为位置的度量。参见:均值(**Mean**),中位数(**Median**)。【SMR Chapter 2.】

Model/模型

关于所假设的观察集结构的描述,从相当不精确的口头描述到对假设生成可观察数据过程的公式化的数学描述。这种描述有助于理解数据。参见:确定性模型(**Deterministic Model**),**Logistic** 回归(**Logistic Regression**),多元回归(**Multiple Regression**),随机模型(**Random Regression**),广义线性模型(**Generalized Linear Models**)。【SMR Chapter 8.】

Model Building/模型的建立

试图发现能给出数据适当拟合的观察样本的最简单模型的过程。参见:简约原则(**Parsimony Principle**),**Occham** 剃刀(**Occham's Razor**)。

Mojena's Test/Mojena 检验

当采用*凝聚层次聚类法*(*agglomerative hierarchical clustering methods*)时对分组数目的检验。详细过程如下,在*谱系图*(*dendrogram*)中对应于第一阶段选择分组数目,满足:

$$\alpha_{j+1} > \bar{\alpha} + ks_{\alpha}$$

其中，α_0，α_1，…，α_{n-1} 是对应于具有 n，$n-1$，…，1 个集群的阶段的融合水平，n 是样本容量。$\bar{\alpha}$ 和 s_{ε} 分别是 α 的均值和无偏标准偏差，k 为常数，通常建议取值范围在 2.75～3.50 之间。【*Cluster Analysis*，3rd edition，1993，B. S. Everitt，Edward Arnold，London.】

Moment Generating Function/矩母函数

根据概率分布 $f(x)$ 得出的函数 $M(t)$，定义为：

$$M(t) = \int_{-\infty}^{\infty} e^{tx} f(x)dx$$

当 $M(t)$ 展开为 t 的幂级数时，t^r 的系数是分布的 r 阶中心矩 μ'_r。如果*概率母函数*（*probability generating function*）是 $P(t)$，那么矩母函数为 $P(e^t)$。参见：特征函数（**Characteristic Function**）。【KA1 Chapter 3.】

Moments/矩

用来刻画随机变量概率分布的数值。对于变量 x，关于原点的 k 阶矩定义为：

$$\mu'_r = E(x^k)$$

所以 μ'_1 是均值，一般记为 μ。关于均值的 k 阶矩定义为：

$$\mu_r = E(x-\mu)^k$$

所以 μ_2 为方差。样本矩可以类似定义，例如：

$$m'_k = \frac{\sum_{i=1}^{n} x_i^k}{n}$$

其中，x_1，x_2，…，x_n 是观察值。参见：矩法（**Method of Moments**）。【KA1 Chapter 3.】

Monotonic Decreasing/单调递增

参见：单调序列（**Monotonic Sequence**）。

Monotonic Increasing/单调递减

参见：单调序列（**Monotonic Sequence**）。

Monotonic Regression/单调回归

得到点集的最佳拟合的方法，满足非降的约束。其中的量为差异的*非度量尺度*（*non-metric scaling*）的中心成分可以用 Euclidean 距离拟合，满足关于相应的差异是单调的。【MV2 Chapter 12.】

Monotonic Sequence/单调序列

一个数值序列称为是*单调递增的*（*monotonic increasing*），如果每个取值都大于等于前一个取值，称为是*单调递减的*（*monotonic decreasing*），如果每个取值都小于等于前一个取值。

参见:排序(**Ranking**)。

Monte Carlo Maximum Likelihood (MCML)/Monte Carlo 极大似然

当似然函数的使用比较棘手时关于相关时间的问题所给出的高效的计算解决方案。【*Journal of the Royal Statistical Society*, *Series B*, 1992, **54**, 657-660.】

Monte Carlo Methods/Monte Carlo 方法

通过*模拟*(*simulation*)求解数学和统计问题的方法。当问题的解析解很棘手或耗时大时被经常使用。【*Simulation and the Monte Carlo Method*, 1981, R. Y. Rubenstein, Wiley, New York.】

Mood's Test/Mood 检验

关于两个总体的相同变异性的*无分布检验*(*distribution free test*),假设分布是对称的且中位数相同。如果从总体中抽取的样本记为 $x_1, x_2, \cdots, x_{n_1}$ 和 $y_1, y_2, \cdots, y_{n_2}$,那么检验统计量为:

$$M = \sum_{i=1}^{n_1}\left[R_i - \frac{n_1 + n_2 + 1}{2}\right]^2$$

其中,R_i 是在合并样本按递增顺序排列中 x_i 的排序。对于充分大的 n_1 和 n_2,检验统计量可以变换为 Z,在相同变异性的零假设下服从标准正态分布,其中 Z 定义为:

$$Z=\frac{M-\frac{n_1(N^2-1)}{12}}{\sqrt{\frac{n_1 n_2(N+1)(N^2-4)}{180}}}$$

这里,$N=n_1+n_2$。【*Annals of Mathematical Statistics*, 1954, **25**, 514-522.】

M

Moore-Penrose Inverse/Moore-Penrose 逆

对于 $n\times m$ 矩阵 A 满足下列条件的矩阵 X:

$$AXA=A$$
$$XAX=X$$
$$(AX)'=AX$$
$$(XA)'=XA$$

【*Linear Regression Analysis*, 1977, G. A. F. Seber, Wiley, New York.】

Moral Graph/Moral 图

也称为条件独立图(**Conditional Independence Graph**)。

Moran, Patrick Alfred Pierce (1917-1988)/ 帕特里克·阿尔弗雷德·皮尔斯·莫兰(1917-1988)

莫兰出生于澳大利亚悉尼,年仅 16 岁就进入悉尼大学学习数学和物理。1937 年以数学一等荣誉毕业，然后继续到剑桥大学圣约翰学院学习。1946 年获得牛津大学统计研究所高级研究主任职位，1952 年成为澳大利亚国立大学统计系第一任系主任。在此他成立了研究部，这成为现代澳大利亚统计的发源地。莫兰的研究领域包括坝理论、遗传学和几何概率。1975 年被推选为皇家学会院士。1988 年 9 月 19 日于澳大利亚堪培拉去世。

Moran'I/Moran I 统计量

在*空间数据*（*spatial data*）的分析中诊断*空间自相关*（*spatial autocorrelation*）的统计量。如果 $x_1, x_2, \cdots, x_n$ 表示空间中 n 个位置的数据值，W 是一个矩阵，元素 w_{ij} 等于 1（如果 i 和 j 相邻），否则为 0（$w_{ii}=0$），那么统计量定义为：

$$I=\frac{n}{\mathbf{1}'W\mathbf{1}}\frac{z'Wz}{z'z}$$

其中，$z_i=x_i-\bar{x}$，$\mathbf{1}$ 表示分量为 1 的 n 维向量。统计量类似于 Pearson 积矩相关系数，但只计算相邻点之间的交叉乘积项。如果不存在空间自相关，那么 I 接近 0。在数据中分类可以使得 I 取值为正，具有近似 1 的最大值。参见：**秩相邻统计量**（**Rank Adjacency Statistic**）。【*Statistics in Medicine*, 1993, **12**, 1883－1894.】

Morbidity/发病率

在流行病学研究中描述人群中疾病的术语。世界卫生组织卫生统计专家委员会在其第六份报告中称，发病率需根据下列三个单位度量：

- 正在生病的人；
- 个人所患的疾病（疾病期间）；
- 疾病的持续时间。

M

Morgenstern's Hypothesis/Morgenstern 假设

声称使用者的理论越低级，数据的精度越低。因此，度量的最大精度取决于理论的功效和良好的结构。

Morgenstern's Uniform Distribution/Morgenstern 均匀分布

二元概率分布 $f(x,y)$，定义为：

$$f(x,y)=1+\alpha(2x-1)(2y-1),\quad 0\leqslant x,y\leqslant 1,\ -1\leqslant\alpha\leqslant 1$$

当 $\alpha=0.5$ 时分布的透视图见图 93。【KA1 Chapter 7.】

Morphometrics/形态测量学

多元分析的一个分支，从“形状”（shape）的测量中分离出“大小”（size）的测量。【MV2 Chapter 14.】

Mortality/死亡率

在流行病学研究中描述人群中死亡的术语。关于死亡率的统计根据死亡证明书中所包含的信息编制。【*Mortality Pattern in National Populations*, 1976, S. N. Preston, Academ-

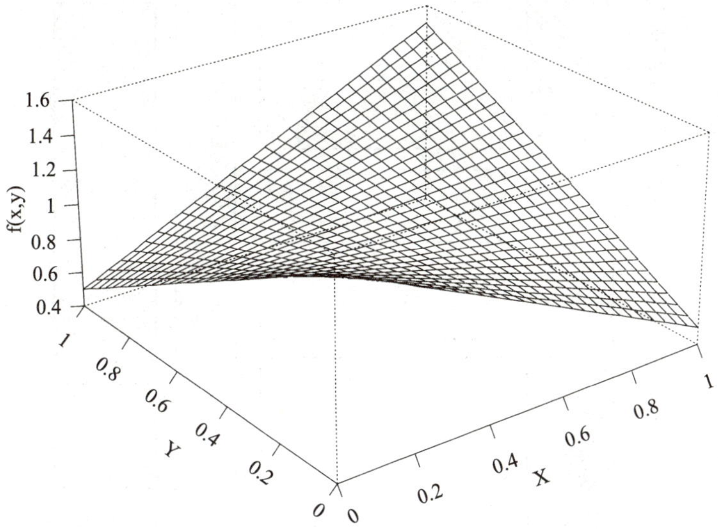

图 93 Morgenstern 均匀分布的透视图

ic Press, New York.】

Mortality Odds Ratio/死亡率比值比

某种特殊原因死亡的人数与期望值的比,基于在假定与比较人口中死亡率相同的假设。

Mortality Rate/死亡率

也称为死亡率(**Death Rate**)。

Mosaic Displays/马赛克显示

列联表(*contingency table*)的图形显示,其中在每个单元格中的计数由"瓷砖"表示,其大小与单元格计数成正比,例子见图 94。参见:对应分析(**Correspondence Analysis**)。【*Journal of the American Statistical Association*, 1994, **89**, 190 - 200.】

Most Power Test/最大功效检验

对于给定备选假设比其他检验功效更大的零假设检验。【*Testing Statistical Hypotheses*, 2nd edition, 1986, E. Lehmann, Wiley, New York.】

Most Probable Number/最大或然数

参见:连续稀释法(**Serial Dilution Assay**)。

Mother Wavelet/母小波

参见:小波函数(**Wavelet Functions**)。

Mover-Stayer Model/移动者—滞留者模型

由状态空间 1,…,*m* 的 *Markov* *链*(*Markov chain*)定义的模型,其中*转移概率*(*transition*

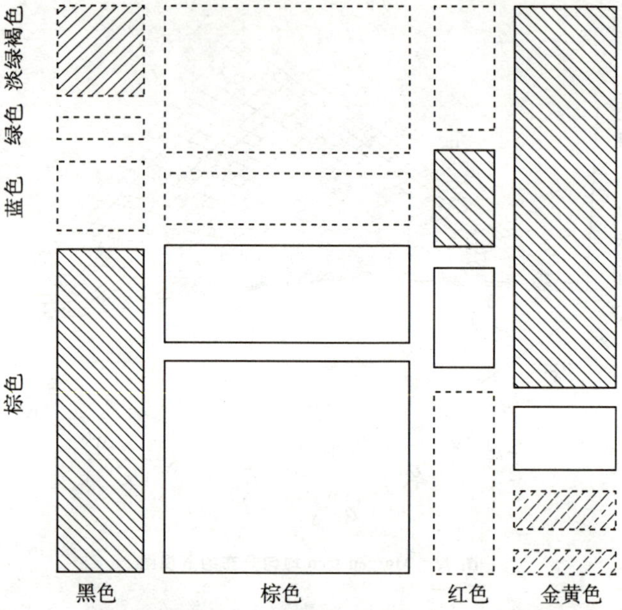

图 94 马赛克显示，其中阴影部分表示偏离独立性

probability)为：

$$\pi_{ij}=(1-s_i)p_j,\quad i\neq j=1,\cdots,m$$

$$\pi_{ij}=(1-s_i)p_i+s_i,\quad i=1,\cdots,m$$

其中，$\{p_k\}$为概率分布，且

$$1-s_i\geq 0,\quad (1-s_i)p_i+s_i\geq 0,\quad 对所有\ i=1,\cdots,m$$

状态变换的条件概率为：

$$P_{ij}=\pi_{ij}/(1-\pi_{ii})=p_j/(1-p_i)$$

【*Journal of Applied Statistics*, 1997, **24**, 265-278.】

Moving Average/移动平均

主要用于光滑*时间序列*(*time series*)的方法，其中每个观察用观察与它邻近的加权平均来替代。目的是使得序列足够光滑可以区分某些特殊性质。【TMS Chapter 3.】

Moving Average Process/移动平均过程

一种*时间序列*(*time series*)，形式为：

$$x_t=a_t-\theta_1 a_{t-1}-\theta_2 a_{t-2}-\cdots-\theta_p a_{t-p}$$

其中，$a_t, a_{t-1}, \cdots, a_{t-p}$为*白噪声序列*(*white noise sequence*)，$\theta_1, \theta_2, \cdots, \theta_p$ 为模型的参数。【TMS Chapter 3.】

Moyal, Jose Enriqué (1910-1998)/何塞 · 恩里克 · 穆瓦亚尔(1910-1998)

穆瓦亚尔出生于耶路撒冷，在特拉维夫接受高中教育，后来到剑桥大学学习数学，在格

勒诺布尔电子学院学习电气工程。他的第一份工作是工程师,1945 年后他开始研究统计学,在巴黎大学统计学院获得数学统计的文凭。战后穆瓦亚尔在贝尔法斯特女皇大学统计系工作,于 1948 年成为曼彻斯特大学数理统计讲师。后来穆瓦亚尔的工作单位包括澳大利亚国立大学统计系、位于芝加哥的美国原子能委员会阿贡国家实验室。1972 年他成为悉尼麦考瑞大学数学教授。穆瓦亚尔在工程、数学物理以及统计学方面作出了重要的贡献,其统计学的主要工作是关于随机过程。1998 年 5 月 22 日于堪培拉去世。

Mplus/Mplus 软件

拟合很多统计模型的软件,包括*因子分析*(*factor analysis*)模型、*结构方程*(*structural equation models*)模型、*验证性因子分析*(*confirmatory factor analysis*)模型。特别用于具有连续和分类变量的数据集。【Muthén and Muthén, 11965 Venice Blvd., Suite 407, Los Angeles CA 90066, USA.】

MTMM/多特质—多方法模型

多特质—多方法模型(**Multitrait-Multimethod Model**)的缩写。

Multicentre Study/多中心研究

一些医院或诊所同时进行的*临床试验*(*clinical trial*),所有的中心都是按商定的研究协议进行的,且在每个中心内独立地随机分配。这种研究的好处包括结论所适用病人和治疗环境比在单个中心内进行研究时更加多元化,以及在研究中报名的病人比单个中心的更多。【SMR Chapter 15.】

Multicollinearity/多重共线性

回归分析中采用的术语,其中解释变量通过一个线性函数相关,这样就无法估计回归系数。例如,在回归分析中解释变量的和就存在这种问题。当估计回归系数时近似的多重相关共线性也存在问题。特别是,如果一个特殊的解释变量关于其他变量的回归中*多重相关性*(*multiple correlation*)较高,那么相应的所估计的回归系数的方差也会很高。参见:岭回归(**Ridge Regression**)。【ARA Chapter 12.】

Multidimensional Scaling (MDS)/多维比例

构造关于一组刺激的*邻近矩阵*(*proximity matrix*)的低维几何表示的一类技术,目的是使得数据结构尽可能透明。所有这种技术的目的都是寻找一个低维空间,其中空间中点表示刺激,一个点表示一种刺激,空间中点之间的距离尽可能地与原来的不相似或相似一致。一般来说,这仅仅意味着两种刺激间可观察的相异值越大(或相似值越小),在所得出的空间解中表示它们的点相距更远。寻找所要求的坐标值的一般方法是选择使得某种拟合规则的最小二乘最小,如使得下列式子最小:

$$\sum_{i<j}[d_{ij}(x_i,x_j)-\delta_{ij}]^2$$

其中,δ_{ij} 表示可观察的相异性,$d_{ij}(x_i,x_j)$ 表示刺激 i 和 j 的 q 维坐标 x_i 和 x_j 的点之间的距离。在大多数应用中,d_{ij} 为 *Euclidean 距离*(*Euclidean distance*),拟合规则是根据如最速下

降这种最优化程序最小化。q 的取值通常由一类特别程序中的一个或多个程序决定。参见：古典比例（**Classical Scaling**），个体差异比例（**Individual Difference Scaling**），非度量比例（**Nonmetric Scaling**）。【MV1 Chapter 5.】

Multidimensional Unfolding/多维展开

构造实验中得到的某类数据的几何表示的过程，其中个人按偏好的次序安排刺激。这种表示通常在多维比例的文章中采用相似的方法描述。【MV1 Chapter 5.】

Multiepisode Models/多集模型

关于*事件历史数据*（*event history data*）的模型，其中每个人都经过多于一个的转移，例如，失业的时间长度，或者迁移到其他区域之前的时段。

Multi-Hit Model/多重打击模型

由一个或多个基本的生物事件的随机出现所引起的毒性反应的模型。假设反应是由在指定的时段中 k 个生物有效剂量单位所"打击"的靶组织所引起。假设在这个期间打击的次数服从 *Poisson过程*（*Poisson process*），则反应的概率为：

$$P(\text{反应})=P(\text{至少 } k \text{ 次打击})=1-\sum_{j=0}^{k-1}\exp(-\lambda)\frac{\lambda^j}{j\,!}$$

其中，λ 是在此期间打击的期望值。当 $k=1$ 时，多重打击模型变为*一次打击模型*（*one-hit model*），定义为：

$$P(\text{反应})=1-e^{-\lambda}$$

【*Communication in Statistics-Theory and Methods*，1995，**24**，2621－2633.】

M

Multilevel Models/多级模型

数据是分等级排列的模型，例如，不同地区不同家庭中的儿童，对来自同一个家庭中儿童的度量的概率很可能是相关的。参见：随机效应模型（**Random Effects Models**），分层模型（**Hierarchical Models**），随机系数回归模型（**Random Coefficient Regression Models**）。【*Multilevel Statistical Models*，1995，H. Goldstein，Edward Arnold，London.】

Multimodal Distribution/多峰分布

具有几个众数的概率分布或频率分布。多峰分布经常表明观察的分布是来自于相对不同的观察组的分布混合。图 95 给出了一个具有 4 个众数的分布。

Multinomial Coefficient/多项式系数

从 n 个箱子中抽取 k 个不同物品的方法数，使得第 i 个箱子中包含 k_i 个物品。定义为：

$$\frac{k\,!}{k_1\,!\ k_2\,!\ \cdots k_n\,!}$$

Multinomial Distribution/多项式分布

二项分布的推广，n 次试验中每次都有 r 个结果，其中 $r>2$。分布定义为：

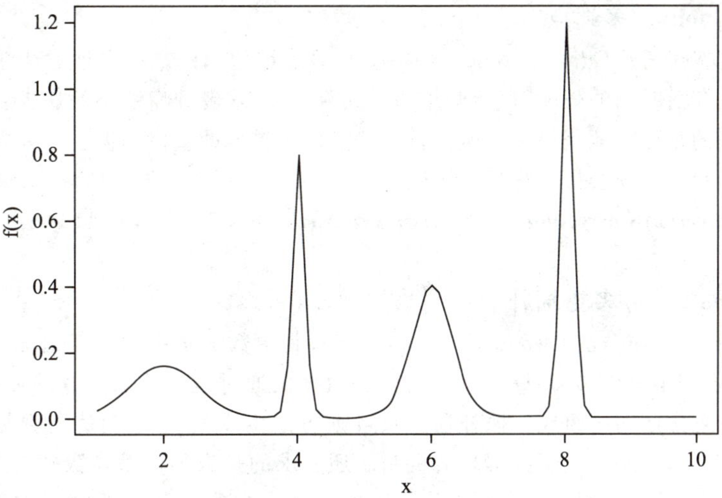

图 95　具有 4 个众数的频率分布

$$P(n_1, n_2, \cdots, n_r) = \frac{n!}{n_1!\ n_2!\ \cdots n_r!} p_1^{n_1} p_2^{n_2} \cdots p_r^{n_r}$$

其中，n_i 是结果为 i 的试验次数，p_i 是在指定的试验中结果 i 发生的概率。n_i 的期望值为 np_i，方差为 $np_i(1-p_i)$。n_i 与 n_j 的协方差为 $-np_ip_j$。【STD Chapter 26.】

Multinormal Distribution/多元正态分布

也称为多元正态分布（**Multivariate Normal Distribution**）。

Multiphasic Screening/多相筛选

在筛选研究（*screening studies*）中检验组合的过程。例如，在癌症筛选中，在一个筛选期中对个人的检查通过筛选两个或多个解剖部位。【*American Journal of Public Health*，1964，**54**，741-750.】

Multiple Comparison Tests/多重比较检验

详细检验一组均值之间差异的方法，通常是在它们都相等的假设被拒绝以后采用。没有一种方法在所有情形中都是最佳的，方法之间主要的区别是如何控制犯第 I 类错误的概率。参见：**Bonferroni 校正（Bonferroni Correction）**，**Duncan 多重值域检验（Duncan's Multiple Range Test）**，**Scheffé 检验（Scheffé's Test）**，**Dunnett 检验（Dunnett's Test）**。【*Biostatistics*，1993，L. D. Fisher and G. Van Belle，Wiley，New York.】

Multiple Correlation Coefficient/多重相关系数

在多重回归（*multiple regression*）中因变量的观察值，与根据估计的回归方程来预测取值之间的相关性。经常用来作为在预测反应变量时解释变量是如何有效的指标。多重相关系数的平方给出了由于解释变量所引起的反应变量的方差比。【SMR Chapter 12.】

Multiple Endpoints/多端点

用来描述*临床试验*(*clinical trials*)中一类结果度量的术语。有多种方法来度量试验成功,例如,病人存活时间的长度,存活两年的病人百分比,或者肿瘤缩小的病人百分比。采用这类度量的目的是更好地获得关于所比较的治疗之间差异的整体知识。这种方法的缺点是多重显著性检验的出现会带来*假阳性结果*(*false positive result*)增加的风险。参见:**Bonferroni 校正(Bonferroni Correction)**。【*Statistics in Medicine*, 1995, **14**, 1163-1176.】

Multiple Imputation/多重插补

一种 *Monte Carlo 方法*(*Monte Carlo method*),其中数据集中缺失值由 $m>1$ 个模拟数值替代,m 一般较小(3~10)。每个模拟的完备数据集通过适合手头调查的方法分析,结论由产品、估计、置信区间等组成。插补通过贝叶斯方法生成,它要求对完备数据的参数模型的设定,如果需要,模型是关于数据缺失机制。还要求的是未知模型参数的*先验分布*(*prior distribution*)。*Bayes 定理*(*Bayes' theorem*)用来模拟 m 个独立样本,形成给定观察值下缺失值的条件分布。在大多数情形下,必须采用如*马尔可夫链 Monte Carlo 方法*(*Markov chain Monte Carlo methods*)这些特别的插补方法。参见:**SOLAS 软件(SOLAS)**。【*The Analysis of Incomplete Multivariate Data*, 1997, J. Schafer, CRC/Chapman and Hall.】

Multiple Indicator Multiple Cause Model(MIMIC)/ 多指标多原因模型

一种*结构方程模型*(*structural equation model*),其中存在每个*潜在变量*(*latent variable*)的多个指标和多种原因。【*Modelling Covariance and Latent Variables*, 1993, G. Dunn, B. Everitt and A. Pickles, Chapman and Hall/CRC Press, London.】

Multiple Linear Regression/多元线性回归

也称为多元回归(**Multiple Regression**)。

M

Multiple Regression/多元回归

经常使用的模型,其中反应变量 y 关于一组解释变量 $x_1, x_2, \cdots, x_q$ 回归。所拟合的模型为:

$$E(y)=\beta_0+\beta_1x_1+\cdots+\beta_qx_q$$

其中,E 表示期望值。引入向量 $y'=[y_1, y_2, \cdots, y_n]$和 $n\times(q+1)$矩阵 X,X 为:

$$X=\begin{pmatrix} 1 & x_{11} & x_{12} & \cdots & x_{1q} \\ 1 & x_{21} & x_{22} & \cdots & x_{2q} \\ \vdots & \vdots & \vdots & & \vdots \\ 1 & x_{n1} & x_{n2} & \cdots & x_{nq} \end{pmatrix}$$

对于 n 次观察模型为:

$$y=X\beta+\varepsilon$$

其中,$\varepsilon'=[\varepsilon_1, \varepsilon_2, \cdots, \varepsilon_n]$包含剩余误差项,$\beta'=[\beta_0, \beta_1, \cdots, \beta_q]$。参数的*最小二乘估计*(*least squares estimator*)为下列等式:

$$\hat{\beta}=(X'X)^{-1}X'y$$

回归系数 $\beta_1,\beta_2,\cdots,\beta_q$ 给出了反应变量的变化，对应于相应的解释变量的单位变化，而其他变量保持不变。相关系数是否为 0 的显著性检验根据对于解释变量的给定取值的假设得出，其中 y 服从常数方差的正态分布。参见：**回归诊断（Regression Diagnostic）**，**回归中的选择模型（Selection Methods in Regression）**，**β 系数（Beta Coefficient）**。【ARA Chapter 3.】

Multiple Time Response Data/多重时间响应数据

在如膀胱癌和癫痫发作这类偶发疾病的研究中产生的数据。例如，在前者中，病人在观察时间 $t_1<t_2<\cdots<t_k$ 患有多个膀胱肿瘤。

Multiple Time Series/多重时间序列

同时对两个或多个*时间序列*（*time series*）进行的观察，也称为*多元时间序列*（*multivariate time series*）和*向量*时间序列（*vector time series*）。环境例子包括 5 分钟间隔处几个位点铅浓度、在几个位置处固定海拔水平每小时间隔空气温度，以及在几个记录场所每月臭氧水平。如果 m 个序列表示为$X_t'=[x_{1,t},x_{2,t},\cdots,x_{m,t}]$，$t=1,2,\cdots,n$，那么*交叉协方差函数*（*cross-covariance function*）$\gamma_{ij}(k)$为协方差 $\text{cov}(x_{i,t},x_{j,t-k})$，*交叉相关函数*（*cross-correlation function*）$\rho_{ij}(k)$定义为：

$$\rho_{ij}(k)=\frac{\gamma_{ij}(k)}{[\gamma_{ii}(0)\gamma_{jj}(0)]^{\frac{1}{2}}}$$

矩阵 $\rho(k)$的第 ij 元素等于 $\rho_{ij}(k)$，可以用来定义*谱密度矩阵*（*spectral density matrix*）$f(\omega)$，定义为：

$$f(\omega)=\sum_{l=-\infty}^{\infty}\exp(-2\pi i\omega l)\rho(k),\quad -0.5\leq\omega\leq 0.5$$

其中，$i^2=-1$。这个矩阵的第 ij 元素称为*交叉谱密度*（*cross-spectral density*）。这个矩阵的实部和虚部定义了*余谱*（*co-spectrum*）和*求积谱*（*quadrature spectrum*）。*自回归移动平均模型*（*autoregressive moving average models*）的多元推广可以用来对这类时间序列模型化。参见：**凝聚性（Coherence）**。【TMS Chapter 8.】

Multiplication Rule for Probabilities/概率的乘法规则

对于独立事件 A 和 B，两个都发生的概率等于各自概率的乘积，即：

$$\Pr(A\text{ 且 }B)=\Pr(A)\Pr(B)$$

其中，Pr 表示概率。可以推广到 k 个独立事件 $B_1,B_2,\cdots,B_k$，

$$\Pr(\cap_{i=1}^{k}B_i)=\prod_{i=1}^{k}\Pr(B_i)$$

【KA1 Chapter 8.】

Multiplication Intensity Model/乘法密度模型

比例风险函数（*proportional hazard function*）的推广。【*The Annals of Statistics*，

M

1978，**6**，701－726.】

Multiplicative Model/乘法模型

模型中几个因子的组合效应是它们单独效应的乘积。参见：**可加性模型**（**Additive Model**）。

MULTISCALE/MULTISCALE 软件

在推断框架中关于多维比例集的软件。【J. O. Ramsay，Department of Psychology，McGill University，Steward Biological Sciences Building，1205 Dr. Penfield Avenue，Montreal，QC，Canada H34 1B1.】

Multistage Sampling/多级抽样

也称为**聚类抽样**（**Cluster Sampling**）。

Multistate Models/多状态模型

在生存时间的研究中出现的模型。在这种研究中病人的经历表示为含有两个（或多个）状态的过程。在研究的进入点处最简单的情形中，病人处于对应于活着的状态中。病人以在给定时间由*风险函数*（*hazard function*）所度量的比率由“活着”状态转换为“死亡”状态。更复杂的模型涉及更多的状态。例如，三个状态模型包含活着且没有肿瘤的病人、活着且出现肿瘤的病人以及“死亡”状态。参见：**Markov 疾病—死亡模型**（**Markov Illness-Death Model**）。【*Statistics in Medicine*，1988，**7**，819－842.】

Multitaper Spectral Estimators/多窗谱估计量

估计*时间序列*（*time series*）的*谱密度*（*spectral density*）的一类非常有效的方法，采用几个直接谱估计量的平均。【*Signal Processing*，1997，**58**，327－332.】

M

Multitrait-Multimethod Model (MTMM)/多特质—多方法模型

一种*验证性因子分析*（*confirmatory factor analysis*）模型，其中对每个潜在变量采用不同的方法度量。【*Modelling Covariances and Latent Variables*，1993，G. Dunn，B. Everitt and A. Pickles，Chapman and Hall/CRC Press，London.】

Multivariate Adaptive Regression Splines (MARS)/多元自适应回归样条

一种灵活的*非参数回归模型化*（*nonparametric regression modelling*）的方法，样本容量适中且多于两个解释变量。【*Journal of Computational and Graphical Statistics*，1997，**6**，74－91.】

Multivariate Analysis/多元分析

在调查多元数据中许多重要的分析方法的通用术语。包括*聚类分析*（*cluster analysis*）、*主成分分析*（*principle components analysis*）和*因子分析*（*factor analysis*）。【MV1 and MV2.】

Multivariate Analysis of Variance/多元方差分析

关于多元反应变量对多于两个总体的均值向量相等性进行检验的方法。类似于单变量数据的*方差分析*(*analysis of variance*),除了同时对 q 个反应变量进行分组比较。在单变量情形中,采用 *F*-检验(*F-test*)来评估假设。但是,在多元的情形中,没有一种检验统计量在所有情形中都是最优的。最常用的检验统计量是 *Wilk* Λ[*Wilk's lambda*(Λ)],它是基于三个矩阵:*W*[*组内平方与乘积和矩阵*(*within groups matrix of sums of squares and products*)]、*T*[*平方与交叉乘积和总矩阵*(*total matrix of sums of squares and cross-products*)]以及 *B*[*组间平方与交叉乘积和矩阵*(*between groups matrix of sums of squares and products*)],定义如下:

$$T=\sum_{i=1}^{g}\sum_{j=1}^{n_i}(x_{ij}-\bar{x})(x_{ij}-\bar{x})'$$

$$W=\sum_{i=1}^{g}\sum_{j=1}^{n_i}(x_{ij}-\bar{x}_i)(x_{ij}-\bar{x}_i)'$$

$$B=\sum_{i=1}^{g}n_i(x_i-\bar{x})(x_i-\bar{x})'$$

其中 x_{ij},$i=1,\cdots,g$,$j=1,\cdots,n_i$ 表示第 i 组中第 j 个多元观察,g 是分组的数目,n_i 是第 i 组中观察的个数。第 i 组的均值向量为 $\bar{x}_i$,所有观察的均值向量为 $\bar{x}$。这些矩阵满足等式

$$T=W+B$$

Wilk Λ 统计量为 W 和 T 的行列式之比,即:

$$\Lambda=\frac{|W|}{|T|}=\frac{|W|}{|W+B|}$$

将统计量 Λ 变换就可以得出评估总体均值向量相等的零假设的 *F*-检验。除了 Λ,还可以得到其他几个统计量:

- *Roy最大根准则*(*Roy's largest root criterion*):BW^{-1} 的最大特征值;
- *Hotelling-Lawley 迹*(*Hotelling-Lawley trace*):BW^{-1} 的特征值之和;
- *Pillai-Bartlett 迹*(*Pillai-Bartlett trace*):BT^{-1} 的特征值之和。

已经证明了不同检验统计量之间功效的差异相当小,所以在大多数情形中选择一种检验法一般不会影响结论。【MV1 Chapter 6.】

Multivariate Bartlett Test/多元 Bartlett 检验

检验 k 个方差—协方差矩阵的相等性。检验统计量 M 为:

$$M=\frac{|S_1|^{\nu_1/2}|S_2|^{\nu_2/2}\cdots|S_k|^{\nu_k/2}}{|S|^{\nu/2}}$$

其中,$\nu_i=n_i-1$,n_i 是第 i 个样本的样本容量,S_i 是第 i 个样本的协方差矩阵,$\nu=\sum_{i=1}^{k}\nu_i$,S 是合并样本的协方差矩阵,定义为:

$$S=\frac{\sum_{i=1}^{k}\nu_iS_i}{\sum_{i=1}^{k}\nu_i}$$

M

在总体协方差矩阵相等的零假设下，统计量 $u=-2(1-c_1)\log M$ 近似服从自由度为 $\frac{1}{2}(k-1)p(p+1)$ 的 χ^2 分布，其中 p 为变量的个数，且

$$c_1=\left[\sum_{i=1}^{k}\frac{1}{\nu_i}-(1/\sum_{i=1}^{k}\nu_i)\right]\left[\frac{2p^2+3p-1}{6(p+1)(k-1)}\right]$$

【*Proceedings of the Cambridge Philosophical Society*, 1938, **34**, 33 - 40.】

Multivariate Cauchy Distribution/多元 Cauchy 分布

参见：学生 t -分布（**Student's *t*-Distribution**）。

Multivariate Counting Process/多元计数过程

具有 k 个分量的*随机过程*（*stochastic process*），随着时间的推移，k 个分量为对 k 种不同类型事件发生的计数，没有事件是同时发生的。【*Statistical Analysis of Counting Processes*, 1982, M. Jacobsen, Springer-Verlag, New York.】

Multivariate Data/多元数据

每次观察都是由多于一个变量的取值所组成的数据。例如，关于若干对象的血压、温度和心率的测量。这种数据通常用数据矩阵的形式表示，即：

$$X=\begin{pmatrix} x_{11} & x_{12} & \cdots & x_{1q} \\ x_{21} & x_{22} & \cdots & x_{2q} \\ \vdots & \vdots & \cdots & \vdots \\ x_{n1} & x_{n2} & \cdots & x_{nq} \end{pmatrix}$$

其中，n 是对象的个数，q 是变量的个数，x_{ij} 是变量 j 关于对象 i 的观察。【MV1 Chapter 1.】

Multivariate Distribution/多元分布

一组变量的联合概率分布。参见：多元正态分布（**Multivariate Normal Distribution**），**Dirichlet** 分布（**Dirichlet Distribution**）。【KA1 Chapter 15.】

Multivariate Growth Data/多元生长数据

数据来自于对一个生物体的几个器官生长之间的关系，以及这些关系是如何演变的调查研究。这些数据可以让生物学家检查一个生物体中增长梯度，利用它们去理解生物体的形式、功能和生物生态位，以及将它带入目前的形式中引起的进化。

Multivariate Hypergeometric Distribution/多元超几何分布

从有限容量的总体中*无放回抽样*（*sampling without replacement*）的概率分布。总体分成 k 类，第 i 类含 r_i 个元素，$i=1,2,\cdots,k$，且 $\sum_{i=1}^{k}r_i=N$。当从总体中抽取容量 $n(n=\sum x_i)$ 的随机样本时，有 x_i 个第 i 类元素的概率为：

$$\Pr(x_1,x_2,\cdots,x_k)=\binom{r_1}{x_1}\binom{r_2}{x_2}\cdots\binom{r_k}{x_k}\Big/\binom{N}{n}$$

当 $k=2$ 时，这就是*超几何分布*（*hypergeometric distribution*）。在关于 $2\times k$ *列联表*（$2\times k$ *contingency table*）的条件推断中这种分布非常重要。【*Statistical Analysis of Categorial Data*，1999，C. J. Lloyd，Wiley，New York.】

Multivariate Kurtosis Measure/多元峰度度量

参见：**Mardia 多元正态性检验（Mardia's Multivariate Normality Test）**。

Multivariate Normal Distribution/多元正态分布

一组变量 $x'=[x_1,x_2,\cdots,x_q]$的概率分布为：

$$f(x_1,x_2,\cdots,x_q)=(2\pi)^{-q/2}|\Sigma|^{-\frac{1}{2}}\exp-\frac{1}{2}(x-\mu)'\Sigma^{-1}(x-\mu)$$

其中，μ 是变量的均值向量，Σ 是它们的方差—协方差矩阵。在如*多元方差分析*（*multivariate analysis of variance*）的多元分析过程中常假设这种分布。参见：二元正态分布（**Bivariate Normal Distribution**）。【KA1 Chapter 15.】

Multivariate Power Exponential Distribution/多元幂指数分布

多元概率分布 $f(x)$为：

$$f(x)=\frac{n\Gamma(\frac{n}{2})}{\pi^{\frac{n}{2}}\sqrt{|\Sigma|}\,\Gamma(1+\frac{n}{2\beta})2^{1+\frac{n}{2\beta}}}\exp\left\{-\frac{1}{2}[(x-\mu)'\Sigma^{-1}(x-\mu)]^{\beta}\right\}$$

分布的均值向量为 μ，*方差—协方差矩阵*（*variance-covariance matrix*）为：

$$\frac{2^{\frac{1}{\beta}}\Gamma(\frac{n+2}{2\beta})}{n\Gamma(\frac{n}{2\beta})}\Sigma$$

当 $\beta=1$ 时，$f(x)$就变为*多元正态分布*（*multivariate normal distribution*）。一般来说，$f(x)$为椭球等高分布，其中 β 决定了*峰度*（*kurtosis*）。当 $\beta<1$ 时，分布的尾部比正态分布的重。【*Communications in Statistics*，**A27**，589－600.】

Multivariate Probit Analysis/多元 Probit 分析

评估解释变量关于两个或多个二进制反应变量的影响的方法。参见：**Probit 分析（Probit Analysis）**。【*Biometrics*，1981，**37**，541－551.】

Multivariate Skew-Normal Distribution/多元斜正态分布

参见：斜正态分布（**Skew-Normal Distribution**）。

Multivariate Student's *t*-Distribution/多元学生 *t*-分布

参见：学生*t*－分布（**Student's *t*-Distribution**）。

Multivariate Time Series/多元时间序列

也称为多重时间序列(**Multiple Time Series**)。

Multivariate ZIP Model (MZIP)/多元 ZIP 模型

零膨胀 Poisson 回归[*zero-inflated Poisson regression* (*ZIP*)]的多元版本,当可能存在几种缺陷时对制造过程的监测。【*Technometrics*, 1999, **41**, 29 - 38.】

Mutation Distance/突变距离

两个氨基酸序列之间的距离度量,定义为一个序列的基因关于另一个序列编码时所必须改变的核苷酸的最小数目。【*Branching Processes with Biological Applications*, 1975, P. Jagers, Wiley, New York.】

Mutually Exclusive Events/互斥事件

不能同时发生的事件。

MYCIN/MYCIN 系统

斯坦福大学开发的在传染病诊断和治疗中协助医生的*专家系统*(*expert system*)。【*Rule-Based Expert Systems*, 1985, B. G. Buchanan and E. H. Shortliffe, Addison-Wesley, Reading, MA.】

MZIP/多元 ZIP 模型

多元ZIP 模型(**Multivariate ZIP Model**)的缩写。

M

N

N

NAG/数值计算集团

出品了许多有用的关于统计学的子程序的数值计算集团(Numerical Algorithms Group)。【NAG Ltd., Wilkinson House, Jordan Hill Road, Oxford, OX2 8DR; NAG Inc., 1400 Opus Place, Suite 200, Downers Grove, Illinois 60515-5702, USA.】

Naor's Distribution/Naor 分布

来自下列模型的离散概率分布:假设一个罐子中包含 n 个球,其中一个为红色球,其余为白色球。从罐子中抽取一球,如果取到白色球则用红色球放回罐子中,直到抽到红色球为止。抽取次数 Y 的概率分布为:

$$\Pr(Y=y)=\frac{(n-1)!\ y}{(n-y)!\ n^y}$$

$n-1$ 次后罐子中只有红色球,所以抽取的次数不会大于 n。【*Univariate Discrete Distributions*, 1992, N. L. Johnson, S. Kotz and A. W. Kemp, Wiley, New York.】

National Lotteries/国家彩票

为某些特殊原因筹集资金的赌博。1569 年第一次在英国发行,为了修缮五港(Cinque Ports)而筹款。有 400 000 张票或签,奖品为盘子、挂毯和现金。现在彩票在许多国家都发行,用于充实国库或为公益事业提供资金。目前英国彩票的版本是从 1994 年 11 月开始的,从 49 个数字中选择 6 个数,每注 1 英镑。中奖数字是利用若干"鼓中的球"类型的机器中的一个机器"随机"抽取的。【*Chance Rules*, 1999, B. S. Everitt, Springer-Verlag, New York.】

Natural-Pairing/自然配对

参见:配对样本(**Paired Samples**)。

Nearest-Neighbour Clustering/最近邻聚类

也称为单联聚类(**Single Linkage Clustering**)。

Nearest-Neighbour Methods I/最近邻方法 I

判别分析(*discriminant analysis*)的方法,基于对那些与所分类的对象最相似的*训练集*

(*training set*)的研究。按照在最相似或"最接近"训练集对象中简单多数原则进行分类,即对象被安排到大多数"邻居"属于的那个组中。简单的最近邻方法是考虑最相似的近邻。更一般的方法是考虑 k 个最接近的近邻,其中 $k>1$。【*Discrimination and Classification*, 1981, D. J. Hand, Wiley, Chichester.】

Nearest-Neighbour Methods II/最近邻方法 II

空间数据(*spatial data*)的初步调查中使用的方法,评价是否偏离*完全空间随机性*(*complete spatial randomness*)。例如,采用最近邻之间距离的直方图。【*Spatial Processes: Models and Applications*, 1981, A. D. Cliff and K. Ord, Penn, London.】

Necessarily Empty Cells/必需的空单元

也称为结构零点(**Structural Zeros**)。

Negative Binomial Distribution/负二项分布

在一系列 *Bernoulli 试验*(*Bernoulli trials*)中第 k 次成功之前失败次数 X 的概率分布,其中每次试验中成功的概率为 p,失败的概率为 $q=1-p$。分布为:

$$\Pr(X=x)=\binom{k+x-1}{x-1}p^k q^x, \quad 0\leq x<\infty$$

分布的均值、方差、*偏斜度*(*skewness*)和*峰度*(*kurtosis*)如下:

$$均值=kq/p$$

$$方差=kq/p^2$$

$$偏斜度=(1+q)(kq)^{-\frac{1}{2}}$$

$$峰度=3+\frac{6}{k}+\frac{p^2}{kq}$$

常用于计数数据中将*过度离散*(*overdispersion*)模型化。【STD Chapter 28.】

Negative Exponential Distribution/负指数分布

也称为指数分布(**Exponential Distribution**)。

Negative Hypergeometric Distribution/负超几何分布

在*无放回抽样*(*Sampling Without Replacement*)中总体包含某种物品 r 个元素,另一种物品 $N-r$ 个元素,如果每次抽样中选择第一种物品则放回第二种物品,反之亦然,那么在 n 个元素的随机样本中第一种物品有 r 个元素的概率为:

$$\Pr(x)=\frac{\binom{r+x-1}{x}\binom{N-r+n-x-1}{n-x}}{\binom{N+n-1}{n}}$$

分布的均值为 nr/N,方差为 $(nr/N)(1-r/N)(N+n)/(N+1)$。对应于整数参数取值的 β

二项分布(*beta binomial distribution*)。【KA1 Chapter 5.】

Negative Multinomial Distribution/负多项式分布

负二项分布(*negative binomial distribution*)的推广,其中每次试验可能存在 $r>2$ 种结果,连续抽样直到某种物品有 m 个结果。【*Biometrika*, 1949, **36**, 47-58.】

Negative Predictive Value/阴性预测值

个人关于不患疾病的*诊断检验*(*diagnostic test*)结论为阴性的概率。参见:**阳性预测值(Positive Predictive Value)**。【SMR Chapter 14.】

Negative Skewness/负偏斜

参见:**偏斜度(Skewness)**。

Negative Study/消极研究

不能得出统计显著性结论的研究。

Negative Synergism/负协同效应

参见:**协同效应(Synergism)**。

Neighbourhood Controls/邻里控制

也称为**社区控制(Community Controls)**。

Nelder-Mead Simplex Algorithm/Nelde-Mead 单纯性算法

单纯性算法(Simplex Algorithm)的一种类型。

Nelson-Aalen Estimator/Nelson-Aalen 估计量

根据删失*生存数据*(*survival data*)得出的*累积风险函数*(*cumulative hazard function*)的非参数估计量。基本上为*矩法*(*method of moments*)估计量。【*Biometrics*, 1996, **52**, 1034-1041.】

Nested Case-Control Study/巢式病例对照研究

流行病学中经常使用的设计,其中队列是从识别所讨论的某种疾病的病例中得出,对从暴露比较队列中的每个病例选择对照。这种设计的主要优点是只需要关于队列成员中很小的比例收集暴露信息,因此可以减少数据收集成本。【*Statistics in Medicine*, 1993, **12**, 1733-1746.】

Nested Design/嵌套设计

设计中一个或多个因子的水平是在一个或多个其他因子中子抽样,例如,因子 B 的每个水平只在另一个因子 A 的一个水平处发生,则称因子 B 在因子 A 中被嵌套。例如,评估医院和医生关于反应变量(病人满意度)的影响。医生只在医院工作,所以他们在医院中被套。

N

参见:多水平模型(**Multilevel Model**)。

Nested Model/嵌套模型

也称为分层模型(**Hierarchical Model**)。

Network/网络

计算机系统的链接集,可以分享计算机功能和/或存储功能。

Network Sampling/网络抽样

一种*抽样设计*(*sampling design*),其中采用的是*抽样单位*(*sampling units*)的简单随机样本或分层样本,所有观察单位与所包含的所选择的任意一个抽样单位都有链接。不同的观察单位可以与不同数目的抽样单位链接。例如,在估计一种罕见疾病的流行性研究中,选择的可能是医疗中心的随机样本。根据样本中每个医疗中心的记录,提取接受所讨论的疾病治疗的病人记录。一个病人可能在多个中心接受过治疗,接受治疗的中心越多,病人记录的*包含概率*(*inclusion probability*)就越高。【*Aids*, 1996, **10**, 657-666.】

Neural Network/神经网络

参见:人工神经网络(**Artificial Neural Network**)。

Newman-Keuls Test/Newman-Keuls 检验

多重比较检验(*multiple comparison test*),更详细讨论如同*方差分析*(*analysis of variance*)中显著性 *F-检验*(*F-test*)所表示的均值之间的差异。先将均值按递增顺序排列,然后计算检验统计量:

$$S=\frac{\bar{x}_A-\bar{x}_B}{\sqrt{\frac{s^2}{2}\left(\frac{1}{n_A}+\frac{1}{n_B}\right)}}$$

N

其中,$\bar{x}_A$ 和 $\bar{x}_B$ 是所比较的两个均值,s^2 是方差分析中组内均方,n_A 和 n_B 是两个分组中观察的数目。可以得到 S 的临界值表,这依赖于参数 r,r 为所检验的两个均值的排序之间的间隔。例如,当比较 4 个均值中最大均值和最小均值时,$r=4$,当比较第二大和第二小均值时,$r=2$。【SMR Chapter 9.】

Newton-Raphson Method/Newton-Raphson 方法

函数 f 关于一组参数 $\theta'=[\theta_1,\cdots,\theta_m]$ 最小化的数值方法。迭代项为:

$$\theta_{i+1}=\theta_i-G^{-1}(\theta_i)g(\theta_i)$$

其中,$g(\theta_i)$ 是 f 关于 $\theta_1,\cdots,\theta_m$ 的导数向量在 θ_i 处的取值,$G(\theta_i)$ 是 f 关于参数的二阶导数矩阵在 θ_i 处的取值。当 θ 接近于最小值时这种方法的收敛速度很快,但如果不是这样,G 为负定矩阵,这种方法也不收敛。这种方法的另一个缺点是每次迭代都需要 G 的逆。参见:**Fisher** 评分法(**Fisher's Scoring Method**),单纯形法(**Simplex Method**)。【*Introduction to Optimization Methods and Their Applications in Statistics*, 1987, B. S. Everitt, Chapman and Hall/

CRC Press，London.】

Neyman, Jerzy (1894-1981)/耶日·奈曼(1894-1981)

奈曼出生于俄罗斯摩尔达维亚的宾杰里，奈曼的祖父是一名波兰贵族，1863 年在波兰起义反抗俄罗斯期间被活活烧死在他自己的房子中。奈曼在波兰大学的博士论文是关于农业实验中的统计问题。在 1938 年移民到美国之前，他一直在波兰工作，到法国和英格兰做一些学术访问。1928～1933 年间，他与伊根·皮尔逊合作开发了假设检验理论的坚实基础。1934 年奈曼创立了抽样调查理论，这也为现代*质量控制程序*(*quality control procedures*)的理论奠定了基础。1938 年他移居到伯克利。奈曼是现代统计学的奠基人之一，获得英国皇家统计学会金质 Guy 勋章，1968 年被授予美国国家科学奖章。1981 年 8 月 5 日于伯克利去世。

Neyman-Pearson Lemma/Neyman-Pearson 引理

假设检验中最常用的主要工具。假设随机变量 $X'=[X_1, X_2, \cdots, X_n]$取值用 n 维空间(样本空间)中点表示，关于每个点 x 的取值根据 X 的两个可能的概率分布 P_0 和 P_1 定义。按下列方法选择样本点 x 的集合 S_0，如果 $P_0(S_0)=\sum_{x\in S_0} P_0(x)=\alpha$，则满足 $P(S)=\sum_{x\in S} P_0(x) \leq \alpha$ 的任意集合 S 都有 $P_1(S)\leq P_1(S_0)$。引理证明了，$S_0=\{x: r(x)>C\}$是所描述的问题的解，对于 C 的任意取值都成立，其中 $r(x)$是*似然比*(*likelihood ratio*)$P_1(x)/P_0(x)$。【*Testing Statistical Hypothesis*, 2nd *edition*, 1986, E. L. Lehman, Wiley, New York.】

Nightingale, Florence (1820-1910)/弗罗伦斯·南丁格尔(1820-1910)

南丁格尔出生于意大利佛罗伦萨，在杜塞尔多夫和巴黎接受护士培训。在克里米亚战争[Crimean War(1854)]中，她带领 38 名护士成立护理部，在那里她大大改善了肮脏的医疗条件。她一生致力于改善英国军队的健康和生活条件，她对大量数据都仔细整理和列表，并经常采用*饼图*(*pie charts*)和*条形图*(*bar charts*)。领先于她同时期的流行病学家，弗罗伦斯·南丁格尔敏锐地意识到需要对编制数据与粗死亡率可能的误导作用进行比较。众所周知，她是一名白衣天使，但同样值得记住且鲜为人知的是，她还是一名激情统计学家(Passionate Statistician)，1910 年 8 月 13 日于伦敦去世。

N

NLM/非线性映射

非线性映射(**Non-Linear Mapping**)的缩写。

NOEL/无观察效应水平

无观察效应水平(**No-Observed-Effect Level**)的缩写。

N of 1 Clinical Trial/N 选 1 临床试验

交叉设计(*crossover design*)的一种特殊情形，目的是确定对于一个指定的病人一种治疗的功效(或其他治疗的相对优点)。病人在连续时间段中重复接受一种治疗和安慰剂，或不同治疗。参见：**中断时间序列设计(Interrupted Time Series Design)**。【*Statistical Issues in Drug Development*, 1997, S. Senn, Wiley, Chichester.】

No Free Lunch Theorem/没有免费的午餐定理

没有一件事在所有方面都是最优的。【*Complexity*，1996，**1**，40－46.】

Noise/噪声

不规则波动的*随机过程*(*stochastic process*)。参见:白噪声序列(**White Noise Sequence**)。

Nominal Significance Level/名义显著性水平

当假设成立时检验的显著性水平。

Nominal Variable/名义变量

也称为分类变量(**Categorical Variable**)。

Nomograms/算图,列线图

在平面上表示多于两个量的方法。例子见图 96,计算样本容量或势的图。【SMR Chapter 15.】

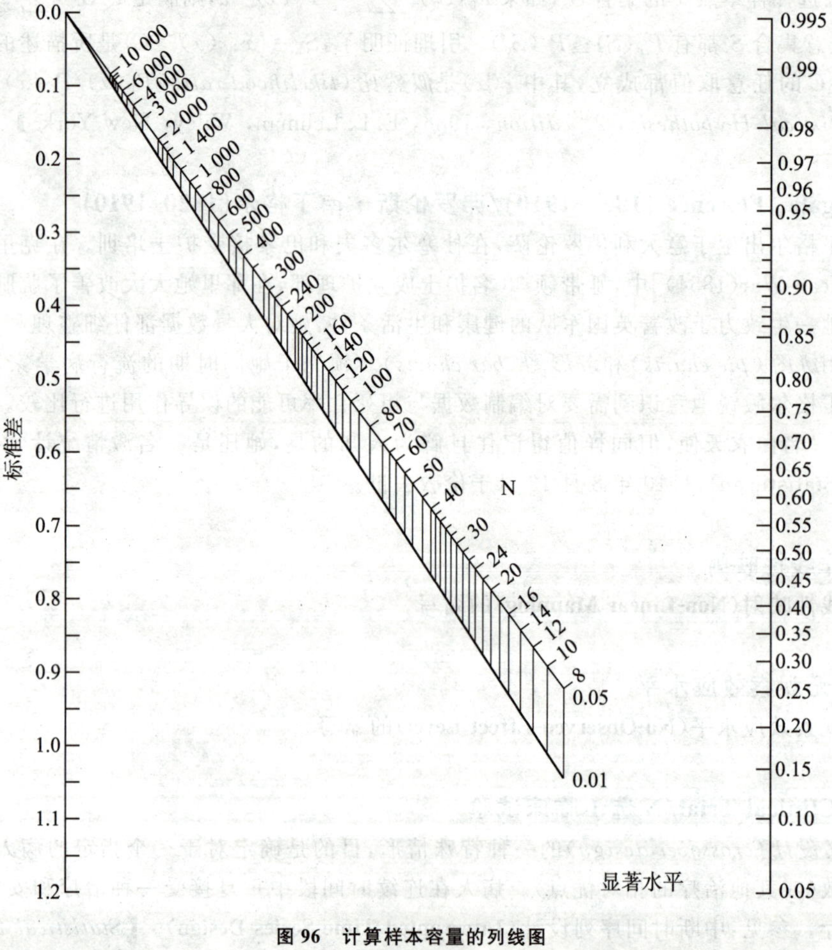

图 96　计算样本容量的列线图

Noncentral Chi-Squared Distribution/非中心 χ^2 分布

和为

$$\sum_{i=1}^{\nu}(Z_i+\delta_i)^2$$

的概率分布 $f(x)$，其中，$Z_1,\cdots,Z_\nu$ 是独立的标准正态分布随机变量，$\delta_1,\cdots,\delta_\nu$ 为常数。分布的自由度为 ν，具体表达式为：

$$f(x)=\frac{e^{-(x+\lambda)/2}x^{(\nu-2)/2}}{2^{\nu/2}}\sum_{r=0}^{\infty}\frac{\lambda^r x^r}{2^{2r}r!\Gamma(\frac{1}{2}\nu+r)},\quad x>0$$

其中，$\lambda=\sum_{i=1}^{\nu}\delta_i^2$ 称为非中心参数。它是*方差分析*(*analysis of variance*)中当组均值相等的假设不成立时平方和的分布。【KA2 Chapter 23.】

Noncentral Distributions/非中心分布

如 χ^2 -*分布*(*chi-squared distribution*)、*F -分布*(*F-distribution*)或*学生 t-分布*(*Student's t-distribution*)这些标准*抽样分布*(*sampling distribution*)的修改，这些抽样分布是在备选假设下某个检验统计量的分布。分布保留了相应的假设检验的优点。参见：**非中心 χ^2 -分布(Noncentral Chi-Squared Distribution)**，**非中心 *F* -分布(Noncentral *F*-Distribution)**，**非中心 *t* -分布(Noncentral *t*-Distribution)**。【KA2 Chapter 23.】

Non-Central *F*-Distribution/非中心 *F* -分布

非中心参数为 λ 的两个*非中心 χ^2 -分布*(*noncentral chi-squared distribution*)随机变量除以各自的自由度 ν_1 和 ν_2 的比的概率分布。定义为：

$$f(x)=e^{-\lambda/2}\sum_{r=0}^{\infty}\frac{\frac{(\frac{1}{2}\lambda)^r}{r!}\left(\frac{\nu_1}{\nu_2}\right)^{(\nu_1/2)+r}}{B(\frac{1}{2}\nu_1+r,\frac{1}{2}\nu_2)}\frac{x^{(\nu_1/2)+r-1}}{\left(1+\frac{\nu_1}{\nu_2}x\right)^{r+(\nu_1+\nu_2)/2}}$$

其中，B 是 *β 函数*(*beta function*)。*双非中心 F -分布*(*doubly noncentral F-distribution*)是由两个非中心 χ^2 -分布除以各自的自由度的比得到的。【KA2 Chapter 23.】

Noncentral Hypergeometric Distribution/非中心超几何分布

概率分布为：在*无放回抽样*(*sampling without replacement*)中，假定有 X' 个白色球和 $N'-X'$ 个黑色球，取到白色球的概率不是 $\frac{X'}{N'}$，而是 $X'[X'+\theta(N'-X')]^{-1}$，其中 $\theta\neq1$。【*Discrete Distributions*，1992，N. L. Johnson，S. Kotz and A. W. Kemp，Wiley，New York.】

Noncentral *t*-Distribution/非中心 *t*-分布

比

$$\frac{Z+\delta}{W^{\frac{1}{2}}}$$

的概率分布 $f(x)$,其中 Z 为服从标准正态分布的随机变量,W 是与它独立的分布 χ^2/ν,ν 是 χ^2 -分布的自由度,δ 为常数,定义为:

$$f(x) = \{\Gamma(\frac{1}{2})\Gamma(\frac{1}{2}\nu)\nu^{1/2}\exp(\frac{1}{2}\delta^2)\}^{-1}\sum_{r=0}^{\infty}\frac{\{(2/\nu)^{1/2}\delta x\}^r}{r!}\frac{\Gamma\{\frac{1}{2}(\nu+r+1)\}}{\left(1+\frac{x^2}{\nu}\right)^{(\nu+r+1)/2}}$$

【KA2 Chapter 23.】

Non-Compliance/非依从性

参见:违反协议(**Protocol Violations**)。

Non-Gaussian Time Series/非 Gaussian 时间序列

关于均值和时期不平稳(*stationary*)的*时间序列*(*time series*),具有非 Gaussian 随机分量。【*Biometrics*, 1994, **50**, 798 - 812.】

Non-Identified Response/非确定性反应

生存数据(*survival data*)中表示*删失观察*(*censored observations*)的术语,它与所讨论的端点有关。这种观察的产生有下列几种原因:

• 反应的错误分类。例如癌症死亡,作为所关心的反应错误地被分到其他不相关的死亡原因中。

• 引起先验删失的反应发生。例如再次使用海洛因,使得对象停止康复研究以逃避化学检测。

Non-Informative Censoring/非信息删失

在后期还在接受观察的那些个体具有相同故障概率的*删失观察*(*censored observations*)。【*Journal of the American Statistical Association*, 1988, **83**, 772 - 779.】

N

Non-Informative Prior Distribution/非信息先验概率

关于参数没有明确标准的*先验分布*(*prior distribution*),例如,*均匀分布*(*uniform distribution*)。

Non-Linear Mapping (NLM)/非线性映射

得到一个多元数据集的低维表示的一种方法,将原始的个体间 Euclidean *距离*(*Euclidean distance*)与在降低了维数的空间中距离之间差的函数最小化。这个最小化的函数是简单平方和。参见:多维比例(**Multidimensional Scaling**),排序(**Ordination**)。【*IEEE Transactions on Computers*, 1969, **C18**, 401 - 409.】

Non-Linear Model/非线性模型

关于参数是非线性的模型,例如:

$$y=\beta_1 e^{\beta_2 x_1}+\beta_3 e^{\beta_4 x_2}$$
$$y=\beta_1 e^{-\beta_2 x}$$

这类模型中有些可以通过线性化转换为线性模型(例如上面第二个方程取对数)。那些一般不能转换的称为*本质非线性*(*intrinsically non-linear*),在某些情形中可以通过线性方程组近似。这类模型中的参数可以通过如 *Newton-Raphson 方法*(*Newton-Raphson method*)这种最优化程序估计。在这类模型中*线性参数*(*linear parameters*)是那些模型函数关于参数的二阶偏导为 0 的参数(上面第一个方程中的 β_1 和 β_3);不属于这种情形的参数(上面第一个方程中的 β_2 和 β_4)称为*非线性参数*(*non-linear parameters*)。【ARA Chapter 14.】

Non-Linear Regression/非线性回归

也称为非线性模型(**Non-Linear Model**)。

Nonmasked Study/非屏蔽研究

也称为开放性研究(**Open Label Study**)。

Nonmetric Scaling/非度量比例

一种*多维比例*(*multidimensional scaling*),只采用可观察*非相似系数*(*dissimilarity coefficients*)或*相似系数*(*similarity coefficient*)的排序得出数据的低维表示。参见:**单调回归**(**Monotonic Regression**)。【MV1 Chapter 5.】

Nonnegative Garrotte/非负绞杀

在回归问题中选择解释变量子集的方法,消除某些变量,“缩小”其他的回归系数[类似于*岭回归*(*ridge regression*)中发生的],得出相对稳定的结论,不同于常用的子集选择程序。这种方法是选择$\{c_k\}$使得

$$\sum_k \left(y_n - \sum_k c_k \hat{\beta}_k x_k n \right)^2$$

最小,其中$\{\hat{\beta}_k\}$为*最小二乘估计*(*least squares estimation*)的结论,y 和 x 分别表示反应变量和解释变量。$\{c_k\}$满足约束:

$$c_k \geq 0, \quad \sum c_k \leq s$$

新回归系数为 $\tilde{\beta}_k(s)=c_k\hat{\beta}_k$。当所采用的绞杀随着 s 的减少而越来越紧时,$\{c_k\}$中越来越多为 0,留下来的非零 $\tilde{\beta}_h(s)$缩小。一般来说,这样得到的回归方程中非零系数多于其他了集选择模型,但简单化的损失通过精确度的提高来抵消。【*Technometrics*, 1995, **37**, 373-384.】

Non-Orthogonal Designs/非正交设计

含有两个或多个因子的*方差分析*(*analysis of variance*)设计,其中每个单元格中的观察次数不相同。

Nonparametric Analysis of Covariance/非参数协方差分析

协方差分析(*analysis of covariance*)模型,其中只假设协变量的效应“光滑”,而不是某种指定线性或非线性形式。参见:**核回归光滑**(**Kernel Regression Smoothing**)。【*Biometrics*, 1995, **51**, 920-931.】

N

Nonparametric Methods/非参数方法

参见:无分布方法(**Distribution Free Methods**)。

Nonparametric Regression Modelling/非参数回归模型化

参见:回归模型化(**Regression Modelling**)。

Non-Randomized Clinical Trial/非随机化临床试验

一种*临床试验*(*clinical trial*),其中一部分病人接受新治疗,而有反应的另一部分病人(按照某个事先定义的准则)继续接受治疗。那些没有反应的病人接受另一种通常方便的治疗。然后对两组病人关于一个或多个结果变量进行比较。这种方法的一个问题是有反应的病人可能比没有反应的病人更健康,可能结果非常明显但不是治疗真正的益处。【*Statistics in Medicine*, 1984, **3**, 341 - 346.】

Non-Response/不回答,无响应

在调查中无法提供相关信息的术语。不回答可能有多种原因,例如,当调查的课题是那种暗示性的话题时,受访者可能懒得回答问题。因为在调查中受访者某些特征与那些不回答的不同,所以大量的不回答会给最终的结论带来偏差。参见:项目无反应(**Item Non-Response**)。【SMR Chapter 5.】

No-Observed-Effect Level (NOEL)/最大安全量

低于关于所讨论的反应没有效应的化合物的剂量水平。【*Food and Chemical Toxicology*, 1997, **35**, 349 - 355.】

Norm/标准

最常用的是指"什么是正常"(what is usual),例如健康成人的体温范围,但有时也指"什么是理想的"(what is desirable),例如作为健康标志的血压范围。

N

Normal Approximation/正态近似

随着试验次数 n 的增加,均值为 np、方差为 $np(1-p)$ 的正态分布是*二项分布*(*binomial distribution*)的近似。p 是一次试验中"成功"的概率。参见:**DeMoivre-Laplace** 定理(**DeMoivre-Laplace Theorem**)。【*Handbook of Normal Distribution*, 1982, J. K. Patel and C. B. Read, Marcel Dekker, New York.】

Normal Distribution/正态分布

许多统计方法所假设的随机变量 X 的概率分布 $f(x)$。定义为:

$$f(x)=\frac{1}{\sigma\sqrt{2\pi}}\exp\left[-\frac{1}{2}\frac{(x-\mu)^2}{\sigma^2}\right]$$

其中,μ 和 σ^2 分别是 X 的均值和方差。这个分布呈钟形,例子见图 97。【STD Chapter 29.】

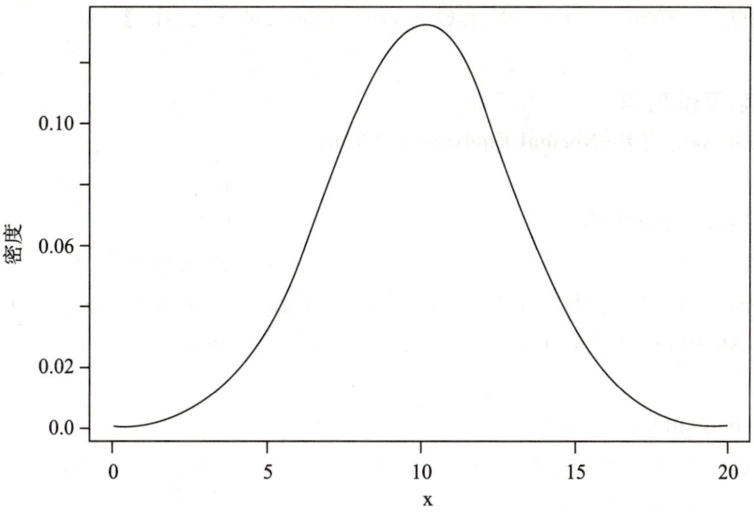

图 97　均值为 10、方差为 9 的正态分布

Normal Equations/正规方程组

采用*最小二乘估计*(*least squares estimation*)确定线性模型中参数时得出的线性方程组。

Normal Equivalent Deviate/正态等价离差

对应于比例 p 的数值 x_p,满足下列等式:

$$\int_{-\infty}^{x_p} \frac{1}{\sqrt{2\pi}} \exp\left(\frac{-u^2}{2}\right) du = p$$

也记为 *normit*。参见:**Probit 分析(Probit Analysis)**。

Normality/正态性

用于描述所讨论的变量服从正态分布的术语。

Normal Probability Plot/正态概率图

参见:**分位数—分位数图(Quantile-Quantile Plot)**。

Normal Range/正常范围

也称为**参考区间(Reference Interval)**。

Normal Scores/正态得分

由标准正态分布中抽取的样本的*顺序统计量*(*order statistics*)的期望值。广泛用于评估正态性的图形中。【*Biometrika*, 1961, **48**, 151－165.】

Normal Scores Rate/正态得分率

在漂移备选下比较总体的另一种*Mann-Whitney 检验*(*Mann-Whitney test*)。【*Practical*

Nonparametric Statistics, 1980, W. J. Conover, Wiley, New York.】

Normit/正态等价离差

参见:正态等价离差(**Normal Equivalent Deviate**)。

NORMIX/NORMIX 程序

在有限混合分布(*finite mixture distribution*)中参数的*极大似然估计*(*maximum likelihood estimation*)的计算机程序,其中分量服从*多元正态分布*(*multivariate normal distributions*),具有不同的均值向量,*方差—协方差矩阵*(*variance-covariance matrices*)也可能不同。

nQuery Advisor/nQuery 顾问

当计划进行研究时确定样本容量的软件包。【Statistical Solutions Ltd., 8 South Bank, Crosse's Green, Cork, Ireland.】

Nuisance Parameter/多余参数

模型的参数,没有科学含义,但它们的取值对于感兴趣的参数作出判断是必需的(但通常这些取值是未知的)。例如,关于正态分布的均值作出判断时,对方差一无所知。但是,关于均值的似然估计涉及方差,方差的不同取值得到不同的似然函数。为了克服这个问题,那些关于感兴趣的参数的检验统计量或估计量要求与不想要的参数无关。参见:**条件似然**(**Conditional Likelihood**)。【KA2 Chapter 20.】

Null Distribution/零分布

当零假设为真时检验统计量的概率分布。

Null Hypothesis/零假设

需要检验的"没有差异"或"没有关联"的假设(通常采用显著性检验),相对的备选假设为假设差异或关联非零。

N

Null Matrix/零矩阵

所有元素都为零的矩阵。

Null Vector/零向量

所有元素都为零的向量。

Number Needed to Treat/需要治疗的病人人数

在*临床试验*(*clinical trial*)中治疗组与对照组之间绝对风险中降低的互补。它是接受治疗以防止出现不良事件的病人人数。【*British Medical Journal*, 1995, **310**, 452-454.】

Number of Partitions/分划数

n 个个体或对象被分成 g 组的分划数 N,定义为:

$$N=\frac{1}{g!}\sum_{i=1}^{g}(-1)^{g-i}\binom{g}{i}i^{n}$$

例如，当 $n=25$，$g=4$ 时，N 为 45 232 115 901。【*Introduction to Combinatorial Mathematics*，1968，G. L. Liu，McGraw-Hill，New York.】

Numerical Integration/数值积分

如何得出积分的数值的研究。也称为*求面积*(*quadrature*)，是指寻找一个正方形使得它的面积与曲线下的面积相同。参见：**Simpson 规则(Simpson's Rule)**，**梯形规则(Trapeziodal Rule)**。【*Methods of Numerical Integration*，1984，P. J. Davis and P. Rabinowitz，Academic Press，New York.】

Numerical Taxonomy/数值分类

本质上是**聚类分析(Cluster Analysis)**的同义词。

Nurenberg Code/纽伦堡代码

关于受试者进行临床研究的 10 条标准，在纽伦堡审判纳粹战犯之后起草的。参见：**赫尔辛基宣言(Helsinki Declaration)**。

Nyquist Frequency/Nyquist 频率

在连续时间序列中没有信息的频率，它们是在时间间隔为 δt 处取值的数字化。频率为每单位时间 $1/2\delta t$ 周期。【TMS Chapter 7.】

O

Oblique Factors/斜交因子

因子分析(*factor analysis*)中相关的*公因子*(*common factors*)。

O'Brien-Fleming Method/O'Brien-Fleming 方法

临床试验(*clinical trial*)的*中期分析*(*interim analysis*)的一种方法,要求试验早期停止的 P-值很小,而关于停止后来的取值接近于显著水平。【*Statistics in Medicine*, 1994, **13**, 1441-1452.】

O'Brien's Two-Sample Tests/O'Brien 双样本检验

检验治疗组之间差异的延伸,考虑关于治疗的反应的异质性,用于识别那些试验治疗最有效(或最无效)的病人。【*Statistics in Medicine*, 1990, **9**, 447-456.】

Observational Study/观察性研究

研究的目的是发现那些无法采用可控制试验得出的因果关系,通过加上某些程序或治疗来发现反应,或者随机安排对象接受不同的程序。调查和大多数流行病学研究都属于这种类型。因为研究人员无法控制治疗的分配,所以无法保证类似的对象接受不同的治疗。这种研究的经典例子是多尔和希尔通过调查成功地发现了吸烟与肺癌之间的因果关系。参见:实验研究(**Experimental Study**),前瞻性研究(**Prospective Study**),回顾性研究(**Retrospective Study**)。【SMR Chapter 5.】

Observation-Driven Model/观察—驱动模型

关于*纵向数据*(*longitudinal data*)或*时间序列*(*time series*)的模型中使用的术语,通过将在时间 t 处观察的条件分布设定为历史观察的函数来引入*序列相关*(*serial correlation*)。如*产前依赖模型*(*ante-dependence model*)。相对于*参数—驱动模型*(*parameter-driven model*),它通过潜在过程引入自相关,例如,引入随机对象效应。

Observed-Score Equating/观察得分等值法

将认知测试不同形式的观察得分转换为常用的正态分布的方法。【*Test Equating*, 1982, edited by P. W. Holland and D. B. Rubin, Academic Press, New York.】

Occam's Razor/Occam 剃刀

由奥卡姆的威廉(1280—1349)提出的关于*简约原则*(*parsimony principle*)的最早描述:"entia non sunt multiplicanda praeter necessitatem",即"删繁就简"。

Occam's Window/Occam 窗口

Bayesian 推断(*Bayesian inference*)中使用的方法,在可以计算模型平均中选择小的模型集合。【*Markov Chain Monte Carlo in Practice*, 1996, W. R. Gilks, S. Richardson and D. J. Spiegelhalter, Chapman and Hall/CRC Press, London.】

Occupancy Problem/占有(概率)问题

本质上是关于 r 个球分配到 n 个格子中的概率分布问题。例如,如果 r 个球是可辨别的且随机分配,n^r 种分配的可能性几乎相同,那么在给定的格子中球的数目服从*二项分布*(*binomial distribution*),其中试验次数为 r,每次成功的概率为 $1/n$;每个格子被占有的概率为:

$$\sum_{i=0}^{n}(-1)^i\binom{n}{i}\left(1-\frac{i}{n}\right)^r$$

【*An Introduction to Probability Theory and Its Applications*, Volume 1, 3rd edition, 1968, W. Feller, Wiley, New York.】

Odds/赔率

二进制变量的两种可能状态的概率比。参见:**比值比(Odds Ratio)**,**Logistic 回归(Logistic Regression)**。【SMR Chapter 10.】

Odds Ratio/比值比

在如男性和女性这种两组对象中关于二进制变量的赔率的比。如果变量的两种可能的状态记为"成功"和"失败",那么比值比就是在一组中成功相对于另一组中成功的赔率的度量。当每组中成功的赔率相同时,比值比为 1。通常用下面的等式估计:

$$\hat{\psi}=\frac{ad}{bc}$$

其中,a,b,c,d 是由数据形成的 *2×2 列联表*(*two-by-two contingency table*)中相应的频数。参见:**Haldane 估计量(Haldane's Estimator)**,**Jewell 估计量(Jewell's Estimator)**,**Logistic 回归(Logistic Regression)**。【SMR Chapter 10.】

Offset/偏移

术语用于在*广义线性模型*(*generalized linear models*)中表示模型中已经包含的已知回归系数,即不需要估计回归系数。例如,假定关于地域 i 和年龄组 j 的死亡人数服从均值为 $N_{ij}\theta_{ij}$ 的 *Poisson 分布*(*Poisson distribution*),其中,N_{ij} 是地域 i 年龄组 j 的总人口数。进一步假设参数 θ_{ij} 是地区反应(θ_i)和年龄反应(θ_j)的乘积,则均值 μ 的模型为:

$$\ln(\mu)=\ln(N_{ij})+\ln\theta_i+\ln\theta_j$$

右边第一项就是偏移。【GLM Chapter 6.】

Offspring Distribution/后代分布

参见:**Bienaymé-Galton-Watson 过程(Bienaymé-Galton-Watson Process)**。

Ogawa, Junjiro (1915-2000)/小川顺次郎(1915-2000)

小川出生于日本埼玉县,1938 年从东京大学获得第一个学位,1954 年仍在东京大学攻读科学博士学位。服兵役后他进入东京的统计数理研究所。1955~1964 年间他在北卡罗来纳大学统计系工作。在此期间他对理论统计学作出了重要的贡献,特别是在*多元分析*(*multivariate analysis*)、*实验设计*(*experimental design*)和*顺序统计量*(*order statistics*)领域。1981 年和 1982 年小川担任日本统计学会主席。2000 年 3 月 8 日于日本千叶县去世。

Ogive/拱形曲线

用于*累积频率分布*(*cumulative frequency distribution*)的图形中的术语。基本上是常用的 *S形*(*sigmoid*)的同义词。

Olkin and Tate Model/Olkin-Tate 模型

也称为**一般位置模型(General Location Model)**。

Oliveira, José Tiago da Fonseca (1928-1993)/蒂亚戈达·何塞·丰塞卡·奥利维拉(1928-1993)

奥利维拉出生于莫桑比克,最初在波尔图大学学习数学,1957 年在里斯本大学获得数学博士学位。在里斯本的海洋生物研究所工作时,他对统计学产生了浓厚的兴趣,在哥伦比亚大学开始了关于二元极值的开创性工作。1987 年成为皇家统计学会荣誉院士。1993 年 6 月 23 日去世。

O

OLS/普通最小二乘法

普通最小二乘法(Ordinary Least Squares)的缩写。

Omitted Covariates/省略协变量

针对*广义线性模型*(*generalized linear models*)的术语,其中由于没有包含重要的协变量,所以模型不完整。省略可能是由于对研究现象不正确的概念理解,或者是由于没能收集到与研究结论有关的所有相关因子的数据。这种形式的错误设定广义线性模型,将会导致模型中真正包含的协变量效应的非常严重的有偏估计。【*Statistics in Medicine*, 1992, **11**, 1195 - 1208.】

Omori's Law/Omori 定律

第一个关于地震的经验定律,即在时间 t 处地震后冲击的频率 $\lambda(t)$ 在主震之后迅速衰变。这个定律没有清楚的物理解释。【*Gerland Beitrage zur Geophysik*, 1938, **53**, 111 - 139.】

One-Bend Transformation/单弯变换

一族幂变换 $y=x^k$，将两个变量之间的单弯关系"矫直"的方法。按指数 k 排序变换得到一个幂变换序列，这有时称为*重新表达阶梯*（*ladder of re-expression*）。常用的幂为：

$$k=-1,-\frac{1}{2},0,\frac{1}{2},1,2$$

其中，$k=0$ 时称为*对数变换*（*logarithmic transformation*），$k=1$ 即没有变换。参见：双弯变换（**Two-Bend Transformation**），Box-Cox 变换（**Box-Cox Transformation**），**Box-Tidwell** 变换（**Box-Tidwell Transformation**）。【ARA Chapter 11.】

One-Compartment Model/一个车厢模型

参见：车厢模型（**Compartment Models**）。

One-Dimensional Random Walk/一维随机游动

整数 0,1,… 上的 *Markov* 链（*Markov chain*），其中*一步转移概率*（*one-step transition probabilities*）为：

$$p_{i,i-1}=q_i, p_{ii}=r_i, p_{i,i+1}=p_i$$

对于 $i\geq 0$，$q_0=0$。对于 $|i-j|\geq 2$，$p_{ij}=0$，参数 q_i，r_i，p_i 的和为 1。

One-Hit Model/一次打击模型

参见：多次打击模型（**Multi-Hit Model**）。

One: m (1:m) Matching/1:m 匹配

当对照对象比病例更容易得到时常用的一种匹配形式。每个病例对应 m($m>1$)个对照，这称为*匹配集*（*matched set*）。这种匹配在估计时理论上是有效的，例如，*相对风险*（*relative risk*）为 $m/(m+1)$，所以每个病例一个对照则有 50%效率，而每个病例四个对照时有 80%效率。随着 5～10 之外的对照数增加，效率迅速递减。【*Biometrics*, 1969, **22**, 339 - 355.】

O

One-Sided Test/单侧检验

备选假设是定向的显著性检验；例如，一个总体均值大于等于另一个总体均值。在计算检验统计量之前需要在单侧检验和双侧检验中作出选择。【SMR Chapter 8.】

One-Step Method/一步方法

从一组 2×2 *列联表*（*two-by-two contingency*）中得到*比值比*（*odds ratio*）的合并估计的方法。一般不建议使用，因为它会得到极端有偏的结论，特别是采用非均衡数据时。*Mantel-Haenszel* 估计量更令人满意。【*Statistics in Medicine*, 1990, **9**, 247 - 252.】

One-Step Transition Probability/一步转移概率

参见：**Markov** 链（**Markov Chain**）。

One-Tailed Test/单尾检验

也称为单侧检验(**One-Sided Test**)。

One-Way Design/单向设计

参见:方差分析(**Analysis of Variance**)。

Open Label Study/开放性研究

在调查中病人、调查者以及周围的工作人员都知道病人所接受的治疗。【SMR Chapter 15.】

Open Sequential Design/开序贯设计

参见:序贯分析(**Sequential Analysis**)。

Operational Research/运筹学

用科学方法处理行政和管理部门所面临的问题的相关研究。【*Introduction to Operations Research*, 1967, F. S. Hiller and G. J. Luberman, Holden-Day, San Francisco.】

Opinion Survey/民意调查

确定某类人群关于特殊课题所持有观点的过程。参见:抽样调查(**Sample Survey**)。

Optimization Methods/最优化方法

寻找几个变量函数的最大值或最小值的方法。统计学中在极大似然估计的文本中经常会遇到,经常采用这种方法得出使得似然函数最大的参数取值。参见:单纯形法(**Simplex Method**),**Newton-Raphson** 方法(**Newton-Raphson Method**)。【*An Introduction to Optimization Methods and Their Application in Statistics*, 1987, B. S. Everitt, Chapman and Hall/CRC Press, London.】

O

Option-3 Scheme/选项-3 方案

在纵向数据(*longitudinal data*)中调查可能随时间变化的情形中使用的度量方案。方案的设计是避免由于谎称已经发生的数据产生变化越来越多所引起的*异常点*(*outliers*)。最初采用两次测量,如果它们比设定的界限更接近,那么两者的平均作为真正均值的估计;否则做第三次测量,取最接近的“一对”的平均作为估计。

Ordered Alternative Hypothesis/有序备选假设

设定所讨论的一组参数的次序作为它们相等的备选假设,而不是简单地以它们不相等作为备选假设。例如,评估一种药物几种不同剂量的治疗反应时,有理由假设反应变量具有随剂量单调递增或递减的效应。在这种情形中,零假设为 m 个均值相等,备选假设为:

$$H_1: \mu_1 \leqslant \mu_2 \leqslant \cdots \leqslant \mu_m$$

可以采用如 *Jonckheere k-样本检验*(*Jonckheere's k-sample test*)的检验法。【*Biostatistics*,

1993，L. D. Fisher and G. Van Belle，Wiley，New York.】

Order Statistics/顺序统计量

关于有序观察值的特殊取值。例如，样本中第 r 个最大值称为第 r 阶顺序统计量。【KA1 Chapter 11.】

Ordinal Variable/有序变量

关于按某个特征有序排列的个体样本的度量，但在不同的尺度点之间的差异不必相同。例如，焦虑可以分成“没有”、“温和”、“中等”和“严重”，每个分类定义取值分别为 0,1,2,3。一个焦虑得分为 1 的病人比焦虑得分为 3 的病人较少焦虑，但得分 0 和 2 的病人之间焦虑的差异与得分 1 和 3 的病人之间的差异不一定相同。参见：**分类变量(Categorical Variable)**，**连续变量(Continuous Variable)**。

Ordinary Least Squares (OLS)/普通最小二乘法

参见：**最小二乘估计(Least Squares Estimation)**。

Ordination/排序

降低多维数据维数(即变量数)的过程，通过得出能包含原始数据中大部分信息的几个新变量。简化的数据集通常用于调查观察中的可能结构。参见：**维数灾难(Curse of Dimensionality)**，**主成分分析(Principal Components Analysis)**，**多维比例(Multidimensional Scaling)**。【MV1 Chapter 1.】

Orstein-Uhlenbeck Process/Orstein-Uhlenbeck 过程

处理粒子运动速度的*布朗运动*(*Brownian motion*)的一个方面。【*Physics Review*，1970，**36**，823-841.】

Orthant Probability/象限概率

n 个随机变量 $X_1, X_2, \cdots, X_n$ 都为正数的概率，其中 n 个变量服从多元正态分布，且每个变量的均值为 0、方差为 1。如在*同步测试*(*simultaneous testing*)中使用。【KA1 Chapter 15.】

Orthogonal/正交

术语用于统计学的不同领域，在每个领域中有不同的含义。大多数是指两个变量或一组变量的两个线性函数之间的关系为统计独立。字面的含义是“成直角”。

Orthogonal Contrasts/正交合同

定义的系数满足特定关系的参数或统计量的线性函数的集合。特别地，设 c_1 和 c_2 是 m 个参数的*合同*(*contrasts*)，满足：

$$c_1 = a_{11}\beta_1 + a_{12}\beta_2 + \cdots + a_{1m}\beta_m$$
$$c_1 = a_{11}\beta_1 + a_{12}\beta_2 + \cdots + a_{1m}\beta_m$$

如果 $\sum_{i=1}^{m} a_{1i}a_{2i}=0$,那么它们是正交的。进一步,如果$\sum_{i=1}^{m} a_{1i}^2=1$且$\sum_{i=1}^{m} a_{2i}^2=1$,那么合同称为*标准正交*(*orthonormal*)。【*The Analysis of Variance*, 1959, H. Scheffé, Wiley, London.】

Orthogonal Matrix/正交矩阵

满足矩阵乘以它的转置为单位矩阵的方阵。

Orthonormal Contrasts/标准正交合同

参见:正交合同(**Orthogonal Contrasts**)。

OSWALD/OSWALD 软件

纵向数据(*longitudinal data*)分析的面向对象软件,包括*广义估计方程*(*generalized estimating equation*)方法和*交替 logistic 回归*(*alternating logistic regression*),特别是 *Diggle-Kenward 丢失模型*(*Diggle-Kenward model for dropouts*)。【Centre for Applied Statistics, Fylde College, Lancaster University, Lancaster, LA1 4Yf, UK.】

Outcome Variable/结果变量

也称为反应变量(**Response Variable**)。

Outlier/异常点

与样本中其他观察明显偏离的观察。例如,在一组收缩压{125, 128, 130, 131, 198}中,198 为一个异常点。更正式的是指相对于一个假定的模型与其他数据不一致的观察。这种极端观察可能在对象的可测量特征中引起不正常,或者导致测量或记录中的错误。参见:对数一似然距离(**Log-Likelihood Distance**),外部观察(**Outside Observation**),五数字摘要(**Five Number Summary**),**Wilk** 多元异常点检验(**Wilk's Multivariate Outlier Test**),内围层(**Inlier**),可加异常点(**Additive Outlier**)。【SMR Chapter 7.】

O

Outside Observation/外部观察

在界限以外的观察,界限为:

$$F_L-1.5(F_U-F_L), F_U+1.5(F_U-F_L)$$

其中,F_U 和 F_L 分别为样本的上四分位数和下四分位数。这种观察很极端,可以认为是潜在的*异常点*(*outliers*)。参见:盒形一晶须图(**Box and Whisker Plot**)。

Overdispersion/过度离散

在所假设的模型中数据的经验方差大于正常方差的现象。当模型化数据为比例或计数形式时经常会出现,其中经常可以观察到比如假设的*二项分布*(*binomial distribution*)更大的方差。方差的增大有许多相对简单的原因,从出现一个或多个异常点到对数据采用了错误设定的模型。如果这些解释无法说明这种现象,那么可能是由于反应概率之间的变异或二进制反应之间的相关性,需要特别的模型化方法。参见:聚类数据(**Clustered Data**),广义线性模型(**Gneralized Linear Model**)。【*Modelling Binary Data*, 1991, D. Collett, Chapman and Hall/CRC Press, London.】

Overfitted Models/过度拟合模型

包含比数据所能判别的参数多的模型。【SMR Chapter 12.】

Overidentified Model/过度识别模型

参见:识别(**Identification**)。

Overmatching/过度匹配

在匹配的研究中使用的术语,其中匹配变量与暴露而不是疾病风险强烈相关。这种情形会导致有效性的损失。【*Statistical Methods in Cancer Research*, Volume 1, *The Analysis of Case-Control Studies*, 1980, N. E. Breslow and N. E. Day, International Agency for Research on Cancer, Lyon.】

Overparameterized Model/过度参数化模型

参数比需要估计的参数更多的模型。例如,在*方差分析*(*analysis of variance*)中下面这个关于*单向设计*(*one-way design*)的简单模型:

$$y_{ij}=\mu+\alpha_i+e_{ij}, \quad i=1,2,\cdots,g;j=1,2,\cdots,n_i$$

其中,g 是分组的数目,n_i 是 i 组中观察数,y_{ij} 表示第 i 组中第 j 次观察,μ 是总的均值效应,α_i 是第 i 组的效应,有 $g+1$ 个参数,但只有 g 组用来拟合。这就是过度参数化,除非对参数加上约束,如 $\sum_{i=1}^{g}\alpha_i=0$。参见:识别(**Identification**)。【ARA Chapter 8.】

Overviews/综述

也称为 **Meta** 分析(**Meta-Analysis**)。

O

P

Page's Test/Page 检验

比较相关样本的*无分布*(*distribution free*)过程。【*Biostatistics*，1993，L. D. Fisher and G. Van Belle，Wiley，New York.】

Paired Availability Design/配对可用性设计

在不可能随机安排试验对象的情形中减少选择偏差的设计。设计具有三个基本特征：

- 干预是治疗的可用性而不是治疗的清单；
- 所讨论的人口是良好定义的，几乎没有迁入或迁出；
- 研究涉及的是成对的对照与试验组。

在试验组中，新治疗针对所有对象，尽管某些不接受新治疗。在对照组中，试验治疗一般不针对对象，尽管某些对象在特殊环境中可以接受它。【*Statistics in Medicine*，1994，**13**，2269 - 2278.】

Paired Bernoulli Data/成对 Bernoulli 数据

调查者记录的是一个特殊的特征在同一个个体的两个位点出现或不出现的数据。

Paired Comparisons Experiment/成对比较实验

参见：**Bradley-Terry 模型(Bradley-Terry Model)**。

Paired Samples/成对样本

两个观察样本，其中一个样本中每个观察在另一个样本中有且只有一个匹配观察。在医学调查中有几种方法得到这种样本。首先是*自我配对*(*self-pairing*)，每个对象以他或她自己作为对照，例如，每个对象接受两种治疗的治疗试验，两个独立场所中一个场所接受一种治疗。其次是*自然配对*(*natural-pairing*)，例如，在涉及同窝对照的实验室试验中。最后是*人工配对*(*artificial pairing*)，调查者根据与反应变量有关的重要特征将两个对象配成一对。【SMR Chapter 9.】

Paired Samples *t*-Test/成对样本 *t* -检验

也称为匹配*t* -检验(**Matched Paired *t*-Test**)。

P

Panel Study/固定样本研究

一组人(称为*研究小组*“*panel*”)在多个场所关于同一个课题接受访问或调查的研究。基本上等同于*纵向研究*(*longitudinal study*),尽管在每个时间点存在多个可观察反应变量。【*Analysis of Panel Data*, 1986, C. Hsiao, Cambridge University Press, Cambridge.】

Papadakis Analysis/Papadakis 分析

田间小区实验中使用的一种*协方差分析*(*analysis of covariance*)。【*Proceedings of the Academy of Athens*, 1984, 59.】

Parallel Coordinate Plots/平行坐标图

多元数据的图形显示的一种简单但有用的方法。在这种图形中,变量轴呈水平排列,一根平行线表示一个变量。通过连接这些轴上相应的变量取值得出每次观察的直线。例子见图 98,关于在美国空气污染的七维数据。参见:**Andrew** 图(**Andrew's Plots**),**Chernoff** 脸(**Chernoff's Faces**)。【*Visual Computer*, 1985, **1**, 69 - 96.】

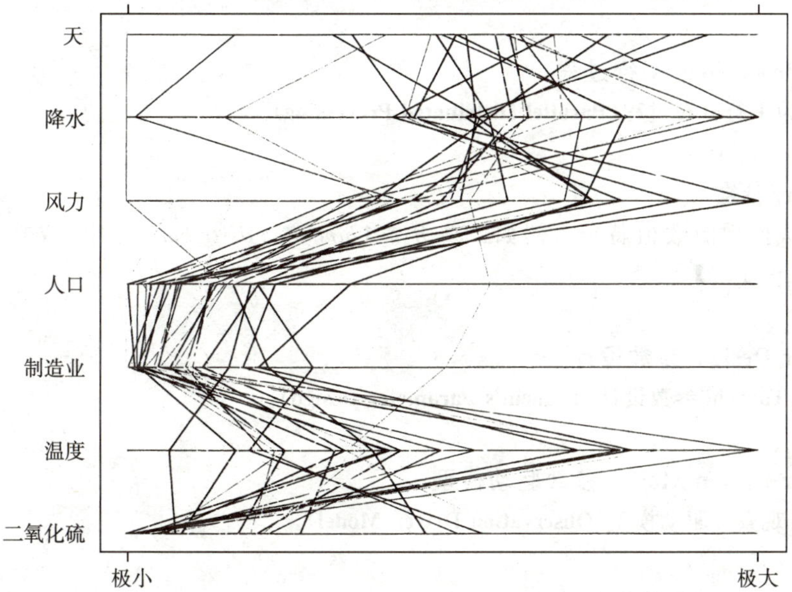

图 98 关于七维数据的平行坐标图

Parallel Distributed Processing/平行分布过程

大量的单位与单位平行地同时运行的信息过程,类似于大脑的神经元,彼此刺激或抑制。参见:人工神经网络(**Artificial Neural Networks**)。【*Pattern Recognition and Neural Networks*, 1996, B. D. Ripley, Cambridge University Press, Cambridge.】

Parallel-Dose Design/平行剂量设计

参见:剂量范围试验(**Dose-Ranging Trial**)。

P

Parallel Groups Design/平行组设计

简单地设置两个不同的组(如治疗和不治疗)同时进行研究。【SMR Chapter 15.】

Parallelism in ANCOVA/ANCOVA 中的平行性

方差分析(*analysis of variance*)中使用的一种假设,反应变量关于协变量的回归直线的斜率在所有治疗组中是相同的。

Parallel-Line Bioassay/平行线测定

等效剂量的估计过程。模型为下列方程:

$$y_s=\alpha+\beta x_s$$
$$y_t=\alpha+\beta(x_t+\mu)$$

其中,y_s,y_t 是关于已知标准制剂对检验制剂的剂量 x_s,x_t 的反应(通常用底为 10 的对数变换)。目标是估计检验制剂的相对效力 ρ,其中 $\log\rho=\mu$,即平行线之间的水平漂移。注意到,如果检验制剂与标准制剂的效力相同,那么 $\rho=1$,即 $\mu=0$。

Parallel Processing/平行过程

也称为平行分布过程(**Parallel Distributed Processing**)。

Parameter/参数

总体或模型的数值特征。例如*二项分布*(*binomial distribution*)中"成功"的概率。【ARA Chapter 1.】

Parameter Design/参数设计

参见:**Taguchi 参数设计**(**Taguchi's Parameter Design**)。

Parameter-Driven Model/参数驱动模型

参见:**观察—驱动模型**(**Observation-Driven Model**)。

P

Parameter Space/参数空间

一组参数 $\theta'=[\theta_1,\cdots,\theta_m]$容许值的集合。通常记为 Ω,有时也记为 Ω_θ。例如,在成功概率都为 p 的 *Bernoulli 试验*(*Bernoulli trials*)中,Ω_p 为 $0\leq p\leq 1$。

Parametric Hypothesis/参数假设

关于分布的参数的假设。例如,假设为一个总体的均值与另一个总体的均值相等,当假定总体都服从正态分布时。

Parametric Methods/参数方法

检验参数假设的方法,其中总体具有特定的分布形式,通常为正态分布。*学生 t-检验*(*Student's t-test*)就是这种方法。参见:**无分布方法**(**Distribution Free Methods**)。

Pareto Distribution/Pareto 分布

概率分布 $f(x)$为：

$$f(x)=\frac{\gamma\alpha^{\gamma}}{x^{\gamma+1}},\quad \alpha\leq x<\infty,\alpha>0,\gamma>0$$

这种分布的例子见图 99。

分布的均值和方差如下：

$$均值=\gamma\alpha/(\gamma-1)$$
$$方差=\gamma\alpha^2/[(\gamma-1)^2(\gamma-2)],\quad \gamma>2$$

当 $0<\gamma<2$ 时分布称为平稳 *Pareto 分布*(*stable Pareto distributions*)。【STD Chapter 30.】

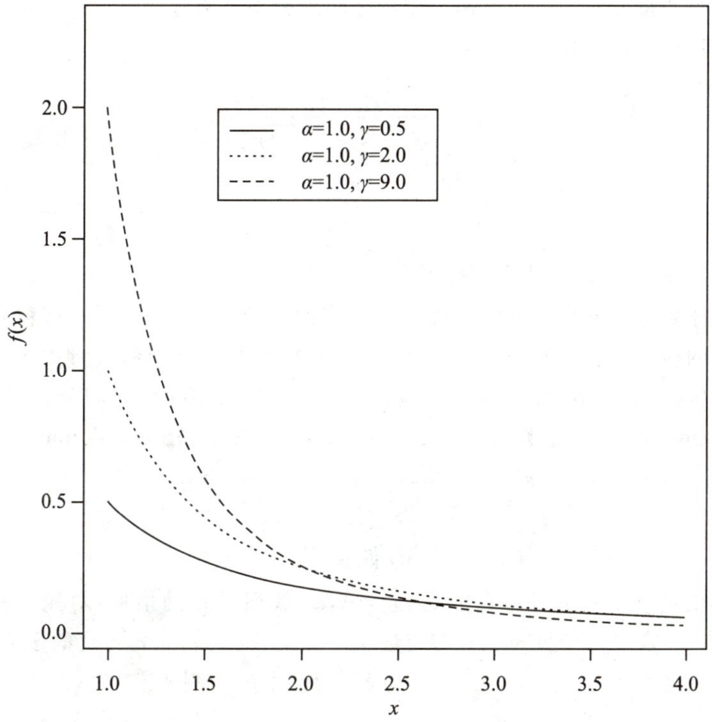

图 99　$\alpha=1.0$ 时 γ 的 3 个取值的 Pareto 分布

Parking Lot Test/停车场检验

评估*随机数生成器*(*random number generator*)质量的检验。【*Random Number Generation and Monte Carlo Methods*, 1998, J. E. Gentle, Springer-Verlag, New York.】

Parres Plot/偏残差图

偏残差图(**Partial Residual Plot**)的缩写。

Parsimony Principle/简约原则

在对数据集能提供合适拟合的所有竞争模型中，对参数数目最少的模型更偏好的一般原则。参见:**Akaike 信息准则(Akaike's Information Criterion)**,**Occam 剃刀(Occam's Razor)**。

Partial Autocorrelation/偏自相关

在对照中间时间点处观察的效应后,除了在时间序列以外某些特殊的时间单位的观察之间的相关度量。

Partial Common Principal Components/部分公共主成分

参见:**公共主成分(Common Principal Components)**。

Partial Correlation/偏相关

在对第三个变量的效应校正后两个变量之间的相关。通过计算三个变量中每个变量的样本相关系数得到,即:

$$r_{12|3}=\frac{r_{12}-r_{13}r_{23}}{\sqrt{(1-r_{13}^2)(1-r_{23}^2)}}$$

【SMR Chapter 11.】

Partial Least Squares/偏最小二乘

直接使用原始 q 个解释变量的一种多元回归的方法,构造 k 个回归解释变量的新集合作为原始变量的线性组合。按顺序选择线性组合,每个新回归解释变量关于反应变量样本协方差最大,且与前面构造的回归解释变量不相关。参见:**主成分回归分析(Principal Components Regression Analysis)**。【*Systems under Indirect Observation*, Volumes, I & II, 1982, K. G. Joreskog and H. Wold, editors, North Holland, Amsterdam.】

Partial Multiple Correlation Coefficient/偏多元相关系数

检查反应变量 y 与一组解释变量 $x_1, x_2, \cdots, x_k$ 线性关系的指标,对照另一组解释变量 $x_{k+1}, x_{k+2}, \cdots, x_q$。定义为变量 $y-\hat{y}$ 与变量 $x_1-\hat{x}_1, x_2-\hat{x}_2, \cdots, x_k-\hat{x}_k$ 的多元相关系数,其中加"帽子"表示变量关于 $x_{k+1}, x_{k+2}, \cdots, x_q$ 线性回归中的预测值。

Partial Questionnaire Design/部分问卷设计

在流行病学研究中替代通过潜在研究对象造成较低参与率的冗长问卷的程序。根据所有对象得出所讨论的暴露的信息,但辅助变量的信息只由小部分研究对象决定。【*Statistics in Medicine*, 1994, **13**, 623-634.】

Partial-Regression Leverage Plot/偏回归杠杆图

也称为可加变量图(**Added Variable Plot**)。

Partial Residual Plot/偏残差图

多元回归中常用的诊断工具,特别是评估模型中在一个或另一个解释变量中是否包含非线性项。图形由 (x_{ij}, r_{ij}) 的散点图组成,其中,x_{ij} 是关于第 i 个解释变量的第 j 次观察,r_{ij}

定义为：

$$r_{ij}=\bar{y}+b_i(x_{ij}-\bar{x}_i)+r_j$$

其中，$\bar{y}$ 是反应变量的均值，$\bar{x}_i$ 是第 i 个解释变量的均值，b_i 是关于解释变量 i 的回归系数的估计，r_j 是第 j 次观察的残差。图形中的非线性表明回归模型中包含 x_i 中的非线性项。图例见图 100。参见：可加变量图（**Added Variable Plot**）。【*Regression Analysis*, Volume 2, 1993, edited by M. S. Lewis-Beck, Sage Publications, London.】

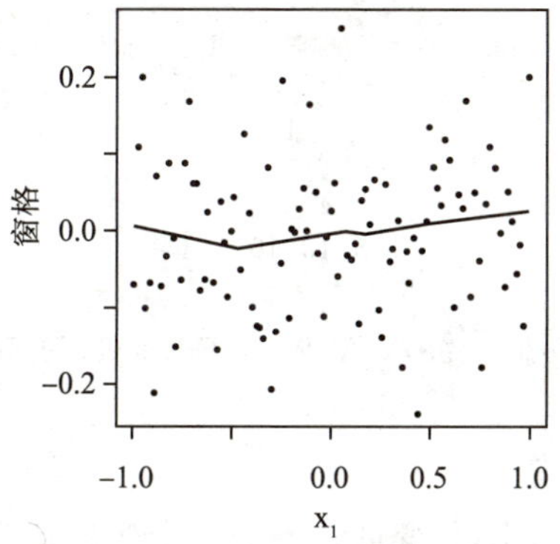

图 100　偏残差图

Partitioned Algorithms/分区算法

在非线性模型中对参数作迭代估计的算法，通过用低维的一系列问题代替原来的估计问题变得更好操作。例如，拟合数据 (x_i, y_i)，$i=1,2,\cdots,n$ 的模型 $y=\theta_1\exp(\theta_2 x)$。对于任意给定 θ_2 的取值，θ_1 的线性最小二乘估计量为：

$$\hat{\theta}_1=\frac{\sum_{i=1}^{n}y_i\exp(\theta_2 x_i)}{\sum_{i=1}^{n}\exp(2\theta_2 x_i)}$$

它关于 θ_2 最小化。

Partner Studies/合作伙伴研究

关于共同生活的两个人的研究。这种研究通常用来估计传染病的*转化概率*（*transmission probability*）。【*Biometrics*, 1993, **49**, 1110－1116.】

Pascal, Blaise (1623-1662)/布莱斯·帕斯卡(1623-1662)

帕斯卡出生于法国克莱蒙费朗，主要由他的父亲教育他。年仅 20 岁时就引入了数学期望的概念和发现了计算机器的原理。帕斯卡最值得人们记住的是他的著作《论算术三角形》（*Traité du Triangle Arithmétique*），这是在他 1662 年 8 月 16 日去世后被发现的，讨论在赌博中公平分配赌注的问题以及 *Pascal 三角形*（*Pascal's triangle*）。

Pascal's Triangle/Pascal 三角形

由 1665 年出版的帕斯卡的著作《论算术三角形》中定义的数字排列，“在每个格中的数字等于同一行前一格中数字加上同一列前一格中数字”。他在第一个单元格中任意放置一个数(三角形的右脚),构造第一行和第一列,“因为它们前面没有单元格”。假设第一个单元格中数字为1,那么排列得出:

1 1 1 1 1 1
1 2 3 4 5
1 3 6 10
1 4 10
1 5
1

现在常用的数字排列如下:

1
1 2 1
1 4 6 4 1
1 5 10 10 5 1

【*Pascal's Arithmetical Triangle*, 1987, A. W. F. Edwards, Edward Arnold, London.】

Passenger Variable/客运变量

偶尔使用的关于变量 A 的术语,变量 A 与另一个变量 B 为客运变量,只因为它们与第三个变量 C 有独立的关系。

Pasture Trials/草场试验

经受不同处理的草场的研究(饲料的种类、农艺加工、动物管理系统等)。将放牧动物引入草场作为饲料管理工具,或者更一般地作为饲料的产量和质量的度量工具。

Path Analysis/路径分析

通过分析变量间相关性结构来评价它们间相互关系的工具。用*路径图*(*path diagram*)来图解变量间的关系,单箭头表示一个变量对另一个变量的直接影响,弯曲的双箭头表示相关变量。图101给出了一个相关三个因子模型的路径图。关于观察变量最初提出的是简单的回归模型,现今这种方法作为更复杂方法如*验证性因子分析*(*confirmatory factor analysis*)、*结构方程模型化*(*structural equation modelling*)的基础,涉及*舱单变量*(*manifest variable*)和*潜在变量*(*latent variable*)。【MV2 Chapter 11.】

Path Coefficient/径联系数,路径系数

也称为标准化回归系数(**Standardized Regression Coefficient**)。

Path Diagram/路径图

参见:路径分析(**Path Analysis**)。

Path Length Tree/路径长度树

也称为可加树(**Additive Tree**)。

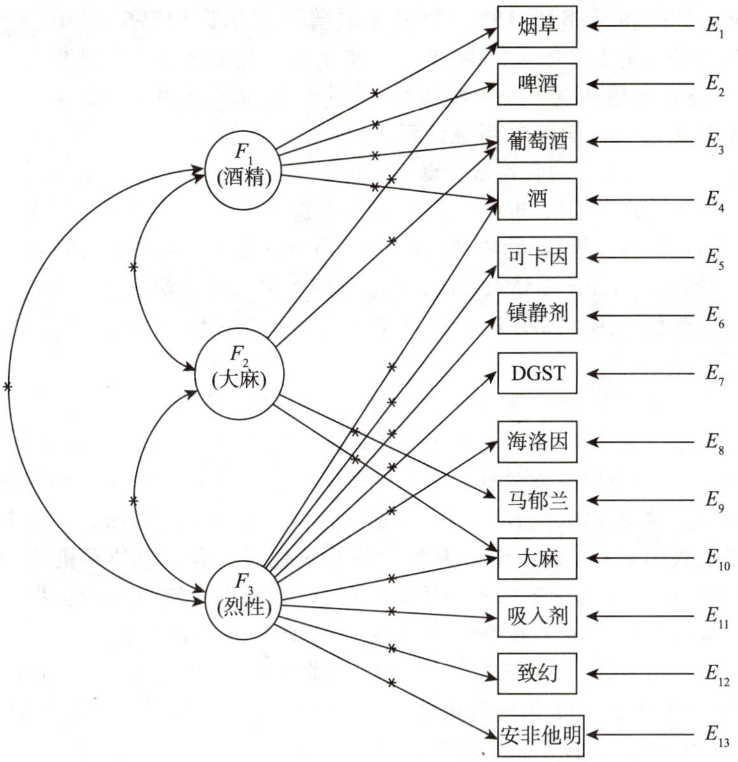

图 101 相关三个因子模型的路径图

Pattern Mixture Models/模式混合模型

参见:**Diggle-Kenward 丢失模型(Diggle-Kenward Model for Drop-Outs)**。

Pattern Recognition/模式识别

主要在电子工程中关于分类技术的术语。*无监督模式识别*(*unsupervised pattern recognition*)是聚类分析的同义词,*监督模式识别*(*supervised pattern recognition*)是*判别分析*(*discriminant analysis*)的同义词。参见:**人工智能(Artificial Intelligence)**,**人工神经网络(Artificial Neural Networks)**。【MV2 Chapter 1.】

PDF/概率密度函数

概率密度函数(Probability Density Function)的缩写。

PDP/平行分布过程

平行分布过程(Parallel Distributed Processing)的缩写。

Peak Value/峰值

通常指剂量反应曲线的最大值。常作为曲线下面积的附加(或其他)反应的度量。【SMR Chapter 14.】

Pearson, Egon Sharpe (1896-1980)伊根·夏普·皮尔逊(1896-1980)

伊根·皮尔逊出生于汉普斯特德,他是卡尔·皮尔逊的独子。在剑桥大学三一学院学习数学,由于严重的流感和战争而中断学习,最后于1919年获得了他的第一个学位。1921年进入他父亲的伦敦大学学院应用统计系,与耶日·奈曼(1925～1926年间为系主任)和W.S.戈塞特合作。与前者的合作最后得出了称为Neyman-Pearson理论的代表统计和科学问题的一般方法的原理。1933年在卡尔·皮尔逊退休后他成为应用统计系系主任。在他父亲1936年去世后,他成为《生物统计》(*Biometrika*)杂志的总编辑。1955年伊根·皮尔逊获得皇家统计学会金质Guy勋章,1955～1957年间为皇家统计学会主席。他的就职报告是关于统计系中几何的应用。1980年6月12日于苏塞克斯去世。

Pearson, Karl (1857-1936)/卡尔·皮尔逊(1857-1936)

卡尔·皮尔逊出生于伦敦,在剑桥大学和国王学院接受私人教育。离开剑桥之后,1879年和1880年他花了大量时间在柏林大学和海德堡大学学习中世纪和16世纪德国文学。后来他在林肯律师学院攻读法律,1881年被内殿律师学院任命为大律师。1881年他成为伦敦国王学院数学教授,1883年成为伦敦大学学院数学教授。尽管他的动机是研究进化和遗传,他早期的统计研究包括对蒙特卡洛轮盘赌的评估;他得出已发表的证据不符合公平轮盘。他最感兴趣的研究是关于斜曲线,特别是关于两个正态曲线混合的研究。直到1900年,花费了15年的时间,皮尔逊奠定了现代统计系的基础,撰写了关于矩、相关性、极大似然和χ^2拟合检验的论文。1911年成为伦敦大学学院的优生学教授。创建并编辑了《生物统计》杂志。1936年4月27日于萨里去世。

Pearson's Chi-Squared Statistic/Pearsonχ^2统计量

参见:χ^2统计量(**Chi-Squared Statistic**)。

Pearson's Product Moment Correlation Coefficient/Pearson积矩相关系数

参见:相关系数(**Correlation Coefficient**)。

Pearson's Residual/Pearson残差

特别是在*列联表*(*contingency table*)和*logistic回归*(*logistic regression*)的分析中使用的模型诊断,定义为:

$$r_i = \frac{O_i - E_i}{\sqrt{E_i}}$$

其中,O_i表示观察值,E_i表示在每个模型下相应的预测值。如果所假设的模型是正确的,那么这种残差近似服从标准正态分布,所以如果取值在$-2.0\sim2.0$之外,那么说明现在的模型是不合适的。【*The Analysis of Contingency Tables*, 2nd edition, 1992, B. S. Everitt, Chapman and Hall/CRC Press, London.】

Pearson's Type VI Distribution/Pearson VI型分布

一族概率分布,定义为:

$$f(x) = \frac{\Gamma(q_1)(a_2-a_1)^{q_1-q_2-1}}{\Gamma(q_1-q_2-1)\Gamma(q_2+1)}\frac{(x-a_2)^{q_2}}{(x-a_1)^{q_1}}, \quad q_1>q_2>-1, x\geq a_2>a_1$$

P

F-分布属于这个分布族。【*International Statistical Review*, 1982, **50**, 71-101.】

Peeling/剥离

也称为凸包调整(**Convex Hull Trimming**)。

Penalized Maximum Likelihood Estimation/惩罚性极大似然估计

通常在曲线估计中使用的方法，目的是通过似然和"粗糙"或快速变化的度量来均衡拟合。例子参见词条样条(**Splines**)。【*Statistics in Medicine*, 1994, **13**, 2427-2436.】

Penetrance Function/渗透函数

在一个位点处表型和基因型之间的关系。对于明确定义的疾病特征，它给出了对于每个基因型类别疾病的概率。【*Statistics in Human Genetics*, 1998, P. Sham, Arnold, London.】

Percentile/百分位数

在一系列如血压、体重和身高等连续取值中得出 100 等分的划分的集合。血压 80 个百分位数以上的个人的血压值大于其他记录取值的 80%。

Percentile-Percentile Plot/百分位数—百分位数图

也称为分位数—分位数图(**Quantile-Quantile Plot**)。

Perceptron/感知器

分成两类的简单分类器，计算变量的线性组合和重现加工的符号；取值为正的观察分到一组，取值为负的观察分到另一组。参见：人工神经网络(**Artificial Neural Networks**)。【MV1 Chapter 4.】

Per-Comparison Error Rate/每次比较错误率

在实验中进行每次检验或比较的显著水平。参见：每次实验错误率(**Per-Experiment Error Rate**)。【*Biostatistics*, 1993, L. D. Fisher and G. Van Belle, Wiley, New York.】

Per-Experiment Error Rate/每次实验错误率

关于一次或多次比较在一次实验中至少一次不正确拒绝零假设的概率，当在每次情形中相应的零假设为真时。参见：每次比较错误率(**Per-Comparison Error Rate**)。【*Biostatistics*, 1993, L. D. Fisher and G. Van Belle, Wiley, New York.】

Periodic Survey/定期调查

也称为固定样本研究(**Panel Study**)。

Periodogram/周期图

参见：调和分析(**Harmonic Analysis**)。

P

Period Prevalence/期间患病率

参见:患病率(**Prevalence**)。

Permutation Test/排列检验

也称为随机化检验(**Randomization Test**)。

Permuted Block Allocation/置换块分配

参见:顺序分配过程(**Sequential Allocation Procedures**)。

Perron-Frobenius Theorem/Perron-Frobenius 定理

如果正定矩阵 A 的所有元素都为正,那么第一个特征向量的所有元素也为正。(第一个特征向量是关于最大特征值的。)【*Mathematische Zietschrift*, 1996, **222**, 677 - 698.】

Personal Probabilities/个人概率

与常用的长期相对频率方法完全不同的定义事件概率的方法。在这种方法中,概率表示命题的信任度,基于所有信息。具有不同信息和不同的主观无知的两个人对同一个命题的概率不同。唯一的约束是每个人的概率必须一致。【KA1 Chapter 8.】

Person-Time/人次

流行病学中关于所有对象的总观察次数。【*Statistics in Medicine*, 1989, **8**, 525 - 538.】

Person-Time Incidence Rate/人次发病率

在某些人群中事件发病率的度量,定义为:

$$\frac{\text{在间隔中发生的事件数}}{\text{在间隔中观察到的处于风险的人次单位数}}$$

Person-Years at Risk/风险人年

将人和时间组合在一起的度量单位,它是个人时间单位(年和几分之几年)的和,其中在研究人群中的对象暴露在研究结果的风险。一人年是一年中一个人的经历的等价物。【*Applied Mathematical Demography*, 1977, N. Keyfitz, Wiley, New York.】

P

Perspective Plot/透视图

参见:等高线图(**Contour Plot**)。

Persson Rootzén Estimator/Persson Rootzén 估计量

正态分布中参数的估计量,当样本被删失使得在某个固定取值 C 下的所有观察都消失。估计量使用了由大于 C 以及 C 以下的观察次数所提供的信息。【*Biometrika*, 1977, **64**, 123 -128.】

Perturbation Methods/摄动方法

调查统计模型稳定性的方法,当观察很小的随机变化时。

Perturbation Theory/摄动理论

评估一种特殊算法或统计模型如何好的理论，当观察很小的随机变化时。很笼统地说法是理论通常存在下列问题：给定一个矩阵 A 的函数 $f(A)$，A 的摄动 $A+E$，差 $f(A+E)-f(A)$ 作为 E 的函数是如何运行的？这种分析给出了计算解的精确度的某些想法。【*Perturbation Theory for Linear Operators*，1966，T. Kato，Springer Verlag，Berlin.】

PEST/PEST 软件

序贯试验（*sequential trials*）的计划和评估的软件。参见：**EAST 软件包**（**EAST**）。【MPS Research Unit，University of Reading，Earley Gate，Reading RG6 6FN.】

Petersburg Game/Petersburg 博弈

也称为 *Petersburg 悖论*（*Petersburg paradox*）和 *St Petersburg 悖论*（*St Petersburg paradox*），它是没有期望值的一个变量的说明，对此大数定律无法适用。博弈中一次试验为抛一个无偏的硬币直到正面向上为止；如果正面向上发生在第 r 次，那么参与者得到 2^r 英镑（美元等）。每次试验的收益是取值为 $2^1, 2^2, 2^3, \cdots$ 的随机变量，相应的概率为 $2^{-1}, 2^{-2}, 2^{-3}, \cdots$。序列中每一项的期望收益为 1，所以收益没有有限的期望值。这由尼古拉斯·伯努利（1695—1726）和他的弟弟丹尼尔·伯努利（1700—1782）首先提出。【*An Introduction to Probability Theory and its Applications*，Volume 1，3rd edition，1968，W. Feller，Wiley，New York.】

Petersburg Paradox/Petersburg 悖论

也称为 **Petersburg 博弈**（**Petersburg Game**）。

Petersen Estimator/Petersen 估计量

参见：**捕获—再捕获抽样**（**Capture-Recapture Sampling**）。

Peto-Prentice Test/Peto-Prentice 检验

参见：**对数秩检验**（**Logrank Test**）。

Phase I Study/第 I 阶段研究

一种新化合物的初始临床试验，以评估安全的角度在健康的志愿者中进行。【SMR Chapter 15.】

Phase II Study/第 II 阶段研究

一旦药品在第 I 阶段研究中被确定是安全的，下一阶段是在病人中进行临床试验，确定最优剂量和评估化合物的功效。【SMR Chapter 15.】

Phase III Study/第 III 阶段研究

大量多中心比较临床试验，描述关于已有的标准治疗的新治疗的安全性和功效。这些是生产许可证申请所必需的研究。【SMR Chapter 15.】

Phase IV Study/第 IV 阶段研究

在药品上市后进行的研究，提供关于药品的安全性、功效和使用文件更多的细节。【SMR Chapter 15.】

Phenotype/表型

受基因即受基因型影响的一个个体的可观察特征。【*Statistics in Human Genetics*, 1998, P. Sham, Arnold, London.】

Phi-Coefficient/ϕ 系数

形成 2×2 列联表的两个变量的关联性度量，简单定义为：

$$\phi=\sqrt{\frac{X^2}{N}}$$

其中，X^2 是两个变量独立性的 χ^2 统计量，N 是样本容量。系数的最大值为 1，越接近 1，两个变量之间的关联越强。参见：**Cramer's V**，**列联系数(Contingency Coefficient)**。【*The Analysis of Contingency Tables*, 2nd edition, 1992, B. S. Everitt, Chapman and Hall/CRC Press, London.】

Phillips Curve/Phillips 曲线

表示失业和通货膨胀率之间关系的曲线。

Pie Chart/饼图

广泛使用的表示关于分类变量的观察值的相对频率图形方法。图形由分成扇形的圆组成，扇形的大小与它们所表示的量(通常是百分比)成比例。例子见图 102。这种表示法在媒体中很普及，但对于严肃的科学工作没有多少意义，其他图形更有用。参见：**条形图(Bar Chart)**，**散点图(Dot Chart)**。

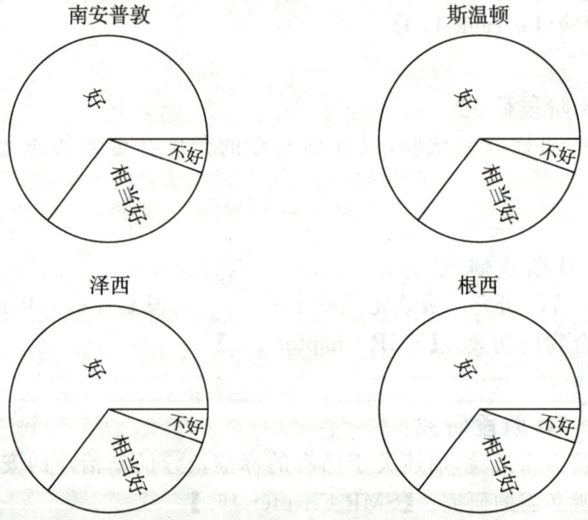

图 102 关于四个地域中健康的主观评价的饼图

P

Pillai-Bartlett Trace/Pillai-Bartlett 迹

参见:多元方差分析(**Multivariate Analysis of Variance**)。

Pilot Study/试点研究

在主要研究之前进行的小规模调查,主要是获得信息以及识别与正确研究相关的问题。【SMR Chapter 15.】

Pilot Survey/试点调查

在主要调查之前进行的小规模调查,主要是获得信息研究以及识别与正确调查相关的问题。

Pitman, Edwin James George (1897-1993)/埃德温・詹姆斯・乔治・皮特曼(1897-1993)

皮特曼出生于澳大利亚墨尔本,在墨尔本大学获得数学一等荣誉学位,1926~1962 年为塔斯马尼亚大学数学系系主任。1936~1939 年间他引入了*排列检验*(*permutation tests*)以及后来的*渐近相对有效*(*asymptotic relative efficiency*)的概念。澳大利亚统计学会命名他们的统计成就奖为 Pitman 勋章,皮特曼是第一位获奖者。1993 年 7 月 21 日于塔斯马尼亚的霍巴特去世。

Pitman Efficiency/Pitman 效率

也称为 **Pitman 最接近准则**(**Pitman Nearness Criterion**)。

Pitman Nearness Criterion/Pitman 最接近准则

比较两个估计量的方法,无需在估计问题中引入附加结构。如果基于数据 $y_1, y_2, \cdots, y_n$ 的关于 θ 的两个估计量为 $\hat{\theta}_n$ 和 $\tilde{\theta}_n$,那么准则为:

$$\Pr_{\theta}^{(n)}\{|\tilde{\theta}_n-\theta|<|\bar{\theta}_n-\theta|\}$$

其中,$\Pr_{\theta}^{(n)}$ 为在 θ 下数据的概率。【*Some Basic Theory for Statistical Inference*, 1979, E. J. G. Pitman, Chapman and Hall/CRC Press, London.】

Pivotal Variable/关键变量

一个或多个统计量与一个或多个参数的函数,对参数的所有取值分布相同。例如,统计量 z 为:

$$z=\frac{\bar{x}-\mu}{\sigma/\sqrt{n}}$$

无论 μ 和 σ 的取值如何,它都服从标准正态分布。【*Biometrika*, 1980, **67**, 287-292.】

Pixel/像素

"picture-element"(图像—元素)的缩写,是显示的最小元素。

Placebo/安慰剂

作为比较治疗的一种治疗,但没有活性成分。

P

Placebo Effect/安慰剂效应

在临床试验中只接受某些惰性物质的病人所叙述的医学中众所周知的一种现象，当与没有这样“治疗”的病人进行比较时表现出随后的临床改进。【SMR Chapter 15.】

Placebo Reactor/安慰剂反应器

有时用于在临床试验中报告副作用的病人当接受安慰剂时通常与积极治疗相关联的术语。

Plackett-Burman Designs/Plackett-Burman 设计

两级*部分析因设计*(*fractional factorial designs*)，可以对在调查中所有因子的主效应进行有效估计，假设忽略因子间所有的相互作用。参见：**响应曲面法**(**Response Surface Methodology**)。【*Optimum Experimental Designs*，1993，A. C. Atkinson and A. N. Donev，Oxford Science Publications，Oxford.】

Planned Comparisons/计划比较

在数据收集之前所采用的一组方法之间的比较。通常比平均差异的普通检验更有效。

Platykurtic Curve/低峰态曲线

参见：**峰度**(**Kurtosis**)。

Playfair, William (1759-1823)/威廉·普莱费尔(1759-1823)

普莱费尔出生于苏格兰邓迪市，13 岁就被送去做学徒。21 岁时成为位于伯明翰的一家工厂的制图员。1787 年普莱费尔来到巴黎参与法国政治。1793 年又回到伦敦。他是公认的统计学中图形方法的创始人，1786～1821 年间普莱费尔撰写了几部包含优秀图表的著作。其中最重要的是 1786 年出版的《贸易与政治图集》(*The Commercial and Political Atlas*)，在书中普莱费尔实现了在图形表示中主要概念的突破，用空间维数来表示非空间的、定量的、特殊规律的实证数据。普莱费尔图表中的一个例子见图 103。

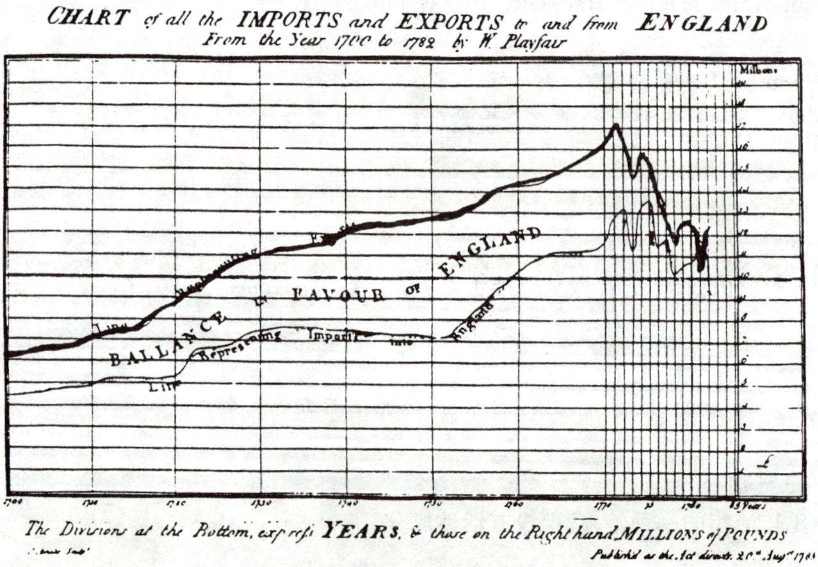

图 103 一例普莱费尔原始图表

Play-the-Winner Rule/胜者优先原则

在临床试验中采用的程序，其中治疗的反应为积极(成功)或消极(失败)。在两种治疗中随机选择一种治疗用于第一位病人。此后如果前面治疗的病人的反应是积极的，那么下一位病人采用同样的治疗；如果反应是消极的，那么采用另一种治疗。【*Journal of the American Statistical Association*, 1969, **64**, 131-146.】

Plot Dendrogram/绘制谱系图

将对数据集采用的凝聚层次聚类法中得出谱系图与采用多维比例得到的同样数据的散点图合并的方法。图 104 给出了这种例子。【*Data Science, Classification and Related Methods*, 1998, edited by C. Hayashi, N. Ohsumi, K. Yajima, Y. Tanaka, H. H. Bock and Y. Baba, Springer, Tokyo.】

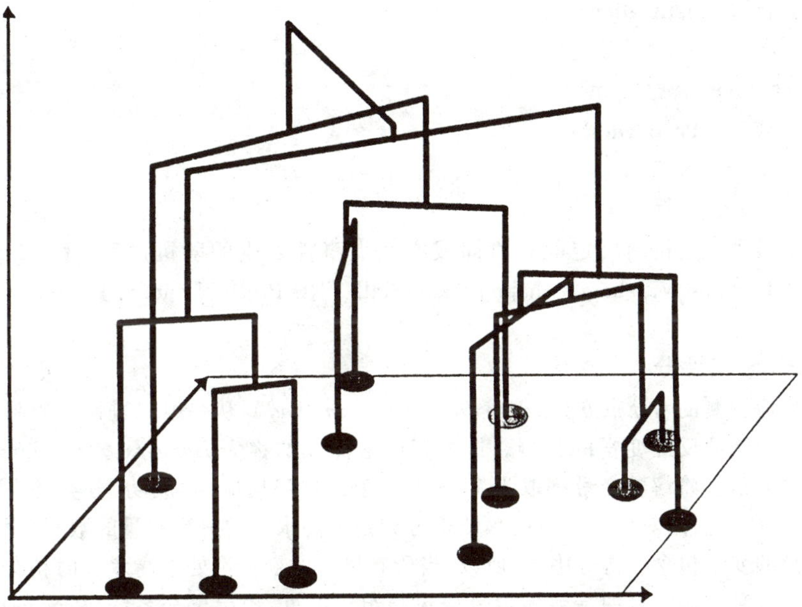

图 104　层次聚类分析的结果与二维散点图合并

资料来源：取自 *Data Science, Classification and Related Methods*, 1998，经出版商 Springer 授权许可。

PLP/幂律过程

幂律过程(**Power Law Process**)的缩写。

Plug-in-Principle/插入原则

估计概率分布 f 的某些特征(如均值、中位数、众数等)的方法，利用以从 f 中抽取的随机样本为基础形成的经验分布 $\hat{f}$ 的相应特征。*自助法*(*bootstrap*)是这种原则最直接的应用。【MV2 Chapter 9.】

Point-Biserial Correlation/点双列相关

Person 积矩相关系数的特殊情形，其中一个变量为连续变量(y)，另一个变量为代表自

然二分法的二进制变量(x)。定义为:

$$r_{pb}=\frac{\bar{y}_1-\bar{y}_0}{s_y}\sqrt{pq}$$

其中,$\bar{y}_1$ 表示关于 $x=1$ 的那些个体的 y 变量的样本均值,$\bar{y}_0$ 表示关于 $x=0$ 的那些个体的 y 变量的样本均值,s_y 是 y 的标准差,p 是 $x=1$ 的个体的比例,$q=1-p$ 是 $x=0$ 的个体的比例。参见:双列相关(**Biserial Correlation**)。【KA2 Chapter 26.】

Point Estimate/点估计

参见:估计(**Estimate**)。

Point Estimation/点估计法

参见:估计法(**Estimation**)。

Point Prevalence/点患病率

参见:患病率(**Prevalence**)。

Point Process/点过程

关于由某种机会机制决定的在时间或空间点事件发生的随机过程。【*Point Process*, 1980, D. R. Cox and V. Isham, Chapman and Hall/CRC Press, London.】

Point Scoring/点评分

用于反应预测的*无分布方法*(*distribution free method*),从一组二进制的解释变量的观察中得出二进制的反应变量的预测。这个程序最简单的称为 *Burgess 方法*(*Burgess method*),首先在时点上将解释变量都取为 1,确定关于二进制反应的"成功"分类的高比例的每个变量的水平。这样,对任意个体的预测得分为处于高水平的解释变量的数目(通常只有那些"显著的"的变量包含在得分中)。所以,当所有显著的变量都处于高水平时得分将从 0 变为最大值。这种方法的目的是将人口分成风险组。参见:预后评分系统(**Prognostic Scoring System**)。

P

Poisson Distribution/Poisson 分布

在一个时间或空间间隔中某个随机事件发生次数 X 的概率分布。定义为:

$$\Pr(X=x)=\frac{e^{-x}\lambda^{x}}{x!},\quad x=0,1,\cdots$$

分布的均值和方差都为 λ。分布的偏斜度为 $1/\sqrt{\lambda}$,峰度为 $3+1/\lambda$。【STD Chapter 31.】

Poisson Homogeneity Test/Poisson 同质性检验

参见:离差指数(**Index of Dispersion**)。

Poisson Process/Poisson 过程

具有固定强度(λ)的独立增量的点过程。因此,时间 t 以后的计数服从均值为 λt 的

Poisson 分布。【*Point Processes*，1980，D. R. Cox and V. Isham，Chapman and Hall/CRC Press，London.】

Poisson Regression/Poisson 回归

分析一个服从 Poisson 分布的可观察计数与一组解释变量之间关系的方法。【*American Statistician*，1981，**35**，262－263.】

Poisson, Siméon Dennis (1781-1840)/西莫恩·德尼·泊松(1781-1840)

泊松出生于法国皮蒂维耶，最初学习医学，后来师从拉普拉斯和拉格朗日学习数学。1806 年成为法国巴黎综合理工学院的教授。他从事天体力学、电磁学以及概率论的研究，出版了他的主要著作《刑事和民事审判中的概率学研究》(*Recherches sur la probabilité des jugements en matiere criminelle et en matiere civile*)。这本书包含了与现在常用的以泊松名字命名的有关的两个事情的萌芽，即 Poisson 分布以及 Bernoulli 大数定律的推广。泊松于 1840 年 4 月 25 日去世。

Poisson-Stopped-Sum Distribution/Poisson 停止和分布

N 个独立同分布随机变量和的分布，其中 *N* 是服从 Poisson 分布的随机变量。【*Univariate Discrete Distributions*，1992，N. Johnson，S. Kotz and A. W. Kemp，Wiley，New York.】

Poker Tests/扑克牌检验

一种特殊的对随机数中 5 个或更多数字组合的频率检验。检验对“不称职”(busts)、“对”、“两对”、“三对”、“满堂”(full house)等的计数，相对于它们出现的期望频率。

Polishing/抛光

从显示与解释变量没有关系的线性回归分析中得出残差的迭代过程。

Politz-Simmons Technique/Politz-Simmons 技术

住户访问调查中处理“不在家”问题的方法。结论按受访者在他或她被访问时正常在家的天数的比例加权。很少在家的受访者的权数更高，代表着高无反应率的一组。参见：概率加权(**Probability Weighting**)。【*Sampling Techniques*，3rd edition，1977，W. G. Cochran，Wiley，New York.】

Polyá Distribution/Polyá 分布

参见：**β-**二项分布(**Beta-Binomial Distribution**)。

Polychotomous Variables/多分类变量

可以取多于两个取值的变量，由于这包含除了二进制变量以外的变量，所以更适合采用多于两个分类的分类变量。【*Categorical Data Analysis*，1990，A. Agresti，Wiley，New York.】

Polynomial Regression/多项式回归

包含解释变量的幂和交叉项的线性模型。例如：

$$y=\beta_0+\beta_1 x+\beta_2 x^2$$

【SMR Chapter 11.】

Polynomial Trend/多项式趋势

形式为

$$y=\beta_0+\beta_1 t+\beta_2 t^2+\cdots+\beta_m t^m$$

的趋势，常用来拟合时间序列。

Polynomial-Trigonometric Regression/多项式—三角回归

一种回归分析的形式，其中反应变量 y 与一个解释变量 x 的模型为：

$$E(y)=\beta_0+\sum_{j=1}^{d}\beta_j x^j+\sum_{j=1}^{\lambda}\{c_j\cos(jx)+s_j\sin(jx)\}$$

要拟合这种模型的数据集，必须先确定 d 和 λ 的取值。通常 d 固定，例如 $d=2$，这样在回归中包含低阶多项式。定义 sin 和 cosin 项数目的参数 λ 的选择以得到适量的光滑。系数 β_0，$\beta_1,\cdots,\beta_d,c_1,\cdots,c_\lambda,s_1,\cdots,s_\lambda$ 可以采用最小二乘法估计。参见：核回归光滑(**Kernel Regression Smoothing**)，样条函数(**Spline Function**)。【*Journal of the Royal Statistical Society*，*Series A*，1977，**140**，411-431.】

Poly-Weibull Distribution/Poly-Weibull 分布

m 个服从 *Weibull 分布*(*Weibull distribution*)的独立随机变量 $X_1,\cdots,X_m$ 中最小值的概率分布。定义为：

$$f(x)=\sum_{j=1}^{m}\frac{\gamma_j x^{\gamma_j-1}}{\beta_j^{\gamma_j}}\exp\left\{-\sum_{k=1}^{m}\left(\frac{x}{\beta_k}\right)^{\gamma_k}\right\},\quad x>0$$

其中，γ_i 和 β_i 是关于 X_i 的 Weibull 分布的参数。【*Journal of the American Statistical Association*，1993，**88**，1412-1418.】

POPS/原则振荡模式分析

原则振荡模式分析(**Principle Oscillation Patterns Analysis**)的缩写。

Population/总体，人口

统计学中关于"单位"的有限或无限收集的术语，通常指人、机构、事件等。参见：样本(**Sample**)。

P

Population Averaged Model/总体平均模型

关于纵向数据的模型,其中研究的重点是反应变量的边际期望。另一种方法是采用*对象设定模型*(*subject-specific models*),集中讨论一个个体的反应的变化模型化。这种方法是在模型中引入对象设定随机变量。例如,*混合效应模型*(*mixed effects model*)。区分两种模型有以下两个关键点:

• 总体平均模型的回归系数描述了平均总体反应。相对地,对象设定模型的回归系数描述了平均个体反应曲线。在许多情形中,特别是当模型关于对象设定效应是线性时,两者的解释是一致的。但在更一般的非线性设定中,两种方法会得出相当不同的结论。

• 进一步的区别是关于基本的方差—协方差结构的设定。在总体平均模型中,当选择描述重复度量中相关模式的方差—协方差结构时,边际期望被明确地模型化。但在对象设定模型中,个体异质性用对象设定效应模型化,正是这些变量部分决定了方差—协方差的结构。

参见:**聚类数据(Clustered Data)**,**广义估计方程组(Generalized Estimating Equations)**,**混合效应Logistic 回归(Mixed-Effects Logistic Regression)**。【*Analysis of Longitudinal Data*, 1994, P. Diggle, K.-Y. Liang and S. Zeger, Oxford Science Publications, Oxford.】

Population Genetics/群体遗传学

穿越空间和时间的人口中基因分布的研究,以及影响这些分布的因子的研究。【*Statistics in Human Genetics*, 1998, P. Sham, Arnold, London.】

Population Growth Models/人口增长模型

试图预测人口增长的模型。在短期内形式为:

$$P_t = P_0(1+r)^t \quad 或 \quad P_t = P_0 e^{rt}$$

简单的几何或指数模型相当准确,其中,P_0 是时间 0 处的人口,P_t 是时间 t 处的人口,r 是增长率,t 是时间。当在长期中,人口不是呈指数增长。最常见使用这种模型是用来控制生育率、死亡率和移民。*Leslie矩阵模型*(*Leslie matrix model*)是用于预测的大多数这种计算程序的基础。【*Mathematical Models for the Growth of Human Populations*, 1973, J. H. Pollard, Cambridge University Press, Cambridge.】

P

Population Projection Matrix/人口预测矩阵

参见:**Leslie 矩阵模型(Leslie Matrix Model)**。

Population Pyramid/人口金字塔

根据在给定时间性别和年龄对人口的边际的图形,由 对直方图组成,一个是关于每个性别,每个边具有相同的基础。图形给出了人口的年龄和性别结构的快速大整体比较。人口金字塔具有宽的底,狭窄的顶尖具有高生育率。图形随时间变化反映了人口关于每个年龄生育率和死亡率变化的变化组合。例子见图 105 中关于不同的年龄/性别组合的两个国家的图形。【*A Workbook in Demography*, 1974, R. Pressat, Methuen, London.】

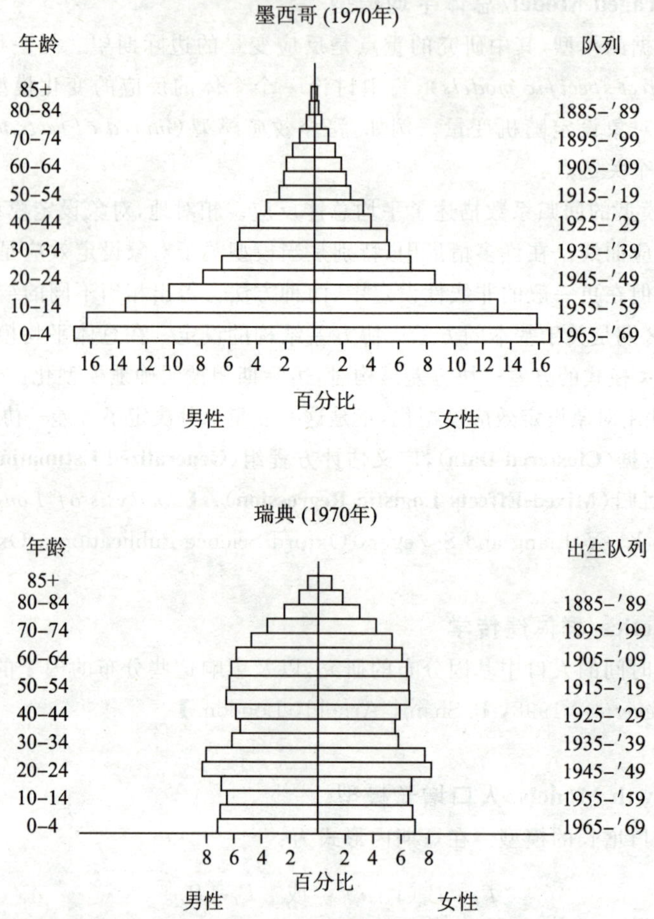

图 105 两个国家的人口金字塔

Population Weighting Adjustments/总体加权校正

在抽样调查中表示一个给定总体而不是一个样本的量的估计程序。

Portmanteau Tests/Portmanteau 检验

在出现异常点时关于评估时间序列模型的拟合的检验。【*Computational Statistics*，1994，**9**，301－310.】

Positive Binomial Distribution/正二项分布

由二项分布中遗漏 0 取值得到的概率分布。定义为：

$$\Pr(X=x)=\frac{n!}{x!\ (n-x)!}\frac{p^x q^{n-x}}{(1-q^n)},\quad x=1,2,\cdots,n$$

【*Discrete Distributions*，1992，N. L. Johnson，S. Kotz and A. W. Kemp，Wiley，New York.】

Positive Hypergeometric Distribution/正超几何分布

由超几何分布中遗漏 0 取值得到的概率分布。定义为：

$$\Pr(X=x)=\frac{\binom{r}{x}\binom{N-r}{n-x}}{\left[\binom{N}{n}-\binom{N-r}{n}\right]},\quad x=1,\cdots,\min(n,r)$$

【*Discrete Distributions*, 1992, N. L. Johnson, S. Kotz and A. W. Kemp, Wiley, New York.】

Positive Poisson Distribution/正 Poisson 分布

由 Poisson 分布中遗漏 0 取值得到的概率分布；例如，因为观测仪器只有在一个事件发生时才运行。定义为：

$$\Pr(X=x)=\frac{e^{-\lambda}\lambda^{x}}{x!\ (1-e^{-\lambda})},\quad x=1,2,\cdots$$

【*Discrete Distributions*, 1992, N. L. Johnson, S. Kotz and A. W. Kemp, Wiley, New York.】

Positive Predictive Value/阳性预测值

在诊断检验中具有阳性结果的病人确实患特殊疾病的概率。参见：**阴性预测值（Negative Predictive Value）**。【SMR Chapter 4.】

Positive Skewness/正偏斜度

参见：**偏斜度（Skewness）**。

Positive Synergism/积极的协同作用

参见：**协同作用（Synergism）**。

Post-Enumeration Survey/普查后调查

由人口普查的样本和人口样本组成的调查。两个样本都是基于相同的普查街区以及街区中家庭单位的区域样本。通常用于*双系统估计（dual system estimates）*。

Posterior Distributions/后验分布

在从经验数据中获得新信息的后验以后综合随机变量或参数的信息得到的概率分布。用于 Bayesian 推断。参见：**先验分布（Prior Distribution）**。【KA2 Chapter 31.】

Posterior Probability/后验概率

参见：**Bayes 定理（Bayes' Theorem）**。

Post-Hoc Comparisons/事后比较

在研究的开始阶段没有明确计划但根据数据的检查建议的分析。参见：**多重比较程序（Multiple Comparison Procedures）**，**分组分析（Sub-Group Analysis）**，**数据挖掘（Data Dredging）**，**计划比较（Planned Comparisons）**。

P

Poststratification/事后分层

在选择以后对个体的简单随机样本进行的分层。相对于传统的*分层抽样*(*stratified sampling*),这里层的大小是随机变量。【*Statistician*, 1991, **40**, 315 - 323.】

Poststratification Adjustment/事后分层校正

在复杂的调查中经常采用的一种总体加权校正,其中在一个分类中元素的权数乘以一个因子,使得在该分类中关于反应的权数和等于分类的人口总数。这种方法广泛用于家庭调查,控制在某些人群中相对于人口总数的加权样本总数。例如,在美国全国健康调查(US National Health Interview Survey)中,根据年龄、性别和种族分层。【*International Statistical Review*, 1985, **53**, 221 - 238.】

Potthoff and Whitlinghill's Test/Potthoff-Whitlinghill 检验

关于疾病分类的存在性检验。【*Biometrika*, 1966, **53**, 167 - 182.】

Potthoff Test/Potthoff 检验

当基本分布的图形不同时,关于平等位置的保守检验。【*Biometrika*, 1966, **53**, 1183 - 1190.】

Power/功效,幂

当零假设是错误时拒绝零假设的概率。功效给出了判别相同假设的两种检验的方法,功效越大的检验越偏好。它也是估计样本容量的基础,必须检测某个特殊量纲的效应。【SMR Chapter 8.】

Power Exponential Distribution/幂指数分布

概率分布 $f(x)$ 定义为:

$$f(x)=\frac{1}{\sigma\Gamma\left(1+\frac{1}{2\beta}\right)2^{1+\frac{1}{2\beta}}}\exp\left[-\frac{1}{2}\left|\frac{x-\mu}{\sigma}\right|^{2\beta}\right],\quad -\infty<\mu<\infty,0<\sigma,0<\beta\leqslant\infty$$

参见:多元幂指数分布(**Multivariate Power Exponential Distribution**)。【*Communications in Statistics*, **A27**, 589 - 600.】

Power Function Distribution/幂函数分布

一种 β 分布(*beta distribution*),其中 $\beta=1$。

Power Law Process/幂律过程

常用于从可修系统中对故障数据模型化的方法,将关于时间 t 的期望故障次数模型化为:

$$M(t)=(\alpha t)^{\gamma}$$

期望故障发生律 $dM(t)/dt$ 为:

P

$$\alpha\gamma(\alpha t)^{\gamma-1}$$

如果 $\gamma>1$,它随时间增加,经常在老机械中发生,但如果 $\gamma<1$,它随时间减少,所以模型可以用于可靠性增长以及随使用年数恶化的系统。【*Water Resources Research*, 1997, **33**, 1567-1583.】

Power Spectrum/功率谱

关于平稳时间序列定义在 $-\pi\leq\omega\leq\pi$ 上的函数 $h(\omega)$,具有以下性质:

1. 函数 $h(\omega)$ 定义了在范围 $[\omega,\omega\delta\omega]$ 内的频率对时间序列的总方差的"功效"总量或贡献。

2. 有限功效的谐波分量生成了尖峰 $h(\omega)$。

3. 对于实序列,功率谱是对称的,即 $h(\omega)=h(-\omega)$。

函数 $h(\omega)$ 是与自协方差函数 $\gamma(k)$ 有关的级数,即:

$$h(\omega)=\frac{1}{2\pi}\sum_{k=-\infty}^{\infty}\gamma(k)\cos k\omega,\quad -\pi\leq\omega\leq\pi$$

结论是,如果在自协方差中包含所有信息,那么在功率谱中也是如此,反之亦然。例如,考虑白噪声过程,自协方差除了第一个为 σ^2 外其余为 0,所以 $h(\omega)=\sigma^2/2\pi$,即"平坦"(flat)谱。参见:调和分析(**Harmonic Analysis**),谱分析(**Spectral Analysis**)。【*Applications of Time Series Analysis in Astronomy and Meteorology*, 1997, edited by T. Subba Rao, M. B. Priestley and O. Lessi, Chapman and Hall/CRC Press, London.】

Power Transfer Function/幂变换函数

参见:线性过滤器(**Linear Filters**)。

Power Transformation/幂变换

形式为 $y=x^m$ 的变换。

P-P Plot/概率—概率图

概率—概率图(**Probability-Probability Plot**)的缩写。

Pragmatic Analysis/实用分析

参见:解释性分析(**Explanatory Analysis**)。

Prccision/精确度

用于在统计模型中参数根据的可能分散尺度的术语。用估计量的标准差度量;采用较大样本容量,标准差减少,因此精确度增加。【SMR Chapter 2.】

Precision Matrix/精度矩阵

也称为精度矩阵(**Concentration Matrix**)。

Predictor Variables/预测变量

也称为解释变量(**Explanatory Variables**)。

Prentice Criterion/Prentice 标准

在临床试验中评估*替代终点*(*surrogate endpoint*)的有效性的标准,其中替代方法的检验是关于正确的终点所讨论的假设的一个有效检验。特别地,给定替代终点后,这个标准与治疗和终点条件独立。【*Statistics in Medicine*, 1989, **8**, 431-440.】

PRESS Statistics/PRESS 统计量

基于下面形式的残差计算的回归分析中模型可推广性的度量,残差形式为:

$$\hat{e}_{(-i)} = y_i - \hat{y}_{(-i)}$$

其中,y_i 是反应变量关于观察 i 的观察值,$\hat{y}_{(-i)}$ 是忽略这次观察后由所拟合的回归方程得到关于这次观察的反应变量的预测值。根据这些残差,统计量的多重相关系数为:

$$R^2_{PRESS} = 1 - \frac{\sum_{i=1}^{n} \hat{e}^2_{(-i)}}{\sum_{i=1}^{n} (y_i - \bar{y})^2}$$

这用于对两个模型进行评估。【ARA Chapter 7.】

Prevalence/患病率

在给定时点人口中患某种特殊疾病的人数的度量。有两种方法可以度量,一种是*点患病率*(*point prevalence*),另一种是*期间患病率*(*period prevalence*),定义为:

$$点患病率 = \frac{在特定时刻病例数}{在此时刻人口数}$$

$$期间患病率 = \frac{在特定时段内病例数}{在此时段的重点人口数}$$

它本质上度量了疾病的存在性。参见:发病率(**Incidence**)。【SMR Chapter 14.】

P

Prevented Fraction/预防分数

用于对直接受干预保护避免疾病的度量。它为在人口中发生干预和没干预的疾病的比,即:

$$PF = \frac{PAI - PI}{PAI}$$

其中,PAI 是在人口中没有干预时疾病的风险,PI 是出现干预时疾病的风险。参见:归因风险度(**Attributable Risk**)。【*Statistics in Medicine*, 1995, **14**, 51-72.】

Prevention Trials/预防试验

一种临床试验,用来对在健康人群中防止疾病发作的治疗进行的检验。这种试验最早的例子是 20 世纪 40 年代关于百日咳疫苗的试验。【*Controlled Clinical Trials*, 1990, **11**,

129 -146.】

Prevosti's Distance/Prevosti 距离

两个人群 P 和 Q 之间遗传距离的度量，基于(也不限于)每个人群中染色体安排的频率之间的差异。定义为：

$$D_p = \frac{1}{2r}\sum_{j=1}^{r}\sum_{i=1}^{k_j} | p_{ji} - q_{ji} |$$

其中，r 是染色体或位点的数目，p_{ji} 和 q_{ji} 分别是在人群 P 和 Q 的染色体或位点中染色体安排或等位基因 i 的概率。距离的度量也可以用观察样本频率来替代概率。这种距离用于染色体多态性的研究中，以及如人类学和社会学这些其他领域中。【*Annual Review of Anthropology*, 1985, **14**, 343 - 373.】

Prewhitening/预白噪声化

关于时间序列的变换，使得时间序列的频谱更接近于*白噪声过程*(*white noise process*)的频谱。【TMS Chapter 7.】

Principal Components Analysis/主成分分析

分析多元数据的程序，将原始变量变换为不相关的新变量以及降低数据中的方差比例。这种方法的目的是降低数据的维数。新变量，即主成分，定义为原始变量的线性函数。如果第一个新主成分在观察的方差中占较大的百分比(70%以上)，那么既可以用来简化后继的分析，又可以以简约的方式展示和汇总数据。参见：因子分析(**Factor Analysis**)。【MV1 Chapter 2.】

Principle Components Regression Analysis/主成分回归分析

用来克服回归中多元共线性问题的一种方法，当不适合采用简单去除一些解释变量时。本质上，将反应变量关于少量主成分回归，这些主成分来自于解释变量的主成分分析。【ARA Chapter 9.】

Principal Coordinates Analysis/主坐标分析

也称为古典定标(**Classical Scaling**)。

Principal Curve/主曲线

穿过 q -维数据集中间的光滑的一维曲线；它是非参数的，它的形状由数据决定。【*Annals of Statistics*, 1996, **24**, 1511 1520.】

Principal Factor Analysis/主因子分析

一种因子分析的方法，基本上等同于主成分分析，用共性估计代替样本方差—协方差矩阵的对角元素这种*简化的协方差矩阵*(*reduced covariance matrix*)。共性估计的两种常用方法是：(1)第 i 个变量与所有其他变量的多元相关系数的平方；(2)第 i 个变量与其他所有变量的相关系数的绝对值最大。参见:极大似然因子分析(**Maximum Likelihood Factor Analysis**)。【*Applied Multivariate Data Analysis*, 1991, B. S. Everitt and G. Dunn, Edward Arnold, London.】

Principal Hessian Directions/主 Hessian 方向

基于回归函数的 *Hessian 矩阵*(*Hessian matrix*)的一种方法,能有效地检测和可视化非线性性。【*Journal of the American Statistical Association*, 1992, **87**, 1025-1039.】

Principal Oscillation Patterns Analysis (POPS)/主振荡型分析

将很强的暂时依赖与空间模式隔离的一种方法,主要用于大气科学。基于一阶 *Markov* 链(*Markov chain*)的假设。【*Journal of Climate*, 1995, **8**, 377-400.】

Principal Points/主要点

点 $\eta_1, \eta_2, \cdots, \eta_k$,使得 p 元随机变量 x 与 η_i 最近的距离平方的期望值最小。【*Statistics and Computing*, 1996, **6**, 187-190.】

Prior Distributions/先验分布

综合随机变量或参数在某个给定点已知或假设的信息的概率分布,先于从经验数据中进一步得到的信息。在任何研究中,可以假设一族这样的分布。例如,*参考先验*(*reference priors*)表示最小先验信息;*临床先验*(*clinical priors*)将消息灵通的特殊个体的意见公式化,他们自己也经常参与试验。最后,*怀疑先验*(*sceptical priors*)在认为大治疗差异是不可能的时候使用。参见:非正常先验分布(**Improper Prior Distribution**),**Jeffreys** 先验分布(**Jeffreys Prior Distribution**),后验分布(**Posterior Distributions**)。【KA2 Chapter 3.】

Probabilistic Distance Measures/概率距离度量

对两个类别或两组(G_1 和 G_2)的距离度量,基于它们的条件概率分布 $\Pr(x|G_1)$ 和 $\Pr(x|G_2)$。这种距离函数满足下列条件:

- $D=0$,如果 $\Pr(x|G_1)=\Pr(x|G_2)$;
- $D\geqslant 0$;
- D 取最大值,当类别是不相交时,即 $\Pr(x|G_1)=0$ 和 $Pr(x|G_2)\neq 0$。

这种距离度量的例子是 *Bhattacharyya 距离*(*Bhattacharyya's distance*)。【*Statistical Pattern Recognition*, 1999, A. Webb, Arnold, London.】

Probabilistic Matching/概率匹配

链接决策的精度最大化的方法,基于数据库中不同记录上的标识符之间的一致性和不一致性的水平。在*记录链接*(*record linkage*)应用中使用,当出现不唯一的个人标识符时。【*Handbook of Record Linkage*, 1988, H. B. Newcombe, Oxford University Press, New York.】

Probability/概率

关于事件 A 的度量,记为 $\Pr(A)$,取值满足 $0\leq \Pr(A)\leq 1$。基本上是事件发生的可能性的定量表示。一般来说，Pr(A)的取值越大，事件越有可能发生。如果事件不发生，那么Pr(A)=0；如果事件是确定的，那么Pr(A)=1。在简单情形中，下面两种方法之一可以定义它的数值：

(1) 如果样本空间可以分成$n(n\geq 2)$个可能性相同的结果的子集，事件A包含其中的$r(0\leq r\leq n)$个，那么$\Pr(A)=r/n$。

(2) 如果实验被重复n次(n很大)，其中r次事件A出现，那么r/n称为A的相对频率。如果当$n\to\infty$时极限存在，那么这个极限就是Pr(A)。

参见：**概率的加法法则(Addition Rule for Probabilities)，个人概率(Personal Probabilities)，大数定律(Law of Large Numbers)**。【KA1 Chapter 8.】

Probability Density/概率密度

参见：**概率分布(Probability Distribution)**。

Probability Distribution/概率分布

对于离散型随机变量，为给出变量的每个取值的概率的数学公式。例如，见*二项分布(binomial distribution)*和*Poisson分布(Poisson distribution)*。对于连续型随机变量，它是由数学公式描述的曲线，通过曲线下面积设定变量落入一个特殊区间的概率。例子包括正态分布和指数分布。在两种情形中也使用*概率密度(probability density)*。(有时需要区别"密度"和"分布"，后者定义变为随机变量小于某个数值的概率。但在本辞典中后者称为累积概率分布，概率分布和概率密度为同义词。)【KA1 Chapter 8.】

Probability Generating Function/ 概率生成函数

函数$P(t)$，展开后t^r的系数为离散型随机变量取值为r的概率。通常是这种变量的概率分布的一个有用的总结。函数可以从下面形式中得到：

$$P(t)=\sum_{r=0}^{\infty}\Pr(X=r)t^r$$

其中，$\Pr(X=r)$是随机变量取值为r的概率。例如，对于服从*二项分布(binomial distribution)*的随机变量，有：

$$P(t)=\sum_{j=0}^{n}\binom{n}{j}p^j(1-p)^{n-j}t^j$$
$$=\{pt+(1-p)\}^n$$

【KA1 Chapter 2.】

Probability-of-Being-In-Response Function/反应中概率函数

利用时间函数$P(t)$评估一组病人的"反应经验"(response experience)的一种方法，其中时间函数$P(t)$表示在时间t处于"反应中"(in response)的概率。这种函数的用途是综合常用来表示反应的不同的汇总统计量，这些统计量为二进制变量，为有反应的比例与反应的平均时间。拥有这个函数可以使得高反应率但较短暂反应的治疗与低反应率但更长反应的治疗之间的差异更加明显。

Probability Paper/概率纸

一种图形纸，从正态分布中得到的一组数据落在一条直线上的累积频率分布中的取值。可以用来评估样本数据的正态性。参见：概率图(**Probability Plot**)。

Probability Plot/概率图

比较两个概率分布的图。有两种基本类型，*概率—概率图*（*probability-probability plot*）和*位数—位数图*（*quantile-quantile plot*）。图106定义了这两种类型。图形中点的坐标是关于 q 的不同取值的累积概率 $\{p_x(q), p_y(q)\}$，这种是概率—概率图，而点的坐标为关于 p 的不同取值的位数 $\{q_x(p), q_y(p)\}$ 的图为位数—位数图。两种图形中后者更常使用，用来调查一组数据来自正态分布的假设，例如，绘制有序样本值 $y_{(1)}, \cdots, y_{(n)}$ 对标准正态分布的位数的图形，即：

$$\Phi^{-1}[p_{(i)}]$$

其中：

$$p_i = \frac{i - \frac{1}{2}}{n} \quad 和 \quad \Phi(x) = \int_{-\infty}^{x} \frac{1}{\sqrt{2\pi}} e^{-\frac{1}{2}u^2} du$$

[这通常称为*正态概率图*（*normal probability plot*）。]【*Methods for Statistical Analysis of Multivariate Observations*，1977，R. Gnandesikan，Wiley，New York.】

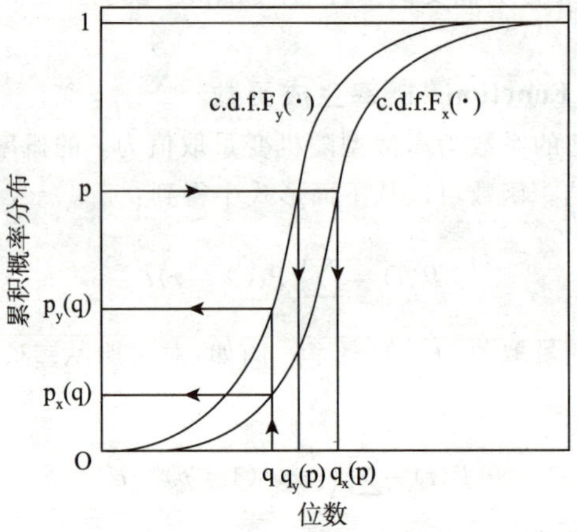

图106 P-P图和Q-Q图的解释

Probability-Probability Plot (P-P)/概率—概率图(P-P图)

参见：概率图(**Probability Plot**)。

Probability Sample/概率样本

在有限总体中每个个体包含在样本中的可能性已知(不一定相等)。【*Sampling of Populations: Methods and Applications*，1991，P. S. Levy and S. Lemeshow，Wiley，New York.】

Probability Weighting/概率加权

对于样本调查中每个调查对象的记录，权数等于被选择的概率的逆。这些权数弥补了以下不足：样本元素可能以不相等的抽样率被选择、对调查作出的回答具有不同的概率，以及某些总体元素可能没有包含在抽样的列表或框架中。

Probit Analysis/Probit 分析

这种方法最常用于生物测定，特别是毒理实验，其中动物组接受已知的毒性水平，对于剂量，模型与在一个特殊剂量下生存比例有关。在这种类型中，比例的 *probit 变换*（*probit transformation*）为剂量的线性函数，或更一般地为剂量的对数。模型中参数的估计可以采用极大似然估计。【*Modelling Binary Data*，1991，D. Collett，Chapman and Hall，London.】

Probit Transformation/Probit 变换

由下面方程得出的比例 p 的变换，方程为：

$$p = 5 + \frac{1}{\sqrt{2\pi}}\int_{-\infty}^{y} \exp\left[-\frac{u^2}{2}\right]du$$

方程中的"5"是由费希尔引入的，用来防止出现负值，相比于现在，在那个年代的生物学家更不愿计算。这个变换用于*剂量反应曲线*（*dose-response curves*）的分析。参见：**Probit 分析**（**Probit Analysis**）。【GLM Chapter 10.】

Procrustes Analysis/Procrustes 分析

关于多元数据集或*邻近矩阵*（*proximity matrix*）的几何表示进行比较的方法，例如，关于邻近矩阵的两个*多元比例*（*multidimensional scaling*）解的比较。采用残差平方和准则对两个解进行比较，通过坐标对应于一个解关于另一个解旋转、反射和转变使得残差平方和最小。*广义 Procrustes 分析*（*generalized Procrustes analysis*）可以对多于两个解进行比较，通过同时对解进行转变、旋转和反射，使得预先定义的拟合度量最优化。[这种分析的名称来自于 *Procrustes*，"*The Smasher*"（扯长者），按照希腊神话，他在雅典边界抓获旅行者，用刑具或剑将旅行者的身体拉长或切割，以使得他们能符合他的令人致命的床。最终 Procrustes 借忒修斯（Theseus）之手经历了与他的客人们同样的命运。]【MV2 Chapter 14.】

P

Product-Limit Estimator/乘积限估计量

关于生存时间集的生存函数的估计方法，其中某些生存时间为删失观察。这种方法涉及几个条件概率的乘积，例如，肝脏移植后两天存活病人的概率为一天存活的概率乘以给定第一天存活的病人下第二天存活的概率。特别地，估计量定义为：

$$\hat{S}(t) = \prod_{j|t_{(j)} \le t} \left(1 - \frac{d_j}{r_j}\right)$$

其中，$\hat{S}(t)$ 为时间 t 处生存函数的估计，$t_{(1)} \le t_{(2)} \le \cdots \le t_{(n)}$ 为有序观察时间，r_j 是在时间 $t_{(j)}$ 处于风险的个体数，d_j 是在时间 $t_{(j)}$ 经历所讨论事件的个体数。（在时间 $t_{(j)}$ 被删失的个体包含在 r_j 中。）所得到的估计形成了一个阶梯函数，这个函数给出了生存经验的图形显示。例子见图 107。参见:**Alshuler 估计量(Alshuler's Estimator)**,**Greenwood 公式(Greenwood's Formula)**。【SMR Chapter 13.】

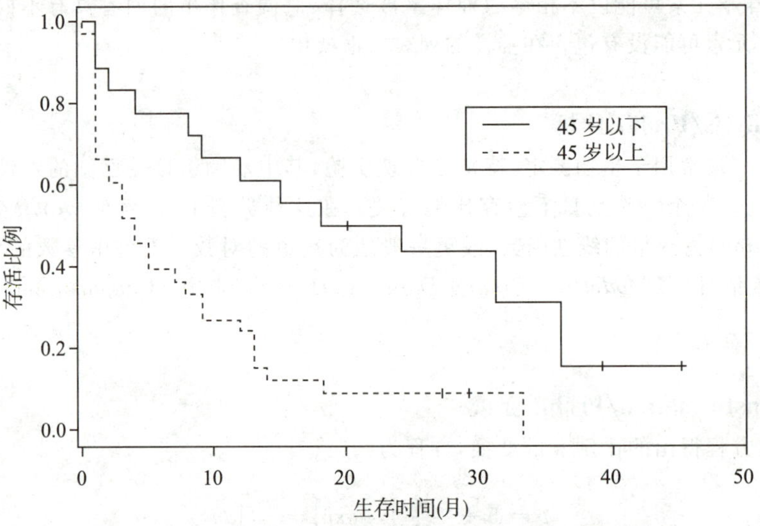

图 107 由乘积限估计量估计的生存曲线:45 岁以下和以上的急性白血病研究

Profile Analysis/剖面分析

有时用于纵向数据的方差分析的术语。

Profile Likelihood/边侧似然

参见:**似然(Likelihood)**。

Profile *t* Plots/剖面 *t* 图

当拟合非线性模型时构造参数向量的分量的置信区间的图形方法。【*Journal of the American Statistical Association*, 1995, **90**, 1271 - 1276.】

Prognostic Scoring System/预后评分系统

对包含在多个风险因子中的预后信息进行组合的方法,利用每个病人的疾病风险的最佳预测。在许多情形中,评分的线性组合作为如 Logistic 回归的权数。这种系统的例子是由英国地区性心脏研究(British Regional Heart Study)开发的,预测了年龄在 40~59 岁的男性在接下来 5 年中患缺血性心脏病的风险,形式如下:

51×血清总胆固醇(mmol/l)
+5×男性吸烟时间(年)
+3×收缩压(mmHg)
+100 如果男性具有心绞痛症状
+170 如果男性曾经患有 IHD
+50 如果父亲或母亲死于心脏病
+95 如果男性患有糖尿病

参见:**点评分(Point Scoring)**。【SMR Chapter 12.】

Prognostic Survival Model/预后生存模型

基于随访开始时的信息对病人的生存预后的量化。【*Statistics in Medicine*, 2000, **19**, 3401-3451.】

Prognostic Variables/预后变量

在医学调查中,常用作解释变量的同义词。【SMR Chapter 5.】

Programming/程序设计

策划和制作一组根据计算机解决问题的指令集的行为。参见:**算法(Algorithm)**。

Progressively Censored Data/逐步删失数据

发生在临床试验中的删失观察,其中研究期间是固定的,病人在这个期间的不同时间进入研究。因为进入的时间是不同的,所以删失时间也是不同的。参见:**单一删失数据(Singly Censored Data)**。【*Technometrics*, 1994, **36**, 84-91.】

Projection/预测

关于未来趋势的一组特定的假设的数值结果。参见:**预测(Forecast)**。

Projection Plots/射影图

生成多元数据的图形显示技术,将数据投影到可以绘制散点图的二维数据。这种技术主要用于*主成分分析(principal components analysis)*、*多维比例(multidimensional scaling)*、*投影寻踪(projection pursuit)*等。

Projection Pursuit/投影寻踪

得到多元数据的低维(通常是二维)表示的程序,主要用来揭示如出现不同观察组的这些感兴趣的结构。低维表示可以根据设计用来揭示"感兴趣"模式的某些预定的数值准则最优化得到。【*Pattern Recognition and Neural Networks*, 1996, B. D. Ripley, Cambridge University Press, Cambridge.】

Propensity Score/倾向评分

描述临床试验的组织方面的参数,它是给定伴随变量的向量取值下安排特殊治疗的条件概率。【*Statistics in Medicine*, 1992, **11**, 2043-2062.】

Proportional Allocation/按比例分配

在分层抽样中总样本分配到个体层中使得这些子样本的容量与在总样本中对应层的容量成正比。【*Applied Sampling*, 1976, S. Sudman, Academic Press, New York.】

Proportional Hazards Model/比例风险模型

参见:**Cox 比例风险模型(Cox's Proportional Hazards Model)**。

Proportional Mortality Ratio/比例死亡率

分子为特殊原因死亡人数而分母为所有原因总死亡人数的比,是特殊原因死亡的简单分数。

Proportional-Odds Model/比例—比值模型

调查一个有序变量关于一组解释变量独立性的模型。最常见的模型是将累积概率 $\Pr(y\leq k)$ 模型化，其中，y 是关于分类 $1\leq 2\leq 3\leq\cdots\leq c$ 的反应变量，将累积概率作 Logistic 变换后为解释变量的线性函数，即：

$$\log\frac{\Pr(y\leq k)}{1-\Pr(y\leq k)}=\beta_0+\beta_1 x_1+\cdots+\beta_q x_q$$

之所以命名为比例—比值模型，是因为关于解释变量的两个不同取值集合评分小于等于 k 的*比值比*（*odds ratio*）与 k 独立。【GLM Chapter 5.】

Prospective Study/前瞻性研究

在研究中一段时间内个体被随访。这种调查最常见的例子是，其中个体的样本关于一个特殊疾病的可能的风险因子被暴露或不被暴露，按时间决定关于所调查的疾病有什么会发生。在这段时间结束时，对在暴露和不暴露之间疾病的发病率进行比较。这种研究的典型例子是 20 世纪 50 年代由英国医生承担的调查吸烟和肺癌死亡之间的关系。所有的临床试验都是前瞻性研究。参见：回顾性研究（**Retrospective Study**），队列研究（**Cohort Study**），纵向研究（**Longitudinal Study**）。【SMR Chapter 10.】

Protective Efficacy of a Vaccine/疫苗的保护效力

由疫苗所阻止的病例，通常采用下面形式估计：

$$PE=(ARU-ARV)/ARU$$

其中 ARV 和 ARU 分别是在接种疫苗队列和未接种疫苗队列中间的研究下疾病的发病率（attack rates）。例如，未接种疫苗人群中死亡率为每 10 000 中 100，而对比接种疫苗人群中死亡率为每 10 000 中 30，于是 PE 为 70%。基本上等同于*归因危险度*（*attributable risk*）。

Protocol/协议

在进行临床试验时概述所提议的程序的正式文件。文件的主要特征是研究目的、病人选择准则、治疗计划、病人评价的方法、试验设计、处理*协议冲突*（*protocol violations*）的程序以及统计分析的计划。

P

Protocol Violations/协议冲突

病人故意或意外地没有执行关于所进行的临床试验的协议的一个或另一个部分。例如，他们没有服用他们的处方药。这样的病人称为表现*不服从*（*noncompliance*）。

Proximity Matrix/邻近矩阵

关于相似矩阵或不相似矩阵的术语。一般地，这种矩阵是对称的，但在某些情形中也会出现非对称邻近矩阵。【MV1 Chapter 5.】

Pruning Algorithms/修剪算法

在人工神经网络中选择合适规模的网络的算法。这种算法非常重要，因为由于合适规模网络的使用可以在性能上有所改进。【*IEEE Transactions in Neural Networks*, 1993, **4**, 740-747.】

Pseudo-Inverse/伪逆

也称为 **Moore-Penrose 逆(Moore-Penrose Inverse)**。

Pseudo-Likelihood/伪似然

数据和参数的函数,性质类似于常用的似然函数;经常作为基于不完整数据的不可观察的似然的估计。【*Biometrika*, 1977, **64**, 616-618.】

Pseudorandom Numbers/伪随机数

由指定的计算机算法生成的数字序列,满足特殊的随机性的统计检验。所以尽管它不是随机选取,但数字的出现是随机的。参见:**同余方法(Congruential Methods)**。【KA1 Chapter 9.】

Pseudo R^2/伪 R^2

有时用来评估特定模型的拟合度的指标,特别是关于生存时间的模型。定义为:

$$1-\frac{\ln L(\text{当前模型})}{\ln L(\text{没有协变量的模型})}$$

其中,L 表示似然函数。相对于没有协变量的模型,当前模型的对数似然相对减少。

Psychometrics/心理计量学

如能力、天资、成就、个性特征和知识执行心理特征度量的研究。

Publication Bias/发表偏倚

发表中可能出现的偏倚,例如临床试验,这是由于杂志编辑更愿意接受具有重大影响的论文。参见:**漏斗图(Funnel Plot)**。【SMR Chapter 8.】

Puff Model/烟团模型

关于某个物质的大气扩散的模型,例如,关于一个核电厂发生事故后放射性物质,假设物质按有距离的烟团(见图 108)而不是连续气流释放。这些烟团可以被传输和围绕当地的地形扩散,基于当时的风场和地形。【*The Practice of Bayesian Analysis*, 1997, edited by S. French and J. Q. Smith, Edward Arnold, London.】

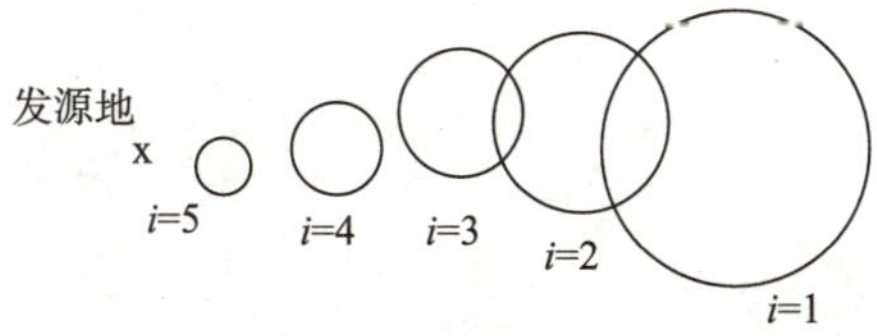

图 108 一例烟团模型

P

P-Value/*P* -值

当零假设正确时观察数据(或表现出远远偏离零假设的数据)的概率。参见:***P*** **-值的错误解释(Misinterpretation of *P*-Values)**,显著性检验(**Significance Test**),显著水平(**Significance Level**)。【SMR Chapter 8.】

Pyramids/金字塔

层次分类的推广,每个构成分类组成了对象集的序的区间,两个分类可以是相同的,但不是所有对象都相同。【*Classification*, 2nd edition, 1999, A. D. Gordon, CRC/Chapman and Hall, London.】

Q

Q-Q Plot/Q-Q 图

分位数—分位数图(**Quantile-Quantile Plot**)的缩写。

Q-Technique/Q -技术

一类数据分析方法,寻找多元数据集中个体之间的关系。包括聚类分析和多维比例,尽管这类方法经常用作关于个体间而不是变量间“相关性”的 $n\times n$ 矩阵的因子分析。参见:**R -技术**(**R-Techniques**)。【*A User's Guide to Principal Components*, 1991, J. K. Jackson, Wiley, New York.】

Quadrant Sampling/象限抽样

关于空间数据的抽样过程,其中抽取样本区域(象限),记录发生的所讨论的事件数。参见:**距离抽样**(**Distance Sampling**),**线截抽样**(**Line-Intercept Sampling**)。【*Quarterly Review of Biology*, 1992, **67**, 254.】

Quadratic Discriminant Function/二次判别函数

参见:**判别分析**(**Discriminant Analysis**)。

Quadratic Function/二次函数

形式为

$$Q=\sum_{i=1}^{n}\sum_{j=1}^{n}a_{ij}x_ix_j$$

的函数,在多元分析和方差分析中非常重要。

Quadratic Loss Function/二次损失函数

参见:**决策论**(**Decision Theory**)。

Quadrature/求积分

参见:**数值积分**(**Numerical Integration**)。

Quadrature Spectrum/求积谱

参见:多重时间序列(**Multiple Time Series**)。

Quality-Adjusted Survival Analysis/质量调整生存分析

评估关于生存的治疗效果的方法论,将对生活质量的思考如同生活数量一样讨论。例如,具有许多副作用的高毒性治疗相对于低毒性治疗可以减少疾病的复发以及提高生存机会。在这种情形中,需要评估毒性更强疗法的消极生活质量的影响和积极生活数量的影响之间的权衡,当确定哪种治疗对病人更有益时。这种方法通过对每个病人给出一个"评分"定义一个*质量函数*(*quality function*),它是生活质量和数量的复合度量。一般来说,质量函数关于生活质量很差寿命很短的取值较小,而高质量长寿命的取值较大。这样定义的评分可以在分析时计算*质量调整生存时间*(*quality adjusted survival times*)。【*Statistics in Medicine*, 1993, **12**, 975 - 988.】

Quality-Adjusted Survival Times/质量调整生存时间

用来生成病人的生存时间的不同时间集的加权和,权数反映了每一阶段的生活质量。【*Statistics in Medicine*, 1993, **12**, 975 - 988.】

Quality Assurance/质量保证

收集、处理或分析数据的程序或方法,目的是保持或提高数据的可靠性或有效性。

Quality Control Angle Chart/质量控制角度图

累计和(*cusum*)的修改,用某个单位长度的直线按次序表示取值,且方向与取值成正比。关于每个相继取值的直线从前一个直线的终点开始。图形中方向的变化表示均值的变化。【*Statistics in Medicine*, 1987, **6**, 425 - 440.】

Quality Control Procedures/质量控制程序

一种统计程序,用来确保如实验室测试的精度和准确度在一个可接受的范围内。这种程序中最简单的是由水平直线组成的图形[常称为*控制图*(*control chart*)],一条直线位于相关的控制统计量的目标水平,其他直线[称为*行动直线*(*action lines*)]位于目标水平的上下一个事先设定的距离。当所观察的控制统计量位于两条直线之间时,称为*可接受质量水平*(*acceptable quality level*),如果穿越这些直线则称为*被拒绝质量水平*(*rejectable quality level*)。【*Modern Methods of Quality Control and Improvement*, 1986, H. M. Wadsworth, K. S. Stephen and A. B. Godfrey, Wiley, New York.】

Quality Function/质量函数

参见:质量调整生存分析(**Quality-Adjusted Survival Analysis**)。

Quangle/质量控制角度图

参见:质量控制角度图(**Quality Control Angle Chart**)。

Quantal Assay/量子检测

一种试验，其中对象组采用药物的不同剂量，以测定某种特定的数字反应。这种检测得到的数据可以采用 *probit变换*（*probit transformation*）进行分析，兴趣集中在估计*中位数有效剂量*（*median effective dose*）或*半数致死量*（*lethal dose 50*）。【*Analysis of Quantal Response Data*，1992，B. J. T. Morgan，Chapman and Hall/CRC Press，London.】

Quantal Variable/量子变量

也称为二进制变量(**Binary Variable**)。

Quantile-Quantile Plot/分位数—分位数图

参见：概率图(**Probability Plot**)。

Quantiles/分位数

概率分布或频率分布分成相等的有序小组的划分，如四分位数或百分位数。【SMR Chapter 7.】

Quantit Model/Quantit 模型

三参数非线性 *logistic 回归模型*（*logistic regression model*）。【*Biometrics*，1977，**33**，175 - 186.】

Quartiles/四分位数

将概率分布或频率分布分成四等分的数值。【SMR Chapter 7.】

Quasi-Experiment/拟实验

对类似实验的研究，这些实验的某些特征不明显，特别是关于对象的分组没有在调查者的控制之下。例如，讨论自然灾害的健康影响时，那些经历灾害的与没有经历灾害的进行比较，但对象并没有故意(随机或非随机)分成两组。参见：前瞻性研究(**Prospective Studies**)，实验设计(**Experimental Design**)，临床试验(**Clinical Trials**)。【*Experimental and Quasi-experimental Designs for Research*，1963，D. T. Campbell and J. C. Stanley，Houghton Muffin，Boston.】

Quasi-Independence/拟独立

关于列联表的一种独立形式，统计只限制在表中的一些特殊部分。例如，在下面表示儿子和他的父亲的社会阶层的表中，一旦儿子离开他父亲的阶层中，如何评估他最终的阶层是否与他父亲的阶层独立。这需要忽略主对角元素以后在表中检验独立性。

父亲的社会阶层	儿子的社会阶层		
	上	中	下
上	588	395	159

Q

中	349	714	447
下	114	320	411

【*The Analysis of Contingency Tables*，2nd edition，B. S. Everitt，Chapman and Hall/CRC Press，London.】

Quasi-Likelihood/拟似然

当不能(且/或无法)对观察作出假设时，这样就没有充分的信息来构造正确的似然函数，用来替代常规的对数似然函数的函数 Q。这个函数依赖于假设所讨论的随机变量的均值和方差间存在某种关系，定义为：

$$Q = \sum_{i=1}^{n} Q_i(\mu_i, y_i)$$

其中，$y_1, y_2, \cdots, y_n$ 表示相互独立的观察，且均值为 $\mu_1, \mu_2, \cdots, \mu_n$，方差为 $\sigma^2 V_i(\mu_i)$，其中 $V_i(\mu_i)$ 为 μ_i 的已知函数。函数 Q 的分量 Q_i 定义为：

$$Q_i = \int_{y_i}^{\mu_i} \frac{y_i - t}{\sigma^2 V_i(t)} dt$$

Q 类似于在非常一般的假设下 $\mu_1, \mu_2, \cdots, \mu_n$ 的对数似然函数。【GLM Chapter 8.】

Quasi-Score Estimating Function/拟得分估计函数

参见：估计函数(**Estimating Functions**)。

Quetelet，Adolphe (1796-1874)/阿道夫·凯特莱(1796-1874)

凯特莱出生于比利时根特，由于他关于圆锥曲线理论的论文于 1819 年获得新根特大学一等科学学位。后来他到巴黎学习天文学，在他接下来的大部分时间中，他是皇家格林尼治天文台的天文学家和气象学家。凯特莱还因为在如出生率、死亡率等人口普查方面的工作而获得较高的国际声誉。他引入"平均男性"(l'homme moyen)这一概念作为人口汇总的一个简单方法，并修订了对分组数据拟合正态分布的构想，这基本上等价于*正态概率图*(*normal probability plot*)的使用。1874 年 2 月 17 日于布鲁塞尔去世。

Quetelet Index/Quetelet 指数

关于体重的指数，为身高除以体重的平方。

Queuing Theory/排队理论

关于排队的不同方面如到达的分布、在队伍中所费平均时间等研究的大量数学理论。例如，用于医院病床的等候时间的医学调查。【*Introduction to Queuing Theory*，1981，R. B. Cooper，North Holland，New York.】

Quick-Size/快速一容量

在任何假设检验情形中确定精确的样本容量的一种多功能模拟工具。经修改还可以用于置信区间的估计。参见：**cQuery 顾问**（**cQuery Advisor**）。【*The American Statistician*，1999，**53**，52－55.】

Quincunx/梅花

高尔顿(Galton)在说明他的演讲时所采用的装置，见图 109。它具有一个玻璃面，在顶部是一个漏斗。弹丸穿过漏斗，向下撞击一排木瓶，每个弹丸在每一层撞击一个木瓶，原则上每次等概率地撞击左边或右边的木瓶。在底部弹丸被收集在一个盒子中。落下许多弹丸后所形成的轮廓类似于正态情形。

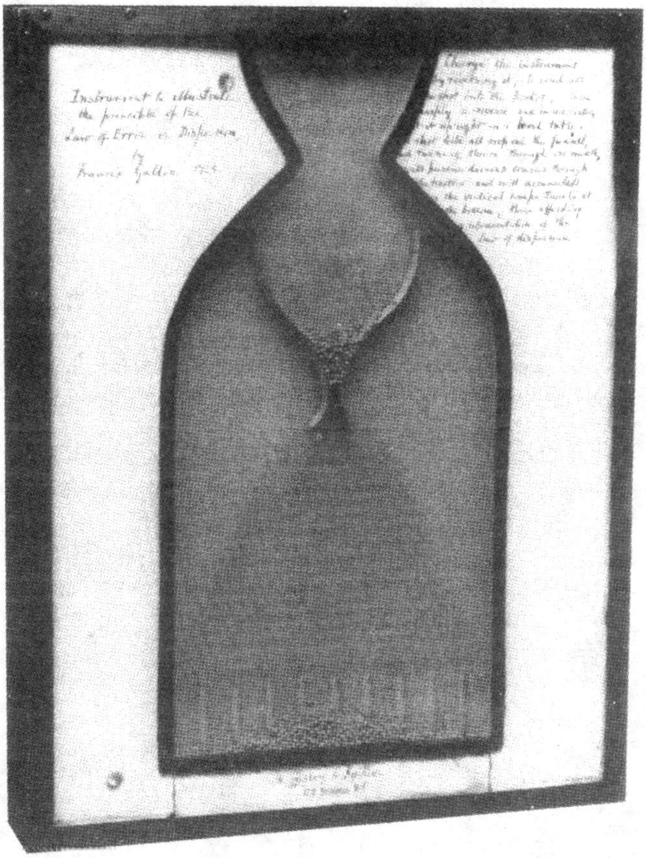

图 109　高尔顿所使用的 Quincunx

Quintiles/五分位数

将概率分布或频率分布分成 5 等份的四个变量取值的集合。

Quitting Ill Effect/停止不良反应

经常在吸烟者戒烟的研究中出现的问题，其中吸烟者经常在出现疾病发病症状或威胁生命的疾病的诊断后停止吸烟，从而使得异常上升，例如相对于连续吸烟者戒烟后患肺癌的风险。在许多研究中会看到这种上升。

Quota Sample/定额样本

单位不是随机选择的样本，在每个分类中有固定的样本数；例如，40 岁以上 10 个男性，30～35 岁之间 25 个女性等。广泛用于民意调查。参见：**抽样调查(Sample Survey)**，**分层抽样(Stratified Sampling)**，**随机样本(Random Sample)**。【*Elements of Sampling Theory*，1974，V. D. Barnett，English Universities Press，London.】

R

Radial Plot of Odds Ratios/比值比的径向图

用于显示相同治疗的几个不同的临床试验的比值比的图形。经常用来对结论进行荟萃分析。图形由 $y=\hat{\Delta}/SE(\hat{\Delta})$ 对 $x=1/SE(\hat{\Delta})$ 的图组成，其中 $\hat{\Delta}$ 是从特殊研究中得到的比值比的对数。图 110 给出了这种图形的一个例子。这种图形具有以下特征：

• 每个估计在 y 方向都有单位标准误差。y 的大小用±2 误差条明确地表示。

• 比值比的数值根据从(0,0)过 (x,y) 的直线的圆弧大小得出，水平线对应比值比为 1。接近 95%置信限分别对应着从(0,0)过 $(x,y+2)$ 和 $(x,y-2)$ 的直线。

• $SE(\hat{\Delta})$ 较大的点都落在原点附近，而那些更多信息估计的 $SE(\hat{\Delta})$ 较小的点离原点较远，自然看上去有更多的信息。

【*Statistics in Medicine*，1988，**7**，889 - 894.】

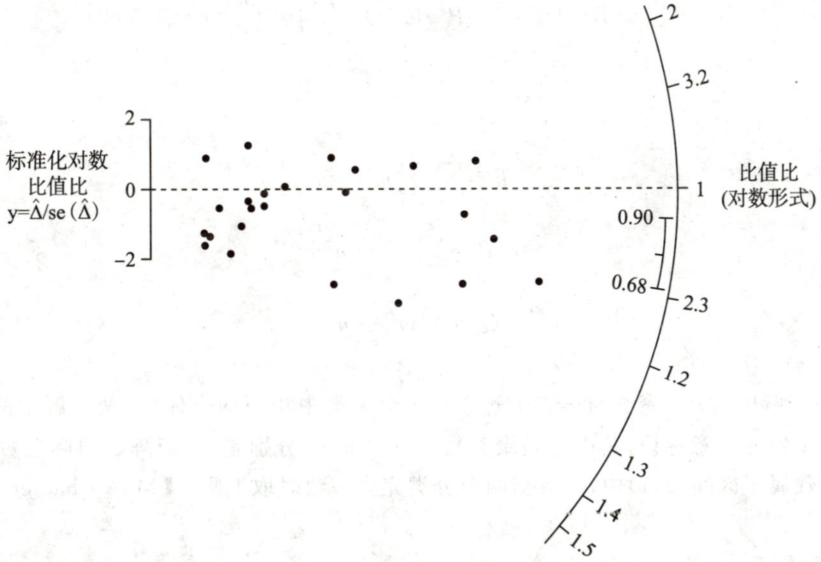

图 110 一例比值比的径向图

Radical Statistics Group/激进统计集团

英国社会科学家的全国网络，致力于在制定政策的过程中进行统计评论。该集团致力于在如健康和教育领域有判断力的能力。【The Radical Statistics Group，10 Ruskin Avenue，Bradford，UK.】

Raking Adjustments/耙调整

在复杂的调查中的一种*后分层调整*（*poststratification adjustments*），使得受访者的调整权数符合所得到的一组辅助变量的每个边际分布。采用*迭代比例拟合算法*（*iterative proportional-fitting algorithm*）对权数进行迭代调整。这种方法广泛用于健康和可以得到大量人口控制总数的其他调查中。例如，1991 年加拿大综合社会调查中使用耙调整，集中在健康问题上进行*随机拨号抽样*（*random digit dialling sampling*）电话调查。在调查中，使用省份、年龄、性别控制总数。【*International Statistical Review*，1994，**62**，333－347.】

Ramsey, Frank Plumpton (1903–1930)/弗兰克·普兰普顿·拉姆齐(1903–1930)

拉姆齐出生于英国剑桥，在剑桥大学三一学院学习。他是奥地利哲学家路德维希·维特根斯坦(Ludwig Wittgenstein)的亲密朋友，当他还是大学生时就将维特根斯坦的著作《逻辑哲学论》翻译为英文。拉姆齐主要从事概率论的基础研究，由于患黄疸，26 岁就英年早逝。

Rand Coefficient/Rand 系数

评估关于相同观察集的两种分类的相似度的指标。当对相同数据集采用两种聚类分析方法所得出的结论进行比较时经常采用。系数定义为：

$$R=\left[T-0.5P-0.5Q+\binom{n}{2}\right]\Big/\binom{n}{2}$$

其中：

$$T=\sum_{i=1}^{g}\sum_{j=1}^{g}m_{ij}^2-n$$

$$P=\sum_{i=1}^{g}m_{i.}^2-n$$

$$Q=\sum_{j=1}^{g}m_{.j}^2-n$$

m_{ij} 是第一个解中第 i 个聚类与第二个解中第 j 个聚类中相同的个体数（两个解中的每个聚类可以从 1 到 g 任意标识，其中 g 是聚类数）。$m_{i.}$ 和 $m_{.j}$ 分别是 m_{ij} 矩阵的边际总数，n 是观察数。系数属于区间(0,1)中，只有当两个分类完全一致时取上限。【MV2 Chapter 10.】

Random/随机

由机会控制的，其他因素不能完全决定；非确定的。

Random Allocation/随机分配

在临床试验中形成治疗和对照组的方法。对象基于随机事件的结果接受积极治疗或安慰剂，例如，抛硬币。这种方法提供了一种对每个人分配治疗的公平的程序，无关个人偏倚，为显著性检验和其他可能使用的统计方法奠定了坚实的基础。此外，这种方法还以在统计上可接受的方式分散了*相从变量*（*concomitant variables*）的影响，这些变量可能可以观察也可能不可以观察。参见：**随机分块（Block Randomization）**，**极小化（Minimization）**，**有偏硬币方法（Biased Coin Method）**。【SMR Chapter 5.】

Random Coefficient Models/随机系数模型

关于重复度量数据的一种特殊形式的*混合效应模型*（*mixed effects models*），其中假设主效应和它们关于时间的斜率是随机效应。参见：**多级模型（Multilevel Models）**，**生长模型（Growth Models）**。【*Applied Mixed Models in Medicine*, 1999, H. Brown and R. Prescott, Wiley, Chichester.】

Random Dissimilarity Matrix Models/随机相异矩阵模型

在相异矩阵这没有聚类结构的模型。模型假设相异矩阵的下三角元素按随机序排列，所有 $n(n-1)/2!$ 排序可能性相同。【*Classification*, 2nd edition, 1999, A. D. Gordon, CRC/Chapman and Hall, London.】

Random Digit Dialling Sampling/随机拨号抽样

参见：**电话访问调查（Telephone Interview Surveys）**。

Random Effects/随机效应

效应是一个因子的水平的无限集，其中在数据中只有随机样本。例如，调查者可能对一类特殊药物关于反应变量的效应感兴趣，在研究中从这类药物中使用药物的随机样本。当调查中所有因子都是这种类型时就出现了*随机效应模型*（*random effects models*）。参见：**固定效应（Fixed Effects）**。

Random Effects Models/随机效应模型

参见：**随机效应（Random Effects）**。

Random Events/随机事件

事件不具有确定性规律（它们的观察不一定产生相同的结果），但具有某种程度的统计规律（表现出它们频率的统计稳定性）。

Randomization Tests/随机化检验

直接根据数据而不是求助于某种特殊的抽样分布确定统计显著性的程序。例如，在对两个组进行比较时，数据在两组之间反复划分（置换），对每次划分（置换）计算相关的检验统计量（如 t 或 F），确定数据置换的比例，使得检验统计量关于观察数据尽可能大。如果这个比例小于某个显著水平 α，那么结论在水平 α 下显著。【*Randomization Tests*, 1986, E. S. Edington, Marcel Dekker, New York.】

Randomized Block Design/随机化区组设计

一种实验设计,其中在每个区组中的治疗按随机次序分配到实验单位。

Randomized Clinical Trial/随机化临床试验

一种临床试验,通过随机分配的程序形成治疗组。

Randomized Consent Design/随机化同意设计

用来克服在临床试验关于随机分配中病人进入临床时所遇到的感知的伦理问题的设计。患者的资格建立以后,病人随机地接受治疗 A 和 B 中的一种。他们被询问关于他们的疾病是否更愿意接受疗法 A。所有潜在的风险、收益、治疗方案都需要讨论。如果病人同意,那么采用治疗 A;如果病人不同意,那么病人接受治疗 B 或其他治疗。那些随机分配到组 B 的病人也会接受关于治疗 B 的类似询问,如果不同意则采用其他的治疗。参见:**Zelen 唯一同意设计(Zelen's Single-Consent Design)**。【*Statistics in Medicine*, 1984, **3**, 215-218.】

Randomized Response Technique/随机化回答技术

用调查的方法收集关于敏感问题的信息的过程,其中受访者回答什么问题是随机的。例如,在关于流产的调查中,女性遇到的有两个问题——"你曾经流产过"和"你从来没有流产过",需要回答哪一个问题取决于她所控制的随机化设备的结果。回答当时不显示,因为除了受访者以外没有人知道需要回答哪个问题。尽管如此,所得到的数据还是可以用来估计相关的量,例如,这里估计曾经流产过的女性比例(π);假设选择问题"你曾经流产过"的概率 P 已知且不等于 0.5。如果 y 是在 n 个受访者的随机样本中关于这个问题的回答为"是"的比例,那么 π 的估计量为:

$$\hat{\pi}=\frac{y-(1-P)}{2P-1}$$

这个估计量是无偏的,且方差 V 为:

$$V=\frac{\pi(1-\pi)}{n}+\frac{P(1-P)}{n(2P-1)}$$

【*Randomized Response: Theory and Techniques*, 1988, A. Chaudhuri and R. Mukerjee, Maecel Dekker, New York.】

Randomly-Stopped Sum/随机指标和

数目可变的随机变量的和。

R

Random Model/随机模型

包含随机元素或概率元素的模型。参见:**确定性模型(Deterministic Model)**。

Random Number/随机数

参见:**伪随机数(Pseudorandom Numbers)**。

Random Sample/随机样本

n 个独立同分布随机变量的集合，或者从一个总体抽取的 n 个个体的样本，其中相同容量的每个样本可能性相同。

Random Variable/随机变量

一种变量，它的取值按某种指定的概率分布发生。【KA1 Chapter 1.】

Random Variation/随机变异

数据集中无法由可识别来源解释的变异。

Random Walk/随机游走

按一定概率从一点到另一点离散跳跃移动的“质点”的行为。最简单的情形，质点在时间 $t=0$ 处从点 $x=k$ 开始移动，在以后每次时间 $t=1,2,\cdots$ 处，它以概率 p 和 $1-p$ 向右或向左移动一步。具体的例子，质点的位置表示人口数，向左一步对应着一人死亡，向右一步对应着一人出生。如果质点到达原点 $x=0$，那么过程停止，相应的称为*吸收壁*（*absorbing barrier*）。参见：出生—死亡过程（**Birth-Death Process**），Markov 链（**Markov Chain**），Harris 游动（**Harris Walk**）。【TMS Chapter 1.】

Range/值域

数据集中最大观察值与最小观察值之间的差。经常用来作为观察集中分散程度的简易的计算方法，但不建议采用，因为它对异常点的敏感性以及它的取值随样本容量增加。【SMR Chapter 2.】

Rangefinder Box Plots/测距框图

传统的*箱形—晶须图*（*box-and-whisker plot*）的二元推广，用于散点图与散点图矩阵的连接。这种图形包含了关于两个变量的箱形图所显示的相同信息。图 111 给出了美国除内华达州以外 49 个州中离婚率对出生率的图形。垂直线段为离婚率的*四分位距*（*interquartile range*）（y 轴）。水平方向线段为出生率的四分位距。在离婚率的最大和最小外部取值（outside values）处画出水平线段的最大和最小四分位距。类似地，在出生率的最大和最小外部取值处画出右和左垂直线段。参见：二元箱形图（**Bivariate Box Plot**）。【*American Statistician*，1987，**41**，149.】

Rank Adjacency Statistic/秩相邻统计量

用来汇总空间数据的自相关性的统计量。定义为：

$$D=\sum\sum w_{ij}\left|y_i-y_j\right|/\sum\sum w_{ij}$$

其中，$y_i=rank(x_i)$，x_i 表示位置 i 处的数据取值，w_{ij} 是表示区域 i 和 j 之间距离或联系的某个函数的权数。最简单定义权数的方法为：

$$w_{ij}=1,\quad 如果区域\ i\ 和\ j\ 相邻$$

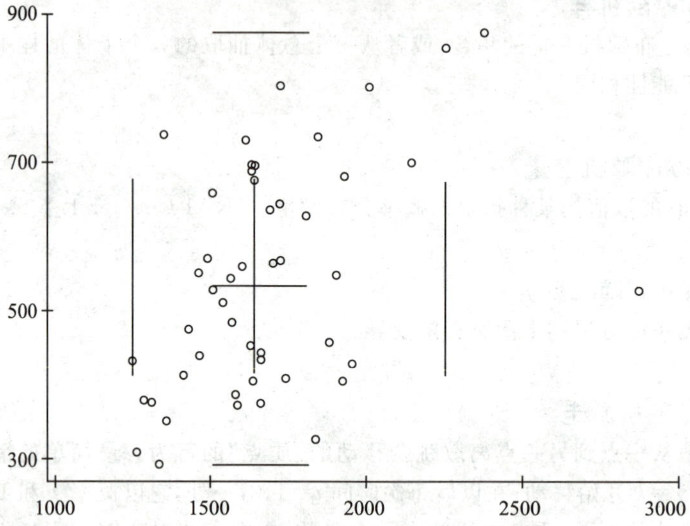

图 111　离婚率对出生率的测距框图

$$=0, \quad \text{其他}$$

此时，D 为所有两个相邻区域的平均绝对秩差。D 理论上的分布是未知的，但数据的空间聚类[或正*空间自相关*(*spatial autocorrelation*)]可以通过具有相同秩的相邻数据值的趋势反映，这样 D 的取值将比其他的取值小。参见：**Moran I 统计量**(**Moran's I**)【*Statistics in Medicine*，1993，**12**，1885－1894.】

Rank Correlation Coefficients/秩相关系数

只依赖预变量的秩而表示它们的观察值的相关系数。包括 *Kendall τ 统计量*(*Kendall's tau statistics*)和 *Spearman ρ*(*Spearman's rho*)。【SMR Chapter 11.】

Ranking/排序

将一组观察值按递增或递减顺序排列的过程。【SMR Chapter 2.】

Rank of a Matrix/矩阵的秩

数值矩阵中线性无关的行数或列数。

R

Rank Order Statistics/秩序统计量

基于样本观察的秩的统计量，如 *Kendall τ 统计量*(*Kendall's tau statistics*)。

Rank Regression/秩回归

一种回归分析的方法，其中因变量的秩关于一组解释变量回归。因为秩不受严格递增变换的影响，所以这种方法可以用下面模型：

$$g(y)=\beta' x+\varepsilon$$

其中，g 是关于因变量 y 的任意一个严格递增变换，x 是一组解释变量。【*Annals of Statistics*, 1988, **16**, 1369 - 1389.】

Ranks/秩

关于某个特征样本元素的相对位置。【SMR Chapter 2.】

Rank Transform Method/秩变换模型

在组合样本中用观察的秩代替观察且对秩进行标准的方差分析所组成的模型。

Rao-Blackwell Theorem/Rao-Blackwell 定理

定理阐述了一个充分统计量的任意函数是它的期望值的唯一最小方差无偏估计量。【*Linear Statistical Inference*, 1973, C. R. Rao, Wiley, New York.】

Rao-Hartley-Cochran Method (RHC)/Rao-Hartley-Cochran 模型

关于不放回概率不相等的样本的简单模型。模型如下：

- 将 N 个单位的总体随机分成 n 个组 $\{G_g\}_{g=1}^n$，容量分别为 $\{N_g\}_{g=1}^n$。
- 从每个组中抽取一个单位，其中第 g 组的概率为 Z_j/Z_g，其中 $Z_j=x_j/X, Z_g=\sum_{j\in G_g} Z_j$，

x_j = 第 j 个单位的某种大小度量，$X=\sum_{j=1}^N x_j$。

总体均值 $\bar{Y}$ 的无偏估计量为：

$$\hat{\bar{Y}} = \frac{1}{n}\sum_{g=1}^{n} w_g y_g$$

其中，$w_g=f/\pi_g, \pi_g=z_g/Z_g$，它是选择第 g 个样本单位的概率，$f=n/N$ 是在无放回的简单随机抽样下选择的概率，$y_g=z_g$ 记为从第 g 组中所选择的单位的取值。注意，根据定义，$\sum_{g=1}^n Z_g=1$。$\text{var}(\hat{\bar{Y}})$ 的无偏估计量为：

$$\text{var}(\hat{\bar{Y}}) = \frac{\sum_{g=1}^{n} N_g^2 - N}{N^2 - \sum_{g=1}^{n} N_g^2}\sum_{g=1}^{n} Z_g\left(\frac{y_g}{Nz_g} - \hat{\bar{Y}}^2\right)$$

【*Sampling Techniques*, 3rd edition, 1977, W. G. Cochran, Wiley, New York.】

Rasch, Georg (1901-1980)/乔治·拉什(1901-1980)

拉什出生于丹麦欧登塞，1925 年获得哥本哈根大学数学学位，1930 年获得科学博士学位。同年到伦敦大学学院访问，与费希尔合作。回到丹麦后，他成立了国家血清研究所生物统计部，1940～1956 年间担任主任。开发了*潜在特质模型*(*latent trait models*)，其中一个模型以他的名字命名。1980 年 10 月 19 日于丹麦比鲁姆去世。

Rasch Model/Rasch 模型

在认知测试理论中使用的模型。能力由参数 δ_i 量化的受试对象 i 回答 j 正确($X_{ij}=1$)的概率为：

R

$$P(X_{ij}=1|\delta_i,\varepsilon_j)=\delta_i\varepsilon_j/(1+\delta_i\varepsilon_j)$$

其中，ε_j 为项目的简约性度量。概率一般重新表示为：

$$P(X_{ij}=1|\theta_i,\sigma_j)=\frac{\exp(\theta_i-\sigma_j)}{1+\exp(\theta_i-\sigma_j)}$$

其中，$\exp(\theta_i)=\delta_i$，$\exp(-\sigma_j)=\varepsilon_j$。在这种形式中，$\theta_i$ 称为*能力参数*(*ability parameter*)，σ_j 称为*项目难度*(*item difficulty*)。【*Rasch Models: Foundations, Recent Developments and Applications*, 1995, G. H. Fisher and I. W. Molenaar, Editors, Springer, New York.】

Ratchet Scan Statistic/棘轮扫描统计量

调查者试图检测由于在一整年中固定的发病率上的季节叠加所引起的疾病发病率的较大幅度增加的统计量。如果在 1 月、2 月、…、12 月的观察总数分别为 $n_1, n_2, \cdots, n_{12}$(假定每个月的天数相同)，那么从第 i 个月开始连续 k 个月的和记为：

$$S_i^k=\sum_{j=1}^{(i+k-1)\bmod 12} n_j$$

棘轮扫描统计量基于在 k 个连续月中的最大数，定义为：

$$T^k=\max_{i=1,2,\cdots,12} S_i^k$$

在事件服从均匀分布的假设下，即 n_i 的期望值为 $N/12$，$i=1,2,\cdots,12$，其中 N 为一年中事件的总数，可以证明：

$$P(T^k\geq n)=\sum\frac{N!}{12^N\prod_{i=1}^{12}n_i!}$$

其中，取遍所有使得 $T^k\geq n$ 的取值 $(n_1, n_2, \cdots, n_{12})$ 求和。当 $k=1$ 时可以得到这个分布的近似，但 $k>1$ 时无法得出。【*Biometrics*, 1992, **48**, 1177 - 1185.】

Rate/比率

所讨论的某种现象的频率的度量，定义为：

$$比率=\frac{特定时期内事件数}{在此期间平均人口}$$

(所得到的数值经常乘以 10 的幂变为整数。)

R

Ratio Variable/比率变量

具有固定而不是任意零点的连续变量。例如，身高、体重和摄氏温度。参见：分类变量(**Categorical Variable**)，有序变量(**Ordinal Variable**)。

Rayleigh Distribution/Rayleigh 分布

在数学物理中遇到的一种非中心 χ^2 分布。分布的具体形式为：

$$f(x)=(x/\beta^2)\exp[-x^2/(2\beta)^2],\quad 0<x<\infty,\beta>0$$

均值为 $\beta(\pi/2)^{\frac{1}{2}}$，方差为 $(2-\pi/2)\beta^2$。当 $\beta=1$ 时，它为自由度为 2 的 χ^2 分布。【STD Chapter 34.】

Rayleigh's Test/Rayleigh 检验

对循环随机变量 θ 服从形式为

$$f(\theta)=\frac{1}{2\pi},\quad 0\leq\theta\leq 2\pi$$

的均匀分布的零假设的检验。检验基于观察值的随机样本 $\theta_1,\theta_2,\cdots,\theta_n$，检验统计量为：

$$r^2=\frac{1}{n}\left\{\left[\sum_{i=1}^{n}\cos\theta_i\right]^2+\left[\sum_{i=1}^{n}\sin\theta_i\right]^2\right\}$$

检验统计量的临界值可以得到。【MV2 Chapter 14.】

RBD/随机化区组设计

随机化区组设计(**Randomized Block Design**)的缩写。

RCT/随机化临床试验

随机化临床试验(**Randomized Clinical Trial**)的缩写。

Recall Bias/回忆偏差

偏差的一种可能的原因，特别是在回顾性研究中，由于对病例和对照之间不同的回忆所引起的，一般由于在对照组中少报暴露数。参见：确认偏差(**Ascertainment Bias**)。【SMR Chapter 5.】

Receiver Operating Characteristic Curves/受试者工作特征曲线

诊断检验的敏感度关于 1 减去它的特异性(*specificity*)的图形，作为表明积极的检验已经改变的删去准则。经常用于在两个检验中作出选择，尽管这种方法没有考虑到所检验疾病的流行性。例如，考虑下面从 50 个正常人和 50 个患病的人中得到的从 1(明确正常)到 5(明确患病)的排名。

	1	2	3	4	5	总数
正常	4	17	20	8	1	50
患病	3	3	17	19	8	50

如果排名 5 的用作识别患病病例的删去，那么敏感度估计为 8/50＝0.16，特异性为 49/50＝0.98。如果用排名 4 的作为删去，那么敏感度为 27/54＝0.54，特异性为 41/50＝0.82。作为删去的(敏感度，1－特异性)的取值随排名 5 到 1 而递减，分别为(0.16，0.02)，(0.54，0.18)，(0.88，0.58)，(0.94，0.92)，(1.00，1.00)。见图 112，这是所要的受试者工作特征曲线。【SMR Chapter 14.】

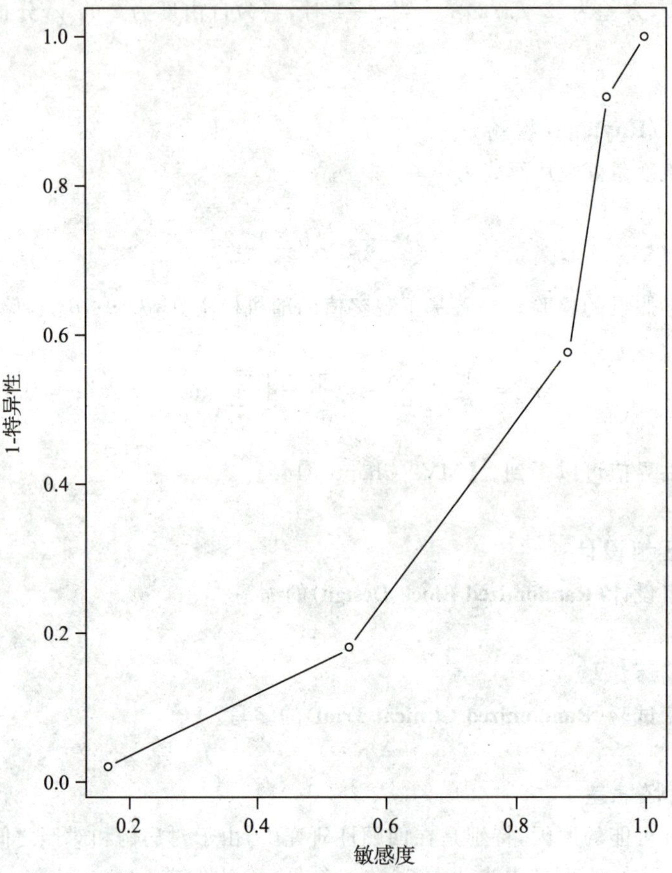

图 112　一例给定正常/患病率的 ROC 曲线

Reciprocal Transformation/反向变换

形式为 $y=1/x$ 的变换，对某些特殊类型的变量非常有用。例如，电阻变成电导，时间变成比率。在某些情形中，变换还可以得到线性关系，例如，气道阻力对肺容积是非线性的，但导气管对肺容积是线性的。【SMR Chapter 7.】

Record Linkage/记录链接

数据库中关于同一个个体的记录的构建。主要目的是关于每个个体是否存在某种形式的唯一的识别码，但当这种识别码无法得到或不可行时，必须采用概率匹配。【*Handbook of Record Linkage*，1988，H. B. Newcombe，Oxford University Press，New York.】

R

Rectangular Distribution/矩形分布

也称为均匀分布(**Uniform Distribution**)。

Recurrence Risk/复发风险

亲属有疾病的个人患病的概率。

Recursive/递归

递归定义的函数，定义：

- $f(0)$的取值；
- $f(n+1)$的取值，给定 $f(n)$的取值。

例如，阶乘函数可以定义为：

- $f(0)=1$；
- $f(n+1)=nf(n)$，对 $n=0,1,2,\cdots$。

Recursive Partitioning Regression/递归分割回归

也称为分类与回归树技术(**Classification and Regression Tree Technique**)。

Reduction of Dimensionality/维数简化

为了理解和解释而试图简化多元数据的分析方法的通用术语，包括主成分分析和多维比例。

Reed-Muench Estimator/Reed-Muench 估计量

在生物测定中*半数有效剂量*(*median effective dose*)的估计量。参见：**Dragstedt-Behrens** 估计量(**Dragstedt-Behrens Estimator**)。【*Probit Analysis*，3rd edition，1971，D. J. Finney，Cambridge University Press，Cambridge.】

Reference Interval/参考区间

包括大多数正常取值的比例的取值范围。一般为所讨论的变量的分布的两个预定的百分位(如 50 和 95)之间的区间。经常用来评估在个体分类中诊断检验的结果关于一个特殊变量是正常的还是不正常的，常称为潜在误导性短语"正常范围"(normal range)。【SMR Chapter 14.】

Reference Population/参考人群

针对用来比较的正在研究的人群。

Reference Priors/参考先验

参见：先验分布(**Prior Distributions**)。

Regenerative Cycles/再生周期

参见：再生过程(**Regenerative Process**)。

Regenerative Process/再生过程

一种随机过程，存在随机时间点 $0=T_0<T_1<T_2<\cdots$，使得在每个时间点过程以概率"重新开始"。由此可以得出过程$\{L_t\}$可以分裂成独立同分布(iid)随机长度 $\tau_i=T_i-T_{i-1}$，$i=1,2,\cdots$的 iid 概率副本，称为*再生周期*(*regenerative cycles*)。【*Regenerative Inventory Systems*，1989，I. Sahin，Springer Verlag，New York.】

R

Regression Analysis/回归分析

基本上等同于回归模型化(**Regression Modelling**)。

Regression Calibration/回归校准

对于在解释变量中存在误差的回归分析的结论进行校正的过程。参见:**衰减(Attenuation)**。

Regression Coefficient/回归系数

参见:**多元回归(Multiple Regression)**。

Regression Diagnostics/回归诊断

用来调查回归分析中如正态性、方差的同质性等基本的假设、或者检查特殊数据点或很小的一个数据点集合对所估计的回归系数的影响的过程。参见:**残差(Residuals)**,**Cook 距离(Cook's Distance)**,**COVRATIO 统计量(COVRATIO)**,**DFBETA 统计量(DFBETA)**,**DFFIT 统计量(DFFIT)**,**影响统计量(Influence Statistics)**。【ARA Chapter 10.】

Regression Dilution/回归稀释

当模型中一个协变量无法直接度量,在分析中必须采用一个相关的观察值来替代时所采用的术语。一般地,如果模型是根据"真正的"协变量正确设定的,那么对于观察值具有简单错误结构的模型的类似形式不成立。在这种情形中,忽略所度量的取值将导致模型中参数的有偏根据。通常也提到*变量问题中的错误*(*errors in variable problem*)。参见:**衰减(Attenuation)**,**潜在变量(Latent Variables)**,**结构方程模型(Structural Equation Models)**。【ARA Chapter 9.】

Regression Modelling/回归模型化

作为研究和刻画感兴趣系统的经常使用的统计技术,对反应变量 y 与一组 q 个解释变量 $x_1, x_2, \cdots, x_q$ 之间的关系制定一个合理的模型。明确的模型形式的选择是基于系统的先前知识或 y 作为 x 变量的函数的"光滑"和连续的考虑。这种模型最一般的形式为:

$$y = f(x_1, x_2, \cdots, x_q) + \varepsilon$$

其中,函数 f 反映了 y 与解释变量之间正确但未知的关系。假设均值为 0、方差为 σ_ε^2 的随机可加误差 ε 反映了 y 对除了 $x_1, x_2, \cdots, x_q$ 以外的其他量的依赖性。目标是寻找函数 $\hat{f}(x_1, x_2, \cdots, x_q)$ 作为函数 f 的合理近似。如果 f 的正确参数形式已知,那么采用如最小二乘估计或极大似然估计这些方法就可以估计未知系数集。如果 f 关于参数是线性的,那么模型为*多元回归*(*multiple regression*)。如果实验者不愿意假设 f 的特殊参数系数,那么可以采用*非参数回归模型化*(*nonparametric regression modelling*),例如,*递归分割回归*(*recursive partitioning regression*)或*多元自适应回归样条*(*multivariate adaptive regression splines*)。

Regression through the Origin/过原点的回归

在某些情形中,根据回归分析估计的两个变量之间的关系期望穿过原点,因为当解释变量的取值为 0 时因变量真正的均值已知为 0。在这种情形中,令截距参数为 0,只估计斜率

参数,这样线性回归模型穿过原点。【ARA Chapter 1.】

Regression to the Mean/回归到均值

由弗朗西斯·高尔顿爵士第一个注意到的过程:"男性的每一个特点都和他亲属共享,但都低于平均水平。"例如,高父母一般生出高儿子,但趋势上平均比他们的父母矮。这个术语经常用来标识一个变量在第一次测量时非常极端,而在后来的测量时越来越接近分布的中心这种现象。例如,在高血压的筛查计划中,只有那些高血压的人需要第二次度量。平均来说,第二次测量的取值将低于第一次。【*Statistical Methods in Medical Research*, 1997, **6**, 103 - 114.】

Regression Weight/回归权数

也称为回归系数(**Regression Coefficient**)。

Regularised Discriminant Analysis/正则化判别分析

关于小的高维数据集的一种判别分析的方法,用来克服当存在很多变量时二*次判别函数*(*quadratic discriminant function*)的降解性能。【*Journal of the American Statistical Association*, 1989, **84**, 165 - 175.】

Reification/物化

潜在变量(*latent variables*)的命名过程,对如生活质量和种族偏见这类事情的讨论如同身高体重这些物理量一样思考。【MV1 Chapter 1.】

Reinsch Spline/Reinsch 样条

函数 g,在满足

$$\int_0^1 \{g''\}^2 dt \leq C$$

的 g 上使得 $\sum_i \{Y_i - g(x_i)\}^2$ 最小,其中 C 是光滑参数,Y_i 是在设计点 x_i 处的观察,$0 \leq x_1 < x_2 < \cdots < x_n \leq 1$,且

$$Y_i = g(x_i) + \varepsilon_i$$

误差 ε_i 相互独立,且服从均值为 0、方差为 σ^2 的正态分布。参见:**样条函数**(**Spline Function**)。【*Nonparametric Regression and Generalized Linear Models*, 1994, P. J. Green and B. W. Silverman, Chapman and Hall/CRC Press, London.】

R

Reinterviewing/再访问

关于调查受访者的样本第二次访问,重复原来访问的问题(或这些问题的子集)。在第二次不必采用相同的提问方法。这种方法用来估计调查误差模型中的分量已经评估实地工作。

Rejectable Quality Level/可拒绝质量水平

参见:**质量控制程序**(**Quality Control Procedures**)。

Relative Efficiency/相对效率

一个参数的两个估计的方差的比，或者得到相同功效的两个统计过程所要求的样本容量的比。参见：**Pitman 最接近准则（Pitman Nearness Criterion）**。

Relative Frequency/相对频率

参见：**概率（Probability）**。

Relative Poverty Statistics/相对贫困统计

低于平均收入的给定分数的人群特性的统计，这在贫困的讨论中扮演着重要的角色。例如，低于国家中位数收入一半的比例用来作为国家间比较的基础。

Relative Risk/相对风险

一个特殊因子的暴露与某个结果的风险之间关联性的度量，定义为：

$$\text{相对风险}=\frac{\text{在暴露中的发病率}}{\text{在未暴露中的发病率}}$$

例如，相对风险为 5 意味着暴露人数是未暴露人数的 5 倍。相对风险没有度量具有因子的人会患病的概率。也许在未暴露和暴露之间疾病都很罕见。参见：**发病率（Incidence）**，**归因危险度（Attributable Risk）**。【SMR Chapter 10.】

Relative Survival/相对生存

给定一组病人的可观察生存与基于已诊断人群的生命表已经历的一组人的生存之间的比。

Reliability/可靠性

在不同条件下个体的相同度量能得出相似结论的程度。参见：**组内相关系数（Intraclass Correlation Coefficient）**，**Kappa 系数（Kappa Coefficient）**。

Reliability Theory/可靠性理论

试图根据系统分支的可靠性知识来确定复杂系统可靠性的理论。主要讨论系统或设备的寿命或无故障运行时间，以及对随时间推移系统性能更广泛的讨论。在前一种情形中，生存分析方法非常重要；在后一种情形中，经常使用 Markov 过程对系统性能模型化。【*Statistical Theory of Reliability and Life Testing*: *Probability Models*, 1975, R. E. Barlow and F. Proschan, Rinehart and Winston, New York.】

R

Relplot/二元箱形图

与二元箱形图（**Bivariate Boxplot**）同义。

Remedian/再中位数

通过迭代过程计算的位置的稳健估计量。假设样本容量 n 可以表示为 b^k，其中 b 和 k

都是整数,统计量可以这样计算,计算 b 个过程一组的中位数得到 b^{k-1} 个估计,将这个过程迭代下去,直到只剩下一个估计为止。【*Journal of the American Statistical Association*, 1990, **85**, 97 - 104.】

REML/残差极大似然估计

残差极大似然估计(**Residual Maximum Likelihood Estimation**)的缩写。

Removal Method/排除方法

根据连续的"排除"(即:无放回地捕获)数目估计在封闭区域中动物总数的方法。排除方法需要假设如下:

(1) 在排除发生时在封闭区域没有迁入或迁出。

(2) 每个动物被捕获的概率 p 相同。

(3) 每次排除具有相同的功效,即对每次排除概率 p 为常数。

如果上述假设成立,那么给定动物总数 N 下在 k 次排除中捕获 $c_1,\cdots,c_k$ 个动物的概率记为:

$$f(c_1,\cdots,c_k\,|\,N,p)=\frac{N!}{\prod(c_i)!(N-T)!}p^T(1-p)^{kN-Y}$$

其中,$T=\sum_{i=1}^{k}c_i$,$Y=\sum_{i=1}^{k}(k-i+1)c_i$。无法精确地得到 N 的极大似然估计,但可以用 *Stirling* 公式(*Stirling's formula*)近似。对于两次排除,可以得到:

$$\hat{N}=\frac{c_1^2}{c_1-c_2}$$

$\hat{N}$ 的近似渐近方差为:

$$\mathrm{var}(\hat{N})=\frac{\hat{N}\hat{q}^2(1+\hat{q})}{\hat{p}^3}+\frac{2\hat{q}(1-\hat{p}^2-\hat{q}^3)}{\hat{p}^5}-b^2$$

其中,$\hat{p}=(c_1-c_2)/c_1$,$\hat{q}=1-\hat{p}$,$b=\hat{q}(1+\hat{p})/\hat{p}^3$。【*Biometrics*, 1994, **50**, 501 - 505.】

Renewal Function/更新函数

参见:更新理论(**Renewal Theory**)。

Renewal Process/更新过程

参见:更新理论(**Renewal Theory**)。

R

Renewal Theory/更新理论

计算作为时间函数的事件发生数的随机过程研究。例如,事件为在等候线处顾客的到达或者灯泡的连续更换。令 $X_1,X_2,\cdots$ 为非负独立随机变量序列,且服从相同的累积概率分布。

$$F(x)=\Pr(X_k\leq x),\quad x\geq 0,k=1,2,\cdots$$

令 $\mu_i=E(x_i)$,假设 $0<\mu_i<\infty$。随机变量 X_n 为在某些特殊设置中第 $n-1$ 个和第 n 个事件之间发生的时间。定义:

$$S_0 = 0, \quad S_n = \sum_{i=1}^{n} X_i, \quad n = 1,2,\cdots$$

那么 S_n 是第 n 个事件发生的时间。对每个 $t>0$,定义:

$$N(t) = \text{最大整数 } n \geq 0, \text{对 } S_n \leq t$$

于是随机变量 $N(t)$ 是直到时间 t 的事件数。*计数过程*(*counting process*)$\{N(t), t\geq 0\}$ 称为由发生时间 $x_1, x_2, \cdots$ 生成的*更新过程*(*renewal process*)。$N(t)$ 的期望值称为*更新函数*(*renewal function*)。【*Biometrical Journal*, 1996, **23**, 155 - 164.】

Rényi, Alfréd (1921-1970)/艾尔弗雷德·莱利(1921-1970)

莱利出生于匈牙利布达佩斯,一直到 1944 年都在布达佩斯大学学习数学和物理。1950 年成为匈牙利科学院数学研究所所长,也是概率部主任。他在概率论、随机图和信息论方面作出了重要贡献,在 25 年的时间内发表了大约 300 篇论文。1970 年 2 月 1 日于布达佩斯去世。

Repeatability/重复性

相同的观察者或技术人员在一个合理的较短时间间隔中使用相同的设备、仪器和/或试剂所得到结论的接近性。

Repeated Measures Data/重复测量数据

参见:纵向数据(**Longitudinal Data**)。

Replicate Observation/重复观察

在与调查的性质所允许的原始条件几乎一致的条件下所得到的独立观察。【SMR Chapter 5.】

Reproducibility/再现性

在试剂、条件、技术人员、仪器、实验室等改变下关于相同检测材料的结论的接近性。【SMR Chapter 12.】

Reproduction Rate/繁殖率

参见:基本繁殖率(**Basic Reproduction Rate**)。

R

Research Hypothesis/研究假设

也称为备选假设(**Alternative Hypothesis**)。

Residual/残差

因变量的观察值(y_i)与由某个模型预测的取值($\hat{y}_i$)之间的差。通常采用非正式的图形技术对一组残差进行检查,需要对拟合模型时如正态性、方差的同质性等假设进行检验。一般地,不符观察的方差较大,在很多情形中某些类型的标准化必须在残差中对原因进行模式

识别。对观察 y_i 常用的*标准化残差*(*standardized residual*)为:

$$\frac{y_i - \hat{y}_i}{s\sqrt{1-h_i}}$$

其中,s^2 为拟合模型后残差方差的估计,h_i 为帽子矩阵的第 i 个对角元素。另一种标准化残差[有时也称为*学生化残差*(*Studentized residual*)]为:

$$\frac{y_i - \hat{y}_i}{s_{(-i)}\sqrt{1-h_i}}$$

其中,$s^2_{(-i)}$ 为去除第 i 个观察后拟合模型中残差方差的估计。参见:**回归诊断(Regression Diagnostics)**,**Cook 距离(Cook's Distance)**,**影响(Influence)**。【ARA Chapter 10.】

Residual Maximum Likelihood Estimation (REML)/残差极大似然估计

参数的估计量是由约束似然而不是似然本身最大化得到的一种估计方法,常用来在广义线性模型中估计*方差分量*(*variance components*)。【*Analysis of Longitudinal Data*, 1994, P. J. Diggle, K.-Y. Liang and S. L. Zeger, Oxford Science Publications, Oxford.】

Residual Sum of Squares/残差平方和

参见:**方差分析(Analysis of Variance)**。

Responders Versus Non-Responders Analysis/应答者对非应答者分析

按照是否存在某种治疗的观察反应进行的病人的生存经验的比较。一般这种分析是无效的,因为分组是估计在治疗初期未知的因子定义的。

Response Bias/回答偏差

由调查应答者所提供的信息与"事实"之间的差异的系统成分。

Response Feature Analysis/响应特征分析

纵向数据分析的一种方法,根据对每个个体重复度量集计算合适的汇总度量。例如,计算对象的度量的均值,或反应变量关于重复度量的最大取值,等等。采用如*学生 t-检验*(*Student's t-tests*)或 *Mann-Whitney 检验*(*Mann-Whitney tests*)这种简单方法用这些汇总度量来评估治疗间的差异。【*Analysis of Longitudinal Data*, 1994, P. J. Diggle, K.-Y. Liang and S. Zeger, Oxford Science Publications, Oxford.】

R

Response Rate/回答率

回答邮寄问卷的对象的比例。

Response Surface Methodology (RSM)/反应曲面分类研究法

用于开发、改善和优化过程的统计和数学方法,主要用于新产品的设计、开发和制定,如同在已有产品的改善。这类方法的最广泛应用是在工业世界,特别是在几个输入变量潜在地影响了产品或过程的某种性能度量或质量特征的情形中。这类方法的主要用途是基于一组实验因子将反应模型化，确定使得反应最大或最小的最优实验因子的设置。大多数应用涉及对下面模型的拟合和检查它的合适度，模型为：

$$E(y)=\beta_0+x'\beta+x'Bx$$

其中，$x=[x_1,x_2,\cdots,x_k]'$是 k 个因子的向量，$\beta=[\beta_1,\beta_2,\cdots,\beta_k]'$，且

$$B=\begin{pmatrix} \beta_{11} & \frac{1}{2}\beta_{12} & \cdots & \frac{1}{2}\beta_{1k} \\ \frac{1}{2}\beta_{12} & \beta_{22} & \cdots & \frac{1}{2}\beta_{2k} \\ \vdots & \vdots & \vdots & \vdots \\ \frac{1}{2}\beta_{1k} & \frac{1}{2}\beta_{2k} & \cdots & \beta_{kk} \end{pmatrix}$$

向量 β 和矩阵 B 包含了模型的参数。参见：最优化原则（**Criteria of Optimality**），设计矩阵（**Design Matrix**），多元回归（**Multiple Regression**）。【*Empirical Model-Building with Response Surfaces*，1987，G. E. P. Box and N. D. Draper，Wiley，New York.】

Response Variable/响应变量

在调查中最重要的变量，因为主要目标是研究治疗和/或关于这个变量的其他解释变量的效果，以及提供它和解释变量之间关系的合适的模型。【SMR Chapter 11.】

Restricted Likelihood/约束似然函数

参见：似然函数（**Likelihood**）。

Restricted Maximum Likelihood Estimation/约束极大似然估计

也称为残差极大似然估计（**Residual Maximum Likelihood Estimation**）。

Resubstitution Error Rate/重新替代错误率

根据判别分析中得到的规则被错误分类的对象的比例的估计，根据这个规则对训练集进行重新分类得到。作为规则的未来表现的估计，它几乎是最佳的，即它低估“真实的”错误分类率。参见：折刀法（**Jackknife**），b632 方法（**b632 Method**）。【MV2 Chapter 9.】

Resubstitution Method/重新替代法

参见：错误率估计（**Error Rate Estimation**）。

Retrospective Cohort Study/回顾性队列研究

参见：回顾性研究（**Retrospective Cohort Study**）。

Retrospective Study/回顾性研究

常用的研究术语，讨论的所有事件都是在研究开始之前发生，发现都是基于关于时间向后看。最常用的是*病例—对照研究*（*case-control study*），在患某种特殊疾病或条件的个人

(病例)和不患该疾病的个人(对照)之间进行比较。病例的样本取自患该疾病的人群,对照的样本取自那些已知没有患病的人群。关于疾病的所有*风险因子*(*risk factors*)的信息可以通过对每个人检查他们的历史记录、访问每个人和/或访问他们的亲属,或其他方法回顾性获得。为了对病例和对照进行其他方面的比较,经常关于与疾病和暴露强烈相关的已知特征进行匹配,得出*匹配病例—对照研究*(*matched case-control study*)。年龄、性别和社会经济地位经常作为匹配变量的例子。最常见的是*回顾性队列研究*(*retrospective cohort study*),其中个人的历史队列从以前的信息中确认,例如,就业记录,随后的死亡率和发病率由某个合适的对照组相应的经验决定和进行比较。【SMR Chapter 5.】

Reversal Designs/逆转设计

也称为**恢复切换设计**(**Switchback Designs**)。

Reversible Jump Sampler/可逆跳跃取样器

一种改进的*马尔可夫链 Monte Carlo 方法*(*Markov chain Monte Carlo method*),可以在不同维数的参数子空间间"跳跃"。【*Biometrika*, 1995, **82**, 711 - 732.】

Reversibility/可逆性

在时间序列(*time series*)中使用的术语,意思是使用的模型化和统计分析都可以在与原始序列相反的时间顺序取值上同样采用。【*International Statistical Review*, 1991, **59**, 67 - 79.】

RHC/Rao-Hartley-Cochran 方法

Rao-Hartley-Cochran 方法(**Rao-Hartley-Cochran Method**)的缩写。

Rice Distribution/Rice 分布

也称为**非中心χ^2-分布**(**Noncentral Chi-Squared Distribution**)。

Ridge Estimator/岭估计量

参见:**岭回归**(**Ridge Regression**)。

Ridge Regression/岭回归

回归分析的一种方法,用来克服解释变量间的*多重共线性*(*multicollinearity*)问题。这种多重共线性会使得估计变量关于反应的可分离效果很困难。在这种回归中,回归系数通过求解下面等式得到:

$$b^*(\theta)=(X'X+\theta I)^{-1}X'y$$

其中 $\theta\geq 0$ 为常数。样本取值在区间 $0\leq\theta\leq 1$ 比较合适。*岭估计量*(*ridge estimator*)$b^*(\theta)$ 是 β 的无偏估计量,如同普通最小二乘估计量 b。这种回归形式试图发现更"稳定的"回归系数,即具有更小的均方误差。为了得到明确的岭估计量,必须设定 θ 的取值。这可以通过绘制 $b^*(\theta)$ 对 θ 的图形得到,这称为*岭轨迹*(*ridge trace*)。例子见图 113。参见:**有偏估计量**

(**Biased Estimator**)。【ARA Chapter 12.】

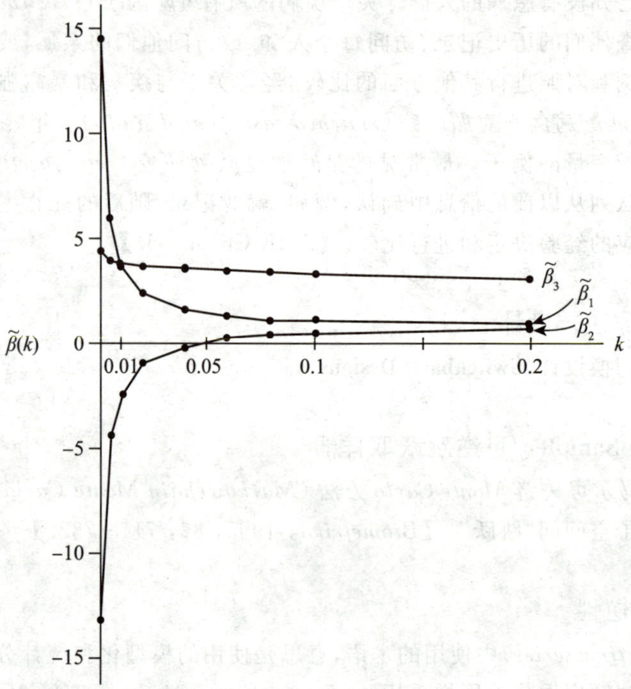

图 113 一例岭轨迹图

Ridge Trace/岭轨迹

参见:岭回归(**Ridge Regression**)。

Ridit Analysis/Ridit 分析

关于顺序变量的分析方法,假设有序的分类规模是一个基础的但无法直接度量的连续变量。假设连续分类对应基本的连续统上连续的区间。计算关于每个分类的称为 *ridits* 的数值,这些数值是关于基本变量对象的取值小于或等于相应区间的中点的概率的估计。这些评分可以用于关于变量的后继分析。【*Biometrics*, 1958, **14**, 18-38.】

Riemann Integral/Riemann 积分

参见:**Riemann-Stieltjes 积分**(**Riemann-Stieltjes Integral**)。

Riemann-Stieltjes Integral/Riemann-Stieltjes 积分

比常用的 *Cauchy 积分*(*Cauchy integral*)更一般的积分形式,它与下面的和有关:

$$S_n=\psi(\theta_1)\{F(x_1)-F(a)\}+\psi(\theta_2)\{F(x_2)-F(x_1)\}+\cdots+\psi(\theta_{n+1})\{F(b)-F(x_n)\}$$

其中,$\psi(x)$是关于 x 的连续函数,θ_1 属于 a 到 x_1 范围内,θ_2 属于 x_1 到 x_2 范围内,等等。当区间长度趋于 0 时,S_n 一致趋于与点 θ 位置或区间的边界点独立的极限。这个极限记为:

$$\int_a^b \psi(x)\,dF$$

称为 $\psi(x)$关于 $F(x)$的 *Stieltjes*积分(*Stieltjes integral*)。当 $F(x)=x$ 时,它变为 *Riemann* 积分(*Riemann integral*)。【KA1 Chapter 1.】

Right Censored/右删失

参见:**删失观察(Censored Observations)**。

Rim Estimation/Rim 估计

也称为**耙调整(Raking Adjustment)**。

Risk/风险

医学中常用的术语,表示如一个人生病或死亡等事件发生的概率。

Risk Factor/风险因子

认为与某种特殊疾病或条件有关的个人行为或生活方式、环境暴露、先天或遗传特征。

Risk Set/风险集

生存分析中使用的术语,指那些在某个特殊的时间点之前的时间处仍活着或未被删失的人。

Robbins, Herbert (1915-2001)/赫伯特·罗宾斯(1915-2001)

1935 年罗宾斯于哈佛大学获得第一个学位,1938 年获得纯数学的博士学位。战后他加入北卡罗来纳大学一个新成立的系,1953 年他来到哥伦比亚大学,担任数学统计教授。罗宾斯在经验 Bayes 方法和随机近似方面作出了重要贡献,但最著名的是他的一本著作——《什么是数学》(*What is Mathematics*)。2001 年 2 月 12 日罗宾斯于纽约州普林斯顿去世。

Robinson Matrix/Robinson 矩阵

元素从对角线在每一行和每一列移动单调非降的矩阵。这种矩阵在*聚类分析*(*cluster analysis*)中非常重要。【*Journal of Classification*, 1984, **1**, 75-92.】

Robust Estimation/稳健估计

不仅在理想条件下很好,而且在与假设的分布或模型有偏离的条件下也很好的估计方法。参见:**高故障方法(High Breakdown Methods)**。【*Robustness in Statistics*, 1979, R. Launer and G. Wilkinson, Academic Press, New York.】

Robust Regression/稳健回归

降低参数估计对模型假设中故障的敏感度的一类统计过程。例如,最小二乘估计对异常点非常敏感,通过基于绝对值和准则而不是平方和准则的估计过程就能减少这种观察的影响。参见:***M*-估计量(*M*-Estimators)**。【*Robust Statistics*, 1980, P. J. Huber, Wiley, New York.】

Robust Statistics/稳健统计

即使假设被轻度(或适度)违反时也表现很好的统计过程和检验。例如,*学生 t-检验*(*Student's t-test*)对于偏离正态性比较稳健。参见:**高故障方法**(**High Breakdown Methods**),**稳健估计**(**Robust Estimation**)。【*Robustness in Statistics*, 1979, R. Launer and G. Wilkinson, Academic Press, New York.】

ROC Curves/ROC 曲线

受试者工作特征曲线(**Receiver Operating Characteristic Curves**)的缩写。

Rootogram/根图

由直方图得到的图形,其中矩形表示观察频率的平方根而不是频率本身。构建这种图形的想法是去除计数的变异随容量增加这种趋势。参见:**悬挂根图**(**Hanging Rootogram**)。【*Explanatory Data Analysis*, 1977, J. W. Tukey, Addison Wesley, Reading, Massachusetts.】

Rose Diagram/玫瑰图

一种*角直方图*(*angular histogram*),每一组用一个扇形面表示。每个扇形面的半径通常与该组的频率的平方根成正比,所以扇形面的面积与频率成正比。图 114 给出了 12 个月内在重症监护病房中 254 位病人的 24 小时制到达时间的玫瑰图。【*Statistical Analysis of Circular Data*, 1993, N. I. Fisher, Wiley, Chichester.】

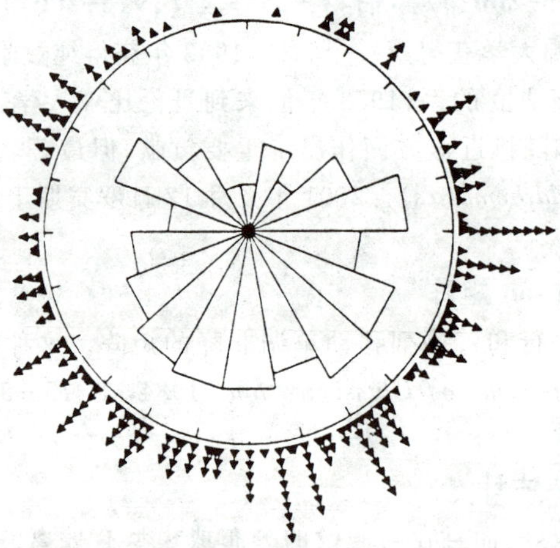

图 114 在重症监护病房到达时间的玫瑰图

资料来源:取自 *Statistical Analysis of Circular Data*,经 Wiley 出版集团授权许可。

R

Rosenbaum's Test/Rosenbaum 检验

关于具有相同中位数的两个总体的比例参数相等性检验的无分布方法。检验统计量为第一个样本中小于第二个样本中最小值或大于第二个样本中最大值的取值的总数。

Rosenthal Effect/Rosenthal 效应

调查者经常在研究中发现他们希望发现的观察。例如,在胎心率的听诊测量与电子记录率进行比较的可靠性研究中，当真实的比率低于每分钟 130 下时，医护人员会高估，当超过 150 时他们会低估。参见：**Hawthorne 效应（Hawthorne Effect）**。

Rotatable Design/旋转设计

参见：**设计旋转性（Design Rotatability）**。

Rotation Sampling/轮换抽样

在几个定期的时间间隔从一个给定的总体中抽样，用来估计总体变换方式。基本上等同于*固定样本研究*（*panel studies*）或*纵向研究*（*longitudinal studies*）。【*Annals of Mathematical Statistics*, 1955, **26**, 644 - 685.】

Rothamsted Park Grass Experiment/洛桑公园草地实验

1865 年在洛桑试验站（Rothamsted Experiment Station）开展的长期实验，研究不同肥料对干草产量的影响。

Rounding/四舍五入

比分析中使用的小数位置上小的数值信息的处理方法。通常采用的原则是，如果超出位数中第一个位数小于 5 那么直接排除，否则后面保留的位数直接增加为 1。例如，127.249 341 小数点后面三位的四舍五入为 127.249。

Round Robin Study/验证比对研究

有时用于实验室间比较的术语，其中按明确规定制造的材料的样本用来参与实验室间分析。结论用来评估实验室间的差异，以识别不相容或其他异常的可能性来源。参见：**实验室间研究（Interlaboratory Studies）**。

Roy's Largest Root Criterion/Roy 最大根准则

参见：**多元方差分析（Multivariate Analysis of Variance）**。

R-Techniques/R-技术

一类数据分析方法，试图寻找多元数据集中变量间的关系。包括*主成分分析*（*principal components*）和*因子分析*（*factor analysis*）。参见：**Q-技术（Q-Techniques）**。

Rudas-Clogg-Lendsay Index of Fit/Rudas-Clogg-Lendsay 拟合指数

在*列联表*（*contingency tables*）分析中评估拟合度的度量，给出了失拟的直接可解释定量度量，为与已正在检验的模型不相符的病例的比例。在这种方法中，指数可以在样本间或对样本容量不敏感的研究中进行即时比较。【*Journal of the Royal Statistical Society*, *Series B*, 1994, **56**, 623 - 639.】

Rugplot/挂毯图

将关于连续变量的取值的样本在水平线上表示它们的位置的图形显示方法。图 115 给出了一个例子。

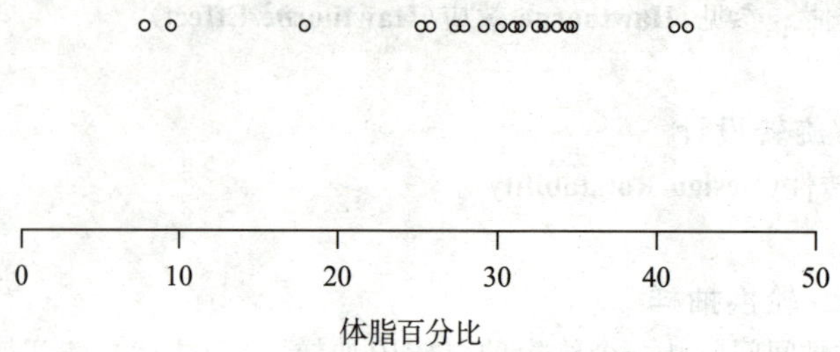

图 115 在人群中体脂百分比的挂毯图

Rule of Three/上限为 3 法则

在 n 次试验中,所观察的为 0 事件,关于基本比率的 95%置信上限为 $3/n$。【*American Statistician*, 1997, **51**, 137-139.】

Run-In/磨合

临床试验中在形成治疗组之前的观察期,在此期间获得关于研究协议的主要部分的经验。那些很难遵守协议的对象将被排除,而那些证明能遵守协议的对象随机进行试验。一般来说,这种过程背后的合理性是守约程度更高的研究具有的功效更高,因为治疗组之间差异的观察效果将不受不遵守协议的摊薄影响的约束。【*Statistics in Medicine*, 1990, **9**, 29-34.】

Runs/游程

在观察序列中同一数值的不间断序列的出现。例如,在序列

111224333333

中,存在 4 个"游程",单个数值 4 被认为是长度 1 的游程。

Runs Test/游程检验

经常用于检测*序列相关*(*serial correlations*)的检验。检验由计算游程或正残差和负残差序列的数目、比较在独立性假设下的期望值组成。如果样本观察由 n_1 个正残差和 n_2 个负残差组成,其中 n_1 和 n_2 都大于 10,在独立性下游程长度的分布近似服从均值为 μ、方差为 σ^2 的正态分布,其中:

$$\mu=\frac{2n_1 n_2}{n_1+n_2}+1$$

$$\sigma^2=\frac{2n_1 n_2(2n_1 n_2-n_1-n_2)}{(n_1+n_2)^2(n_1+n_2-1)}$$

【ARA Chapter 10.】

RV-Coefficient/RV-系数

n 个数据点的两种构形的相似度度量,定义为:

$$RV(X,Y)=\frac{\operatorname{tr}(XY'YX')}{\{\operatorname{tr}(XX')^2\operatorname{tr}(YY')^2\}^{\frac{1}{2}}}$$

其中,X 和 Y 分别是描述两种构形的矩阵。通过对 X 和 Y 的某些定义将 $RV(X,Y)$ 极大化可以描述几种多元分析方法。【*Applied Statistics*, 1976, **25**, 257-265.】

S

Saddlepoint Method/鞍点方法

给出相当精确的概率分布的近似方法，基于相应的*累积生成函数*（*cumulative generating function*）。对于相应的累积生成函数为 $c(t)$的变量 y，一阶近似为：

$$f(y)\approx(2\pi)^{-\frac{1}{2}k}|c''(\hat{\phi})|^{-\frac{1}{2}}\exp\{c(\hat{\phi})-\phi' y\}$$

其中，$\hat{\phi}$ 由 $c'(\hat{\phi})=y$ 决定，c'，c''分别为一阶导数向量和二阶导数矩阵。【KA1 Chapter 11.】

Saint Petersburg Paradox/Saint Petersburg 悖论

也称为 **Petersburg 博弈**（**Petersburg Game**）。

Sakoda Coefficient/Sakoda 系数

形成 $r\times c$ 二维列联表的两个变量间相关性的度量 S，定义为：

$$S=\sqrt{\frac{qX^2}{(q-1)(X^2+N)}}$$

其中，X^2 为检验两个变量独立性时采用的 χ^2 统计量，N 为样本容量，$q=\min(r,c)$。参见：**列联系数**（**Contingency Coefficient**），**ϕ 系数**（**Phi-Coefficient**），**Tschuprov 系数**（**Tschuprov Coefficient**）。

Sample/样本

根据某个过程所选择的总体的子集，目的是调查父辈总体的特殊性质。

Sample Size/样本容量

在一次调查中所包含的个体数。检测特殊容量的效应的特殊功效。对于许多研究有软件来计算样本容量，如 *SOLO* 软件包（*SOLO*）和 *nQuery 顾问*（*nQuery advisor*）。参见：**列线图**（**Nomogram**）。

Sample Size Formulae/样本容量公式

计算到达对某个固定的量的效应的检测能力所必需的样本容量的公式。例如，当采用单尾 z-检验法检验两个总体的均值差时，决定两个总体中每一个所必需的观察参数的公式为：

$$n=\frac{2(z_\alpha-z_\beta)^2\sigma^2}{(\mu_1-\mu_2)^2}$$

其中，σ^2 为两个总体已知的方差，μ_1，μ_2 为总体均值，z_α 是所选择的显著水平 α 的正态偏差，z_β 是 β 的正态偏差，$1-\beta$ 为所要求的功效。参见：**SOLO 软件包（SOLO）**和 **nQuery 顾问（nQuery Advisor）**。【SMR Chapter 15.】

Sample Space/样本空间

概率实验的所有可能的结果的集合。例如，如果抛两个硬币，样本空间为可能的结果 HH、HT、TH 和 TT 的集合，其中 H 表示头，T 表示尾。

Sample Survey/样本调查

从个人的样本中有计划收集关于他们的历史、习惯、知识、态度或行为的信息来估计特殊人群特征的研究。参见：**民意调查（Opinion Survey）**，**随机样本（Random Sample）**，**定额样本（Quota Sample）**。【*The American Census：A Social History*，1988，M. Anderson，Yale University Press，New Haven.】

Sampling/抽样

选择总体的某个部分的过程，用来对总体的某些方面进行估计。例如，为了估计某个地区可开采石油量，需要钻一些孔样本，为了估计珍稀濒危鸟类的数量，需要从研究区域内位置的样本中检测来估计总体中鸟类的数量。明显的问题是如何获得样本和进行观察，一旦样本数据到手，如何最佳使用它们来估计整个总体的特征。参见：**简单随机抽样（Simple Random Sampling）**，**聚类抽样（Cluster Sampling）**。【SMR Chapter 5.】

Sampling Design/抽样设计

从总体中选择单位样本的过程。一般地，一个特殊的样本设计是由对每个可能的样本 S 按选择该样本的概率为 Pr(S)来抽取。参见：**随机样本（Random Sample）**。

Sampling Distribution/抽样分布

由特定容量的随机样本所计算的统计量的概率分布。例如，从均值为 μ、标准差为 σ 的正态分布中抽取的容量为 n 的样本的算术平均的抽样分布也为正态分布，均值为 μ 但标准差为 $\sigma/\sqrt{n}$。【SMR Chapter 8.】

Sampling Error/抽样误差

样本结论和所估计的总体特征之间的差。特别地，抽样误差很难确定，因为总体特征一般未知。但采用合适的抽样过程可以使它很小，调查者必须确定它可能的取值范围。参见：**标准误差（Standard Error）**。【*Sampling Techniques*，1977，3rd edition，W. G. Cochran，Wiley，New York.】

Sampling Frames/抽样框

样本被选择的总体的一部分。它们通常根据地理列表、地图、目录、成员名单或从电话或其他电子格式中定义。【*Survey Sampling*，1965，L. Kish，Wiley，New York.】

Sampling Units/抽样单位

根据*抽样设计*（*sampling design*）抽取的样品。在许多调查中，这种样品指人，但经常指更大的人群。例如，在*机构调查*（*institutional surveys*）中，它们为医院、企业等。偶尔也可能不清楚单位是什么。在一个区域中农作物的调查中，区域可能被划分为一组地理区域、图或地段，利用地图来选择样本单位。但这种单位明显根据大小和形状选取的，这种选择将影响调查的成本和估计量的精度。【SMR Chapter 14.】

Sampling Variation/抽样变异

从同一个总体中抽取的相同容量的不同样本之间显示的变异。【SMR Chapter 7.】

Sampling With and Without Replacement/有放回抽样和无放回抽样

描述从*有限总体*（*finite population*）中抽样的两种不同方法的术语。当每个元素在下次抽取之前放回时，抽样称为"有放回"。当元素不再放回时，抽样称为"无放回"。参见：自助法（**Bootstrap**），折刀法（**Jackknife**），超几何分布（**Hypergeometric Distribution**）。【KA1 Chapter 9.】

Sampling Zeros/抽样零点

在列联表的单元格中出现的零频率，说明样本容量不合适。参见：结构零点（**Structural Zeros**）。【*The Analysis of Contingency Tables*，2nd edition，1992，B. S. Everitt，Chapman and Hall/CRC Press，London.】

Sandwich Estimators/三明治估计量

在纵向数据的分析中遇到的方差—协方差矩阵的估计量，根据*广义线性模型*（*generalized linear models*）或*广义估计方程*（*generalized estimating equation*）得到。这种估计量为一致估计量，即使模型中方差函数是不正确的设定。估计量的形式为：

$$ABA$$

其中，三明治外面一片（A）对应当*工作相关矩阵*（*working correlation matrix*）正确时协方差的取值，中心项（B）依赖于反应的相关性。【*Journal of Statistical Planning and Inference*，1995，**48**，197－205.】

S

Sanghvi's Distance/Sanghvi 距离

由一组分类变量描述的两个总体之间的距离度量，定义为：

$$G^2 = 100\frac{\sum_{j=1}^{r}\sum_{k=1}^{s_j+1}\left[\frac{(p_{1jk}-p_{jk})^2}{p_{jk}}+\frac{(p_{2jk}-p_{jk})^2}{p_{jk}}\right]}{\sum_{j=1}^{r}s_j}$$

其中，p_{1jk}，p_{2jk}分别是在总体 P_1，P_2 中第 k 组关于第 j 个变量的比例，$p_{jk}=\frac{1}{2}(p_{1jk}+p_{2jk})$，$s_j+1$ 是第 j 个特征的分组数目。【*Biometrics*, 1970, **26**, 525 - 534.】

Sargan Distribution/Sargan 分布

概率分布 $f(x)$定义为：

$$f(x)=\frac{1}{2}K\alpha e^{-\alpha|x|}\left(1+\sum_{j=1}^{\rho}\gamma_j\alpha_j|x|^j\right)$$

其中，$\alpha\geq 0$，$\gamma_j>0(j=1,2,\cdots,\rho)$，$K=\sum_{j=1}^{\rho}(1+j!\gamma_j)^{-1}$，参数 ρ 指分布的阶。阶数为 0 时对应 *Laplace分布*(*Laplace distribution*)。在计量经济模型中常作为正态分布的可行的备选分布。【*Journal of Econometrics*, 1987, **34**, 349 - 354.】

SAS/SAS 软件

统计分析系统(Statistical Analysis System)的缩写，数据处理和数据分析的一个大型计算机软件。包含大量的数据管理、文件处理和图形功能。可以用来多种统计分析，如*多元回归*(*multiple regression*)、*对数线性模型*(*log-linear models*)、*主成分分析*(*principle components analysis*)等。【SAS Institute Inc., Cary, North Carolina 27512 - 8000, USA; SAS Software Ltd., Wittington House, Henley Road, Medmenham, Marlow SL7 2EB, UK.】

Satterthwaite's Approximation/Satterthwaite 近似

均值和方差已知(或良好估计)时非负变量的概率分布的近似方法。【ARA Chapter 16.】

Saturated Model/饱和模型

包含所有主效应和因子间所有可能的相互作用的模型。因为这种模型包含与单元格(分类数据)或均值(连续数据)相同数目的参数，所以可以得到数据集的完美拟合。

Savage, Leonard James (1917-1971)/伦纳德·詹姆斯·萨维奇(1917-1971)

萨维奇出生于底特律，在韦恩州立大学学习，后来到密歇根大学学习，最终由于对度量几何的向量方法应用的研究获得博士学位。1944 年他进入哥伦比亚统计研究院。1949 年萨维奇帮助成立了芝加哥大学的统计系，1954 年出版了著作《统计学基础》(*The Foundations of Statistics*)，对学科的后来发展产生了巨大的影响。1957～1958 年他是数理统计研究所主任。1971 年 11 月 1 日于纽黑文去世。

Savage's Test/Savage 检验

从累积概率分布为 $F_1(x)$和 $F_2(x)$的两个总体中抽取的容量为 n 和 m 的两个样本进行比较的无分布方法。检验零假设 $F_1(x)=F_2(x)$对所有 x，备选假设 $F_1(x)\geq F_2(x)$对所有 x，和 $F_1(x)>F_2(x)$对某个 x。检验统计量为：

$$S=\sum_{i=1}^{n}a_N(R_i)$$

其中，$R_1 < R_2 < \cdots < R_n$ 为在组合样本中容量 n 的样本的有序秩，$N = n + m$，$a_N(k) = \sum_{j=1}^{k}(N - j + 1)^{-1}$。当 m 和 n 足够大且零假设正确时，S 近似服从正态分布，均值为 n，方差为：

$$mn(N-1)^{-1}\left[1 - N^{-1}\sum_{j=1}^{N}(1/j)\right]$$

【*Communications in Statistics*, 1977, **6**, 1213 - 1221.】

Scaled Deviance/尺度偏差

在广义线性模型中常用的术语，为*偏差*(*deviance*)除以*尺度因子*(*scale factor*)。它等于方差，除非模型*过度离散*(*overdispersion*)。【GLM Chapter 2.】

Scale Factor/尺度因子

参见：广义线性模型(**Generalized Linear Models**)。

Scale Parameter/尺度参数

确定度量尺度的概率分布的参数。例如，正态分布中参数 σ^2。

Scan Statistic/扫描统计量

评估一个关于时间的疾病集群是否是偶然产生的统计量。统计量采用了一个特定长度的"移动窗户"，当窗户在整个时间段移动时透过窗户发现最大病例数。可以得到在均匀分布的零假设下一定容量集群的概率的上限的近似。统计量可以用来检验在化学工程中肺癌、注射水痘病毒疫苗后的皮疹、三体自发流产的可能性集群。参见：**地理分析机**(**Geographical Analysis Machine**)。【*Statistics in Medicine*, 1987, **6**, 197 - 208.】

Scatter/散布

也称为分散(**Dispersion**)。

Scatter Diagram/散点图

二元观察样本的二维图形。在评估两个变量间是哪种关系时非常重要。例子见图116。参见：相关系数(**Correlation Coefficient**)，绘图员图(**Draughtsman's Plot**)。【SMR Chapter 3.】

Scattergram/散点图

也称为散点图(**Scatter Diagram**)。

S

Scatterplot/散点图

也称为散点图(**Scatter Diagram**)。

Scatterplot Matrix/散点图矩阵

也称为绘图员图(**Draughtsman's Plot**)。

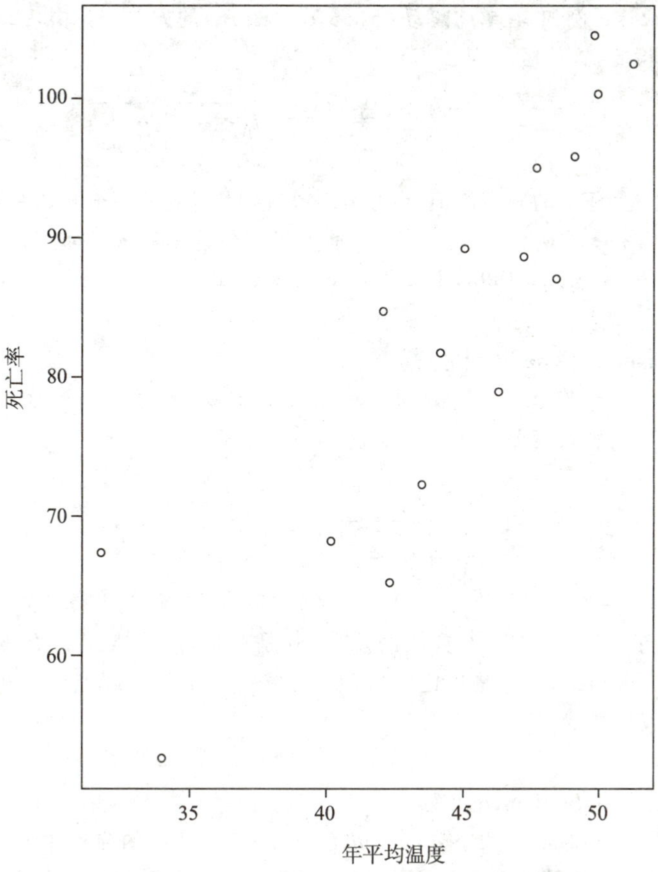

图 116　某个地区乳腺癌死亡率和平均地区温度的散点图

Scenario Analysis/情景分析

基于不同的已知假设描述时间序列预测的范围的术语。【*Journal of Forecasting*, 1991, **10**, 549 - 564.】

Sceptical Priors/怀疑先验

参见:先验分布(**Prior Distributions**)。

Scheffé, Henry (1907–1977)/ 亨利・谢弗(1907–1977)

谢弗出生于纽约城，在麦迪逊的威斯康星大学学习，1935 年由于名为《某些线性微分方程的渐近解，其中的参数系数可能有一个为 0》(*Asymptotic solutions of certain linear differential equations in which the coefficient of the parameter may have a zero*)的论文获得博士学位。1940 年他来到普林斯顿，然后 1951 年成为哥伦比亚大学数理统计系系主任。1959 年出版了他的经典著作《方差分析》(*The Analysis of Variance*)。1977 年 7 月 5 日由于一场悲惨的单车意外而去世。

Scheffé's Test/Scheffé 检验

一种多元比较检验(*multiple comparison test*)，防止出现较大*每次试验误差率*(*per-ex-*

periment error rate）。例如，在*单向设计*（*one-way design*）的方差分析中，计算两个均值之差的置信区间进行检验，置信区间为：

$$\bar{y}_{i.}-\bar{y}_{j.}\pm\sqrt{(g-1)F_{g-1,N-g}}\sqrt{MSE\left(\frac{1}{n_i}+\frac{1}{n_j}\right)}$$

其中，$\bar{y}_{i.}$，$\bar{y}_{j.}$ 是组 i 和组 j 的观察均值，g 为组的数目，MSE 为方差分析表中的均方误差，n_i，n_j 分别是组 i 和组 j 中的观察次数，$F_{g-1,N-g}$ 是关于某个选定的显著水平的 F -值。总样本容量记为 N。【*Biostatistics*，1993，L. D. Fisher and G. Van Belle，Wiley，New York.】

Schemper's Measures/Schemper 度量

在 *Cox 比例风险模型*（*Cox's proportional hazards model*）中可解释变差的两种度量，对应于在正态情形中可解释变差的比例。度量 V_1，V_2 定义为：

$$1-V_l=\frac{\sum k_i^{-1}\sum|S_{ij}-\bar{S}_{ij}|^l}{\sum k_i^{-1}\sum|S_{ij}-\bar{S}_j|^l},\quad l=1,2$$

其中，$S_{ij}=1$，个体 i 在所有时间点 t_j 个体仍存活，如果在该时间点个体死亡则减少 0.5；其他 $S_{ij}=0$，k_i 是对应于一种死亡个体 i 死亡的总数，$\bar{S}_j$ 是在时间点 t_j 处存活的 *Kaplan-Meier 估计*（*Kaplan-Meier estimate*），$\bar{S}_{ij}$ 是从比例风险模型中个体 i 在时间点 t_j 的存活估计。【*Biometrika*，1990，**77**，216－218.】

Schoenfield Residual/Schoenfield 残差

在 *Cox 比例风险模型*（*Cox's proportional hazards model*）的应用中使用的一种诊断方法。事实上，这种残差不是每个对象的单一取值，而是包含在拟合模型中的每个解释变量的一组取值。每个这种残差是第 j 个解释比例与解释变量关于处于第 i 个个体死亡时间的风险集中个体取值的加权平均之差。这种残差在大样本中期望值为 0，而且彼此不相关。【*Modelling Survival Data in Medical Research*，1993，D. Collett，Chapman and Hall/CRC Press，London.】

Schuster's Test/Schuster 检验

在时间序列的*周期图*（*periodogram*）中对非零定期坐标的检验，假设序列的随机部分是独立的零均值正态序列。在这个假设下，周期图 $I(\omega_p)$ 的每个部分的概率分布与自由度为 2 的 χ^2 分布成正比。特别地，对于 $p\neq0$，

$$I(\omega_p)/\sigma_x^2\sim\chi_2^2$$

其中，$\sigma_x^2=\mathrm{var}(X_t)$。可以检验一个给定的周期图坐标的显著性。【*Application of Time Series Analysis in Astronomy and Meterology*，edited by E. Subba Rao，M. B. Priestley and O. Lessi，1997，Chapman and Hall，London.】

S

Schwarz's Criterion/Schwarz 准则

在两个模型中进行选择时的指标。定义为：

$$-2L_m+m\ln n$$

其中，n 是样本容量，L_m 是模型的极大似然函数，m 是模型中参数的个数。这个指标既考虑了统计拟合度，又考虑了为实现这个拟合度所需估计的参数个数，通过随着参数的增加而增加惩罚。这个指标取值较小表明模型更偏好，即仍能得出合适的数据的拟合度的最少参数的模型。如果 $n \geq 8$，那么这个准则所选择的模型比采用 *Akaike信息准则*（*Akaike's information criterion*）选择的参数更少。参见：**简约原理**（**Parsimony Principle**），**Occam 剃刀**（**Occam's Razor**）。【TMS Chapter 11.】

Score Residual/评分残差

也称为 **Schoendield 残差**（**Schoenfield Residual**）。

Score Test/评分检验

检验假设参数向量 $\theta' = [\theta_1, \theta_2, \cdots, \theta_m]$ 为零向量。检验统计量为：

$$s = S'VS$$

其中，S 为元素向量 $\partial L/\partial\theta_i$，$L$ 为似然函数，V 是参数的渐近方差—协方差矩阵。参见：**Wald 检验**（**Wald's Test**）。【GLM Chapter 5.】

Scott, Elizabeth Leonard (1917-1988)/伊丽莎白·伦纳德·斯科特(1917-1988)

斯科特出生于美国俄克拉荷马州锡尔堡，在加州大学伯克利分校学习天文学。在第二次世界大战期间，她在伯克利大学统计实验室与耶日·奈曼一起从事提高空中轰炸的精度的研究。1962 年，斯科特成为伯克利大学统计学教授。在她的职业生涯中，她研究了大量的包括关于癌变和云播种实验模型的统计问题。1977 年她担任数理统计研究所主任。1988 年 12 月 20 日于伯克利去世。

Scram Data/急停数据

与由于如丧失外电源这种瞬态事件的发生引起反应堆保护系统无计划关闭核电厂有关的核电工业所生成的数据。

Scree Diagram/卵石图

相关矩阵的有序特征值的图，用来描述在*因子分析*（*factor analysis*）或*主成分分析*（*principal components analysis*）中合适的因子个数。图形中看到的关键特征是一个“肘”，因子的数目为小于等于该点的特征值的数目。这种图例见图 117。参见：**Kaiser 检验**（**Kaiser's Test**）。【MV2 Chapter 12.】

Screened-to-Eligible Ratio/经筛选合格率

在临床试验中需要检查确定协议合格主体的对象的个数。

Screening Experiment/筛选实验

具有许多因子的实验，目的是确认那些具有较大影响的因子（如果有）。被识别的因子非常重要，在后继的实验中将更彻底地讨论。这种实验常采用**部分析因分析**（**Fractional Factorial Designs**）。参见：**反应曲面分类研究法**（**Response Surface Methodology**）。

S

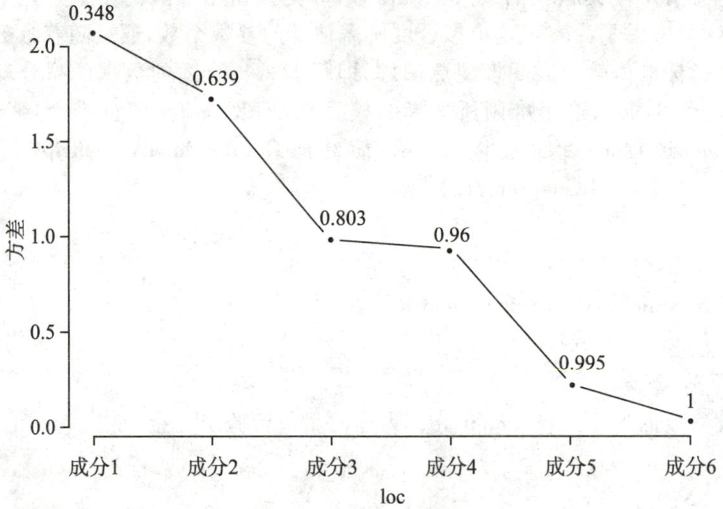

图 117 卵石图,表明在特征值 3 有一个"肘"

Screening Studies/筛选研究

在研究中为了能早期诊断疾病对无症状人群采用的*诊断检测*(*diagnostic tests*)。设计这种研究用来估计疾病流行和识别患特殊疾病的治疗病人。这个过程通常与慢性疾病有关,目的是检测还没有接受治疗的疾病。这种研究必须非常仔细地设计和分析,以避免由于*提前期偏差*(*lead time bias*)和*长度偏差抽样*(*length biased sampling*)引起的可能的问题。最适合的设计是基于随机分配(random allocation)。例如,在*连续筛选设计*(*continuous screen design*)中,将对象随机分配到在整个研究中进行给定的定期筛选的组,或者分配到不进行这样的筛选但采用常用的治疗组。这种设计的缺陷是关于在试验期间所有病人都会被"干预"的成本让人望而却步;如果是这样,可以采用另一种方法,称为*停止屏幕设计*(*stop screen design*),其中在干预组中只进行有限次的筛选。【SMR Chapter 14.】

SD/标准差

标准差(**Standard Deviation**)的缩写。

S_B-Distribution/S_B -分布

参见:**Johnson 分布系统(Johnson's System of Distributions)**。

S_L-Distribution/S_L -分布

参见:**Johnson 分布系统(Johnson's System of Distributions)**。

S

S_U-Distribution/S_U -分布

参见:**Johnson 分布系统(Johnson's System of Distributions)**。

SE/标准误差

标准误差(**Standard Error**)的缩写。

Seasonally Adjusted/季节调整

时间序列中使用的术语，消除关于季节的周期振荡。【SMR Chapter 4.】

Seasonal Variation/季节变异

一般用来表示时间序列中每年发生的循环，但有时也表示其他的定期移动。【SMR Chapter 7.】

Seber's Model/Seber 模型

环回收实验中使用的模型，在研究的第 i 年 R_i 只鸟被带上环，$1 \leq i \leq k$，其中 m_{ij} 只鸟在第 j 年被发现且死亡，$i \leq j \leq k$。令 ϕ_j 表示第 i 年存活的鸟的概率，它条件依赖于第 $i-1$ 年存活的概率，λ 是已经死亡且被发现并报告的概率，假定在第 i 年鸟已经被带上环，则在第 $i+j$ 年环被回收的概率为 $\lambda\phi_1\cdots\phi_j(1-\phi_{j+1})$，没有被回收的概率为 $1-\lambda(1-\phi_1-\cdots-\phi_{k+1-i})$，$1 \leq i \leq k$，$0 \leq j \leq k-i$。

Secondary Attack Rate/二次发病率

某些如家庭、家族或殖民地等这些集体或封闭单位的成员受到来自于已经感染疾病的同一单位另一个成员的接触而感染疾病的程度。【*Statistics in Medicine*, 1996, **15**, 1393－1404.】

Second-Order Stationarity/二阶平稳

参见：平稳（**Stationarity**）。

Secretary Problem/秘书问题

在应聘一个工作（如秘书职位）的 n 个人按随机顺序相继到达的问题。到达的每个人可以按职位所需的特征（如打字技能）度量。目的是选择那个所评估的特征最高取值的应聘者，但面试后必须立即告诉应聘者是否被雇佣。最优策略是首先拒绝 $s(n)$ 个候选人，一旦完成，在应聘者 $s(n)+1,\cdots,n$ 中选择目前为止看上去最佳的，其中 $s(n)/n \approx e^{-1}$。【*International Statistical Review*, 1983, **51**, 189－206.】

Secular Trend/长期趋势

在一个相当长的时间段上时间序列光滑移动。

Segmentation/分割

将图形按区域或对象划分。这是在任意定量分析之前必须进行的步骤。【*Statistics for Spatial Data*, 1991, N. A. C. Cressie, Wiley, New York.】

S

Segregation Analysis/分离分析

收集出现离散表型类证据的方法，通过检验家族中*表型*（*phenotype*）的联合分布由一个位点上基本的*基因型*（*genotype*）概率决定。【*Statistics in Human Genetics*, 1998, P. Sham, Arnold, London.】

Selection Bias/选择偏倚

在临床试验和其他类型的医学调查中引入的偏倚，每当由所涉及的个人选择治疗或治疗受限于研究者没有观察到的约束就会产生这种偏倚。如果存在不可观察因子影响健康结果和所选的治疗类型，那么任何治疗和结果之间直接连接都混淆数据中不可度量的变量。这个问题的经典例子发生在 20 世纪 20 年代拉纳克郡牛奶实验中。在这个试验中 10 000 名儿童接受免费牛奶供应，同样多的儿童没有供应。随机分配形成分组。但不幸的是，好心的老师决定最穷的儿童优先得到免费牛奶，而不是严格执行原来的分组。结果是牛奶供应的影响无法从贫穷的影响中区分开。当采用相同程序选择的变量子集可能对于原始数据是最优的，但对未来的数据表现较差时，以及当研究中所包含的个体不是研究中*目标人群*(*target population*)的代表时，在多元回归的文章中也会使用这个术语。【*Statistics in Medicine*, 1988, **7**, 417 - 422.】

Selection Methods in Regression/回归中的选择方法

当采用回归分析时选择解释变量“好的”(不一定是最佳的)子集的一系列方法。最常用的三种方法是：*前向选择*(*forward selection*)、*后退法*(*backward elimination*)，以及两种的组合称为*逐步回归*(*stepwise regression*)。在前向选择中评估一个变量是否添加到已有模型中或者在后退法中从已有模型中消除的准则是考虑包含或排除该变量所引起的残差平方和的变化。特别地，在前向选择中，称为 *F-to-enter* 的“F-统计量”为：

$$F=\frac{RSS_m-RSS_{m+1}}{RSS_{m+1}/(n-m-2)}$$

计算“F-统计量”然后与预设的项进行比较；如果所计算的 F-值大于预设值，那么在模型中加入所讨论的变量。(RSS_m 和 RSS_{m+1} 是拟合包含 m 个和 $m+1$ 个解释变量的模型时的残差平方和。)在后退法中，所计算的 F-值小于 *F-to-remove*，则从现有模型中排除该变量。在逐步过程中，根据前向选择变量被加入，但在加入一个新变量后，模型中那些变量在后退过程中被排除。在这种方法中，可能某些变量在前面一步中被加入而后来被排除，因为新变量的出现对回归模型不再重要。需要强调的是关于选择变量的这些自动程序中没有一个是万能的，必须小心使用。参见：所有子集回归(**All Subsets Regression**)。【ARA Chapter 6.】

Selection Models/选择模型

参见：**Diggle-Kenward** 丢失模型(**Diggle-Kenward Model for Dropouts**)。

Self-Modeling Regression (SEMOR)/自建模回归

建立一维反应曲线的模型组的方法，当曲线描述在大小和位置上具有个体差异的相似图形时。【*Technometrics*, 1972, **14**, 513 - 532.】

S

Self-Pairing/自配对

参见：成对样本(**Paired Samples**)。

Self-Similarity/自相似

关于几何图形的术语，当相同的几何结构关于观看图形的距离是独立观察时。也用于描述某些*随机过程*(*stochastic processes*)$\{X_t\}$，这些随机过程满足：对每个时间点序列 t_1，

$t_2,\cdots,t_k$,以及任意常数 c,$c^{-H}(X_{a_1},X_{a_2},\cdots,X_{a_k})$与$(X_{a_1},X_{a_2},\cdots,X_{a_k})$分布相同,其中 H 为*自相似参数*(*self-similarity parameter*)。【*The Fractal Nature of Geometry*, 1982, B. B. Madelbrot, Freeman, San Francisco.】

Self-Similarity Parameter/自相似参数

参见:自相似(**Self-Similarity**)。

Semi-Interquartile Range/半四分位值域

最大四分位和最小四分位之间差的一半。

Semi-Variogram/半变异函数

参见:变异函数(**Variogram**)。

SEMOR/自建模回归

自建模回归(**Self-Modeling Regression**)的缩写。

Sensitivity/敏感度

诊断检验(*diagnostic test*)的性能的指标,指患该疾病的个人被正确分类到疾病组的百分比,即在已经知道患病时具有积极检测结果的条件概率。如果对大多数患病的个人检测结果是积极的,那么对疾病的检验是敏感的。参见:特异性(**Specificity**), **ROC** 曲线(**ROC Curves**),**Bayes** 定理(**Bayes's Theorem**)。【SMR Chapter 14.】

Sensitivity Analysis/灵敏度分析

参见:不确定性分析(**Uncertainty Analysis**)。

Sequence Models/序列模型

同时分析多重有序事件的一类新颖的统计模型。它是*对数线性模型*(*log-linear models*)的推广,其中参数是用来刻画对事件的发生/不发生的每个组合用序列模式求和得出的频率的边际比值和比值比。这些参数用来对事件的发生和关联进行分析。另一组变量刻画了在事件的发生/不发生的每个组合中序列模式之间的条件比值和比值比。这些参数用来分析事件的序列。

Sequential Allocation Procedures/顺序分配程序

在前瞻性临床试验中将病人分配到治疗中的程序,其中病人是按顺序进入研究的。在进入的时刻那些影响试验结果的诊断因子的取值经常已知,利用这些信息进行的分配程序会受到广泛的注意。这些程序最广泛的应用是*置换块分配*(*permuted block allocation*),其中层是根据分配的病人所有诊断因子的取值相同来定义。最简单的形式是随机分配一种治疗给进入的病人,当新病人所属的层中治疗之间存在均衡时。如果不存在均衡,那么采用能实现均衡的治疗。原则上,问题是,对一组已知的诊断因子,经历前面所有分配的调查者将考虑下一位病人的治疗分配,因而会产生可能的有意识的选择偏倚。

Sequential Analysis/序贯分析

当收集数据时随时间重复进行显著性统计检验的程序。在每次观察之后，对累积数据进行分析，在下列三种决定中作出选择：

- 停止数据收集，拒绝零假设，认为统计显著；
- 停止数据收集，不拒绝零假设，认为结论不是统计显著；
- 继续数据收集，因为已累积的数据不能得出结论。

在某些情形中，*开放的序贯设计*(*open sequential designs*)，没有规定可以终止治疗间不存在差异的试验，其他情形，*封闭的序贯设计*(*closed sequential designs*)，可以得到这样的结果。在*分组序贯设计*(*group sequential designs*)中，在一定数量的对象被分成两组之后采用中期分析。根据整体显著水平、真实的治疗差异和所要求的功效可以得出对象数目的合适取值。【SMR Chapter 15.】

Sequential Sums of Squares/序贯平方和

主要在回归分析中遇到的术语，在特殊序列中被进入模型中的变量的基值。它是进入一个变量之前和之后残差平方和的差。【ARA Chapter 4.】

Serial Correlation/序列相关

在*纵向研究*(*longitudinal study*)中关于相同对象的成对度量之间的相关性。这种相关性的大小通常依赖于度量的时间差——特别是当时间差增大时相关性越来越弱。当进行相应的推断时必须正确地考虑这些数据的分析。【ARA Chapter 10.】

Serial Interval/串行区间

从一个病例中症状的观察到直接受第一个病例感染的第二个病例该症状的观察之间的时段。

Serial Measurements/串行度量

随时间收集的关于相同对象的观察。参见：**纵向数据(Longitudinal Data)**。【SMR Chapter 14.】

Seriation/系列化

基于对象间相异或相似性将一组对象按时间顺序排列的问题。例如，考古墓葬的*相似矩阵*(*similarity matrix*)，它的元素为每对墓葬中共同的文物种类数目。相同种类的数目可能随着两个墓葬间的时间差增加而减少，希望所得到的称为数据的*多维比例*(*multidimensional scaling*)的解能显示墓葬关于年龄的线性排序。但是，在实践中解更多地显示*马蹄形*(*horseshoe shape*)，因为对于时间间隔上面某些阈值成对墓葬没有相同的文物。图 118 给出了这种比例解。【MV1 Chapter 5.】

S

Shaded Distance Matrix/阴影距离矩阵

图形显示由一组观察的聚类分析中得到的解的粗略但简单的方法，用来评估这些解的有效性。将个体重新分配使得在距离矩阵中相同集群中的个体与另一个相邻。对于紧密且完全分离的集群，集群中的距离非常小，而不同集群中个体间的距离非常大。用越来越淡的

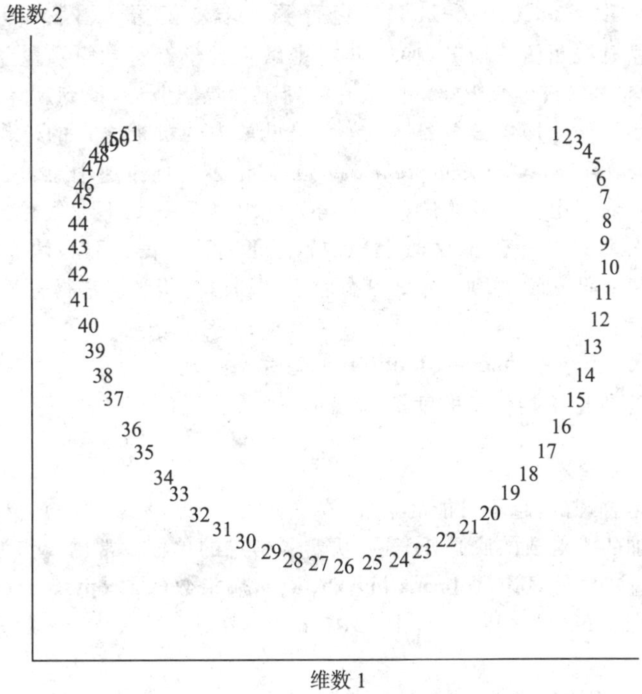

图 118　马蹄效应

灰色对递增的距离编码，在每个紧密完全分离的集群下有一系列黑色三角形，而那些作为聚类过程的产物的集群不具有这些行为。图 119 给出一个例子。

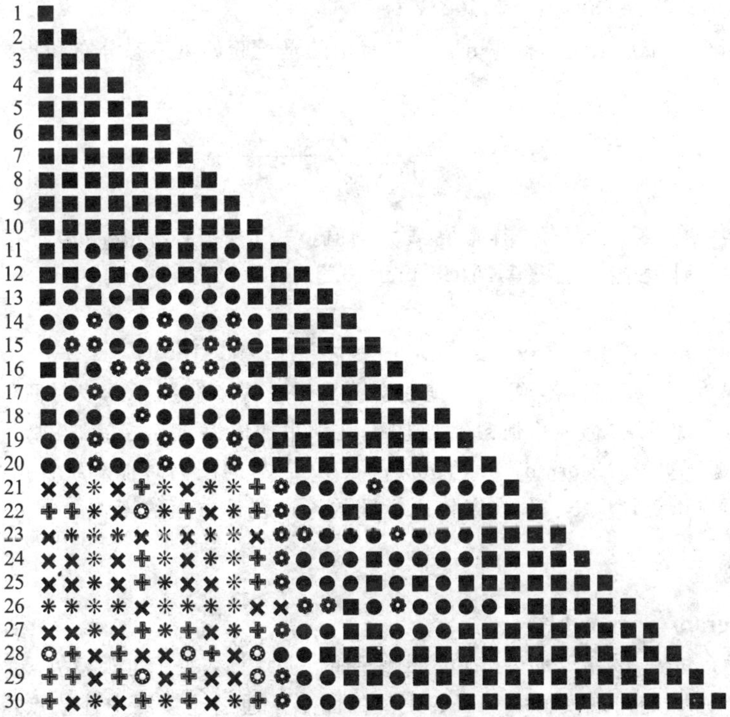

图 119　一例阴影距离矩阵

Shannon, Claude Elwood (1916-2001)/克劳德·埃尔伍德·香农(1916-2001)

香农出生于密歇根州佩托斯基,1936 年在密歇根大学获得数学和电子工程学士学位,1940 年从麻省理工学院获得博士学位。从麻省理工学院毕业后,他到新泽西州美国电报电话公司贝尔实验室工作。1948 年出版了 20 世纪最重大的贡献之一的著作《通信的数学理论》(*A Mathematical Theory of Communication*),讨论了如何传递消息,使得它们不会因为噪声变成乱码。香农提出了消息的信息内容与它的内容无关,而只是简单地通过数字 1 和 0 来传递它。1958 年他来到麻省理工学院,他的思想迅速从通信工程和计算机科学扩散到概率论、DNA 复制和密码方面。2001 年 2 月香农于马萨诸塞州米尔福德去世。

Shannon's Information Measure/Shannon 信息度量

概率为 P 的事件中平均信息的度量,定义为:

$$(-\log P)$$

这种度量直观上是合理的,越不可能的事件,在事件发生时所提供的信息更多。对数的出现是保证信息是可加的。对数的底是任意的,决定了信息的单位。常用 2 作为底,这样信息用*比特*(*bits*)度量。参见:**信息论**(**Information Theory**),**熵指数**(**Entropy Index**)。【*Information Theory and Coding*, N. Abrahamson, 1968, McGraw-Hill, New York.】

Shape Parameter/形状参数

概率分布函数的一个参数,决定关于一类特殊变量的一族形状中分布的"形状"(不同于位置和大小比例)。例如,*Γ分布*(*gamma distribution*)的参数 γ。

Shapiro-Wilk *W* Tests/Shapiro-Wilk *W* 检验

检验一组变量服从指定的概率分布。最常用的是检验偏离正态分布和指数分布。对于后者,检验统计量为:

$$W=\frac{n}{n-1}\frac{(\bar{x}-x_{(1)})^2}{\sum_{i=1}^{n}(x_{(i)}-\bar{x})^2}$$

其中,$x_{(1)}\leq x_{(2)}\leq\cdots\leq x_{(n)}$ 为有序样本值,$\bar{x}$ 为均值。基于*模拟*(*simulation*)研究的 W 的临界值可以在许多统计表中查到。【ARA Chapter 10.】

Shattuck, Lemuel (1793-1859)/莱缪尔·沙特克(1793-1859)

沙特克出生于马萨诸塞州阿什比,他在密歇根州底特律学习。30 岁时回到马萨诸塞州康科德城开了一家商店,但最后他搬到波士顿,在那里他成为一名书商和出版商。在准备一本名为《康科德城史》(*History of the Town of Concord*)的图书时他对统计产生了兴趣,因为书中有一章讨论统计历史。他在宣传高标准的人口统计方面的影响非常大,并成立了美国统计学会。

Shepard Diagram/Shepard 图

多维比例(*multidimensional scaling*)中使用的一种图形,关于可观察*相异系数*(*dissimilarity coefficients*)与由规模解中得出的距离的图形。通过连接图中连续点得出将可观察的相异性转换为距离的变换。【*Analysis of Proximity Data*, 1997, B. S. Everitt and S.

Rabe-Heskith, Edward Arnold, London.】

Sheppard's Corrections/Sheppard 校正

样本矩(*moments*)的校正,当由分组频率分布的取值得出的样本矩似乎集中在所选分组区间的中点时。特别地,这种数据中得出的方差通过减去 $h^2/12$ 校正,其中 h 为区间长度。【KA1 Chapter 2.】

Shewhart Chart/Shewhart 图

用来识别在过程发生中显著偏离的时间点的控制图。参见:累积和(**Cusum**),指数加权移动平均控制图(**Exponentially Weighted Moving Average Control Chart**)。

Shewhart, Walter A. (1891-1967)/沃尔特·A. 休哈特(1891-1967)

休哈特出生于伊利诺伊州新坎顿,1917 年在加利福尼亚州立大学获得物理学博士学位。他最早的职业是西方电气公司的工程师,1925 年到贝尔实验室工作。最值得人们记忆的是他关于质量统计控制的发明。1967 年 3 月 13 日去世。

Shift Outlier/移位异常

必须某种特殊量的"移位"使得它与余下的样本一致。【*Annals of the Institute of Statistical Mathematics*, 1994, **46**, 267-278.】

Shift Tables/移位表

用来汇总和解释实验数据的表格,显示通过治疗从"正常""移位"到"不正常"以及反过来的病人数。

Shrinkage/收缩

经常会发生的一种现象,当由*多重回归*(*multiple regression*)得到的一个方程应用到一个新数据集时,模型的预测没有采用原来样本好。特别地,*多重相关系数*(*multiple correlation coefficient*)的取值变小,即"收缩"。参见:收缩公式(**Shrinkage Formulae**)。【*Biometrics*, 1976, **32**, 1-49.】

Shrinkage Estimators/收缩估计量

通过常用的如*极大似然估计*(*maximum estimation*)或*最小二乘估计*(*least squares estimation*)这些估计方法得到的估计量,对使得某些如*均方误差*(*mean square error*)函数极小化进行的修改。参见:岭回归(**Ridge Regression**),James-Stein 估计量(**James-Stein Estimators**)。【*Biometrics*, 1976, **32**, 1-49.】

Shrinkage Formulae/收缩公式

当从一个数据集中得到的回归方程用来对另一个样本预测时在多元相关系数中"收缩"量的估计公式。例如,*Wherry* 公式(*Wherry's formula*):

$$\hat{R}_s^2 = 1-(n-1)/(n-k-1)(1-R^2)$$

*Herzberg*公式(*Herzberg's formula*):

$$R_s^2=1-\left(\frac{n-1}{n-k-1}\right)\left(\frac{n-2}{n-k-2}\right)\left(\frac{n+1}{n}\right)(1-R^2)$$

其中,R^2 是原来样本中多元相关系数,n 为样本容量,k 是方程中变量数目,R_s^2 为当回归方程用来对新样本预测时多元相关系数的估计值。

Siegel-Tukey Test/Siegel-Tukey 检验

关于具有相同中位数的两个总体方差是否相等检验的无分布检验。参见:**Ansari-Bradley 检验(Ansari-Bradley Test)**,**Conover 检验(Conover Test)**,**Klotz 检验(Klotz Test)**。【*Journal of the American Statistical Association*, 1960, **55**, 429 - 445.】

Sigmoid/S 形

像"S"形状拉长的曲线的描述。【*Modelling Binary Data*, 1991, D. Collett, Chapman and Hall/CRC Press, London.】

Signed Rank Test/符号秩检验

参见:**Wilcoxon 符号秩检验(Wilcoxon's Signed Rank Test)**。

Signed Root Transformation/符号根变换

当可观察*似然函数*(*likelihood function*)明显不服从正态分布时构造置信区间的过程。变换为:

$$z_n(\theta)=\sqrt{[2\{l_n(\hat{\theta})-l_n(\theta)\}]}sign(\theta-\hat{\theta})$$

其中,$l_n(\theta)$为 n 个观察的*对数似然*(*log-likelihood*),$\hat{\theta}$ 为参数 θ 的极大似然估计。对每个固定的 θ,当 n 足够大时,$z_n(\theta)$近似服从标准正态分布。【*Biometrika*, 1973, 457 - 465.】

Significance Level/显著水平

零假设被拒绝的概率水平。一般令它为 0.05。【SMR Chapter 8.】

Significance Test/显著性检验

对一组观察得出关于某个假设的 *P* - *值*(*P-value*)的统计过程。例如,*学生 t - 检验*(*Student's t-test*)、*z - 检验*(*z-test*)和 *Wilcoxon 符号秩检验*(*Wilcoxon's signed rank test*)。【SMR Chapter 8.】

Sign Test/符号检验

对一系列观察中正负取值相等的零假设的检验。观察经常为关于一组对象在两个条件下观察的反应变量的差。【SMR Chapter 9.】

Silhouette Plots/Silhouette 图

评估*聚类分析*(*cluster analysis*)中分组的相对紧性和孤立性的图解法。例子见图 120。参见:**冰柱图(Icicle Plot)**。【*Journal of Computational and Applied Mathematics*, 1987,

S

20, 53 - 65.】

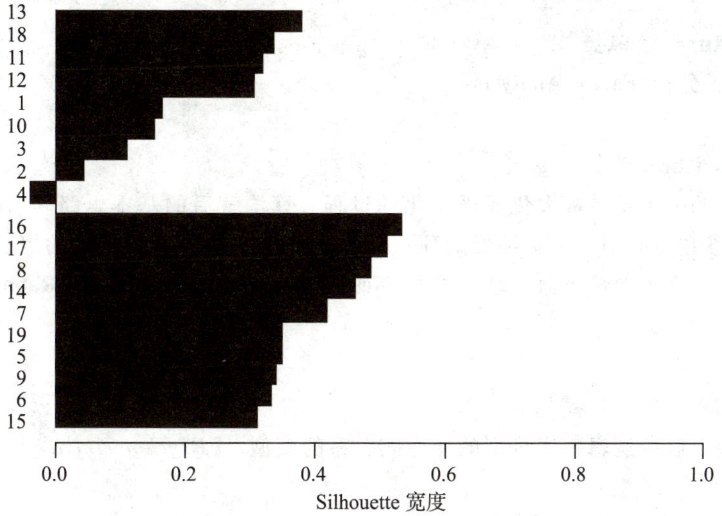

图 120　Silhouette 图

Simes Modified Bonferroni Procedure/Simes 修改 Bonferroni 过程

构造多重显著性检验时 *Bonferroni 校正*(*Bonferroni correction*)的改良版。如果 $H=\{H_1,H_2,\cdots,H_n\}$为对应于检验统计量 $T_1,T_2,\cdots,T_n$ 的一组零假设,相应的 P-值为 $P_1,P_2,\cdots,P_n$,零假设 H_0 为所有 $H_i,i=1,2,\cdots,n$ 都为真,过程为拒绝 H_0 当且仅当存在 j 的某个取值使得 $P_{(j)}\leq j\alpha/n$,其中 $P_{(1)}\leq\cdots\leq P_{(n)}$ 为 $P_1,P_2,\cdots,P_n$ 的有序值。【*Biometrika*, 1996, **83**, 928 - 933.】

SIMEX/SIMEX 过程

参见:仿真和外推过程(**Simulation and Extrapolation Procedure**)。

Similarity Coefficient/相似系数

取值范围在 0～1 之间的系数,用来度量一个多元数据集中两个观察的变量值的相似性。经常讨论的是关于二进制变量。例如,*匹配系数*(*matching coefficient*)和 *Jaccard 系数*(*Jaccard's coefficient*)。【MV1 Chapter 5.】

Similarity Matrix/相似矩阵

主对角线元素为 1、非对角线元素为相应的两个个体的某种*相似系数*(*similarity coefficient*)的*对称矩阵*(*symmetric matrix*)。【MV1 Chapter 5.】

Simple Random Sampling/简单随机抽样

一种*抽样设计*(*sampling design*)的类型,在总体中从 N 个单位中抽取 n 个不同的单位,n 个单位的每种可能性组合作为样本选择可能性相同。按这种抽样设计,第 t 个总体单位被包含在样本中的概率为 $\pi_i=n/N$,即关于每个单位的*包含概率*(*inclusion probability*)是相同的。其他的设计也能得出每个单位被包含的概率相等,但只有这种设计可以保证 n 个单位

的每个样本具有相同的概率。【SMR Chapter 8.】

Simple Structure/简单结构

参见:因子分析(**Factor Analysis**)。

Simplex Algorithm/单纯形算法

几个变量的一个函数极大化或极小化的过程。算法背后的基本思路是,比较函数的取值,使得它在参数空间中一个单纯形的顶点最小,通过反射、伸缩和扩展的组合在迭代过程中将这个单纯形逐步向最小值移动。参见:**Newton-Raphson 方法(Newton-Raphson Method)**。【MV2 Chapter 12.】

Simplex Models/单纯形模型

分析那些可以按逻辑顺序排列的变量间关系的模型。【*Psychometrika*, 1962, **27**, 155-162.】

Simpson's Paradox/Simpson 悖论

两个变量(如治疗类型和结果)之间关联性的度量关于第三个变量(如性别)的水平是相同的,但是当第三个变量被排除时它们的取值完全不同,关联性度量由混合数据得到。只有在第三个变量与其他两个变量都关联时才会发生这种情形。例如,考虑下面两个 2×2 列联表,表中给出两种临床中产前护理量和存活数的信息。

临床 A

		婴儿的存活		
		死亡	存活	总数
护理量	少	3	176	179
	多	4	293	297
	总数	7	469	476

临床 B

		婴儿的存活		
		死亡	存活	总数
护理量	少	17	197	214
	多	2	23	25
	总数	19	220	239

在两种临床 A 和 B 中,根据评估存活与护理量之间独立性的 χ^2 统计量可以得出接受假设(在两种情形中统计量几乎为 0)。但是,如果在临床中数据折叠,那么 χ^2 统计量取值为 5.26,结论是护理量与存活相关。参见:**折叠类(Collapsing Categories)**,**对数线性模型(Log-Linear Models)**。【*Applied Categorical Data Analysis*, 1987, D. H. Freeman, Jr., Marcel Dekker, New York.】

Simulated Annealing/模拟退火

一种最优化方法,类似于退火的物理过程,通过将材料延长加热和慢慢冷却的过程。通过参数取值的概率的改变导致局部增加,这样有助于克服局部极小化问题。【MV1 Chapter 7.】

Simulation/模拟

人工生成的随机过程[通常根据*伪随机数*(*pseudorandom numbers*)和/或计算机],用来模仿特殊统计模型的行为。参见:**Monte Carlo 方法(Monte Carlo Methods)**。【SMR Chapter 7.】

Simulation and Extrapolation Procedure/模拟和外推过程

一种计算密集但可以用于高度非线性模型的校准过程。当解释变量具有度量误差时,简单回归模型中能更清楚地解释这种方法。如果回归模型为:

$$E(Y|X)=\alpha+\beta X$$

但 $W=X+\sigma U$ 而不是 X 可观察,其中 U 均值为 0、方差为 1,度量误差方差 σ^2 已知。对于任意给定 $\lambda>0$,假设根据模拟反复"添加",对于 W 可加误差的均值为 0、方差为 $\sigma^2\lambda$,每次计算普通最小二乘斜率,然后平均。模拟估计量一致估计了

$$g(\lambda)=\frac{\sigma_x^2}{\sigma_x^2+\sigma^2(1+\lambda)}\beta$$

其中,σ_x^2 是 X 的方差。绘制 $g(\lambda)$对 $\lambda\geqslant 0$ 的图,拟合一个合适的模型,然后外推回 $\lambda=-1$ 得到 β 的一致估计。【*Measurement Error in Nonlinear Models*, 1995, R. J. Carroll, D. Ruppert and L. A. Stefanski, CRC/Chapman and Hall.】

Simulation Envelope/模拟包络

当拟合的模型是正确时期望残差模式的置信区间,通过所估计的模型参数取值为真值模拟残差的分布。

Simultaneous Confidence Interval/联合置信区间

同时估计的几个参数的置信区间(更准确的说法是置信区域)。【KA2 Chapter 20.】

Simultaneous Inference/联合推断

同时对几个参数进行推断,当所讨论的参数在某种情形中属于同一类时。参见:*多重比较*(*multiple comparisons*)。【*Simultaneous Statistical Inference*, 1985, R. G. Miller, Springer-Verlag, New York.】

S

Sinclair, John (1754-1835)/约翰·辛克莱(1754-1835)

辛克莱出生于苏格兰凯思内斯郡的瑟索堡,在格拉斯哥爱丁堡的爱丁堡高中学习,然后到牛津大学学习法律。他毕生致力于收集"有用信息",1791~1799 年间出版了 21 卷的著作《苏格兰统计账户》(*The Statistical Account of Scotland*),每卷有 600~700 页。作为第一位数据收集者,辛克莱第一个在英语中引入了现在所理解的统计学和统计这些词。1835 年

12月21日于爱丁堡去世。

Single-Blind/单盲

参见:致盲(**Blinding**)。

Single-Case Study/单病例研究

也称为**N选1临床试验**(**N of 1 Clinical Trial**)。

Single-Index Model/单指标模型

一种回归模型,形式为:

$$y_i = g(\beta_0 + \beta' x_i) + \varepsilon_i, \quad i = 1, \cdots, n$$

其中,g为未知*连接函数*(*link function*),$x_i' = [x_{i1}, \cdots, x_{ip}]$,$\beta$是$p \times 1$向量。假定误差项$\varepsilon$服从均值为0、方差为$\sigma^2$的正态分布。【*Annals of Statistics*, 1991, **19**, 505 - 530.】

Single-Linkage Clustering/单链接聚类

聚类分析(*cluster analysis*)的一种方法,其中两个集群之间的距离定义为两个个体之间的最小距离,每个个体取值不同的组。【*Cluster Analysis*, 3rd edition, 1993, B. S. Everitt, Edward Arnold, London.】

Single-Masked/单屏蔽

也称为单盲(**Single-Blind**)。

Single Sample *t*-Test/单样本 *t*-检验

参见:学生*t*-检验(**Student's *t*-Tests**)。

Singly Censored Data/单删失数据

在临床试验中发生的*删失观察*(*censored observations*),其中所有病人在同一时间点进入研究,在一个固定的时间段研究终止。参见:逐步删失数据(**Progressively Censored Data**)。

Singular Matrix/奇异矩阵

行列式等于0的方阵;这种矩阵的逆不存在。参见:**Moore-Penrose**逆(**Moore-Penrose Inverse**)。

Singular Value Decomposition/奇异值分解

将$r \times c$矩阵A分解成:

$$A = USV'$$

其中,U和V'为正交矩阵,S为对角矩阵。包括*对应分析*(*correspondence analysis*)在内的几种多元分析的基础。【MV1 Chapter 4.】

Sinh-Normal Distribution/Sinh正态分布

概率分布$f(x)$定义为:

S

$$f(x)=[2/(\alpha\sigma\sqrt{2\pi})]\cosh[(x-\gamma)/\sigma]\exp\{(-2/\alpha^2)\sinh^2[(x-\gamma)/\sigma]\}$$

分布关于位置参数 γ 对称，当 $\alpha\leq 2$ 时为强单峰，当 $\alpha>2$ 时为双峰。它是服从 *Birnbaum-Saunders 分布*（*Birnbaum-Saunders distribution*）的随机变量对数的分布。图 121 给出了几个这样的分布。

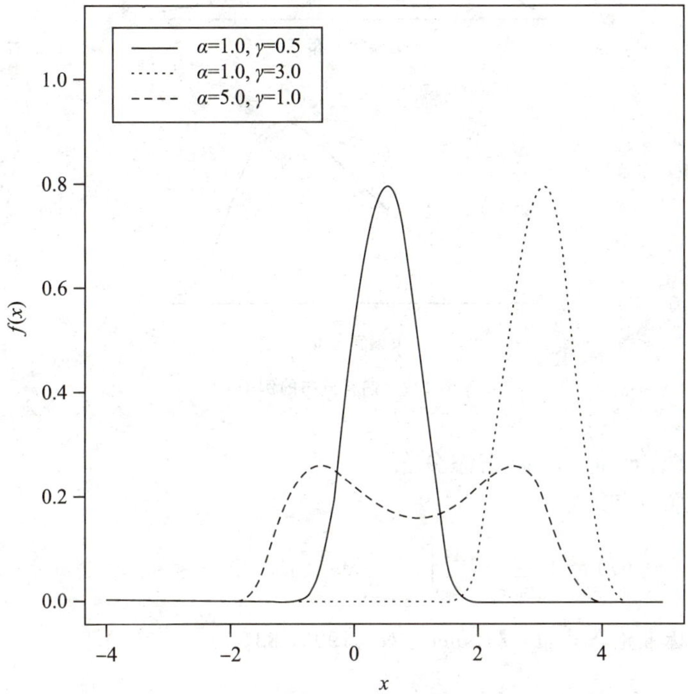

图 121　α 和 γ 几个取值的 Sinh 正态分布

Six Sigma Initiative/6σ 方案

采用纪律严明和以统计为基础的方法帮助在公司内部从每个产品、工艺和交易中消除缺陷的程序。【*Quality Progress*，1988，May，60 - 64.】

SiZer Map/SiZer 地图

在数据分析中用于光滑方法的图形设备，帮助回答可观察特征相对于伪抽样人造物是"真的有"。【*Journal of the American Statistical Association*，1999，**94**，807 - 823.】

Skewness/偏斜度

概率分布中对称性的缺失。通常用指标 s 量化，定义为：

$$s=\frac{\mu_3}{\mu_2^{\frac{3}{2}}}$$

其中，μ_2，μ_3 是关于均值的二阶和三阶矩（*moments*）。对于*对称分布*（*symmetrical distribution*）指标取值为 0。当分布向右有长且薄的尾部时称为*正偏斜*（*positive skewness*），当分布向左有长且薄的尾部时称为*负偏斜*（*negative skewness*）。例子见图 122。参见：**峰度**（**Kurtosis**）。【KA1 Chapter 3.】

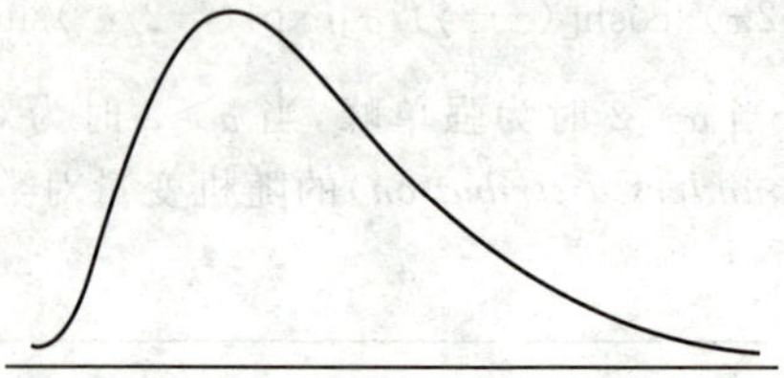

正偏斜分布

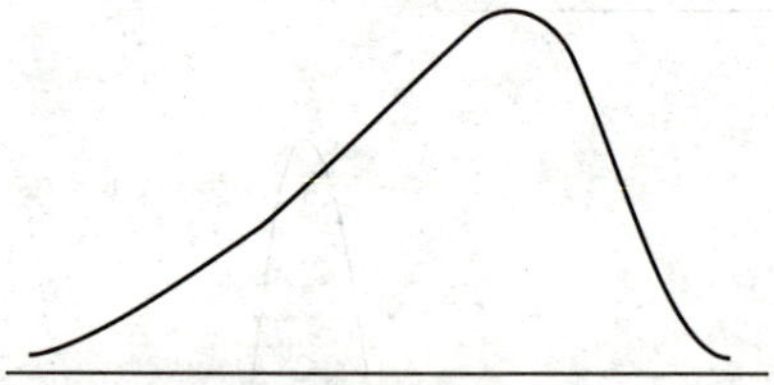

负偏斜分布

图 122 偏斜分布的例子

Skew-Normal Distribution/斜正态分布

概率分布 $f(x)$ 定义为：

$$f(x) = 2\frac{1}{\sqrt{2\pi}}e^{-\frac{1}{2}x^2}\int_{-\infty}^{\lambda x}\frac{1}{\sqrt{2\pi}}e^{-\frac{1}{2}u^2}du, \quad -\infty < x < \infty$$

当 $\lambda=0$ 时它为标准正态分布。【*Biometrika*，1996，**83**，715－726.】

Skew-Symmetric Matrix/反对称矩阵

矩阵的元素满足

$$a_{ii}=0; \quad a_{ij}=a_{ji}, \quad i\neq j$$

例如，矩阵 A：

$$A=\begin{pmatrix} 0 & 1 & -3 \\ -1 & 0 & 2 \\ 3 & -2 & 0 \end{pmatrix}$$

Sliced Inverse Regression/分段逆回归

数据分析的工具，用来在回归建模情形中减少解释变量的数目，不需要任何参数或非参数拟合过程。方法基于每个解释变量关于反应变量回归的思路，这样将问题变为一维回归。【*Journal of the American Statistical Association*，1994，**89**，141－148.】

Sliding Square Plot/滑动方形图

成对样本（*paired samples*）数据的图形显示。n 对观察(x_i, y_i)的散点图形成图形的基础，增加三个*箱形—晶须图*（*box-whisker plots*），一个是关于每对中第一个观察（即控制对象或第一次度量），一个是关于留下的观察，还有一个是关于每对的差，即 x_i-y_i。见图 123。

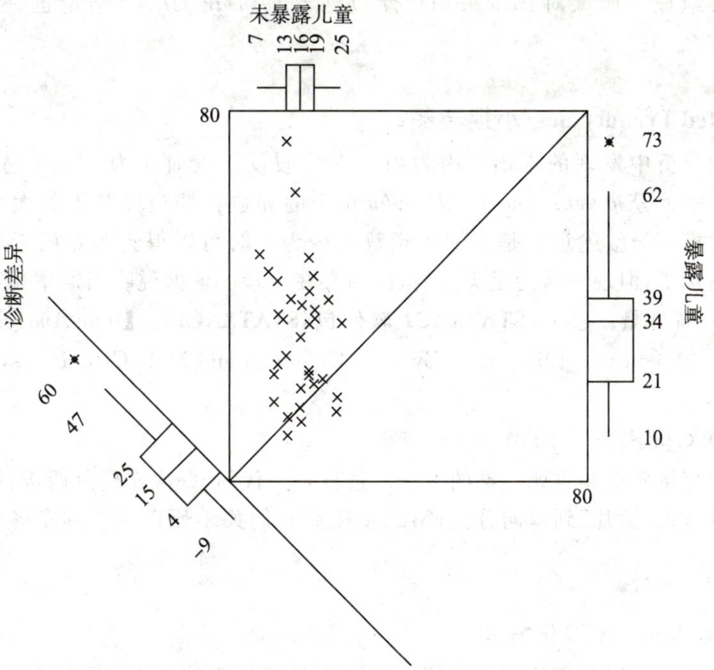

图 123 配对儿童的血铅水平的滑动方形图

Slime Plot/Slime 图

绘制随时间记录的*循环数据*(*circular data*)的图形的方法,用来表明方向的变化。

Slope Ratio Assay/斜率比测定

一类普通的生物测定,其中关于标准测试刺激的*计量—反应*(*dose-response*)曲线不是两条平行的回归直线,而是两条斜率不同的直线,在刺激的零计量处相交。这些刺激的相对效力为所估计的两条直线的斜率比。【*Bioassay*, 2nd edition, 1984, J. J. Hubert, Kendall-Hunt, Dubuque.】

Slutsky, Eugen (1880-1948)/尤金·斯勒茨基(1880-1948)

斯勒茨基出生于雅罗斯拉夫尔省,1899 年作为数学系的学生进入基辅大学,但由于革命行动在 3 年后被开除。在学习法律之后他对政治经济学产生了浓厚的兴趣,1918 年获得经济学学位,成为基辅商贸学院教授。1934 年获得莫斯科国立大学荣誉学位,在苏联科学院数学研究所得到一个职位,这个职位一直保留到他去世。斯勒茨基是*随机过程*(*stochastic processes*)理论的鼻祖之一,在他生命的最后岁月中,他研究了几个变量的函数的编制表问题。

S

Slutzky-Yule Effect/Slutzky-Yule 效应

根据某种光滑形式将相关性引入时间序列中。例如,如果$\{x_t\}$是*白噪声序列*(*white noise sequence*),其中观察完全独立,那么三阶*移动平均*(*moving average*)$\{y_t\}$为:

$$y_t = (x_{t-1} + x_t + x_{t+1})/3$$

它由相关观察组成。如果对$\{x_t\}$采用线*性过滤器*(*linear filter*)结论也是一样。【TMS Chapter 2.】

Small Expected Frequencies/小期望频率

在列联表分析中发现的术语。因为当独立性假设正确时作为χ^2*统计量*(*chi-squared statistic*)近似的χ^2*分布*(*chi-squared distribution*)的导数在期望频数不是太小的假设下成立。这种相对模糊的叙述意思是当期望频数至少为5时可以得到满意的近似。尽管这个"规则"被广泛接受,但现在认为是无关的,因为存在大量的证据说明当期望频数非常小时可以安全使用χ^2统计量。参见:**STATXACT 软件包(STATXACT)**。【*The Analysis of Contingency Tables*, 2nd edition, 1992, B. S. Everitt, Chapman and Hall/CRC Press, London.】

Smear-and-Sweep/涂片和扫描

对于混淆变量效应调整死亡率的方法。过程是迭代的,每次迭代分两步:第一步基于两个混淆变量将数据"涂片"到双向分类;第二步按照它们关于死亡率的排序将单元格"扫描"到分类中。

Smoothing Methods/光滑化方法

几乎所有拟合一组观察的模型的统计方法中都会使用的术语,更常用于那些利用计算非常有效的突出不同寻常的结构的模型,利用人类能力的优势从精心设计的图形中得出结论。这些方法包括**核方法(Kernel Methods)**、**样条函数(Spline Functions)**、**非参数回归(Nonparametric Regression)**、**局部加权回归(Locally Weighted Regression)**。【TMS Chapter 2.】

SMR/标准化死亡率

标准化死亡率(Standardized Mortality Rate)的缩写。

S-N Curve/S-N 曲线

关于检测项目上恒应力(S)的效应与故障发生循环次数(N)的曲线。【*Statistical Research on Fatigue and Fracture*, 1987, edited by T. Tanaka, S. Nishijima and M. Ichikawa, Elsevier, London.】

Snedecor, George Waddel (1881-1974)/乔治·沃德尔·斯内迪科尔(1881-1974)

斯内迪科尔出生于田纳西州孟菲斯,在阿拉巴马大学和密歇根大学学习数学和物理。1913年成为爱荷华州立大学数学系助理教授,1915年开始教授第一个正式的统计课程。1927年斯内迪科尔成为数学系新成立的数理统计服务中心主任,提供校园范围内的统计咨询和计算服务。他的主要贡献在实验设计、抽样和方差分析,1937年编写了畅销书《统计方法》(*Statistical Methods*),到1980年出版了第七版。1974年2月15日于马萨诸塞州阿默斯特去世。

Snedecor's *F*-Distribution/Snedecor *F*-分布

也称为**F-分布(*F*-Distribution)**。

Snowball Sampling/(滚)雪球式抽样

利用样本成员提供其他潜在样本成员姓名的一种抽样方法。例如,在海洛因成瘾者抽样中,吸毒者可能被要求提供他或她知道的其他吸毒者的姓名。这种样本的统计性质知之甚少。【*International Journal of Epidemology*, 1996, **25**, 1267-1270.】

Snowflakes/雪花

显示多元数据的图形技术。对于 q 个变量,根据从同一点出发沿等角射线画出每个变量的长度构造雪花。每次观察对应一个特殊形状的雪花,为了快速目视接触它们,经常并排显示。图 124 给出了一个例子。参见:**Andrew 图(Andrew's Plots)**,**Chernoff 脸(Chernoff's Faces)**,字形(**Glyphs**)。

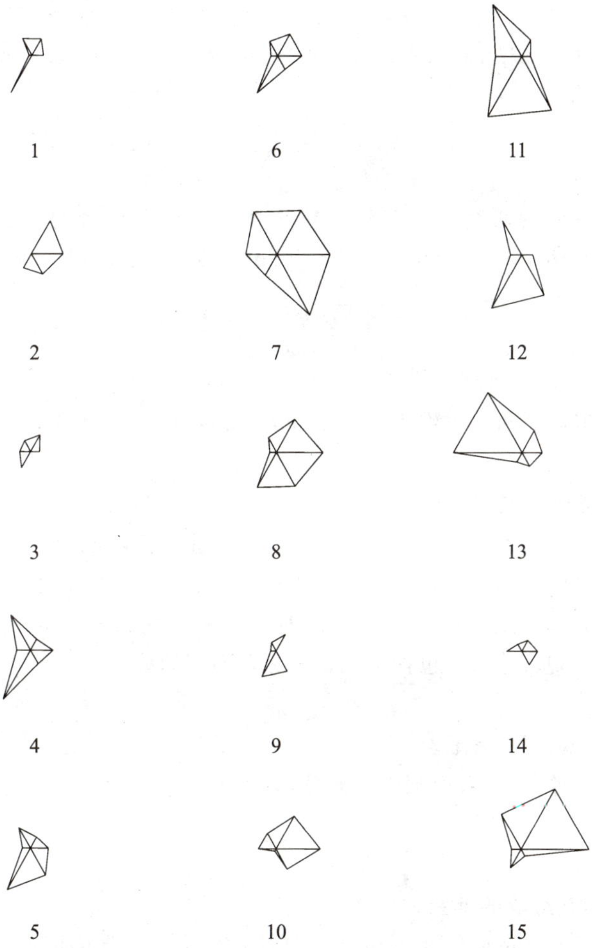

图 124 15 个六维多元观察集

S

Sobel and Weiss Stopping Rule/Sobel-Weiss 停止规则

从两个独立的二项分布(*binomial distribution*)中选择"较好的"(成功的概率 p 更高)的程序。根据*胜者优先原则*(*play-the-winner rule*)进行观察,其中试验在一个时间点从两个总体中的一个开始,成功表明下一次观察仍从同一个总体中抽取,而失败则切换到另一个总体。这里提到的停止规则规定连续成功 r 次的胜者优先抽样是关于一个总体的。此时抽样停止，宣布 r 次成功的总体更好。常数 r 的选择要求程序满足正确选择的概率至少为某个事先设定的取值，P - 值的差至少为另一个事先设定取值。参见：胜者优先原则（**Play-the-Winner Rule**）。【*Biometrika*，1970，**57**，357 - 365.】

Sojourn Time/逗留时间

常用来描述一种时间间隔，在此期间某个特殊条件被潜在检测到但尚未确诊，但在 *Markov* 链（*Markov chain*）的讨论中指状态 k 在最初 n 次转换中被访问的次数。【*Statistics in Medicine*，1989，**8**，743 - 756.】

SOLAS/SOLAS 软件

关于*多重插补*（*multiple imputation*）的软件。【Statistical Solutions，8 South Bank，Crosse's Green，Cork，Ireland.】

SOLO/SOLO 软件包

计算对于一族不同的研究设计能达到特殊功效的样本容量的计算机软件包。参见：**nQuery** 顾问（**nQuery Advisor**）。[Statistical Solutions，8 South Bank，Crosse's Green，Cork，Ireland.】

Sorted Binary Plot/二进制排序图

在多元数据集中识别和显示模式的图形方法。【*Technometrics*，1989，**31**，61 - 67.】

Sources of Data/数据来源

通常指报告和官方出版物所提供的数据，例如，癌症登记的统计、在特定时段流产人数、AIDS 死亡人数等。世卫组织提供了这种报告的例子，例如，《世界卫生统计年报》（*World Health Statistics Annual*）详细列举了关于 40 种不同传染病新病例的季节分布，《世界卫生季刊》（*World Health Quarterly*）包含了死亡率和发病率的统计。

Space-Time Clustering/时空聚类

流行病分析的一种方法，考虑到三个部分：

- 病例的时间分布；
- 空间分布；
- 空间—时间相互影响的度量。

这种分析采用了所有可能的两种病例之间时间和分布间隔的同时度量和分类。【*Statistics in Medicine*，1995，**14**，1383 - 1392.】

Sparsity-of-Effect Principle/效应稀疏原理

认为在许多几种因子的工业实验中系统或过程可能由某些主要效应和低阶相互作用时驱动。参见：反应曲面分类研究法（**Response Surface Methodology**）。

Spatial Autocorrelation/空间自相关

参见:自相关(**Autocorrelation**)。

Spatial Automodels/空间自动模式

一种*空间过程*(*spatial processes*),它的概率结构只依赖于邻近观察的分布,每个位点的条件概率分布属于*指数分布族*(*exponential family*)。【*Journal of the Royal Statistical Society*, Series B, 1974, **36**, 192-236.】

Spatial Cumulative Distribution Function/空间累积分布函数

给出空间定义域上对随机区域统计汇总的随机函数。【*Journal of the American Statistical Association*, 1999, **94**, 86-97.】

Spatial Data/空间数据

在指定位置上取值的一个或多个变量的度量或观察的收集,主要关心的是数据的空间结构。【*Spatial Data Analysis by Example*, Volume 1, 1985, G. Upton and B. Fingleton, Wiley, Chichester.】

Spatial Experiment/空间实验

一种比较实验,服从一维、二维或三维空间中一个区域上分布的实验单位占据固定的位置。这种实验在农学中最常见。【*Biometrics*, 1991, **47**, 223-239.】

Spatial Median/空间中位数

中位数的概念推广到二元数据。定义为使得分散度量 $T(\theta)$最小的 θ,其中:

$$T(\theta)=\sum|x_i-\theta|$$

其中,$|\cdot|$指*欧几里得距离*(*Euclidean distance*),$x_1,x_2,\cdots,x_n$ 为 n 个二元观察。参见:二元 Oja 中位数(**Bivariate Oja Median**)。【*Journal of the Royal Statistical Society*, *Series B*, 1995, **57**, 565-574.】

Spatial Process/空间过程

随机变量的取值定义在一个区域内的空间位置上。【*Spatial Data Analysis by Example*, Volume 1, 1985, G. Upton and B. Fingleton, Wiley, Chichester.】

Spatial Randomness/空间随机性

参见:完全空间随机性(**Complete Spatial Randomness**)。

S

Spearman-Brown Prophesy Formula/Spearman-Brown 校正公式

对由心理测试中获得的评分的度量可靠性进行评估公式。如果每个对象具有 k 个平行度量(即相同的正确评分、相同的度量标准误差),那么它们和的可靠性为:

$$\frac{kR}{1+(k-1)R}$$

其中，R 是每次度量的正确评分方差与可观察评分方差的比。【*Design and Analysis of Reliability Studies*, 1989, G. Dunn, Edward Arnold, London.】

Spearman-Kärber Estimator/Spearman-Kärber 估计量

在反应为二进制变量的生物测定中*半数有效剂量*(*median effective dose*)的估计量。【*Communications in Statistics — Theory and Methods*, 1991, **20**, 2577-2588.】

Spearman's Rho/Spearman 秩相关系数

一种*秩相关系数*(*rank correlation coefficient*)。如果两个变量关于 n 个个体的有序取值为 a_i 和 b_i，令 $d_i=a_i-b_i$，那么系数定义为：

$$\rho=1-\frac{6\sum_{i=1}^{n}d_i^2}{n^3-n}$$

本质上，ρ 为两个排序 a 和 b 之间 Pearson 积矩相关系数。参见：**Kendall τ 统计量(Kendall's Tau Statistics)**。【SMR Chapter 11.】

Specificity/特异度

诊断检验(*diagnostic test*)性能指标，被分类到没有疾病组别中没有疾病的个人的百分比，即没有疾病时消极检验结果的条件概率。如果没有疾病的百分比很小，那么检验为特异的。参见：**敏感度(Sensitivity)**，**ROC 曲线(ROC Curves)**，**Bayes 定理(Bayes' Theorem)**。【SMR Chapter 14.】

Specific Variates/特殊变量

参见：**因子分析(Factor Analysis)**。

Spectral Analysis/谱分析

在时间序列数据中分析频率和周期性的方法。时间序列被有效地分成无数个周期分量，每一个振幅无限小，所以这种分析的用途是在频率的一定范围内估计分量的分布，这常称为序列的*谱*(*spectrum*)，常记为 $h(\omega)$。谱与*自相关函数*(*autocovariance function*)$\gamma(k)$的关系为：

$$h(\omega)=\frac{1}{2\pi}\sum_{k=-\infty}^{\infty}\gamma(k)\cos(k\omega),\quad -\pi\leq\omega\leq\pi$$

因此，自相关中包含的所有信息也包含在谱中，反之亦然。这种分析表明时间序列中的波动源自频率的连续范围，谱密度的模式可以给出序列的一个特殊模型。另一种分析是采用一个或两个优势频率。参见：**调和分析(Harmonic Analysis)**，**功率谱(Power Spectrum)**，**快速 Fourier 变换(Fast Fourier Transform)**。【TMS Chapter 7.】

Spectral Density Matrix/谱密度矩阵

参见：**多重时间序列(Multiple Time Series)**。

Spectral Radius/谱半径

通常指方差—协方差矩阵的最小特征值的大小。

Spectrum/谱

参见:谱分析(**Spectral Analysis**)。

Spherical Variable/球形变量

单位球上的角度度量。图 125 给出了这种变量的一种表示。【*Multivariate Analysis*，1979，K. V. Marda，J. T. Kent and J. B. Bibby，Academic Press，London.】

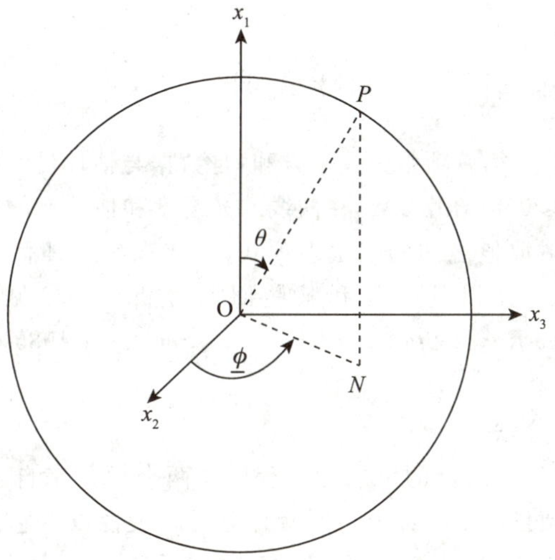

图 125　球形变量的解释

Sphericity/球形度

参见:**Mauchly** 检验(**Mauchly Test**)。

Sphericity Test/球形检验

也称为 **Mauchly** 检验(**Mauchly Test**)。

Spiegelman, Mortimer (1901-1969)/莫蒂默·斯皮格曼(1901-1969)

斯皮格曼出生于纽约布鲁克林,1923 年在布鲁克林理工学院获得工程硕士学位,1925 年在哈佛大学获得工商管理硕士学位。他在美国大都会人寿保险公司工作了 40 年,在医学统计方面作出了重大贡献,特别是在*人口统计学*(*demography*)和公共健康领域。1969 年 3 月 25 日于纽约去世。

Splicing/拼接

在被噪声污染的数据序列中光滑局部波峰和波谷而大部分被保留的改良方法。

Spline Function/样条函数

n 次的光滑分段多项式。例如，如果 $t_1, t_2, \cdots, t_n$ 为区间 a, b 中 n 个取值，满足 $a < t_1 \leq t_2 \leq \cdots \leq t_n \leq b$，那么三次样条(*cubic spline*)为函数 g，在每个区间 $(a, t_1), (t_1, t_2), \cdots, (t_n, b)$ 上 g 为三次多项式，要求分段多项式在点 t_i 处拟合在一起，即 g 和它的一阶、二阶导数在点 t_i 处连续，因此在整个区间 a, b 上连续。点 t_i 称为结(*knot*)。最常用的例子是关于下面模型中函数 f 的光滑估计的三次样条，模型是关于反应变量 y 关于一个解释变量 x 的依赖性模型：

$$y = f(x) + \varepsilon$$

其中，ε 表示均值为 0 的误差变量。所要求的估计量的结构的出发点是下面极小化问题：寻找 f 使得

$$\sum_{i=1}^{n} (y_i - f(x_i))^2 + \lambda \int_{-\infty}^{\infty} [f''(u)]^2 du$$

最小，其中上标表示微分。第一项是残差平方和，是数据与估计量的距离函数。第二项加上函数的粗糙度。参数 $\lambda \geq 0$ 为光滑参数，在曲线的光滑度和估计量的偏倚之间权衡。最小化问题的解是一个连续 x-取值之间的三次多项式，且在观察点具有连续的一阶、二阶导数。这种曲线广泛用于关于光滑的插补和某些回归分析中。参见：**Reinsch 样条(Reinsch Spline)**。【*Journal of the Royal Statistical Society*, *Series B*, 1985, **47**, 1-52.】

Split-Half Method/半分法

主要是在心理学中估计测试的可靠性的程序。两个评分来自于同一个测试不同的项目，称为奇偶技术或者项目的平行部分。这些评分的相关性或者它们的某些变换得出所需要的可靠性。参见：**Cronbach α(Cronbach's Alpha)**。【*Design and Analysis of Reliability Studies*, 1989, G. Dunn, Edward Arnold, London.】

Split-Plot Design/裂区设计

源自于农业田间试验中的术语，在研究中将检测区域或"块"分成许多包含外部因子的部分。在医学中也有类似设计，当在一个因子的不同水平上或在几个因子的所有水平组合上对同一个病人或对象进行观察时。参见：**纵向数据(Longitudinal Data)，重复度量数据(Repeated Measures Data)**。【MV2 Chapter 13.】

S-PLUS/S-PLUS 程序

具有丰富图形和统计概念的高层次的编程语言，可以相对简单地进行标准和非标准分析。【Insightful, Knightway House, Park Street, Bagshot, Surrey, GU19 5AQ, UK; Insightful Corporation, 1700 Westlake Avenue North, Suite 500, Seattle, Washington, WA98109－3044, USA.】

Spread/散布

也称为离差(**Dispersion**)。

Spreadsheet/电子表格

在计算机技术中一种条目为数字或文字的双向表。可以在行或列上进行运算。表格中的条目也可以作为其他条目的参考,进行更复杂的运算。名字来源于会计师列出财务核算时所采用的纸张表格,经常是太大以至于分布在一张表格中。【*Journal of Medical Systems*, 1990, **14**, 107-117.】

SPSS/SPSS 软件包

一种统计软件包,是社会科学的统计软件包(Statistical Package for the Social Sciences)的缩写。可以得到全方位的统计程序,此外,还具有文件操作和对数据重新编码或变换的功能。【SPSS UK Ltd., SPSS House, 5 London Street, Chertsey KT16 8AP, Surrey, UK; SPSS Inc., 444 North Michigan Avenue, Chicago, Illinois 60611, USA.】

Spurious Correlation/伪相关

由于采用相同分母计算比例所带来的相关性。特别是,如果两个变量 X 和 Y 不相关,那么两个比 X/Z 和 Y/Z 相关,其中 Z 是另一个随机变量。

Spurious Precision/伪精度

在报告结果时有太多的有效数字,主要是由于直接采用计算机结果没有采用某些合理的四舍五入复制数字。参见:**数字偏好(Digit Preference)**。

SQC/统计质量控制

统计质量控制(Statistical Quality Control)的缩写。

Square Contingency Table/方列联表

行数和列数相同的列联表。

Square Matrix/方阵

行数和列数相同的矩阵。例如,方差—协方差矩阵和相关矩阵。

Square Root Rule/平方根原则

在临床试验中分配病人时所采用的一种原则,如果在对一个对象研究时治疗 A 比 B 花费的次数多 r,那么 B 比 A 所分配病人多 $\sqrt{r}$ 次。这种程序在保证功效的同时使得试验的费用最小。

Square Root Transformation/平方根变换

形式为 $y=\sqrt{x}$ 的变换,对那些怀疑服从 *Poisson 分布*(*Poisson distribution*)的变量进行变换,这样使得它们的方差与均值无关,就可以采用更适合的如方差分析之类的方法。参见:**方差稳定化变换(Variance Stabilizing Transformations)**。【SMR Chapter 3.】

Stable Pareto Distribution/稳定 Pareto 分布

参见:**Pareto 分布(Pareto Distribution)**。

Staggered Entry/交错进入

当对象间或进入研究时使用的术语,这与他们的疾病历史(例如诊断后立即进入研究),但从研究的视角无法预测。【*Sankhya*, *Series B*, 1982, **44**, 1-18.】

Stahel-Donoho Robust Multivariate Estimator/Stahel-Donoho 稳健多元估计量

多元位置和散射的估计量,是权数形式为 $W(r)$ 的加权均值和加权协方差矩阵,其中 W 是权函数,r 是衡量观察被看成异常点的量。估计量具有高破裂点。参见:**最小体积椭球估计量(Minimum Volume Ellipsoid Estimator)**。【*Journal of the American Statistical Association*, 1995, **90**, 330-341.】

Staircase Method/阶梯法

也称为升降法(**Up-and-Down Method**)。

Stalactite Plot/钟乳石图

在多元数据中诊断多重异常点的图形,基于根据数据子集容量越来越大所估计的均值和方差所计算的 *Mahalanobis 距离(Mahalanobis distance)*。目的是降低那些异常点关于从所有数据中估计的均值和方差的影响所带来的屏蔽效应。中心思想是,给定用于估计均值和方差的 m 个观察的距离,选择具有 $m+1$ 个最小距离的 $m+1$ 个观察用来进行下一步估计。这样,一个观察可能包含在 m 个取值的观察子集中,但随着 m 的增加在后来被排除。图形解释了随着拟合子集容量 m 的增加异常点集合的演化。最初 m 选为 $q+1$,其中 q 是变量的个数,因为这是计算 Mahalanobis 距离所要求的最小值。认为是异常点的切点是服从自由度为 q 的 χ^2-分布的 n 个随机变量的样本(n 为样本容量)中得到的最大期望值,近似为 $\chi_q^2\{n-0.5)/n\}$。图 126 中的例子表明,最初所有的距离都很大,可以表示异常点。当 $m>21$ 时,表明有 5 个异常点——观察 6、14、16、17 和 25。当 $m>24$ 时,表明只有 3 个异常点——观察 6、16 和 25。这些异常点的屏蔽效应通过全样本的距离显示:只有观察 25 的距离对于最大期望 χ^2 取值。【*Journal of the American Statistical Association*, 1994, **89**, 1329-1339.】

STAMP/STAMP 软件包

建立广泛的*结构时间序列模型(structural time series models)*的软件包。【*STAMP 5.0*; *Structural Time Series Analyser, Modeller and Predictor*, 1995, S. J. Koopman, A. C. Harvey, J. A. Doornik and N. Shephard, Chapman and Hall/CRC Press, London.】

S

Standard Curve/标准曲线

在鉴定中与反应有关的曲线,它给出了已知浓度标准解的范围。通过插值从鉴定反应中推断未知解的解析浓度。

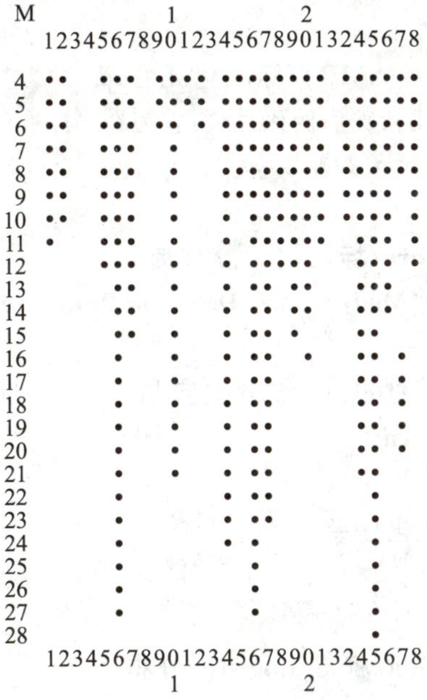

图 126　一例钟乳石图

Standard Design/标准设计

也称为 **Fibonacci** 剂量递增方案(**Fibonacci Dose Escalation Scheme**)。

Standard Deviation/标准差

最常用的关于一组观察的分散性度量。它等于方差的平方根。【SMR Chapter 3.】

Standard Error/标准误差

一个统计量的*抽样分布*(*sampling distribution*)的标准差。例如，n 个观察的样本均值的标准差为 $\sigma/\sqrt{n}$，其中 σ^2 是原始观察的方差。【SMR Chapter 8.】

Standard Gamble/标准博弈

也称为 **Von Neumann-Morgensten** 标准博弈(**Von Neumann-Morgensten Standard Gamble**)。

Standard Gamma Distribution/标准 Γ 分布

参见：**Γ** 分布(**Gamma Distribution**)。

Standardization/标准化

在医学研究中常用的一类方法。最常用的方法是将一个变量除以它的标准差，这样得到一个标准差为 1 的新变量。也常用于生成一种死亡率指数，在被检查的特定人群中调整年龄分布。参见：标准化死亡率(**Standardized Mortality Rate**)，间接标准化(**Indirect Stand-**

ardization)，直接标准化(**Direct Standardization**)。【SMR Chapter 2.】

Standardized Mortality Rate (SMR)/标准化死亡率

在给定人群中总死亡数或特殊病例死亡数，它为在“标准的”人群中采用年龄和性别比时死亡的百分比。【SMR Chapter 2.】

Standardized Range Procedure/标准化幅度程序

参见：多异常点检测程序(**Many Outlier Detection Procedures**)。

Standardized Regression Coefficient/标准化回归系数

参见：***β*** 系数(**Beta Coefficient**)。

Standardized Residual/标准化残差

参见：残差(**Residual**)。

Standard Logistic Distribution/标准 Logistic 分布

参见：**Logistic** 分布(**Logistic Distribution**)。

Standard Normal Variable/标准正态变量

服从均值为 0、方差为 1 的正态分布变量。【SMR Chapter 4.】

Standard Scores/标准评分

变换为均值为 0、方差为 1 的变量取值。

STATA/STATA 软件包

关于多重统计分析形式的软件包；特别是用于流行病学和纵向数据。【STATA Corporation, 702 University Drive East, College Station, TX 77840, USA; Timberlake Consultants, 47 Hartfield Crescent, West Wickham, Kent BR4 9DW, UK.】

State Space/状态空间

参见：随机过程(**Stochastic Process**)。

State-Space Representation of Time Series/时间序列的状态空间解释

描述时间序列的一种紧凑方法，将任意有限阶线性差分方程表示为一阶向量差分方程。例如，考虑下列自回归模型：

$$X_t + a_1 X_{t-1} + a_2 X_{t-1} = \varepsilon_t$$

记 $X_t^{(2)} = X_t, X_t^{(1)} = -a_2 X_{t-1} (= -a_2 X_{t-1}^{(2)})$，则模型可以重新表示为：

$$\begin{pmatrix} X_t^{(1)} \\ X_t^{(2)} \end{pmatrix} = \begin{pmatrix} 0 & -a_2 \\ 1 & -a_1 \end{pmatrix} \begin{pmatrix} X_{t-1}^{(1)} \\ X_{t-2}^{(2)} \end{pmatrix} + \begin{pmatrix} 0 \\ 1 \end{pmatrix} \varepsilon_t$$

用向量$[X_t^{(1)}, X_t^{(2)}]'$重新表示X_t，即：

$$X_t = [0,1]\begin{pmatrix} X_t^{(1)} \\ X_t^{(2)} \end{pmatrix}$$

原来的模型涉及两阶段相关，而重新表示的模型只涉及（向量）一阶段相关。【*Applications of Time Series Analysis in Astronomy and Meterology*，1997，edited by T. Suba Rao，M. B. Priestley and O. Lessi，Chapman and Hall/CRC Press，London.】

Stationarity/平稳性

描述时间序列或空间数据均衡行为的术语。对于随机变量序列$X_{t_1}, X_{t_2}, \cdots, X_{t_n}$，它的关键是它们的联合分布关于时间的相同推移的不变性。所以*严格平稳性*（*strict stationarity*）要求$\{X_{t_1}, X_{t_2}, \cdots, X_{t_n}\}$的联合分布与$\{X_{t_1+h}, X_{t_2+h}, \cdots, X_{t_n+h}\}$的相同，对所有整数$n$和所有容许的$h$，$-\infty < h < \infty$。这种形式的平稳性有点太过严格。在实际中经常采用更简单的形式，例如，关于均值的平稳要求$E\{X_t\}$与t无关。最常用的平稳性的形式为*二阶平稳性*（*second-order stationarity*），要求二阶以下的矩$E\{X_t\}$，$\mathrm{var}\{X_t\}$，$\mathrm{cov}\{X_{t_i+h}, X_{t_j+h}\}$，$1 \le i, j \le n$都与时间推移无关。【TM2 Chapter 2.】

Stationary Distribution/平稳分布

参见：**Markov 链（Markov Chain）**。

Stationary Point Process/平稳点过程

满足下列要求的随机过程：

(1)在固定区间$(t_1, t_2]$内事件数的分布关于推移是不变的，即在区间$(t_1+h, t_2+h]$内是相同的，对所有h；

(2)在固定区间$(t_1, t_2]$，$(t_3, t_4]$内事件数的联合分布关于推移是不变的，即在区间$(t_1+h, t_2+h]$，$(t_3+h, t_4+h]$内是相同的，对所有h。

根据这些条件，在一个区间内事件数的分布只依赖于区间长度，区间中事件数的期望值与区间长度成比例。【*Spatial Statistics*，1981，B. D. Ripley，Wiley，New York.】

Statistic/统计量

样本的数字特征。例如，样本均值和样本方差。参见：**参数（Parameter）**。

Statistical Expert System/统计专家系统

一种计算机程序，引导使用者进行有效的统计分析，通过检查数据、询问使用者、按要求解释它的行为、决策和结论来选择合适的工具。

Statistical Quality Control (SQC)/统计质量控制

与生产经营的质量评估和控制有关的样本的检验，特别是：

(1) 确定在过程中产品是否已经从一个时间点到另一个时间点发生变化；

(2) 作出与整体质量有关的有限总体的决策；

S

(3) 从一组产品中筛选出不合格品,以提高总体的质量。

【*Statistical Methods for Quality Improvement*, 1989, T. P. Ryan, Wiley, New York.】

Statistical Software/统计软件

通常使用统计方法时所执行的一组计算机程序。参见:**BMDP** 软件包(**BMDP**),**GLIM** 软件包(**GLIM**),**GENSTAT** 软件包(**GENSTAT**),**MINITAB** 软件包(**MINITAB**),**SAS** 软件(**SAS**),**S-PLUS** 程序(**S-PLUS**),**SPSS** 软件包(**SPSS**),流行病学、图形、估计和测试程序(**E-GRET**),**STATA** 软件包(**STATA**),**BUGS** 软件包(**BUGS**),**OSWALD** 软件(**OSWALD**),**LOGX-ACT** 软件包(**LOGXACT**)。

Statistical Surveillance/统计监测

对时间序列的连续观察,目的是在事件发生以后尽快地检测出过程中的重要变化。例如在分娩时监测胎儿心率。【*Journal of the Royal Statistical Society*, *Series A*, 1996, **159**, 547-563.】

STAT/TRANSFER/STAT/TRANSFER 软件

将数据从一个专用格式转换为另一种格式的软件。【Circle System, 1001 Fourth Ave., Suite 3200, Seattle, WA 98154.】

STATXACT/STATXACT 软件包

分析列联表中数据的一种特殊软件包,它给出了精确的 P-值,在稀疏表的情形中,这些取值通过如 χ^2-分布的*渐近分布*(*asymptotic statistics*)给出。【CYTEL Software Corporation, 675 Massachusettes Avenue, Cambridge, MA 02139, USA.】

Steepest Descent/最速下降

通过函数关于参数的正(负)梯度的方向寻找几个变量的最大值或最小值的过程。参见:单纯形法(**Simplex Method**),**Newton-Raphson** 方法(**Newton-Raphson Method**)。【MV1 Chapter 4.】

Stem-and-Leaf Plot/茎叶图

显示数据的一种方法,其中每次观察都分解为两个称为"茎"和"叶"的部分。对应于每根茎的叶的总和为直方图形状,还保留了实际观察值。图 127 给出了一个例子。参见:返回茎叶图(**Back-to-Back Stem-and-Leaf Plot**)。【SMR Chapter 3.】

Stepwise Regression/逐步回归

参见:回归中的选择方法(**Selection Methods in Regression**)。

Stereology/体视学

根据一维探针的二维形状对三维结构进行推断的科学。在矿物学和冶金方面有重要的

14 : 2
14 : 555
14 : 67777
14 : 889
15 : 000000111111
15 : 222222222222233333333333333333
15 : 444444444444555555555555555555555
15 : 666666666666666666666777777777777777777777
15 : 88888888888888888888888888888888999999999999999999
16 : 000000000000000000000011111111111111111111
16 : 22222222222222222223333333333333333333333333333333
16 : 4444444444444444445555555555555555555
16 : 6666666666667777777
16 : 888888999999999
17 : 000000000000111
17 : 333
17 : 4
17 : 67
17 : 88

图 127　351 位老年妇女身高的茎叶图

应用。【*Quantitative Stereology*，1970，E. E. Underwood，Addison-Wesley，Reading.】

Stieltjes Integral/Stieltjes 积分

参见：**Riemann-Stieltjes 积分（Riemann-Stieltjes Integral）**。

Stirling's Formula/Stirling 公式

公式为：

$$n!\approx(2\pi)^{\frac{1}{2}}n^{n+\frac{1}{2}}e^{-n}$$

即使 n 很小，近似也令人惊讶的精确。例如，5！近似为 118.019。对于 100！误差仅为 0.08%。【*Handbook of Mathematical and Computational Science*，1998，J. W. Harris and H. Stocker，Springer，New York.】

Stochastic Approximation/随机逼近

寻找方程根的一种方法，当这些根在出现统计变异中是可观察时。【*Annals of Mathematical Statistics*，1951，**22**，400－407.】

Stochastic Matrix/随机矩阵

参见：**Markov 链（Markov Chain）**。

Stochastic Ordering/随机排序

参见：**单变量方向排序（Univariate Directional Ordering）**。

Stochastic Process/随机过程

随机变量的序列 $\{X_t\}$，其中假设 t 在一个确定的范围 T 中取值。最常见的情形是，x_t 为

在时间 t 处的一次观察，T 为时间范围。如果 $T=\{0,1,2,\cdots\}$，那么称为*离散时间随机过程*（*discrete time stochastic process*）；如果 T 为非负实数的子集，那么称为*连续时间随机过程*（*continuous time stochastic process*）。过程的可能性取值的集合 T 称为过程的*状态空间*（*state space*）。参见：**Brownian 运动（Brownian Motion），Markov 链（Markoc Chain），随机游走（Random Walk）**。【*Theory of Stochastic Processes*，1970，D. R. Cox and H. D. Miller，Chapman and Hall/CRC Press，London.】

Stopping Rules/停止规则

临床试验中在预先设定的时间处进行*中期分析*（*interim analyses*）的过程，保证犯第 I 类错误的概率在某个预先设定的水平。参见：**序列分析（Sequential Analysis）**。

Stop Screen Design/停止屏幕设计

参见：**筛选研究（Screening Studies）**。

Strata/层

参见：**分层（Stratification）**。

Stratification/分层

将总体划分为称为层（*strata*）的部分，特别用于抽取样本。

Stratified Cox Models/分层 Cox 模型

Cox 比例风险模型（*Cox's proportional hazards model*）的推广，其中存在多重分层，将对象划分到不同的组中，每一组具有不同的基线风险函数，但系数向量 β 的取值相同。【*Modelling Survival Data*，2000，T. M. Therneau and P. M. Grambsch，Springer，New York.】

Stratified Logrank Test/分层对数秩检验

给定两种治疗对两组对象的生存经验进行比较的方法，其中每个组都按年龄或其他诊断变量进行分层。【*Modelling Survival Data in Medical Research*，1994，D. Collett，Chapman and Hall/CRC Press，London.】

Stratified Randomization/分层随机化

临床试验中将病人分配到治疗的过程，在不牺牲随机分配的优点下实现重要特征的近似均衡。参见：**最小化（Minimization）**。

S

Stratified Random Sampling/分层随机抽样

分层后从总体的每一层中随机抽样。【*Survey Sampling Principles*，1991，E. K. Foreman，Marcel Dekker，New York.】

Streaky Hypothesis/条纹假设

独立 *Bernoulli 试验*（*Bernoulli trials*）的备选假设，在棒球、篮球和其他运动中关于运动员的表现成功的概率是固定的。在这种备选假设中，存在不稳定性，即整个试验中成功的概率不能保持不变或者自相关，即在一次给定试验中成功的概率依赖于近期试验中运动员成功的概率。【*The American Statistician*, 2001, **55**, 41－50.】

Stress/应力

在多维比例（*multidimensional scaling*）中拟合度的度量。【*Analysis of Proximity Data*, 1997, B. S. Everitt and S. Rabe-Hesketh, Arnold, London.】

Strict Stationarity/严格平稳

参见：**平稳性（Stationarity）**。

Strip-Plot Designs/条形图设计

在农业田间试验中使用的术语，其中一个因子的水平被分配到一个方向穿过区块的条形图中。在每个区块中采用可分离随机化。然后将第二个因子的水平分配到条形图中，与第一个因子的条形垂直。【*The Design of Experiments*, 1988, R. Mead, Cambridge University Press, Cambridge.】

Structural Equation Modelling/结构方程模型化

将*多元回归*（*multiple regression*）和*因子分析*（*factor analysis*）结合的过程，研究*潜在变量*（*latent variable*）之间的关系。参见：**LISREL 程序（LISREL）**，**EQS 软件包（EQS）**。【MV2 Chapter 12.】

Structural Time Series Models/结构时间序列模型

解释变量是时间的函数且系数随时间变化的回归模型。这样在回归的框架中，根据常数和时间加上随机扰动将一个简单趋势模型化，即：

$$x_t = \alpha + \beta t + \varepsilon_t, \quad t = 1, \cdots, T$$

这种模型的缺点为趋势是确定的，这个要求太严格，因此令系数 α 和 β 作为*随机过程*（*stochastic process*）随时间变化来增加灵活性。按这种方法趋势能适应基本的变化。最简单的这种模型是针对序列的基本水平随时间变化，根据*随机游走*（*random walk*）建模，在上面叠加一个*白噪声*（*white noise*）扰动。这种模型可以表示为：

$$x_t = \mu_t + \varepsilon_t$$
$$\mu_t = \mu_{t-1} + \zeta_t$$

对于 $t=1,\cdots,T, \varepsilon_t \sim N(0,\sigma_\varepsilon^2), \zeta_t \sim N(0,\sigma_\zeta^2)$。这种模型可以用于*预测*（*forecasting*），也可以用于描述序列的主要特征。参见：**STAMP 软件包（STAMP）**。【*Statistical Methods in Medical Research*, 1996, **5**, 23－49.】

S

Structural Zeros/结构零点

列联表的单元格中出现的频率为 0 的点，这主要是因为落入该单元格中的一次观察在理论上是不可能的。例如，男生和女生被询问有关的健康问题，那么对应于关于男生的月经问题的单元格为 0。参见:抽样零点(**Sampling Zeros**)。【*The Analysis of Contingency Tables*, 2nd edition, 1992, B. S. Everitt, Chapman and Hall/CRC Press, London.】

Stuart, Alan (1922-1998)/ 阿兰·斯图尔特(1922-1998)

1949 年斯图尔特从伦敦经济学院毕业后,在那里开始了初级研究员的工作。他的学术生涯主要在伦敦经济学院度过,主要从事非参数检验和样本调查理论的研究。斯图尔特最令人怀念的是与莫里斯·肯得尔(Maurice Kendall)在高级统计理论(Advanced Theory of Statistics)方面的合作。

Stuart-Maxwell Test/Stuart-Maxwell 检验

在*方形列联表*(*square contingency table*)中*边际齐性*(*marginal homogeneity*)的检验。检验统计量为:

$$X^2 = d'V^{-1}d$$

其中,d 为对应于行和列的边际和的任意 $r-1$ 个差组成的列向量,r 是表中行数和列数。$(r-1)\times(r-1)$矩阵 V 的元素是这些差的方差和协方差,即:

$$v_{ii} = n_{i.} + n_{.i} - 2n_{ii}$$
$$v_{ij} = -(n_{ij} + n_{ji})$$

其中,n_{ij} 是表中的观察频率,$n_{i.}$ 和 $n_{.j}$ 是边际和。如果边际齐性的假设是正确的,那么 X^2 服从自由度为 $r-1$ 的 χ^2-分布。【SMR Chapter 10.】

Studentization/学生化

通过构造有关抽样分布不依赖于参数的统计量来消除*多余参数*(*nuisance parameter*)。

Studentized Range Statistics/学生化值域统计量

在*多重比较检验*(*multiple comparison test*)中最常用的统计量。定义为:

$$q = \frac{\bar{x}_{最大} - \bar{x}_{最小}}{\sqrt{MSE/n}}$$

其中,$\bar{x}_{最大}$ 和 $\bar{x}_{最小}$ 分别是 k 组的均值中最大和最小均值,MSE 是组间方差分析得到的*误差均方*(*error mean square*)。【*Biostatistics*, 1993, L. D. Fisher and G. van Belle, Wiley, New York.】

Studentized Residual/学生化残差

参见:残差(**Residual**)。

Student's *t*-Distribution/学生 *t*-分布

变量

$$t = \frac{\bar{x} - \mu}{s/\sqrt{n}}$$

的分布，其中，$\bar{x}$ 为来自均值为 μ 的正态分布中得到的 n 次观察的算术平均，s 为样本标准差。分布为：

$$f(x)=\frac{\Gamma\{\frac{1}{2}(\upsilon+1)\}}{(\upsilon\pi)^{\frac{1}{2}}\Gamma(\frac{1}{2}\upsilon)}(1+\frac{t^2}{\upsilon})^{-\frac{1}{2}(\upsilon+1)}$$

其中，$\upsilon=n-1$。分布的形状随着 υ 而改变，当 υ 越来越大时，t-分布的图形逼近于标准正态分布。这种分布的例子见图 128。这种分布的多元形式源自于 q 维向量 $x'=[x_1,x_2,\cdots,x_q]$，它服从均值向量为 μ、方差—协方差矩阵为 Σ 的*多元正态分布*（*multivariate normal distribution*），定义向量 u 的元素 u_i 为 $u_i=\mu_i+x_i/y^{1/2}$，$i=1,2,\cdots,q$，其中 $\upsilon y\sim\chi^2_\upsilon$。称向量 u 服从*多元学生t -分布*（*multivariate Student's t-distribution*），定义为：

$$g(u)=\frac{\Gamma\{\frac{1}{2}(\upsilon+q)\}}{(\upsilon\pi)^{\frac{q}{2}}\Gamma(\frac{1}{2}\upsilon)}|\Sigma|^{-\frac{1}{2}}[1+\frac{1}{\upsilon}(u-\mu)'\Sigma^{-1}(u-\mu)]^{-\frac{1}{2}(\upsilon+q)}$$

这种分布经常用于 *Bayesian 推断*（*Bayesian inference*），因为它的尾部比多元正态分布要"厚"。当 $\upsilon=1$ 时，这种分布就是*多元 Cauchy 分布*（*multivariate Cauchy distribution*）。【STD Chapter 37.】

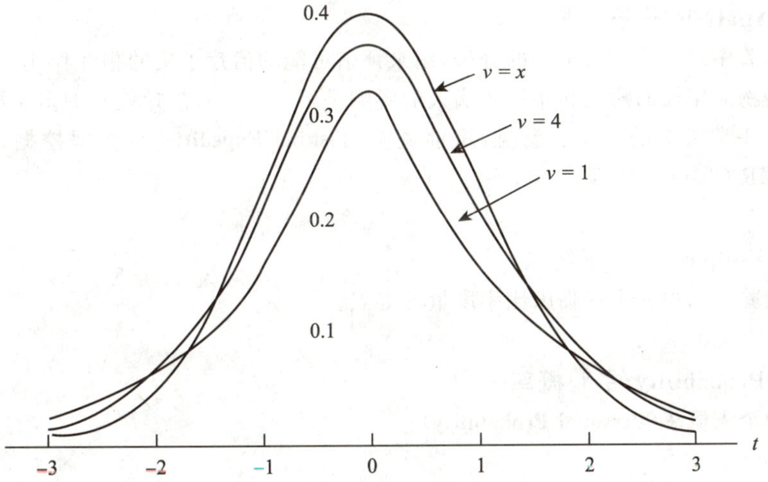

图 128　不同 v 值的学生 t -分布

Student's *t*-Test/学生 *t*-检验

对总体均值的假设进行评估的显著性检验。一种形式是检验总体均值是否取一个特定值。这常称为*单一样本 t -检验*（*single sample t-test*）。另一种形式是检验两个总体的均值是否相等。当从两个总体中抽取的是独立样本时，这种过程称为*独立样本 t -检验*（*independent samples t-test*），检验统计量为：

$$t=\frac{\bar{x}_1-\bar{x}_2}{s\sqrt{\frac{1}{n_1}+\frac{1}{n_2}}}$$

其中，$\bar{x}_1$，$\bar{x}_2$ 是从每个总体中抽取的容量为 n_1，n_2 的样本均值，s^2 为所假设的相同方差的估计，定义为：

$$s^2=\frac{(n_1-1)s_1^2+(n_2-1)s_2^2}{n_1+n_2-2}$$

如果两个总体均值相等的零假设是正确的，那么 t 服从自由度为 n_1+n_2-2 的*学生 t-分布*(*Student's t-distribution*)，可以计算相应的 P-值。检验假设每个总体都服从正态分布，但对偏离这个假设相当不敏感。参见：**Behrens-Fisher 问题**(**Behrens-Fisher Problem**)，**配对 t-检验**(**Matched Pairs *t*-Test**)。【SMR Chapter 9.】

Sturdy Statistics/坚固统计量

也称为**稳健统计量**(**Robust Statistics**)。

Sturges' Rule/Sturges 规则

构造直方图时用来计算分类数的规则，定义为：

$$分类数=\log_2 n+1$$

其中 n 为样本容量。参见：**Doane 规则**(**Doane's Rule**)。

Subgroup Analysis/子群分析

临床试验中对特殊病人小组的分析，用来评估可能的治疗子集的相互作用。例如，调查者想了解药物对年长的病人和年轻的病人的影响是否不同。对治疗效应的多子群分析会大大增加犯第 I 类错误的比率。参见：**审前调查**(**Fishing Expedition**)，**数据挖掘**(**Data Dredging**)。【SMR Chapter 15.】

Subjective Endpoints/主观终点

临床试验中只根据主观临床比率度量的终点。

Subjective Probability/主观概率

也称为**个人概率**(**Personal Probability**)。

Subjective-Specific Models/对象设定模型

参见：**总体平均模型**(**Population Averaged Models**)。

SUDAAN/SUDAAN 软件包

S

用于分析对包括*聚类数据*(*clustered data*)以及来自复杂调查和观察性和实验性研究的数据的一族过程的软件包。【Research Triangle Institute, PO Box 12194, Research Triangle Park, NC 27709, USA.】

Sufficient Statistics/充分统计量

在一定意义上汇总一个观察样本所包含的关于某个特定参数所有信息的统计量。正式

定义为，它可以用给定统计量和参数下样本的条件分布 $f(y|s,\theta)$ 来表示，其中如果这个条件分布不依赖于 θ，那么 s 关于 θ 是充分的。例如，考虑服从 Γ 分布的随机变量 x，

$$f(x)=x^{\gamma-1}\exp(-x)/\Gamma(\gamma)$$

给定样本 $x_1,x_2,\cdots,x_n$ 后 γ 的似然函数为：

$$\exp\left(-\sum_{i=1}^{n}x_i\right)\left[\prod_{i=1}^{n}x_i\right]^{\gamma-1}/[\Gamma(\gamma)]^n$$

在这种情形中，观察的几何均值关于参数是充分的。这种统计量以及所有其他这种统计量的函数称为*极小充分统计量*(*minimal sufficient statistic*)。【KA2 Chapter 17.】

Summary Measure Analysis/累加测度分析

也称为**响应特征分析**(**Response Feature Analysis**)。

Sunflower Plot/向日葵图

用来减少在一个位置上存在多个点所引起的重叠问题的散点图的修改(特别是数据被四舍五入为整数时)。首先将散点划分到一个网格中，然后计算网格的每个单元格中点的数目。如果在一个单元格中多于一次观察，那么绘制一个“向日葵”图标，“花瓣”的数目等于该单元格中点的数目。图 129 给出了这样的一个图例。

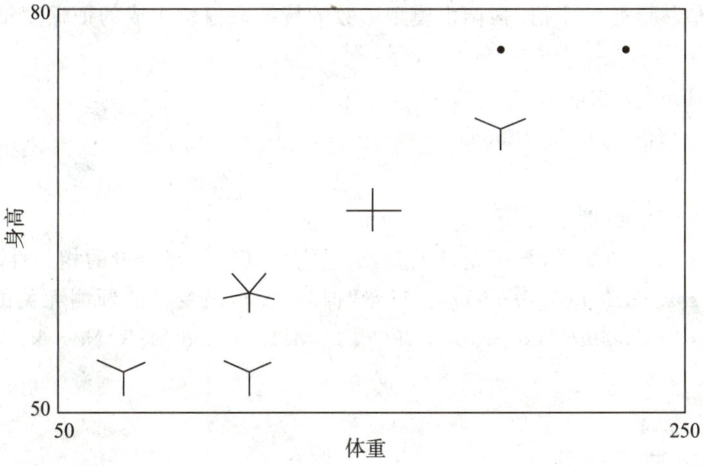

图 129　身高和体重的向日葵图

Super-Duper/Super-Duper 生成器

将简单技术综合起来的*随机数生成器*(*random number generator*)。【*Computer Science and Statistics*, edited by W. J. Kennedy, 1973, Statistical Laboratory, Iowa State University.】

Superefficient/超有效性

关于估计的术语，所有参数值都是围绕真值的渐近正态，方差从不超过且有时小于 *Cramér-Rao 下界*(*Cramér-Rao lower bound*)。

S

Super Leverage/超级杠杆

在*非线性模型*(*non-linear model*)中*杠杆*(*leverage*)大于1的观察。

Supernormality/超正态

在如回归分析中得到的残差的*正态概率图*(*normal probability plots*)中使用的术语。因为这种残差是随机变量的线性函数,所以它们比不服从正态分布的基本的误差分布更正态。这样,直接的图形不需要误差分布为正态。因此,这种概率图的主要用途是检测过度影响或外围观察。

Supersaturated Design/超饱和设计

具有 n 次观察和 k 个因子的*析因设计*(*factorial design*),其中 $k>n-1$。如果假设主效应模型以及显著因子的数目非常小,那么这种设计可以降低成本。【*Technometrics*, 1995, **37**, 213-225.】

Supervised Pattern Recognition/有监督的模式识别

参见:模式识别(**Pattern Recognition**)。

Support/支撑

有时用于似然函数的术语,强调由模型参数的特殊取值所生成的证据度量。

Support Function/支撑函数

也称为对数似然(**Log-Likelihood**)。

Suppressor Variables/抑制变量

回归分析中的一种变量,与因变量无关,通过它与其他解释变量的相关性增加*多重相关系数*(*multiple correlation coefficient*)。变量"抑制"了与因变量的预测无关的方差。【*Statistical Theories of Mental Test Scores*, 1968, F. M. Lord and M. R. Novick, Reading, Massachusetts.】

Surface Models/曲面模型

在*筛选研究*(*screening studies*)中使用的模型,只考虑那些可以直接观察的事件,如发病率、患病率和死亡率。参见:深层模型(**Deep Models**)。

Surrogate Endpoint/替代性终点

在临床试验中经常遇到的项,它指调查者所考虑的结果度量与一个感兴趣的终点高度相关,但可以较低的代价或早期度量。例如,血压的测量是心血管疾病死亡率的替代,血脂水平是动脉硬化的替代,在癌症研究中,复发时间是总生存时间的替代。在解释中存在相当大的争议,怀疑来自于替代性终点与感兴趣终点的相关性,或者替代性终点是否可以认为是主要关心的终点。【*Statistics in Medicine*, 1989, **8**, 405-414.】

Surrogate Observation/替代观察

一种可观察变量，在某种程度上与本身不能方便地直接观察且值域的变量相关。参见：潜在变量(**Latent Variable**)。

Survey/调查

也称为样本调查(**Sample Survey**)。

Survival Curve/生存曲线

参见：生存函数(**Survival Function**)。

Survival Function/生存函数

个人的生存时间比某个指定值大的概率。这个概率关于时间的图形称为*生存曲线*(*survival curve*)，它在对这种数据进行分析时非常有用。参见：积限估计量(**Product-Limit Estimator**)，风险函数(**Hazard Function**)。【SMR Chapter 13.】

Survival Time/生存时间

直到如康复、改善或死亡这些特定事件发生时关于时间的观察。【SMR Chapter 13.】

Survivor Function/存活函数

也称为生存函数(**Survival Function**)。

Suspended Rootogram/悬浮根图

也称为悬挂根图(**Hanging Rootogram**)。

Switch-Back Designs/折返式设计

重复度量设计(*repeated measurement designs*)，其中实验中实验单位的反应按某种比率随时间变化。根据按均衡的方式对单位的治疗进行切换来调整不同比率。

Switching Regression Model/转换回归模型

连接反应变量 y 与 q 个解释变量 $x_1,\cdots,x_q$ 的模型，定义为：

$$y=\beta_{10}+\beta_{11}x_1+\beta_{12}x_2+\cdots+\beta_{1q}x_q+\varepsilon_1,\quad \text{概率为 } \lambda$$
$$y=\beta_{20}+\beta_{21}x_1+\beta_{22}x_2+\cdots+\beta_{2q}x_q+\varepsilon_1,\quad \text{概率为 } 1-\lambda$$

其中，$\varepsilon_1\sim N(0,\sigma_1^2)$，$\varepsilon_2\sim N(0,\sigma_2^2)$，$\lambda,\sigma_1^2,\sigma_2^2$ 以及回归系数未知。参见：变化点问题(**Change Point Problems**)。【*Journal of the American Statistical Association*, 1978, **73**, 730－752.】

Sylvan's Estimator/Sylvan 估计量

当一个变量的某些观察丢失时*多重相关系数*(*multiple correlation coefficient*)的估计量。【*Continuous Univariate Distributions*, Volume 2, 2nd edition, 1995, N. L. Johnson, S. Kotz and N. Balakrishnan, Wiley, New York.】

S

Symmetrical Distribution/对称分布

关于某个中心值对称的概率分布或频率分布。【KA1 Chapter 1.】

Symmetric Matrix/对称矩阵

关于主对角线对称的方阵，即矩阵的元素 a_{ij} 满足 $a_{ij}=a_{ji}$。在统计学中，相关矩阵和方差—协方差矩阵都是对称矩阵。

Symmetry in Square Contingency Tables/方形列联表中的对称性

参见：**Bowker 对称性检验(Bowker's Test for Symmetry)**。

Synergism/协同效应

当两种治疗的联合效用大于它们独立使用时效用的和[*积极的协同效应*(*positive synergism*)]，或者小于它们独立使用时效用的和[*消极的协同效应*(*negative synergism*)]。

SYSTAT/SYSTAT 软件包

具有很好的图形功能的综合统计软件包。【Statistical Solutions Ltd.，8 South Bank，Crosse's Green，Cork，Ireland；SPSS Inc.，444 North Michigan Avenue，Chicago，Illinois 60611，USA.】

Systematic Allocation/系统分配

临床试验中将治疗分配给病人的过程，通过某些系统项目模仿随机分配，如治疗 A 给偶数生日的人，治疗 B 给奇数生日的人。在无偏的原则下，由于分配系统的开放性，以及随之而来的滥用的可能性都会带来一些问题。【SMR Chapter 15.】

Systematic Error/系统误差

在临床实验室中描述由化验的偏差所引起的差异。参见：**基本误差(Intrinsic Error)**。

Systematic Review/系统评价

也称为 **Meta 分析(Meta-Analysis)**。

Synthetic Risk Maps/综合风险图

由不同部位癌症死亡率之间相关性的*主成分分析*(*principal components analysis*)得出的评分图。

T

Taboo Probabilities/禁止概率

关于*离散时间Markov链*(*discrete time Markov chain*)的概率 $P_{ij,H}^{(n)}$,从初始状态 i 移动到 j 但没有访问状态集合 H 时在时间 n 处状态 j 中链的条件概率。【*Journal of Applied Probability*, 1994, **31A**, 251 - 267.】

Taguchi's Idle Column Method/Taguchi 空闲柱法

将二水平正交表作为混合水平部分析因实验的基础方法。所得到的设计不是正交的，但在某些环境中可以看成近似正交。【*Systems of Experimental Design* (*Volume 1*), 1987, G. Taguchi, Kraus International, New York.】

Taguchi's Minute Accumulating Analysis Method/Taguchi 记录累积分析法

对*区间删失观察*(*interval-censored observations*)进行分析的方法。【*Systems of Design*, 1987, G. Taguchi, Kraus International, New York.】

Taguchi's Parameter Design/Taguchi 参数设计

在产品和过程中减少变异的一种方法，通过在产品制造过程中选择合适的可控因子水平。水平的选择原则主要集中在围绕关于过程反应预先选定的目标的变异性。【*Introduction to Off-line Quality Control*, 1980, G. Taguchi and Y. I. Wu, Central Japan Quality Control Association, Nagnja, Japan.】

Tango's Index/Tango 指数

对一个稳定的地理单位中一个病例的发生进行汇总的指数，当这些病例被分到离散区间中时。指数定义为：

$$C=r'Ar$$

其中，$r'=[r_1,\cdots,r_m]$是在连续时间中病例的相对频率向量，A 为 $m\times m$ 矩阵，它的元素为区间 i 和 j 接近程度的度量。可以用来检测随时间发生的*疾病集群*(*disease clusters*)。参见：**扫描统计量(Scan Statistic)**。【*Statistics in Medicine*, 1993, **12**, 1813 - 1828.】

TAR/临界值自回归

临界值自回归(**Threshold Autoregression**)的缩写。

Target Population/目标总体

需要进行推断的个人、项目、测量等的收集。事实上总体经常是从目标总体中抽样的，这导致误导结论。【*Sampling Techniques*，3rd edition，1977，W. G. Cochran，Wiley，New York.】

Tarone-Ware Test/Tarone-Ware 检验

参见：对数秩检验(**Logrank Test**)。

Taylor's Expansion/Taylor 展开

函数 $f(x)$表示为多项式与余项的和。定义为：

$$f(x)=f(a)+f'(a)(x-a)+f''(x-a)^2/2!\ +f'(x-a)^3/3!\ +\cdots$$

其中，f 加逗号表示导数。在 *δ技术*(*delta technique*)中使用，用来获得随机变量函数的方差。【*Introduction to Optimization Methods and Their Application in Statistics*，1987，B. S. Everitt，Chapman and Hall/CRC Press，London.】

Taylor's Power Law/Taylor 幂律

寻找分组数据的一种合适的变换方法，使得它们满足如方差分析中所需的假设方差齐性。方法是计算组方差对数关于组均值对数的回归直线的斜率，即回归方程为：

$$\log_{10} s_i^2 = a + b\log_{10}\bar{x}_i$$

$1-b/2$ 的取值表示所需的变换，取值非零对应着某种*幂变换*(*power transformation*)，取值为 0 对应着*对数变换*(*log transformation*)。【*Pedobiologia*，1994，**38**，303 - 306.】

TD50/瘤剂量 50

瘤剂量50(**Tumorigenic Dose 50**)的缩写。

Telephone Interview Surveys/电话访问调查

采用某种随机数字拨号的形式所进行的调查。例如，在 Mitofsky-Waksberg 项目中，电话变更首先被抽样。然后在被抽样的变更中电话号码被抽样和拨号。如果关于变更第一次拨打的住宅电话是成功的，那么变更中其他的号码被抽样和拨号，否则重新进行新的抽样变更。因为某些变更包含所有非住宅电话，所以这比完全随机地选择电话号码[*随机拨号*(*random digit dialling*)]更有效。【*Survey Response by Telephone*，1983，J. H. Frey，Sage Publications，Beverley Hills，California.】

T

Telescoping/压缩

事件历史数据(*event history data*)的收集中使用的术语，事件从遥远的过去向现在或更精确地向数据再收集的时刻出现明显的漂移。

TES/变换—扩展样本

变换—扩展样本(**Transform-Expand Sample**)的缩写。

Test Statistic/检验统计量

用来评价与总体有关的假设的统计量。这种统计量的基本要求是当零假设正确时分布已知。【SMR Chapter 8.】

Tetrachoric Correlation/四元相关

服从二元正态分布的两个随机变量之间相关性的估计,根据它们的二元分布的双重二分法获得信息;即由每个变量的特殊取值的上下的观察次数得出的四项(见图 130)。可以用*极大似然估计*(*maximum likelihood estimation*)进行估计。【MV2 Chapter 12.】

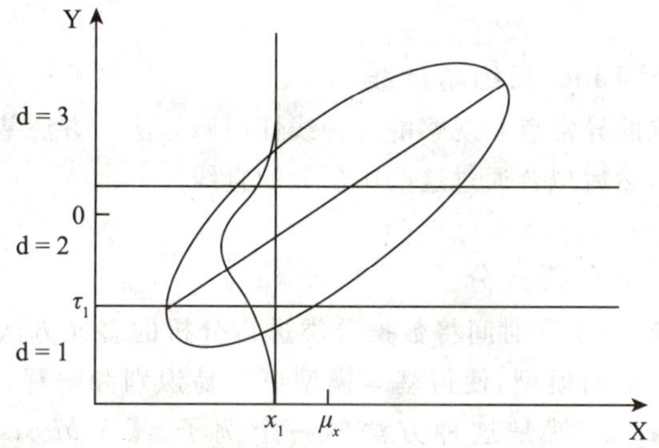

图 130 通过在连续变量上加上阈值形成的两个有序分类变量

Theil-Sen Estimator/Theil-Sen 估计量

连接两个变量的线性回归方程中斜率的估计量,基于所有点的斜率的中位数。【*Fundamentals of Modern Statistical Methods*, 2001, R. R. Wilcox, Springer, New York.】

Theil's Test/Theil 检验

在简单的线性回归方程 $y_i=\beta_0+\beta_1 x_i+\varepsilon_i$ 中斜率参数为 $\beta_1^{(0)}$ 的*无分布检验*(*distribution free test*),只假设误差项服从中位数为 0 的分布。检验统计量定义为:

$$T=\sum_{i<j}c(D_j-D_i)$$

其中:

$$\begin{aligned} c(x)&=1, \quad 如果\ x>0 \\ &=0, \quad 如果\ x=0 \\ &=-1, \quad 如果\ x<0 \end{aligned}$$

以及 $D_i=y_i-\beta_1^{(0)}$。在零假设下 T 的方差近似为:

$$\mathrm{var}_0(T)=\frac{n(n-1)(2n+5)}{18}$$

T

将统计量 $T/\sqrt{\mathrm{var}_0(T)}$ 与标准正态分布比较来检验零假设。$n(n-1)/2$ 个斜率

$$\frac{y_j - y_i}{x_j - x_i}, \quad i<j$$

估计的中位数为 β_1 的点估计。【*Biometrika*, 1949, **36**, 18-25.】

Therapeutic Trial/治疗试验

也称为临床试验(**Clinical Trial**)。

Thomas Distribution/Thomas 分布

建立关于在随机放置的四个象限中一个给定物种的种植数的分布模型时使用的概率分布。【*Biometrika*, 1949, **36**, 18-25.】

Three-Group Resistant Line/三组耐抗线

阻止具有较大影响的异常点和观察的一种线性回归方法。方法基本上是将数据分成三组,寻找每组的中位数,然后拟合通过这些中位数的直线。

Three-Mode Analysis/三种模式分析

按三种方式如对象、变量和时间将数据分类进行分析的多元方法。这些方法的主要目的是拟合用低维表示数据的模型,使得基本模型更容易识别和解释。*个体差异比例*(*individual differences scaling*)就是这种方法的一个例子。【*Analysis of Proximity Data*, 1997, B. S. Everitt and S. Rabe-Heskith, Edward Arnold, London.】

Three-Period Crossover Design/三阶段交叉设计

在两种治疗 A 和 B 中按顺序 A∶B∶B 或 B∶A∶A 分配的设计。通过随机分配形成两个序列组。额外的第三个观察期减轻关于*二阶段交叉设计*(*two-period crossover design*)的分析的许多问题。特别地,一个合适的三阶段交叉设计可以使用所有数据进行估计和检验直接治疗作用,即使出现*结转效应*(*carry-over effects*)。【*Statistics in Medicine*, 1996, **15**, 127-144.】

Three-Stage Sampling/三阶段抽样

从二阶段抽样中抽取亚单位的过程,以替代完全列举。【*Sampling Techniques*, 3rd edition, 1977, W. G. Cochran, Wiley, New York.】

Threshold Autoregressive Model/临界自回归

关于时间序列的非线性回归,可以捕捉到非对称的周期行为,例如,失业率在它上升时比下降时的速度更快。下面是一个简单模型:

$$\begin{aligned} x_t &= -1.5x_{t-1} + \varepsilon_t, \quad \text{如果 } x_{t-1} \le 0 \\ &= 0.6x_{t-1} + \varepsilon_t, \quad \text{如果 } x_{t-1} > 0 \end{aligned}$$

【*Threshold Models in Nonlinear Time Series Analysis*, 1983, H. Tong, Springer-Verlag,

New York.】

Threshold-Crossing Data/阈交数据

几个变量在临界值处相交的时间度量。因为关于对象的观察只是周期性的，所以在临界值相交的精确时间未知。在这种情形中，只知道时间属于的特殊区间，所以观察为*区间删失*(*interval censored*)。

Threshold-Crossing Model/阈交模型

关于反应为二元变量 z 的模型，假设变量的取值由一个可观察随机变量 x 和一个不可观察变量 u 决定，满足：

$$\begin{aligned} z &= 1, \quad \text{如果 } x'\beta + u \geq 0 \\ &= 0, \quad \text{其他} \end{aligned}$$

其中，β 为参数向量。在医学研究中，z 可以是健康状况的可观察二元指标，$x'\beta + u$ 为决定健康状况的潜在连续变量。【*Network Computation in Neural System*, 1996, **7**, 325－333.】

Threshold Limit Value/阈限值

在工作区域的空气中化合物(如煤气、蒸汽或其他特殊物质)的最大容许浓度，根据目前的知识，一般不损害雇员的健康或造成不必要的烦恼。

Threshold Model/阈值模型

对发生在某个阈值之上的效应进行推断的模型。例如，模型假设药物的反应在某个临界剂量水平之下为 0。

Tied Observations/并列观察

通常用于有序变量的术语，表示在一个变量上取值相同的观察。

Tilt Statistics/倾斜统计量

对*过度离散*(*overdispersion*)的*广义线性模型*(*generalized linear models*)进行检验的统计量。【*Journal of the American Statistical Association*, 1992, **87**, 98－107.】

Time-by-Time ANOVA/时间方差分析

分析*纵向数据*(*longitudinal data*)的一种有缺陷的方法，在每个时间点根据*方差分析*(*analysis of variance*)对分组进行比较。这种方法忽略了重复度量之间的相关性，无法对是否存在组差异这个问题给出完整的答案。【*Analysis of Longitudinal Data*, 1994, P. J. Diggle, K.-Y. Liang and S. Zeger, Oxford Science Publications, Oxford.】

T

Time-Dependent Covariates/时间相关协变量

取值随时间改变的协变量，与之相对的是那些取值随时间保持不变的协变量[*时间独立协变量*(*time independent covariates*)]。某些特征的治疗前测量属于后者，而年龄、体重属于前者。【*Journal of the Royal Statistical Society*, Series B, 1972, **34**, 187 - 220.】

Time-Homogeneous Markov Chain/时齐性 Markov 链

参见:**Markov 链(Markov Chain)**。

Time-Independent Covariates/时间独立协变量

参见:**时间相关协变量(Time-Dependent Covariates)**。

Time Series/时间序列

通常是定期在一个很长的时间段上记录的变量取值。这种序列的可观察移动和波动由四部分组成:长期趋势、季节变化、周期性变化和不规则变化。医学中的一个例子是在过去数十年间每年记录的一个疾病的发病率(见图 131)。这种时间通常需要特殊的方法进行分析,因为在独立观察之间存在*序列相关*(*serial correlation*)。参见:**自相关(Autocorrelation)**,**调和分析(Harmonic Analysis)**,**谱分析(Spectral Analysis)**,**快速 Fourier 变换(Fast Fourier Transformation)**。【TMS.】

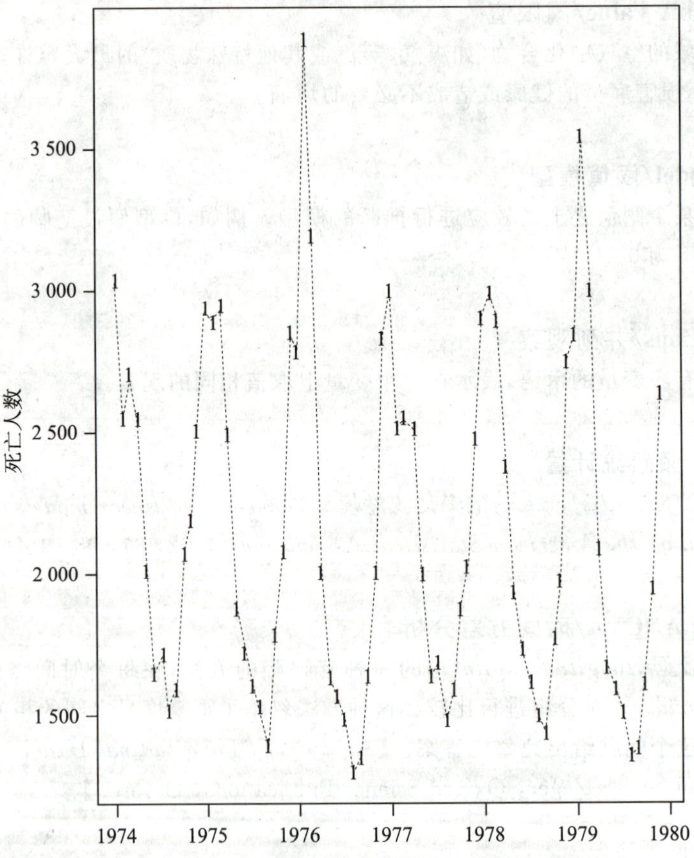

图 131 1974～1979 年间每月肺癌死亡人数的时间序列

T

Time-to-Event Data/时间事件数据

也称为多重时间响应数据(**Multiple Time Response Data**)。

Time Trade-Off Technique/时间权衡方法

参见:**Von Neumann-Morgenstern** 标准博弈(**Von Neumann-Morgenstern Standard Gamble**)。

Time-Varying Covariates/随时间变化协变量

也称为时间相关协变量(**Time-Dependent Covariates**)。

T_{max}/T_{max}值

生物等效性试验(*bioequivalence trials*)中用于治疗比较的度量。这个测量为病人最高记录值发生的时间。参见 C_{max}。

Tobit Model/Tobit 模型

也称为删失回归模型(**Censored Regression Model**)。

Toeplitz Matrix/Toeplitz 矩阵

矩阵的第 i 行第 j 列元素只依赖于 $|i-j|$。*平稳序列*(*stationary series*)的*方差—协方差矩阵*(*variance-covariance matrix*)具有这种性质。

Tolerance/公差,容许

逐步回归(*stepwise regression*)中使用的术语,一个解释变量均值平方和的比例,不考虑已经包含在回归方程中的其他变量。取值较小意味着可能的*多重共线性*(*multicollinearity*)问题。

Tolerance Interval/容许区间

一种统计区间,它包含至少一个关于平均或者已知的置信值的总体的特定比例。用来汇总随机变量取值(经常指未来观察)的不确定性。【*Statistical Tolerance Regions*, 1970, I. Guttman, Hafner, Darien.】

Total Matrix of Sums of Squares and Cross-Products/平方与交叉乘积和总矩阵

参见:多元方差分析(**Multivariate Analysis of Variance**)。

Total Sum of Squares/总平方和

所有观察与均值之间偏差的平方和。

T

Trace of a Matrix/矩阵的迹

一个方阵的主对角元素的和;通常记为 tr(A)。例如:

$$如果\ A=\begin{pmatrix}3 & 2\\4 & 1\end{pmatrix},那么\ \mathrm{tr}(A)=4。$$

Tracking/跟踪

纵向研究(*longitudinal study*)中讨论数据时使用的术语,描述从早期取值中预测后继观察的能力。例如,在研究的开始阶段反应变量最大取值的对象趋向于继续取较大值。更正式地,称总体关于一个特定可观察特征是跟踪的,如果对每个个体,与总体均值的相关偏差的期望值随时间保持不变。【*Statistics in Medicine*, 1992, **11**, 20-27.】

Training Set/训练集

参见:**判别分析**(**Discriminant Analysis**)。

Transfer Function Model/转换函数模型

关于两个时间序列$\{x_t\}$和$\{y_t\}$的模型,定义为:

$$y_t=a_0x_t+a_1x_{t-1}+\cdots+\varepsilon_t$$

其中,$a_0,a_1,\cdots$为参数集,$\{\varepsilon_t\}$为*白噪声序列*(*white noise sequence*)。一般地,$\{x_t\}$称为"输入"序列,$\{y_t\}$称为"输出"序列。关于通货膨胀率的每月就业统计就是这样的例子。这种模型在预测和展望中非常有用。【*Time Series Analysis: Forecasting and Control*, 1976, G. E. Box, and G. M. Jenkins, Holden Day, San Francisco.】

Transformation/变换

某个(些)变量在度量尺度上的变化。例如,*平方根变换*(*square root transformation*)和*对数变换*(*logarithm transformation*)。【SMR Chapter 3.】

Transform-Expand Sample (TES)/变换—扩展样本

拟合具有一般边际分布的自相关经验观察的模型的通用方法。这种方法的目的是拟合经验边际分布作为经验*自相关函数*(*autocorrelation function*)。【*Simulation*, 1995, **64**, 353-370.】

Transition Matrix/转移矩阵

参见:**Markov 链**(**Markov Chain**)。

Transition Models/转移模型

纵向数据的分析中使用的模型,其中在每个时间点观察的分布条件依赖于以前的结果。不同于*边际模型*(*marginal models*),这些模型没有关于横截面数据的表达式。用于二进制数据的实践和应用中的这些模型相对比较简单,因为模型代表 *Markov 链*(*Markov chain*),也比较普遍。参见:**事前依赖模型**(**Ante-Dependence Model**)。【*Analysis of Longitudinal Data*, 1994, P. J. Diggle, K.-Y. Liang and S. Zeger, Oxford Science Publications, Oxford.】

T

Transition Probability/转移概率

参见:**Markov 链**(**Markov Chain**)。

Transmission Probability/转化概率

最初在艾滋病扩散调查中使用的术语，指在一次性交中从艾滋病毒感染的伴侣处感染的概率。

Transmission Rate/传输率

指传染性病原体通过环境或其他人扩散的比率。

Trapezium Rule/梯形规则

对函数 $f(x)$ 在一个区间上积分进行近似的简单规则，利用公式

$$\int_a^{a+h} f(x)dx = \frac{1}{2}h[f(a)+f(a+h)]$$

参见：**Gaussian** 求积(**Gaussian Quadrature**)。【SMR Chapter 14.】

Trapping Web Design/捕获网络设计

获得小型哺乳动物和节肢动物种群密度估计的方法，它是由从一个中心点等角发出的陷阱线组成，类似于车轮辐条。【*Biometrics*, 1994, **50**, 733–745.】

Treatment Allocation Ratio/治疗分配比例

临床试验中将一组对象分配到两种治疗中的比例。在实践中最常用的是平等分配，但按其他的比例随机病人更可取，当一个新治疗与老治疗进行比较时，或者当一种治疗对于管理者来说更难或更昂贵时。检测两种治疗之间的实际差异的机会不会大幅度下降，只要比例不超过 2∶1。见图 132。【SMR Chapter 15.】

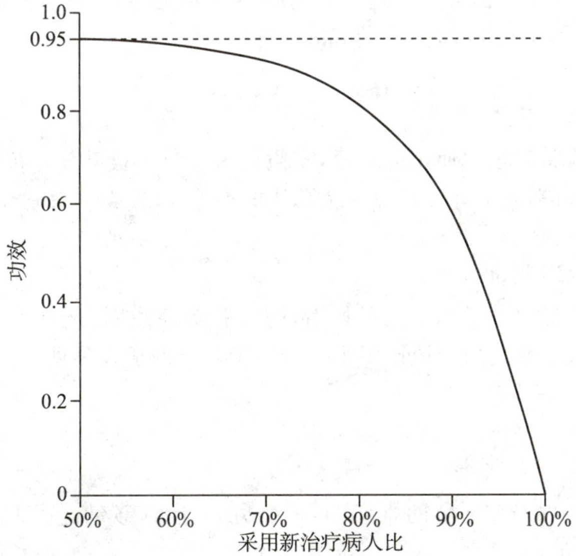

图 132　治疗分配比例影响试验功效(图形表明功效随着新治疗比例的增加而下降)

资料来源：转载自 S. J. Pocock, *Clinical Trials*，经 Wiley 出版集团授权许可。

T

Treatment Cross-Contamination/ 治疗交叉污染

临床试验中被安排接受一种治疗的病人被试验中的其他治疗所暴露。

Treatment-Period Interaction/治疗周期互动

也称为结转效应(**Carryover Effect**)。

Treatment Received Analysis/所接受的治疗分析

对临床试验的结果进行分析,通过病人所接受的治疗,而不是通过如*意向性治疗分析*(*intention-to-treat analysis*)中随机分配的治疗。因为病人的依从性与结果密切相关,所以不作推荐。【SMR Chapter 15.】

Treatment Trial/治疗试验

也称为临床试验(**Clinical Trial**)。

Tree/树

图论(*graph theory*)这个数学分支中使用的术语,用来描述在某个多维空间中连接两个点的直线段集合,满足:

- 每个点都通过直线与其他点连接;
- 每个点至少有一根直线通过;
- 在结构中没有封闭的线路。

如果任意线段的长度由它所连接的两点间距离决定,那么树的长度定义为这些线段长度的和。在多元分析的某些方面特别重要的是 n 个点组成的集合的*最小生成树*(*minimum spanning tree*),它是由这些点所构成的所有树中长度最短的树。参见:树枝形结构关系图(**Dendrogram**)。【*Tree Models of Similarity and Association*, 1996, J. E. Corter, Sage University Papers 112, Sage Publications, London.】

Tree-Top Alternative/树顶替代

在多元"单侧"检验问题中使用的术语,零假设为 k 个独立正态分布的均值相等,备选假设为前面 $k-1$ 个均值都大于等于最后一个总体的均值,其中至少有一个是严格不等。

Trelli Graphics/Trelli 图形

关于一个分离变量的一系列范围所构造散点图、等高线图、透视图等的图形显示;组件图基本上"条件"依赖于变量的取值。图 133 给出了几个例子。参见:合图(**Coplots**),**S-PLUS** 程序(**S-PLUS**)。

Trend/趋势

在一个时间段中一个变量的取值在一个方向上的移动。参见:线性趋势(**Linear Trend**)。【SMR Chapter 9.】

Triangular Contingency Table/三角形列联表

在表格中某些部位存在*结构零点*(*structural zeros*)的列联表。例如,下面表格给出了脑

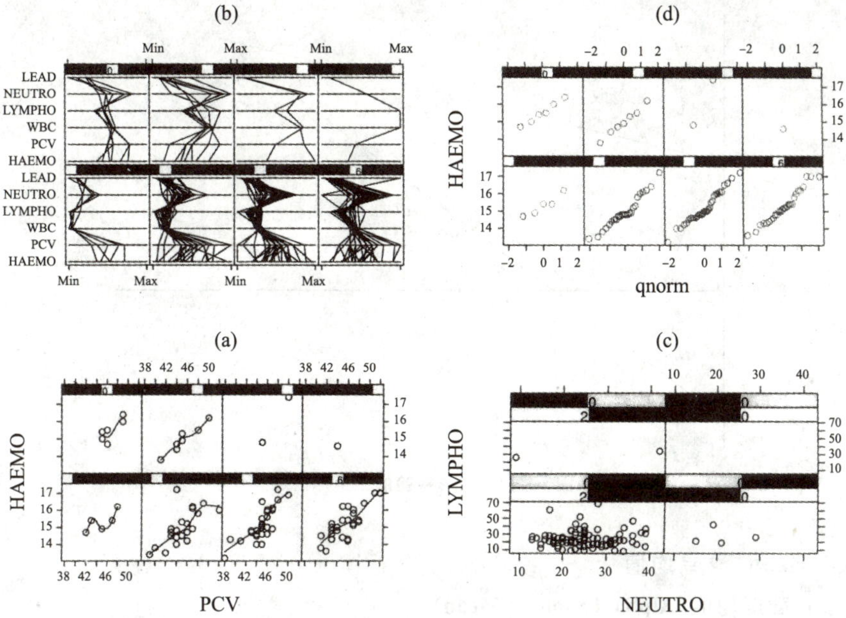

图 133　Trelli 图形的例子

卒中病人的最初和最终的残疾状态，按严重程度从 A～E 分 5 级递增分级。如果医院没有将条件比入院时更差的病人出院，那么没有出院的病人的最终状态比他们入院时更差。

初始评级	**最终评级人数**					**总数**
	A	B	C	D	E	
E	11	23	12	15	8	69
D	9	10	4	1	—	24
C	6	4	4	—	—	14
B	4	5	—	—	—	9
A	5	—	—	—	—	5
总数	35	42	20	16	8	121

Triangular Distribution/三角分布

概率分布的形式为：

$$f(x)=2(x-\alpha)/[(\beta-\alpha)(\gamma-\alpha)],\quad \alpha\leq x\leq\gamma$$
$$=2(\beta-x)/[(\beta-\alpha)(\beta-\gamma)],\quad \gamma\leq x\leq\beta,\alpha\leq x\leq\beta$$

分布的均值为$(\alpha+\beta+\gamma)/3$，方差为$(\alpha^2+\beta^2+\gamma^2-\alpha\beta-\alpha\gamma-\beta\gamma)/18$。【STD Chapter 40.】

Triangular Test/三角检验

某种特殊形式的*闭序贯设计*（*closed sequential design*）中使用的术语，那些控制过程的边界的形状为三角形，如图 134 所示。【*Statistics in Medicine*，1994，**13**，1357 - 1368.】

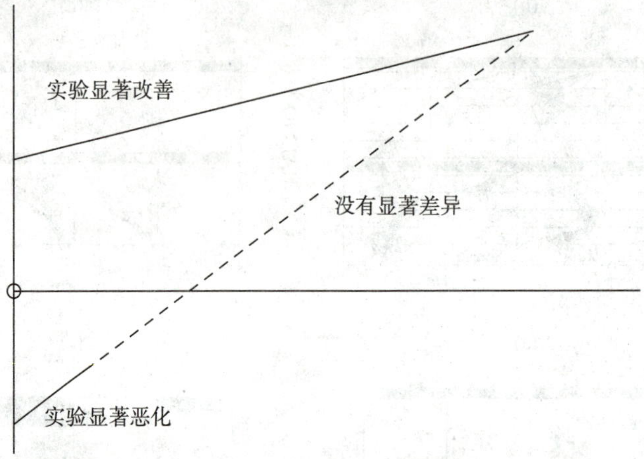

图 134　三角形检验的三角形区域

Trimmed Mean/截尾均值

参见：**α** 截尾均值(**Alpha-Trimmed Mean**)。

Triogram Method/Triogram 方法

基于自适应构造的三角形测量,采用分段线性二元样条进行函数估计的方法。【*Journal of the American Statistical Association*, 1998, **93**, 101-119.】

Triple Scatterplot/三重散点图

也称为泡泡图(**Bubble Plot**)。

Triple Test/三重检验

一种渐近*无分布方法*(*distribution free method*),检验单变量总体是否关于某个未知数值对称,备选假设为一大类非对称分布。

Trohoc Study/Trohoc 研究

回顾性研究(*retrospective study*)中偶尔使用的术语,由反过来拼写"cohort"得出。

Trojan Squares/木马正方形

行—列设计,将 nk 种治疗在 n 行 n 列中复制 n 次。根据 k 个相互正交的 $n \times n$ *Latin 正方形*(*Latin squares*)构成。通常用于农作物研究。

Trough-to-Peak Ratio/谷峰比

在抗高血压药物以及它们对血压的作用的临床试验中使用的度量。通常达到最大值(峰值效应 P),然后降到最低值(谷效应 T)。美国食品药物管理局(FDA)建议比值至少为 0.5。由于谷效应和峰效应之间的相关性,比值的统计性质比较复杂。

TRUE EPISTAT/TRUE EPISTAT 软件

关于流行病学和临床试验的软件。【Epistat Services, 2011 Cap Rock Circle, Richardson, TX75080 - 3417, USA.】

Truncated Binary Data/截尾二进制数据

数据来自于一组个体被观察,其中每个个体都为二进制反应,只有一个或多个个体为积极反应。

Truncated Data/截尾数据

比一个固定取值大(右截尾)或者小(左截尾)的样本值未被记录或者被观察的数据。参见:**删失观察(Censored Observations)**,**截尾二进制数据(Truncated Binary Data)**。

Truncated Poisson Distribution/截尾 Poisson 分布

也称为**正Poisson 分布(Positive Poisson Distribution)**。

Tschuprov Coefficient/Tschuprov 系数

形成 $r \times c$ *列联表*(*contingency table*)的两个变量的关联度的度量 T,定义为:

$$T = \sqrt{\frac{X^2}{N\sqrt{(r-1)(c-1)}}}$$

其中,X^2 为检验两个变量独立性时常用的 χ^2 统计量,N 为样本容量。参见:**列联系数(Contingency Coefficient)**,**ϕ 系数(Phi-Coefficient)**,**Sakoda 系数(Sakoka Coefficient)**。

T-Square Test/T 方检验

空间过程(spatial process)随机性的检验,将过程的最近事件与随机选择点的距离和随机选择事件之间的最近距离进行比较。

Tukey, John (1915-2000)/约翰·杜克(1915-2000)

杜克出生于马萨诸塞州新贝德福德,在进入布朗大学学习化学之前主要在家里接受教育。在获得学位后他来到普林斯顿大学研究数学,1939 年被授予博士学位。他的整个学术生涯都是在普林斯顿大学,成为统计系的创建系主任。杜克对统计学作出了巨大的贡献,他在*时间序列*(*time series*)、*稳健性*(*robustness*)、*方差分析*(*analysis of variance*)、*实验设计*(*experimental design*)和*多重比较*(*multiple comparisons*)方面开展了基础性的工作。他发明了*探索性数据分析*(*exploratory data analysis*),他永远能为他的新思想制定新术语。杜克被人记起的还有他发明了词语"软件"(software)。他的工作被收集成 8 卷文集,1960 年他成为数理统计研究所主席。2000 年 7 月 26 日去世。

Tukey's Lambda Distribution/Tukey λ 分布

通过下面变换定义的一族概率分布,即:

$$Z = [U^{\lambda} - (1-U)^{\lambda}]/\lambda$$

其中,U 为(0,1)上的*均匀分布*(*uniform distribution*)。【*Technometrics*, 1985, **27**, 81 - 84.】

T

Tukey's Quick Test/Tukey 快速检验

位置检验的双样本无分布方法。检验统计量 T 根据两个样本 A 和 B 合并、按升序将取值排列后得到；如果存在一个 A 观察在合并样本的一端，一个 B 观察在另一端，那么取值比所有 B 观察更极端的位于先提到的一端的 A 观察的数目加上另一端比所有 A 观察更极端的 B 观察的数目为 T 的取值。另一方面，如果在两个端点都是 A 观察或 B 观察，那么令 $T=0$。检验拒绝关于 T 较大取值在位置上无差异的零假设。【*Technometrics*, 1959, **1**, 31-48.】

Tukey's Test for Nonadditivity/非可加性的 Tukey 检验

每种治疗组合只有一次观察的双向设计中相互关系的检验方法。基于平方和 S_{AB}，定义为：

$$S_{AB} = \frac{\left[\sum_{i=1}^{r}\sum_{j=1}^{c}\{y_{ij}(\bar{y}_{i.}-\bar{y}_{..})(\bar{y}_{.j}-\bar{y}_{..})\}\right]^2}{S_A S_B}$$

其中，r 为行数，c 为列数，y_{ij} 为第 i 行 j 列单元格中的观察，$\bar{y}_{i.}$ 为第 i 行的均值，$\bar{y}_{.j}$ 为第 j 列的均值，$\bar{y}_{..}$ 为所有观察的均值，S_A 和 S_B 为主效应平方和。【*Biometrics*, 1949, **5**, 232-242.】

Turnbull Estimator/Turnbull 估计量

关于一组生存时间的*生存函数*(*survival function*)的估计方法，其中数据包含*区间删失观察*(*interval censored observations*)。参见：积限估计量(**Product Limit Estimator**)。【*Journal of the Royal Statistical Society*, *Series B*, 1976, **38**, 290-295.】

Twin Analysis/孪生分析

关于同卵、异卵双胞胎的数据分析，在一个或多个性状的判别中对遗传介入的程度和重叠进行推断。通常假设与所讨论特征相关的共享环境经验对于同卵和异卵双胞胎非常重要。【*Statistics in Human Genetics*, 1998, P. Sham, Arnold, London.】

Two-Armed Bandit Allocation/双武装绑匪分配

在临床试验中形成治疗组的过程，其中将一个病人分配到一种特殊治疗的概率是已经参加试验的病人的结果的可观察差异的函数。这个过程背后的动机是使得分配给劣势治疗的个人数最小。参见：最小化(**Minimization**)，胜者优先原则(**Play-the-Winner Rule**)。【*Journal of the Royal Statistical Society*, *Series B*, 1979, **41**, 148-177.】

Two-Bend Transformation/双弯曲变换

能拉直两个变量的关系中多于一个单弯的变换。这种形式的变换最常见的是 *logistic 变换*(*logistic transformation*)、*反正弦变换*(*arcsin transformation*)和 *probit 变换*(*probit transformation*)。参见：单弯变换(**One-Bend Transformation**)。

T

Two-by-Two (2×2) Contingency Table/2×2 列联表

由交叉分类的两个二进制变量形成的 2 行 2 列的*列联表*(*contingency table*)。这种表格的一般形式为：

		变量 1	
		0	1
变量 2	0	a	b
	1	c	d

【SMR Chapter 10.】

Two-by-Two (2×2) Crossover Design/2×2 交叉设计

参见:交叉设计(**Crossover Design**)。

Two-Dimensional Table/二维表

参见:列联表(**Contingency Tables**)。

Two-Parameter Exponential Distribution/双参数指数分布

概率分布 $f(t)$定义为:

$$f(t)=\lambda e^{-\lambda(t-G)}, \quad t\geq G$$

G称为*保质期*(*guarantee time*),对应于没有事件发生的时段。例如,在生存时间的分析中,它表示最小生存时间。【*Journal of Statistical Planning and Inference*, 1997, **59**, 279 - 289.】

Two-Phase Sampling/两相抽样

涉及两个不同抽样阶段的抽样计划,在第一个阶段,对样本中所有成员收集所讨论变量的信息,在第二个阶段,对原始样本的子样本收集其他变量的信息。例如,当根据抽样个体的真实疾病状态的容易犯错误但价格低廉且使用方便的指标所提供的结果进行估计时,这种抽样过程非常有用。然后通过精确的诊断检验对个体子样本的诊断进行验证。这种抽样观察经常被错误地认为是*二阶段抽样*(*two-stage sampling*),事实上它们是完全不同的设计。【*Statistical Methods in Medical Research*, 1995, **4**, 73 - 89.】

Two-Sided Test/双侧检验

备选假设为不定向的检验,例如,一个总体均值大于或小于另一个总体均值。参见:单**侧检验**(**One-Sided Test**)。【SMR Chapter 8.】

Two-Stage Least Squares/两阶段最小二乘法

估计回归系数的方法,其中某些解释变量与误差项相关。在计量经济学中广泛使用。【*Advanced Econometrics*, 1985, T. Ameniya, Harvard University, Cambridge, Massachusetts.】

Two Stage Sampling/两阶段抽样

在如药品制造之前、期间和之后质量保证的评估中最常用的方法。首先随机抽取一定数目的药品包,然后从每包中抽取几片药品。

Two-Stage Stopping Rule/两阶段停止规则

有时在临床试验中使用的过程,在已经完成试验的每个组中首先只对计划的对象数的一部分进行检验得出结论。计算相关的检验统计量，如果治疗之间的差异在 1 阶段水平 α_1 下是显著的，那么试验停止。否则，在每个治疗组中重新分配附加对象，再次计算检验统计量，在 2 阶段水平 α_2 下进行组比较，其中 α_1 和 α_2 用来给出 α 的整体水平。

Two-Way Classification/双向分类

按照两个标准对观察集进行分类，例如根据两个变量构成列联表中进行分类。

Type H Matrix/H 型矩阵

形式为

$$\Sigma=\begin{pmatrix}\lambda+2\alpha_1 & \alpha_1+\alpha_2 & \cdots & \alpha_1+\alpha_q \\ \alpha_2+\alpha_1 & \lambda+2\alpha_2 & \cdots & \alpha_2+\alpha_q \\ \vdots & \vdots & \vdots & \vdots \\ \alpha_q+\alpha_1 & \alpha_q+\alpha_2 & \cdots & \lambda+2\alpha_q\end{pmatrix}$$

的方差—协方差矩阵 Σ，其中 $\alpha_1,\alpha_2,\cdots,\alpha_q$ 和 λ 为未知参数。这种结构是在重复度量设计的单变量方差分析中使用 F－检验有效的充要条件。当 $\alpha_1=\alpha_2=\cdots=\alpha_q$ 时称为*复合对称*（*compound symmetry*）。参见：球形度(**Sphericity**)。

Type I Error/第 I 类错误

当零假设被错误地拒绝时所犯的错误。【SMR Chapter 8.】

Type II Error/第 II 类错误

当零假设被错误地接受时所犯的错误。【SMR Chapter 8.】

Type III Error/第 III 类错误

许多作者建议的术语，用于两种治疗中好的却被认为是差的。

T

U

Ultrametric Inequality/超度量不等式

参见:**超度量树(Ultrametric Tree)**。

Ultrametric Tree/超度量树

一种*加法树*(*additive tree*),每个终端结点与称为树的根的结点距离相等。这种树的每一个水平定义了对象的一种划分,根据这些划分序列,两个终端结点 i 和 j 间的距离定义为对应于包含 i 和 j 的最小子集的高度。这些距离 d_{ij} 满足*超度量不等式*(*ultrametric inequality*):

$$d_{ij} \leq \max[d_{ik}, d_{jk}]$$

例子见图 135。【*Tree Models of Similarity and Association*, 1996, J. E. Corter, Sage University Paper 112, Sage Publications, London.】

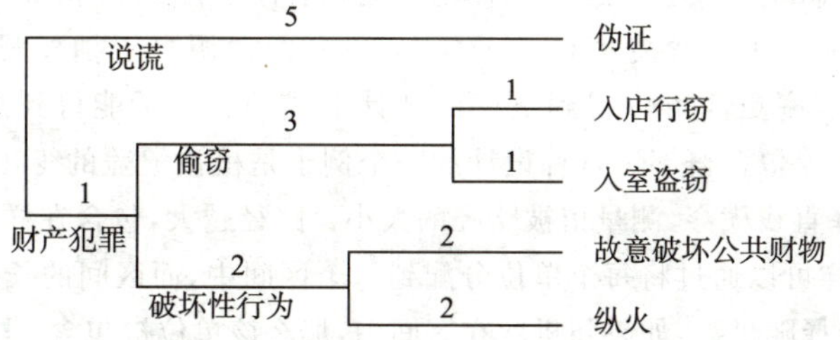

图 135 一例超度量树

资料来源:取自 J. E. Corter, *Tree Models of Similarity and Association*, 1996, 经出版商 Sage 授权许可。

Umbrella Ordering/伞形排序

在具有有序治疗水平的单因子设计中一种常用的可观察反应模式,其中反应变量随着治疗水平递增到顶点,然后随着治疗水平下降。【*Journal of the American Statistical Association*, 1981, **76**, 175-181.】

Umbrella Problem/伞形问题

通常是关于描述在不确定下决策原则所出现的问题,指个人在面对有关今天是否下雨

U

这种不确定现象时必须决定是否带伞。【*American Statistician*，1987，**41**，187－189.】

Unanimity Rule/一致原则

在声称病人有特殊抱怨之前，要求所有诊断试验的结论都是积极的。参见：**多数原则（Majority Rule）**。【*Statistics in Medicine*，1988，**7**，549－558.】

Unbalanced Design/不平衡设计

也称为非正交设计（**Nonorthogonal Design**）。

Unbiased/无偏

参见：**偏倚（Bias）**。

Uncertainty Analysis/不确定性分析

在估计输入参数的取值时对由于不确定性所引起结果变量的可变性进行评估的一种方法。通过识别输入参数对结果变量的预测不精确性的贡献，可以将*灵敏度分析*（*sensitivity analysis*）推广为不确定性分析。灵敏度分析将输入变量取值的变化如何改变结果变量的取值进行量化处理。【SMR Chapter 14.】

Undirected Graph/无向图

参见：**图论（Graph Theory）**。

Unequal Probability Sampling/不等概率抽样

一种*抽样设计*（*sampling design*），总体中不同的*抽样单位*（*sampling units*）包含在样本中的概率不相同。不同的*包含概率*（*inclusion probability*）源自于抽样观察的内在特征，或者由于“更重要的”概率更高可以得到更好的估计形成的。为了能得到总体量化的合理估计，必须考虑这些不等包含概率。这种设计的一个例子是植被覆盖的*线截抽样*（*line-intercept sampling*），随机选择直线横穿，测量植被路径的大小。路径越大，包含在样本中的概率也就越高。这种类型的抽样可以通过将每个单位分配到一个区间中，而区间的长度等于所期望的概率，根据均匀分布选择随机数：如果随机数在区间中，那么该单位被包含。【*Sampling with Unequal Probabilities*，1983，K. R. W. Brauer and M. Harif，Springer-Verlag，New York.】

Unidentified Model/不可识别模型

参见：**识别（Identification）**。

Uniform Distribution/均匀分布

在一个区间上概率相同的随机变量的概率分布 $f(x)$。定义为：

$$f(x)=\frac{1}{\beta-\alpha},\quad \alpha<x<\beta$$

分布的均值为 $(\alpha+\beta)/2$，方差为 $(\beta-\alpha)^2/12$。最常见的这种分布是参数 α 和 β 分别取 0 和 1。

【STD Chapter 35.】

Uniformity Trial/一致性试验

通常用于农艺学中确定一块地的“最佳”容量的方法,即田间试验的效率最优的容量。目的是获得最低成本的最大信息。

Uniformly Most Powerful Test/一致最大功效检验

对一个给定假设的检验,关于所讨论参数的所有取值,它至少与其他检验一样有效,而且关于参数的取值中至少有一个取值更有效。【KA2 Chapter 21.】

Unimodal/单峰

只有一个众数的概率分布或频率分布,例如正态分布。【KA1 Chapter 1.】

Unimodal Ordering/单峰排序

也称为伞形排序(**Umbrella Ordering**)。

Union-Intersection Principle/并交原理

构造关于多元观察的统计检验的过程。【MV1 Chapter 6.】

Unit Normal Variate/单位正态变量

也称为标准正态变量(**Standard Normal Variate**)。

Unit Root Test/单位根检验

时间序列中用来确定在序列中是否出现随机性或确定性趋势的检验。检验基于模型

$$y_i = \mu + \phi y_{t-1} + \varepsilon_i$$

中根据*最小二乘估计*(*least squares estimation*)得到的 ϕ 的渐近分布,其中 ε_i 为随机过程。零假设为 $\phi=1$。【*Journal of the American Statistical Association*, 1995, **90**, 268–281.】

Univariate Data/单变量数据

关于一个对象或一个病人的单一测量数据。

Univariate Directional Ordering/单变量有向排序

关于一个分布在某种意义上是否在另一个分布的右边这种问题中使用的术语。在这种关系中,有许多不同的排序概念,例如,*随机排序*(*stochastic ordering*),称随机变量 Y 比随机变量 X 更随机地大,如果它们的累积概率分布 F 和 G 满足:

$$F(x) \geq G(x), \quad 对所有\ x$$

Universe/全域,总体

总体的另一种很少使用的术语。

Unreplicated Factorial/未复制的析因设计

参见:析因设计(**Factorial Designs**)。

Unsupervised Pattern Recognition/无监督模式识别

参见:模式识别(**Pattern Recognition**)。

Unweighted Means Analysis/未加权均值分析

当在每个单元格中观察次数不相等时双向高阶*析因设计*(*factorial designs*)的分析方法。分析基于单元格均值,采用所有单元格频数的*调和均值*(*harmonic mean*)作为所有单元格的样本容量。

Up-and-Down Method/起伏法

有时用来估计*半数致死量*(*lethal dose 50*)的方法。方法分下列几步;在选择一系列相同间距的剂量水平之后,在某个剂量水平下进行第一次试验,然后按顺序进行试验。后面的每次试验按照前一次试验产生或没有产生积极响应在低一级或高一级的剂量水平下进行。【*Clinical Chemistry*, 1995, **41**, 198.】

U-Shaped Distribution/U 形分布

概率分布或频率分布类似于字母 U 的形状,不一定是对称的。这种分布在变量值域的两端处的频率最大。图 136 给出了一个例子。【KA1 Chapter 1.】

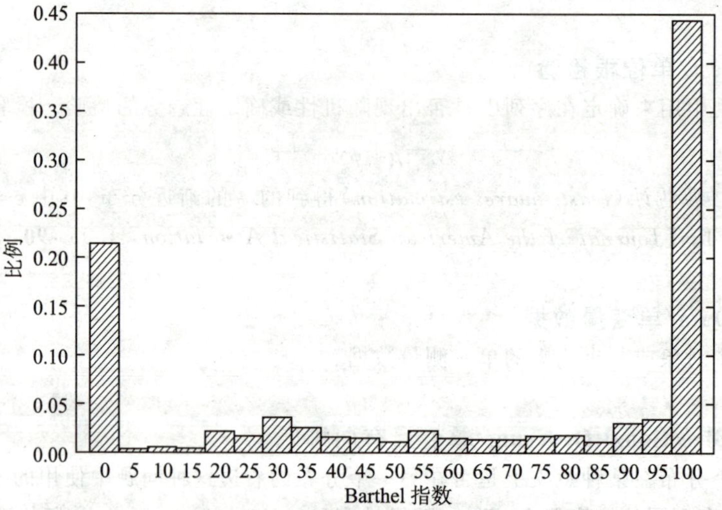

图 136 一例 U 形分布(Barthel 指数的分布)

Utility Analysis/效用分析

基于一些理性行为在不确定性下的决策分析方法。【*Utility Theory for Decision Making*, 1970, P. C. Fishburn, Wiley, New York.】

U

V

Vague Prior/模糊先验

在 *Bayesian 推断*(*Bayesian inference*)中对参数的取值完全未知时关于*先验分布*(*prior distribution*)的术语。参见:**非信息先验(Non-Informative Prior)**。

Validity/有效性

测量仪器测量对象正确的程度。

Validity Checks/有效性检查

数据编辑(*data editing*)的一部分,关于询问对象问题的答案所给出的容许值或编码的检查。例如,高度为负显然不是一个容许值。

VALT/变应力加速寿命测试试验

变应力加速寿命测试试验(Variable-Stress Accelerated Life Testing Trials)的缩写。

Van Dantzig, David (1900–1959)/大卫·凡·丹捷格(1900–1959)

他是荷兰最伟大的数理统计学家,担任阿姆斯特丹大学数理统计系系主任。他主要的贡献是将*特征函数*(*characteristic function*)理论进行了推广,对 *Bayesian 推断*(*Bayesian inference*)进行了严厉批评。

VARCL/VARCL 软件

关于*多水平模型*(*multilevel models*)分析的软件。参见:**HLM 软件(HLM)**,**MlwiN 软件包(MlwiN)**。【Isc Pro Gamma, Po Box 841, 9700 AV Groningen, The Netherlands.】

Variable/变量

因对象或时间不同的某些特征。【SMR Chapter 3.】

Variable Sampling Interval Cusum Charts/可变抽样区间累计和图

一种*累计和*(*cusum*),其中样本之间时间作为累计和统计量的取值的函数而变化。如果过程均值可以移动图形,那么采用短的抽样区间,如果没有这种移动,那么采用长的抽样区间。在许多情形中,这种图表比标准版本更适合。

Variable Selection/变量选择

在回归分析中选择变量子集的问题,该子集包含全部数据集的最多的相关信息。参见:充足子集(**Adequate Subset**),所有子集回归(**All Subsets Regression**),回归中选择方法(**Selection Methods in Regression**)。【*Subset Selection in Regression*, 1990, A. Miller, Chapman and Hall/CRC Press, London.】

Variable-Stress Accelerated Life Testing Trials (VALT)/变应力加速寿命测试试验

一种实验,其中一个产品的单位的随机样本中每个单位在越来越严格的条件下运行,以快速获得关于单位寿命的分布的信息。实验中每个单位满足特殊应力的某种模式,每个单位有一个特定的时间间隔,直到单位消失。参见:疲劳模型(**Fatigue Models**)。

Variance/方差

在总体中是关于均值的二*阶矩*(*second moment*)。总体方差的无偏估计量为 s^2,定义为:

$$s^2 = \frac{1}{n-1}\sum_{i=1}^{n}(x_i - \bar{x})^2$$

其中,$x_1, x_2, \cdots, x_n$ 为 n 次观察,$\bar{x}$ 为样本均值。【SMR Chapter 3.】

Variance-Balanced Design/方差均衡设计

多于两种治疗的*交叉试验*(*cross-over trials*)的设计,满足治疗间所有成对差异的估计精度相同。【*Design and Analysis of Cross-over Trials*, 1989, B. Jones and M. Kenward, CRC/Chapman and Hall, London.】

Variance Components/方差分量

在*线性模型*(*linear model*)中*随机效应*(*random effect*)项的方差。例如,在关于纵向数据的一个简单*混合模型*(*mixed model*)中,主体效应和误差项都是随机的,它们方差的估计非常重要。在*均衡设计*(*balanced design*)的情形中,这些方差的估计从合适的*方差分析表*(*analysis of variance table*)中得到,将均方等同于它们的期望值。当数据不均衡时,有许多估计方法可以使用,最常用的是*极大似然估计*(*maximum likelihood estimation*)和*约束极大似然估计*(*restricted maximum likelihood estimation*)。【*Variance Components*, 1992, S. R. Searle, G. Gasella and C. E. McCulloch, Wiley, New York.】

Variance-Covariance Matrix/方差—协方差矩阵

一种*对称矩阵*(*symmetric matrix*),它的非对角元素为两个变量的(样本或总体)协方差,主对角元素为变量的(样本或总体)方差。【MV1 Chapter 2.】

V

Variance Inflation Factor/方差膨胀因子

其他的解释变量关于一个变量的回归系数的方差的影响指标。为变量与其他变量的多*重相关系数*(*multiple correlation coefficient*)平方的倒数。【*Regression Analysis*, Volume

2, 1993, edited by M. S. Lewis-Beck, Sage Publications, London.】

Variance Ratio Distribution/方差比分布

也称为 **F-分布(F-Distribution)**。

Variance Ratio Test/方差比检验

也称为 **F-检验(F-Test)**。

Variance Stabilizing Transformations/方差稳定化变换

作为如*方差分析*(*analysis of variance*)的准备工作,使得均值和方差独立的变换。例如,*反正弦变换*(*arc sine transformation*)。

Variety Trials/品种试验

在农业田间实验中作为植物育种计划一部分的术语。范围从小块(单株或单行)的初始研究复制到相当大区块的试验。

Varimax Rotation/可变最大旋转

一种*因子旋转*(*factor rotation*)的方法,使得初始*因子荷载*(*factor loadings*)的某个函数最大化,以寻找至少近似满足*简单结构*(*simple structure*)的一组因子。【MV2 Chapter 12.】

Variogram/变异函数

时间序列$\{x_t\}$的函数$V(u)$,定义为:

$$V(u)=E\left[\frac{1}{2}\{x_t-x_{t-u}\}^2\right]$$

它给出了序列的*自协方差函数*(*autocovariance function*)的另一种描述方式,当序列在不规则时间点处观察时特别有用。*经验变异函数*(*empirical variogram*)为点集$(u_{ijk},v_{ijk}):k>j:i=1,\cdots,m$,其中,$u_{ijk}=|t_{ij}-t_{ik}|$,$v_{ijk}=\frac{1}{2}(y_{ij}-y_{ik})^2$;$t_{ij}$,$j=1,\cdots,n_i$ 为对应于观察为 y_{ij} 关于对象 i 进行的 n_i 次观察。点(u_{ijk},v_{ijk})的散点图称为*变差云*(*variogram cloud*),用于关于$V(u)$的参数模型的建模。经验变异函数和变差云的例子见图137。【TMS Chapter 2.】

Variogram Cloud/变差云

参见:**变异函数(Variogram)**。

Varying-Coefficient Models/变系数模型

模型关于解释变量是线性的,但系数随其他变量的取值光滑变化。例如,如果孕妇体重变化(*MWC*)与新生儿出生体重(*BW*)之间的关系是线性的,但对应于孕妇怀孕前体重(*MPPW*)的不同水平有不同的形状和截距,那么合适的模型为:

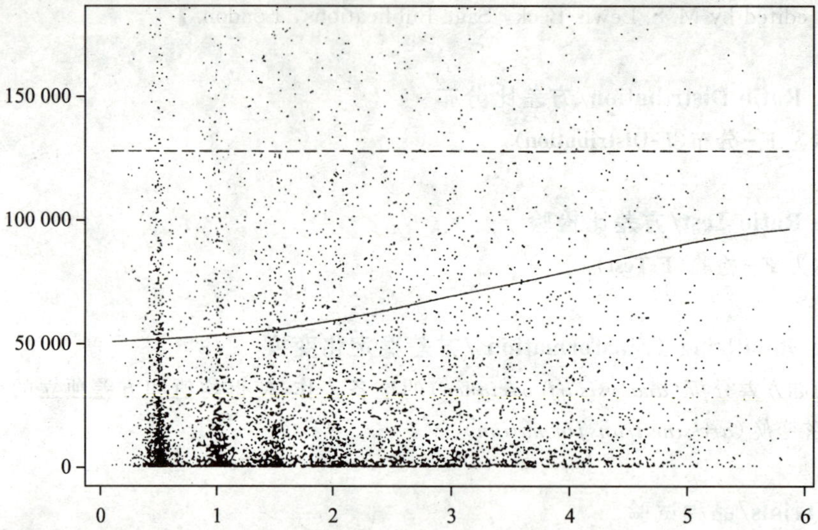

图 137 变异图

$$BW=\beta_0(MPPW)+MWC\beta_1(MPPW)+\varepsilon$$

这样出生体重关于孕妇体重变化是线性的，但系数作为孕妇怀孕前体重的函数变化。通常这些函数可以非参数地如三*次样条*（*cubic splines*）拟合。【*Statistics in Medicine*，1997，**16**，1603－1616.】

Vec Operator/向量算子

将矩阵 A 的列向量一个接一个往下摆放生成列向量的算子。因此，对于 $n\times n$ 矩阵 $A=[a_1,\cdots,a_n]$，$a_1,\cdots,a_n$ 为 A 的列向量：

$$vec(A)=\begin{pmatrix}a_1\\a_2\\\vdots\\a_n\end{pmatrix}$$

参见：**Vech 算子（Vech Operator）**。

Vech Operator/Vech 算子

将对称矩阵的下三角元素一个接一个往下摆放生成列向量的算子。例如：

$$vech\begin{pmatrix}a_{11}&a_{12}&a_{13}\\a_{21}&a_{22}&a_{23}\\a_{31}&a_{32}&a_{33}\end{pmatrix}=\begin{pmatrix}a_{11}\\a_{21}\\a_{31}\\a_{22}\\a_{32}\\a_{33}\end{pmatrix}$$

参见：向量算子（**Vec Operator**）。

V

Vector Time Series/向量时间序列

也称为多重时间序列(**Multiple Time Series**)。

Venn Diagram/Venn 图

相互包含和相互排斥的两个或多个量或概念的图形表示。图 138 给出了一个例子。以 John Venn (1834—1923)名字命名,他 1876 年在关于 Boolean 逻辑的一篇论文中采用了这种技术。

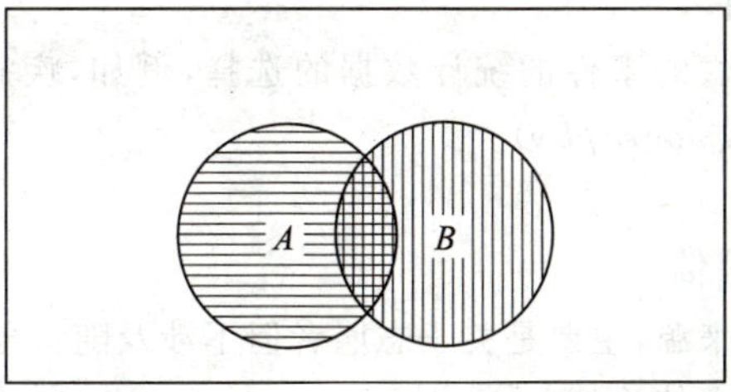

图 138 图形中交叉阴影区域为两个集合 *A* 和 *B* 的交

Vertical Transmission/垂直传播

由母亲到未出生孩子的疾病传播。

Violin Plots/小提琴图

在*箱形图*(*box plot*)的简单结构上增加信息的图形。额外的信息由数据分布的密度估计组成。例子见图 139。【*The American Statistician*, 1998, **52**, 181 - 184.】

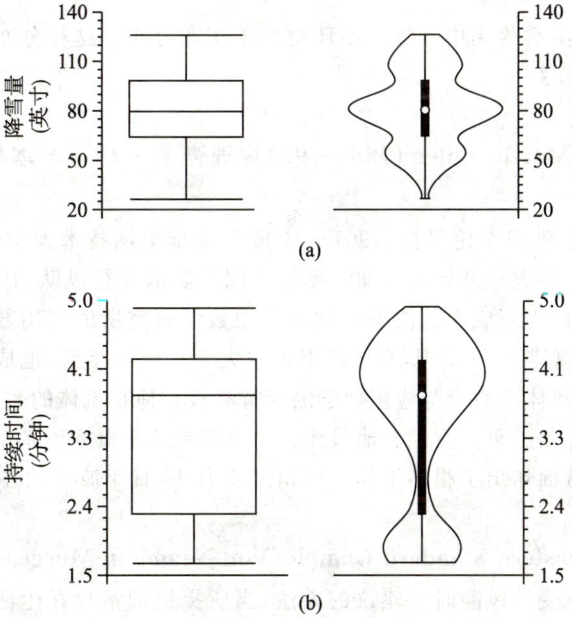

图 139 箱形图和小提琴图

Virtual Population Analysis (VPA)/虚拟种群分析

常用于利用鱼类种群的分析来估计过去的数目以及一个种群不同世代的利用率，当捕获的历史根据个体从这些世代中可以得到时。【*Fishery Bulletin*, 1997, **95**, 280-292.】

Vital Index/生命指数

也称为出生—死亡人数比(**Birth-Death Ratio**)。

Vital Statistics/生命统计

关于人类的生命和死亡的事件的统计数据的选择，例如，疾病死亡率、死亡率、离婚率等。集中在*人口统计学*(*demography*)。

Volunteer Bias/志愿者偏倚

在临床试验中的偏倚来源，主要是关于志愿者但不涉及随机分配，因为志愿者关于反应的已知倾向要好于其他病人的治疗。

Von Mises Distribution/Von Mises 分布

一种*循环分布*(*circular distribution*)，形式为：

$$f(x)=\frac{1}{2\pi I_0(\kappa)}e^{\kappa\cos(x-\mu_0)},\quad 0<x\leqslant 2\pi,\quad \kappa>0,\quad 0<\mu_0<2\pi$$

其中，$I_0(z)$为：

$$I_0(z)=\sum_{r=0}^{\infty}\frac{(z/2)^{2r}}{r!\Gamma(r+1)}$$

参数 μ_0 称为均值方向，κ 称为集中参数。循环类似于正态分布。这种分布的一些例子见图 140。【STD Chapter 40.】

Von Mises, Richard Martin Edler (1883-1953)/理查德·马丁·埃德勒·冯·米塞斯(1883-1953)

冯·米塞斯出生于俄罗斯伦贝格，1901～1906 年在维也纳技术大学学习数学、物理和机械工程。在第一次世界大战开始时他加入奥匈帝国军队的飞行纵队，1919 年成为德累斯顿工业大学教授，后来成为新成立的位于柏林的应用数学研究所的应用数学教授和第一任主任。1933 年，冯·米塞斯离开德国，在伊斯坦布尔大学工作 6 年后，他成为哈佛大学工程学院的讲师，后来成为流体动力学与应用数学的荣誉教授。他在流体的数学理论、流体动力学和边界值问题方面作出了重大贡献。他最伟大的贡献是关于概率论基础的新方法。冯·米塞斯还在大数定律方面作出了很多工作。1953 年 7 月 14 日于波士顿去世。

V

Von Neumann-Morgenstern Standard Gamble/Von Neumann-Morgenstern 标准博弈

评估重病患者所承受的风险时所建议的方法，当所提供的治疗在生活质量方面提供了潜在收益，但另一方面存在病人在治疗中死亡的可能。病人被要求考虑下列情形：

你已经患心绞痛多年。由于你的病情，在即使轻微的体力消耗如爬楼梯或在冷天走一

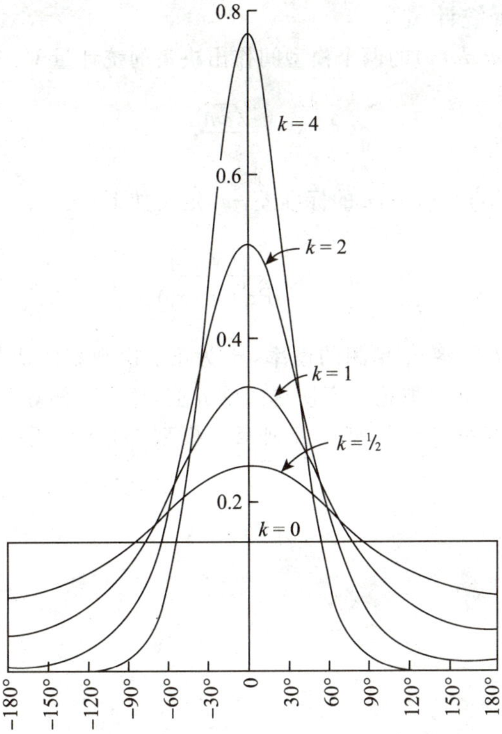

图 140　关于 $\mu_0=0$ 以及 κ 的不同取值的 Von Mises 分布

个街区后，你会遇到严重的胸部疼痛。你已经停止工作，大部分时间待在家中看电视。设想你接受一种能从疾病中完全康复的手术的可能。但是手术存在某些风险。特别是存在你在手术中死亡的概率 P。在你拒绝手术并选择保持现在状态之前 P 必须为多大？

因为只有很少的病人习惯讨论概率，所以建议采用另一种称为*时间权衡方法*（*time trade-off technique*）的方法，利用精算表，从估计健康的人还能生活的年数开始。前面的问题可以重新叙述：

设想在现有状态下你余下的生活（估计的年数）。将此与年数少点的健康生活对比。如果是健康生活你愿意牺牲多少年？

Von Neumann Ratio/Von Neumann 比

对于时间序列的连续观察 $x_1, x_2, \cdots, x_n$，样本方差的平均序列逐步差的比。可以作为观察独立性的检验统计量。【*Annals of Mathematical Statistics*，1941，**12**，367－395.】

Voroni Diagram/Voroni 图

关于二维点模式的图形，其中每个点与比其他点更接近的空间区域有关。参见：**Delauney 三角测量（Delauney Triangulation）**。【*Pattern Recognition*，1980，**12**，261－268.】

VPA/虚拟种群分析

虚拟种群分析（Virtual Population Analysis）的缩写。

Vuong Statistic/Vuong 统计量

关于*计数数据*(*count data*)的两个模型间作出决策的统计量 V。统计量定义为：

$$V=\frac{\sqrt{n\bar{m}}}{s_m}$$

其中，$\bar{m}$ 为均值，s_m 为 m_j，$j=1,\cdots,n$ 的标准差，m_j 定义如下：

$$m_j=\ln\left[\frac{\hat{\Pr}_1(y_j\mid x_j)}{\hat{\Pr}_2(y_j\mid x_j)}\right]$$

$\hat{\Pr}_k(y_j\mid x_j)$是基于模型 k 观察 y_j 预测的概率，x_j 为第 j 次观察的协变量取值向量。V 的渐近分布为标准正态分布。如果取值大于所选的临界值，那么更偏好第一个模型；如果取值小于负临界值，那么更偏好第二个模型。否则两个模型都拒绝。【*Econometrica*，1989，**57**，307－333.】

W

Wagner's Hypothesis/Wagner 假设

19 世纪末期由德国经济学家阿道夫・瓦格纳(Adolph Wagner)提出的假设,他断言随着一个国家发展水平的提高,公共部门的相对规模也会变大。

Wald, Abraham (1902–1950)/亚伯拉罕・沃尔德(1902–1950)

沃尔德出生于匈牙利(现罗马尼亚)克鲁日,在维也纳大学学习数学,1931 年获得博士学位。1938 年移民到美国,在哥伦比亚大学师从哈罗德・霍特林(Harold Hotelling)学习统计学。沃尔德在*决策论*(*decision theory*)特别是*序贯分析*(*sequential analysis*)方面作出了重要贡献。1950 年 12 月 13 日由于飞机坠毁于印度查文科地区而去世。

Wald-Blackwell Theorem/Wald-Blackwell 定理

假设 $X_1, X_2, \cdots$ 是从均值为 $E(x)$ 的分布中抽取的随机变量序列,令 S 为 $E(N)$ 是有限的序贯检验。如果 $X_1+X_2+\cdots+X_N$ 表示直到 S 终止时抽取的 X 的和,则:

$$E(X_1+X_2+\cdots+X_N)=E(X)E(N)$$

【KA2 Chapter 24.】

Wald Distribution/Wald 分布

也称为逆正态分布(**Inverse Normal Distribution**)。

Wald's Fundamental Identity/Wald 基础等式

在*序贯分析*(*sequential analysis*)中的至关重要的结论,从相互独立同分布且满足 $\Pr(|Z_i|>0)>0(i=1,2,\cdots)$ 的随机变量序列 $Z_1, Z_2, \cdots$ 开始。如果 $S_n=Z_1+Z_2+\cdots+Z_n$,N 为满足不等式 $b<S_n<a$ 的 n 中第一个取值,则:

$$E[e^{tS_N}\{M(t)\}^{-N}]=1$$

其中,$M(t)$ 为 Z 的相同*矩生成函数*(*moment generating function*)。【KA2 Chapter 24.】

Wald's Test/Wald 检验

关于参数向量 $\theta'=[\theta_1, \theta_2, \cdots, \theta_m]$ 为零向量的假设的检验。检验统计量为:

$$W=\hat{\theta}'V^{-1}\hat{\theta}$$

其中，$\hat{\theta}'$为参数向量的估计，V 为 $\hat{\theta}$ 的渐近方差—协方差矩阵。在假设下，W 渐近服从 χ^2 *分布*（*chi-squared distribution*），自由度为参数的个数。参见：**评分检验**（**Score Test**）。【KA2 Chapter 25.】

Wald-Wolfowitz Test/Wald-Wolfowitz 检验

检验两个样本取自相同总体的零假设检验的*无分布方法*（*distribution free method*）。检验基于*游程*（*runs*）数的计数。【KA2 Chapter 25.】

Walker's Test/Walker 检验

关于*周期图*（*periodogram*）中非零周期坐标的检验。检验统计量为：

$$\gamma=\max_{1\leq p\leq[N/2]} I(\omega_p)/\sigma_x^2$$

其中，N 是序列的长度，σ_x^2 是序列的方差，$I(\omega)$表示周期。在坐标为 0 的假设下，γ 是[$N/2$]个独立指数变量的极大值。【*Applications of Time Series Analysis in Astronomy and Meteorology*, 1997, edited by T. Subba Rao, M. B. Priestley and O. Lessi, Chapman and Hall/CRC Press, London.】

Ward's Method/Ward 方法

一种*凝聚层次聚类方法*（*agglomerative hierarchical clustering method*），其中平方和准则用来决定哪些个体或哪些聚类在过程中每个阶段被融合。参见：**单链接**（**Single Linkage**），**平均链接**（**Average Linkage**），**完全链接**（**Complete Linkage**），***K*-均值聚类分析**（***K*-Means Cluster Analysis**）。【MV2 Chapter 10.】

Waring's Theorem/Waring 定理

定理给出了不是相互排斥的事件 $A_1, A_2, \cdots, A_n$ 发生的概率。定理叙述为：

$$\Pr(A_1\cup A_2\cup\cdots\cup A_n)=\sum_{i=1}^{n}\Pr(A_i)-\sum_{i_1}^{n-1}\sum_{<i_2}^{n}\Pr(A_{i_1}\cap A_{i_2})$$
$$+\sum_{i_1}^{n-2}\sum_{<i_2}^{n-1}\sum_{<i_3}^{n}\Pr(A_{i_1}\cap A_{i_2}\cap A_{i_3})-\cdots+(-1)^{n+1}\Pr(\cap_{i=1}^{n}A_i)$$

例如，对于两个事件 A_1 和 A_2，

$$\Pr(A_1\cup A_2)=\Pr(A_1)+\Pr(A_2)-\Pr(A_1\cap A_2)$$

参见：**加法法则**（**Addition Rule**）。【KA1 Chapter 8.】

W

Warning Lines/警戒线

质量控制图（*quality control chart*）上表示轻度偏离所希望的控制水平的直线。

Wash-Out Model/冲洗模型

参见：**车厢模型**（**Compartment Models**）。

Wash-Out Period/洗脱期

消除可能的*结转效应*（*carryover effects*）的交叉设计（*crossover design*）中治疗周期之间的间隔。【SMR Chapter 15.】

Wasserstein Metrics/Wasserstein 度量

两个累积分布函数之间差异的度量，定义为：

$$\left[\int_0^1 |F_1^{-1}(u) - F_2^{-1}(u)|^p du\right]^{\frac{1}{p}}$$

其中，$F_j^{-1}(u) = \min\{t: F_j(t) \geq u\}, j = 1, 2$。常用来比较两个*生存函数*（*survival functions*）。当 $p=1$ 时，两个估计的生存曲线之间的距离度量是图 141 中的阴影区域。【*Recursive Partitioning in the Health Sciences*, 1999, H. Zhang and B. Singer, Springer, New York.】

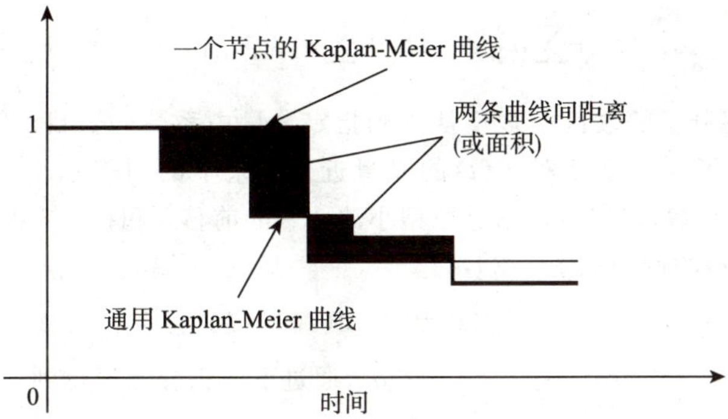

图 141 Wasserstein 度量

Watson, Geoffrey Stuart (1921-1998)/杰弗里·斯图亚特·沃森(1921-1998)

沃森出生于澳大利亚本迪戈。他在本迪戈高中和墨尔本苏格兰学院接受教育，后来在墨尔本大学学习数学，于 1942 年毕业。在北卡罗来纳州统计研究所工作两年后，他回到澳大利亚，成为澳大利亚国立大学高级研究员。1962 年成为约翰霍普金斯大学统计学教授，1970 年担任普林斯顿大学统计系系主任，直到 1991 年退休。沃森在统计学很多领域如*时间序列*（*time series*）、*有向数据分析*（*directional data analysis*）和*最小二乘估计*（*least squares estimation*）中都作出了重要的贡献。1998 年 1 月 3 日去世。

Watson's A-Test/Watson A -检验

循环分布（*circular distribution*）均匀性检验。【*Biometrika*, 1967, **54**, 675-677.】

Watson's Test/Watson 检验

检验*循环随机变量*（*circular random variable*）是否服从*角均匀分布*（*angular uniform distribution*）。给定观察集 $\theta_1, \theta_2, \cdots, \theta_n$，检验统计量为：

$$U^2 = \sum_{j=1}^{n} [x_j - (2j-1)/(2n)]^2 - n(\bar{x} - \frac{1}{2}) + 1/(12n)$$

其中，$x_j = \theta_j / 2\pi$。在角均匀分布的假设下，这个统计量渐近服从标准正态分布。参见：

Kuiper检验（Kuiper's Test）。【MV2 Chapter 14.】

Wavelet Analysis/小波分析

类似于*Fourier序列*（*Fourier series*）近似的表示信号的方法，采用*小波函数*（*wavelet function*）的线性组合而不是三角正弦和余弦函数。这种方法的优点是在描述局部现象时比传统的正弦和余弦展开更精确。因此，小波在讨论瞬态行为的许多领域中非常理想，例如在讨论声波或地震信号中，或影像处理中。

作为正弦或余弦波，小波函数关于零振荡，但阻尼振荡下降到0，使得函数关于时间或空间定位。这种函数分成两种类型，称为*母小波*（*mother wavelets*）(ψ)和*父小波*（*father wavelets*）(ϕ)。前者积分为0，后者积分为1。粗略地说，父小波在表示信号的光滑和低频率部分较好，而母小波在表示信号的细节和高频率部分较好。

对连续时间信号 $f(t)$ 的正交*小波级数近似*（*wavelet series approximation*）为：

$$f(t) \approx \sum_k s_{J,k}\phi_{J,k}(t) + \sum_k d_{J,k}\psi_{J,k}(t) + \sum_k d_{J-1,k}\psi_{J-1,k}(t) + \cdots + \sum_k d_{1,k}\psi_{1,k}(t)$$

其中，J 为多分辨率分量的数目，k 取值从 1 到指定分量中系数的数目。第一项根据称为尺度函数 $\phi_{J,k}(t)$ 给出了在尺度 J 处 $f(t)$ 的光滑近似。余下的项表示小波分解，$\psi_{j,k}(t)$，$j=1,\cdots,J$ 为近似小波函数；这些可以通过原型小波 $\psi(t)$ 的前移 k 和扩张 j 根据下式得到[*Haar小波*（*Haar wavelet*）的例子见图 142]：

$$\psi_{j,k}(t) = 2^{-j/2}\psi(2^{-j}t - k)$$

小波系数（*wavelet coefficients*）$s_{J,k}, d_{J,k}, \cdots, d_{1,k}$ 通过下面积分近似得到：

$$s_{J,k} \approx \int \phi_{J,k} f(t)\,dt$$

$$d_{j,k} \approx \int \psi_{j,k} f(t)\,dt, \quad j = 1,2,\cdots,J$$

它们的大小给出了相应的小波函数对近似和的贡献大小。这种表达式对于随时间变化的信号以及传统的Fourier序列近似不太适合的跳跃或其他不光滑特征的信号特别有用。参见：**离散小波变换（Discrete Wavelet Transform）**。【*Applications of Time Series Analysis in Astronomy and Meteorology*, 1997, edited by T. Subba Rao, M. B. Priestley and O. Lessi, Chapman and Hall/CRC Press, London.】

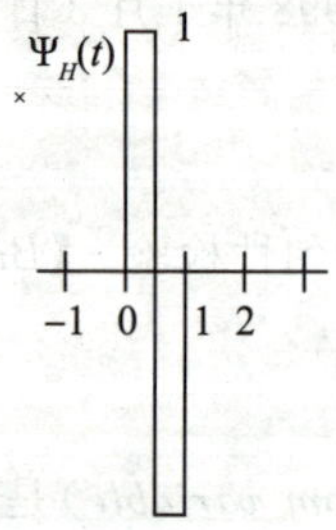

图 142 Haar 小波

Wavelet Functions/小波函数

参见：小波分析（**Wavelet Analysis**）。

Wavelet Series Approximation/小波级数近似

参见:小波分析(**Wavelet Analysis**)。

Wavelet Transform Coefficients/小波变换系数

参见:小波分析(**Wavelet Analysis**)。

WaveShrink/收缩波

函数估计和*非参数回归*(*nonparametric regression*)的过程,基于收缩小波系数趋向于 0 将减少噪声的原理。这个过程具有非常好的渐近最优性质。【*Biometrika*, 1996, **83**, 727-745.】

Weakest-Link Model/最弱链接模型

关于脆性材料强度的模型,假设强度由材料中最弱的元素决定,所有元素在特定荷载下引起故障是相互独立且可能性相同。这就可以预测材料不同长度的强度,假定一个单位长度的强度已知。模型可以表示为:

$$S_l(x)=\{S_1(x)\}^l$$

其中,$S_l(x)$为长度 l 的纤维在压力 x 下链接的概率分布,$S_1(x)$为 *Weibull 分布*(*Weibull distribution*)。【*Scandinavian Journal of Metallurgy*, 1994, **23**, 42-46.】

Weathervane Plot/风向标图

基于*泡泡图*(*bubble plot*)的多元数据的图形显示。泡泡图中直线的长度和方向对应附加变量的取值。图 143 给出了关于某个空气污染数据的风向标图。【*Methods for the Statistical Analysis of Multivariate Observations*, 1977, R. Gnanadesikan, Wiley, New York.】

Wedderburn, Robert William Maclagan(1947-1975)/罗伯特·威廉·麦克拉根·韦德本(1947-1975)

韦德本出生于爱丁堡,进入法特斯中学学习,然后在剑桥大学学习数学和统计。后来进入洛桑实验站的统计部工作。在他悲剧式的短暂生涯中,韦德本的主要贡献是关于*广义线性模型*(*generalized linear models*)的工作,发展了*拟似然*(*quasi likelihood*)这个概念。1975 年 6 月去世。

Weibull Distribution/Weibull 分布

概率分布 $f(x)$为:

$$f(x)=\frac{\gamma x^{\gamma-1}}{\beta^\gamma}\exp\left[-\left(\frac{x}{\beta}\right)^\gamma\right],\quad 0\leq x<\infty,\quad \beta>0,\quad \gamma>0$$

这种分布的例子见图 144。分布的均值和方差如下:

$$均值=\beta\Gamma[(\gamma+1)/\gamma]$$
$$方差=\beta^2(\Gamma[(\gamma+2)/\gamma]-\{\Gamma[(\gamma+1)/\gamma]\}^2)$$

W

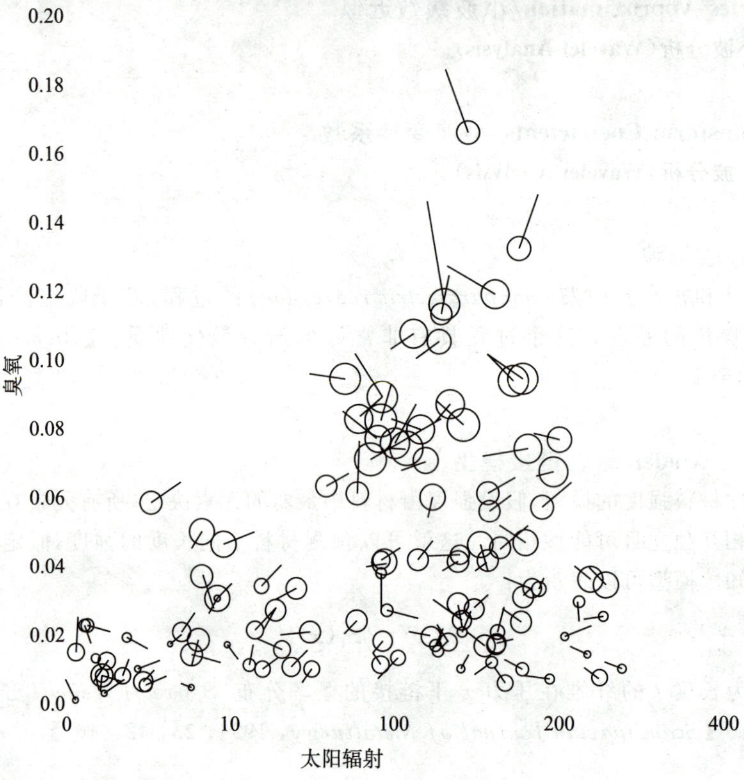

图 143 风向标图

分布出现在*生存数据*(*survival data*)的分析中,通过选择合适的参数取值,相应的*风险函数*(*hazard function*)可以随时间递增、递减或保持不变。当 $\gamma=1$ 时分布为*指数分布*(*exponential distribution*)。【STD Chapter 41.】

Weighted Average/加权平均

对数量附带一系列权数的平均,这样适当考虑数量的重要性。例如,一组观察 x_1, x_2,…,x_n,权数分别为 w_1,w_2,…,w_n,它们的加权算术平均为:

$$\frac{\sum_{i=1}^{n} w_i x_i}{\sum_{i=1}^{n} w_i}$$

Weighted Binomial Distribution/加权二项分布

概率分布的形式为:

$$f_{w(x)}(x) = \frac{w(x)B_n(x;p)}{\sum_{x=0}^{n} w(x)B_n(x;p)}$$

其中,$w(x)>0(x=1,2,\cdots,n)$为正权数函数,$B_n(x;p)$为*二项分布*(*binomial distribution*)。这种分布用于很多情形,包括描述 n 个人的家族中白化病儿童人数的分布。【*Biometrics*,

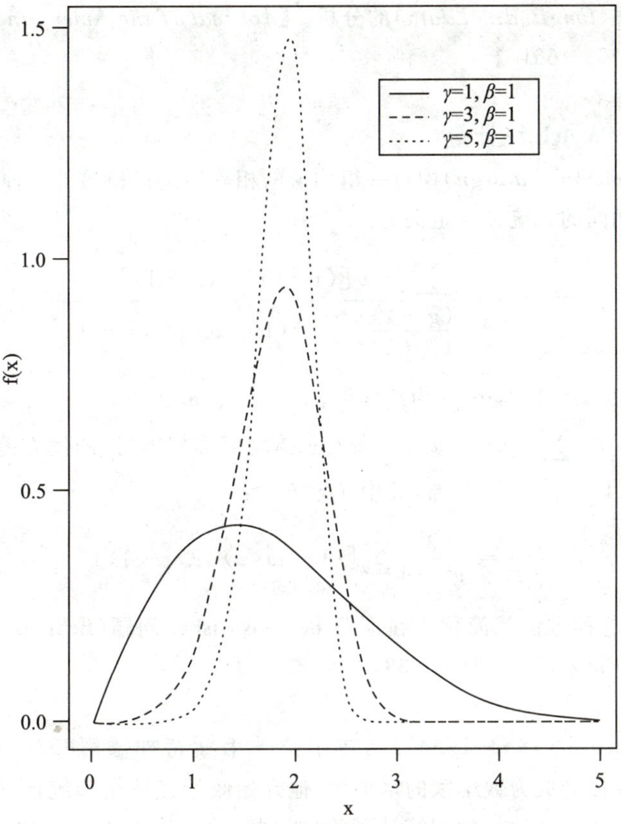

图 144 β=1 时不同 γ 值的 Weibull 分布

1990，**46**，645 - 656.】

Weighted Generalized Estimating Equations (WGEE)/加权广义估计方程组

参见：广义估计方程组(**Generalized Estimating Equations**)。

Weighted Kappa/加权 Kappa 系数

Kappa 系数(*Kappa coefficient*)的修正，对评分者之间争议根据争议的严重程度的差异定义不同的权数。

Weighted Least Squares/加权最小二乘估计

将反应变量与由模型得出的预测值之间差的加权平方和最小化得出估计的估计方法。当反应变量的方差在解释变量的取值范围内改变时经常采用这种方法，在这种情形中权数为方差的倒数。参见：最小二乘估计(**Least Squares Estimation**)，迭代加权最小二乘估计(**Iteratively Weighted Least Squares**)。【ARA Chapter 11.】

Wei-Lachin Test/Wei-Lachin 检验

检验两个多元分布相等性的*无分布方法*(*distribution free method*)。通常用于还有缺

W

失观察的纵向数据(*longitudinal data*)的分析。【*Journal of the American Statistical Association*, 1984, **79**, 653-661.】

Welch's Statistic/Welch 统计量

在*单向设计*(*one-way design*)中对一组均值的相等性进行检验的一种检验统计量,不必假设总体方差是相同的。统计量定义为:

$$W = \frac{\sum_{i=1}^{g} w_i[(\bar{x}_i - \tilde{x})^2/(g-1)]}{1 + \frac{2(g-2)}{g^2-1}\sum_{i=1}^{g}[(1-w_i/u)^2(n_i-1)]}$$

其中,g 为分组数,$\bar{x}_i, i=1,2,\cdots,g$ 为组均值,$w_i = n_i/s_i^2$,n_i 为第 i 组中观察数,s_i^2 为第 i 组的方差,$u=\sum_{i=1}^{g} w_i$, $\tilde{x}=\sum_{i=1}^{g} w_i\bar{x}_i/u$ 。当所有总体均值都相等时(即使方差不相等),W 近似服从自由度为 $g-1$ 和 f 的 F -分布,其中 f 定义为:

$$\frac{1}{f} = \frac{3}{g^2-1}\sum_{i=1}^{g}[(1-w_i/u)^2/(n_i-1)]$$

当只有两个组时,这种方法就简化为在词条 **Behrens-Fisher** 问题(**Behrens-Fisher Problem**)中所讨论的检验。【*Biometrika*, 1951, **38**, 330-336.】

Westergaard, Harald (1853-1936)/哈拉尔德·韦斯特加德(1853-1936)

韦斯特加德在接受成为数学家的培训后,他开始政治经济学和统计学研究。1883 年他来到哥本哈根大学成为政治科学和统计理论的讲师,第一次在大学中教授统计理论。通过他的著作,韦斯特加德很多年对丹麦统计学和社会研究产生很大的影响。于 1924 年退休。

WE-Test/*WE* -检验

检验一组生存时间 $t_1, t_2, \cdots, t_n$ 是否来自*指数分布*(*exponential distribution*)。检验统计量为:

$$WE = \frac{\sum_{i=1}^{n}(t_i - \bar{t})^2}{(\sum_{i=1}^{n} t_i)^2}$$

其中,$\bar{t}$ 为样本均值。检验统计量的*临界值*(*critical value*)可以查表得到。

Wherry's Formula/Wherry 公式

参见:收缩公式(**Shrinkage Formulae**)。

W

White Noise Sequence/白噪声序列

服从均值为 0、方差相同的正态分布的独立随机变量序列。

Whöler Curve/Whöler 曲线

也称为 **S-N** 曲线(**S-N Curve**)。

WGEE/加权广义估计方程组

加权广义估计方程组(**Weighted Generalized Estimating Equations**)的缩写。

Wichman/Hill Generator/Wichman/Hill 生成器

具有良好随机性性质的*随机数生成器*(*random number generator*)。【*Applied Statistics*, 1982, **31**, 188 - 190.】

Wilcoxon, Frank (1892-1965)/弗兰克·威尔柯克逊(1892-1965)

威尔柯克逊出生于爱尔兰科克郡,他的教育部分在英格兰完成,1917 年在宾夕法尼亚军事学院学习,1924 年在康奈尔大学获得无机化学博士学位。他的早期工作是与化学有关的研究,但通过阅读费希尔的著作《研究者的统计方法》(*Statistical Methods for Research Workers*)后对统计学产生了兴趣。在 20 世纪 40 年代,威尔柯克逊对*无分布方法*(*distribution free methods*)的发展作出了重大贡献,对成对样本问题引进了著名的双样本秩检验和符号秩检验。1965 年 11 月 18 日于佛罗里达塔拉哈西去世。

Wilcoxon's Rank Sum Test/Wilcoxon 秩和检验

也称为 *Mann-Whitney 检验*(*Mann-Whitney Test*)。

Wilcoxon's Signed Rank Test/Wilcoxon 符号秩检验

利用配对样本对两个总体之间差异进行检验的*无分布方法*(*distribution free method*)。检验基于两个样本中成对观察的绝对差,按大小排序,原始差异的符号给出了秩。检验统计量为正秩的和。【SMR Chapter 9.】

Wilk's Lambda/Wilk Λ 统计量

参见:多元方差分析(**Multivariate Analysis of Variance**)。

Wilk's Multivariate Outlier Test/Wilk 多元异常点检验

在多元数据中异常点检测的检验,假设数据来自*多元正态分布*(*multivariate normal distribution*)。检验统计量为:

$$W_j = |A^{(j)}| / |A|$$

其中:

$$A = \sum_{i=1}^{n} (x_i - \bar{x})(x_i - \bar{x})'$$

$x_1, \cdots, x_n$ 为 n 个样本观察,均值为 $\bar{x}$,$A^{(j)}$ 为从样本 $x_1, \cdots, x_n$ 中去除 x_j 后相应的矩阵。潜在的异常点为去除后使得 $|A|$ 最大减少的点。临界值查表可得。【*Sankhyra A*, 1963, **25**, 407 - 426.】

Willcox, Walter Francis (1861-1964)/沃尔特·弗朗西斯·威尔科克斯(1861-1964)

威尔科克斯出生于马萨诸塞州雷丁,他大部分工作和生活是在康奈尔大学。1912 年担任美国统计学会主席,1947 年担任国际统计研究所所长。他主要的工作是在人口统计学领域。1964 年 10 月 30 日于纽约伊萨卡去世。

William's Agreement Measure/William 一致性度量

对一个组进行比较的个体评估者的可靠性度量的一致性指数。指数为个体评估者与组中余下部分之间(对象间)一致性比例与组中余下部分中所有成对评估者之间一致性平均比例的比。指数定义为:

$$I_n = P_0 / P_1$$

其中:

$$P_0 = \frac{1}{n}\sum_{j=1}^{n} P_{0,j}$$

$$P_n = \frac{2}{n(n-1)}\sum_{j<j'} P_{j,j'}$$

$P_{j,j'}$ 表示评估者 j 和 j' 之间(所有对象上)观察一致性的比例,$j=0$ 表示所关心的特别的个体评估者。评估者的人数为 n。

William's Designs/William 设计

一种 *Latin正方形*(*Latin square*),当多于三种治疗时要求较少的观察来达到均衡。【*Australian Journal of Scientific Research*, 1949, **2**, 149-168.】

Williams's Test/Williams 检验

关于回答物质毒性以及在什么剂量水平毒性会发生这些问题的检验。检验假设变量的均值反应是剂量的单调函数。下面描述检验的细节,假设有 k 个剂量水平用于对一个对照组进行比较,怀疑均值有向上的趋势。采用*极大似然估计*(*maximum likelihood estimation*)得出每个剂量组的均值 $M_i, i=1,\cdots,k$ 估计,在约束 $M_1 \leq M_2 \leq \cdots \leq M_k$ 下,估计为:

$$\hat{M}_i = \max_{1\leq u\leq i} \min_{i\leq v\leq k} \sum_{j=u}^{v} r_j X_j \Big/ \sum_{j=u}^{v} r_j$$

其中,X_i 和 r_i 分别是关于剂量组 i 的样本均值和样本容量。按通常方法由药物组的*方差分析*(*analysis of variance*)得到组内方差估计 s^2。检验统计量为:

$$t_k = (\hat{M}_k - X_0)(s^2/r_k + s^2/c)^{-\frac{1}{2}}$$

其中,X_0 和 c 是对照组样本均值和样本容量。t_k 的临界值可以得到。首先检验统计量 t_k,如果它是显著的,那么按相同方法计算 t_{k-1},这个过程一直下去,直到关于某个剂量 i,t_i 非显著。那么结论是,关于 $i+1$ 以及更高的剂量水平存在显著效应,关于 i 以及以下的剂量水平剂量效应非显著。

Window Estimates/窗口估计

在关于时间序列的频域和时域估计的文本中出现的术语。对于前者,采用权数来提高估计*谱密度*(*spectral density*)时*周期图*(*periodogram*)的精度。对于后者,在数据被分段划分后由观察的很小的子集计算统计量。【*Density Estimation in Statistics and Data Analysis*，1988，B. W. Silverman，Chapman and Hall/CRC Press，London.】

Window Variable/窗口变量

在观察期的约束间隔中所度量的变量可以作为整个期间信息的代理。例如，关于儿童素养的决定因素的许多统计研究通过在儿童期中一年或短期对变量的观察对童年时期的环境或所发生的事件进行度量。相对于反映整个期间环境或事件的变量，基于这些变量的参数估计经常是真实关系的有偏和不一致估计。【*Journal of the American Statistical Association*，1996，**91**，970－982.】

Window Width/窗口宽度

参见：核估计（**Kernel Methods**）。

WINKS/WINKS 软件包

适用于学生的统计软件包。包含方差分析、回归分析和生存分析等大量的分析程序。【TEXASOFT，info@texasoft. com.】

Winsorising/Winsorising 度量

参见：***M*-估计量**（***M*-Estimators**）。

Wishart Distribution/Wishart 分布

q 个变量的*多元正态分布*（multivariate normal distribution）的容量为 n 的样本方差和协方差的联合分布。定义为：

$$f(S)=\frac{(\frac{1}{2}n)^{\frac{1}{2}q(n-1)}\,|\Sigma^{-1}|^{\frac{1}{2}(n-1)}\,|S|^{\frac{1}{2}(n-q-2)}}{\pi^{\frac{1}{4}q(q-1)}\prod_{j=1}^{q}\Gamma\{\frac{1}{2}(n-j)\}}\exp(-\frac{1}{2}n\mathrm{tr}(\Sigma^{-1}S))$$

其中，S 是样本方差—协方差矩阵（分母为 n 而不是 $n-1$），元素为 s_{jk}，Σ 为总体方差—协方差矩阵。【MV1 Chapter 2.】

Wishart, John (1898-1956)/约翰·威舍特(1898-1956)

威舍特出生于蒙特罗斯，在爱丁堡大学学习数学和自然哲学，1922 年获得一等荣誉学位。在西利兹高级中学（1922～1924 年）担任数学讲师，开始了他的职业生涯，然后作为卡尔·皮尔逊的研究助理加入伦敦大学学院。1928 年，他和费希尔一起研究多元分析发展的重要课题，例如，得出广义积矩分布、*多重相关系数*（*multiple correlation coefficient*）分布的性质。1931 年威舍特参与建立了剑桥统计实验室。1956 年 7 月 14 日于墨西哥阿卡普尔科去世。

Within Groups Matrix of Sums of Squares and Cross-Products/组内平方与交叉乘积和矩阵

参见：多元方差分析（**Multivariate Analysis of Variance**）。

Within Groups Mean Square/组内均方

参见:均方(**Mean Squares**)。

Within Groups Sum of Squares/组内平方和

参见:方差分析(**Analysis of Variance**)。

Wold, Herman Ole Andreas (1908-1992)/赫尔曼·奥莱·安德烈亚斯·沃尔德(1908-1992)

1908 年圣诞节沃尔德出生于挪威希恩。1912 年沃尔德一家移民到瑞典,1927 年进入斯德哥尔摩大学学习。1938 年完成了题目为《平稳时间序列分析研究》(*A Study in the Analysis of Stationary Time Series*)的博士论文,文中包含了称为 Wold 分解的内容,将时间序列分解为非确定性分量和确定性分量的和。1942 年沃尔德成为乌普萨拉大学统计学教授,在此一直工作到 1970 年。在此期间他开发了财富的 *Pareto 分布*(*Pareto distribution*)的解释机制,有些变相地引入了潜在变量模型这个概念。1992 年 2 月 16 日去世。

Wold's Decomposition Theorem/Wold 分解定理

定理叙述了,任意*平稳随机过程*(*stationary stochastic process*)可以分解为一个确定性部分和一个不确定性部分,其中两部分是不相关的,而且不确定性部分可以表示为*移动平均过程*(*moving average process*)。【*Time Series Analysis*, 1994, J. D. Hamilton, Princeton University Press, Princeton, NJ.】

Wolfowitz, Jacob (1910-1981)/雅各布·沃尔福威茨(1910-1981)

沃尔福威茨出生于波兰华沙,1920 年全家来到美国。1931 年毕业于纽约城市学院,1942 年在纽约大学获得数学博士学位。1945 年沃尔福威茨成为北卡罗来纳大学的副教授,1951 年进入康奈尔大学数学系。沃尔福威茨在数理统计中作出了许多重要贡献,特别是在渐近领域、在概率论和编码理论方面也作出了很多贡献。1981 年 7 月 16 日于佛罗里达坦帕去世。

Woolf's Estimator/Woolf 估计量

在 *2×2 列联表*(*two-by-two contingency tables*)序列中相同的*比值比*(*odds ratio*)的估计量。当某个表中某个单元格为 0 时就无法计算该统计量,所以不常使用。【*Annals Human Genetics*, 1955, **19**, 251-253.】

Worcester, Jane (1910-1989)/简·伍斯特(1910-1989)

1931 年伍斯特获得第一个学位,作为数学计算助手加入哈佛大学公共卫生生物统计系。她一直留在系里直到 1977 年退休,在此期间成为生物统计系第一位女性系主任。在系里的 46 年中,她将她的时间用于研究、教学和咨询。1989 年 10 月 8 日于马萨诸塞州法尔茅斯去世。

Working Correlation Matrix/工作相关矩阵

参见:广义估计方程组(**Generalized Estimating Equations**)。

World Health Quarterly/《世界卫生季刊》

参见:数据来源(**Sources of Data**)。

World Health Statistics Annual/《世界卫生统计年报》

参见:数据来源(**Sources of Data**)。

Worm Plot/蠕虫图

将两个分布的差异可视化的图形,条件依赖于协变量的取值。【*Statistics in Medicine*, 2001, **20**, 1259-1277.】

Wrapped Cauchy Distribution/围绕 Cauchy 分布

关于*循环随机变量*(*circular random variable*)θ 的概率分布 $f(\theta)$,定义为:

$$f(\theta)=\frac{1}{2\pi}\frac{1-\rho^2}{1+\rho^2-2\rho\cos(\theta-\mu)},\quad 0\leq\theta\leq 2\pi,\quad 0\leq\rho\leq 1$$

【*Statistical Analysis of Circular Data*, 1993, N. I. Fisher, Cambridge University Press, Cambridge.】

Wrapped Distribution/围绕分布

实轴上的概率分布,它围绕单位圆。如果 X 为原始随机变量,那么经过围绕后的随机变量为 $X(\mathrm{mod})2\pi$。参见:围绕正态分布(**Wrapped Normal Distribution**)。【*Statistical Analysis of Circular Data*, 1993, N. I. Fisher, Cambridge University Press, Cambridge.】

Wrapped Normal Distribution/围绕正态分布

将正态分布"围绕"单位圆得到的概率分布。分布定义为:

$$f(x)=\frac{1}{\sigma\sqrt{2\pi}}\sum_{k=-\infty}^{\infty}\exp\left\{-\frac{1}{2}\frac{(x+2\pi k)^2}{\sigma^2}\right\},\quad 0<x\leq 2\pi$$

【*Statistics of Directional Data*, 1972, K. V. Mardia, Academic Press, New York.】

W

X

X^2-Statistic/X^2-统计量

评估*列联表*(*contingency table*)中独立性时常用的统计量。对于二维表,定义为:

$$X^2 = \sum \frac{(O-E)^2}{E}$$

其中,O 表示可观察计数,E 表示*期望频数*(*expected frequency*)。【*The Analysis of Contingency Tables*, 2nd edition, 1992, B. S. Everitt, Chapman and Hall/CRC Press, London.】

X-11/X-11 程序

对美国人口局、其他政府部门以及特别是美国的私人企业所使用的季度或月度经济时间序列的季节调整的计算机程序。【*Seasonal Analysis of Economic Time Series*, 1976, A. Zellner, US Department of Commerce, Bureau of the Census, Washington, DC.】

Y

Yates' Continuity Correction/Yates 连续性校正

当检验*列联表*(*contingency table*)中独立性时,连续概率分布[称为 χ^2 *-分布*(*chi-squared distribution*)]作为离散可观察频率的概率[称为*多项分布*(*multinomial distribution*)]的近似。为了改进这种近似,耶茨(Yates)建议在 χ^2 统计量计算中差异被平方前对正差异(观察值一期望值)减去 0.5,对负差异加上 0.5。如果样本容量较大,校正对检验统计量的取值影响很小。【SMR Chapter 10.】

Yates, Frank (1902-1994)/弗兰克·耶茨(1902-1994)

耶茨出生于曼彻斯特,在剑桥大学圣约翰学院学习数学,1924 年获得一等荣誉学位。在黄金海岸从事大地测量一段时间后,1931 年成为位于洛桑的费希尔的助手。两年后,他成为统计系主任,这个职位一直担任到 1968 年其退休为止。耶茨在许多统计领域特别是实验的设计和分析、抽样调查的规划和分析方面作出了重大贡献。在 20 世纪 50 年代他迅速意识到电子计算机发展所提供的可能性,1954 年在洛桑安装了配备有效磁存储的英国第一台计算机 Elliot 401。耶茨和统计系其他同事只使用机器码开发了用于方差分析和对调查的数据进行分析的计算机程序。1948 年成为皇家学会会员,1960 年被授予皇家统计学会金质 Guy 勋章。1963 年获得 CBE 勋衔。1994 年 6 月 17 日去世。

Yates-Grundy Variance Estimator/Yates-Grundy 方差估计量

Horvitz-Thompson 估计量(*Horvitz-Thompson estimator*)方差的估计量。

Yea-Saying/持肯定态度

也称为**默认偏差**(**Acquiescence Bias**)。

Youden, William John (1900-1972)/威廉·约翰·约登(1900-1972)

约登出生于澳大利亚,1907 年全家移民到美国。1921 年在罗切斯特大学获得化学工程一等学位,1924 年在哥伦比亚大学获得化学博士学位。约登在他的职业生涯早期,1925 年在阅读了费希尔的出版不久的著作《研究者的统计方法》(*Statistical Methods for Research Workers*)后,从一名化学家转变为统计学家。1937~1938 年在费希尔的指导下在伦敦大学学院高尔登实验室工作。最值得人们记住的是 Youden 正方形(Youden square),1969 年被授予美国统计学会的 Wilks 勋章。

Y

Youden's Index/Youden 指数

2×2 *列联表*(*two-by-two contingency table*)中四个计数 a,b,c,d 得出的指数,特别是针对*诊断检验*(*diagnostic test*)的应用中得出的列联表。指数定义为:

$$\frac{a}{a+c}+\frac{d}{b+d}-1$$

这个指数本质上是将检验的*敏感度*(*sensitivity*)和*特异性*(*specificity*)的信息组合为一个数,一般不建议使用。【*An Introduction to Epidemiology*, 1983, M. Alderson, Macmillan, London.】

Youden Square/Youden 正方形

一种行和列设计,其中每种治疗在每行中只出现一次,关于列的治疗分配为对称*均衡不完全区组设计*(*balanced incomplete-block design*)。这种设计最简单的类型可以通过将 *Latin正方形*(*Latin square*)去掉一行得到。【*Statistics in Medicine*, 1994, **13**, 11 - 22.】

Yule-Furry Process/Yule-Furry 过程

按单位步骤递增的*随机过程*(*stochastic process*)。【*Stochastic Modelling of Scientific Data*, 1995, P. Guttorp, Chapman and Hall/CRC Press, London.】

Yule, George Udny (1871-1951)/乔治·乌德尼·尤尔(1871-1951)

尤尔出生于英国哈丁顿附近,在温切斯特学院接受教育,然后在伦敦大学学院学习工程,在 1893 年成为卡尔·皮尔逊手下的演示者。他的职责包括在绘图班辅助皮尔逊以及准备论文的标本图。主要贡献是皮尔逊论文中的偏斜曲线,以及后来关于相关和回归理论。1951 年 6 月 26 日去世。

Yule's Characteristic *K*/Yule 特征 *K*

词汇丰度的度量,假设一个给定单词的出现是偶然的且服从 *Poisson分布*(*Poisson distribution*)。定义为:

$$K=10^4\left(\sum_i i^2V_i-N\right)/N^2,\quad i=1,2\cdots$$

其中,N 是文本中单词的数目,V_1 是文本中只使用一次的单词数目,V_2 是文本中使用两次的单词数目,等等。

Y

Yule-Walker Equations/Yule-Walker 方程组

p 阶*自回归模型*(*autoregressive model*)的参数 $\phi_1,\phi_2,\cdots,\phi_p$ 关于*自相关函数*(*autocorrelation function*)ρ_k 的线性方程组,定义为:

$$\begin{aligned}\rho_1&=\phi_1+\phi_2\rho_1+\cdots+\phi_p\rho_{p-1}\\ \rho_2&=\phi_1\rho_1+\phi_2+\cdots+\phi_p\rho_{p-2}\\ &\cdots\cdots\\ \rho_p&=\phi_1\rho_{p-1}+\phi_2\rho_{p-2}+\cdots+\phi_p\end{aligned}$$

【TMS Chapter 3.】

Z

Zelen's Single-Consent Design/Zelen 单同意设计

临床试验中形成治疗组的一种简单随机分配的方法。假定存在 N 个合格病人。将这 N 个病人随机地分成两组 G_1 和 G_2，容量分别为 n_1 和 n_2。对 G_1 中所有病人都采用标准疗法。新疗法只分配给 G_2 中同意使用的病人。余下的那些拒绝新疗法的病人采用标准疗法。【SMR Chapter 15.】

Zero-Inflated Binomial Regression/零膨胀二项回归

零膨胀 Poisson 回归（*zero-inflated Poisson regression*）的修改，当存在上限计数的情形时。假设观察为 0 的概率为 p，服从参数为 n 和 π 的*二项分布*（*binomial distribution*）的随机变量的概率为 $1-p$。【*Biometrics*，2000，**56**，1030－1039.】

Zero-Inflated Poisson Regression/零膨胀 Poisson 回归

含有太多零点的计数数据的模型。假设可能的观察为 0 的概率为 p，观察到的服从 *Poisson 分布*（*Poisson distribution*）的随机变量的概率为 $1-p$。例如，当制造设备合理配置时，故障几乎是不可能的。但当设备失调时，故障的发生服从 Poisson 分布。完美的零故障状态的概率 p 以及在不完美状态平均故障数 λ 都依赖于协变量。这些模型中参数可以采用*极大似然估计法*（*maximum likelihood estimation*）估计。【*Technometric*，1992，**34**，1－14.】

Zero Sum Game/零和博弈

一组人参与的博弈，胜者获得输者的所有赌注，在任意阶段收益的代数和为 0。许多决策问题都可以看成是两个病人之间的零和博弈。【*Scientist*，1990，**4**，1.】

ZIP/零膨胀 Poisson 分布

零膨胀Poisson 分布（**Zero-Inflated Poisson Distribution**）的缩写。

Zipf Distribution/Zipf 分布

参见：**Zipf 定律**（**Zipf's Law**）。

Zipf-Estoup Law/Zipf-Estoup 定律

也称为 **Zipf 定律**（**Zipf's Law**）。

Z

Zipf's Law/Zipf 定律

用于单位分类系统中的术语，正好 s 个单位的比例与 $s^{-(1+\alpha)}$ 近似成比例，对某个常数 $\alpha>0$。在包括语言学、个人收入分布以及生物属和种类的分布这些经验领域中很常见。这些情形中概率分布定义为：

$$\Pr(X=s)=cs^{-(1+\alpha)}, \quad s=1,2,\cdots$$

其中：

$$c=\left[\sum_{s=1}^{\infty}s^{-(1+\alpha)}\right]^{-1}$$

这称为 *Zipf 分布*（*Zipf distribution*）。【*Human Behavior and the Principle of Least Effort*，1949，G. K. Zipf，Addison-Wesley，Reading，MA.】

Z-Scores/Z 评分

也称为标准评分（**Standard Scores**）。

z-Test/z -检验

当总体方差已知时对总体均值的假设进行评估的检验。例如，检验两个总体的均值相等，即 $H_0: \mu_1=\mu_2$，当两个总体的方差都已知为 σ^2 时，检验统计量为：

$$z=\frac{\bar{x}_1-\bar{x}_2}{\sigma\sqrt{\dfrac{1}{n_1}+\dfrac{1}{n_2}}}$$

其中，$\bar{x}_1$ 和 $\bar{x}_2$ 分别是从两个总体中抽取的容量为 n_1 和 n_2 的样本均值。当 H_0 正确时，z 服从标准正态分布。参见：学生 *t* -检验（**Student's *t*-Tests**）。

z Transformation/z 变换

参见：**Fisher *z* 变换（Fisher's *z* Transformation）**。

Zygosity Determination/合子型测定

一对双胞胎是相同还是兄弟的测定。根据调查问卷可以达到高确定水平（95%以上），所希望的精确度可以通过键入大量遗传标记来观察遗传分享是 100%还是 50%实现。这在*孪生分析*（*twin analysis*）中非常重要。【*Statistics in Human Genetics*，1998，P. Sham，Arnold，London.】

Z